KB184360

최신 관리회계

저자 소개

홍철규 서울대학교 공과대학 산업공학과 학사
서울대학교 대학원 경영학과 석사
London School of Economics(LSE) 회계학 박사
각종 국가공인자격시험 출제위원 다수 역임
기획재정부 공기업, 공공기관 경영평가단 평가팀장
학술지 관리회계연구 편집위원장
한국관리회계학회 회장
현 법무법인 화우 ESG센터 자문교수
중앙대학교 경영경제대학/경영전문대학원 교수

최신 관리회계

초판 발행 2024년 12월 10일

지은이 홍철규
펴낸이 류원식
펴낸곳 교문사

편집팀장 성혜진 | **책임진행** 윤정선 | **디자인** 신나리 | **본문편집** 우은영

주소 10881, 경기도 파주시 문발로 116
대표전화 031-955-6111 | **팩스** 031-955-0955
홈페이지 www.gyomoon.com | **이메일** genie@gyomoon.com
등록번호 1968.10.28. 제406-2006-000035호

ISBN 978-89-363-2628-9(93320)
정가 39,000원

최신 | # 관리회계

중앙대학교 **홍철규** 지음

MANAGEMENT ACCOUNTING

교문사

머리말

본서는 원가관리회계 분야 중에서 원가계산을 주로 다룬 저자의 원가회계 교재에 이은 후속교재이다. **관리회계는 단순한 계산 기법을 다루는 분야가 아니라, 경영자의 의사결정을 체계적으로 지원하는 학문이다.** 현대경영의 특징은 글로벌 경쟁과 고객우선주의로 요약된다. 관리회계는 경영학의 주요 분야들을 통합적으로 다루는 종합학문으로서, 기업이 고객가치(customer value)를 창출하기 위해 전략을 개발하고, 전략이 효과적으로 달성될 수 있도록 계획을 수립하고 통제하는 데 필요한 정보와 기법을 다루는 분야이다.

본서는 현대경영에서 중요한 다양한 관리회계 주제들을 기업전략과 고객가치 관점에서 체계적으로 통일성 있게 기술하여, 관리회계의 이론적·학문적 토대를 더욱 굳건히 하고자 하였다. 아울러 전통적인 관리회계 주제들에 대한 충실한 서술과 함께, 기업 핵심성공요인(원가, 품질, 시간, 재고, 지속가능성(ESG) 등)의 전략적 관리방안에 대해 포괄적이고 깊이 있는 설명을 제공하기 위해 노력하였다.

본서는 집필 과정에서 다음과 같은 사항에 중점을 두었다.

첫째, 대학생과 수험생은 물론, MBA 학생들과 일반 경영관리자들이 전통적인 관리회계 주제와 전략적인 주제들을 광범위하고 깊이 있게 학습할 수 있도록 하였다.

둘째, 관련된 내용을 단순하게 부분적으로 나열하지 않고 포괄적이고 연결성 있게 다룸으로써, 관련 이론과 전체적인 그림을 체계적으로 이해할 수 있도록 하였다.

셋째, 본서는 수험서를 목표로 집필한 것은 아니지만, 공인회계사와 세무사를 포함한 각종 국가고시 자격증을 준비하는 학생들이 짧은 시간에 관리회계의 전 분야에 대해 깊은 지식을 갖출 수 있도록, 깊이 있고 간단하고 명료한 설명에 집중하였다.

넷째, 각 장의 마지막에 객관식과 주관식 기출문제를 수록하여 본문에서 학습한 내용을 실전문제를 통해 복습하고 익힐 수 있도록 하였다.

다섯째, 장별로 주제와 관련성이 높은 다수의 사례를 인터넷 링크와 QR코드로 제공하여, 학습자들이 실제 사례를 통해 본문의 내용을 체감할 수 있도록 하였다.

여섯째, 까다롭거나 보충적인 주제들은 별도로 [보론]에서 설명하여 관심 있는 독자들이 심화학습을 할 수 있도록 하였다.

본서는 기본적으로 한 학기용으로 집필되었다. 원가회계와 통합해서 강의하거나 관리회계를 처음 접하는 학생들을 대상으로 한 과목에서는 다음 Chapter들을 중심으로 강의내용을 구성할 수 있을 것이다.

Chapter 2(원가-조업도-이익 분석), Chapter 4(단기 의사결정과 자본예산), Chapter 6(균형성과표와 시간 관리), Chapter 7(수명주기 원가관리, 목표원가계산, 활동기준 경영관리), Chapter 10(종합예산 편성), Chapter 11(예산과 차이분석), Chapter 14(책임회계와 성과평가)

끝으로, 본서의 출간을 위해 도움을 주신 분들께 감사드린다. 특히, 각종 기출문제를 검토하여 좋은 문제들을 선별하고 수정작업을 해준 김성환 회계사, 박은서 회계사, 박동현 회계사, 정재현 회계사에게 고마운 마음을 전한다. 도서출판 교문사의 류원식 대표님과 진경민 차장님, 윤정선 과장님께도 감사를 드린다.

2024년 11월

저자 홍철규 교수

차례

PART II 이익계획과 의사결정

CHAPTER 2 원가-조업도-이익 분석

CHAPTER 3 원가추정

CHAPTER 4 단기 의사결정과 자본예산

CHAPTER 5 불확실성하의 의사결정

PART III 전략적 성과관리와 원가관리

CHAPTER 6 균형성과표와 시간관리

CHAPTER 7 수명주기원가관리, 목표원가계산, 활동기준경영관리

CHAPTER 8 품질관리

CHAPTER 9 재고관리와 제약이론

PART IV 예산과 분권화 및 책임회계

CHAPTER 10 종합예산 편성

CHAPTER 11 예산과 차이분석

CHAPTER 12 고객 수익성과 판매부문 차이분석

CHAPTER 13 분권화와 사내대체가격

CHAPTER 14 책임회계와 성과평가

PART I

관리회계 기초

CHAPTER

1

서론 및 기본적인 원가개념

본 장에서는 관리회계가 다루는 분야에 대해 전반적으로 소개하고, 학습에 필요한 기본적인 원가개념을 설명한다. 관리회계는 경영자의 의사결정에 필요한 정보를 판별해서 수집하고, 보고하는 분야로서, 글로벌 경쟁 속에서 고객가치 창출과 기업가치 제고를 지원한다. 이를 위해 관리회계는 통합적이며, 다기능적인 접근을 통해 가치사슬과 공급사슬에서 기업의 핵심성공요인을 관리할 수 있는 다양한 분석 방법을 제공한다.

CHAPTER

1

서론 및 기본적인 원가개념

1. 관리회계 학습 내용

관리회계는 재무회계와 함께 회계학의 양대 축을 구성한다. 관리회계와 재무회계의 목적은 정보이용자의 의사결정에 유용한 정보를 제공하는 것이지만, 정보이용자와 의사결정 사안에 있어서 큰 차이가 있다.

재무회계(financial accounting)의 주요 이용자는 투자자, 채권자, 정부 규제기관 등 외부 이해관계자들이다. 따라서 재무회계는 조직이 재무적으로 어떤 상태에 있는지, 일정한 기간에 걸쳐 재무적으로 어떤 성과를 거두었는지를 파악할 수 있게 해주는 재무제표를 작성하는 것이 주요 목적이다. 재무제표는 조직과 외부 이해관계자들을 연결하는 중요한 커뮤니케이션 수단이다.

반면에, **관리회계**(management accounting)의 주요 이용자는 기업 내부 경영관리자들이다. 따라서 관리회계는 내부 경영관리에 필요한 정보를 수집하고, 측정하고, 분석하고, 보고하는 것이 주요 목적이다. 주요 관련분야로는 예산수립, 제품기획과 제품가격결정, 원가관리, 성과측정과 보상 등을 들 수 있다.

재무회계에서는 정보의 의사결정에 대한 유용성을 높이기 위해 구체적인 보고기준을 별도로 제정하고 있으며, 우리나라의 경우 한국채택국제회계기준(K-IFRS), 일반기업회계기준, 중소기업회계기준 등이 있다. 이와 달리, 관리회계에서는 다양한 의사결정 사안별 특수성에 부합하는 정보를 적시에 제공하는 것이 정보의 유용성을 높이기 위한 핵심 요건으로서 별도의 보고기준이 있는 것은 아니다.

재무회계와 관리회계에 모두 관련된 분야가 **원가회계**(cost accounting)이다. 원가회계는 재무상태표의 재고자산(제품과 재공품)의 가치와 손익계산서의 매출원가를 계산하는 데 필요한 원가정보를 제공한다. 또한 관리회계 영역인 예산수립, 원가관리, 가격결정, 성과평가 등 기업 내부의 경영 의사결정에 필요한

그림 1-1 재무회계, 관리회계, 원가회계의 비교

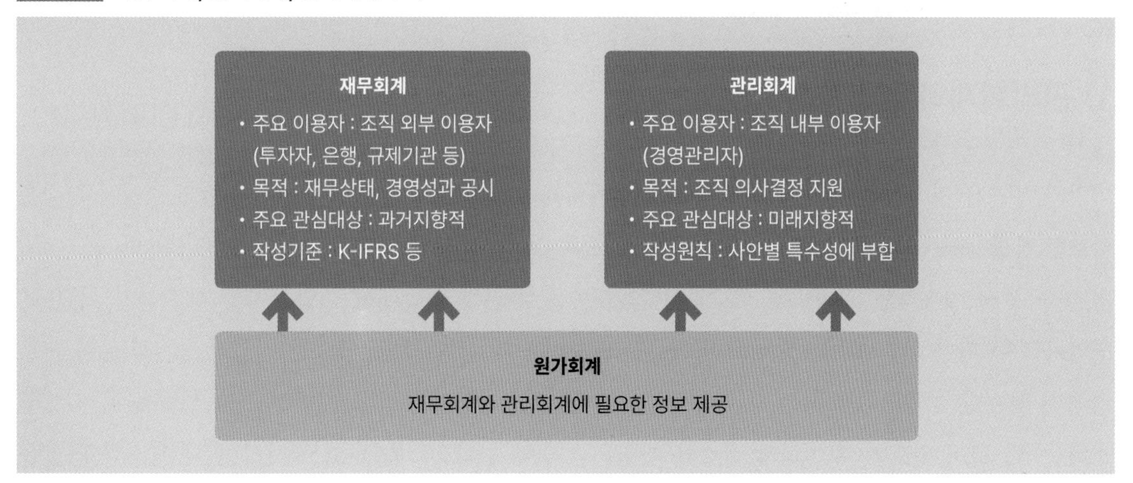

원가정보를 제공하는 역할도 한다.

원가회계와 관리회계는 종종 혼용하기도 하며, 한글 교재에서는 이를 통합해서 **원가관리회계**라고 표현하기도 한다[1]. 본서에서는 전통적인 원가회계의 핵심 주제인 원가계산과 관련된 주제들을 제외하고, 경영자의 의사결정을 지원하기 위한 정보 제공과 관련된 관리회계 주제들을 주로 학습한다. 경영자 의사결정의 목적은 기업가치 제고에 있다. 따라서 관리회계 정보는 원가, 수익 등 재무적인 정보는 물론, 품질, 시간, 재고, 종업원의 역량 등 비재무적인 정보도 포함하며, 고객만족도, 시장점유율 등 기업 외부 정보도 포함한다.

원가회계에서 산출하는 각종 원가정보는 관리회계 정보의 중요한 원천 중 하나이다. 그러나 기업가치 제고는 단순히 원가를 줄이려는 공급자 중심의 사고만으로는 달성할 수 없다. 제품의 품질, 고객만족도, 고객 지불의사 등 수요자 관점을 반영해야 한다. 관리회계는 원가회계에서 획득한 정보와 함께, 기업 활동과 관련된 다양한 수요자 관점의 정보를 함께 수집하고, 측정하고, 분석하여 기업가치 제고를 위한 경영자 의사결정을 지원한다.

1 대표적인 원가관리회계 분야 교재인 Horngren 교수의 저서는 "Cost Accounting"이라는 타이틀을 사용하고 있으며, "A Managerial Emphasis"라는 부제를 붙이고 있다. 이는 원가회계와 관리회계가 통합된 교재의 성격을 나타낸다.

2. 관리회계의 기능

1) 관리회계의 경영촉진 기능

기업의 성공은 지속적인 이윤 창출을 통해 **기업가치**(firm value)를 증가시키는 것이다. 현대 경영의 특징은 **글로벌 경쟁**(global competition)과 **고객우선주의**(customer orientation)로 요약된다. 기업이 **고객가치**(customer value) 창출을 통해 지속적인 경쟁력을 확보하지 않고는 글로벌 경쟁 속에서 기업가치를 창출하기 어렵다[2]. 영업이익 등 단기적인 **재무적 성과**(financial performance)는 지속적인 이윤 창출과 기업의 장기적 존립을 보장하지 않는다. 기업의 경쟁력은 고객가치 창출을 위해 효과적인 전략을 개발하고 그 전략을 올바로 구사하는 데 달려 있으며, 관리회계 정보와 기법은 기업이 전략을 개발하고 구사하는 데 중요한 역할을 한다.

관리회계는 과거에는 내부의 핵심적인 운영 자료(operating data)를 추적하여, 하위 경영관리자들의 **업무적 의사결정**(operational decision-making)에 필요한 정확한 정보(예 제품원가, 생산량, 재고수준)를 제공하는 역할을 주로 수행했지만(보론 참고), 이제는 최고경영층이 **전략적 의사결정**(strategic decision-making)을 내리는 데 필요한 정보(예 고객 만족, 품질, 시간, 효율성)가 무엇인지를 찾아내고, 그 정보를 효과적으로 제공하는 방향으로 역할이 확대되고 있다. 즉, 관리회계의 핵심 기능이 재무회계 분야와 유사한 수탁책임 기능(stewardship role)에서 **경영촉진 기능**(management-facilitating role)으로 이동하고 있다.

따라서 관리회계 담당자는 단순한 자료 보고자가 아니라, 경영자의 의사결정을 지원하는 전문가로서, 동적인 기업환경에서 고객가치 창출과 기업 전략의 성공에 중요한 정보를 찾아내고, 요약하고, 분석하고, 보고하는 전문적인 능력을 갖추어야 한다.

경영자의 의사결정에 필요한 정보는 **재무적 정보**(financial information)는 물론, 품질과 시간 등 **비재무적 정보**(nonfinancial information)를 포괄하며, 기업 내부정보(internal information)는 물론 경쟁기업, 시장, 이해관계자 등 기업 외부정보(external information)를 포함한다. 또한 **객관적인 정보**(objective information)는 물론, 특정 분야에 대한 종업원의 업무능력과 교육훈련 수준, 종업원의 회사에 대한 만족도, 고객 충성도와 만족도, 공급업체의 품질과 납기 준수능력 등 **주관적인 정보**(subjective information)도 포함한다.

---

2 "우리는 새로운 디지털 환경의 경쟁에서 살아남고 우위를 점하기 위해 어떻게 해야 할 것인가를 깊이 고민했고, 그 해답은 바로 고객 중심 전략에 있다고 판단했습니다."("We need to think existentially about how we compete and win in this new digital environment, and the answer? It's all about customers for me.") (Adrian Hallmark, 벤틀리 회장 겸 CEO)

2) 고객가치 창출과 기업 전략의 실행 지원

고객가치는 고객이 제품(서비스)을 구매함으로써 얻는 총체적 **효익**(benefits)과 고객이 치러야 하는 **희생**(sacrifice)의 차이를 말한다. 고객이 얻는 총체적 효익은 제품을 구매함으로써 얻는 유형, 무형의 모든 혜택을 말한다. 고객이 얻는 혜택에는 제품의 기능과 특성, 품질, 평판, 브랜드명, 지원서비스 등이 모두 포함될 수 있다. 커피 한 잔의 가격은 천차만별이다. 대학교 캠퍼스 내 커피숍에서는 ₩1,800이며, 백운호수 호숫가 커피숍에서는 ₩8,500이다. 소비자는 커피 한 잔의 효익을 커피의 맛으로만 평가하지 않는다.

고객이 치러야 하는 희생에는 구매가격, 제품을 획득하고 사용하는 방법을 이해하는 데 투입하는 노력과 시간, 제품을 사용하고, 유지(수리)하고, 처분하는 데 드는 **구매 후 비용**(postpurchase costs)이 모두 포함된다. 고객가치를 창출하고 증가시키는 것은 고객이 얻는 총체적 효익을 증가시키고, 고객이 치러야 하는 희생은 줄이는 것이다.

고객가치(customer value)
= 고객이 얻는 유·무형의 총체적 효익(benefits) − 고객이 치러야 하는 희생(sacrifice)

고객우선주의를 바탕으로 경쟁력을 강화하기 위해서는 정교한 **기업 전략**(corporate strategy)이 요구된다. 기업 전략은 다양한 형태로 분류할 수 있으나, 관리회계에서는 고객가치 창출을 위한 기업 전략을 크게 **원가우위전략**(cost leadership strategy)과 **제품차별화전략**(product differentiation strategy)으로 분류하는 경우가 많다.

원가우위전략의 목적은 경쟁자보다 낮은 원가(가격)로 고객에게 더 나은 가치를 제공하여, 고객이 치러야 하는 희생을 줄이는 것이다. 반면에, 제품차별화전략은 고객의 희생을 줄이는 데 집중하기보다 제품의 총체적 효익을 증가시킴으로써 고객가치를 창출하고자 한다. 그러나 제품차별화전략도 고객에게 제공하는 부가적인 가치가 기업이 지출해야 하는 비용을 초과해야 한다[3]. 관리회계는 기업이 전략을 성공적으로 구사하는 데 필요한 원가관리와 고객가치에 관한 정보를 제공한다.

---

3 제품차별화전략을 구사하는 대표적인 기업인 Apple의 CEO Tim Cook은 2013년 Bloomberg와의 인터뷰에서 "우리 목표는 저렴한 휴대전화기를 판매하는 것이 아니라, 훌륭한 휴대전화기와 훌륭한 경험을 파는 것이며, 더 낮은 비용으로 이것을 하는 방법을 우리는 알고 있다."("We never had an objective to sell a low-cost phone. Our primary objective is to sell a great phone and provide a great experience, and we figured out a way to do it at a lower cost.")라고 말했다. 제품차별화전략의 본질과 원가관리의 중요성을 잘 보여주는 말이다.

고객가치 창출 전략의 핵심요소

- 원가우위전략 : 고객의 희생(sacrifice) 감소
- 제품차별화전략 : 고객의 총체적 효익(benefits) 증가

3) 가치사슬과 공급사슬 관리 정보 제공

고객가치는 **가치사슬**(value chain)과 **공급사슬**(supply chain)을 통해 실현된다. **가치사슬**은 고객이 지불할 의사(willingness to pay)가 있는 기업의 활동과 기능들을 진행 순서에 따라 사슬 모양으로 나타낸 것으로, 제조기업의 가치사슬은 그림 1-2와 같다. 연구개발활동으로부터 시작하여, 디자인활동과 제조활동, 제품을 판매하기 위한 마케팅활동과 배송활동 및 고객지원활동이 있으며, 모든 활동을 총괄적으로 조정하고 관리하는 경영관리활동이 있다.

가치사슬 전체에 걸친 모든 세부적인 활동이 고객효익과 고객희생에 영향을 미친다. 각 가치사슬활동의 상대적 중요성은 산업별로 다르고, 기업이 택하는 전략에 따라 다를 수 있다. 기업은 가치사슬활동에 대해 고객들이 부여하는 가치(효익)와 함께, 이들 가치를 제공하는 데 소요되는 원가를 추적하고 관리해야 한다[4].

고객가치 정보의 예를 들면, 디자인 단계에서는 고객이 제품의 어떤 특성에, 얼마의 가치를 부여하는가? 마케팅 단계에서는 고객은 해당 제품의 브랜드 이미지에 얼마나 많은 가치를 부여하는가? 배송단계에서는 빠른 배송이나 배달기한 준수가 고객에게 얼마나 소중한가? 등이 있다.

그림 1-2 제조기업의 가치사슬활동

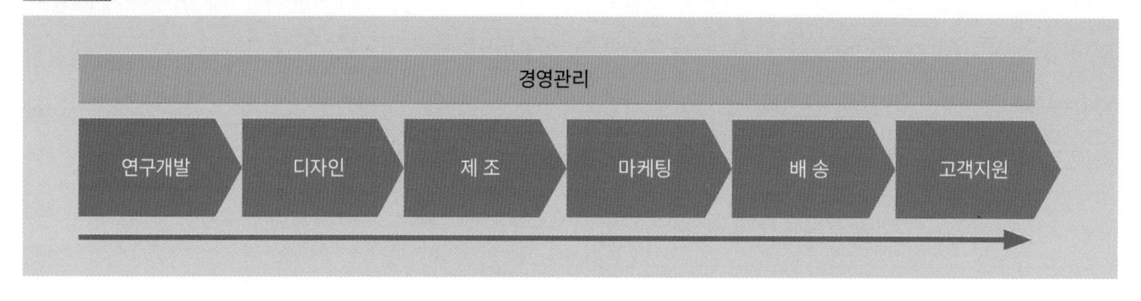

4 이하에서는 혼란의 소지가 있는 경우를 제외하고는 일반적인 표현을 따라 고객가치와 고객효익을 혼용한다.

그림 1-3은 소비자들의 휴대전화기 구매 의사결정에 영향을 미치는 **제품의 가치속성**(value attribute)에 관한 조사결과이다. 기업은 가격, 무게, 크기를 소비자들의 구매의사에 영향을 미치는 중요한 가치속성으로 판단하지만, 소비자들은 가격, 서비스 대응성, 화면의 선명성, 사용의 편의성을 중요한 가치속성으로 여기고 있는 것으로 나타났다. 이처럼 기업이 판단하는 고객가치는 소비자들이 제품에 부여하는 효익(가치)과 큰 차이가 있을 수 있음에 주의해야 한다.

고객희생에 관한 정보는 고객가치를 제공하는 데 드는 원가에 관한 정보이다. 기업이 지속적인 경쟁우위를 확보하기 위해서는 가치사슬활동의 원가자료를 적극적으로 활용하여 경쟁전략을 개발하고, 전략추진의 효과를 평가하는 **전략적 원가관리**(strategic cost management)를 실행해야 한다.

공급사슬(supply chain)은 제품(서비스)의 제조와 배송(전달)과 관련된 일련의 활동으로, 관련활동이 기업의 내부에서 이루어질 수도 있고 외부에서 이루어질 수도 있다. 공급사슬은 원재료를 공급하는 기업으로부터 고객에게 제품을 전달하는 기업까지 여러 기업이 하나의 산업 영역을 구축하고 있는 경우가 많다. 예를 들어, 자동차산업에서 공급사슬에는 철강 등 원재료 공급업체, 부품제조업체, 완성차업체, 육해상 운송업체, 자동차판매업체 등이 포함된다.

기업은 경쟁기업보다 공급사슬을 더 잘 관리함으로써 경쟁우위를 확보할 수 있다. 고품질의 부품을 적기에 공급받는 것은 고품질의 제품을 고객에게 제공하는 것만큼 중요하다. 공급사슬의 원가관리를

그림 1-3 휴대전화기 가치속성에 대한 기업과 소비자의 관점 차이

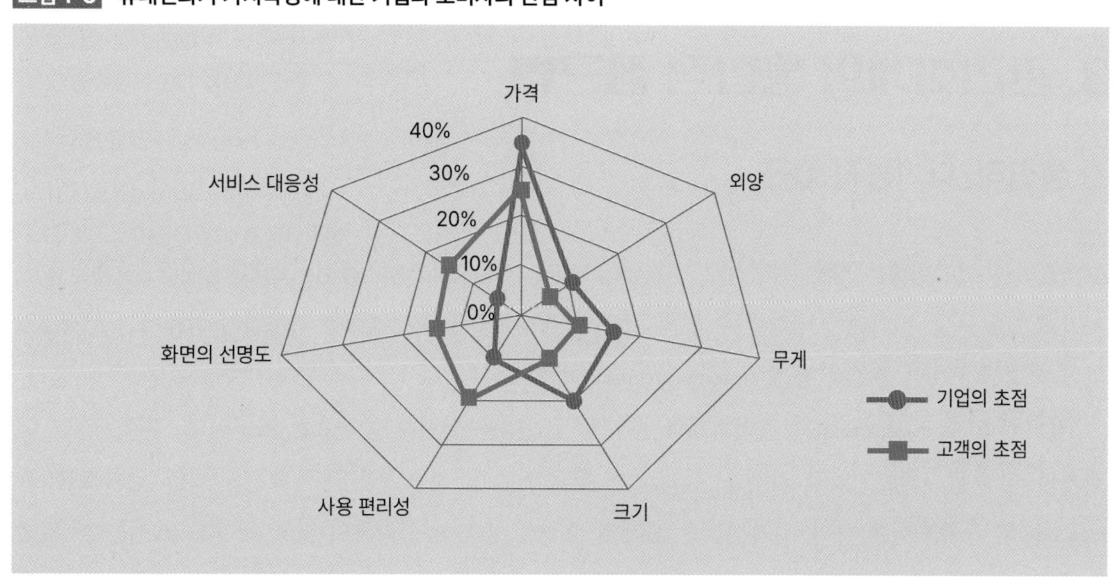

출처 : C.J. Mcnair-Connolly, et al. (2013), Cost Management, Nov/Dec.

그림 1-4 자동차 제품의 공급사슬

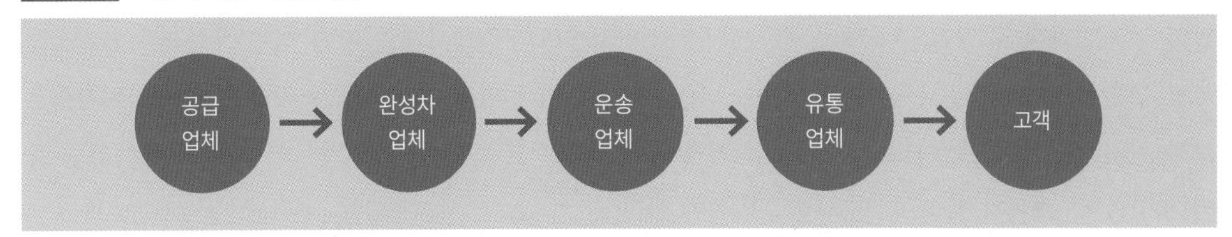

위해서는 공급사슬에 있는 기업들의 활동에 대한 통합조정이 필요하다. 재고 정보의 공유를 통한 불필요한 재고의 최소화, 부품 품질 유지, 규정된 납품 일정 준수 등이 공급사슬 원가관리의 중요한 요소이다.

제품의 최종 사용자인 고객이 제품에 대해 지불하는 희생(가격)에는 공급사슬에 있는 모든 기업의 원가가 포함된다. 따라서 공급사슬에 있는 기업 전체의 원가를 효과적으로 관리하지 않으면 원가경쟁력을 확보할 수 없다. 예를 들어, 자동차 공급사슬에서 1차, 2차, 3차 공급업체들과 운송업체, 유통업체들의 원가는 완성차업체의 원가경쟁력과 직결된다.

최근 COVID-19 대유행과 함께 **공급망 대란**(supply chain disruption)이 발생하고, 반도체, 2차 전지 등 첨단산업 분야에서는 강대국들의 이해관계가 충돌함에 따라 재고관리와 **공급사슬(망) 관리**(supply chain management)의 중요성이 더욱 증가하게 되었다.

3. 관리회계의 통합적 접근법

1) 통합적·다기능적 접근

고객효익과 고객희생은 상호 밀접하게 연관되어 있다. 제품(서비스)의 품질, 고객대응시간, 고객만족도, 가격(원가)을 서로 분리해서 생각할 수 없다. 동적인 경쟁환경에서 경쟁력을 확보하기 위해서는 고객효익과 고객희생에 대한 **통합적 접근**(integrative approach)이 필요하다.

원가관리(cost management)는 관리회계의 통합적 접근법을 실행하는 중요한 도구이다. 원가관리는 고객가치 창출을 위해 기업의 자원을 관리하는 활동으로서, 전통적인 재무적 접근법인 **원가절감**(cost reduction)과 구분되어야 한다. 원가절감은 고객의 효익을 충분히 고려하지 않고 원가를 줄이는 데 집중하지만, 원가관리에서는 고객효익과 고객가치 창출을 위해 필요한 경우 의도적으로 더 많은 원가를 투입할 수 있다. 예를 들어, 신속한 배송이 고객가치의 중요한 요소라면, 기업은 배송활동에 더 많은 자원을 투입해서 고객가치를 창출함으로써 더 많은 이익을 획득할 수도 있다.

휴대전화기 구매 의사결정(그림 1-3)의 예를 들면, 기업은 고객이 제품의 각 가치속성에 부여하는 효익(가치)의 상대적 중요성을 고려하여 기업의 자원투입 의사결정을 내려야 한다. 원가관리의 핵심은 **고객가치에 기초한 원가관리**(value-based cost management)이며, 이를 위해 고객의 선호와 고객 만족 등 비재무적인 정보(nonfinancial information)를 적극적으로 활용해야 한다. 고객가치를 충분히 고려하지 않는 원가절감은 단기적인 재무적 성과(financial performance)를 창출하는 데는 도움이 될 수도 있지만, 장기적인 경쟁력 확보에는 부정적인 영향을 미칠 수도 있다.

가치사슬활동의 원가관리에도 통합적인 관점이 요구된다. 연구개발과 디자인활동에 더 많은 원가를 투입할 경우, 제조, 마케팅, 고객지원활동의 원가를 줄일 수 있게 되어 전체 원가를 줄일 수도 있다. 이처럼 원가관리는 활동별로 원가를 독립적으로 관리하는 것이 아니라, 가치사슬활동 전체에 대해 통합적으로 실시해야 한다.

또한 전략을 개발하거나 문제를 찾아내고 해결책을 제시하기 위해서는 제조, 마케팅, 회계/재무 등 기능별 접근이 아닌 **다기능적 접근**(cross-functional approach)이 요구된다. 예를 들어, 마케팅 전략은 제품의 판매량과 판매 시기는 물론, 제품의 제조와 부품 구매에도 영향을 미친다. 고객이 요구하는 제품의 기능은 제조원가에 영향을 미친다. 따라서 기능별 독립적인 접근은 기업의 역량과 자원과 활동을 고객가치 창출에 집중하기 어렵게 한다.

가치사슬과 공급사슬에 대한 통합적인 관리는 비즈니스 전 분야에 대한 전문적인 지식을 요구한다. 관리회계시스템은 여러 경영관리시스템 중 하나지만, 기업의 가치사슬과 공급사슬 관리를 고객효익과 고객희생, 즉 고객가치(customer value) 관점에서 통합적으로 분석하고 관리할 수 있는 체계를 제공한다.

마지막으로, 전략의 성공적 실행을 위해서는 전략추진의 핵심적인 성과를 측정하고 관리해야 한다. 관리회계는 **균형성과표**(BSC, Balanced Scorecard)를 이용하여 재무적·비재무적 성과를 통합적으로 균형 있게 측정하고 피드백함으로써, 전략의 실행력을 강화한다.

2) 활동기준원가계산과 활동기준경영관리

조직에서 가치사슬활동의 원가관리를 위해 **활동기준경영관리**(ABM, Activity-based Management)를 사용할 수 있다. 활동기준경영관리는 **활동**(activity)을 기본 단위로 고객가치와 기업가치 제고를 추구하는 통합적인 접근법이다.

활동기준경영관리는 두 가지 도구를 사용한다. 하나는 **활동기준원가계산(ABC, Activity-based Costing)**이다. 활동기준원가계산은 제조원가는 물론 디자인과 엔지니어링, 마케팅, 배송, 고객지원, 일반관리 등 전 가치사슬활동의 원가를 세부 **활동(activity)**별로 추적하고 집계하여 제품과 고객에게 할당함으로써 원가계산의 정확성을 높인다.

여기서 활동이란 조직에서 수행하는 다양한 일(task)을 말한다. 예를 들어, 절단부문의 경우 절단용 기계를 정교하게 설정하는 기계셋업활동, 실제로 기계를 작동하여 재료나 부품을 절단하는 절단작업활동, 절단된 재료를 검사하는 검사활동 등이 있을 수 있다. 활동기준원가계산(ABC)에서 산출되는 다양한 **원가동인(cost driver)**에 관한 정보는 각 활동의 원가발생 원인을 파악하게 해줌으로써 원가를 인과관계적으로 관리할 수 있게 해준다. 활동기준원가계산의 성공적 실행을 위해서는 업무(활동)에 대한 실무적인 지식이 요구되며, 이를 위해 각 분야의 업무에 익숙한 담당자들이 함께 참여해야 한다.

활동기준원가계산의 기본 개념은 예산편성 시에도 활용할 수 있다. 전통적인 조직 단위별 예산편성과 달리, 원가동인을 사용하여 활동별로 예산을 편성하는 **활동기준예산편성(ABB, Activity-based Budgeting)**을 통해 예산의 정확성을 높일 수 있다.

활동기준경영관리(ABM)가 사용하는 다른 도구는 **프로세스가치 분석(process value analysis)**이다. 활동기준경영관리는 개념적으로 모든 활동(프로세스)을 고객에게 가치(효익)를 부여하는 **부가가치활동(value-added activities)**과 고객에게 가치를 부여하지 않는 **비부가가치활동(nonvalue-added activities)**으로 구분한다. 부가가치활동은 프로세스 개선을 통해 효율화하고, 비부가가치활동은 점진적으로 제거하거나 최소한으로 줄이는 접근법을 사용한다.

4. 관리회계에서 핵심성공요인과 지속가능성 관리

경쟁이 덜 심했던 과거에는 기업은 공급자 관점에서 비교적 소수의 제품을 오랫동안 대량으로 생산하여 판매할 수 있었다. 그러나 경쟁이 심화됨에 따라 제품의 수명주기는 짧아지고, 고객가치 창출이 중요한 성공요소가 되었다. 고객가치 창출을 위한 대표적인 **핵심성공요인(KSF, Key Success Factor)**으로는 **원가(cost)**, **품질(quality)**, **시간(time)**, **혁신(innovation)**, **지속가능성(sustainability)**을 들 수 있다. 고객이 원하는 고품질의 제품(서비스)을 고객이 지불할 용의가 있는 가격으로 빠른(희망하는) 시간에 공급하는 능력이 경쟁력의 핵심이다. 이들 요인의 성공적 실행은 기업의 가치사슬(value chain)활동과 공급사슬(supply chain)의 성공적 관리에 달려 있다. 핵심성공요인에 대해 하나씩 살펴보자.

원가(cost)

원가는 제품(서비스)의 가격에 영향을 미치는 중요한 요소이다. 기업이 어떤 전략을 택하든, 고객가치 창출에 기반을 둔 원가절감은 고객희생을 감소시킴으로써 고객가치(customer value)를 증가시킬 수 있다. 기업은 연구개발, 디자인, 제조, 마케팅, 배송, 고객지원 등 기업이 수행하는 각종 활동(activity)의 원가를 세부적으로 파악하고 원가 발생원인을 찾아 관리함으로써, 가치사슬활동의 효율성(efficiency)을 높여야 한다. 또한 공급사슬 관리를 통해 낮은 가격으로 원재료와 부품을 조달해야 한다.

품질(quality)

경쟁이 심화됨에 따라 제품(서비스)의 품질은 선택이 아닌 필수 요소가 되었다. 고객의 기대를 충족하지 못하는 제품은 가격과 상관없이 고객의 선택을 기대하기 어렵다. 품질관리는 고객효익의 증가를 통해 고객가치를 증가시킬 뿐만 아니라, 기업의 원가관리에도 중요한 역할을 한다. 제품의 품질 향상은 불량품과 낭비를 줄이고, 불필요한 재고 부담을 줄이는 등 원가를 감소시키는 효과가 있다. 내부 제조공정의 품질관리는 물론, 공급업체가 고품질의 원재료와 부품을 공급할 수 있도록 관리해야 한다.

시간(time)

경쟁이 심화되고 고객의 욕구가 다양해짐에 따라, 제품의 수명주기는 짧아지고 고객은 새로운 제품을 더 빨리 원하고 있다. 혁신적인 제품을 짧은 시간에 개발하고, 제품 제조시간을 단축하고, 제품을 신속하게 배송(및 기한 내 배송)하는 것은 고객효익의 중요한 요소로 자리 잡게 되었다. 따라서 신제품 개발능력을 높이고, 고객이 가치를 부여하지 않는 비부가가치 활동의 시간(non-value added time)을 줄여 고객 대응성(customer responsiveness)을 높여야 한다.

혁신(innovation)

제품의 수명주기가 짧아짐에 따라 기업에서 혁신은 고객가치 창출의 중요한 요소가 되었다. 고객가치와 기업가치 제고를 위해 제품과 서비스의 혁신은 물론, 비즈니스 모델, 제조공정, 마케팅, 배송, 고객서비스 등 기업활동 전체의 혁신이 요구된다.

지속가능성(sustainability)

최근 사회적으로 **ESG**라 불리는 **환경**(environmental), **사회**(social), **지배구조**(governance) 분야에서 '좋은(good)' 기업에 대한 요구가 증가하고 있다. 고객 우선주의(customer orientation)와 함께, **ESG(지속가능성) 경영**은 투자자와 소비자들의 선택을 받기 위한 또 하나의 중요한 경영 기준이 되고 있다.

기후변화가 극심해짐에 따라 지구환경의 지속가능성에 관한 관심이 점차 증가하고 있으며, 이산화탄소 등 **온실가스**(greenhouse gas) **배출**에 대한 정부의 규제도 강화되고 있다. 소비자들과 비영리단체 등 **이해관계자**(stakeholder)들도 환경문제에 관해 기업에 압력을 가하고 있다. 사회(social) 분야에서, 종업원들은 더 안전한 근로환경과 더 나은 보상을 요구하고 있다.

우리나라도 2026년부터 ESG 공시가 단계별로 의무화될 예정이며, ESG 공시는 해당 기업은 물론 공급사슬 전체를 대상으로 하고 있어, 공급사슬 관리의 중요성도 더욱 증가하고 있다.

관리회계의 균형성과표(BSC)는 핵심성공요인에 대한 기업의 성과를 추적하고 관리하는 수단으로서, 이들 요인이 원가와 고객가치, 기업가치에 미치는 영향을 종합적으로 측정하고, 평가할 수 있게 해준다.

5. 관리회계와 경영자의 계획 및 통제 기능

경영활동은 계획을 세우고(plan), 계획을 실행하며(do), 실행결과를 평가하고 이를 다시 계획에 피드백하는(see) **PDS(Plan-Do-See)** 순환과정을 거친다. 이 순환과정에서 경영관리자는 **계획**(planning)과 **통제**(control) 기능을 수행하며, 이에 필요한 **의사결정**(decision-making)을 내리게 된다.

1) 계획기능

계획(plan) 단계에서는 새로운 사업에 진출할 것인지? 기존의 사업부를 폐지할 것인지? 어떤 제품을 만들 것인지? 몇 개를 만들 것인지? 부품을 내부에서 생산할 것인지, 외부에서 조달할 것인지? 어떤 재료를 사용할 것인지? 품질을 어떻게 개선할 것인지? 얼마에 팔 것인지? 광고비에 얼마를 쓸 것인지? 금년도 목표이익은 얼마가 적정한지? 언제, 얼마의 자금을 조달할 것인지? 중간 및 하위경영자들에 대한 성과평가 측정과 보상을 어떻게 할 것인지? 등에 관한 의사결정을 내린다. 이러한 의사결정은 기업이 택하는 전략의 영향을 받는다. **예산**(budget)은 계획 단계에서 가장 중요한 기능을 하는 도구이다.

2) 통제기능

통제(control) 단계에서는 계획 단계에서 내린 의사결정의 **실행**(Do) 과정을 모니터하고, 계획과 비교하여 성과를 평가하고, 결과를 **피드백**(feedback)하고, 필요한 수정 조치를 내리고, 보상과 관련된 의사결정을 내린다[5]. 예를 들어, 제품의 품질과 제조공정에 문제가 없는가? 원재료 조달과 부품 재고에 문제가 없는가? 원가가 설정된 표준을 초과하여 발생하고 있지 않은가? 판매량이 기대치를 충족하고 있는가? 고객 배송시간은 준수되고 있는가? 신제품 개발은 계획된 일정대로 진행되고 있는가? 고객 불만 사항은 무엇인가? 관리자의 성과는 적절한가? 등을 모니터하고, 문제가 발견되면 해결방안을 제시한다.

위에서 설명한 통제(control) 기능은 크게 **경영통제**(management control)와 **업무통제**(operational control)로 구분된다. 경영통제는 최고경영층이 중간경영층에 대한 성과를 평가하고 보상하는 것과 관련된 통제활동이며, 업무통제는 중간경영층이 하위경영층과 직원들의 업무를 감독하고 평가하는 것과 관련된 통제활동이다. 경영통제(management)와 관련된 핵심적인 도구는 단위조직의 실제 성과(actual results)를 예산(budget)과 비교하는 **성과보고서**(performance report)이다. 성과보고서는 관리자의 성과를 평가하는 기초 자료의 역할을 하며, 기업이 선택한 전략과 의사결정의 효과를 분석하고, 예산과의 차이를 분석하여 문제점을 발견하고, 대안을 제시하여 차기 계획 수립에 피드백하는 유용한 도구로서 역할을 한다.

관리회계는 경영자의 계획과 통제기능과 관련된 각종 의사결정에 필요한 정보를 제공하는 역할을 한다. 경영자는 계획 단계에서 경쟁자 정보, 경영환경 정보, 미래에 대한 예측 정보, 재무적 시나리오 등을 필요로 하며, 통제 단계에서는 실행과정에서 측정한 각종 재무적·비재무적인 성과에 관한 정보를 필요로 한다.

---

5 본서의 경영자 기능 분류는 C. Horngren 및 J. Jiambalvo와 유사하다. 경영자 기능의 분류는 관리회계 분야 학자별로 차이가 있다. J.L. Zimmerman은 경영자의 기능을 크게 의사결정(decision-making)과 통제(control)로 분류하고, 계획(planning)과 결정(making decisions)을 의사결정(decision-making) 기능으로, 동기유발(motivation)과 감독(monitoring)을 통제(control) 기능으로 분류한다. D.R. Hansen & M.M. Mowen은 의사결정을 대안 간의 선택을 의미하는 좁은 의미로 정의하고, 경영자의 기능을 계획, 통제, 의사결정 3개 영역으로 구분한다.

3) 계획과 통제 기능의 충돌 가능성

기업 주주들의 목적은 기업이 장기적으로 이윤을 창출하여 기업가치를 증가시키는 것이다. 그러나 관리자와 종업원과 공급업체는 주주들의 목적과 다른 자신들의 이해관계(self-interest)를 추구한다. 최고경영층은 경영통제(management control)활동을 통해 관리자들의 이해관계가 주주들의 목적과 일치되도록(align) 유도해야 한다.

기업의 **관리회계시스템**은 계획과 통제 기능에 필요한 정보를 제공한다. 그러나 동일한 관리회계 정보를 계획과 통제목적으로 동시에 사용하면 시스템 내부에 충돌(trade-off)을 일으킬 수 있다. 대표적으로, 예산(budget)은 계획기능에 중요한 역할을 하지만, 실제 성과를 평가하고 비교하는 기준점으로서 통제기능에도 중요한 역할을 하는 경우가 많다. 회사의 기획부서에서 판매직 사원들에게 내년도 예상판매액에 관한 정보를 요구할 수 있다(계획목적). 그러나 그 예상판매액 수치가 자신들의 내년도 성과평가에 사용된다면(통제목적), 판매직 사원들은 내년도에 달성할 수 있는 최대목표보다 낮은 수치를 예상판매액으로 보고할 가능성이 크다.

따라서 경영자의 의사결정에 필요한 정보를 수집하고, 분석하고, 보고하는 과정에서 관리회계 담당자는 계획과 통제 기능 사이에 발생할 수 있는 충돌 가능성을 항상 고려해야 한다. 업무를 실제로 수행하는 사람의 유인을 올바로 고려하지 않는다면, 경영자의 계획과 통제 기능 모두 올바로 작동하기 어렵다.

4) 관리회계 정보와 관리회계시스템

관리회계 정보는 가치사슬과 공급사슬 및 고객과 경쟁기업에 대한 다양한 정보를 포함한다. 그러나 이런 정보들이 하나의 **정보시스템(information system)**을 통해 제공될 필요는 없다. **관리회계시스템**은 기업의 여러 정보시스템의 일종으로서, 예산, 제품원가, 부문별 실적 등에 관한 정보와 지식을 제공하고, 제조와 마케팅, 고객지원 등의 분야에 대한 정보는 다른 정보시스템을 통해 제공될 수도 있다. 정보시스템의 형태는 조사분석이나 메모 등 비공식적인 형태가 될 수도 있고, IT 시스템을 통한 공식적인 전자시스템의 형태가 될 수도 있다.

또한 관리회계시스템은 독립적인 시스템이 아닌 재무회계 정보와 관리회계 정보를 통합적으로 관리하는 **내부회계시스템(internal accounting system)**의 형태로 구축되는 경우가 더 일반적이다.

외부보고(재무회계)를 위한 정보와 내부보고(관리회계)를 위한 정보는 성격상 많은 차이가 있어 통합적으로 운용될 경우 오용의 소지가 있지만, 각각 별도의 정보시스템을 구축하고 유지하는 것은 비용이 많이 들고, 사용자들의 혼란을 불러올 수 있기 때문이다. 아울러, 관리회계 정보는 많은 비정형적인 의사결정을 대상으로 하고 있어, 내부 회계시스템이 모든 의사결정에 관한 정보를 별도로 담기 어렵다. 따라서 하나의 회계시스템을 유지하면서 의사결정 상황에 따라 관련자료를 새로이 재분류하고, 재결합하고, 재조직하는 것이 바람직할 수 있다.

지금까지 설명한 관리회계와 고객가치, 기업가치의 관계를 총괄적으로 요약해서 나타내면 그림 1-5 와 같다.

그림 1-5 관리회계와 고객가치, 기업가치의 관계

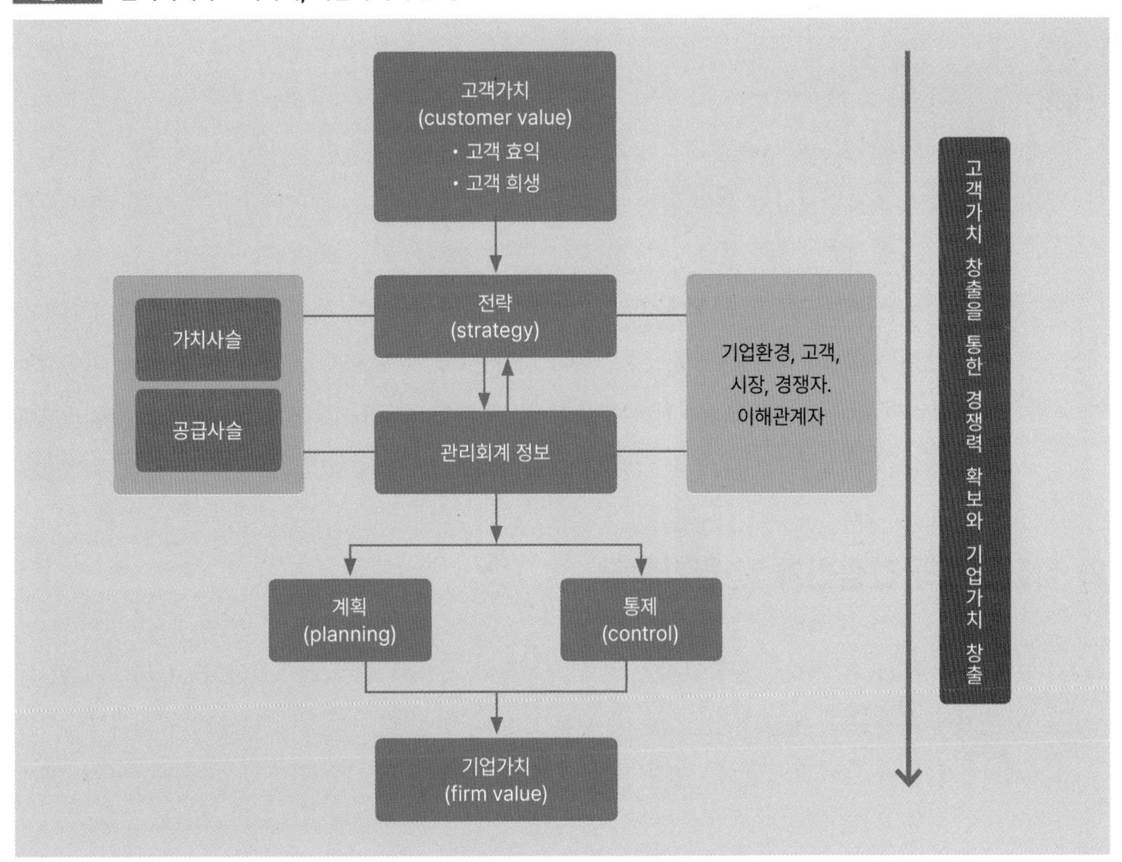

6. 관리회계 학습을 위한 기본적인 원가개념

1) 제품원가와 기간비용

제조기업의 가치사슬활동 중에서 제조활동의 원가를 **제조원가**, 나머지 비제조활동의 원가를 **비제조원가**라고 한다. 이 중에서 제조원가만 재무보고용 **제품원가**(product costs)에 포함되며, 나머지 비제조활동의 원가는 대부분 **판매비와관리비**(SGA, Selling, General, and Administration)로 분류되어 **기간비용**(period costs)으로 처리된다.

외부 재무보고에서 제품원가와 기간비용의 구분이 중요한 이유는 제품이 판매되지 않을 때 제품원가는 자산으로 계속 남아서 손익에 영향을 미치지 않지만, 기간비용은 발생한 기간에 모두 비용으로 처리되기 때문이다. 제조원가는 제품이 판매되기 전까지 계속 재고자산의 원가로 남아 있게 되므로 **재고가능원가**(inventoriable cost)라고도 한다.

그러나 **제품원가**는 상황(목적)별로 다르게 정의된다. 재무보고용 제품원가에는 제조원가만 포함되지만, 제품가격 결정과 제품수익성 분석을 위한 제품원가에는 판매비와 고객지원비용 등을 포함한 가치사슬활동 전체의 원가가 제품원가에 포함될 수 있다.

제품의 가격결정을 위한 원가도 상황에 따라 그 범위가 다를 수 있다. 예를 들어, 기업은 단기적인 가격을 결정할 때 경쟁상황과 경기 등을 종합적으로 고려하는데, 이때 제품원가는 단기적으로 회수해야 할 최소한의 원가로서 재료원가와 노무원가가 대상이 될 수 있다. 그러나 장기적으로 투자수익을 확보하는 데 필요한 제품의 평균적인 가격수준을 결정할 때는 제품원가에 고정설비의 원가도 포함해야 한다.

2) 직접원가와 간접원가 및 원가할당

제조기업은 재무상태표와 손익계산서 작성을 위해 재공품과 제품의 원가를 측정하며, 그 외 다양한 목적으로도 원가를 측정한다. 예를 들어, 기업 내 부문(서)이나 활동(예 고객전화 응대활동)의 원가 또는 특정 유통채널고객의 원가를[6] 측정할 수 있다. 이런 원가정보는 특정 부서나 활동의 아웃소싱 여부 결정,

6 예를 들어, 전자제품 제조회사는 백화점, 대리점, 마트 등 다양한 유통채널고객을 보유하고 있으며, 그중에서 특정 백화점 채널고객의 원가를 파악하고자 할 수 있다. 제품 제조원가는 차이가 없더라도 주문처리, 배송, 제품저장, 판매후서비스 등의 원가는 유통채널고객들 간에 큰 차이를 보일 수 있다.

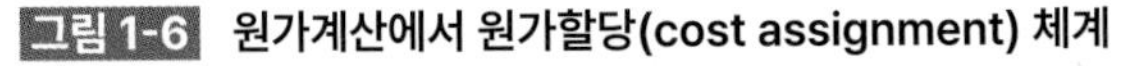
그림 1-6 원가계산에서 원가할당(cost assignment) 체계

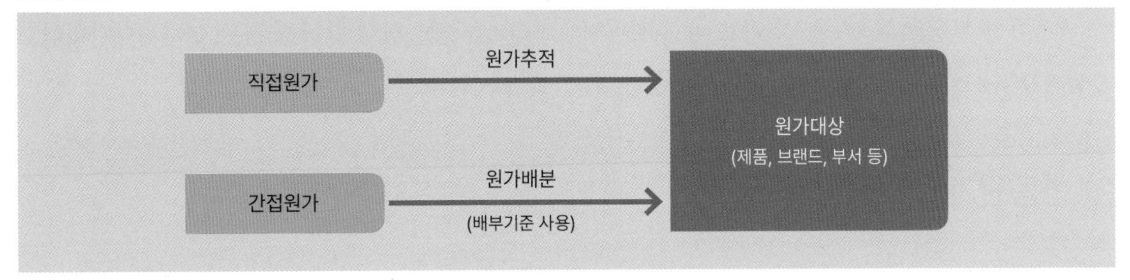

유통채널별 공급가격 결정, 원가관리 등 다양한 경영관리목적으로 사용된다. 이처럼 우리가 그 원가를 알고 싶어 하는 대상을 **원가대상**(cost object) 또는 **원가집적대상**이라고 한다. 원가회계의 중요한 목적 중 하나는 원가대상의 원가를 계산하는 것이다.

원가대상의 원가를 계산하는 과정을 포괄적으로 **원가할당**(cost assignment)이라고 한다. 그림 1-6에 나타난 바와 같이, 원가할당 과정은 직접원가에 대한 **원가추적**(cost tracing)과 간접원가에 대한 **원가배분**(cost allocation)으로 구성된다. **직접원가**(direct cost)는 원가대상에 직접 귀속시킬 수 있는 원가이며, **간접원가**(indirect cost)는 원가대상에 직접 귀속시킬 수 없는 원가로서, **원가배부기준**(cost allocation basis)을 사용하여 배부한다.

직접원가와 간접원가에 대해 좀 더 살펴보자. 예를 들어, 사무용품 제조회사에서 책상과 의자의 원가를 계산하고자 한다고 하자. 책상과 의자 제조에 필요한 재료가 다르다면(같더라도 사용할 때마다 따로 기록한다면), 재료의 원가는 직접추적이 가능한 직접원가가 된다. 반면에 책상과 의자 제조를 위해 절단부에 있는 같은 기계들을 사용해서 재료를 절단한다면, 기계의 감가상각비는 간접원가에 해당한다. 즉, 간접원가는 둘 이상의 원가대상에 공통으로 발생하여 특정 원가대상으로 직접 귀속시킬 수 없는 원가이다.

이처럼 직접원가와 간접원가의 분류는 먼저 구분가능성에서 출발한다. 다음으로, 구분이 가능한 경우에도, 금액이 적어 중요성이 낮거나 직접추적하는 것이 비용적인 측면에서 비효율적일 경우에는 경제적으로 가능한(economically feasible) 방법으로 추적할 수 없으므로, 간접원가로 처리하여 배분하는 것이 바람직할 수 있다.

직접원가와 간접원가는 원가대상에 대한 **추적가능성**(traceability)에 따른 구분이므로, 특정 원가를 직접원가와 간접원가로 분류하기 위해서는 원가대상을 먼저 정해야 한다는 사실에 유의해야 한다. 위 사무용품 제조회사의 예에서 공장장이 부서별 운영 효율성을 분석하기 위해 부서별 원가를 파악하고자 한다고 하자(이제 원가대상이 부서). 책상과 의자의 재료를 절단하는 기계의 감가상각비는 이제 절단부에 직접 추적가능한 직접원가가 된다.

제품가격 결정을 위해, 제조원가가 아닌 판매비와관리비를 제품별로 할당할 경우, 판매비와관리비도 직접원가(비용)와 간접원가(비용)로 구분해서 원가할당을 실시한다.

3) 변동원가와 고정원가

(1) 원가행태에 따른 원가분류

제품을 비롯한 **원가대상**(cost object)의 조업도가 변함에 따라 원가가 변하는 양상을 **원가행태**(cost behavior)라고 한다[7]. 원가행태에 대한 분석은 원가계산, 원가통제, 예산수립, 성과평가, 가격결정은 물론, 제품원가의 범위에 대한 논쟁에 이르기까지 매우 중요한 역할을 한다.

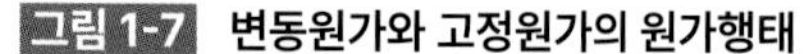

그림 1-7 변동원가와 고정원가의 원가행태

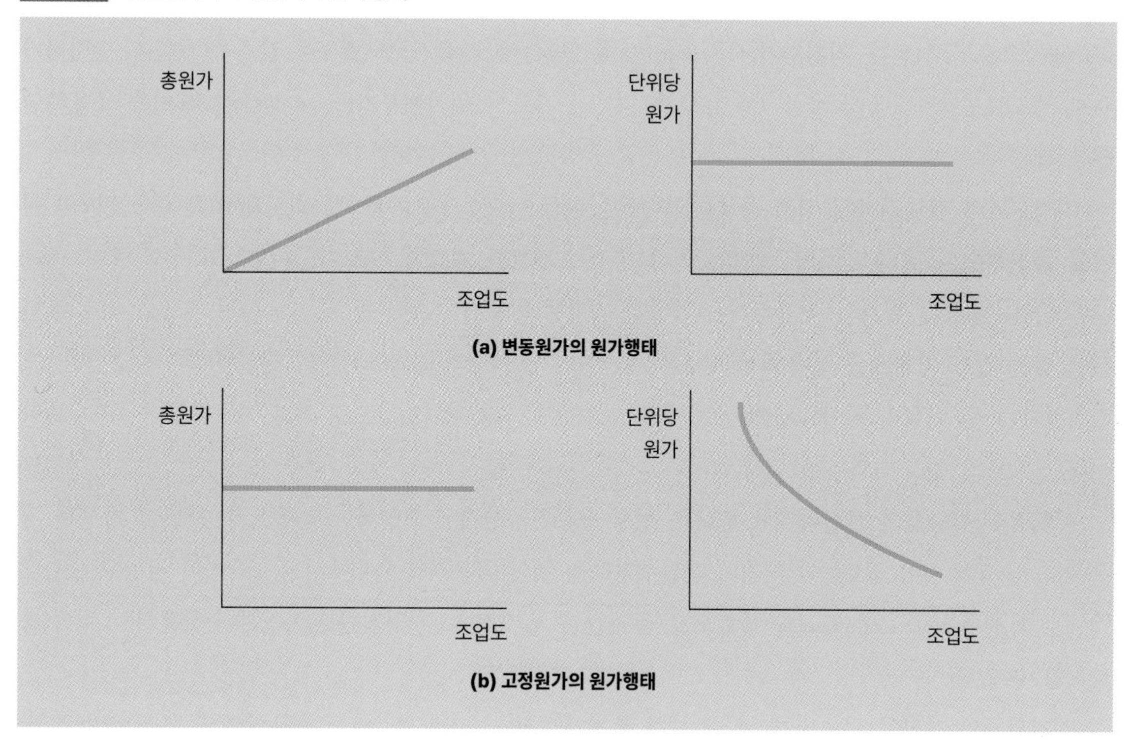

7 조업도(level of an activity)는 제품생산량, 기계작업시간, 직접노동시간 등의 활동량을 말한다.

그림 1-8 혼합원가와 계단원가

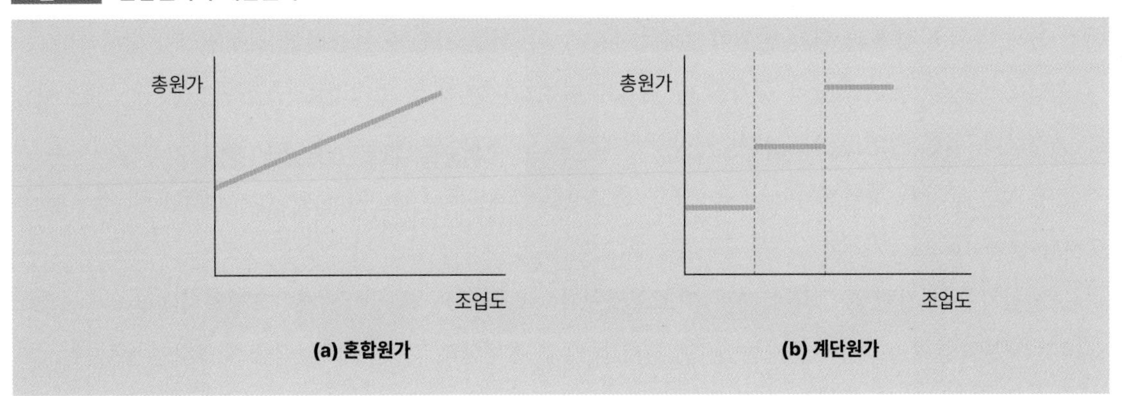

원가는 원가행태에 따라 **변동원가**(variable costs)와 **고정원가**(fixed costs)로 구분한다[8]. **변동원가**는 조업도가 증가함에 따라 총계가 비례적으로 증가하는 원가로서, 조업도 한 단위당 원가는 일정하게 고정되어 있는 원가를 말한다. 예를 들어, 책상을 제조할 때 책상 한 단위당 직접재료원가는 일정하며, 책상 생산량이 증가함에 따라 직접재료원가의 총계는 비례적으로 증가한다. 반면에 **고정원가**는 조업도가 증가하더라도 총계가 변하지 않고 고정되어 있는 원가로서, 조업도 한 단위당 원가는 조업도가 증가함에 따라 계속 감소하는 원가이다. 기계설비 감가상각비가 이에 속한다.

원가 중에는 그림 1-8과 같이 고정원가와 변동원가의 특성을 함께 지닌 원가도 있다. 전기요금은 기본요금에다 사용량에 따라 요금이 추가되는 형태이다. 이런 원가를 **혼합원가**(mixed costs) 또는 **준변동원가**(semi-variable costs)라고 부른다.

다른 유형으로, 계단식으로 변하는 원가도 있다. 기업이 자원(resources)을 취득하여 사용하는 유형에는 두 가지가 있다. 필요할 때마다 자원을 취득하여 사용할 수도 있으며(예 재료, 에너지), 사용하기 전에 미리 자원을 취득해야 할 수도 있다(예 건물, 기계설비, 인력). 전자의 자원을 **유동자원**(flexible resources), 후자의 자원을 **기정자원**(committed resources)이라고 한다. 전자의 경우에는 필요한 수량만큼 취득하거나 대량 구입 시에도 저장하여 사용할 수 있어서, 자원의 사용과 원가 발생이 일치한다. 이런 자원을 사용하면 변동원가가 발생한다.

그러나 후자의 경우에는 실제 필요한 세부적인 용량 단위로 구매할 수 없어서 필요량보다 많은 덩어

8 경제학에서는 총원가와 생산량의 관계를 주로 다루지만, 회계학에서는 다양한 원가대상의 원가행태를 분석한다. 또한 경제학에서 원가와 생산량의 관계는 전체 생산량에 대한 원가의 변화행태(예 S자 곡선)를 주로 제시하지만, 회계학에서는 일정한 조업도 범위 내에서 원가의 선형추정(linear approximation)을 실시한다.

리(lump, chunk)로 취득해야 하는 경우가 많아, 사용하지 않는 **미사용 생산용량**(unused capacity)이 발생한다. 이로 인해 자원의 사용과 원가 발생이 일치하지 않는다. 이런 자원을 사용하면 고정원가가 발생한다.

기업이 생산량 등 조업도가 증가할 때 필요에 따라 기정자원을 덩어리로 구입하면 원가는 계단식으로 증가한다. 예를 들어, 소프트웨어 제작부서에서 프로그래머를 채용할 때 노무원가는 계단식으로 증가한다. 이런 원가를 **계단원가**(step costs) 또는 **준고정원가**(semi-fixed costs)라고 한다. 계단의 폭이 매우 좁고 숫자가 많을 때(프로그래머의 숫자가 매우 많을 때)는 사실상 변동원가로 간주할 수 있다.

고정원가는 원가발생 성격에 따라 **기초고정원가**(committed fixed costs)와 **재량고정원가**(discretionary fixed costs)로 세분화할 수도 있다. 전자는 공장, 기계 등의 유형자산과 같이 생산능력을 확보하기 위해 발생하는 고정원가를 말하며, 후자는 연구개발비, 광고비 등과 같이 경영층의 재량으로 지출 수준이 결정되는 고정원가를 말한다.

유의할 점은 변동원가와 고정원가의 구분도 원가대상이 무엇이냐에 따라 달라진다는 것이다. 제품을 설계하는 데 소요되는 디자인원가를 예로 들어 보자. 원가대상이 디자인부서라면 디자인원가는 디자인부서의 조업도(제품설계시간)에 따라 변하는 변동원가가 될 수 있지만, 원가대상이 제품이라면 조업도(생산량)에 따라 변하지 않는 고정원가가 된다.

(2) 관련범위와 원가동인

원가 중에 실제로 조업도와 무관하게 항상 고정되어 있는 원가는 공장장의 급여 등 극히 일부 항목에 지나지 않는다[9]. 예를 들어, 생산량이 폭증하는 경우 기계설비를 추가로 구입해야 하므로 기계설비 감가상각비도 증가한다. 따라서 원가행태는 일정한 조업도 범위 내에서 원가가 변화하는 양상을 의미하며, 이 범위를 벗어나면 원가행태도 달라진다.

예를 들어, 202X년에 영업을 개시한 사무용품 제조회사의 당년도 책상 예상생산량은 12,000개로서, 절단기계 사용시간은 3,000시간으로 예상된다. 절단기계 한 대의 연간 가용시간은 2,000시간이며, 이 회사는 기계 2대를 구입하기로 했다. 따라서 절단기계의 총사용가능시간은 2,000~4,000시간이며, 기계설비 감가상각비는 이 범위 내에서 고정원가이다(그림 1-9). 이처럼 일정 기간에 구체적인 원가행태가 규정되는 조업도 범위를 **관련범위**(relevant range)라고 한다.

---

9 급여 등 각종 원가는 물가변동의 영향을 받아 시간이 지남에 따라 인상되기도 하지만 원가행태는 일정기간에 국한하여 정의되므로 이런 요소들을 배제한다.

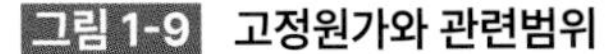
그림 1-9 고정원가와 관련범위

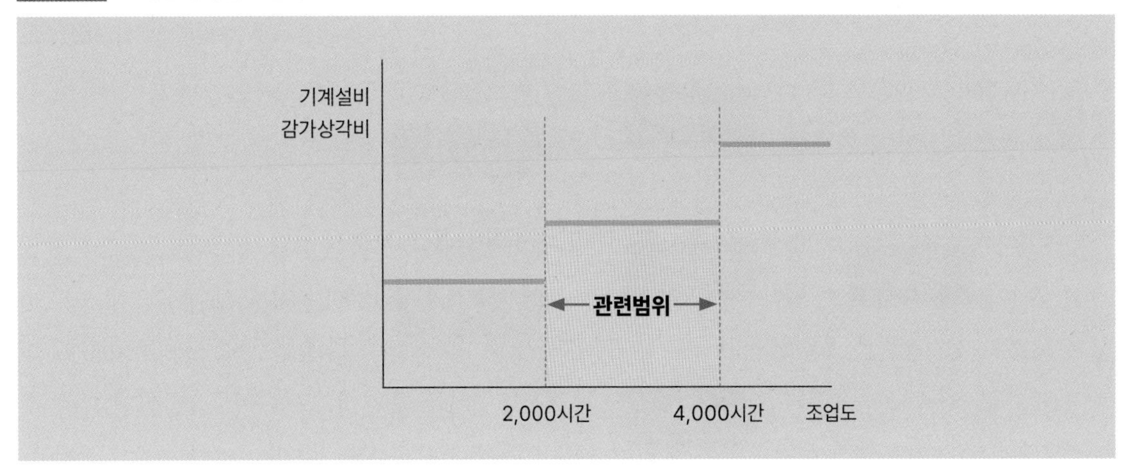

만약 202X년 이 회사가 예상하는 조업도(기계시간)의 범위가 1,000~5,000시간이라면, 관련범위가 확대되어 기계설비 감가상각비는 이제 고정원가가 아니라 계단원가가 된다. 고정원가와 마찬가지로 변동원가도 재료의 대량구입에 따른 할인 등으로 관련범위를 벗어나면 원가행태가 바뀔 수 있다.

원가를 변화시키는 요인을 **원가동인**(cost driver)이라고 한다. 변동원가는 조업도 변화에 따라 변하는 원가이므로 당연히 조업도가 원가동인이다. 고정원가는 단기적으로는 쉽게 변하지 않지만, 장기적으로 조업도가 관련범위를 벗어나면 변한다. 따라서 고정원가에도 원가동인이 있다. 위의 예에서 기계설비 감가상각비의 원가동인은 기계사용시간(조업도)이다.

다른 예로서, 단기적으로 고정원가인 관리직 사원들의 총급여도 장기적으로 업무량(조업도)이 증가하면 관리직 사원들의 숫자가 증가하여 총급여도 증가하므로, 업무량이 원가동인이다.

4) 제조원가의 분류

제조기업이 수행하는 여러 활동 중에서 제조활동의 원가는 외부 재무보고용 제품원가의 대상이 된다. 제조활동은 제조기업의 가장 핵심적인 활동으로서 다른 활동에 비해 매우 복잡하므로, 제조원가를 올바로 분류하고 집계하는 것이 중요하다.

그림 1-10 제조원가의 분류

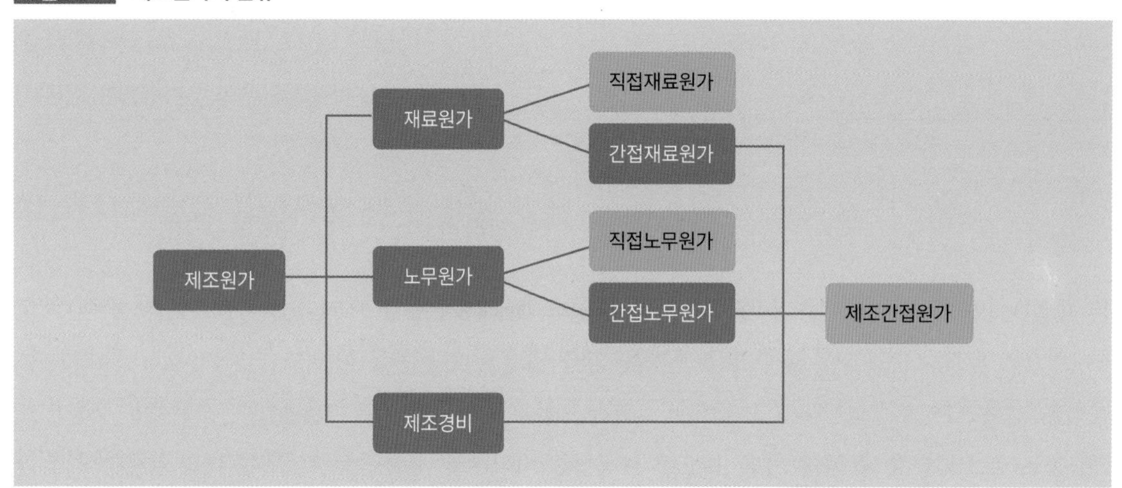

제조원가는 그림 1-10과 같이 자원의 종류에 따라 크게 **재료원가**, **노무원가**, **제조경비**(기타 제조원가라고도 불린다)로 분류된다. 제조경비란 재료원가와 노무원가에 포함되지 않는 나머지 모든 제조원가를 말한다. 각종 생산설비와 공장건물의 감가상각비, 전기요금, 통신요금, 냉난방비 등이 이에 속한다. 제조원가를 재료원가, 노무원가, 제조경비로 분류하는 것은 전통적으로 재료원가와 노무원가가 제조원가를 구성하는 가장 중요한 요소이기 때문이다.

재료원가는 원가대상으로의 추적가능성에 따라 다시 직접재료원가와 간접재료원가로 나누어지며, 노무원가도 마찬가지로 직접노무원가와 간접노무원가로 나누어진다. 제조경비는 전통적으로 전부 간접원가의 범주에 속하는 것으로 간주된다. 간접원가인 간접재료원가와 간접노무원가 및 제조경비를 합쳐 **제조간접원가**라고 한다.

원가계산에는 직접원가와 간접원가의 구분이 중요하므로, 원가계산을 목적으로 제조원가를 분류할 때는 재료원가, 노무원가, 제조경비라는 분류 대신에 **직접재료원가**(direct materials), **직접노무원가**(direct manufacturing labor), **제조간접원가**(manufacturing overhead costs 또는 indirect manufacturing costs)라는 분류를 더 자주 사용한다.

제조원가를 다른 방식으로 분류하기도 한다. 직접원가(direct costs)에 해당하는 직접재료원가와 직접노무원가는 개별 원가대상(예 제품)에 직접 추적이 가능한 원가로서 직접적인 관련성을 맺고 있으므로 **주원가**(prime costs), 기본원가, 기초원가 등으로 불린다. 그리고 직접재료원가를 제외한 직접노무원가와 제조간접원가는 주재료의 가공에 투입되는 원가이므로 **가공원가** 또는 **전환원가**(conversion costs)라고 부른다. 그림 1-11에 나타난 바와 같이, 직접노무원가는 주원가인 동시에 가공원가이다.

그림 1-11 주원가와 가공원가

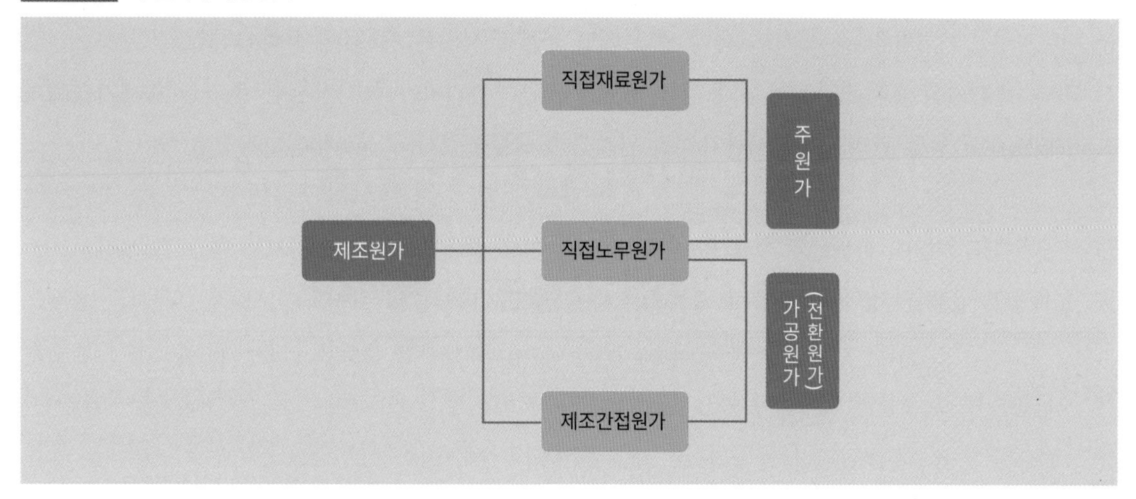

제조간접원가 중에 간접재료원가에는 주요 재료가 아닌 보조재료, 소모품 등의 원가가 포함된다. 간접노무원가에 대해서는 좀 더 자세한 설명이 필요하다. 간접노무원가는 크게 두 가지로 구분할 수 있다. 첫째, 제조지원 부서 인력의 노무원가이다. 제조지원 부서 인력은 제조활동을 지원하지만 제조활동에 직접 종사하지 않는 인력으로서, 공장장, 공장 유지보수와 경비 및 청소 인력, 공장의 지원부서(예 창고부서, 전력부서) 인력 등을 말한다. 이들의 노무원가는 간접노무원가에 해당한다. 둘째, 제조활동에 직접 종사하는 제조부서(예 절단부, 조립부) 인력들의 노무원가 중에서 특정 원가대상으로 귀속시키기 어려운 원가이다.

5) 차액원가, 기회비용, 매몰원가, 통제가능원가

경영 의사결정을 위해 사용하는 원가개념은 재무보고용 제품원가 계산에 사용되는 원가개념과 다르다. 의사결정은 여러 대안 중에서 하나를 선택하는 것으로, 의사결정을 위해서는 대안 간에 차이만 고려하면 된다. 대안 간의 원가(비용) 차이를 **차액원가**(differential cost)라고 하고, 수익 차이를 **차액수익**(differential revenue)이라고 한다. 차액원가와 같이 대안 간에 차이가 있어서 의사결정에 관련이 있는 원가를 **관련원가**(relevant cost)라고 한다.

그러나 과거에 취득한 설비와 관련된 취득원가, 장부가치, 감가상각누계액 등은 과거에 이미 발생한 것으로, 대안 간에 차이가 없는 요소들이다. 과거에 발생한 원가(비용)는 향후 어떤 조치를 하더라도 변경할 수 없는 원가로서, **매몰원가**(sunk cost)라고 한다. 기계설비 등 과거에 취득한 자산을 처분할 경우 처분가치가 있다면 그 처분가치는 대안 간에 차이를 발생시키는 요소로서, 처분하지 않고 계속 사용할 경우 처분가치는 **기회비용**(opportunity cost)이 된다. 기타 자세한 사항은 제4장에서 학습한다.

기타, 관리자의 성과평가에서 사용되는 용어로, 담당 관리자가 통제가능한 원가를 **통제가능원가**(controllable cost), 담당 관리자가 통제불가능한 원가를 **통제불능원가**(uncontrollable cost)라고 한다.

[보론] 경영층의 수직적 위계에 따른 의사결정과 관리회계

경영관리자의 의사결정 유형과 관리회계의 역할에 대해 살펴보자. 경영관리자는 조직에서 차지하는 수직적 위계에 따라 최고경영층, 중간경영층, 하위경영층으로 분류할 수 있다. 경영관리자가 내리는 의사결정의 유형은 경영관리자의 수직적 위계에 따라 다르며, 의사결정 유형에 따라 필요한 정보도 달라진다.

앤소프(Ansoff)에 의하면, 최고경영층은 **전략적 의사결정**(strategic decision-making), 중간경영층은 **관리적 의사결정**(administrative decision-making), 하위경영층은 **업무적 의사결정**(operational decision-making)을 주로 담당한다. 참고로, 경영층의 의사결정 유형별 주요 의사결정분야와 관리회계의 관련분야는 표(보론) 1-1에 제시하였다[10].

1) 전략적 의사결정

전략적 의사결정(strategic decision-making)은 조직의 비전과 조직이 나가야 할 방향을 설정하는 장기적 의사결정으로, 조직의 성공과 성장에 중대한 영향을 미친다. 신제품(서비스) 개발, 신시장 개척, 인수합병, 구조조정 등을 들 수 있다. 관리회계에서 전략적 의사결정과 관련된 분야로는 중장기 예산편성, 자본예산 편성, 공급사슬의 영역별 진입 매력도 분석, 가치사슬과 공급사슬 원가관리, 핵심성공요인 정의, 단위조직과 고객부문 신설 및 폐쇄 결정, 아웃소싱 여부 결정, 원가구조(고정원가/변동원가) 전략, ESG 성과 및 이해관계자 성과관리, 중간관리자 평가 등을 들 수 있다.

2) 관리적 의사결정

관리적 의사결정(administrative decision-making)은 전략과의 정합성을 달성하고 성과를 극대화할 수 있도록 조직화하는 중기적 의사결정이다. 권한과 책임 배분을 포함한 조직설계, 자원의 조달과 할당, 전략적 의사결정 추진에 필요한 각종 정책의 수립이 포함된다. 관리회계에서 관리적 의사결정과 관련된 분야로는 단기 종합예산 편성, 균형성과표 수립, 분권화 정책, 책임회계와 성과평가 기준, 사내대체거래 기준, 재고관리 정책, 품질원가 관리정책, 재고관리 정책, 고객대응시간과 정시배날률 설정, 수명주기원가관리 등을 들 수 있다.

---

10 전략적 사고와 권한의 하부이양을 중시하는 현대 경영에서 의사결정 유형별로 관련분야를 구분하는 것은 사실상 큰 의미가 없다(특히, 전략적 의사결정과 관리적 의사결정). 따라서 관리회계 학습분야에 대한 이해를 돕기 위한 참고용이다.

3) 업무적 의사결정

업무적 의사결정(operational decision-making)은 일상적인 업무활동 속에서 정해진 규정과 절차를 준수하면서 능률을 극대화하는 단기적 의사결정으로, 자원의 구체적인 배분, 구매, 생산 및 배송 일정계획, 감독활동 등이 포함된다. 관리회계에서 업무적 의사결정과 관련된 분야로는 품질검사, 불량률 측정과 불량원인 분석, 고객대응시간과 정시배달 관리, 재고수준 관리 등을 들 수 있다.

표(보론) 1-1 경영층의 수직적 위계에 따른 의사결정 유형과 관리회계 관련 분야(참고)

경영층 수직적 위계	주요 의사결정 유형	주요 의사결정 분야	관리회계 관련 분야 예시
최고경영층	전략적 의사결정	중장기 전략 수립, 신제품(서비스) 개발, 신시장 개척, 인수합병, 구조조정, 중간관리자 성과평가와 보상	중장기 예산편성, 자본예산 편성, 공급사슬 영역별 진입 매력도 분석, 가치사슬과 공급사슬 원가관리, 핵심성공요인 정의, 단위조직과 고객부문 신설 및 폐쇄 결정, 아웃소싱 여부 결정, 원가구조(고정원가/변동원가) 전략, ESG 성과 및 이해관계자 성과관리, 중간관리자 평가
중간경영층	관리적 의사결정	조직설계, 자원의 조달과 할당, 전략적 의사결정 추진에 필요한 각종 정책의 수립	단기 종합예산 편성, 균형성과표 수립, 분권화 정책, 책임회계와 성과평가 기준, 사내대체거래 기준, 재고관리 정책, 품질원가 관리정책, 고객대응시간과 정시배달률 설정, 수명주기원가관리
하위경영층	업무적 의사결정	자원의 구체적인 배분, 구매, 생산 및 배송 일정계획, 감독활동	품질검사, 불량률 측정과 불량원인 분석, 고객대응시간과 정시배달 관리, 재고수준 관리

관련 사례

신뢰성과 품질, 기업경쟁력

TSMC, 가격인상에도 고객 이탈 낮다 … 삼성, 반사이익 '제한적' – 공감언론 뉴시스통신사(newsis.com)

원가절감과 수익성

[조기 출시 갤럭시] 원가절감, 계열사 부품 사용으로 수익성 극대화 – 딜사이트(dealsite.co.kr)

품질은 타협 불가능한 가치

"현대 · 기아차 반사이익 볼 것"…日국민차 배신, 카이젠 몰락하다 – 중앙일보(joongang.co.kr)

빅테크 ESG 압력

ASML 등 빅테크 'ESG 압박'에 한국 기업들 대응 골머리 – 딜라이트닷넷(delighti.co.kr)

연습문제

객관식

01 관리회계의 기능

관리회계의 기능에 대한 다음 설명 중에서 적절하지 않은 것은?

① 관리회계는 기업가치 제고를 위한 전략을 개발하고 전략을 구사하는 데 유용한 정보를 제공한다.
② 고객이 제품에 부여하는 가치는 마케팅 분야의 주요 기능이므로 관리회계의 관심 영역이 아니다.
③ 관리회계는 재무적 정보와 비재무적 정보를 제공함으로써 경영을 촉진하는 기능을 한다.
④ 관리회계는 의사결정 지원을 위해 기업 내부 정보는 물론 기업 외부 정보를 제공하며, 객관적인 정보는 물론 의사결정에 도움이 되는 주관적인 정보도 제공한다.

02 기업가치와 고객가치

기업가치와 고객가치에 관한 다음 설명 중에서 적절하지 않은 것은?

① 기업가치를 창출하기 위해서는 고객가치를 창출해야 한다.
② 제품의 평판과 관련된 지원서비스도 고객가치에 영향을 미친다.
③ 기업의 제품 제조원가는 제품가격에 반영되므로 고객가치에도 영향을 미친다.
④ 제품차별화전략은 고객의 효익을 증가시키는 전략을 구사하는 기법이므로 원가관리는 중요한 요소가 아니다.

03 원가관리의 이해

원가관리에 대한 다음 설명 중에서 적절하지 않은 것은?

① 원가관리는 고객가치와 무관하게 원가를 최대한 줄여 단기적 이익을 창출하는 데 집중한다.
② 원가관리는 디자인, 제조, 고객지원 등 가치사슬활동 상호 간에 미치는 영향을 고려한다.
③ 원가 등 재무적인 요소는 균형성과표를 이용하여 품질, 시간과 같은 비재무적인 요소와 함께 균형 있게 관리해야 한다.
④ 기업 내부의 원가는 물론 공급사슬에 있는 외부 기업들의 원가도 기업의 원가경쟁력에 영향을 미친다.

04 활동기준원가계산 및 활동기준경영관리

활동기준원가계산 및 활동기준경영관리에 대한 다음 설명으로 적절하지 않은 것은?

① 활동기준원가계산은 기업의 세부적인 활동의 원가에 관심을 기울인다.

② 활동기준원가계산을 올바로 도입하기 위해서는 원가부서는 물론 일반 업무에 익숙한 다른 부서의 직원들이 함께 참여하는 것이 바람직하다.

③ 활동기준원가계산은 제품의 원가를 계산하는 데 사용하는 기법으로서 활동기준경영관리와 달리 원가를 어떻게 관리할 것인지에 대해서는 유용한 직관을 제공하지 않는다.

④ 활동기준경영관리는 프로세스 개선을 통해 고객에게 가치를 부여하지 않는 활동을 제거하고자 한다.

05 핵심성공요인의 관리

기업의 핵심성공요인 관리에 대한 다음 설명 중에서 적절하지 않은 것은?

① 핵심성공요인의 관리를 위해서는 기업 내부의 가치사슬활동은 물론 외부의 공급사슬도 적극적으로 관리해야 한다.

② 원가는 고객가치에 영향을 미치는 중요한 요소이므로, 효율성 향상을 통해 원가를 절감해야 한다.

③ 품질은 고객가치에 영향을 미치는 중요한 요소이지만, 품질을 높일수록 비용이 증가하기 때문에 적절한 수준의 품질에 만족하는 것이 바람직하다.

④ 기업은 장기적인 기업가치 제고를 위해 ESG(지속가능성) 경영을 통해 '좋은' 기업이 되도록 노력해야 한다.

06 계획과 통제기능에 필요한 정보

관리회계의 의사결정에 필요한 정보 제공과 관련된 다음 사항 중에서 적절하지 않은 것은?

① 관리회계는 경영자의 계획과 통제기능 수행에 필요한 정보를 제공한다.

② 통제활동 중에서 경영통제는 중간경영층이 하위경영층과 직원들의 업무를 감독하고 평가하는 통제활동이다.

③ 예산을 계획기능과 통제기능에 동시에 사용하면 계획기능에 문제가 발생할 수도 있다.

④ 관리회계 정보는 기업의 내부회계시스템 속에서 통합적으로 제공되는 경우가 많다.

07 관리회계의 이해

다음 중에서 관리회계에 관해 올바로 설명한 것은?

① 신뢰성과 정확성이 높은 정보의 제공이 중요하다.

② 일반적으로 인정된 회계원칙을 준수해야 한다.

③ 일정한 주기별(분기, 반기)로 관련 보고서를 제출한다.

④ 미래의 활동과 손익에 관심을 기울인다.

08 원가회계의 이해

원가회계에 대한 다음 설명 중에서 가장 잘못된 것은?

① 예산수립과 성과평가에 필요한 정보를 제공하는 역할을 한다.
② 관리회계의 한 분야로서 외부 재무보고와는 무관하다.
③ 원가계산은 물론 각종 의사결정에 필요한 원가정보를 제공하는 분야이다.
④ 외부고용 제품원가 산출기준은 원가계산준칙, 기업회계기준서(K-IFRS) 등에 규정되어 있다.

09 제품원가의 이해

어떤 회사의 간부회의에서 사장이 회사가 제조해서 판매하는 제품의 원가가 얼마인지를 물었을 때 가장 적절한 대답은?

① "재무상태표에 따르면, 개당 ₩25,000입니다."
② "매출원가를 계산해보면, 개당 ₩26,000입니다."
③ "계산이 매우 복잡해서 이 자리에서 간단하게 말씀드리기 어렵습니다."
④ "죄송하지만 어떤 용도로 원가정보가 필요하신가요?"

10 제품원가의 이해

다음 중 제품원가에 대한 가장 적합한 표현은 어느 것인가?

① 제조원가가 제품원가이다.
② 판매원가도 제품원가에 포함된다.
③ 목적(상황)에 따라 제품원가도 다르다.
④ 가치사슬활동의 원가 모두 제품원가에 속한다.

11 기업의 활동

연구개발, 디자인, 제조, 마케팅, 배송, 고객지원 등 기업이 수행하는 일련의 활동을 무엇이라 하나?

① 가치사슬(value chain)
② 원가관리(cost management)
③ 핵심성공요소(key success factor)
④ 내부통제(internal control)

12 매출원가의 범위

다음 중 재무제표 작성 목적상 제품원가 및 매출원가의 범위에 속하는 원가는?

① 디자인, 제조 ② 제조 ③ 마케팅, 고객지원 ④ 고객지원

13 제조원가와 기간원가(비용)

다음 중 같은 범주의 원가(비용)가 아닌 것은?

① 제조원가 ② 재고가능원가 ③ 기간비용 ④ 매출원가

14 원가계산 용어

제품, 부문, 활동 등 원가를 계산하고자 하는 대상을 무엇이라고 하나?

① 원가집합 ② 원가집적대상 ③ 원가동인 ④ 원가배부기준

15 원가할당 과정

원가할당 과정에 관한 다음 설명 중에서 잘못된 것은?

① 직접원가와 간접원가의 구분을 위해서는 먼저 원가대상을 정의해야 한다.
② 간접원가는 원가배부기준을 사용해서 배분한다.
③ 원가추적은 원가할당과 원가배분을 모두 포함하는 용어이다.
④ 원가대상별로 물리적으로 구분이 가능한 경우에도 간접원가가 될 수 있다.

16 원가의 분류

다음 중 바르게 표현된 것은?

① 원가행태에 따른 분류 : 고정원가, 변동원가
② 원가행태에 따른 분류 : 직접원가, 간접원가
③ 원가의 추적가능성에 따른 분류 : 고정원가, 변동원가
④ 원가의 추적가능성에 따른 분류 : 제조원가, 비제조원가

17 직접원가와 간접원가

직접원가와 간접원가에 관한 다음 설명 중에서 옳은 것은?

① 조립부의 부장의 급여는 간접원가이다.
② 직접원가는 원가추적(cost tracing), 간접원가는 원가배분(cost allocation)을 한다.
③ 제품 수량의 변화에 따른 원가변동을 설명하는 분류이다.
④ 간접원가는 발생한 기간에 전액 당기 비용으로 처리해야 한다.

18 고정원가와 변동원가

고정원가와 변동원가의 구분에 관한 다음 설명 중에서 올바른 것은?

① 원가변화 행태에 관한 것이므로 원가대상을 정의하지 않아도 된다.
② 고정원가는 관련범위를 벗어나도 변하지 않고 고정된 원가이다.
③ 경영자가 재량적으로 결정하는 원가(비용) 중에도 고정원가가 있다.
④ 기계감가상각비 등의 고정원가는 원가가 변하지 않으므로 원가동인이 없다.

19 총제조원가

어떤 회사의 최근 2년간 생산량과 총제조원가는 다음과 같다. 2년간 고정원가와 단위당 변동원가는 변화가 없었다.

	생산량	총제조원가
2021년	1,000개	₩40,000
2022년	2,000개	₩60,000

2023년도에 고정원가가 20% 증가하고, 단위당 변동원가가 10% 감소하면 생산량이 2,500개일 때 총제조원가는 얼마인가?

① ₩70,000 ② ₩69,000 ③ ₩65,000 ④ ₩82,000

20 의사결정에서 관련원가 (2017 세무사)

㈜세무는 흠집이 있는 제품 C를 5개 보유하고 있다. 흠집이 없는 정상적 제품 C의 판매가격은 ₩300이다. 제품 C의 생산에는 단위당 변동제조원가 ₩80과 단위당 고정제조원가 ₩20이 투입되었다. 흠집이 있는 제품 C를 외부에 단위당 ₩150에 처분하려면 단위당 판매관리비가 ₩12이 소요될 것으로 추정된다. 이 의사결정에 고려될 관련 항목은?

① 단위당 판매관리비 ₩12
② 단위당 변동제조원가 ₩80
③ 단위당 고정제조원가 ₩20
④ 단위당 제조원가 ₩100
⑤ 정상 판매가격 ₩300

PART

II

이익계획과 의사결정

CHAPTER 2

원가-조업도-이익 분석

본 장에서는 기업의 이익계획 수립 시에 사용되는 원가-조업도-이익(CVP) 분석을 학습한다. CVP 분석은 판매량, 판매가격, 단위당 변동원가, 고정원가 등의 상호관계와 이들이 이익에 미치는 영향을 분석하는 기법으로서, 제품의 디자인 변경과 자본투자 의사결정이 원가구조를 통해 기업 이익에 미치는 영향을 분석하거나, 불확실성하에서 여러 투자 대안의 위험과 보상 구조를 평가하는 데도 사용된다. CVP 분석에 등장하는 공헌이익, 손익분기점, 안전한계, 영업레버리지 등의 용어는 다양한 의사결정 상황에서 폭넓게 사용된다.

CHAPTER

2

원가-조업도-이익 분석

1. 원가-조업도-이익 분석과 이익계획

기업 경영에서 가장 중요시하는 이익을 결정하는 요소는 판매량, 판매가격, 원가이다. 이 요소들은 복합적으로 이익에 영향을 미친다. 회사의 경영진이 이익과 관련해서 할 수 있는 기본적인 질문들은 다음과 같다. 손해를 보지 않기 위해서는 제품(서비스)을 얼마나 팔아야 하는가? 세금을 내고 나서 원하는 수준의 이익을 내기 위해서는 얼마나 팔아야 하는가? 판매가격을 낮추거나 높이면 이익에 어떤 영향이 있을 것인가? 사람의 손으로 작업을 하는 대신 언제 대규모 기계설비를 도입하는 것이 이익에 도움이 되는가? 판매량이 증가하면 이익은 얼마나 증가하는가? 등이다.

원가-조업도-이익 분석(CVP(Cost-Volume-Profit) analysis)은 판매량, 판매가격, 단위당 변동원가, 고정원가 등의 상호관계와 이들이 이익에 미치는 영향을 분석하여 위 질문들에 대한 대답을 제공하는 기법이다. 그 밖에도 기업에서 **이익계획**(profit plan)과 관련된 다양한 의사결정에 폭넓게 사용할 수 있다.

예를 들어, 기업이 제품의 디자인 요소 변경을 검토하고 있다고 하자. 제품의 디자인 변경은 제조원가를 포함한 기업의 여러 가치사슬활동의 고정원가와 변동원가에 영향을 미치게 되며, 제품 가격과 판매량에도 영향을 미칠 수 있다. 이때 CVP 분석을 사용하면 디자인 요소의 변경이 이익에 미치는 영향을 분석할 수 있다.

CVP 분석은 자본투자와 관련된 의사결정에도 사용할 수 있다. 예를 들어, 기업이 판매량 증가를 예상하여 기계설비를 추가로 도입할지를 검토하고 있다고 하자. 기계설비 도입은 고정원가와 변동원가의 규모에 영향을 미치게 된다. 이때 CVP 분석을 이용하여 기계설비 도입이 이익에 미치는 영향을 분석하여, 기계설비 도입 규모를 결정하거나, 기계설비 도입 후 목표이익에 도달하는 데 필요한 판매량이나 도달 예상시점을 분석할 수 있다.

투자는 미래에 대한 많은 불확실성을 내포한다. 다양한 투자 대안 중에서 하나를 택해야 하는 의사결정에 직면하게 될 때, CVP 분석은 각기 다른 원가구조(고정원가와 변동원가의 구조)를 지니는 복수의 투자 대안들이 안고 있는 미래의 이익기회와 손실위험에 대해 종합적으로 평가할 수 있는 수단을 제공한다.

2. CVP 분석의 기초

1) 기본 모형

다음 예제를 이용해서 다양한 CVP 분석에 사용되는 기본 모형을 학습해보자.

예제 2-1

와인숍을 운영하고 있는 민혜는 국내 유명 와인 수입회사로부터 와인 M을 공급받아 자신의 와인숍에서 판매하고자 한다. 민혜는 202X년 1년 동안에 와인 M을 2,000병 정도 판매할 수 있을 것으로 예측하고 있다. 민혜가 와인 수입회사에 지불하는 와인 가격은 병당 ₩15,000이며(다른 변동원가는 없다고 가정), 연말에 판매되지 않고 남은 와인은 전량 와인 수입회사에 반품할 수 있다. 와인숍 1년 임대료는 ₩20,000,000이며, 그 외 비용은 없다. 민혜는 와인 M의 판매가격을 ₩40,000으로 책정하고자 한다. 민혜가 1년 동안 몇 병의 와인을 판매해야 하는지 분석해보자.

판매량과 이익의 관계를 분석하기 위해서는 판매량과 원가의 관계를 알아야 한다. 모든 원가를 판매량에 비례해서 변하는 변동원가와 판매량과 무관하게 고정된 고정원가로 구분할 수 있다고 하자. 그러면 수익, 원가, 이익의 기본적인 관계는 다음과 같이 나타낼 수 있다.

수익 − 총원가 = 영업이익
수익 − 변동원가 − 고정원가 = 영업이익

공헌이익 − 고정원가 = 영업이익
(여기서, 공헌이익 = 수익 − 변동원가)

공헌이익(contribution margin)은 수익에서 변동원가를 차감한 것으로서, 공헌이익이 고정원가를 초과할 때부터 영업이익이 발생한다. 공헌이익으로 고정원가를 회수해야 하므로, 공헌이익은 고정원가를 회수하는 데 '공헌하는' 이익이다. 예제에서 와인 M 판매량이 2,000병일 때 수익은 ₩80,000,000(=₩40,000×2,000병)이며, 변동원가는 ₩30,000,000(=₩15,000×2,000병)이다. 따라서 공헌이익은 ₩50,000,000(=₩80,000,000-₩30,000,000)이며, 여기서 고정원가인 임대료를 차감하면 영업이익은 ₩30,000,000(=₩50,000,000-₩20,000,000)이 된다.

공헌이익은 위 식처럼 수익에서 변동원가를 차감해서 구할 수 있지만, 다음과 같이 **단위당 공헌이익**을 이용해서 계산할 수도 있다.

단위당 공헌이익 = 판매가격 - 단위당 변동원가 공헌이익 = 단위당 공헌이익×판매량

예제에서 단위당 공헌이익은 ₩25,000(=₩40,000-₩15,000)이며, 판매량이 2,000병일 때 공헌이익은 ₩50,000,000(=₩25,000×2,000병)으로 계산된다. 와인 한 병을 팔 때마다 공헌이익이 ₩25,000씩 발생하며, 2,000병을 팔면 공헌이익이 총 ₩50,000,000이 되어 고정원가 ₩20,000,000을 회수하고도 영업이익이 ₩30,000,000 발생하게 된다고 이해할 수 있다.

이제 민혜가 세우게 될 여러 이익목표를 달성하기 위해 와인을 몇 병 판매해야 하는지 분석해보자. 분석을 위해 다음과 같이 약어를 사용하기로 한다.

- Rev(Revenue) : 수익
- SP(Selling Price) : 판매가격
- Q(Quantity) : 판매량
- VC(Variable Costs) : 변동원가
- VCU(Variable Cost per Unit) : 단위당 변동원가
- FC(Fixed Costs) : 고정원가
- CM(Contribution Margin) : 공헌이익

- CMU(Contribution Margin per Unit) : 단위당 공헌이익
- OI(Operating Income) : 영업이익

위의 약자를 이용하여 앞에서 설명한 주요 수익, 비용, 이익의 관계를 다시 나타내면 다음과 같다.

Rev－VC－FC = OI CM－FC = OI (여기서, CM = Rev－VC)

CMU = SP－VCU CM = CMU × Q

이제 목표판매량에 대해 분석해보자. 위에서 Rev－VC－FC＝OI는 세부항목을 이용해서 다음과 같이 나타낼 수 있다.

$$(SP \times Q) - (VCU \times Q) - FC = OI$$

즉, $(SP - VCU) \times Q - FC = OI$

이 식을 다시 정리하여 Q에 대해 나타내면 다음과 같다.

$$Q = \frac{(FC+OI)}{(SP-VCU)} = \frac{(FC+OI)}{CMU} \quad \cdots\cdots \text{(식 Q)}$$

2) 손익분기점

민혜가 와인 M을 판매하여 손해를 보지 않기를 원할 때(즉, 영업이익 OI＝0) 판매해야 할 수량과 판매수익을 **손익분기점**(BEP, Breakeven Point)이라고 한다. 따라서 손익분기점에서 수익은 총원가와 같아진다. 위의 (식 Q)를 이용하면, **손익분기점 판매량**(Q_{BEP})은 다음과 같이 계산할 수 있다.

$$Q_{BEP} = \frac{FC}{CMU} = \frac{₩20,000,000}{₩25,000} = 800\text{병}$$

손익분기점 판매량은 다음과 같이 이해할 수 있다. 와인 M 한 병을 팔 때마다 단위당 공헌이익 ₩25,000씩이 누적되며, 800병을 팔게 되면 공헌이익이 고정원가와 같은 ₩20,000,000이 되어 영업이익이 '0'이 된다.

손익분기점 수익(Rev_{BEP})은 다음과 같이 손익분기점 판매량(Q_{BEP})에 가격을 곱하면 구할 수 있다.

$$Rev_{BEP} = Q_{BEP} \times SP = 800\text{병} \times ₩40,000 = ₩32,000,000$$

손익분기점 수익은 **공헌이익률**(CMP, Contribution Margin Percentage)을 이용하여 계산할 수도 있다. 공헌이익률은 판매가격 대비 단위당 공헌이익의 비율을 나타내며, 예제의 경우 다음과 같이 계산한다.

$$CMP = \frac{\text{단위당 공헌이익}}{\text{판매가격}} = \frac{CMU}{SP} = \frac{₩25,000}{₩40,000} = 0.625(62.5\%)$$

이처럼 공헌이익률은 수익(매출) 1원당 공헌이익이 얼마인가를 나타낸다. 이 개념을 이용하여 손익분기점 수익을 다음과 같이 나타낼 수 있다[1].

$$Rev_{BEP} = \frac{\text{고정원가}}{\text{공헌이익률}} = \frac{FC}{CMP} = \frac{₩20,000,000}{0.625} = ₩32,000,000$$

위 식의 의미는 수익이 ₩1씩 증가할 때마다 공헌이익이 ₩0.625씩 누적되어, 수익이 ₩32,000,000이 되면 공헌이익이 총 ₩20,000,000이 되어 영업이익이 '0'이 된다는 것이다. 즉, 앞에서 단위당 공헌이익(CMU)을 이용하여 손익분기점 판매량을 계산했듯이, 공헌이익률(CMP)을 이용하여 손익분기점 수익을 계산할 수도 있다.

1 손익분기점 수익은 손익분기점 판매량을 이용하여 다음과 같이 유도할 수 있다.

$$Rev_{BEP} = Q_{BEP} \times SP = \frac{FC}{CMU} \times SP = \frac{FC}{\frac{CMU}{SP}} = \frac{FC}{CMP}$$

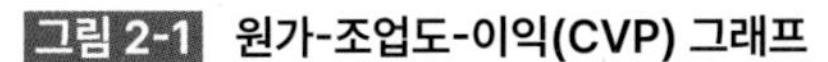
그림 2-1 원가-조업도-이익(CVP) 그래프

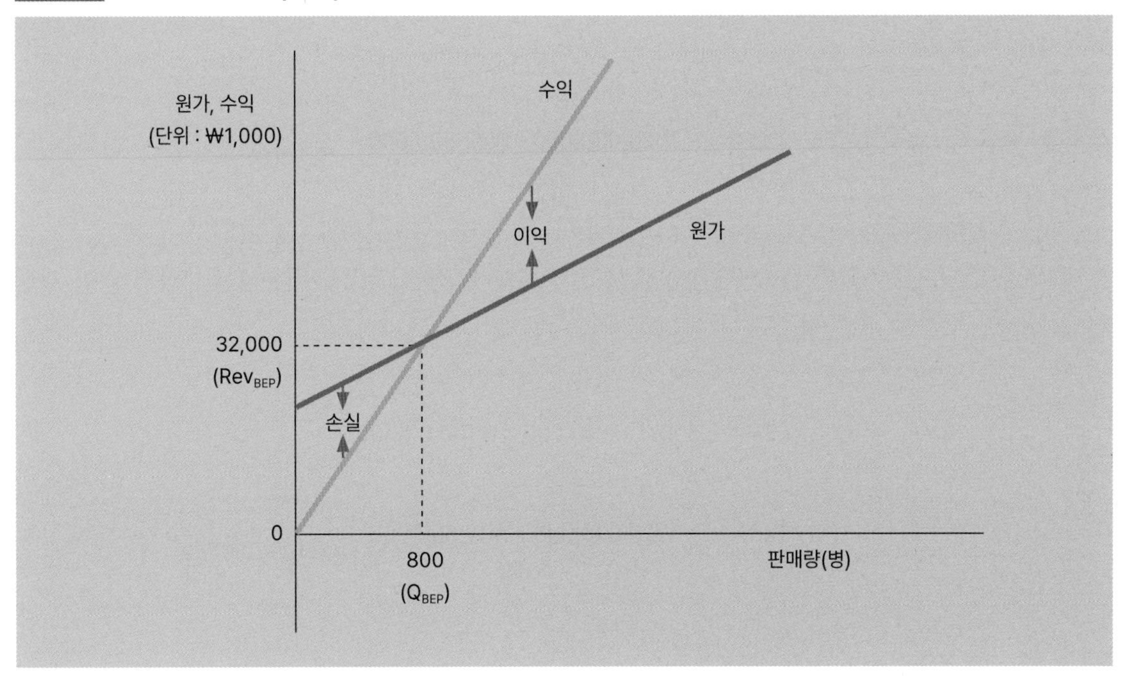

그림 2-1은 **CVP 그래프**로서, 판매량(Q)의 변화에 따라 비용과 수익이 변하는 모습을 나타낸 것이다. 그림에서 비용과 수익이 같아지는 800병이 손익분기점 판매량이 된다.

3) 목표 영업이익

손익분기점에서 영업이익은 '0'이지만, 민혜는 와인숍 운영을 통해 일정 수준 이상의 이익을 달성하기를 희망한다. 이때 **목표 영업이익**(TarOI, Target Operating Income)을 달성하는 데 필요한 판매량 및 수익도 위의 (식 Q)를 이용하여 계산할 수 있다. 또한 납부해야 할 세금을 공제한 세후 순이익 목표를 달성하는 데 필요한 판매량과 수익도 (식 Q)를 이용하여 계산할 수 있다.

예제 2-2

민혜는 와인을 판매하여 ₩42,500,000의 영업이익을 달성하고자 한다. 필요한 판매량과 수익을 계산해보자. 또한 민혜가 ₩35,000,000의 세후 순이익을 달성하고자 할 때 필요한 판매량과 수익을 계산해보자(세율은 영업이익의 20%).

먼저, ₩42,500,000의 영업이익을 달성하고자 할 경우, 필요한 판매량은 (식 Q)를 이용하여 다음과 같이 계산할 수 있다.

$$Q_{TarOI} = \frac{FC + TarOI}{CMU} = \frac{₩20,000,000 + ₩42,500,000}{₩25,000} = 2,500\text{병}$$

다음으로, 필요한 수익은 목표판매량(Q_{TarOI})을 이용하거나 공헌이익률을 이용해서 다음과 같이 계산할 수 있다.

$$Rev_{TarOI} = Q_{TarOI} \times SP = 2,500\text{병} \times ₩40,000 = ₩100,000,000$$

또는

$$= \frac{FC + TarOI}{CMP} = \frac{₩20,000,000 + ₩42,500,000}{0.625} = ₩100,000,000$$

그림 2-2 이익-조업도(profit-volume) 그래프

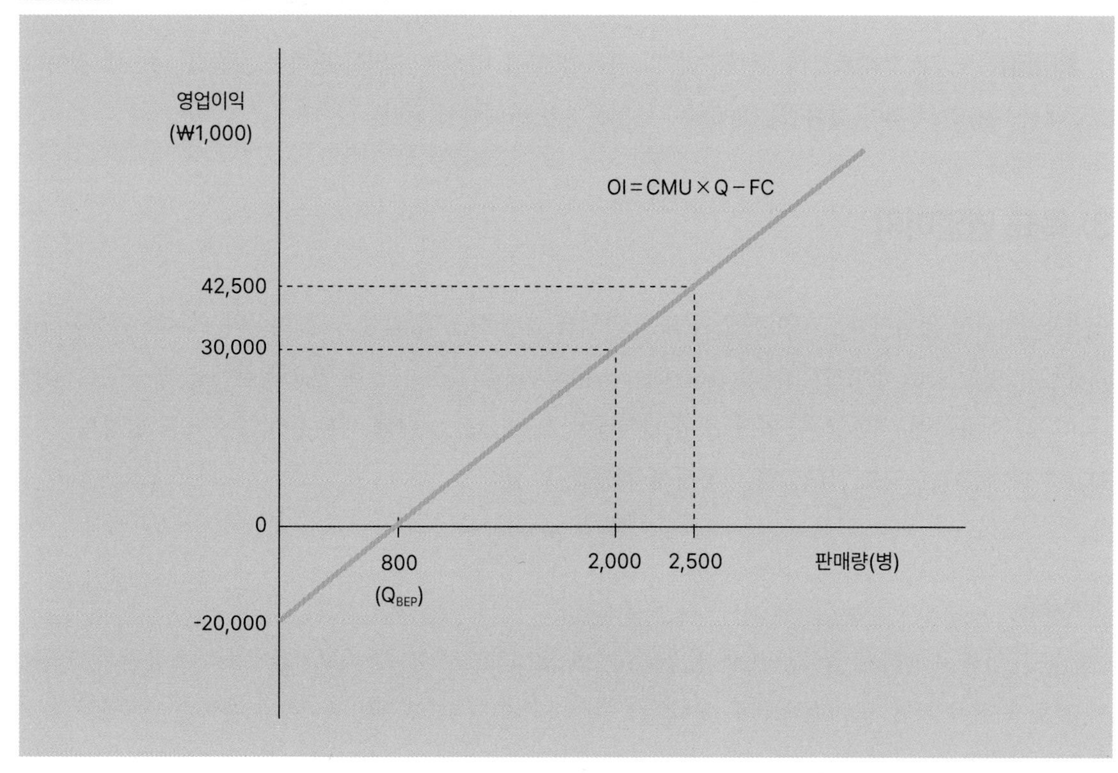

그림 2-2는 와인 M의 판매량과 영업이익의 관계를 나타낸 **이익-조업도(profit-volume) 그래프**이다. 영업이익을 나타내는 직선의 기울기인 CMU(단위당 공헌이익)는 ₩25,000으로서 와인 판매량이 한 병 증가할 때마다 영업이익이 ₩25,000씩 증가함을 나타낸다.

이제 ₩35,000,000의 **세후 목표 순이익(TarNI, Target Net Income)**을 달성하기 위해 필요한 판매량과 수익을 계산해보자. 세후 목표 순이익에 해당하는 목표 영업이익을 먼저 계산한 후 이를 달성하기 위한 판매량과 수익을 계산하면 된다.

세율이 20%일 때, 세후 목표 순이익(TarNI) ₩35,000,000을 달성하는 데 필요한 목표 영업이익(TarOI)은 다음과 같이 계산된다[2].

$$TarOI = \frac{TarNI}{(1-\text{세율})} = \frac{35{,}000{,}000}{(1-0.2)} = 43{,}750{,}000$$

이를 이용하여 필요한 판매량과 수익은 다음과 같이 계산할 수 있다.

$$Q_{TarNI} = \frac{FC+TarOI}{CMU} = \frac{FC+\frac{TarNI}{(1-\text{세율})}}{CMU}$$

$$= \frac{₩20{,}000{,}000+\frac{₩35{,}000{,}000}{(1-0.2)}}{₩25{,}000}$$

$$= \frac{₩20{,}000{,}000+₩43{,}750{,}000}{₩25{,}000} = 2{,}550\text{병}$$

$$Rev_{TarOI} = Q_{TarOI} \times SP = 2{,}550\text{병} \times ₩40{,}000 = ₩102{,}000{,}000$$

또는

$$= \frac{FC+TarOI}{CMP} = \frac{FC+\frac{TarNI}{(1-\text{세율})}}{CMP}$$

$$= \frac{₩20{,}000{,}000+₩43{,}750{,}000}{0.625} = ₩102{,}000{,}000$$

2 TarNI = TarOI − 세금 = TarOI − (TarOI × 세율) = TarOI(1 − 세율)

4) 원가계획

고정원가와 변동원가는 상충관계(trade-off)에 있다. 새로운 제조설비를 도입하면 고정원가는 증가하지만 단위당 변동제조원가는 감소할 수 있다. CVP 분석을 사용하면, 제조설비 도입으로 고정원가가 증가할 경우, 기존 영업이익 수준을 유지하기 위해 단위당 변동원가를 얼마나 줄여야 하는지 분석할 수 있다. CVP 분석의 (식 Q)를 이용하면, 단위당 변동원가를 계산하는 식을 다음과 같이 나타낼 수 있다.

$$Q = \frac{(FC + OI)}{(SP - VCU)}$$

$$SP - VCU = \frac{FC + OI}{Q}$$

$$VCU = SP - \frac{FC + OI}{Q}$$

이처럼 고정원가(FC)와 단위당 변동원가(VCU)에 관한 **원가계획(cost planning)**을 수립하는 데 CVP 분석을 사용할 수 있다.

다음 예제를 이용해서 학습해보자.

예제 2-3

제조업체인 ㈜민식은 작년도에 개당 ₩40,000에 제품 2,500개를 판매하여, ₩42,500,000의 영업이익을 기록하였다. 작년도 ㈜민식의 고정원가는 ₩20,000,000이었으며, 단위당 변동원가는 ₩15,000이었다(예제 2-2의 민혜와 같은 수치를 사용함). ㈜민식의 경영진은 판매량 증가 추세에 따라 제품 제조를 위해 새 기계를 추가로 도입하는 것을 검토하고 있다. 새 기계를 도입하면 단위당 변동원가는 감소할 수 있지만, 고정원가는 연간 ₩7,500,000 증가한다. ㈜민식은 금년도 판매량을 2,700개로 예상하고 있다. 새 기계를 도입한 후, 금년도부터 당장 작년도와 같은 수준의 영업이익을 내기를 원하다면, 단위당 변동원가를 얼마나 줄여야 하는가(가격은 작년과 같다고 가정한다.)?

새 기계를 도입하면, 고정원가(FC)는 ₩27,500,000(=₩20,000,000+₩7,500,000)이 되며, 단위당 변동원가

(VCU)는 다음과 같이 계산한다.

$$\mathrm{VCU} = \mathrm{SP} - \frac{\mathrm{FC}+\mathrm{OI}}{\mathrm{Q}} = 40{,}000 - \frac{27{,}500{,}000+42{,}500{,}000}{2{,}700} = 14{,}074(\text{소수점 이하 삭제})$$

㈜민식이 작년과 같은 수준의 영업이익을 내기 위해서는 단위당 변동원가가 ₩14,074 이하가 되도록 해야 한다. 따라서 ㈜민식은 원가관리를 통해 단위당 변동원가를 ₩926(=₩15,000−₩14,074) 이상 줄여야 한다.

5) CVP 분석의 기본 가정

우리는 지금까지 CVP 분석을 통해 제품의 조업도(판매량), 고정원가, 단위당 변동원가, 가격 등이 변함에 따라 수익, 총원가, 이익이 변하는 행태 및 이들의 상호관계에 관해 분석하였다. 이 CVP 분석은 다음과 같은 몇 가지 가정에 기반을 두고 있다.

첫째, 제품의 판매량이 제품의 수익과 원가(비용)를 변화시키는 유일한 동인(요소)이다.

둘째, 총원가는 제품의 판매량에 따라 변하는 변동원가와 판매량에 무관하게 일정한 고정원가로 구분된다[3].

셋째, 수익과 변동원가는 **관련범위(relevant range)** 내에서 판매량과 선형(직선) 관계에 있다.

넷째, 가격, 단위당 변동원가, 고정원가는 알려져 있고 일정하다.

다섯째, 단일 제품을 판매하거나, 복수의 제품을 판매할 경우에는 제품의 **매출배합(sales mix)**이 일정하다.

6) 공헌이익 추가 설명

공헌이익(contribution margin)은 전통적인 손익계산서에 사용되는 **매출총이익(gross margin)**과 비교되는 개념

3 조업도가 증가함에 따라 고정원가가 계단식으로 증가하는 계단원가(step costs) 형태를 띠는 경우가 있다. 계단원가가 있는 경우에는 고정원가가 일정하게 유지되는 각 구간에 대해 각각 CVP 분석을 해야 한다(보론 참고).

이다. 매출총이익은 매출이 제품의 획득을 위해 필요한 제조활동(상기업에서는 제품구입)에서 발생한 원가를 회수하고 남는 이익으로서, 나머지 활동에서 발생한 원가(비용)인 판매비와관리비를 회수할 수 있을 정도로 충분해야 한다.

이와 달리, 공헌이익은 매출이 제품 판매에 비례해서 발생하는 변동원가를 회수하고 남는 이익으로서 고정원가를 회수할 수 있을 정도로 충분해야 한다. 공헌이익을 계산하기 위해서는 기업활동의 기능적 구분(제조, 구매, 판매, 배송, 관리 등)과 상관없이 모든 원가(비용)를 제품 판매량에 비례해서 발생하는 변동원가와 변하지 않는 고정원가로 구분한다. 따라서 공헌이익 계산과 CVP 분석을 위해서는 제조원가는 물론 판매비와관리비도 변동원가와 고정원가로 구분해야 한다.

3. CVP 모형을 이용한 의사결정과 민감도 분석

1) 의사결정에서 CVP 모형 활용

의사결정의 핵심은 여러 대안의 영업이익을 비교하여 영업이익이 가장 큰 대안을 선택하는 것이다. 여러 대안의 영업이익을 비교하는 것은 수익과 원가의 차이를 비교하는 것과 동일하다. 이처럼 대안의 차이를 분석하는 방법을 **증분분석**(incremental analysis) 또는 **차이분석**(differential analysis)이라고 한다(자세한 사항은 제4장 참고).

일반적인 CVP 분석처럼 모든 원가를 변동원가와 고정원가로 분리할 수 있는 경우, 대안들의 영업이익 비교는 공헌이익 개념을 사용해서 할 수 있다. 다음 예제를 통해 학습해보자.

예제 2-4

예제 2-1에서 민혜가 단골고객들을 대상으로 와인 시음회를 열 경우, 202X년에 와인 판매량이 2,000병에서 2,200병으로 증가할 것으로 예상된다. 와인 시음회에 드는 비용은 고정원가로서 ₩3,000,000이다. 와인 시음회를 여는 것이 바람직한지 분석해보자.

두 대안(시음회를 열지 않는 대안과 시음회를 여는 대안)의 비교는 두 대안의 영업이익 차이(△OI)를 비교하면 된다. 영업이익의 차이는 두 대안의 공헌이익 차이(△CM)에서 고정원가 차이(△FC)를 뺀 값과 동일하다[4].

$$\triangle OI = \triangle CM - \triangle FC$$

따라서 어떤 대안을 다른 대안과 비교할 때, 공헌이익의 차이가 고정원가의 차이보다 큰 경우에는 그 대안의 영업이익이 더 크다. 즉, $\triangle OI > 0 \Leftrightarrow \triangle CM > \triangle FC$.

예제에서 시음회 비개최 대안과 개최 대안의 영업이익을 공헌이익 손익계산서(contribution income statement)를 이용하여 비교하면 표 2-1과 같다.

표 2-1 와인 시음회 비개최와 개최 대안의 영업이익 비교

	시음회 비개최 (a)	시음회 개최 (b)	차이 (c) = (b)−(a)	비 고
(1) 수익	₩80,000,000 (=2,000병×₩40,000)	₩88,000,000 (=2,200병×₩40,000)	₩8,000,000	
(2) 변동원가	₩30,000,000 (=2,000병×₩15,000)	₩33,000,000 (=2,200병×₩15,000)	₩3,000,000	
(3) 공헌이익(=(1)−(2))	₩50,000,000	₩55,000,000	₩5,000,000	△CM
(4) 고정원가	₩20,000,000	₩23,000,000	₩3,000,000	△FC
(5) 영업이익(=(3)−(4))	₩30,000,000	₩32,000,000	₩2,000,000	△OI

4 영업이익은 수익에서 총원가를 뺀 값이다. 따라서 두 대안의 영업이익 차이(△OI)는 두 대안의 수익 차이(△Rev)에서 총원가 차이(△TC)를 뺀 값과 같다.

$$\triangle OI = \triangle Rev - \triangle TC$$

위에서 총원가(TC)를 변동원가(VC)와 고정원가(FC)로 분리할 수 있는 경우, 공헌이익(CM)을 이용하여 다음과 같이 나타낼 수 있다.

$$\begin{aligned}\triangle OI &= \triangle Rev - \triangle TC \\ &= \triangle Rev - (\triangle VC + \triangle FC) \\ &= \triangle CM - \triangle FC\end{aligned}$$

즉, 두 대안의 영업이익 차이(△OI)는 두 대안의 공헌이익 차이(△CM)에서 고정원가 차이(△FC)를 뺀 값과 같다.

표에 나타난 바와 같이, 시음회 개최와 비개최의 영업이익 차이(△OI)는 ₩2,000,000이며, 이 차이는 공헌이익의 차이(△CM) ₩5,000,000에서 고정원가의 차이(△FC) ₩3,000,000을 뺀 값과 같다. 즉, 시음회 개최와 비개최의 영업이익을 각각 계산하여 그 차이를 비교할 필요 없이, 두 대안의 공헌이익 차이와 고정원가 차이를 비교하면 된다.

시음회 개최 대안과 비개최 대안의 공헌이익 차이는 ₩5,000,000(=판매량 증가 200병×단위당 공헌이익 ₩25,000)이며, 고정원가 차이는 시음회 비용 ₩3,000,000이므로, 영업이익의 차이는 ₩2,000,000이다. 이 차이는 손익계산서를 통해 계산한 영업이익의 차이와 같다.

다음 예제를 통해 이 점을 다시 학습해보자.

예제 2-5

예제 2-1에서 민혜는 와인 판매가격을 ₩35,000으로 인하하는 방안을 고려하고 있다. 가격을 인하할 경우 판매량이 2,000병에서 2,400병으로 증가할 것으로 기대한다. 와인 가격 인하가 바람직한지 분석해보자.

가격 인하 여부에 관한 의사결정도 앞에서 설명한 증분분석을 이용해서 할 수 있다. 본 예제에서는 두 대안에서 고정원가의 차이가 없으므로(△FC=0), 영업이익의 차이는 공헌이익의 차이와 같다. 즉, △OI=△CM−△FC=△CM. 가격이 ₩40,000일 때와 ₩35,000일 때의 공헌이익은 각각 다음과 같다.

(₩40,000 − ₩15,000) × 2,000병 = ₩50,000,000

(₩35,000 − ₩15,000) × 2,400병 = ₩48,000,000

두 대안의 공헌이익 차이는 ₩2,000,000으로서, 가격이 ₩40,000일 때의 공헌이익이 더 크다. 따라서 가격을 ₩35,000으로 인하하지 않는 것이 더 바람직하다. 이처럼 공헌이익 개념을 이용한 증분분석을 통해 비교적 간단하게 대안 간의 영업이익을 비교할 수 있다.

2) 민감도 분석과 안전한계

민혜의 와인 판매에 관한 예측은 실제 상황에서 그대로 실현되지 않을 수 있다. 연도 중간에 와인 수입회사가 와인 공급가격을 인상할 수도 있고(단위당 변동원가 증가), 고정원가도 예상과 다를 수 있다. 또한

표 2-2 민혜의 원가 시나리오별 필요 판매량

원가 시나리오		목표이익 수준별 필요 판매량*(단위 : 병)	
고정원가 (단위 : 원)	단위당 변동원가 (단위 : 원)	BEP	₩42,500,000
15,000,000	13,000	556	2,130
15,000,000	15,000	600	2,300
15,000,000	17,000	652	2,500
고정원가 (단위 : 원)	단위당 변동원가 (단위 : 원)	BEP	₩42,500,000
20,000,000	13,000	741	2,315
20,000,000	15,000	800	2,500
20,000,000	17,000	870	2,717
고정원가 (단위 : 원)	단위당 변동원가 (단위 : 원)	BEP	₩42,500,000
25,000,000	13,000	926	2,500
25,000,000	15,000	1,000	2,700
25,000,000	17,000	1,087	2,935

* 반올림 처리

판매량이 예상보다 적거나 많을 수도 있다. 따라서 민혜는 와인숍을 운영하기 전에 환경의 불확실성으로 인한 영향을 미리 분석하여 파악할 필요가 있다. 이때 유용하게 사용할 수 있는 기법이 **민감도 분석**(sensitivity analysis)이다. 민감도 분석은 스프레드시트를 이용하여 표 2-2와 같이 실시하면 편리하다.

표에 나타난 바와 같이, 고정원가와 단위당 변동원가가 각각 ₩25,000,000, ₩17,000으로 증가하는 가장 비관적인 시나리오에서 민혜가 손해를 보지 않기 위해서는 1,087병의 와인을 판매해야 함을 알 수 있다.

다음으로 불확실성의 영향을 분석하는 데 사용되는 개념으로 **안전한계**(M/S, Margin of Safety)가 있다. 안전한계는 현재 예상되는 판매량과 판매수익이 손익분기점과 비교해서 어느 정도 여유가 있는지를 나타내는 지표이다. 예제 2-1 와인 판매의 경우, **안전한계 물량**($Q_{안전한계}$)과 **안전한계 수익**($Rev_{안전한계}$)은 다음과 같이 계산한다.

$$Q_{안전한계} = 예상판매량 - 손익분기점\ 판매량 = 2{,}000병 - 800병 = 1{,}200병$$
$$Rev_{안전한계} = 예상수익 - 손익분기점\ 수익 = ₩80{,}000{,}000 - ₩32{,}000{,}000 = ₩48{,}000{,}000$$

그림 2-3은 x축과 y축에 안전한계 물량과 수익을 각각 나타낸 것이다. **안전한계율**(margin of safety percentage)은 예상수익(물량) 대비 안전한계 수익(물량)의 비율로서 다음과 같이 계산한다.

$$안전한계율 = \frac{안전한계\ 수익}{예상수익} = \frac{₩48{,}000{,}000}{₩80{,}000{,}000} = 60.0\%$$

민혜의 와인숍 운영은 안전한계율이 비교적 높은 편으로서, 현재의 가격과 원가구조에서 손해를 볼 가능성이 크지 않다. 그러나 안전한계율이 낮을 경우(즉, 예상판매량이 손익분기점 판매량과 크게 차이가 나지 않을 때)에는 손해가 발생할 가능성이 높아지므로, 손해 발생 위험(risk)을 감수하기 힘든 경우에는 사업을 시작하지 않는 것이 바람직할 수 있다. 예상 판매량이 손익분기점보다 높더라도 수요의 불확실성으로 손실이 발생할 위험이 있기 때문이다.

그림 2-3 와인 판매사업의 안전한계

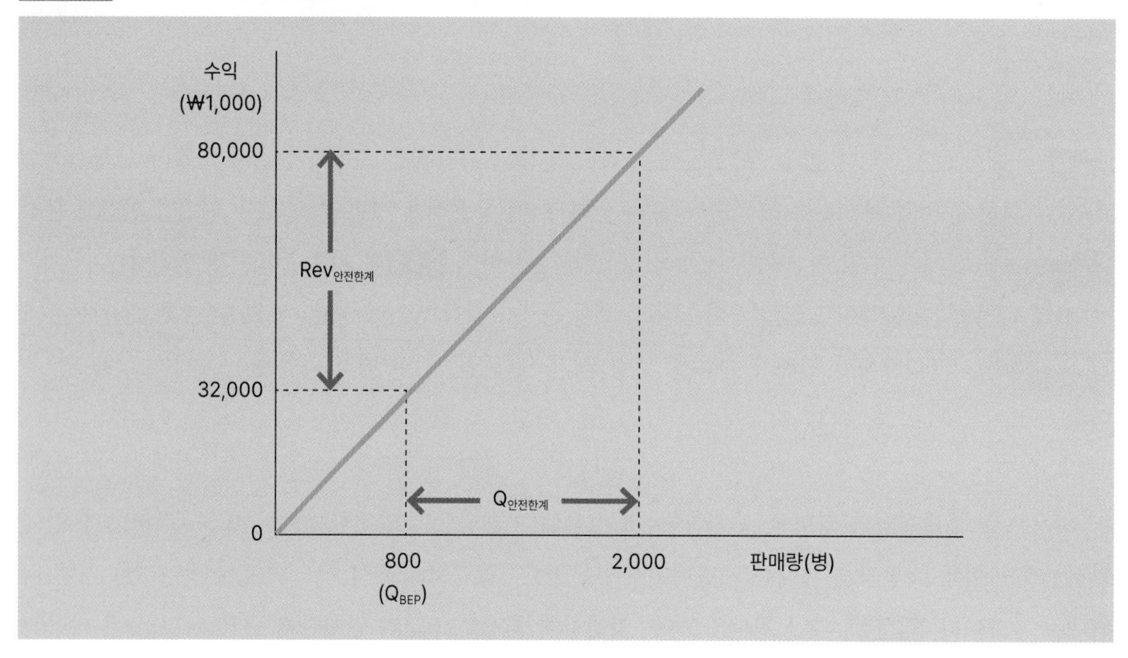

4. 불확실성하에서 대안의 위험-보상 평가

1) 원가구조와 영업레버리지도

일반적으로 경제활동을 수행하는 데 필요한 고정원가와 변동원가에는 다양한 조합이 있을 수 있다. 예를 들어, 공장에서 제품 생산을 위해 인력에 주로 의존할 수도 있고, 기계와 로봇 등 생산설비에 주로 의존할 수도 있다. 전자의 경우에는 고정원가는 낮고 변동원가가 높지만, 후자의 경우에는 고정원가는 높고 변동원가는 낮은 구조를 취하게 될 것이다. 이처럼 경제활동을 위해 채택하는 고정원가와 변동원가의 구조를 **원가구조**(cost structure)라고 한다. 원가구조는 한번 결정되고 나면 쉽게 바꾸기 어려우므로, 원가구조의 선택은 경영진의 중요한 전략적 의사결정에 속하는 영역이다.

우리는 지금까지 민혜가 선택할 수 있는 원가구조는 고정원가 ₩20,000,000과 단위당 변동원가 ₩15,000이라고 가정했다. 그러나 민혜가 선택할 수 있는 다른 대안이 존재하는 경우, 민혜는 각 대안이 안고 있는 위험(risk)과 그에 따른 보상(return)을 분석해서 적합한 대안을 선택해야 한다. 다음 예제를 통해 학습해보자.

예제 2-6

민혜는 와인숍 운영과 관련해서 다음 세 가지 대안 중 하나를 택할 수 있다.

- **대안 1** : 민혜의 와인숍 임대료를 와인 수입회사가 전액 부담하는 대신, 민혜는 와인을 한 병당 ₩25,000에 구입한다.
- **대안 2** : 민혜의 와인숍 임대료인 고정원가 ₩20,000,000 중에 ₩11,000,000을 와인 수입회사가 부담하는 대신, 민혜는 와인을 한 병당 ₩20,500에 구입한다.
- **대안 3** : 민혜가 와인숍 임대료 ₩20,000,000을 전액 부담하고, 와인 한 병당 ₩15,000에 구입한다.

어느 대안을 택해야 할지 각 대안의 위험과 보상을 평가해보자. 대안과 무관하게 와인 판매가격은 ₩40,000으로 모두 같다.

민혜가 부담해야 할 고정원가가 클수록 단위당 변동원가는 작아진다. 이처럼 일반적으로 고정원가와 단위당 변동원가는 상충관계에 있다. 각 대안의 단위당 공헌이익과 손익분기점 물량을 계산하면 표 2-3과 같다.

표 2-3 민혜의 와인 M 판매를 위한 원가구조 대안

	대안 1	대안 2	대안 3
고정원가	₩0	₩9,000,000	₩20,000,000
단위당 변동원가	₩25,000	₩20,500	₩15,000
단위당 공헌이익	₩15,000	₩19,500	₩25,000
손익분기점	0병	462병	800병

그림 2-4 민혜의 세 가지 대안에 대한 이익-조업도 그래프

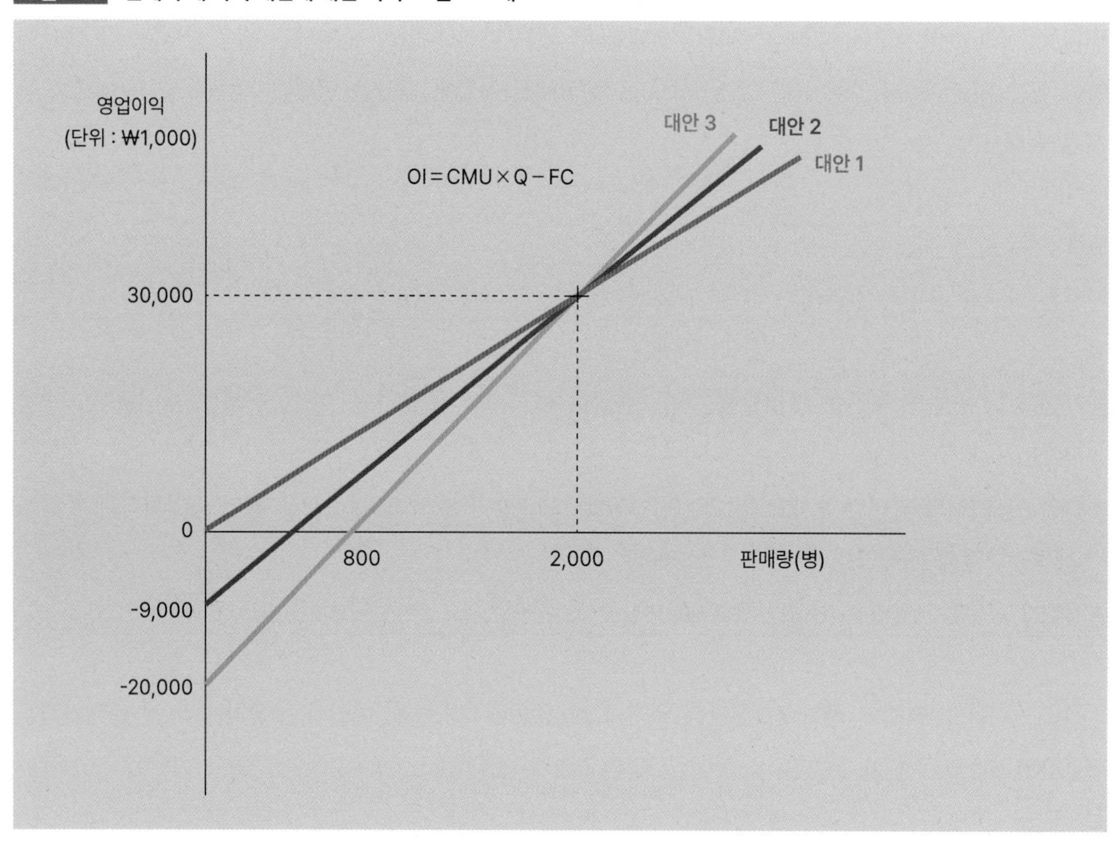

와인 M의 예상판매량인 2,000병에서는 세 대안의 영업이익이 모두 ₩30,000,000으로 같으므로, 세 대안 모두 무차별하다[5]. 그러나 실제판매량은 예상판매량과 달라질 수 있으므로 세 대안의 위험과 보상 구조는 서로 다르다고 할 수 있다. 이제 세 대안의 위험과 보상 구조를 분석해보자.

대안 1은 고정원가가 없어서 손익분기점이 '0'이므로 손해를 볼 가능성은 없지만, 단위당 변동원가가 가장 크다. 따라서 판매량 한 단위 증가에 따른 영업이익의 증가분(즉, 단위당 공헌이익)이 가장 적어, 영업이익의 기울기가 가장 작다(그림 2-4에서 그래프의 기울기는 단위당 공헌이익(CMU)이다). 이로 인해 판매량이 2,000병을 넘어서면 세 대안 중에 영업이익이 가장 적어진다.

반대로, 대안 3은 고정원가가 가장 많아 손익분기점이 800병으로 세 대안 중에서 손해를 볼 위험이 가장 높다. 그 대신 단위당 변동원가가 가장 적어서 판매량 한 단위 증가에 따른 영업이익의 증가분(즉, 단위당 공헌이익)이 가장 크며, 이로 인해 판매량이 2,000병을 넘어서면 세 대안 중에 영업이익이 가장 크게 된다.

대안 2는 대안 1과 대안 3의 중간 형태의 위험-보상 구조를 가지고 있다. 이처럼 대안들의 위험과 보상은 일반적으로 상반되는 형태(**risk-return trade-off**)를 취하게 된다.

원가구조의 차이에서 발생하는 위험-보상 구조를 계량적으로 측정하는 지표가 **영업레버리지도(DOL, Degree of Operating Leverage)**이다. 구체적으로, 영업레버리지도는 판매량(또는 매출액)이 1% 변할 때 영업이익이 몇 % 변하는가를 측정하는 지표로서 다음의 수식과 같이 나타낼 수 있다[6].

$$\text{영업레버리지도(DOL)} = \frac{\text{영업이익 변화율}}{\text{판매량 변화율}} = \frac{\Delta OI/OI}{\Delta Q/Q} = \frac{CM}{OI} = \frac{\text{공헌이익}}{\text{영업이익}}$$

수식에서 $\frac{\Delta OI/OI}{\Delta Q/Q}$은 판매량(Q)이 1% 변할 때 영업이익(OI)이 몇 % 변하는지를 나타내며, 이 값은 $\frac{\text{공헌이익}}{\text{영업이익}}$과 같다는 것이다[7].

5 우리의 관심 대상 영역은 판매량이 2,000병 근처인 영역으로서, 이 영역에서 세 대안 중에 절대적으로 우위에 있거나(superior), 열위에 있는(inferior) 대안은 없으므로 세 대안 모두 고려대상이 된다.

6 $DOL = \frac{\Delta OI/OI}{\Delta Q/Q} = \frac{\Delta OI}{\Delta Q} \times \frac{Q}{OI} = CMU \times \frac{Q}{OI} = \frac{CM}{OI}$

7 영업레버리지도는 경제학에서 자주 사용되는 **탄력성(elasticity)**과 유사한 개념이다. 예를 들어, 수요의 가격탄력성은 가격이 1% 변할 때 수요가 몇 % 변하는지를 측정하는 지표로서, 수요와 가격의 측정단위와 무관하게 측정되는 장점이 있다.

영업레버리지도가 크면, 판매량이 감소할 때 영업이익의 감소율이 크지만(높은 위험), 판매량이 증가할 때 영업이익의 증가율도 크다(높은 보상). 반대로, 영업레버리지도가 작으면, 판매량이 감소할 때 영업이익의 감소율이 작지만(낮은 위험), 판매량이 증가할 때 영업이익의 증가율도 작다(낮은 보상). 따라서 영업레버리지도는 위험-보상의 상충관계를 반영하는 지표이다.

민혜가 고려하고 있는 각 대안의 영업레버리지도를 계산해보자. 먼저 영업레버리지도는 판매량(Q)에 따라 다르다는 점에 유의해야 한다. 즉, 하나의 대안에서도 판매량이 다르면 영업레버리지도가 달라진다. 먼저 판매량 2,000병에서 각 대안의 영업레버리지도는 표 2-4와 같이 계산된다.

표에 나타난 바와 같이, 판매량 2,000병에서 고정원가가 큰 대안일수록 영업레버리지도가 더 크다는 것을 알 수 있다. 즉, 고정원가가 클수록 판매량 변화(증가, 감소)에 따른 영업이익의 변화(증가, 감소) 비율이 더 크다는 것이다. 지렛대(레버리지)의 작동원리와 동일하다.

대안 1의 경우에는 판매량에 상관없이 영업레버리지도가 '1'이다. 고정원가가 없어서 공헌이익과 영업이익이 항상 같기 때문이다.

영업레버리지도의 의미를 구체적인 숫자를 이용해서 확인해보자. 대안 2를 택할 경우, 판매량이 2,000병에서 3,000병으로 증가하면(즉, 판매량이 50% 증가), 영업이익은 ₩30,000,000에서 65%(=50%×1.3) 증가하여, ₩49,500,000(=₩30,000,000×165%)이 된다는 것이다[8](표 2-5에서 확인 가능).

표 2-4 판매량이 2,000병일 때 대안별 영업레버리지도 비교

	대안 1	대안 2	대안 3
(1) 단위당 공헌이익	₩15,000	₩19,500	₩25,000
(2) 공헌이익(=(1)x2,000병)	₩30,000,000	₩39,000,000	₩50,000,000
(3) 고정원가	₩0	₩9,000,000	₩20,000,000
(4) 영업이익(=(2)−(3))	₩30,000,000	₩30,000,000	₩30,000,000
(5) 영업레버리지도(=(2)÷(4))	1	1.3	1.67

8 영업레버리지도의 정의에서 각 기호의 의미는 다음과 같다.

$$DOL = \frac{\Delta OI/OI}{\Delta Q/Q} = \frac{(49{,}500{,}000-30{,}000{,}000)/30{,}000{,}000}{(3{,}000-2{,}000)/2{,}000} = 1.3$$

표 2-5 판매량이 3,000병일 때 대안별 영업레버리지도 비교

	대안 1	대안 2	대안 3
(1) 단위당 공헌이익	₩15,000	₩19,500	₩25,000
(2) 공헌이익(=(1)x3,000병)	₩45,000,000	₩58,500,000	₩75,000,000
(3) 고정원가	₩0	₩9,000,000	₩20,000,000
(4) 영업이익(=(2)−(3))	₩45,000,000	₩49,500,000	₩55,000,000
(5) 영업레버리지도(=(2)÷(4))	1	1.18	1.36

판매량이 3,000병인 경우에도 고정원가가 많은 대안일수록 영업레버리지도가 더 크다는 것을 확인할 수 있다. 판매량 증가가 영업레버리지도에 미치는 영향을 살펴보자. 대안 2의 경우, 판매량이 2,000병에서 3,000병으로 증가하면 영업레버리지도가 1.3에서 1.18로 감소하는 것을 확인할 수 있다.

대안 3의 경우에도 판매량이 증가함에 따라 영업레버리지도가 감소함을 확인할 수 있다. 이처럼 고정원가가 있을 때 판매량이 증가하면 영업레버리지도는 감소한다[9]. 위에서 설명한 대안 중에서 대안 3이 영업레버리지도가 가장 크다고 할 수 있는데, 이는 같은 판매량에서 비교한 것이다.

표 2-4와 표 2-5에서 확인할 수 있듯이, 영업레버리지도는 항상 1보다 크거나 같다. 공헌이익이 영업이익보다 항상 크거나 같기 때문이다.

요약하면, 고정원가가 있을 때 영업이익의 변동성을 나타내는 영업레버리지도는 판매량(매출액)에 따라 달라지므로, 대안 간의 비교는 동일한 판매량에 대해 실시해야 한다. 동일한 판매량에서 고정원가가 큰 대안일수록 영업레버리지도가 더 크다. 동일한 대안에서는 판매량이 증가하면 영업레버리지도가 감소한다.

2) 불확실성하에서 대안 평가지표 종합

지금까지 학습한 불확실성하에서 대안 평가에 사용되는 지표들을 이용하여 각 대안을 평가하면 표 2-6과 같다.

민혜는 현재 판매량을 2,000병으로 예상하고 있으며, 이 판매량에서 세 대안의 예상 영업이익은 모두

9 영업레버리지도는 손익분기점에서 무한대(∞)가 되고, 그 이상으로 판매량이 증가할수록 영업레버리지도는 계속 감소하며, 판매량이 무한대로 증가하면 1의 값에 근접하게 된다(보론 1 참고).

표 2-6 불확실성하에서 복수 대안의 평가 종합

	대안 1	대안 2	대안 3
고정원가	적음	중간	많음
단위당 변동원가	많음	중간	적음
손익분기점	낮음	중간	높음
안전한계	높음	중간	낮음
영업레버리지도	낮음	중간	높음

같으므로, 대안의 선택은 세 대안이 안고 있는 위험과 보상에 대한 민혜의 태도에 달려 있다. 위험을 적극적으로 받아들이는 경우 대안 3을 선호하게 되며, 위험회피적인 성향이 강할 때에는 대안 1을 선호하게 될 것이다[10].

5. 영업레버리지와 아웃소싱

경영진이 내려야 하는 중요한 의사결정 사항 중 하나는 고정원가와 변동원가에 대한 원가구조를 결정하는 것이다. 일반적으로 생산량이 작을 때는 대규모 고정원가를 유발하는 설비투자 대신에 인력을 더 적극적으로 활용하게 된다. 그러나 생산량이 증가하면 영업레버리지 효과를 얻기 위해 설비투자를 통해 변동원가를 줄이고 고정원가의 비중을 늘리는 것이 일반적이다.

한편, 기업들은 필요한 재료나 부품을 내부에서 생산하는 대신에 외부에서 조달하는 **아웃소싱**(outsourcing) 전략을 구사하는 경우가 많다. 아웃소싱을 하게 되면, 부품 내부생산에 필요한 고정원가가 전혀 발생하지 않지만 단위당 변동원가(구입비용)는 매우 높은 형태가 된다. 이로 인해 기업은 생산량이 많을 때 부품을 아웃소싱하는 대신 내부에서 직접 생산하려는 경향이 있는데, 이는 총원가의 절감(영업레버리지 효과)을 위해 바람직한 전략일 수 있다.

그러나 내부생산은 생산량이 감소하는 경우 고정원가 부담이 매우 커질 수 있다. 설비투자는 대규모 자금투입을 요구하므로 대규모 부채를 안게 되는 경우가 많다. 따라서 생산량이 예상보다 작은 경우, 설

---

10 예상판매량 수준에서 영업이익이 높은 대안이 있더라도 반드시 그 대안을 택하는 것이 바람직하다고 할 수는 없다. 수요의 불확실성으로 인해 발생하는 위험에 대한 수용성(risk tolerance)에 따라 선호하는 대안이 달라질 수 있다(제5장 참고).

비투자에 따른 감가상각비 증가로 인한 영업이익의 감소와 부채 증가에 따른 이자 증가라는 두 가지 문제를 동시에 맞게 될 수도 있다.

따라서 아웃소싱은 생산량 증가 시에 영업레버리지 효과를 기대할 수 없다는 단점에도 불구하고, 고정원가 부담을 피하기 위한 합리적인 전략이 될 수도 있다. 회사의 경영자는 부품 내부생산과 아웃소싱의 장단점을 합리적으로 비교해서 판단해야 한다.

6. 복수의 제품이 있을 때 CVP 분석

CVP 분석은 기본적으로 하나의 제품에 대해 수익, 원가, 이익 등의 관계를 분석하는 방법으로, 복수의 제품이 있을 때는 제품의 **매출배합**(sales mix)이 일정한 경우에만 CVP 분석이 가능하다. 매출배합은 복수의 제품을 판매할 때 제품들의 판매량 비율을 말한다. 다음 예제를 통해 복수의 제품에 대한 CVP 분석에 대해 학습해보자.

예제 2-7

예제 2-1에서 민혜는 와인숍에서 와인 M과 함께 와인 N을 함께 판매하는 것을 고려하고 있다. 와인 N을 추가로 판매할 때 더 넓은 매장 공간이 필요하여 연간 임대료는 총 ₩36,000,000이 발생한다. 와인 M과 와인 N에 대한 구체적인 자료는 표 2-7과 같다. 손익분기점을 계산해보자.

표 2-7 민혜가 와인 M과 와인 N을 함께 판매하는 경우 예상판매량과 이익(연간)

	와인 M	와인 N	합 계
예상판매량	2,000병	1,000병	
판매가격	₩40,000	₩60,000	
단위당 변동원가	₩15,000	₩20,000	
단위당 공헌이익	₩25,000	₩40,000	
공헌이익	₩50,000,000	₩40,000,000	₩90,000,000
고정원가			₩36,000,000
영업이익			₩54,000,000

두 종류의 제품을 판매하는 경우, 손익분기점을 달성할 수 있는 판매량의 조합은 이론적으로 무수히 많다[11]. 따라서 의미 있는 손익분기점을 계산하기 위해 매출배합이 일정하다고 가정하자. 본 예제에서 와인 M과 와인 N의 예상판매량은 각각 2,000병과 1,000병으로, 비율이 2 : 1이다. 이 비율이 와인 판매량과 상관없이 일정하게 유지된다고 가정하면, 와인 M 2병과 와인 N 1병을 하나의 **묶음**(bundle)처럼 간주할 수 있다. 이제 모든 CVP 분석은 묶음 단위로 실시할 수 있다. 한 **묶음당 공헌이익**은 표 2-8에 나타난 바와 같이 ₩90,000으로 계산된다.

표 2-8 와인 M과 와인 N 한 묶음의 공헌이익

	한 묶음당 와인 병수	한 병당 공헌이익	한 묶음당 공헌이익
와인 M	2	₩25,000	₩50,000
와인 N	1	₩40,000	₩40,000
합 계			₩90,000

손익분기점 묶음의 수는 다음과 같이 계산된다.

묶음의 수(손익분기점) = 고정원가 ÷ 한 묶음당 공헌이익 = ₩36,000,000 ÷ ₩90,000 = 400묶음

손익분기점에서 각 제품의 판매량과 수익은 다음과 같이 계산된다.

- 와인 M : 400묶음 × 묶음당 2병 = 800병(와인 M 수익 : 800병 × ₩40,000 = ₩32,000,000)
- 와인 N : 400묶음 × 묶음당 1병 = 400병(와인 N 수익 : 400병 × ₩60,000 = ₩24,000,000)
- 수익(손익분기점) = ₩56,000,000

이제 묶음 단위의 공헌이익률을 이용해서 위의 분석을 다시 해보자.

---

11 와인 M의 판매량을 Q(M), 와인 N의 판매량을 Q(N)이라고 하자. 손익분기점은 공헌이익 총계가 고정원가와 같아지는 매출배합, 즉 직선 '25,000Q(M) + 40,000Q(N) = 36,000,000' 위에 있는 모든 Q(M), Q(N)의 조합이 손익분기점 매출배합이 된다. 예를 들어, (Q(M), Q(N)) = (400병, 650병), (1,000병, 275병) 등이 손익분기점이 된다.

공헌이익률(묶음당) = 한 묶음의 공헌이익 ÷ 한 묶음의 수익

= ₩90,000 ÷ (₩40,000 × 2병 + ₩60,000 × 1병) = 0.643

수익(손익분기점) = 고정원가 ÷ 공헌이익률(묶음당) = ₩36,000,000 ÷ 0.643 = ₩56,000,000

묶음의 수(손익분기점) = 수익(손익분기점) ÷ 한 묶음당 수익 = ₩56,000,000 ÷ ₩140,000 = 400묶음

이처럼 복수의 제품이 있을 때도 매출배합이 일정할 경우에는 단일 제품과 마찬가지로 손익분기점, 목표이익 등과 관련된 다양한 CVP 분석을 할 수 있다.

7. 마무리

1) CVP 분석의 전략적 활용

CVP 분석은 원가구조 대안의 선택과 이익계획 수립에 사용되는 핵심적인 수단으로서, 제7장에서 설명하는 제품수명주기원가계산(life-cycle costing)과 목표원가계산(target costing) 등 **전략적 원가관리(strategic cost management)**에도 유용하게 사용될 수 있다. 제품수명주기원가계산에서는 제품개발 초기 단계에서 전체 수명주기의 각 단계에서 발생할 것으로 예측되는 고정원가와 변동원가에 대해 해당 제품이 원하는 수준의 수익성을 달성할 수 있을지를 분석할 수 있고, 목표원가계산에서는 제품의 기능과 디자인 대안들이 예상판매량 수준에서 목표이익을 달성하는 데 필요한 고정원가와 변동원가 목표 수준을 도출하는 데 사용할 수 있다.

마케팅 분야에서도 판매직 사원들에 대한 보상인 기본급(고정원가)과 수당(변동원가)의 크기가 제품의 수익성에 미치는 영향을 분석할 수 있고, 고객에 대한 가격할인 프로그램이 이익에 미치는 영향을 분석하는 데도 사용할 수 있다.

기업이 채택한 전략에 따라 CVP 분석의 활용에 차이가 있을 수 있다. 원가우위전략을 선택한 기업은 원가의 비중이 가장 높은 제조 단계에서 가장 효율적인 제조방식(예 설비 도입, 자동화 수준, 아웃소싱, 품질관리 등)을 탐색하는 데 사용할 수 있고, 제품차별화전략을 선택한 기업은 연구개발과 디자인 단계에서 제품의 기능(특성)을 선택할 때 주로 활용할 수도 있다.

2) 관련원가의 사용

CVP 분석에서 사용되는 모든 원가와 수익은 대안 간에 차이가 있는 **관련원가**(relevant cost)와 **관련수익**(relevant revenue)을 사용해야 한다는 점에 유의해야 한다. 예를 들어, 신제품 도입 여부를 검토하는 과정에서, 신제품의 손익분기점을 예측하고자 한다면, 분석대상인 고정원가와 변동원가는 모두 신제품 도입으로 인해 증가하게 될 증분원가(관련원가)를 사용해야 한다. 기존 여유설비와 여유공간을 사용하는 경우, 이들의 감가상각비 등은 단기적으로 증분원가(관련원가)에 포함되지 않는다(관련원가와 관련수익에 대한 자세한 설명은 제4장 참고). 본 장의 예제에서 사용한 모든 수치도 관련원가와 관련수익을 가정한 것이다.

[보론 1] 영업레버리지도 보충 설명

본문에서 설명한 **영업레버리지도**(DOL, Degree of Operating Leverage)에 대해 자세하게 설명해보자. 영업레버리지도는 다음과 같이 나타낼 수 있다.

$$
\begin{aligned}
DOL &= \frac{CM}{OI} \\
&= \frac{CM}{CM - FC} \quad \cdots\cdots\cdots\cdots\cdots\cdots \text{(a)} \\
&= \frac{Q}{Q - \dfrac{FC}{CMU}} \quad \cdots\cdots\cdots\cdots\cdots\cdots \text{(b)} \\
&= \frac{Q}{Q - Q_{BEP}} \quad \cdots\cdots\cdots\cdots\cdots\cdots \text{(c)} \\
&= \frac{Q}{Q_{안전한계}} \quad \cdots\cdots\cdots\cdots\cdots\cdots \text{(d)}
\end{aligned}
$$

위에서 (a)는 영업이익(OI)=공헌이익(CM)−고정원가(FC)이므로 성립한다. (b)는 식 (a)에 있는 분모, 분자의 각 항목을 CMU(단위당 공헌이익)로 나눈 것으로서, '$CM = CMU \times Q$'이므로 성립한다. (c)는 $\frac{FC}{CMU}$가 물량으로 나타낸 손익분기점(Q_{BEP})이라는 점을 반영한 것이다. (d)는 물량으로 나타낸 안전한계($Q_{안전한계}$)가 '$Q - Q_{BEP}$'임을 반영한 것이다. 이처럼 영업레버리지도는 이익(공헌이익, 영업이익)이 아닌 물량을 이용해서 계산할 수도 있다. 본문의 **예제 2-6** 대안 3에서 판매량이 2,000병일 때 영업레버리지도는 다음과 같이 계산할 수 있다.

$$
DOL = \frac{Q}{Q_{안전한계}} = \frac{2,000병}{(2,000병 - 800병)} = 1.67
$$

물량을 이용해서 이렇게 계산한 영업레버리지도는 본문의 **표 2-4**에서 이익을 이용하여 계산한 값과 같다는 것을 알 수 있다.

또 하나의 사실은 위 식 (c)를 보면, 수식적으로 Q가 감소하여 손익분기점에 가까워질수록(분모가 '0'에 근접) 영업레버리지도는 무한대에 근접한다. 또한 Q가 손익분기점에서 멀어져 커질수록 영업레버리지도는 계속 감소하여 Q가 무한대에 근접하면 영업레버리지도는 1에 근접하게 됨을 알 수 있다.

예제(보론) 2-1

지금까지 학습한 내용을 충분히 이해했는지 점검하기 위해 그림(보론) 2-1에 표시된 대안별 여러 판매량 수준에서 영업레버리지도의 상대적 크기를 비교해보자.

(1) a, b에서 영업레버리지도를 비교해보자.

(2) b, c에서 영업레버리지도를 비교해보자.

(3) a, c에서 영업레버리지도를 비교해보자.

(4) c, d에서 영업레버리지도를 비교해보자.

그림(보론) 2-1 대안별 영업레버리지도 비교

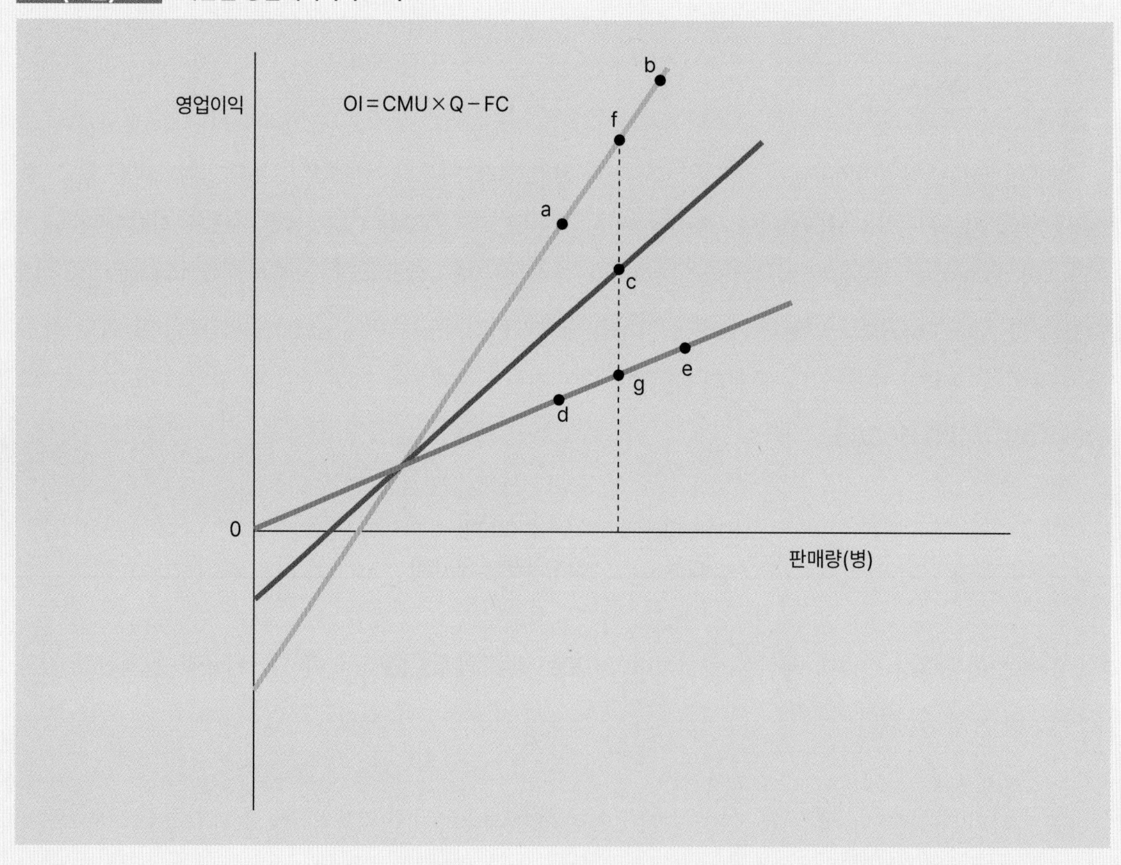

영업레버리지도의 비교 결과는 다음과 같다.

(1) a > b(동일한 대안에서 판매량이 증가하면 DOL이 감소)
(2) b, c에서 영업레버리지도의 크기는 비교하기 어려움(동일한 판매량에서 고정원가가 큰 대안의 DOL이 더 크므로, c < f. 그런데 b < f. 따라서 b, c 비교를 위해서는 구체적인 판매량 정보가 필요함)
(3) a > c(c < f, f < a. 따라서 c < a)
(4) c > d(d, g, e는 고정원가가 없는 대안의 영업이익선상에 있으므로 DOL이 모두 1. 다른 점들은 모두 고정원가로 인해 DOL > 1)

[보론 2] 서비스산업의 CVP 분석

CVP 분석은 원가행태(cost behavior)에 기초한 분석으로서, 고정원가와 변동원가의 구분이 선행되어야 한다. 고정원가와 변동원가의 구분은 의사결정에 관심을 두고 있는 물량(volume)을 어떻게 정의하느냐에 따라 달라질 수 있다. 예를 들어, 항공산업에서 운항횟수를 물량으로 정의할 경우, 단위당(운항횟수) 변동원가에는 항공기 연료비 등이 포함된다.

반면에 탑승객 수를 물량으로 정의할 경우, 단위당(탑승객 수) 변동원가에는 식사비와 음료비가 포함되며, 1회 운항 시 연료비는 고정원가가 된다. 그러나 탑승객이 증가하면 운항횟수도 증가하게 되므로, 탑승객 수를 물량으로 정의할 때 연료비가 항상 고정원가인 것은 아니다. 이처럼 서비스산업은 제조업과 달리 물량에 대한 정의가 다양할 수 있으며, 물량의 정의에 따른 고정원가와 변동원가의 구분이 다소 까다로울 수 있다. 다음 예제를 통해 학습해보자.

예제(보론) 2-2

㈜한바다는 컨테이너선 1척으로 인천과 필리핀의 마닐라 구간을 왕복하며 화물을 운송하는 해운사이다. 운임과 원가에 관한 정보는 다음과 같다.

컨테이너 적재 용량	2,000개
개당 편도요금	₩6,000

(예제 계속)

개당 변동원가	₩3,500
편도 연료비	₩1,600,000
연간 항만사용료, 직원 급여 등	₩15,000,000

적재율이 100%인 경우와 평균 60%인 경우에 대해, ㈜한바다의 연간 손익분기점 컨테이너 운반 수량을 계산해보자.

(1) 운항횟수에 제약이 없는 경우

컨테이너 운반 수량이 물량(volume)이므로, 원가행태는 다음과 같이 정리할 수 있다.

단위당 변동원가 : ₩3,500

준고정원가 : 편도 1회당 ₩1,600,000

고정원가 : ₩15,000,000

계산을 위해 컨테이너 운반 수량을 m이라고 하자.

총원가 : (₩3,500 × m) + (₩1,600,000 × 편도운행횟수) + ₩15,000,000

총수익 : (₩6,000 × m)

여기서, 편도운행횟수는 적재율에 따라 달라진다.

① 적재율이 100%일 때

이때 편도운행횟수 $= \frac{m}{2{,}000개}$ (올림처리).

총수익과 총원가가 같아지는 물량 m을 구하면 m = 8,823.53(컨테이너 8,824개)[12], 편도운행횟수 $\frac{m}{2{,}000개} = 4.412$회 (5회)이다. 여기서 운행횟수를 올림처리하여 5회 운항이 필요하므로 5회 운항에 따른 연료비를 고려하여 총원가를 다시 계산해야 한다.

---

12 손익분기점을 계산할 때 연료비는 컨테이너 개당으로 환산하여 변동원가처럼 계산한다.

$$m = \frac{15{,}000{,}000}{\left(6{,}000 - 3{,}500 - \frac{1{,}600{,}000}{2{,}000}\right)}$$

이제 8,824개의 물량을 5회 운항으로 운반하는 경우의 총원가를 계산하면 다음과 같다.

총원가(8,824개, 5회 운항) = (₩3,500 × 8,824개) + (₩1,600,000 × 5회) + ₩15,000,000
= ₩53,884,000
총수익(8,824개, 5회 운항) = (₩6,000 x 8,824개) = ₩52,944,000

총수익이 총원가보다 ₩940,000 적다. 따라서 추가 물량이 필요하다. (5회째 운항 선박의) 물량 1개당 공헌이익이 ₩2,500(= ₩6,000 − ₩3,500)이므로 추가 필요 물량은 다음과 같다.

$$\text{추가 필요 물량} = \frac{₩940{,}000}{₩2{,}500} = 376\text{개}$$

추가 물량으로 인해 총운반물량은 9,200개(= 8,824개 + 376개)이다. 5회 운항 시 최대 물량 10,000까지 운반할 수 있으므로, 9,200개가 최종적인 손익분기점 물량이다. 만약 물량이 추가되어 선박 운항이 1회 더 필요한 경우에는 연료비가 증가하므로 위의 계산절차를 다시 반복해야 한다. 최종적인 총원가와 총수익은 다음과 같이 동일하다.

총원가(9,200개, 5회 운항) = (₩3,500 × 9,200개) + (₩1,600,000 × 5회) + ₩15,000,000
= ₩55,200,000
총수익(9,200개, 5회 운항) = (₩6,000 × 9,200개) = ₩55,200,000

② 적재율이 평균 60%일 때

이때 편도운행횟수 = $\frac{m}{2{,}000\text{개} \times 0.6}$ (올림처리).

총수익과 총원가가 같아지는 물량 m을 구하면 m = 12,857.14(컨테이너 12,858개)[13], 편도운행횟수 $\frac{m}{2{,}000\text{개} \times 0.6}$ = 10.715회(11회)이다. 여기서 운행횟수를 올림처리하여 11회 운항이 필요하므로 11회 운항에 따른 연료비를 고려하여 총원가를 다시 계산해야 한다.

---

13 $m = \dfrac{15{,}000{,}000}{\left(6{,}000 - 3{,}500 - \dfrac{1{,}600{,}000}{(0.6 \times 2{,}000)}\right)}$

이제 12,858개의 물량을 11회 운항으로 운반하는 경우의 총원가를 계산하면 다음과 같다.

총원가(12,858개, 11회 운항) = (₩3,500 × 12,858개) + (₩1,600,000 × 11회) + ₩15,000,000
= ₩77,603,000
총수익(12,858개, 11회 운항) = (₩6,000 × 12,858개) = ₩77,148,000

총수익이 총원가보다 ₩455,000 적다. 따라서 추가 물량이 필요하다. (11회째 운항 선박의) 물량 1개당 공헌이익이 ₩2,500(=₩6,000 − ₩3,500)이므로 추가 필요 물량은 다음과 같다.

$$\text{추가 필요 물량} = \frac{₩455{,}000}{₩2{,}500} = 182\text{개}$$

추가 물량으로 인해 총운반물량은 13,040개(=12,858개+182개)이다. 11회 운항 시 최대 물량 13,200개(=2,000개×0.6×11회)까지 운반할 수 있으므로, 13,040개가 최종적인 손익분기점 물량이다. 만약 물량이 추가되어 선박 운항이 1회 더 필요한 경우에는 연료비가 증가하므로 위의 계산절차를 다시 반복해야 한다. 최종적인 총원가와 총수익은 다음과 같이 동일하다.

총원가(13,040개, 11회 운항) = (₩3,500 × 13,040개) + (₩1,600,000 × 11회) + ₩15,000,000
= ₩78,240,000
총수익(13,040개, 11회 운항) = (₩6,000 × 13,040개) = ₩78,240,000

위의 분석에서 적재율이 100%인 경우 원가와 수익을 그래프로 나타내면 **그림(보론) 2-2**와 같다.

그림(보론) 2-2 운행횟수에 제약이 없을 경우 적재율 100%일 때 물량변화에 따른 원가와 수익

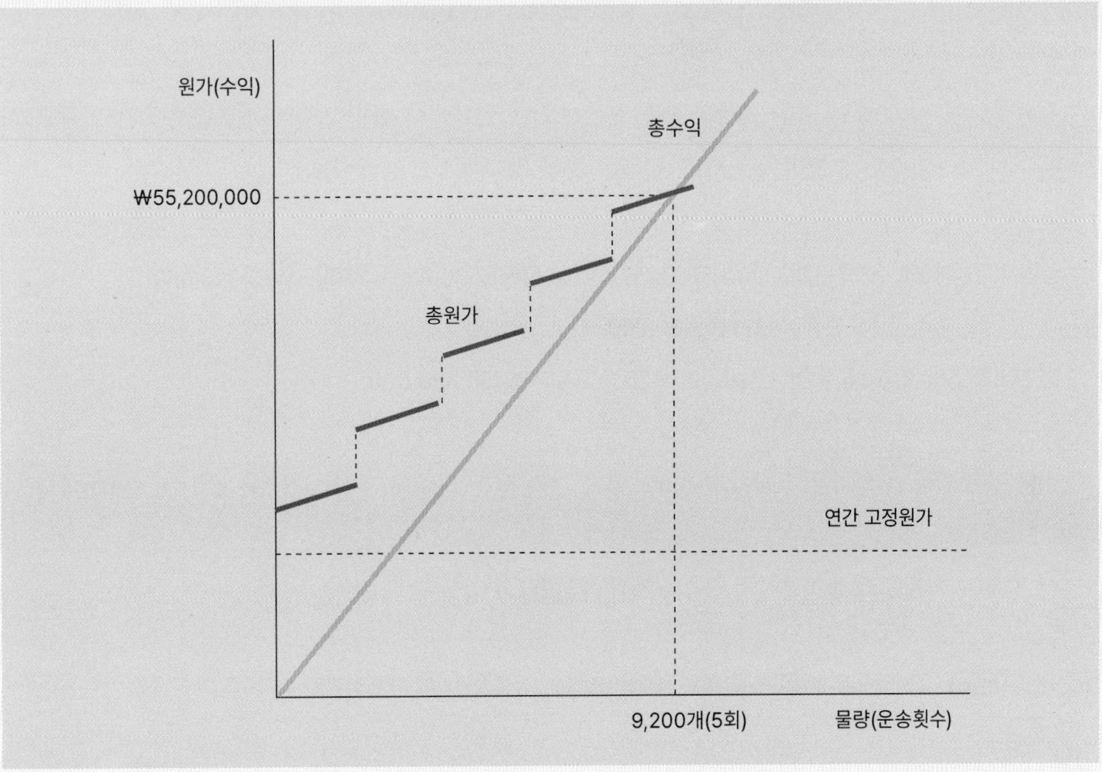

마지막으로, 적재율이 100%인 경우, 운행횟수 4회로 손익분기점을 달성할 수 있는지 점검해보자. 이제 운행횟수가 확정되었으므로, 전형적인 손익분기점 계산식을 이용할 수 있다. 4회 운항 시 고정원가는 연료비를 포함하여 ₩21,400,000(=₩1,600,000×4회+₩15,000,000)이다. 따라서 손익분기점은 $\frac{21,400,000}{(6,000-3,500)}=8,560$개이다. 그러나 물량 8,560개는 4회 운송으로 운반할 수 있는 물량 범위를 넘어서므로, 4회 운항 시에는 손익분기점을 달성할 수 없다(적재율이 60%인 경우에도 10회 운송으로는 손익분기점을 달성할 수 없음을 확인할 수 있다).

(2) 운항횟수에 제약이 있는 경우

만약 ㈜한바다가 연간 왕복 16회(편도 32회)의 정기노선을 운영하고 있으며, 회사의 평판을 고려하여 물량에 상관없이 정기적으로 운항한다고 하자. 이 경우에는 분석이 매우 간단해진다. 편도 32회 운항에 따른 연료비가 모두 고정원가가 되기 때문이다.

$$\text{손익분기점(편도 32회)} = \frac{(₩1,600,000 \times 32\text{회}) + ₩15,000,000}{(₩6,000 - ₩3,500)} = 26,480\text{개}$$

평균 적재율이 60%인 경우 운항횟수를 계산해보자. 컨테이너 물량 26,480개를 운송하기 위해 23회 $\left(= \frac{26,480}{2,000 \times 0.6} = 22.067\text{회}\right)$ 운항이 필요하다. 이때의 총원가와 총수익을 계산해보자.

$$\text{총원가(26,480개, 23회 운항)} = (₩3,500 \times 26,480\text{개}) + (₩1,600,000 \times 23\text{회}) + ₩15,000,000$$
$$= ₩144,480,000$$
$$\text{총수익(26,480개, 23회 운항)} = (₩6,000 \times 26,480\text{개}) = ₩158,880,000$$

이때 총수익이 총원가보다 ₩14,400,000 많다. 그 차이는 나머지 운항(24회부터 32회까지 총9회)에서 발생할 연료비 ₩14,400,000(=9회×1,600,000)과 같다.

이 경우 원가행태와 손익분기점 분석은 그림(보론) 2-3과 같은 형태를 나타낸다.

그림(보론) 2-3 운행횟수에 제약이 있을 경우 적재율 60%일 때 물량변화에 따른 원가와 수익

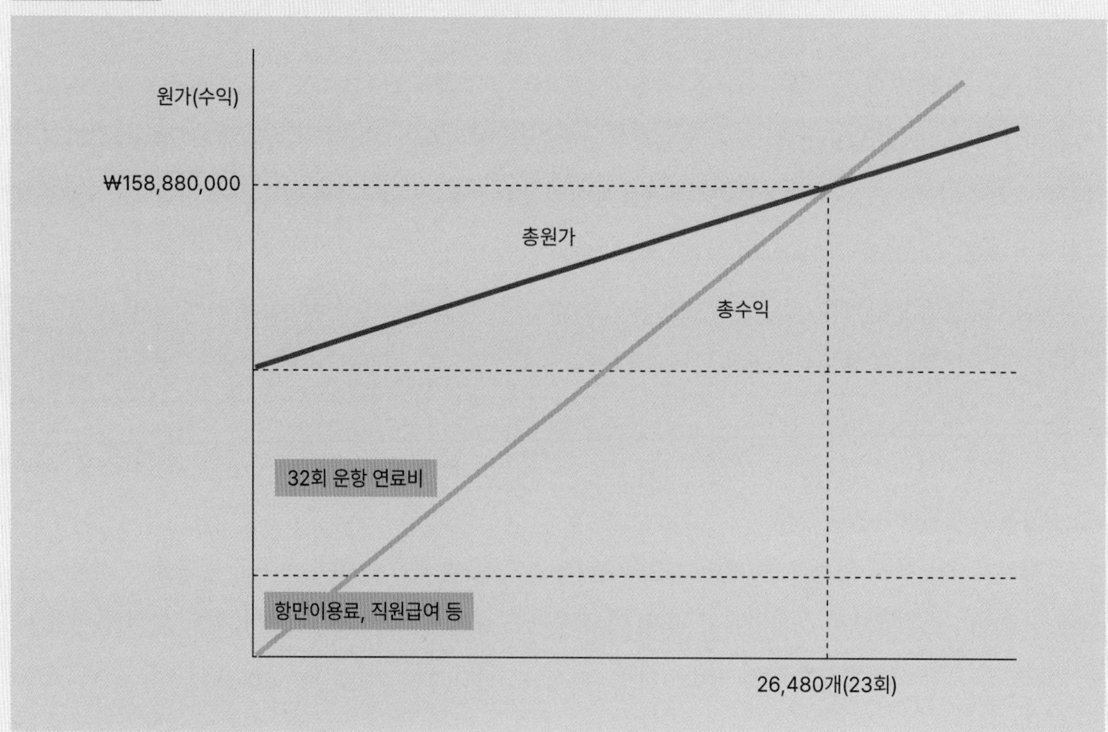

(3) 운항횟수가 물량(volume)인 경우

만약 ㈜한바다의 경영진이 손익분기점을 초과하기 위한 운항횟수에 관심을 가진다면, 이제 물량(volume)은 운항횟수가 된다. 물량(Q)이 운항횟수이므로, 연료비는 완벽한 변동원가가 된다. 모든 원가를 고정원가와 변동원가로 쉽게 구분할 수 있으므로 전형적인 손익분기점 공식을 사용해서 계산할 수 있다. 이때 단위당 가격과 단위당 변동원가는 1회 운항을 기준으로 계산한다. 본 예제에서 단위당(1회 운항당) 가격은 [2,000개×적재율×개당 가격]이며, 단위당 변동원가는 [(2,000개×적재율×개당 변동원가)+1회 운항 연료비]가 된다(운항횟수에 제약이 없다고 가정).

본 예제에서 평균 적재율 60%에 대해 손익분기점 운항횟수는 다음과 같이 계산하면 된다.

손익분기점 운항횟수(적재율 60%)

$$= \frac{₩15,000,000}{(2,000개 \times 0.6 \times ₩6,000 - 2,000개 \times 0.6 \times ₩3,500 - ₩1,600,000)}$$

$$= \frac{₩15,000,000}{(₩7,200,000 - ₩4,200,000 - ₩1,600,000)}$$

$$= \frac{₩15,000,000}{₩1,400,000} = 10.71회$$

따라서 손익분기점 운항횟수는 11회가 된다. 이때 총수입은 ₩79,200,000, 총비용은 ₩78,800,000으로 영업이익은 '0'보다 크다.

이처럼 서비스산업의 CVP 분석에서 물량은 다양하게 정의될 수 있으며, 원가행태는 정의된 물량에 따라 규정되어야 한다. 복잡한 형태의 CVP 분석에서는 전형적인 손익분기점 계산 공식을 적용하기보다 총원가와 총수익을 이용하여 계산하는 것이 더 편리하다.

[보론 3] 전부원가계산에서 CVP 분석[14]

전부원가계산(absorption costing)은 고정제조간접원가를 제품원가에 포함한 후, 판매시점에 비용(매출원가)으로 처리한다. 고정제조간접원가는 마치 변동원가처럼 단위당 원가를 계산하여 제품원가에 포함하게 된다. 전부원가계산에서 CVP 분석은 이를 반영하여 분석한다. 다음 예제를 통해 학습해보자.

예제(보론) 2-3

㈜민지는 전부원가계산(absorption costing)을 사용하고 있으며, 202X년도 영업활동과 관련된 실제 내역은 다음과 같다. 202X년도의 손익분기점 판매량을 계산해보자.

가격	₩150
단위당 변동제조원가	₩70
단위당 변동판매비와관리비	₩15
고정제조간접원가(예산, 실제)	₩150,000
고정 판매비와관리비	₩70,000
생산량	5,000개

① ㈜민지가 원가측정을 위해 **실제원가계산**(actual costing)을 사용하는 경우

$$\text{단위당 고정제조간접원가} = \frac{\text{실제발생액(₩150,000)}}{\text{실제생산량(5,000개)}} = ₩30$$

단위당 제조원가

= 단위당 변동제조원가 ₩70 + 단위당 고정제조간접원가 ₩30 = ₩100

단위당 변동원가 = 단위당 제조원가 + 단위당 변동 판매비와관리비

= ₩100 + ₩15 = ₩115

14 본 보론의 내용을 충분히 이해하기 위해서는 원가회계의 관련 주제를 먼저 학습할 필요가 있다.

고정원가 = 고정 판매비와관리비 = ₩70,000

$$\text{손익분기점 판매량} = \frac{\text{고정 판매비와관리비}}{(\text{가격} - \text{제품단위당 변동원가})} = \frac{₩70,000}{(₩150 - ₩115)} = 2,000\text{개}$$

실제원가계산을 사용하는 경우, 생산량에 따라 단위당 고정제조간접원가가 변하게 되어, 제품 단위당 변동원가도 변한다. 따라서 손익분기점 수량도 변하게 된다. 생산량이 증가하면, 단위당 고정제조간접원가가 감소하게 되고 제품 단위당 원가가 감소하여 손익분기점이 낮아지게 된다.

② ㈜민지가 원가측정을 위해 **정상원가계산**(normal costing)을 사용하는 경우
(기준조업도는 6,000개이며, 모든 배부차이는 매출원가에서 조정)

$$\text{단위당 예산고정제조간접원가} = \frac{\text{예산}(₩150,000)}{\text{기준조업도}(6,000\text{개})} = ₩25$$

단위당 제조원가
= 단위당 변동제조원가 ₩70 + 단위당 예산고정제조간접원가 ₩25 = ₩95

단위당 변동원가 = 단위당 제조원가 + 단위당 판매비와관리비
= ₩95 + ₩15 = ₩110

고정제조간접원가의 배부차이 중에서 연말에 비용 항목에서 조정되는 금액은 손익에서 고정원가(비용)와 영향이 같다.

고정제조간접원가 배부차이 = 실제발생액 − 배부액 = ₩150,000 − (₩25 × 50,000개) = ₩25,000

고정원가 = 고정 판매비와관리비 + (−) 배부차이 = ₩70,000 + ₩25,000 = ₩95,000

$$\text{손익분기점} = \frac{\text{고정 판매비와관리비} \pm \text{배부차이}}{(\text{가격} - \text{제품단위당 변동원가})} = \frac{₩70,000 + ₩25,000}{(₩150 - ₩110)} = 2,375\text{개}$$

정상전부원가계산 손익계산서를 통해 손익분기점 판매량에서 영업이익을 표(보론) 2-1을 통해 확인해 보자.

표(보론) 2-1 정상전부원가계산 손익계산서 (단위 : 원)

(판매량 : 2,375개)

(1) 매출	356,250 (=₩150×2,375개)
(2) 매출원가(조정 전)	225,625 (=(₩70+₩25)×2,375개)
(3) 배부차이조정	25,000(U) (=₩150,000−₩125,000)
(4) 매출원가(조정 후)(=(2)+(3))	250,625
(5) 매출총이익(=(1)−(4))	105,625
(6) 판매비와관리비	105,625 (=₩70,000+₩15×2,375개)
(7) 영업이익(=(5)−(6))	0

정상원가계산을 사용하는 경우, 생산량이 변하더라도 제품의 단위당 원가(변동원가)는 변하지 않으나, 고정제조간접원가 배부액이 변하게 되어 배부차이가 변하게 된다. 생산량이 증가하면 과소 배부차이가 감소[과다 배부차이 증가]하여 고정원가가 감소하고 손익분기점이 낮아지게 된다.

종합하면, 전부원가계산에서 실제원가계산과 정상원가계산 모두 생산량이 증가하면 손익분기점이 낮아진다.

변동원가계산에서 CVP 분석

변동원가계산(variable costing)에서 CVP 분석은 본문의 분석과 전혀 차이가 없다. 고정제조간접원가는 모두 당기에 비용으로 처리되므로, CVP 분석에서 일반적인 고정원가(비용)와 동일하게 간주하면 된다. 예제(보론) 2-3에서 손익분기점을 계산해보자.

변동원가계산 손익분기점

$$= \frac{(\text{고정제조간접원가 발생액} + \text{고정 판매비와관리비})}{(\text{가격} - \text{단위당 변동제조원가} - \text{단위당 변동 판매비와관리비})}$$

$$= \frac{(₩150{,}000 + ₩70{,}000)}{(₩150 - ₩70 - ₩15)} = 3{,}384.6\text{개}$$

판매량 3,385개에서 변동원가계산 손익은 표(보론) 2-2와 같다.

표(보론) 2-2 변동원가계산 손익계산서 (단위 : 원)

(판매량 : 3,385개)

(1) 매출	507,750 (=₩150×3,385개)
(2) 변동매출원가	236,950 (=₩70×3,385개)
(3) 변동 판매비와관리비	50,775 (=₩15×3,385개)
(4) 제조공헌이익(=(1)−(2)−(3))	220,025
(5) 고정제조간접원가(실제)	150,000
(6) 고정 판매비와관리비	70,000
(7) 영업이익(=(4)−(5)−(6))	25(반올림 차이)

관련 사례

삼성전자 반도체 영업레버리지 효과

"돌아온 반도체 호황"…삼성전자, 2년 만에 영업이익 10조원 고지 탈환 – 조선비즈(chosun.com)

고정원가와 영업레버리지

하이트진로, 원가 부담 장기화 … 가격 인상 절실 시점 – 이투데이(etoday.co.kr)

판매량 감소와 고정원가의 영향

[약사공론] 결국 '무기휴진' 치달은 의 · 정 … 약국 · 환자 후폭풍 조마조마 – 케이팜뉴스(kpanews.co.kr)

준고정원가와 이익계획

비용 부담 30%↑… 치솟는 해상운임비에 철강업계 '비상' – 아시아경제(asiae.co.kr)

연습문제

객관식

01 CVP 분석 (2016 세무사)

원가-조업도-이익 분석과 관련된 설명으로 옳지 않은 것은? (단, 답지항에서 변동되는 조건 외의 다른 조건은 일정하다고 가정한다.)

① 계단원가(준고정비)가 존재하면 손익분기점은 반드시 계단 수(구간 수)만큼 존재한다.
② 법인세율이 증가하면 같은 세후 목표이익을 달성하기 위한 판매량이 많아진다.
③ 단위당 변동원가가 작아지면 손익분기점이 낮아진다.
④ 공헌이익률이 증가하면 목표이익을 달성하기 위한 매출액이 작아진다.
⑤ 법인세율이 증가해도 손익분기점은 바뀌지 않는다.

02 CVP 분석 (2021 CPA)

원가·조업도·이익(CVP) 분석에 대한 다음 설명 중 옳지 않은 것은? (단, 아래의 보기에서 변동되는 조건 외의 다른 조건은 일정하다고 가정한다.)

① 생산량과 판매량이 다른 경우에도 변동원가계산의 손익분기점은 변화가 없다.
② 영업레버리지도가 3이라는 의미는 매출액이 1% 변화할 때 영업이익이 3% 변화한다는 것이다.
③ 법인세율이 인상되면 손익분기 매출액은 증가한다.
④ 안전한계는 매출액이 손익분기 매출액을 초과하는 금액이다.
⑤ 단위당 공헌이익이 커지면 손익분기점은 낮아진다.

03 손익분기점 분석 (2015 감정평가사)

다음 자료를 이용하여 계산한 ㈜감평의 20X5년 손익분기점 매출액은?

• 단위당 판매가격	₩2,000
• 단위당 변동제조원가	700
• 단위당 변동 판매비와관리비	300
• 연간 고정제조간접원가	1,350,000
• 연간 고정 판매비와관리비	1,250,000

① ₩2,500,000 ② ₩2,700,000 ③ ₩4,000,000 ④ ₩5,200,000 ⑤ ₩5,400,000

04 손익분기점 분석 (2018 세무사)

㈜세무는 20X1년 초에 설립되어 인공지능을 이용한 스피커를 생산하고 있다. 스피커의 단위당 변동원가는 ₩6,000이며 연간 고정원가 총액은 ₩1,500,000이다. ㈜세무는 당기에 국내시장에서 스피커 300단위를 판매하고, 국내시장에서 판매하고 남는 스피커는 해외시장에 판매할 계획이다. 스피커의 국내 판매가격은 단위당 ₩10,000이며, 해외 판매가격은 단위당 ₩9,000이다. 해외시장에 판매하더라도 원가구조에는 변함이 없으며, 국내시장에 미치는 영향은 없다. 법인세율이 20%일 경우 손익분기점 판매량은?

① 350단위 ② 375단위 ③ 400단위 ④ 450단위 ⑤ 500단위

05 손익분기점 분석 (2023 세무사)

㈜세무는 단일 제품을 생산·판매한다. 제품 단위당 판매가격은 ₩100, 단위당 변동원가는 ₩60으로 일정하나, 고정원가는 제품 생산범위에 따라 상이하다. 제품 생산범위가 첫 번째 구간(1~1,000단위)에서 두 번째 구간(1,001~2,000단위)으로 넘어가면 고정원가가 ₩17,600 증가한다. 첫 번째 구간의 손익분기점이 860단위인 경우, 두 번째 구간의 손익분기점은 몇 단위인가?

① 1,150단위 ② 1,200단위 ③ 1,250단위 ④ 1,300단위 ⑤ 1,440단위

06 목표이익 분석 (2017 관세사)

㈜관세는 제품 A를 제조·판매하는 회사이다. 제품 A의 고정원가는 ₩200,000이고 단위당 예산자료는 다음과 같다.

• 판매가격	₩200
• 직접재료원가	₩30
• 직접노무원가	₩20
• 변동제조간접원가	₩40
• 변동판매비	₩10

㈜관세가 세후목표이익 ₩30,000을 달성하기 위한 판매 수량은? (단, 법인세율은 20%이고 생산량과 판매량은 동일하다.)

① 2,075단위 ② 2,175단위 ③ 2,275단위 ④ 2,375단위 ⑤ 2,475단위

07 목표이익 분석 (2020 국가직 9급)

단일제품 A를 제조하는 ㈜한국의 제품생산 및 판매와 관련된 자료는 다음과 같다.

	200개
• 총공헌이익	₩200,000
• 총고정원가	₩150,000

법인세율이 20%일 경우, 세후 순이익 ₩120,000을 달성하기 위한 제품 A의 판매수량은? (단, 제품 A의 단위당 공헌이익은 동일하다.)

① 120개 ② 150개 ③ 270개 ④ 300개

08 의사결정과 CVP 분석 (2018 CPA)

㈜대한은 20X1년도 예산을 다음과 같이 편성하였다.

구 분	제품 A	제품 B	회사 전체
매출액	₩125,000	₩375,000	₩500,000
변동원가	75,000	150,000	225,000
공헌이익			275,000
고정원가			220,000
세전이익			55,000
법인세비용			11,000
세후이익			44,000

경영자는 예산을 검토하는 과정에서 20X1년에 제품 C의 판매를 추가하기로 하였다. 20X1년도 제품 C의 예상 매출액은 ₩125,000이고 변동원가율은 30%이다. ㈜대한의 고정원가는 회사 전체 매출액 구간별로 다음과 같은 행태를 갖는다.

회사 전체 매출액	고정원가
₩0~₩500,000	₩220,000
₩500,000~₩1,000,000	₩300,000

상기 예산손익계산서에 제품 C를 추가함으로써 나타나는 변화에 대한 설명으로 옳은 것은? (단, ㈜대한에 적용되는 법인세율은 20%이다.)

① 회사 전체 평균공헌이익률은 55%에서 60%로 높아진다.
② 제품 C의 매출액이 회사 전체 매출액에서 차지하는 비중은 25%이다.
③ 손익분기점에 도달하기 위한 회사 전체 매출액은 ₩100,000만큼 증가한다.
④ 회사 전체의 영업레버리지도(degree of operating leverage)는 5에서 5.8로 높아진다.
⑤ 회사 전체 세후 이익은 ₩8,000만큼 증가한다.

09 안전한계 (2016 감정평가사)

㈜감평의 20X6년도 제품에 관한 자료가 다음과 같을 때 안전한계율은?

• 단위당 판매가격	₩5,000
• 공헌이익률	35%
• 총고정원가	₩140,000
• 법인세율	30%
• 세후이익	₩208,250

① 68%　② 70%　③ 72%　④ 74%　⑤ 76%

10 안전한계 (2020 감정평가사)

㈜감평은 단일 제품 A를 생산·판매하고 있다. 제품 A의 단위당 판매가격은 ₩2,000, 단위당 변동비는 ₩1,400, 총고정비는 ₩90,000이다. ㈜감평이 세후목표이익 ₩42,000을 달성하기 위한 매출액과 이 경우의 안전한계는? (단, 법인세율은 30%이다.)

	매출액	안전한계
①	₩300,000	₩100,000
②	₩440,000	₩140,000
③	₩440,000	₩200,000
④	₩500,000	₩140,000
⑤	₩500,000	₩200,000

11 안전한계 (2012 세무사)

다음은 ㈜국세의 조업도 변화에 따른 총수익, 총변동비 및 총고정비를 그래프로 나타낸 것이다.

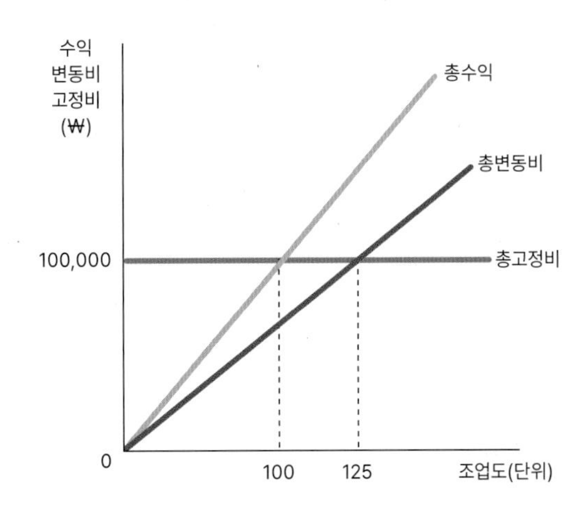

위 그래프를 이용할 경우, ㈜국세가 안전한계율 37.5%를 달성하는 데 필요한 목표 판매수량은 몇 단위인가?

① 600단위　② 700단위　③ 800단위　④ 900단위　⑤ 1,000단위

12 영업레버리지도 (2021 감정평가사)

㈜감평의 20X1년 매출 및 원가자료는 다음과 같다.

매출액	?
변동원가	₩700,000
공헌이익	500,000
고정원가	300,000
영업이익	₩200,000

20X2년에는 판매량이 20% 증가할 것으로 예상된다. ㈜감평의 20X2년 예상영업이익은? (단, 판매량 이외의 다른 조건은 20X1년과 동일하다.)

① ₩260,000 ② ₩280,000 ③ ₩300,000 ④ ₩340,000 ⑤ ₩380,000

13 영업레버리지도 (2011 CPA)

㈜동진은 단일 제품을 생산 및 판매하고 있으며, 매 연도 기초와 기말의 재고자산은 없다. 20X1년도의 매출 및 원가자료는 다음과 같다.

- 매출액 : ₩4,000,000
- 변동원가 : ₩2,000,000
- 공헌이익 : ₩2,000,000
- 고정원가 : ₩1,000,000
- 영업이익 : ₩1,000,000

20X2년도에도 고정원가와 제품 단위당 판매가격은 20X1년도와 같을 것으로 예상된다. 또한 20X2년도의 제품 판매량은 20X1년도보다 20% 증가하고 20X2년도의 손익분기점 매출액은 20X1년도보다 25% 증가할 것으로 예상된다. 20X2년도 ㈜동진의 영업레버리지도(degree of operating leverage)는 얼마로 예상되는가? (단, 영업레버리지도는 소수점 이하 셋째 자리에서 반올림하여 계산하라.)

① 1.99 ② 2.09 ③ 2.19 ④ 2.29 ⑤ 2.39

14 영업레버리지도 (2024 CPA)

원가조업도이익(CVP) 분석과 영업레버리지도(DOL)에 대한 다음 설명 중 옳지 않은 것은? (단, 아래의 보기에서 변동되는 조건 외의 다른 조건은 일정하다고 가정한다.)

① 단위당 공헌이익이 커지면 손익분기점은 낮아진다.
② 공헌이익이 총고정원가보다 클 경우에는 이익이 발생한다.
③ 생산량과 판매량이 다른 경우에도 변동원가계산의 손익분기점은 변화가 없다.

④ 영업이익이 0보다 클 때, 고정원가가 감소하면 영업레버리지도는 낮아진다.
⑤ 영업이익이 0보다 클 때, 안전한계율이 높아지면 영업레버리지도는 높아진다.

15 CVP 분석 종합 (2019 감정평가사)

㈜감평의 총변동원가가 ₩240,000, 총고정원가가 ₩60,000, 공헌이익률이 40%이며, 법인세율은 20%이다. 이에 관한 설명으로 옳지 않은 것은? (단, 기초재고와 기말재고는 동일하다.)

① 매출액은 ₩400,000이다.
② 안전한계율은 62.5%이다.
③ 영업레버리지도는 1.2이다.
④ 세후 영업이익은 ₩80,000이다.
⑤ 손익분기점 매출액은 ₩150,000이다.

16 CVP 분석 종합 (2022 관세사)

㈜관세의 20X1년 매출액은 ₩5,000(판매수량 1,000단위)이고, 영업이익은 ₩2,000이다. 변동비율은 36%, 법인세율이 20%일 때, 안전한계율(가)과 법인세 차감 후 영업이익 ₩2,112을 달성하기 위한 매출액(나)은?

	(가)	(나)
①	57.5%	₩5,250
②	57.5%	₩6,000
③	62.5%	₩6,000
④	62.5%	₩6,250
⑤	64%	₩6,250

17 복수 제품의 CVP 분석 (2016 감정평가사)

다음은 ㈜감평의 20X6년도 예산자료이다. 손익분기점을 달성하기 위한 A제품의 예산판매수량은? (단, 매출배합은 변하지 않는다고 가정한다.)

구 분	A제품	B제품
총매출액	₩2,100,000	₩2,900,000
총변동원가	1,470,000	1,740,000
총고정원가	1,074,000	
판매량	600개	400개

① 240개　② 300개　③ 360개　④ 420개　⑤ 480개

18 복수 제품의 CVP 분석 (2024 세무사)

㈜세무는 제품 X와 Y를 생산 및 판매하고 있으며, 제품에 관한 자료는 다음과 같다.

	제품 X	제품 Y
판매량 배합비율	20%	80%
단위당 공헌이익	₩300	₩200
손익분기점 판매량	600단위	2,400단위

㈜세무는 신제품 Z를 개발하여 생산 및 판매할 계획을 수립하고 있다. 제품 Z의 단위당 공헌이익은 ₩220이며 제품 X, Y, Z의 판매량 배합비율은 각각 30%, 20%, 50%일 것으로 예상된다. 제품 Z를 추가 생산할 경우 제품 Y의 손익분기점 판매량은? (단, 제품 Z를 생산하더라도 제품 X와 제품 Y의 단위당 공헌이익, 고정원가 총액은 변하지 않는다.)

① 550단위 ② 825단위 ③ 1,375단위 ④ 2,400단위 ⑤ 2,750단위

19 복수 제품의 CVP 분석 (2022 CPA)

㈜대한은 제품 A, 제품 B, 제품 C를 생산 및 판매한다. ㈜대한은 변동원가계산제도를 채택하고 있으며, 20X1년도 예산을 다음과 같이 편성하였다.

구 분	제품 A	제품 B	제품 C
판매수량	2,500단위	5,000단위	2,500단위
단위당 판매가격	₩100	₩150	₩100
단위당 변동원가	60	75	30

㈜대한은 20X1년도 영업레버리지도(degree of operating leverage)를 5로 예상하고 있다. 세 가지 제품의 매출액 기준 매출구성비율이 일정하다고 가정할 때, ㈜대한의 20X1년 예상 손익분기점을 달성하기 위한 제품 C의 매출액은 얼마인가?

① ₩160,000 ② ₩180,000 ③ ₩200,000 ④ ₩220,000 ⑤ ₩250,000

20 서비스 산업의 CVP 분석 (2014 세무사)

㈜세무항공은 항공기 1대를 이용하여 김포와 제주 간 노선을 주 5회 왕복운항하고 있으며, 이 항공기의 좌석수는 총 110석이다. 이 노선의 항공권은 1매당 편도요금이 ₩30,000이고, 항공권을 대행판매하는 여행사에 판매된 요금의 3%가 수수료로 지급되며, 항공권 1매당 예상되는 기내식사비용은 ₩1,100이다. 편도운항당 연료비로는 ₩700,000이 소요되고, 비행설비 임차료와 공항사용료는 매주 ₩4,800,000이며, 승무원 급여와 복리후생비는 매주 ₩7,800,000이 발생한다. ㈜세무항공이 손익분기점에 도달하기 위해 매주 최소 판매해야 할

항공권 수량은? (단, 항공권은 편도기준으로 여행사를 통해서만 판매된다.)

① 475매 ② 575매 ③ 600매 ④ 700매 ⑤ 775매

21 서비스 산업의 CVP 분석 (2016 CPA)

㈜스키리조트는 매년 11월 중순부터 다음 해 3월 말까지 총 20주 동안만 객실을 임대하고, 나머지 기간 중에는 임대를 하지 않고 있다. ㈜스키리조트는 각 객실의 하루 임대료가 ₩400인 100개의 객실을 구비하고 있다. 이 회사는 회계연도가 매년 4월 1일에 시작하여 다음 해 3월 31일에 종료되며, 회계기간 동안 연간 관리자급여와 감가상각비는 ₩1,370,000이다. 임대가능기간인 총 20주 동안만 채용되는 관리보조원 1명의 주당 급여는 ₩2,500이다. 임대가능기간 중 100개의 객실 각각에 대한 보수유지 및 관리비는 하루에 ₩125씩 발생한다. 총 객실 중 고객에게 임대한 객실은 청소 및 소모품비로 객실당 하루에 ₩30이 추가로 발생한다. ㈜스키리조트가 동 회계연도 동안 손익분기점에 도달하기 위해 임대가능기간인 총 20주 동안의 객실임대율은 얼마인가? (단, 임대율(%)은 가장 근사치를 선택한다.)

① 59.8% ② 60.5% ③ 61.2% ④ 63.4% ⑤ 65.3%

22 전부원가계산에서의 CVP 분석 (2023 CPA)

㈜대한은 정상원가계산을 사용하고 있으며, 20x3년 2월의 생산 및 판매와 관련된 자료는 다음과 같다.

기초재고수량	600단위
기말재고수량	400단위
실제판매량	4,200단위
단위당 판매가격	₩10,000
고정제조간접원가	₩2,000,000
고정판매관리비	₩3,000,000
단위당 직접재료원가	₩3,000
단위당 직접노무원가	₩2,500
단위당 변동제조간접원가	₩2,000

기초 및 기말재고는 모두 완성품이며, 재공품 재고는 없다. 전부원가계산하에서 2월의 손익분기점을 구하면 얼마인가? (단, 단위당 판매가격과 단위당 변동원가는 일정하고 제품 단위 원가는 외부보고용 원가를 의미한다.)

① 1,500단위 ② 1,600단위 ③ 1,700단위 ④ 1,800단위 ⑤ 2,000단위

주관식

01 DOL, BEP, CMP, 안전한계, 원가구조 (2015 세무사 수정)

㈜한국은 2014년도 초에 설립된 화장품제조회사이다. 지난해(2014년도)와 올해(2015년도) 초까지 ㈜한국은 외부의 판매 대리점을 통해서 제품을 판매해 오고 있으며 매출액의 20%를 외부의 판매 대리점에 수수료로 지급하고 있다. 설립 2년째를 맞이하여 ㈜한국은 자사의 영업사원을 통한 판매방법의 도입을 고려하고 있다. 이 경우 ㈜한국은 자사의 영업사원에게 연간 고정급여 ₩5,000,000과 매출액의 10%에 해당하는 수수료를 지급할 예정이다. ㈜한국의 회계부서에서 작성한 판매방법별 당해 연도(2015년도)의 예상손익계산서는 다음과 같다. 물음에 답하시오.

예상손익계산서

2015년 1월 1일~2015년 12월 31일

	판매 대리점을 통한 판매		영업사원을 통한 판매	
매출액		₩50,000,000		₩50,000,000
매출원가				
변동원가	₩20,000,000		₩20,000,000	
고정원가	5,500,000	25,500,000	5,500,000	25,500,000
매출총이익		24,500,000		24,500,000
판매관리비				
판매수수료	₩10,000,000		₩5,000,000	
고정원가	6,500,000	16,500,000	11,500,000	16,500,000
영업이익		₩8,000,000		₩8,000,000

요구사항

▶ **물음 1.** 위의 예상손익계산서에 기초하여 2015년도의 공헌이익률, 손익분기점매출액, 영업레버리지도, 안전한계매출액, 안전한계비율을 판매방법별로 각각 구하시오.

▶ **물음 2.** 위의 (물음 1)에서 구한 영업레버리지도에 기초할 때 영업이익을 극대화하기 위해서 ㈜한국은 어느 판매방법을 선택하여야 하는가?

▶ **물음 3.** ㈜한국은 2016년도에 자사의 영업사원을 통해 제품을 판매하고자 한다. 이 경우 영업사원은 연간 ₩5,000,000의 고정급여 이외에 매출액의 20%에 해당하는 수수료를 ㈜한국에 요구할 것으로 예상된다. ㈜한국은 비록 영업사원에게 지급하여야 하는 수수료율이 2015년도에 비해 증가하더라도 자사 영업사원을 통한 제품판매방법이 외부의 판매 대리점을 통한 방법보다 많은 이점이 기대되므로 이 방법을 활용하고자 한다. 2016년도에 자사의 영업사원에게 지급하는 매출액에 대한 수수료율이 2015년도에 비해 증가하는 것 이외에 다른 모든 원가행태가 2015년도와 동일하다면 ㈜한국이 2015년도의 영업이익(₩8,000,000)과 동일한 영업이익을 획득하기 위해서 2016년도에 달성해야 하는 매출액을 계산하시오.

02 목표이익, 복수제품CVP (2017 CPA 수정)

㈜종로피자는 2017년 6월 '치즈피자' 판매방법으로 '치즈피자' 2개를 구매하면 1개를 공짜로 끼워주는 '치즈피자 2buy1' set별 판매방식을 결정하고, 다음과 같이 예산을 수립하였다. '치즈피자 2buy1' set별 판매 이외의 낱개 '치즈피자'는 판매하지 않는다.

〈예산자료〉

- '치즈피자' 1개의 판매가격은 ₩10,000이다.
- '치즈피자' 1개의 단위당 표준원가는 직접재료원가 ₩1,200, 직접노무원가 ₩1,000, 제조간접원가 ₩3,000, 판매관리비 ₩1,000으로 구성되어 있다.
- 제조간접원가의 고정원가 비중은 30%이며 판매관리비의 고정원가 비중은 80%이다. 생산과 판매에 대한 월별 기준조업도는 12,000개이다.
- 법인세율은 30%이다.

요구사항

▶ **물음 1.** 2017년 6월 세후이익 ₩7,000,000을 달성하기 위해 '치즈피자 2buy1'을 몇 set 판매해야 하는가?

▶ **물음 2.** ㈜종로피자는 '치즈피자' 판매와 함께 '간단피자'도 추가로 제조 판매할 계획을 수립하였다. '치즈피자 2buy1' 1set와 '간단피자' 1개 비율로 판매될 것으로 예상된다. '간단피자'의 1개당 예상 판매가격은 ₩5,000이고 1개당 예상 변동원가는 '치즈피자' 1개당 변동원가에 비해 20% 작다. 이러한 상황에서 ㈜종로피자의 '치즈피자'와 '간단피자'의 손익분기점 매출액은 각각 얼마인가? ('간단피자'의 추가 생산에도 불구하고, 총고정원가는 변동이 없다고 가정한다.)

Sale Performance
12000
10000
8000
6000
4000
2000
0
JAN FEB MAR APR MAY JUN JUL AUG SEP OCT NOV DEC
PROFIT
2018
2019
2020
2021

CHAPTER

3

원가추정

본 장에서는 조업도(원가동인)가 변함에 따라 원가가 어떻게 변하는지를 추정하는 원가추정 방법에 관해 학습한다. 원가추정은 예산(표준) 편성, 이익계획 수립, 제품가격 결정, 성과평가, 아웃소싱 여부 결정 등 관리회계의 다양한 분야에서 필수적으로 요구되는 과정이다. 추정하고자 하는 원가의 특징과 조업도 범위(관련범위)에 따라 원가와 조업도는 다양한 선형, 비선형 원가함수(cost function)의 형태를 띨 수 있다. 본 장에서는 회귀분석과 학습곡선 추정 등 여러 선형, 비선형 원가함수 추정방법을 학습한다.

CHAPTER

3

원가추정

1. 원가추정의 목적

원가추정(cost estimation)은 원가를 예측하고자 하는 원가대상(cost object)의 원가와 조업도의 관계를 추정하는 것이다. 제품의 노무원가와 생산량의 관계를 추정하는 것을 예로 들 수 있다. 원가추정은 예산(표준) 편성, 이익계획 수립, 제품가격 결정, 성과평가, 아웃소싱 여부 결정 등 관리회계의 다양한 분야에서 필수적으로 요구되는 과정으로, 원가우위전략(cost leadership)을 구사하는 기업에서 특히 중요하다[1].

넓은 의미에서 원가추정은 특정 활동이나 의사결정이 원가에 미치는 영향을 추정하는 것을 포함한다. 예를 들어, 제품의 기능(디자인) 변경을 고려할 경우, 기업은 과거 자료를 포함한 다양한 자료를 토대로 기능(디자인) 변경이 원가에 미치는 영향을 추정할 수 있다. 기업은 기능(디자인) 변경이 원가에 미치는 영향을 추정하며 고객의 효익과 비교함으로써 **고객가치**(customer value)에 대한 영향을 종합적으로 평가할 수 있다. 또한 품질개선 계획을 수립할 때 불량률 감소를 위한 각종 활동(예 공급업체 심사, 근로자 교육훈련, 품질검사)이 가치사슬 원가에 미치는 영향을 과거 품질개선 활동 자료를 토대로 추정할 수 있다. 이처럼 넓은 의미에서 원가추정은 원가에 미치는 영향에 대한 추정을 포함하는 포괄적인 의미를 지니고 있으며, 전략적 원가관리에서 중요한 역할을 한다.

본 장에서는 좁은 의미에서 조업도가 변함에 따라 원가가 어떻게 변하는지를 추정하는 원가추정 방법에 관해 학습한다. 원가와 조업도의 관계를 추정한 것을 **원가함수**(cost function)라고 한다. 원가추정은 과거 자료를 이용하여 실시하는 경우가 많으나, 과거 자료가 없거나 과거 자료가 있더라도 미래 원가 예

---

1 **원가추정**(cost estimation)은 주로 과거 자료를 이용하여 원가와 조업도 간의 함수관계를 분석하고 미래 원가를 예측하는 것을 말하며, **원가예측**(cost forecasting 또는 cost prediction)은 예상 조업도에 대해 미래에 발생할 원가를 예측하는 것으로 원가추정 결과를 이용하는 경우가 많다. 그러나 본서에서는 혼동의 소지가 있는 경우를 제외하고는 두 용어를 구분하지 않고 사용한다.

측에 도움이 되지 않을 때는 과거 자료에 의존하지 않고 원가를 추정해야 한다.

제1장에서 설명한 바와 같이, 일반적으로 원가는 **관련범위(relevant range)** 내에서 조업도(활동수준)에 따라 비례적으로 변하는 변동원가와 변하지 않는 고정원가로 구분할 수 있다. 그러나 관련범위가 넓어지면 원가와 조업도의 관계는 복잡한 형태를 띠는 경우가 많다. 예를 들어, 노무원가의 경우 생산량이 증가하면 규모의 경제로 인해 단위당 원가가 감소하다가, 생산량이 일정한 수준을 넘어서면 각종 수당 등으로 인해 단위당 원가가 급격하게 증가할 수도 있다.

본 장에서는 다양한 선형(linear) 원가함수 추정방법과 대표적인 비선형(nonlinear) 원가함수인 학습곡선의 추정방법에 대해 학습한다.

2. 원가추정의 기초

1) 추정 대상 원가와 조업도의 선택

원가를 추정할 때 독립변수로는 생산량, 기계시간, 셋업시간, 부품수 등 다양한 종류의 **활동수준(level of an activity, 조업도)** 중에서 원가의 변화를 가장 잘 설명하는 변수, 즉 **원가동인(cost driver)**을 사용해야 한다. 그리고 추정하고자 원가(즉, 종속변수)는 하나의 독립변수를 이용하여 그 변화를 설명할 수 있는 동질적(homogenous)인 원가항목들의 원가여야 추정의 정확성을 높일 수 있다. 다양한 성격의 원가가 포함된 원가그룹의 원가를 추정하기 위해서는 성격이 유사한 여러 원가(그룹)로 분리해서 각 원가(그룹)에 적합한 원가동인을 사용해서 추정하는 것이 바람직하다.

예를 들어, 제조활동의 원가를 추정하기 위해서 생산량을 독립변수로 하여 제조원가 전체를 한꺼번에 추정하고자 하면 추정의 정확성이 떨어질 가능성이 크다. 따라서 제조원가 중에 직접재료원가와 직접노무원가는 생산량을 이용해서 각각 추정하고, 나머지 제조간접원가는 주문, 기계셋업, 기계작업, 품질검사 등 세부적인 활동(activity)으로 구분하고, 활동별로 적합한 원가동인을 독립변수로 사용하여 원가를 추정해야 추정의 정확성을 높일 수 있다. 활동기준원가계산(ABC)에서 활동별로 **원가집합(cost pool)**을 구성하는 것과 같은 원리이다.

2) 선형 원가함수

원가가 한 가지 **조업도**(생산량, 기계시간, 셋업시간, 부품수 등)와 선형관계에 있는 경우, 원가함수는 다음과 같은 **선형 원가함수**(linear cost function)로 나타낼 수 있다.

$$C = a + bX$$

여기서, C는 원가(cost), X는 조업도(활동수준)이다. 선형 원가함수의 형태는 그림 3-1에 나타난 바와 같이 세 가지 형태가 있을 수 있다.

그림에서 (a)는 생산량과 무관하게 일정하게 발생하는 **고정원가**(fixed costs)로서, 공장감가상각비를 예로 들 수 있다. (b)는 조업도에 비례해서 증가하는 **변동원가**(variable costs)로서, 생산량에 비례해서 증가하는 각종 재료 및 부품원가가 이에 해당한다. (c)는 고정원가와 변동원가의 성격이 혼합된 **혼합원가**(mixed costs)로서, 기본급에다 판매대금에 비례해서 성과급을 추가로 지급하는 판매직 사원의 급여는 매출액(조업도) 변화에 따라 혼합원가의 형태를 나타낸다.

그림 3-1 선형 원가함수

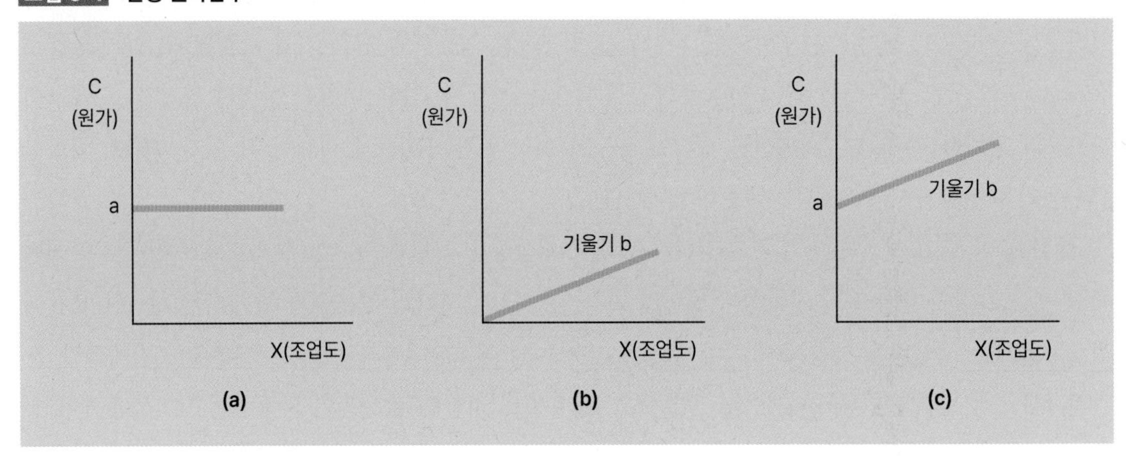

3) 원가함수의 추정과 관련범위

원가함수의 추정은 **관련범위**(relevant range) 내에서 실시해야 한다. 관련범위란 경영진이 일정한 영업활동기간(예 1년)에 대해 염두에 두고 있는 활동수준의 범위를 말한다. 선형 원가함수의 일종인 고정원가와 변동원가도 관련범위 내에서만 적용되는 개념이다. 관련범위를 벗어나면 원가행태가 달라질 수 있기 때문이다.

예를 들어, 그림 3-2(a)에 나타난 바와 같이, 일반적으로 고정원가로 간주할 수 있는 기계감가상각비의 경우, 생산량이 관련범위를 벗어날 정도로 증가하여 기계를 더 도입하면 감가상각비도 증가하게 되므로 고정원가라고 할 수 없게 된다. 품질검사원가도 일정한 범위 내에서는 증가하지 않더라도 품질검사 시간이 계속 증가하면 인원과 장비가 추가적으로 투입되어야 하므로 계단식으로 증가할 수 있다.

마찬가지로 변동원가도 관련범위 내에서 적용되는 개념이다. 그림 3-2(b)는 노무원가의 원가행태를 예로 나타낸 것이다. 관련범위가 각각 (0~A), (A~B), (B~C)일 때 단위당 변동원가를 나타내는 기울기는 s1, s2, s3로 각기 다르게 추정됨을 알 수 있다. (A~B) 구간의 활동수준에 대한 원가를 추정하고자 할 때, (0~A) 구간을 포함하여 선형 원가함수를 추정하면, 원가추정의 정확도가 크게 떨어질 것이다.

따라서 (0~C) 구간과 같이 매우 넓은 범위의 조업도에 대해 원가함수를 추정하고자 할 경우에는 선형함수로 추정하기보다 비선형함수로 추정해야 원가추정의 정확성을 높일 수 있다.

여기서 주의해야 할 점은 과거의 조업도와 총원가 자료를 이용하여 추정한 선형 원가함수에서 y축 절편(값 a)은 단순히 수학적인 절편에 불과한 것으로, 조업도가 '0'이 될 때 실제 발생하게 될 고정원가로 해석해서는 안 된다는 것이다. 예를 들어, (A~B) 구간의 조업도에 대해 원가함수를 추정한 경우, 조업도 '0'은 원가추정 영역인 관련범위를 벗어나므로 추정한 원가함수를 적용할 수 없다. 즉, 조업도가 '0'일 때 발생할 원가를 예측하는 데 그 해당 원가함수를 사용해서는 안 된다.

만약 (B~C) 구간의 조업도에 대해 원가함수를 추정하면, 절편이 음(-)의 값을 가지게 되는데, 고정

그림 3-2 관련범위와 선형 원가함수 추정

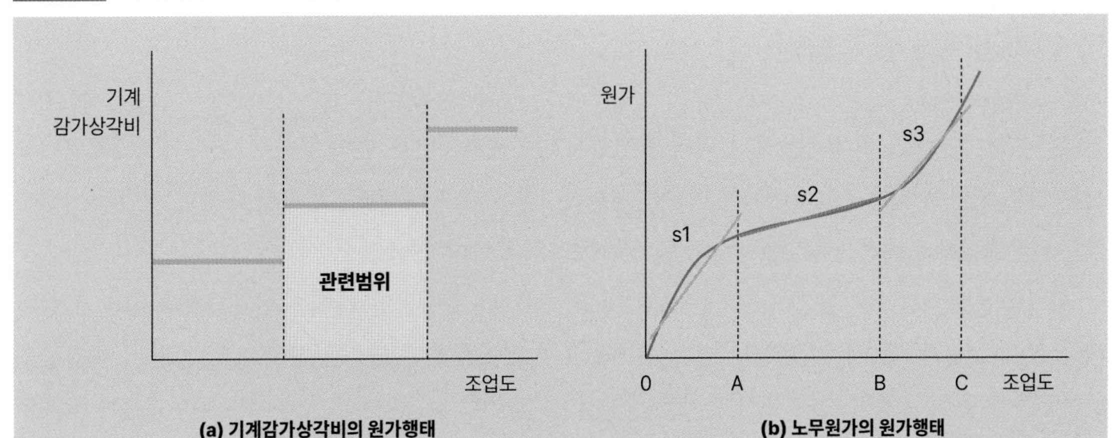

원가가 음(-)의 값이 될 수는 없는 것이다. 따라서 특정 구간에 대해 총원가를 이용하여 추정한 원가함수를 가지고 해당 구간의 조업도에서 발생할 총원가를 예측할 수 있으나, 고정원가와 변동원가를 따로 구분해서 추정할 수는 없다.

관련범위를 벗어난 조업도에 대해 원가예측을 해야 하는 경우에는 과거 자료를 이용한 원가추정 결과를 참고하되 추가적인 분석과 전문적인 판단이 필요하다.

4) 원가추정과 원가예측

원가함수를 추정하기 위해 사용한 과거 자료의 대상 기간이 길어진다고 해서 추정의 정확성이 높아지는 것이 아니라는 점에 유의해야 한다. 기간이 경과함에 따라 고정원가와 변동원가의 **원가구조**(cost structure)가 변할 수 있기 때문이다(제2장 참고). 단기적으로는 고정된 자원의 처분이 어렵더라도, 시간이 경과함에 따라 자원의 처분과 인력의 해고 등이 가능해지면 원가구조가 변할 수 있다. 또한 판매량이 증가함에 따라 변동원가에 비해 고정원가의 비중을 확대(예 대규모 설비투자)하는 것이 총원가 측면에서 바람직한 경우에도 원가구조가 변할 수 있다. 이처럼 원가구조의 큰 변화가 발생한 경우에는 변화가 발생한 이전 기간의 자료는 미래 원가예측에 큰 도움이 되지 않을 수 있다. 선형 원가함수에서 절편과 기울기의 근본적인 변화가 발생했기 때문이다.

원가추정은 기본적으로 미래 의사결정에 사용하기 위한 것이다. 미래에 원가구조의 변화가 예정되어 있는 경우, 과거의 원가구조에서 발생한 원가 자료를 이용하여 미래 원가를 예측하는 것도 한계가 있음에 유의해야 한다.

5) 인과관계와 원가동인

원가함수를 추정하기 위해서는 해당 원가를 변화시키는 원가동인을 먼저 찾아야 한다. 직접재료원가와 같은 일부 원가는 원가동인(생산량)이 비교적 명확하지만, 많은 경우 관련 활동을 수행한 경험과 지식이 많은 업무담당자의 의견을 참고해서 적절한 원가동인을 찾아야 한다.

원가동인은 해당 원가를 변화시키는 요인으로서, 원가와 원가동인 간에는 **인과관계**(causality)가 성립해야 한다. 예를 들어, 디자인활동의 원가는 제품의 복잡성에 의해 영향을 받으므로, 제품의 복잡성을 나타내는 부품수, 제품의 크기 등이 원가동인이 될 수 있으며, 주문활동의 경우에는 주문건수가 원가동인이 될 수 있다.

인과관계는 단순한 **통계적 상관관계**(correlation)와 구분해야 한다[2]. 예를 들어, 생산량이 증가하면 재료원가와 노무원가가 모두 증가하지만, 재료원가가 증가한다고 해서 노무원가가 인과관계적으로 증가하는 것은 아니다. 즉, 재료원가와 노무원가는 상관관계가 높을 수 있지만, 인과관계는 성립하지 않을 수 있다. 예를 들어, 생산량이 증가할 때 품질이 좋은 비싼 재료(예 목재)를 사용하면, 재료원가는 급격히 증가하지만, 가공시간이 상대적으로 줄어들어 노무원가는 적게 증가할 수 있다. 반대로 품질이 낮은 재료를 사용하면, 재료원가는 적게 증가하지만 노무원가는 급격히 증가할 수 있다. 따라서 재료원가는 노무원가의 원가동인이 될 수 없다.

3. 선형 원가함수 추정방법

1) 산업공학적 방법

산업공학적 방법(Industrial Engineering Method)은 물리적 단위로 투입(input)과 산출(output)의 실제 관계를 관찰하고 측정하여 원가함수를 추정하는 방법이다. 많이 사용되는 기법 중에 **시간-동작 연구**(time-and-motion study)가 있다. 이 기법은 작업에 소요되는 시간을 직접 측정하는 방법이다. 특정 작업을 수행하는 데 소요되는 시간을 측정한 뒤, 시간당 표준(예산)원가를 곱하면 해당 작업의 직접노무원가를 추정할 수 있다.

이 방법은 투입-산출의 물리적 관계가 비교적 명확할 때 적합한 원가추정 방법이지만, 시간이 많이 소요될 수 있으며, 수많은 원가 항목에 대해 물리적 관계를 일일이 측정하는 것은 비현실적일 수 있다. 따라서 모든 원가 항목이 아닌 일부 원가 항목을 추정하는 데 사용하는 것이 바람직하다. 또한 이 방법은 투입-산출의 관계가 명확하지 않은 제조간접원가, R&D원가, 일반 관리활동의 원가 등을 추정하는 데는 사용하기 어렵다.

2) 의견수렴법

의견수렴법(Conference Method)은 회사 내에서 해당 원가와 관련된 여러 부서로부터 원가행태, 원가동인

---

2 상관관계는 인과관계가 존재하기 위한 전제조건에 지나지 않는다. 경험적으로, 제품가격이 오르면 판매량이 감소하는 것은 가격과 판매량의 상관관계를 의미하는 것이지, 인과관계를 의미하는 것은 아니다.

등에 관한 다양한 전문가적인 의견을 수집하여 원가함수를 추정하는 방법이다. 관련 부서들의 의견이 다를 수 있으므로 의견을 종합적으로 반영(consensus)하여 원가를 추정한다. 이 방법은 여러 관련 부서의 의견을 반영하므로 원가추정에 대한 신뢰성은 높지만, 자료를 세부적으로 분석하지 않으므로 의견을 제시하는 사람들의 전문성이 추정의 정확성을 결정하는 단점이 있다.

3) 계정분석법

계정분석법(Account Analysis Method)은 담당자가 과거 경험과 지식을 토대로 원가계정의 원가행태와 원가동인을 정의하고, 이를 토대로 선형 원가함수를 추정하는 방법이다. 분석대상인 원가계정을 고정원가, 변동원가, 혼합원가 중의 하나로 먼저 분류한 다음, 과거 일정 기간의 합계 누적자료를 이용하여 선형 원가함수를 추정하게 된다. 다음 예제를 통해 학습해보자.

예제 3-1

고급 화분을 제조하는 ㈜사발의 원가분석부에 근무하고 있는 봉수는 공장에서 발생하는 노무원가를 추정하고자 한다. 화분은 공장의 각종 설비를 이용하여 제조하며, 노무원가는 재료와 제품의 운반, 제품의 제조, 주변 정리 등을 담당하는 근로자들의 급여와 감독관과 공장장의 급여로 구성되어 있다. 봉수는 제조부서의 의견을 따라 노무원가를 고정원가와 변동원가로 구성된 혼합원가로 분류하였으며, 노무원가의 원가동인은 화분 생산량이 적절하다고 판단하였다. 지난 1년간 화분의 생산량은 50,000개였으며, 총노무원가는 1,050,000천원이었다. 봉수는 이를 고정원가와 변동원가로 표 3-1과 같이 분류하였다. 계정분석법을 이용하여 원가함수를 추정해보자.

표 3-1 ㈜사발의 연간 공장 노무원가 계정 분석(생산량 : 50,000개)

	원가분류	연간 급여 총액(단위 : ₩1,000)
공장장 급여	고정원가	90,000
감독관 급여	고정원가	60,000
근로자 급여	변동원가	900,000
합 계	–	1,050,000

계정분석법에서는 과거 일정 기간(여기서, 1년)에 대해 매월 또는 매주 단위의 생산량과 원가 자료를 이용하지 않고, 표에 있는 바와 같이 합계 누적자료를 사용하여 분석한다. 노무원가 중 고정원가의 합계는 150,000천원이며, 변동원가 총계는 900,000천원으로서 화분 1개당 변동원가는 ₩18,000(=900,000천원÷50,000개)으로 계산된다. 따라서 화분 제조에 따른 공장 노무원가 함수는 다음과 같이 추정할 수 있다.

공장 노무원가(연간) = 고정원가 + (단위당 변동원가 × 화분 생산량)

= 150,000천원 + ₩18,000 × 화분 생산량

계정분석법을 이용하여 추정한 원가함수를 향후의 원가예측에 사용할 때는 원가함수 추정에 사용한 기간과 같은 기간 단위에 대해 예측해야 한다. 본 예제의 경우 향후 1년에 대해 예측해야 한다. 추정한 고정원가 150,000천원이 1년 동안의 고정원가 총액이기 때문이다. 향후 6개월에 대해 예측하고자 한다면 고정원가는 절반으로 줄어들 수 있다.

봉수는 추정한 원가함수를 이용하여 향후 1년 동안 발생할 노무원가를 예측할 수 있다. 현재 설비와 인력 측면에서 최대 70,000개의 화분을 생산할 수 있는 생산용량(capacity)을 보유하고 있다면, 향후 1년간 60,000개의 화분을 생산하는 데 따른 공장 노무원가 총액은 다음과 같이 예측할 수 있다(미래 임금 인상은 비고려)[3].

공장 노무원가 추정액[60,000개 생산] = 150,000천원 + ₩18,000 × 60,000개

= 1,320,000천원

계정분석법은 비교적 간단하고 사용하기 쉬우며 정확성이 높아, 널리 사용되는 방법이다. 그러나 계정분석법을 이용하여 원가함수를 추정할 때 원가계정에 있는 총원가를 고정원가와 변동원가로 올바로 구분하는 것이 중요하다. 이를 위해서는 의견수렴법을 함께 사용하는 것이 도움이 될 수 있다.

이상에서 설명한 산업공학적 방법, 의견수렴법, 계정분석법과 달리, 과거 자료를 이용하여 **계량적인**

---

3 생산량 60,000개는 생산용량 70,000개를 초과하지 않고 관련범위 내에 있으므로, 60,000개를 생산해도 고정원가는 변하지 않는다.

분석 방법(quantitative analysis method)을 사용하여 원가함수를 추정하는 방법으로 고저점법과 회귀분석법이 있다. 계량적 분석방법은 계정분석법과 달리, 일정 기간의 누적 합계자료 대신 해당 기간에 대해 수집한 모든 관측치를 사용하여 분석한다.

4) 고저점법

고저점법(High-Low Method)은 원가동인 수준이 가장 낮은 점에서의 원가와 원가동인 수준이 가장 높은 점에서의 원가를 직선으로 연결하여 선형 원가함수를 추정하는 방법이다. 다음 예제를 통해 학습해보자.

예제 3-2

예제 3-1에서 봉수가 지난 1년 동안에 대해 수집한 ㈜사발의 공장 노무원가의 월별 구체적인 자료는 표 3-2와 같다[4]. 표의 자료를 이용하여 고저점법으로 원가함수를 추정해보자.

표 3-2 ㈜사발의 공장 노무원가 월별 자료

	생산량(개)	노무원가(천원)	비 고
1월	3,000	64,500	생산량 최저
2월	3,200	73,500	
3월	5,400	97,500	
4월	5,500	104,500	생산량 최고
5월	5,100	106,500	
6월	5,000	87,500	
7월	4,100	96,500	
8월	3,700	77,500	
9월	4,400	93,500	

(예제 계속)

4 봉수가 수집한 월별 자료는 생산량과 노무원가 총액으로서, 노무원가를 고정원가와 변동원가로 구분하기 어려워 총액을 수집했다고 하자.

	생산량(개)	노무원가(천원)	비 고
10월	4,300	81,500	
11월	3,200	85,500	
12월	3,100	81,500	
합계	50,000	1,050,000	

그림 3-3은 1월부터 12월까지의 생산량과 노무원가에 대해 고저점법을 이용하여 추정한 원가함수를 직선으로 나타내고 있다. 그림에서 점 A(3,000개, 64,500천원)는 원가동인(여기서, 생산량)의 수준이 가장 낮은 1월의 생산량과 원가를 나타내는 점이며, 점 B(5,500개, 104,500천원)는 원가동인의 수준이 가장 높은 4월의 생산량과 원가를 나타내는 점으로서, 이 두 점을 연결하는 직선이 원가함수이다.

먼저, 두 점을 연결하는 원가함수(C=a+bX)의 기울기 b는 다음과 같이 계산한다.

$$\text{원가함수 기울기 } b = \frac{(104{,}500\text{천원} - 64{,}500\text{천원})}{(5{,}500\text{개} - 3{,}000\text{개})} = \text{생산량 한 단위당 ₩16,000}$$

원가함수의 절편 a는 점 A 또는 B를 이용하여 계산할 수 있는데, 여기서는 점 A를 이용해서 계산해 보자.

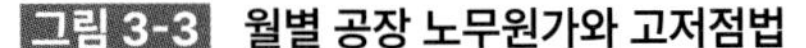
그림 3-3 월별 공장 노무원가와 고저점법

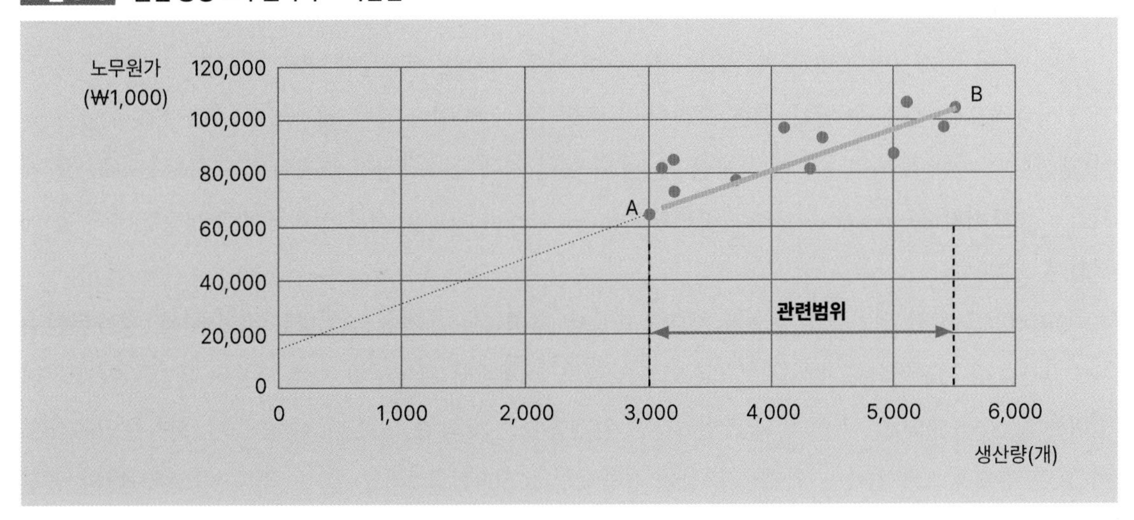

원가함수의 절편 a = C − bX = 64,500천원 − (₩16,000 × 3,000개) = 16,500천원

따라서 고저점법을 이용해서 추정한 원가함수는 다음과 같다.

공장 노무원가(월간) = 16,500천원 + (₩16,000 × 생산량)

이를 이용해 ㈜사발에서 생산량이 4,500개인 달의 노무원가는 다음과 같이 예측할 수 있다.

공장 노무원가(월간) = 16,500천원 + (₩16,000 × 4,500개) = 88,500천원

고저점법은 원가동인 수준이 가장 낮은 점과 높은 점을 연결하는 방법이며, 원가가 가장 높은 점과 낮은 점을 연결하는 것이 아니라는 사실에 주의해야 한다. 예제에서 원가가 가장 높은 점은 4월이 아니라, 5월의 생산량과 원가를 나타내는 점(5,100개, 106,500천원)이다.

고저점법은 계산이 간편하고 이해하기가 쉽다는 장점이 있으며, 계정분석법과 달리 분석대상 기간의 세부적인 자료를 사용한다. 그러나 원가동인의 수준이 가장 높은 점과 낮은 점, 두 점 외의 원가 자료에 포함된 정보를 모두 무시하는 방법이라는 한계가 있다. 또한 두 점 중에서 비정상적인 사유로 발생한 점이 있는 경우에는 두 점이 전체 원가특성을 올바로 대표하기 어려워 원가함수가 올바로 추정되지 않을 수 있다.

예를 들어, 기계고장이 잦은 기간에는 생산량이 매우 적지만, 생산량에 비해 (고정원가로 인해) 노무원가가 상대적으로 높을 수 있다. 또한 주문이 폭주하여 야간작업이 많은 기간에도 야간작업 수당이 높아 생산량에 비해 노무원가가 매우 높을 수 있다. 이런 경우에는 **극단적 관측치**(extreme observations)를 제외하고 **대표최저점**(representative low)과 **대표최고점**(representative high)을 새로 선택하여 추정하면 추정을 개선할 수 있다.

고저점법을 통한 원가추정은 과거 자료를 이용한 추정이므로 앞에서 설명한 바와 같이, 원가동인(여기서, 생산량)이 관련범위를 벗어나면 적용되지 않는다. 예제에서 원가추정 시에 사용한 원가동인의 관련범위는 3,000~5,500개로서 이 범위를 벗어나면 원가함수는 달라질 수 있다. 예를 들어, 원가동인(생산량)이 '0'인 점에서 노무원가는 위에서 추정한 절편값인 16,500천원이라고 할 수 없다. 즉, ㈜사발의 공장 노무원가에서 월별 고정원가가 16,500천원이라고 할 수 없다.

추정한 원가함수를 향후 원가예측에 사용하기 위해서는 원가추정 기간에 유의해야 한다. 앞에서 설명한 계정분석법과 고저점법의 추정결과를 비교해서 설명해보자. 먼저, 각 방법에서 추정한 절편(a)은 추정기간의 길이와 관련되어 있다. 예제 3-1의 계정분석법에서는 1년을 대상으로, 예제 3-2의 고저점법에서는 1개월을 대상으로 추정하였다. 따라서 향후의 원가예측도 같은 기간에 대해 실시해야 한다. 1개월 단위로 추정한 고저점법의 추정결과를 1년 동안의 추정으로 변환하고자 하면, 다음과 같이 절편에 12개월을 곱해야 한다[5].

공장 노무원가(연간) = (16,500천원 × 12개월) + (₩16,000 × 생산량)
= 198,000천원 + (₩16,000 × 생산량)

연간 생산량 50,000개에 대해 원가를 추정하면, 다음과 같다.

공장 노무원가(연간) = 198,000천원 + (₩16,000 × 50,000개) = 998,000천원

고저점법을 이용하여 지난 1년(생산량 50,000개)에 대해 추정한 이 원가는 지난 1년간 실제 발생한 원가 1,050,000천원과 크게 다르지 않음을 알 수 있다[6].

5) 회귀분석법

회귀분석법(Regression Analysis Method)은 분석대상 기간의 모든 관측치에 포함된 원가정보를 사용해서 원가를 추정하는 방법으로서, 비교적 정확하게 원가함수를 추정할 수 있게 해준다. 고저점법도 대상 기간의 모든 자료가 분석대상이지만, 최종적으로 원가동인 최저점과 최고점에 포함된 원가정보만 사용하여 추정한다는 점에서 차이가 있다.

5 12를 곱하는 것은 단순히 월단위 추정을 연단위로 변환하는 것으로서, 16,500천원이 월단위 고정노무원가라는 것을 의미하지는 않는다.

6 1년 단위로 변환한 절편 198,000천원이 계정분석법에서 고정원가로 추정한 값인 150,000천원과 다소 차이가 있다.

회귀분석법은 선형(linear), 비선형(nonlinear) 원가함수를 모두 추정할 수 있다[7]. 여기서는 선형 원가함수 추정방법에 대해 학습해보자. 선형 원가함수를 추정하는 회귀분석은 독립변수(원가동인) 한 단위의 변화가 평균적으로 종속변수(원가) 몇 단위를 변화시키는지를 통계적 기법을 사용하여 추정하는 방법이다[8].

예제 3-3

예제 3-2의 자료를 가지고 회귀분석법을 이용하여 ㈜사발의 원가함수를 추정해보자.

㈜사발의 12개월 자료를 가지고 엑셀을 이용하여 회귀분석을 실시하면 다음 표와 같은 분석결과를 얻을 수 있다.

	계수	표준 오차	t 통계량	p-값
Y 절편	41095.17	10570.73	3.887636	0.003021
생산량	11.13716	2.480887	4.489184	0.001162

표에서 계수는 각각 원가함수의 절편(a)과 생산량 한 단위(개) 변화에 따른 노무원가의 변화 단위량(b)을 나타낸다. 노무원가 자료로 천원을 한 단위로 사용하였으므로, 회귀분석을 통해 추정한 선형 원가함수는 다음과 같이 나타낼 수 있다[9].

공장 노무원가(월간) = 41,095천원 + (₩11,137 × 생산량)

---

7 회귀분석을 통해 추정할 수 있는 비선형함수의 예로는 $C=a+bX+cX^2$이 있다.

8 회귀분석은 여러 개의 독립변수를 사용하여 원가를 추정하는 데도 사용할 수 있다. 하나의 독립변수(설명변수)를 사용하여 분석하는 회귀분석을 **단순회귀분석(simple regression)**이라고 한다. 단순회귀분석은 다른 가능한 설명변수들의 영향을 통제하지 못하므로 분석결과에 오류가 발생할 수 있다. 반면에, 둘 이상의 독립변수(예 생산량, 직접노동시간, 셋업시간)를 함께 사용하여 분석하는 방법을 **다중회귀분석(multiple regression)**이라고 한다. 추정 대상 원가그룹의 원가동인이 둘 이상이라고 판단하면, 다중회귀분석을 사용하여 원가함수를 추정하면 원가를 더 정확하게 추정할 수 있다. 다중회귀분석에서 추정하는 원가함수의 예는 다음과 같다. $C=a+bX_1+cX_2$(예 X_1은 생산량, X_2는 셋업시간).

9 엑셀 회귀분석은 횡축과 종축을 각각 X, Y로 표시한 것으로 표에서 Y는 종축인 노무원가 C에 해당한다. 생산량의 **(회귀)계수**에 대한 p-값 0.00116은 **유의수준**을 나타내는 값으로, 생산량의 (회귀)계수 11.137이 유의수준 0.00116(신뢰수준 99.9% 이상)에서 '0'이 아니라고 할 수 있다는 의미이다. 따라서 본 예제에서 매우 낮은 **p-값**은 생산량이 증가함에 따라 노무원가가 평균적으로 증가한다고 할 수 있다는 것을 의미한다. 참고로 표에서 **표준오차**는 (회귀)계수 추정치의 표준편차를 나타내며(계수 값 자체는 평균을 의미), t 통계량은 t 분포에서 해당 t값을 나타내는데 t값이 클수록 회귀계수가 '0'이 아닐 확률이 커진다(p-값과 반대되는 의미).

회귀분석을 이용해서 추정한 원가함수도 관련범위 내에서의 원가행태를 나타내므로, 기본적으로 이를 벗어난 생산량에는 적용되지 않는다. 생산량에 대한 기울기(b) ₩11,137은 관련범위(3,000~5,500개) 내에서 생산량이 한 단위 변함에 따라 노무원가가 '평균적으로' ₩11,137 변한다는 것을 뜻한다. 다른 방법과 마찬가지로, 월단위 자료를 가지고 회귀분석을 통해 추정한 원가함수는 월단위 원가예측에 사용한다.

추정한 원가함수를 산포도와 함께 직선으로 나타내면 그림 3-4와 같다. 회귀분석은 선형함수를 추정할 때 **일반최소자승법**(OLS(ordinary least square) method)을 주로 사용한다. 최소자승법은 각 조업도에서의 노무원가 추정치와 실제 노무원가의 차이(잔차)를 제곱하여 이들의 합이 최소화되는 방식으로 함수를 추정하는 방법이다. 즉, **추정오차**(estimation error)를 최소화하고자 하는 방법이다. 그림에서 R^2 값은 회귀분석으로 추정한 원가함수가 실제 원가변동의 66.8% 정도를 설명해 줄 수 있다는 것을 의미한다.

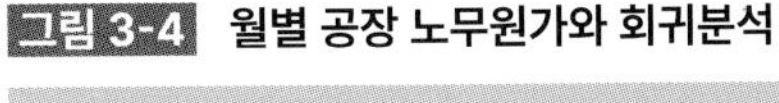
그림 3-4 월별 공장 노무원가와 회귀분석

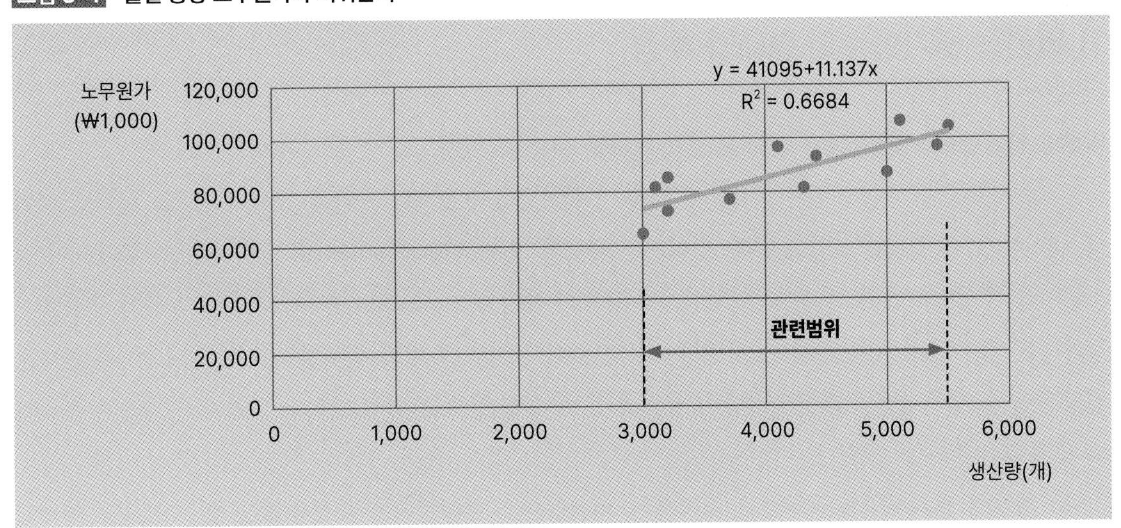

지금까지 선형 원가함수의 추정에 사용한 방법들을 비교하여 정리하면 표 3-3과 같다.

표 3-3 선형 원가함수 추정에 사용되는 방법

	산업공학적 방법	의견수렴법	계정분석법	계량적 분석방법	
				고저점법	회귀분석법
추정 대상 원가	일부 원가에 대해 추정	전체 가능	전체 가능	전체 가능	전체 가능
원가함수 추정방법	투입·산출의 물리적 관계를 측정한 뒤, 물리적 관계에 원가를 반영	관련 부서들로부터 원가행태, 원가동인 등에 대한 의견수렴	고정원가, 변동원가에 대한 과거 경험(지식)을 토대로 추정	대상 기간의 원가동인 최저점과 최고점을 연결	대상 기간의 관측치에 관한 모든 정보를 사용하여 통계적으로 추정
원가함수 추정	물리적 측정	주관적 평가	주관적 평가, 자료 분석	자료 분석	자료 분석

4. 비선형 원가함수의 추정

1) 비선형 원가함수의 형태와 추정

비선형 원가함수는 그림 3-5와 같이 다양한 형태를 취할 수 있다.

그림에서 (a)는 활동수준이 증가함에 따라 총원가가 S자 형태로 증가하는 원가함수를 나타낸 것이다. 여기서 초기 일정한 조업도 수준(A)까지는 **규모의 경제**(economies of scale)로 인해 총원가 증가율이 감소하지만, 조업도가 일정 수준(B)을 넘어서면 **규모의 불경제**(diseconomies of scale)로 인해 총원가 증가율이 증가하는 경우이다. 예를 들어, 노무원가는 생산량이 증가함에 따라 단위당 원가가 감소할 수 있지만, 일정 수준을 넘어서면 초과근무수당, 휴일(야간) 근무수당 등으로 인해 단위당 원가가 증가하여 총원가의 증가율이 증가할 수 있다.

이 경우에 원가함수를 선형으로 추정할지, 비선형으로 추정할지는 관심을 두고 있는 조업도 영역인 **관련범위**(relevant range)에 따라 다르다. 관련범위가 각각 (0~A), (A~B), 또는 (B~C)일 때, 각 구간에 대해 원가함수를 선형(linear)으로 추정할 수도 있고, 비선형(nonlinear)으로 추정할 수도 있다. 그러나 관련범위가 (A~B)일 때는 원가함수가 선형에 가까워 선형으로 추정해도 무방하지만, (0~A) 또는 (B~C) 구간에서는 선형보다는 비선형으로 추정하는 것이 바람직하다.

(b)는 활동수준이 증가함에 따라 구간 단위로 원가 증가율이 감소하는 경우이다. 예를 들어, 재료원가는 재료 구입량이 증가함에 따라 대량구매 할인으로 인해 단위당 원가가 구간 단위로 감소할 수 있

그림 3-5 비선형 원가함수

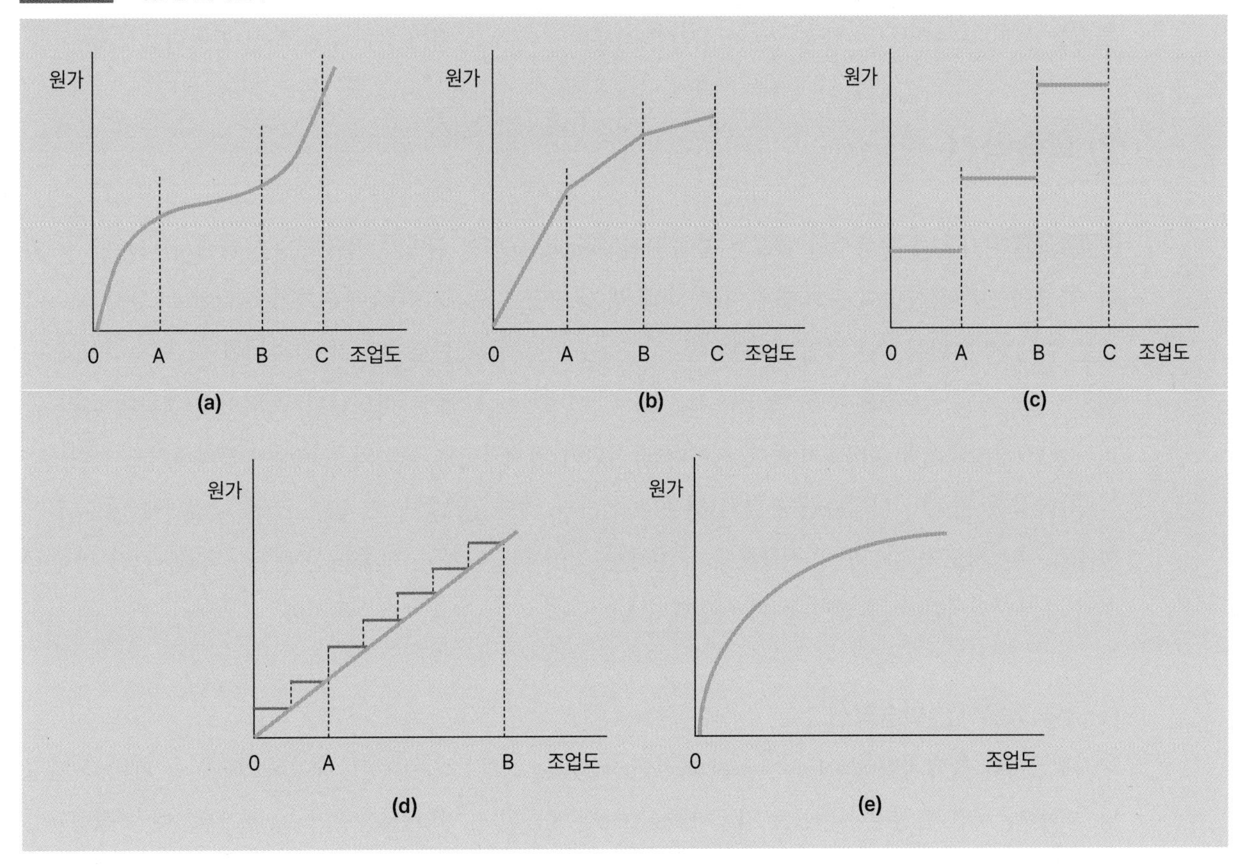

다. 이 경우 관련범위가 (0~A), (A~B), (B~C) 구간 중 하나일 때는 원가함수를 선형으로 추정할 수 있지만, (A~C)와 같이 관련범위가 여러 구간에 걸쳐 있으면 비선형으로 추정하는 것이 바람직하다.

(c)는 원가가 계단식으로 증가하는 **계단원가(step cost)**로서, 조업도가 큰 폭으로 증가할 때마다 원가가 불연속적으로 큰 폭으로 증가하는 형태를 띤다. 대당 원가가 비싼 기계를 생산량이 일정 규모를 초과할 때마다 1대씩 추가로 구입하는 경우가 이에 해당한다. 이 경우에는 원가가 조업도 구간별로 단계적으로 변한다는 사실을 반영하여 계단함수 형태로 추정해야 한다.

(d)는 계단원가의 형태를 띠지만 계단의 폭과 높이가 매우 작은 경우이다. 예를 들어, 소프트웨어 회사의 프로그래머 인건비의 경우, 프로그래머의 숫자가 작을 때는 (c)와 같이 계단원가 형태로 추정해야 하지만, 숫자가 많고 관련범위가 넓을 경우(예 (A~B) 구간)에는 선형함수로 추정할 수 있다.

(e)는 활동수준이 증가함에 따라 단위당 원가가 계속 감소하는 형태이다. 이 경우에도 원가를 추정하고자 하는 조업도의 관련범위가 좁은 경우에는 선형함수로 추정해도 무방하지만, 관련범위가 넓은 경

우 비선형함수로 추정하는 것이 바람직하다. 비선형 원가함수는 일반적으로 회귀분석을 이용하면 쉽게 추정할 수 있다. 여기서는 학습곡선의 원리가 적용되는 경우의 원가함수 추정에 대해 학습해보자.

2) 학습곡선

그림 3-5(e)와 같은 원가함수의 형태는 **학습곡선(learning curve)**의 원리가 적용되는 상황에서 나타날 수 있다. 학습곡선은 생산량이 증가함에 따라 제품 한 단위당 노동시간과 노무원가가 하락하는 현상을 나타내는 함수이다. 반복적인 작업에 따른 학습(learning)으로 인해 근로자가 해당 작업에 더 익숙해지고 숙련도가 향상되는 분야(예 항공기와 선박 제조, 프로그램 개발)에서 주로 나타난다. 작업이 진행됨에 따라 관리자들도 작업계획과 설비배치 등에 경험이 축적되어 전체적으로 공장의 효율성이 증가하기도 한다[10].

학습곡선 현상이 나타나면 제품의 단위당 원가가 계속 감소하므로, 넓은 조업도 범위에 대한 원가함수를 추정하고자 한다면 비선형으로 추정하는 것이 바람직하다. 학습곡선에는 누적평균시간 학습곡선과 증분단위시간 학습곡선, 두 가지 형태가 있다.

(1) 누적평균시간 학습곡선

누적평균시간 학습곡선(cumulative average-time learning curve) 모델은 누적 생산량이 두 배가 될 때마다 단위당 누적평균시간이 일정한 비율로 감소하는 경우에 사용된다. 만약 생산량이 두 배가 될 때 누적평균시간이 30% 감소한다면, 70%(=100%−30%)의 학습곡선 효과가 있다고 표현한다.

예제 3-4

70% 누적평균시간 학습곡선 효과가 있는 상황에서 생산량이 1개일 때 제조시간이 50시간인 경우, 생산량 변화에 따른 제조시간에 대해 학습해보자.

70% 누적평균시간 학습곡선 효과가 있을 경우, 생산량이 2개일 때 누적평균시간은 35시간(=50시간×0.7)이며, 누적 총시간은 70시간(=35시간×2개)이 된다. 생산량이 4개일 때 누적평균시간은 24.5시간(=35시간×0.7)이며, 누적 총시간은 98시간(=24.5시간×4개)이다. 자세한 계산 내역은 표 3-4와 같다.

---

10 학습곡선(learning curve) 개념을 확대하여, 마케팅, 배송, 고객서비스 분야 등 비제조 분야를 포함한 기업활동 여러 분야에서 단위당 원가감소 현상이 나타나는 것을 **경험곡선(experience curve)**이라고 표현하기도 한다.

표 3-4 누적평균시간 학습곡선(70%)에서 소요시간

생산량(개) (a) (=X)	단위당 누적평균시간(시간) (b) (=y)	누적 총시간(시간) (c) (=(a)×(b))	개별단위 시간(시간) (d)
1	50.00	50.00	50.00
2	35.00	70.00	20.00
3	28.41	85.23	15.23
4	24.50	98.00	12.77
5	21.84	109.21	11.21
6	19.89	119.32	10.11
7	18.37	128.59	9.27
8	17.15	137.20	8.61
9	16.14	145.27	8.07
10	15.29	152.90	7.62
11	14.56	160.14	7.24
12	13.92	167.05	6.91
13	13.36	173.66	6.62
14	12.86	180.02	6.36
15	12.41	186.16	6.13
16	12.01	192.08	5.92

※ 모든 숫자는 계산 종료 후 소수점 이하 셋째 자리에서 반올림하여, 실제 숫자와 차이가 있을 수 있음

표에서 생산량이 1개, 2개, 4개, 8개, 16개로 두 배씩 증가함에 따라, 단위당 누적평균시간은 50시간, 35시간, 24.5시간, 17.15시간, 12.01시간으로 30%씩 감소하는 것을 확인할 수 있다. 누적평균시간 학습곡선 모델에서 단위당 누적평균시간은 다음 식을 이용해서 계산할 수 있다.

$$y = aX^b$$

여기서 y : 단위당 누적평균시간

a : 첫째 단위 생산에 소요되는 시간

X : 누적 총생산량

b : 학습곡선의 학습강도를 나타내는 지수 ($b \le 0$), $b = \dfrac{\ln(\text{학습곡선 \%})}{\ln 2}$

학습의 강도를 나타내는 b는 다음과 같이 계산한다[11].

$$b = \frac{\ln(\text{학습곡선 \%})}{\ln 2}$$

70%의 학습곡선에 대해 b는 다음과 같이 계산된다.

$$b = \frac{\ln(\text{학습곡선 \%})}{\ln 2} = \frac{\ln 0.7}{\ln 2} = \frac{-0.35667}{0.6931} = -0.5146$$

따라서 첫 번째 단위 생산에 소요되는 시간이 50시간이라고 하면, 생산량이 X일 때 단위당 누적평균시간(표 3-4(b))은 다음 식을 이용해서 계산한다.

$$y = 50X^{-0.5146}$$

표에서 개별단위 시간((d))은 해당 단위를 생산하는 데 소요되는 시간으로서, 해당 단위를 생산하는

그림 3-6 누적평균시간 학습곡선

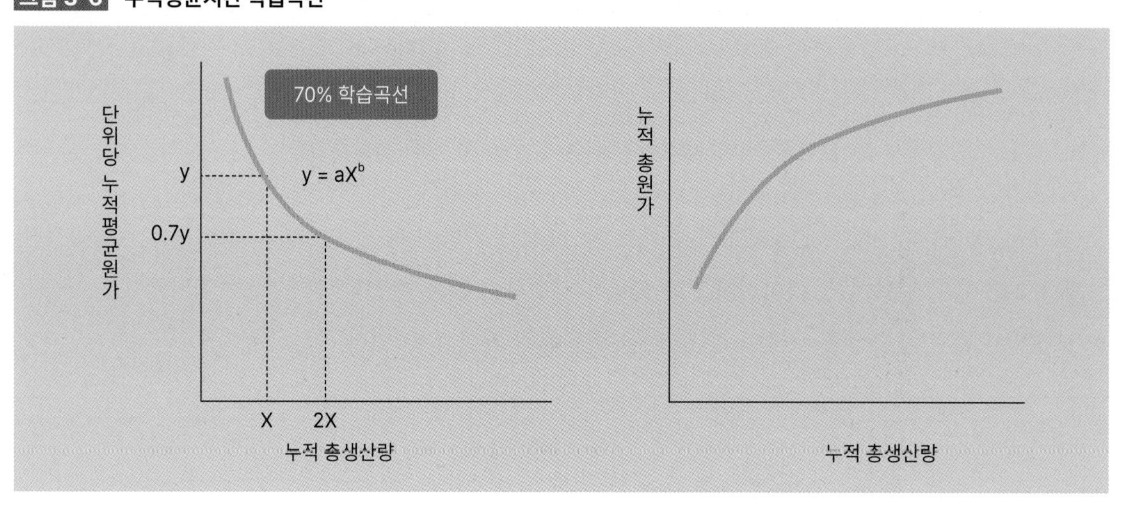

11 누적평균시간 학습곡선 모형에서 생산량이 X에서 2X로 증가하면, 단위당 누적평균시간은 aX^b에서 $a(2X)^b$가 된다. 70%의 학습곡선이 적용되면, $a(2X)^b = 0.7(aX^b)$. 즉, $a2^bX^b = 0.7aX^b$. 이를 정리하면 $2^b = 0.7$이 된다. 따라서 $b = \frac{\ln 0.7}{\ln 2}$. 여기서 ln은 자연로그(natural log)를 의미하는 함수이다. 학습효과가 없는 경우(즉, 100% 학습곡선, $\ln 1 = 0$)에는 $b = 0$으로서, 생산량이 증가해도 단위당 누적평균시간이 변하지 않는다.

데 소요되는 누적 총시간((c))에서 그보다 1단위 적은 단위를 생산하는 데 소요되는 누적 총시간을 빼면 된다. 예를 들어, 3번째 단위의 생산시간은 15.23(=85.23−70.00)시간이다.

(2) 증분단위시간 학습곡선

증분단위시간 학습곡선(incremental unit-time learning curve) 모델은 누적 생산량이 두 배가 될 때마다 최종 한 단위를 생산하는 데 소요되는 시간(즉, 증분단위시간)이 일정한 비율로 감소하는 경우에 사용된다. 여기서도 생산량이 두 배가 될 때 증분단위시간이 30% 감소한다면, 70%(=100%−30%)의 학습곡선 효과가 있다고 표현한다.

예제 3-5

70% 증분단위시간 학습곡선 효과가 있는 상황에서 생산량이 1개일 때 제조시간이 50시간인 경우, 생산량 변화에 따른 제조시간에 대해 학습해보자.

70% 증분단위시간 학습곡선 효과가 있을 경우, 생산량이 1개일 때 소요시간이 50시간이라면, 2개일 때 증분단위시간은 35시간(=50시간×0.7)이며, 누적 총시간은 85시간(=50시간+35시간)이 된다. 생산량이 4개일 때 증분단위시간은 24.5시간(=35시간×0.7)이다. 구체적인 계산 내역은 표 3-5 와 같다.

표에서 생산량이 1개, 2개, 4개, 8개, 16개로 두 배씩 증가함에 따라, 증분단위시간은 50시간, 35시간, 24.5시간, 17.15시간, 12.01시간으로 30%씩 감소하는 것을 확인할 수 있다. 증분단위시간 학습곡선 모델에서 증분단위시간은 다음 식을 이용해서 계산할 수 있다.

$$y = aX^b$$

여기서 y : 증분단위시간

a : 첫째 단위 생산에 소요되는 시간

X : 누적 총생산량

b : 학습곡선의 학습강도를 나타내는 지수 ($b \le 0$), $b = \frac{\ln(\text{학습곡선 \%})}{\ln 2}$

표 3-5 증분단위시간 학습곡선(70%)에서 소요시간

생산량(개) (a) (=X)	증분단위시간(시간) (b) (=y)	누적 총시간(시간) (c)	단위당 누적평균시간(시간) (d) (=(c)÷(a))
1	50.00	50.00	50.00
2	35.00	85.00	42.50
3	28.41	113.41	37.80
4	24.50	137.91	34.48
5	21.84	159.75	31.95
6	19.89	179.64	29.94
7	18.37	198.01	28.29
8	17.15	215.16	26.89
9	16.14	231.30	25.70
10	15.29	246.59	24.66
11	14.56	261.15	23.74
12	13.92	275.07	22.92
13	13.36	288.43	22.19
14	12.86	301.28	21.52
15	12.41	313.69	20.91
16	12.01	325.70	20.36

※ 모든 숫자는 계산 종료 후 소수점 이하 셋째 자리에서 반올림하여, 실제 숫자와 차이가 있을 수 있음

누적평균시간 학습곡선 모델과 비교해보면, 수식은 동일하고 단지 y값의 의미만 다르다는 것을 알 수 있다. 누적평균시간 학습곡선 모델에서는 y는 누적평균시간인 데 반해, 증분단위시간 학습곡선 모델에서 y는 증분단위시간이라는 점만 다르다. 두 학습곡선 모델의 표에서도 두 번째 행((b))은 각각 단위당 누적평균시간과 증분단위시간을 나타내지만, 그 값은 같다.

두 학습곡선 모델의 단위당 누적평균시간(표 3-4(b)와 표 3-5(d))을 비교해보면, **누적평균시간 모델**의 단위당 누적평균시간이 **증분단위시간 모델**의 단위당 누적평균시간보다 더 짧다는 것을 알 수 있다(예 생산량 10개에서 전자는 15.29이며, 후자는 24.66). 즉, 같은 %의 학습곡선인 경우, 누적평균시간 모델이 증분단위시간 모델보다 학습효과가 더 크다는 것을 알 수 있다. 이것은 학습효과의 비율이 누적평균시간 모델

에서는 총생산량에 대한 평균시간에 관한 것이지만, 증분단위시간 모델에서는 최종 단위의 생산시간에 관한 것이기 때문이다. 그림 3-7, 그림 3-8은 두 학습곡선 모델을 그래프로 나타낸 것이다. 그림에서 누적평균시간 모델에서 평균시간과 누적시간이 증분단위시간 모델에서보다 더 적다는 것을 시각적으로 확인할 수 있다.

학습곡선을 통해 추정한 미래 원가는 다양한 전략적 의사결정(예 조선산업에서 입찰가격 결정)에 활용될 수 있다. 어떤 학습곡선 모델이 더 적합한지, 몇 % 학습곡선인지를 결정하기 위해서는 엑셀 프로그램 등을 활용하여 과거 발생 자료들을 분석하고, 관련 부서의 의견을 참고하는 것이 좋다.

그림 3-7 학습곡선(70%) 모델에서 단위당 누적평균시간(x축 : 생산량, y축 : 시간)

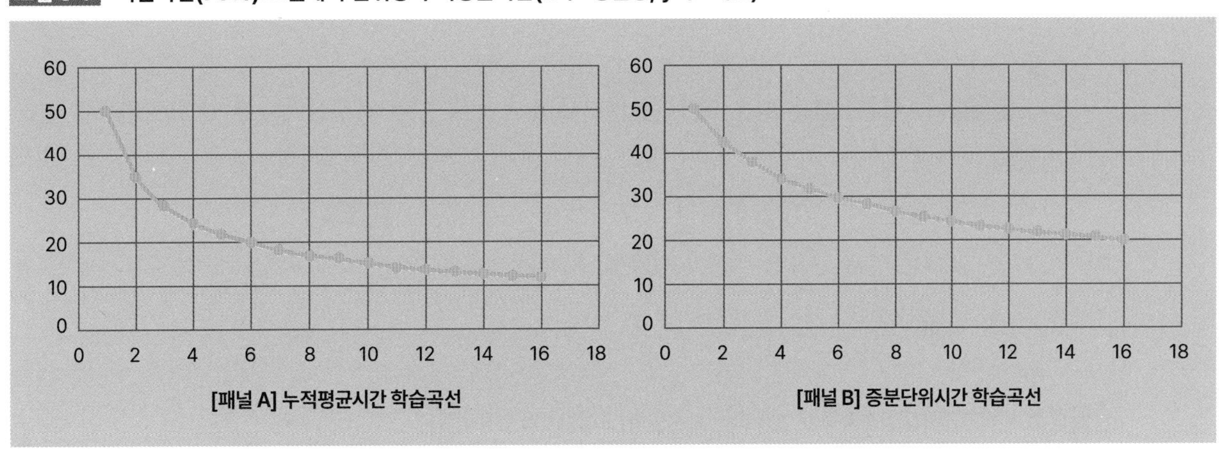

그림 3-8 학습곡선(70%) 모델에서 누적 총시간(x축 : 생산량, y축 : 시간)

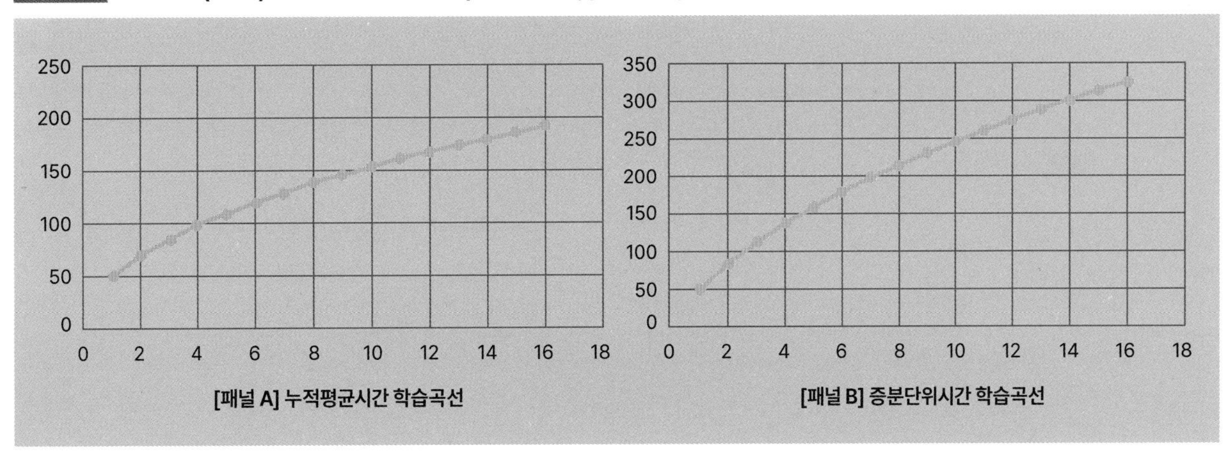

(3) 학습곡선의 원가함수로의 변환과 활용

학습곡선은 생산량 등의 조업도와 작업 소요시간의 비선형적인 관계를 나타내는 것이므로, 최종 단계에서 원가표준을 이용해서 원가함수로 변환한다. 위 학습곡선 모델이 생산량과 직접노동시간의 관계를 추정한 것이라고 할 때, 누적평균시간 학습곡선 모델을 이용하여 노무원가를 추정해보자.

예제 3-6

누적평균시간 학습곡선 효과가 발생하는 예제 3-4를 이용하자. 제품제조를 위해 발생하는 노무원가는 변동원가와 고정원가로 구성되어 있다. 변동원가는 직접노동시간당 ₩12,000이며, 고정원가는 근로자 1명당 ₩300,000으로서, 작업시간이 80시간씩 증가함에 따라 채용인원이 1명씩 계단식으로 증가한다고 할 때 생산량 변화에 따른 노무원가를 추정해보자.

먼저, 표 3-4에 나타나 있는 직접노동시간 범위에 대해 필요 인원과 생산가능량 및 노무원가를 정리하면 표 3-6과 같다.

본 예제에서 생산량이 증가함에 따라 노무원가 중 고정원가는 그림 3-9와 같이 계단식으로 증가한다. 학습곡선 효과로 인해 생산량 구간이 점점 더 커지는 것을 확인할 수 있다(3명의 인원으로는 최대 240직접노동시간을 투입해서 작업할 경우, 16개 이상 생산 가능).

표 3-6 누적평균시간 학습곡선 모델에 따른 노무원가(고정원가와 변동원가)

총직접노동시간(시간)*	필요 인원(명)	생산가능량(개)*	고정원가(원)	직접노동시간당 변동원가(원)
1~80	1	1~2	300,000	12,000
81~160	2	3~10	600,000	12,000
161~193	3	11~16	900,000	12,000

* 표 3-4 (a), (c)

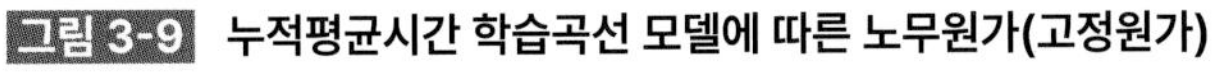
그림 3-9 누적평균시간 학습곡선 모델에 따른 노무원가(고정원가)

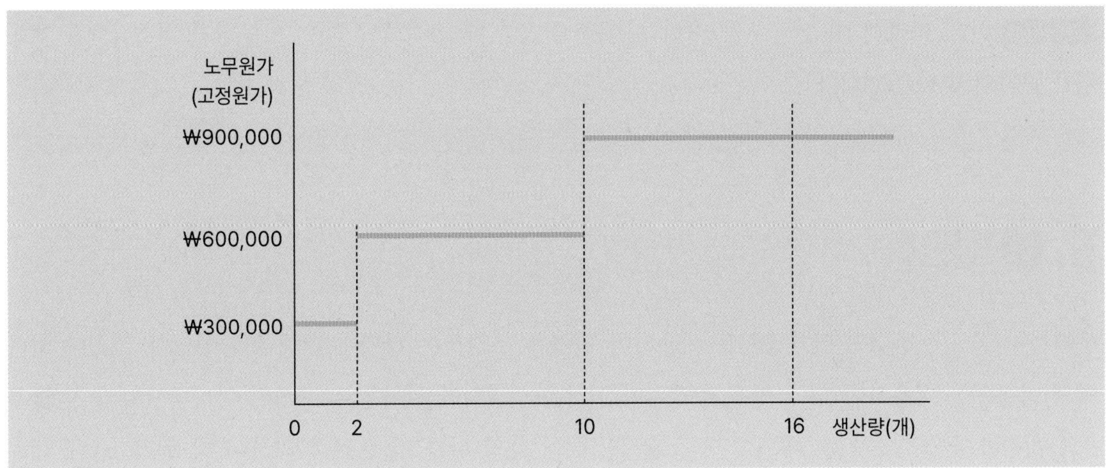

이상의 자료를 이용하면, 모든 생산량 수준에 대해 원가구조를 파악할 수 있다. 예를 들어, 생산량 1개, 2개, 4개, 8개, 16개에 대한 원가는 표 3-7과 같이 추정된다. 생산량이 1개에서 8개로 증가할 때, 누적 총직접노동시간은 2.744배(=137.20÷50)로 증가하지만, 총노무원가는 2.496배(=2,246,400÷900,000)로만 증가한다. 이처럼 고정원가가 일정한 인원 구간별로 증가하는 경우, 학습효과는 시간보다 원가에 더 큰 영향을 미치게 된다.

학습곡선 자료를 원가함수로 변환하면, 주문수락 여부, 가격결정, 비용 발생 부문(예 제조부문)의 표준설정과 성과평가 등 다양한 의사결정에 사용할 수 있다. 예를 들어, 본 예제에서 현재 생산량이 6개이며, 4개의 신규주문이 발생했다고 하자. 이 경우, 4개를 추가로 제작하더라도 추가로 인원을 채용하지 않

표 3-7 생산량 수준별 원가구조

생산량(개) (a)	누적 총직접노동시간(시간) (b)	필요 인원(명) (c)	고정원가(원) (d)	변동원가(원) (e) (=(b)x₩12,000)	총노무원가(원) (f) (=(d)+(e))
1개	50.00	1	300,000	600,000	900,000
2개	70.00	1	300,000	840,000	1,140,000
4개	98.00	2	600,000	1,176,000	1,776,000
8개	137.20	2	600,000	1,646,400	2,246,400
16개	192.08	3	900,000	2,304,960	3,204,960

아도 되므로 고정원가 증가액은 '0'이며, 변동원가 증가액은 ₩402,960(=₩12,000×(152.90시간−119.32시간))(표 3-4(c))이다. 따라서 이 신규주문 수락 여부를 결정할 때 고려해야 하는 노무원가 최소금액은 변동원가 증가액 ₩402,960이다.

5. 마무리

우리는 지금까지 하나의 원가동인을 이용하여 원가를 추정하는 방법에 대해 학습하였다. 그러나 하나의 원가동인을 이용하여 그 금액을 추정하기 어려운 이질적인 원가들로 구성된 원가대상의 원가(예 부문의 원가)를 추정하고자 할 때는 먼저 동질적인 여러 개의 원가그룹으로 분리하여 각 원가그룹에 대해 원가를 추정한 후에 이를 합하는 방법을 사용할 수 있다. 예를 들어, 제조부서에서 기계시간에 비례하는 원가와 직접노동시간에 비례하는 원가 항목들이 혼재되어 있는 경우, 하나의 원가동인을 사용하여 원가를 추정하면 정확성이 낮아지므로, 두 그룹으로 분리하여 추정한 다음, 두 그룹에 대해 추정한 원가를 더하면 된다.

다른 대안으로, 각주 8에서 설명한 **다중회귀분석(multiple regression)** 기법을 사용하면, 복수의 원가동인을 사용하여 원가를 추정할 수 있다. 기계시간과 직접노동시간의 영향을 받는 원가를 추정할 경우, 두 변수 모두를 독립변수로 사용하여 추정하는 것이다.

본 장에서 설명한 고저점법, 회귀분석법 등 계량적 분석방법은 과거 자료를 이용하여 원가함수를 추정하는 방법이다. 따라서 미래 조업도에 대한 원가를 예측하고자 할 때는 과거 자료를 이용하여 추정한 원가함수를 기계적으로 사용하지 않아야 한다. 미래 조업도가 원가함수를 추정할 때 사용한 관련범위를 벗어날 수도 있고, 고정원가와 변동원가의 원가구조가 변할 수도 있기 때문이다. 아울러 생산요소들의 가격 변화도 고려해야 한다.

관련 사례

조선 수주가격과 학습곡선

국내 조선 3사, 카타르 수주전서 최종 44척 계약 성공 … 추가 발주 가능성도 – 이투데이(etoday.co.kr)

내시경 숙련도, 학습곡선, 수술성공률

내시경 점막 하 절제술, 시술자 숙련도가 속도 영향 미친다 – 네이트 뉴스(nate.com)

반도체 숙련 인력과 학습곡선

TSMC "美서 숙련 인력 구하기 어렵다" … 생산기지 日 선호 – 지디넷코리아(ZDNet korea)

연습문제

객관식

01 원가함수 추정 (2014 국가직 9급)

㈜한국의 최근 2년간 생산량과 총제품제조원가는 다음과 같다. 2년간 고정원가와 단위당 변동원가는 변화가 없었다. 2013년도에 고정원가는 10% 증가하고 단위당 변동원가가 20% 감소하면, 생산량이 500개일 때 총제품제조원가는?

연 도	생산량	총제품제조원가
2011	100개	₩30,000
2012	300개	₩60,000

① ₩76,500 ② ₩ 75,500 ③ ₩94,500 ④ ₩ 70,000

02 고저점법 (2022 국가직 9급)

다음은 20X1년 ㈜한국의 기계가동시간과 제조간접원가에 대한 분기별 자료이다.

분 기	기계가동시간	제조간접원가
1	5,000시간	₩256,000
2	4,000시간	₩225,000
3	6,500시간	₩285,000
4	6,000시간	₩258,000

㈜한국은 고저점법을 이용하여 원가를 추정하며, 제조간접원가의 원가동인은 기계가동시간이다. 20X2년 1분기 기계가동시간이 5,500시간으로 예상될 경우, 제조간접원가 추정 금액은?

① ₩252,000 ② ₩258,500 ③ ₩261,000 ④ ₩265,000

03 고저점법 (2018 세무사)

㈜세무는 원가행태를 추정하기 위해 고저점법을 적용한다. ㈜세무의 경영자는 추정된 원가함수를 토대로 7월의 목표이익을 ₩167,500으로 설정하였다. 목표이익을 달성하기 위한 추정 목표매출액은? (단, 당월 생산된 제품은 당월에 전량 판매되고, 추정 목표매출액은 관련범위 내에 있다.)

월	총원가	총매출액
3월	₩887,000	₩980,000
4월	791,000	855,000
5월	985,500	1,100,000
6월	980,000	1,125,000

① ₩1,160,000 ② ₩1,165,000 ③ ₩ 1,170,000 ④ ₩ 1,180,000 ⑤ ₩1,200,000

04 누적평균시간 학습모형 (2015 관세사)

㈜관세가 신제품 P-1 첫 번째 단위를 생산하는 데 소요된 직접노무시간은 90시간이며, 두 번째 단위를 생산하는 데 소요된 직접노무시간은 54시간이다. 이 신제품 P-1의 생산과 관련된 원가자료는 다음과 같다.

구 분	금 액
제품 단위당 직접재료원가	₩500
직접노무시간당 임률	₩10
변동제조긴접원가(직접노무시간에 비례하여 발생)	직접노무시간당 ₩2.5
고정제조간접원가 배부액	₩2,500

직접노무시간이 누적평균시간 학습모형을 따르는 경우, 신제품 P-1의 최초로 생산된 4단위의 총제조원가는 얼마인가?

① ₩4,880 ② ₩5,880 ③ ₩6,880 ④ ₩7,380 ⑤ ₩8,880

05 누적평균시간 학습모형 (2024 세무사)

㈜세무는 당기에 신제품을 개발하여 지금까지 2,000단위를 생산 및 판매하였으며, 처음 1,000단위 생산에 소요된 원가는 다음과 같다.

• 직접재료원가	₩400,000
• 직접노무원가(1,000시간×₩2,000)	2,000,000
• 변동제조간접원가(직접노무원가의 50%)	1,000,000
• 고정제조간접원가	3,200,000

㈜세무의 제품 생산은 80%의 누적평균시간 학습곡선을 따른다고 가정한다. 최근 공공기관으로부터 신제품 2,000단위를 주문받았다. 이 주문에 대해 발생할 것으로 예상되는 변동제조원가 총액은?

① ₩1,920,000 ② ₩2,880,000 ③ ₩3,280,000 ④ ₩3,680,000 ⑤ ₩5,600,000

06 누적평균시간 학습모형 (2012 CPA)

사업 개시 후 2년간인 20X1년과 20X2년의 손익자료는 다음과 같다.

(단위 : 만원)

	20X1년	20X2년
매출액	100	300
직접재료원가	40	120
직접노무원가	10	22.4
제조간접원가	20	50
판매관리비	15	15
영업이익	15	92.6

20X1년부터 20X3년까지의 단위당 판매가격, 시간당 임률, 단위당 변동제조간접원가, 총고정제조간접원가, 총판매관리비는 일정하다. 직접노무시간에는 누적평균시간 학습모형이 적용된다. 매년 기초 및 기말재고는 없다. 20X3년의 예상매출액이 400만원이라면 예상영업이익은 얼마인가?

① ₩1,327,700 ② ₩1,340,800 ③ ₩1,350,300 ④ ₩1,387,700 ⑤ ₩1,398,900

07 누적평균시간 학습모형 (2024 CPA)

㈜대한은 최근에 신제품 X의 개발을 완료하고 시험적으로 50단위를 생산하였다. 회사가 처음 50단위의 신제품 X를 생산하는 데 소요된 총직접노무시간은 500시간이고 직접노무시간당 임률은 ₩200이었다. 신제품 X의 생산에 소요되는 단위당 직접재료원가는 ₩900이고, 단위당 제조간접원가는 ₩800이다. 총생산량 200단위에 대한 신제품 X의 단위당 예상원가는 ₩3,320이다. 누적평균시간 학습모형이 적용된다면, 학습률은 얼마인가?

① 70% ② 75% ③ 80% ④ 90% ⑤ 95%

08 증분단위시간 학습모형 (2018 CPA)

㈜대한은 A형-학습모형(누적평균시간 모형)이 적용되는 '제품 X'를 개발하고, 최초 4단위를 생산하여 국내 거래처에 모두 판매하였다. 이후 외국의 신규 거래처로부터 제품 X의 성능이 대폭 개선된 '제품 X-plus'를 4단위 공급해 달라는 주문을 받았다. 제품 X-plus를 생산하기 위해서는 설계를 변경하고 새로운 작업자를 고용해야 한다. 또한 제품 X-plus의 생산에는 B형-학습모형(증분단위시간 모형)이 적용되는 것으로 분석되었다.

누적생산량	A형-학습모형이 적용될 경우 누적평균 노무시간	B형-학습모형이 적용될 경우 증분단위 노무시간
1	120.00	120.00
2	102.00	108.00
3	92.75	101.52
4	86.70	97.20
5	82.28	93.96
6	78.83	91.39
7	76.03	89.27
8	73.69	87.48

㈜대한이 제품 X-plus 4단위를 생산한다면, 제품 X 4단위를 추가로 생산하는 경우와 비교하여 총노무시간은 얼마나 증가(또는 감소)하는가?

① 102.00시간 감소 ② 146.08시간 증가 ③ 184.00시간 증가
④ 248.60시간 증가 ⑤ 388.80시간 감소

주관식

01 누적평균시간, 관련원가 (2020 세무사 수정)

무선이어폰을 생산·판매하고 있는 ㈜세무는 무선이어폰에 장착되는 주요 부품인 음성수신장치를 250단위를 1묶음(batch)으로 하는 묶음생산방식으로 자체 생산하고 있다. ㈜세무가 음성수신장치를 묶음생산방식으로 생산할 경우, 직접노무시간은 90%의 누적평균시간 학습곡선모형을 따르며, 음성수신장치 250단위 생산과 관련된 원가는 다음과 같다.

구 분	총원가
직접재료원가 (₩600/단위)	₩150,000
직접노무원가 (₩900/시간)	225,000
변동제조간접원가 (₩900/직접노무시간)	225,000
고정제조간접원가	500,000
합 계	₩1,100,000

요구사항

▶ ㈜세무는 무선이어폰에 장착되는 음성수신장치를 묶음생산방식으로 생산하기로 결정하고 연간 생산계획을 수립하던 중, 무선이어폰에 장착이 가능한 동일한 사양의 음성 수신장치를 외부공급업자로부터 단위당 ₩2,100에 구입이 가능하다는 사실을 파악하였다. ㈜세무가 20X1년도 무선이어폰 생산에 필요한 음성수신장치 1,000단위 전량을 외부공급업자로부터 구입할 경우, 묶음생산방식에 의해 자체 생산하는 경우에 비하여 영업이익이 얼마나 증가 또는 감소하는지를 계산하시오. (단, 영업이익이 증가하는 경우에는 금액 앞에 '(+)'를, 감소하는 경우에는 금액 앞에 '(−)'를 표시하시오.)

CHAPTER

4

단기 의사결정과 자본예산

본장에서는 복수의 대안 중에서 하나를 선택하는 의사결정에 관해 학습한다. 의사결정은 단기적 관점의 의사결정과 장기적 관점의 자본투자(자본예산) 의사결정으로 구분할 수 있다. 본문에서는 단기 의사결정에 관해 학습하고, 보론에서는 장기 의사결정에 관해 학습한다. 일반적인 의사결정에서 고려해야 하는 관련정보(관련수입과 관련원가)의 개념에 대해 자세하게 학습하며, 특히 회계적 비용인 현금지출 비용과 매몰원가 및 비회계적 비용인 기회비용을 의사결정에서 고려하는 방법에 대해 자세하게 살펴본다. 장기 의사결정에서는 관련정보를 파악하는 방법과 함께 순현재가치법과 내부수익률법 등 여러 자본예산편성 기법을 학습한다.

CHAPTER

4

단기 의사결정과 자본예산

1. 의사결정의 유형

기업 경영활동은 의사결정의 연속이다. 제품의 디자인(기능)을 변경해야 할지, 외부 주문을 수락해야 할지, 부품을 자체 제작해야 할지 아니면 외부로부터 아웃소싱을 해야 할지 등이다. 일반적으로 모든 의사결정에는 두 개 이상의 대안이 있다. 예를 들어, 고객의 주문을 수락할지를 결정하는 의사결정에서 대안은 주문수락과 주문거부 두 가지이다. 투자안 A와 B 중에서 하나를 채택할지를 검토할 때 대안은 세 가지이다. 투자안 A를 선택하거나, 투자안 B를 선택하거나, 투자안 A와 B를 모두 기각하는 것이다. 올바른 의사결정을 위해서는 대안들의 비용과 효익을 비교해야 한다.

대안들의 비용과 효익에는 수치로 나타낼 수 있는 **정량적(quantitative) 요소**는 물론, 수치로 나타내기 어려운 **정성적(qualitative) 요소**(예 종업원의 사기, 품질, 핵심 기술에 대한 접근)도 있다. 또한 정량적으로 나타낼 수 있다고 하더라도 재무적으로 나타낼 수 있는 요소들(예 원가, 수익)도 있고 재무적으로 나타내기 어려운 요소들(예 부품 납기 예상준수율, 신제품 개발시간)도 있다. 의사결정을 위해서는 이 요소들을 모두 고려해야 한다. 예를 들어, 특정 부품을 외부에 아웃소싱할 경우 원가를 절감할 수도 있으나, 종업원의 사기가 저하되고 부품의 품질이 하락할 수 있다.

본 장에서는 정량적으로 나타낼 수 있는 재무적 요소들(수익과 원가)을 중심으로, 의사결정 대안을 분석하고 선택하는 방법에 대해 학습한다.

대표적인 의사결정의 유형은 다음과 같다.

- 1회성 특별주문(one-time-only special orders)
- 인소싱 vs. 아웃소싱(insourcing vs. outsourcing), 제조 vs. 구매(make or buy)
- 설비교체(equipment replacement)
- 지점, 부문, 고객의 신설, 추가, 폐지(branch/segment/customer adding or discontinuing)
- 제품배합(product mix)
- 자본예산 편성(capital budgeting)

위 의사결정 유형 중에서 제품배합에 관한 의사결정은 제9장의 제약이론에서, 자본예산 편성은 본장의 보론에서 자세하게 학습한다. 이를 제외한 나머지 의사결정 유형들의 특징에 대해서는 아래 본문에서 자세하게 설명한다. 본문에서는 대안의 비용과 효익을 평가할 때, 세금과 화폐의 시간적 가치를 고려하지 않는다. 의사결정에서 세금과 화폐의 시간적 가치를 고려하는 방법은 보론의 자본예산 편성(capital budgeting)에서 자세하게 학습한다.

2. 의사결정 대안의 분석방법

1) 증분분석법(차이분석법)

대안 간의 비교는 두 가지 방법으로 실시할 수 있다. 첫 번째 방법은 대안별로 총수익에서 총비용을 차감하여 대안별 손익을 비교하는 방법이다. 두 번째 방법은 대안 간에 차이가 나는 수익과 비용만 비교하는 방법이다. 다음 예제를 통해 두 방법을 비교하면서 기본적인 개념을 학습해보자.

예제 4-1

어떤 회사가 3년 전에 1,000억원을 지불하고 기계 한 대를 구입했다. 기계의 내용연수는 5년이다. 이 회사는 정액상각법을 사용하고 있으며, 현재 기계구입 후 3년이 경과한 시점으로서 감가상각누계액이 600억원이다. 기계를 지금 처분하더라도 처분가치는 없다. 이 회사가 영업을 계속할 경우, 향후 2년간 발생할 원가는 감가상각비를 제외하고는 전부 재료원가로서 연간 500억원이며, 연간 매출액은 600억원으로 예상된다. 기초, 기말 재고는 없다. 이 회사가 영업활동을 계속할지를 분석해보자.

이 경우 대안은 향후 2년 동안 영업활동을 계속하는 것과 지금 중단하는 것 두 가지이다. 첫 번째 방법인 **손익계산서 접근법(또는 총액접근법)**을 이용해서 비교해보자. 표 4-1에 나타난 바와 같이, 영업을 계속할 경우, 비용은 매년 재료원가 500억원과 감가상각비 200억원이 발생하여, 2년 동안 총 200억원의 손실이 발생한다. 지금 영업을 중단할 경우에는 비용은 기계처분손실 400억원(장부가액 400억원 – 처분가치 0원)이 첫해에 발생하여 2년 동안 총 400억원의 손실이 발생한다. 따라서 영업을 계속하는 것이 200억원 더 이익이다.

표 4-1 손익계산서(2년 합계)

(단위 : 억원)

		영업계속(1)	영업중단(2)	차이(3) (=(1)−(2))
매 출		600×2	0	600×2
비 용	재료원가	500×2	0	500×2
	감가상각비/처분손실	200×2	400	0
이 익		−200	−400	200

두 번째 방법은 두 대안 간에 차이가 있는 항목만(표에서 (3)) 비교하는 방법이다. 먼저, 매출은 대안 간에 차이가 있다. 대안 간의 수익 차이를 **차액수익(differential revenue)** 또는 **증분수익(incremental revenue)**이라고 하며, 본 예제에서 1,200억원이다. 두 대안 간의 원가(비용) 차이는 **차액원가(differential cost)** 또는 **증분원가(incremental cost)**라고 하며[1], 본 예제에서 차액원가(증분원가)는 재료원가 1,000억원이다. 증분수익에서 증분원가를 차감한 금액을 **증분이익(incremental profit)**이라고 하며, 특정 대안이 다른 대안과 비교해서 증분이익이 '0'보다 크면 그 대안을 선택한다.

예제에서 영업을 계속하는 경우 증분수익 1,200억원이 발생하고, 증분원가 1,000억원이 발생하므로, 영업을 계속하는 대안의 증분이익(즉, 이익의 차이)은 200억원(=증분수익 1,200억원 – 증분원가 1,000억원)으로서, 향후 2년 동안 영업을 계속하는 것이 더 이익이다.

결론적으로 볼 때, 대안을 비교하는 두 가지 방법의 결과가 같다는 것을 알 수 있다. 그러나 두 가지 방법은 같은 결과를 도출하지만, 과정상에는 큰 차이가 있다. 첫 번째 방법인 손익계산서를 사용하는 방

1 차액수익과 차액원가는 두 대안 간의 차이를 나타내는 포괄적인 용어이다. 특정 대안을 지칭하여 그 대안을 다른 대안과 비교할 때는 수익의 증가분을 증분수익(incremental revenue), 비용의 증가분을 증분원가(incremental cost)라고 한다. 실무적으로는 두 용어가 혼용되는 경우가 많다.

법은 각 대안의 모든 수익과 비용에 관한 정보를 알아야 한다는 단점이 있다. 예제에서 우리는 비용으로 재료원가와 감가상각비/처분손실만 있는 것으로 가정했지만, 실제로는 훨씬 많은 비용 항목들이 있을 수 있다. 그러나 우리는 각 대안의 모든 비용을 파악하기 어려울 수 있고, 파악할 수 있더라도 매우 번거로울 수 있다. 그리고 무엇보다 대안 간에 차이가 없는 비용은 파악할 필요가 없다.

따라서 의사결정에서는 첫 번째 방법인 총액접근법이 아니라, 대안 간의 차이가 있는 항목만 비교하는 두 번째 방법을 사용한다. 대안 간의 차이를 이용하여 의사결정을 하는 누 번째 방법을 **증분분석(incremental analysis)법** 또는 **차이분석(differential analysis)법**이라고 부른다. 대안이 셋 이상인 경우에도 증분분석법을 사용할 수 있다.

2) 관련정보, 관련수익, 관련원가

의사결정에서 **관련정보(relevant information)**는 대안 간에 차이가 있는 정보로서, 차이가 있는 수익을 **관련수익(relevant revenue)**, 차이가 있는 비용을 **관련원가(relevant cost)**라고 한다.

관련정보의 핵심적인 특징은 과거에 발생한 수익이나 비용은 대안 간에 차이가 없으므로 관련정보가 될 수 없다는 점이다. 위 예제에서 비용항목에서 기계 관련 비용항목은 대안 간에 차이가 없으므로 관련원가가 아니다. 영업을 계속할 경우 2년 동안 총 400억원의 기계감가상각비가 발생하며, 영업을 중단할 경우에는 400억원의 유형자산 처분손실이 발생하므로, 두 대안 간에 비용 차이가 없다. 과거 기계 취득과 관련된 취득원가(1,000억원), 감가상각누계액(600억원), 장부가치(400억원)는 영업중단 여부 의사결정에서 대안 간의 차이에 전혀 영향을 미치지 않는다(단, 기계처분가치가 있는 경우, 그 금액은 미래에 발생할 금액으로서, 대안 간의 차이 요소가 된다. 아래에서 자세히 설명). 이처럼 과거에 발생한 원가로서 향후 어떤 조치를 하더라도 변경할 수 없는 원가를 **매몰원가(비용)(sunk cost)**라고 한다[2]. 손익계산서를 비교하는 방법은 과거에 발생한 매몰원가와 관련된 정보(예 감가상각비)를 포함하지만, 증분분석법은 과거에 발생한 매몰원가를 처음부터 배제한다.

미래에 발생할 수익이나 비용 중에서도 대안 간에 차이가 없는 것은 관련정보가 아니다. 관련정보의 유일한 기준은 대안 간에 차이가 있느냐이다. 현실적으로 관련정보 여부를 판단할 때는 다음과 같은 단계로 판단하면 편리하다.

2 고정원가든 변동원가든 발생한 후에는 그 원가 자체는 모두 매몰원가가 되어 관련원가가 아님에 주의해야 한다.

관련정보 : 대안 간에 차이가 있는 정보(수익, 비용)
제1단계 : 미래에 발생한다. 제2단계 : 대안 간에 차이가 있다.

이제 의사결정 유형별로 구체적인 예제를 이용하여 의사결정을 내리는 방법에 대해 학습해보자.

3. 1회성 특별주문

1) 1회성 특별주문의 관련수익과 관련원가

다음 예제를 통해 1회성 특별주문 상황에서의 의사결정에 대해 학습해보자.

예제 4-2

[1회성 특별주문] ㈜돈마마는 한 가지 종류의 카드지갑을 제조하여 시중에 개당 ₩600에 판매하고 있다. ㈜돈마마는 최근 어떤 회사로부터 회사의 창립기념품으로 카드지갑 2,000개를 개당 ₩420에 공급해 달라는 주문을 받았다. 이 회사는 매년 다른 창립기념품을 종업원들에게 지급하고 있어서 이번 주문이 다음 주문으로 연결될 가능성은 없다. 그리고 이 회사에 대한 카드지갑의 공급가격이 시중 판매량과 판매가격에 영향을 미치지는 않는다.

㈜돈마마의 원가 관련범위(relevant range)는 월 10,000~15,000개이다. ㈜돈마마가 특별주문을 수락하지 않을 경우, 카드지갑의 월 판매량은 평소처럼 12,000개 정도로 예상된다. 모든 원가는 제품 생산량의 변화에 대해 고정원가와 변동원가로 구분되며, 과거 자료를 이용하여 추정하였다. 직접재료원가는 모두 변동원가이며, 나머지 원가는 모두 변동원가와 고정원가로 구성되어 있다. 고정직접노무원가는 월 ₩1,320,000이며, 고정 판매비와관리비는 월 ₩60,000이다. 고정제조간접원가는 공장과 설비의 감가상각비로서 월 ₩1,080,000이다. 제품 단위당 변동원가는 직접재료원가 ₩180, 변동직접노무원가 ₩50, 변동제조간접원가 ₩70, 변동 판매비와관리비 ₩15이다. ㈜돈마마가 카드지갑 주문을 수락해야 하는지 분석해보자.

(예제 계속)

표 4-2 ㈜돈마마 원가자료

(단위 : 원)

[관련범위 : 월 10,000~15,000개]

	단위당	총 액
직접재료원가(변동)	180	
직접노무원가(변동)	50	
직접노무원가(고정)	–	월 1,320,000
제조간접원가(변동)	70	
제조간접원가(고정)	–	월 1,080,000
판매비와관리비(변동)	15	
판매비와관리비(고정)	–	월 60,000

본 예제는 **1회성 특별주문**(one-time-only special orders)에 해당한다. 1회성 특별주문은 주문이 1회로 종료되며, 다른 주문으로 연결될 가능성이 없다. 따라서 추가주문을 유도하기 위해 작은 손해를 보더라도 이번 주문을 수락할지를 검토할 필요가 없다. 그리고 1회성 특별주문에서는 특별주문 공급가격(₩420)이 제품의 기존 시중 판매량과 판매가격(₩600)에 영향을 미치지 않는다. 특별주문 공급으로 인해 다른 판매 채널에 대한 제품 판매가격이 영향을 받을 경우 그 효과를 고려해야 하지만, 1회성 특별주문은 그런 영향이 없는 상황이다.

표 4-3 은 ㈜돈마마가 특별주문을 수락하지 않을 경우와 수락할 경우에 대한 손익계산서 접근법(총액접근법)과 증분분석법(차이분석법)을 나타내고 있다. 손익계산서 접근법을 보면, 모든 수익과 비용을 비교한 결과, 특별주문을 수락하지 않을 경우 영업이익은 ₩960,000이며, 수락할 경우 영업이익은 ₩1,200,000으로서, 특별주문을 수락할 경우 영업이익이 ₩240,000 증가한다는 것을 보여준다.

증분분석법에서는 차이가 있는 항목(관련정보)만 비교한다. 특별주문을 수락할 경우, 매출이 ₩840,000(=420원×2,000개) 증가하고, 직접재료원가 ₩360,000(=180원×2,000개), 변동직접노무원가 ₩100,000(=50원×2,000개), 변동제조간접원가 ₩140,000(=70원×2,000개)이 증가한다.

특별주문을 수락하더라도 총생산량이 관련범위(월 10,000~15,000개) 이내에 있으므로, 고정직접노무원가와 고정제조간접원가는 변하지 않는다. 특별주문 수량은 유휴생산능력(idle production capacity)을 이용하여 생산하기 때문이다.

판매비와관리비에는 고정원가와 변동원가가 있으나, 특별주문을 수락하더라도 비용이 추가로 발생하지 않아 차이가 없다. 차이가 있는 관련정보만 비교한 결과, 특별주문을 수락할 경우 영업이익이

₩240,000 증가한다는 것을 보여준다[3].

표 4-3 1회성 특별주문 수락 여부 의사결정 : 손익계산서와 증분분석법 비교

(단위 : 원)

	I. 손익계산서 비교법			II. 증분분석법		
	특별주문 미수락 (판매 12,000개)		특별주문 수락 (판매 14,000개)	차 이	차이내역 (2,000개)	관련 정보
	단위당	총 액	총 액			
매출	600	7,200,000	8,040,000	840,000	₩420×2,000개	v
매출원가						
직접재료원가(변동)	180	2,160,000	2,520,000	360,000	₩180×2,000개	v
직접노무원가(변동)	50	600,000	700,000	100,000	₩50×2,000개	v
직접노무원가(고정)	110	1,320,000	1,320,000	0		
제조간접원가(변동)	70	840,000	980,000	140,000	₩70×2,000개	v
제조간접원가(고정)	90	1,080,000	1,080,000	0		
매출총이익	100	1,200,000	1,440,000	240,000		
판매비와관리비(변동)	15	180,000	180,000	0		
판매비와관리비(고정)	5	60,000	60,000	0		
영업이익	80	960,000	1,200,000	240,000		

예제에서 특별주문 요청가격 ₩420은 카드지갑의 단위당 원가 총 ₩520(매출원가 ₩500+판매비와관리비 ₩20)보다 적다. 그러나 단위당 원가 ₩520에는 두 대안 간에 차이가 없는 원가들이 포함되어 있다. 본 예제에서 관련원가는 직접재료원가, 변동직접노무원가, 변동제조간접원가 세 항목으로, 합계가 단위당 ₩300으로서 요청가격 ₩420보다 적다. 증분분석법으로 대안을 비교할 때 단위당 원가보다는 총원가를 사용해서 비교하는 것이 좋다. 단위당 원가를 사용할 경우, 고정원가를 마치 변동원가인 것처럼 잘못된 판단을 내릴 수 있기 때문이다.

---

3 예제에서 고정제조원가의 성격에 차이가 있다. 고정직접노무원가는 과거에 발생한 원가가 아니라 미래에 발생할 원가이지만 대안 간에 차이가 없는 원가이기 때문에 관련원가가 아니다. 이에 반해, 고정제조간접원가는 감가상각비로서 과거에 발생한 매몰원가의 회계적 기간 배분으로 발생하는 원가일 뿐으로, 대안 간에 차이가 없으므로 관련원가가 아니다.

2) 고정원가의 의사결정 관련성 여부

모든 유형의 의사결정에서 관련원가(relevant cost) 여부를 판단할 때 주의할 사항은 고정원가(fixed cost)도 관련원가가 될 수 있으며, 변동원가(variable cost)도 관련원가가 아닐 수 있다는 것이다. 예제 4-2에서 판매비와관리비는 변동원가/고정원가 모두 관련원가가 아니다. 판매비와관리비는 특별주문 수락 여부에 따라 차이가 있는 원가가 아니기 때문이다. 고정원가도 대안 간에 차이가 발생하면 관련원가가 된다.

예를 들어, ㈜돈마마는 카드지갑을 생산하기 위해 평소 2교대로 제조인력을 투입하고 있으며(1교대에 월 6,500개 생산), 현재 직접노무원가의 관련범위(relevant range)가 월 6,500~13,000개라고 하자. 기존의 2교대로는 특별주문 수량을 모두 생산할 수 없으므로, 부분적으로 3교대 인력을 투입해야 한다(제조설비의 생산용량(production capacity)은 월 15,000개로서 동일). 3교대 인력을 투입할 경우 고정직접노무원가 ₩300,000이 추가로 발생한다고 하자. 이 경우에는 추가로 발생하는 고정직접노무원가 ₩300,000은 관련원가가 되며, 특별주문을 수락할 경우, 표 4-4와 같이 차액손실이 ₩60,000 발생하므로 주문을 수락하지 않아야 한다. 이처럼, 대안을 비교하는 의사결정에서는 고정원가와 변동원가의 구분이 아니라, 대안 간에 차이가 있는 원가인지, 아닌지에 집중해야 한다.

표 4-4 1회성 특별주문 수락 여부 의사결정 : 고정원가와 관련정보

(단위 : 원)

	관련정보에 대한 차이 비교				
	특별주문 미수락 (판매 12,000개)		특별주문 수락 (판매 14,000개)	차 이	차이내역 (2,000개)
	단위당	총 액	총 액		
매출	600	7,200,000	8,040,000	840,000	₩420×2,000개
직접재료원가(변동)	180	2,160,000	2,520,000	360,000	₩180×2,000개
직접노무원가(변동)	50	600,000	700,000	100,000	₩50×2,000개
직접노무원가(고정)	110	1,320,000	1,620,000	300,000	부분적 3교대
제조간접원가(변동)	70	840,000	980,000	140,000	₩70×2,000개
영업이익				-60,000	

3) 1회성 특별주문이 아닌 경우의 관련원가

마지막으로, 1회성 특별주문이 아닌 다른 상황을 생각해보자. 만약 특별주문이 ㈜돈마마의 기존 판매가격이나 판매량에 부정적인 영향을 미치는 경우에는 두 가지 경우로 구분해서 판단해야 한다.

만약 외부에서 주문한 카드지갑이 ㈜돈마마만이 제조할 수 있는 매우 차별화된 제품인 경우에는 특별주문 수락으로 인해 잃어버리게 될 **공헌이익(contribution margin)**이 있다면, 그 금액은 관련원가에 포함된다. 따라서 특별주문 수락으로 인해 시중 판매량이나 판매가격의 감소가 예상된다면 해당 공헌이익은 관련원가에 포함된다. 예를 들어, 시중 판매량이 500개 감소할 것으로 예상된다면, 500개의 공헌이익 ₩142,500이 관련원가에 포함된다[4].

- 단위당 공헌이익 = 판매가격 − 단위당 변동원가 = ₩600 − ₩(180 + 50 + 70 + 15) = ₩285
- 500개의 공헌이익 = 500개 × 단위당 공헌이익 = 500개 × ₩285 = ₩142,500

이 경우, 500개의 판매량 감소가 예상되더라도 특별주문을 수락하면 여전히 ₩97,500(= ₩240,000 − ₩142,500)(표 4-3)의 증분이익이 발생할 것으로 예상되므로, 주문을 수락하는 것이 좋다.

다른 경우를 생각해보자. 만약 외부에서 주문한 카드지갑이 ㈜돈마마만이 제조할 수 있는 차별화된 제품이 아니어서, ㈜돈마마가 특별주문을 거절할 경우 카드지갑을 주문한 회사가 다른 카드지갑 제조회사에 주문할 수 있다고 해보자. 그 경우에는 특별주문 수락으로 인해 잃어버리게 될 **공헌이익(contribution margin)**이 있더라도 그 금액은 관련원가에 포함되지 않는다. ㈜돈마마가 주문을 수락하든 하지 않든, 기존 판매가격이나 판매량에 영향을 받게 되어 어차피 해당 공헌이익을 잃게 되기 때문이다. 즉, 잃어버리는 공헌이익은 대안 간에 차이가 없다. 이 경우, 위의 예처럼 시중 판매량이 500개 감소할 것으로 예상되는 경우에도 주문수락의 증분이익은 ₩240,000이 된다.

4. 인소싱 vs. 아웃소싱

인소싱 vs. 아웃소싱(insourcing vs. outsourcing) 의사결정은 조직이 필요로 하는 제품(부품)이나 서비스(활동)를 자체적으로 수행할지 외부에 의뢰할지에 관한 것이다. 제조 분야에서는 제품에 필요한 여러 부품 중

4 시중 판매량이 500개 감소하더라도 총생산량이 여전히 고정원가의 관련범위 내에 있으므로 고정원가에 미치는 영향은 고려하지 않아도 된다.

에서 일부 부품을 자체적으로 제조할지 외부에서 구매할지에 관한 **제조 vs. 구매(make or buy)** 의사결정이 이에 속한다.

1) 아웃소싱과 관련원가

인소싱 vs. 아웃소싱 의사결정에는 여러 요인이 고려될 수 있다. 조직의 핵심역량(core competency)에 집중하기 위해, 외부의 핵심 기술이나 능력에 접근하기 위해, 또는 원가절감을 위해 아웃소싱을 할 수 있다. 그러나 아웃소싱은 품질과 공급 일정 등에서 공급업체에 대한 의존성을 심화시키고, 기술적인 통제력을 상실할 우려가 있다는 단점이 있다. 이런 문제를 해결하기 위해 기업은 종종 공급업체와 가격, 품질, 공급 일정 등에 대해 장기계약을 체결한다. 다음 예제를 통해 아웃소싱의 재무적인 타당성을 분석해보자.

예제 4-3

[인소싱 vs. 아웃소싱] 가정용 진공청소기 제조업체인 ㈜나청소는 현재 청소기 구동모터를 자체 제작하여 다른 부품들과 조립하여 청소기를 생산하고 있다. ㈜나청소는 내년에 20,000개의 제품을 생산할 계획이며, 모터를 내부생산할 경우 발생할 것으로 예상되는 회계적 원가는 **표 4-5**와 같다.

㈜나청소는 제조간접원가의 분석과 예측을 위해 활동기준원가계산(ABC)을 사용하고 있다. 제조간접원가에는 모터 생산량에 따라 변하는 변동원가(기계작업활동의 원가), 변하지 않는 고정원가(공장 및 설비 감가상각비, 보험료, 공장관리비), 변동원가와 고정원가 요소가 모두 포함된 혼합원가(기계셋업활동의 원가) 세 가지 유형이 있다. 기계셋업활동의 원가는 고정원가 ₩1,480,000과 셋업횟수에 비례하는 변동원가(셋업 1회당 ₩40)로 구성되어 있다. 배치규모(batch size)는 400개로서, 기계셋업횟수는 총 500회(=20,000개÷400개)이다.

㈜나청소는 최근 외부 모터 제작업체로부터 내년에 20,000개의 모터를 개당 ₩580에 공급해주겠다는 제의를 받았다. 이 제의를 수락해야 할지 분석해보자. 분석을 위해 다음을 가정하자. 현재 모터를 제조하는 데 사용하는 설비는 모터를 외부에서 구입할 경우 모두 유휴설비가 된다. 그리고 모터 외부구입 시, 고정제조간접원가 중에서 모터 제작과 관련된 기계설비의 연간 보험료 ₩900,000은 발생하지 않으며, 이를 제외한 고정제조간접원가는 계속해서 발생한다. 마지막으로, 기계셋업활동의 원가 중에서 고정원가 요소는 기계셋업활동 엔지니어들의 급여로서 모터를 외부에서 구입할 경우 추가적인 비용 없이 해고할 수 있다.

(예제 계속)

표 4-5 내부에서 모터 20,000개 생산 시 내년도 예상원가

(단위 : 원)

	단위당	총 액
직접재료원가(변동)	330	66,000,000
직접노무원가(변동)	180	36,000,000
제조간접원가		
변동원가	50	10,000,000
혼합원가	7.5	1,500,000 (=₩40×500회+₩1,480,000)
고정원가	42.5	8,500,000
총제조원가	610	122,000,000

본 예제는 전형적인 제조 vs. 구매(make or buy) 상황을 보여준다. 표에 나타난 바와 같이, 내부에서 제조할 경우 예상되는 단위당 원가는 ₩610이며, 외부의 제안가격이 ₩580이므로 외부의 제안을 수락하는 것이 유리해 보일 수 있으나, 추가적인 분석이 필요하다.

분석의 핵심은 대안(내부제조, 외부구입) 간에 차이가 있는 관련원가를 찾는 것이다. 직접재료원가와 직접노무원가 및 변동제조간접원가는 외부에서 구입할 경우에는 발생하지 않는 원가이므로 관련원가이다. 혼합제조간접원가는 변동원가는 물론 고정원가 요소도 외부 구입 시에는 발생하지 않을 원가이므로 모두 관련원가에 속한다. 고정제조간접원가의 경우, 공장감가상각비 등은 모터 외부구입 시에도 계속해서 발생하는 원가이므로 관련원가가 아니며, 외부구입 시 줄어드는 보험료 ₩900,000은 관련원가이다. 관련원가에 대한 비교는 표 4-6과 같다. 외부구입 시 관련원가가 ₩1,600,000 더 많으므로, 재무적인 측면으로만 볼 때는 외부구입을 하지 않는 것이 좋다.

표 4-6 인소싱 vs. 아웃소싱 의사결정과 내년도 관련원가

(단위 : 원)

	관련원가 및 차이		
	내부제조(총액)	외부구매(총액)	차 이
직접재료원가	66,000,000		
직접노무원가	36,000,000		

(표 계속)

	관련원가 및 차이		
	내부제조(총액)	외부구매(총액)	차 이
제조간접원가			
변동원가	10,000,000		
혼합원가	1,500,000		
고정원가	900,000		
외부구입원가		116,000,000 (=20,000개×₩580)	
총관련원가	114,400,000	116,000,000	1,600,000

예제에서 직접재료원가, 직접노무원가, 변동 및 혼합제조간접원가 전액과 보험료 중 ₩900,000은 모터의 내부제조를 중단할 경우 발생하지 않을(현금이 절약되는) 원가로서, **회피가능원가**(avoidable cost)라고 한다. 반대로, 보험료 ₩900,000을 제외한 고정제조간접원가는 내부제조를 중단해도 계속 발생하는 회피할 수 없는 원가이므로 **회피불능원가**(unavoidable cost)라고 한다. 회피가능원가는 관련원가에 해당하지만, 회피불능원가는 대안 간에 차이가 없으므로 관련원가가 아니다.

아웃소싱 여부는 부품의 제조에만 국한되지 않는다. 일반관리활동 중에 유지보수, 데이터처리, 경비와 보안 등의 기능을 아웃소싱하는 경우가 많으며, 기업 가치사슬활동(제조활동 전체, 제품의 일부 제조, 배송, 고객지원 등) 전체 기능이 아웃소싱 대상이 될 수 있다.

2) 내부생산 중단 여부 의사결정에서 고정원가의 세 가지 유형

영업중단(예제 4-1), 아웃소싱(예제 4-3) 등의 사유로 내부생산을 중단하는 대안과 내부생산을 계속하는 대안을 비교할 때, 고정원가가 관련원가인지 아닌지에 대해 좀 더 살펴보자. 기본적으로, 고정원가는 회피불능원가나 매몰원가와 상관이 없는 다른 개념이다. 단지, 관련범위 내에서 생산량 변화에 따라 변하지 않는 원가일 뿐이다.

일반적으로 변동원가는 내부생산 중단 시에는 회피가 가능한 원가이므로 내부생산 중단 여부 의사결정에서 관련원가이다. 그러나 고정원가는 종류별로 다르다. 고정원가라고 해서 모두 매몰원가는 아니다.

내부생산 중단 여부 의사결정에서 고정원가는 세 가지 유형으로 구분할 수 있다(표 4-7). 유형 1은 매몰원가로서 관련원가가 아니다. 모든 매몰원가는 모든 의사결정에서 관련원가가 될 수 없다. 어떤 의사결정을 내려도 변하지 않는 원가이기 때문이다. 예제 4-3에서 공장 및 설비 감각상각비가 이에 속한다.

비매몰원가(미래에 발생할 원가)는 관련원가가 될 수도 있고, 비관련원가가 될 수도 있다. 유형 2는 비매몰원가로서 관련원가인 경우이며, 유형 3은 비매몰원가이지만 비관련원가인 경우이다. 유형 2에 속하는 고정원가의 예로는 내부생산을 중단하면 해고할 수 있는 감독관의 급여가 있으며, 예제 4-3에서 기계셋업 엔지니어들의 급여 및 고정제조간접원가 중에 모터제조 설비와 관련된 보험료 ₩900,000이 이에 해당한다. 유형 3에 속하는 고정원가의 예로는 내부생산을 중단해도 해고되지 않는 공장장의 급여가 있으며, 예제 4-3에서는 공장관리비가 이에 해당한다.

표 4-7 내부생산 중단 여부 의사결정에서 고정원가의 세 가지 유형 [예제 4-3의 고정원가]

	매몰원가	비매몰원가
관련원가	–	**유형 2(회피가능원가)** [기계셋업 엔지니어들의 급여, 모터 제조설비 보험료 ₩900,000]
비관련원가	**유형 1(회피불능원가)** [공장 및 설비 감각상각비]	**유형 3(회피불능원가)** [공장관리비]

3) 공장 건설 전의 아웃소싱 여부 결정

인소싱 vs. 아웃소싱 의사결정은 공장 건설 전에 내려야 하는 경우도 있고, 이미 공장을 건설하고 생산하는 과정에서 내려야 하는 경우도 있다. 우리는 위 예제에서 후자의 경우를 살펴보았다. 만약, ㈜나청소가 진공청소기 생산 공장을 건설하기 전에 모터를 내부제작해야 할지 외부구입해야 할지를 결정해야 하는 상황이라면, 관련원가의 범위가 달라진다.

㈜나청소의 고정제조간접원가 ₩8,500,000에는 공장 및 설비 감가상각비, 보험료, 공장관리비가 포함되어 있다. 공장을 건설하기 전 단계에 있다면, 모터를 아웃소싱할 경우 공장의 규모가 작아질 수 있고, 모터제조 설비를 구입하지 않을 것이다. 따라서 공장 건설비용 절감액과 모터제조 설비 취득원가 및 공장관리비 절감액이 관련원가에 포함된다. 다만, 공장 건설과 모터제조 설비 취득은 1년이 아닌 장기간 영향을 미치므로, 지금까지와는 좀 다른 분석이 필요하다. 이에 대해서는 보론의 자본예산 편성에서 설명한다.

5. 의사결정에서 기회비용의 반영

희소한 자원(limited resource)을 특정 용도에 사용하면, 그것을 다른 용도에 사용하여 이익을 벌 기회를 잃어버리게 된다. 이때 잃어버린 이익을 **기회비용(opportunity cost)**이라고 한다. 즉, 기회비용은 희소자원을 다른 (차선의) 대안에 사용하지 못함으로써 잃어버린 이익(profit)이다[5].

예를 들어, 고등학교를 졸업하고 대학에 진학하는 경우, 대학 진학의 기회비용은 대학에 진학하는 대신 다른 일을 해서 벌 수 있는 이익이다. 만약 차선의 대안이 창업이라면 대학재학 기간에 창업을 통해 벌 수 있는 이익이 기회비용이다. 만약 돈을 벌 수 있는 다른 대안이 없다면 대학 진학의 기회비용은 '0'이다. 여기서 희소자원은 시간이다[6].

지금까지 우리는 내부 제조설비를 사용하는 데 대한 기회비용이 없는 것으로 가정하였다. 예제 4-1 영업중단 여부 의사결정에서는 현재 사용하고 있는 기계의 처분가치를 '0'이라고 가정하였다(기계의 다른 용도가 없음). 예제 4-2 1회성 특별주문 의사결정에서는 특별주문 수량을 생산하기 위해 기존 유휴설비를 사용하게 되며(유휴설비의 다른 용도가 없음), 예제 4-3 아웃소싱 여부에 관한 의사결정에서는 모터를 외부에서 구입하는 경우, 현재 모터제조에 사용하고 있는 설비는 유휴설비가 된다고 가정하였다(모터 제조설비는 현 청소기 제품의 모터제조 외에 다른 용도가 없음). 그러나 기회비용이 있는 경우에는 의사결정에 이를 반영해야 한다. 다음 예제를 통해 학습해보자.

예제 4-4

[기회비용이 있을 때 아웃소싱 여부] 예제 4-3에서 ㈜나청소가 모터를 외부에서 구입할 경우, 현재 진공청소기 모터의 제조에 사용하고 있는 설비를 활용해서 매년 선풍기 모터 80,000개를 제조해서 개당 ₩380에 판매할 수 있다고 하자(원가자료는 표 4-8에 제시하였다.). 어떤 의사결정을 해야 할지 분석해보자.

모터 제조설비를 청소기 모터제조에 사용하지 않으면 선풍기 모터를 제조하여 판매할 수 있으므로, 현재 청소기 모터제조에 따른 기회비용이 발생한다. 이 기회비용은 모터제조 시설이 유휴설비로 남아 있는 경우에 비해 선풍기 모터를 제작해서 판매하는 경우에 벌게 될 증분이익과 같다.

---

5 기회비용은 금전적 가치에 국한되지 않는다. 즐거움, 효용 등 비금전적인 모든 효익(benefit)도 포함된다.

6 재고자산에도 그 금액을 차선의 대안에 투자할 경우 벌 수 있는 기회비용(예 은행이자)이 있다. 이에 대해서는 제9장 재고관리에서 학습한다.

표 4-8은 선풍기 모터 제작과 판매에 대한 증분분석 결과를 나타낸 것이다. 증분이익은 증분수익에서 증분원가를 차감하여 계산한다.

표 4-8 기회비용 : 선풍기 모터 제작판매의 연간 관련 손익

(수량 80,000개, 가격 ₩380)

	총액(원)	내 역
매출(증분)	30,400,000	80,000개×₩380
매출원가(증분)		
직접재료원가	16,000,000	80,000개×₩200
직접노무원가	8,000,000	80,000개×₩100
제조간접원가		
변동원가	2,400,000	80,000개×₩30
혼합원가	400,000	₩30×셋업 250회+₩392,500
고정원가	900,000	모터제조 설비 보험료
매출총이익(증분)	2,700,000	

표에서 제조간접원가의 내역을 자세히 살펴보자. 제조간접원가도 모터제조 시설을 유휴로 남겨두는 경우와 선풍기 모터를 제작하는 경우를 비교해서 추가로 발생하는 증분원가이다. 변동제조간접원가는 기계작업활동의 원가이며, 고정제조간접원가는 선풍기 모터 제조로 인해 발생하는 모터제조 설비의 보험료이다. 설비를 선풍기 모터제조에 사용할 경우 청소기 모터제조에 발생하는 설비 보험료만큼 보험료가 발생하는 것으로 이해하면 된다. 나머지 고정제조간접원가(공장 및 설비 감가상각비, 공장관리비)는 선풍기 모터제조의 증분원가가 아니다. 혼합제조간접원가는 기계셋업활동의 원가로서, 고정원가 ₩392,500과 셋업횟수에 비례하는 변동원가(셋업 1회당 ₩30)로 구성되어 있으며, 기계셋업횟수는 총 250회로 가정하였다.

분석결과, 기존 모터 제조설비를 유휴설비로 두는 경우와 비교하여 선풍기 모터를 제조할 경우 증분이익(incremental profit)이 ₩2,700,000 발생한다. 이 금액은 모터제조 설비를 진공청소기 모터가 아닌 선풍기 모터를 제조할 경우 벌 수 있는 이익이므로, 진공청소기 모터를 내부에서 생산하는 데 따른 기회비용이다.

이제 ㈜나청소의 두 대안의 관련원가를 정리하면 표 4-9와 같다. 진공청소기 모터를 내부에서 제조하는 대안의 총관련원가가 외부구입 대안의 총관련원가보다 ₩1,100,000 더 많다. 따라서 진공청소기 모터를 외부에서 구입하고 대신에 선풍기 모터를 생산해서 판매하는 것이 바람직하다(손익계산서 총액기준법으로도 비교해 볼 것).

표 4-9 기회비용이 있을 때 인소싱 vs. 아웃소싱 의사결정과 내년도 관련원가

(단위 : 원)

대 안	관련원가 및 차이		
	진공청소기 모터 내부제조	진공청소기 모터 외부구매	차 이
관련원가	114,400,000	116,000,000	
기회비용	2,700,000	0	
총관련원가	117,100,000	116,000,000	1,100,000

만약 ㈜나청소가 진공청소기 모터를 내부에서 제조하고도 여유설비가 존재하여 선풍기 모터까지도 만들 수 있다면, 진공청소기 모터 내부제조의 기회비용은 '0'이 된다. 진공청소기 모터를 제조한다고 해서 선풍기 모터를 제조해서 벌 수 있는 이익을 포기한 것이 아니기 때문이다. 따라서 진공청소기를 내부에서 제조하고 선풍기 모터도 제조하는 것이 바람직하다.

위에서 선풍기 모터를 제조할 경우 얻게 될 이익(기회비용)은 아직 실제로 발생한 것이 아니므로, 회계적 비용이 아니며 회계장부에도 기록되지 않는다. 따라서 의사결정 시에는 기회비용을 빠뜨리지 않도록 유의해야 한다. 기회비용은 여러 가지 형태로 발생할 수 있다. 예를 들어, 기존의 잉여 설비를 이용하여 신제품 생산을 고려할 때, 신제품 생산에 따른 비용에는 각종 현금지출 비용뿐만 아니라, 신제품 생산으로 인해 기존 제품 생산이 영향을 받게 된다면(예 공정계획의 복잡성 증가로 인한 비용 증가, 생산 일정 지체 등) 그로 인한 공헌이익 손실도 기회비용으로 반영해야 한다(제6장 시간관리 참고).

또한 경영자는 현재 운영하는 사업에 대해서도 회계적 비용 외에 숨겨진 기회비용이 있다는 점을 항상 인식해야 한다. 기회비용을 고려하여 현재 사업 대신 새로운 사업기회를 탐색해야 할 수도 있다.

6. 설비교체

1) 설비교체와 과거원가의 비관련성

설비교체(equipment replacement) 의사결정은 기존 설비를 새로운 설비로 대체할지에 관한 의사결정이다. 다른 의사결정과 마찬가지로 과거에 발생한 원가(매몰원가)는 의사결정에 관련성이 없다. 이를 설비교체 의사결정에 관한 다음 예제를 통해 학습해보자.

예제 4-5

[설비교체] 강남에서 대형 카페를 운영 중인 성환이는 2년 전에 구입한 빙수 제조기를 교체해야 할지 고민하고 있다. 지금 보유하고 있는 빙수 제조기는 새로 나온 제품보다 빙수를 제조하는 데 시간이 더 많이 걸려, 담당 직원 인건비와 전기요금 등 운영비가 더 많이 든다. 빙수 제품의 매출과 빙수 제품의 재료원가, 기타 인건비 등은 기계 교체의 영향을 받지 않는다. 두 기계에 관한 자세한 사항은 표 4-10과 같다. 성환이가 빙수 제조기를 신기계로 교체해야 하는지 분석해보자(화폐의 시간가치와 세금은 고려하지 않는다).

표 4-10 기계교체 : 구기계와 신기계 자료

	구기계	신기계
취득원가(원)	1,800,000	600,000
내용연수(년)	4	2
사용연수(년)	2	0
잔존내용연수(년)	2	2
감가상각누계액(원)(정액상각법)	900,000	
장부가액(원)	900,000	
빙수제조 연간운영비(현금비용)(원)	650,000	250,000
현 처분가치(원)	100,000	
최종 처분가치(2년 뒤)(원)	0	0

표 4-11은 빙수 제조기 교체에 대한 관련원가를 향후 2년간에 대해 **순현금흐름**(net cash flow) 기준으로 비교한 것이다. 앞에서 설명한 바와 같이, 구기계의 취득원가, 감가상각누계액, 장부가액은 과거에 발생한 것(매몰원가와 관련된 항목들임)으로서 두 대안 간에 차이가 없으므로, 증분분석법에서 관련원가에 해당하지 않는다. 연간 운영비(현금)와 신기계 구입가격, 구기계 처분가치만 관련원가이다. 기계 교체 시에는 구기계 처분으로 현금이 유입되므로 이를 차감하여 순현금흐름을 계산하였다. 분석결과, 신기계로 교체하는 것이 ₩300,000 더 유리하다.

표 4-11 순현금흐름 비교법 : 기계교체 관련원가(2년 합계)

(단위 : 원)

	구기계 사용(1)	기계 교체(2)	차 이(3)(=(1)−(2))
빙수제조 운영비(현금비용)	1,300,000	500,000	800,000
신기계 구입		600,000	(600,000)
구기계 처분		(100,000)	100,000
합계	1,300,000	1,000,000	300,000

위의 분석을 **기회비용**(opportunity cost) 개념을 사용하여 표 4-12와 같이 나타낼 수도 있다.

표 4-12 기회비용 접근법 : 기계교체 관련원가(2년 합계)

(단위 : 원)

	구기계 사용(1)	기계 교체(2)	차 이(3)(=(1)−(2))
빙수제조 운영비(현금비용)	1,300,000	500,000	800,000
신기계 구입		600,000	(600,000)
기회비용	100,000	0	100,000
합계	1,400,000	1,100,000	300,000

이제 **손익계산서 접근법**(**또는 총액접근법**)을 사용하여 빙수제조활동의 영업비용(유형자산처분손익 포함)을 비교해보자. 표 4-13에 나타난 바와 같이, 신기계로 교체할 경우 영업비용이 ₩300,000 더 적다. 앞에서 설명한 바와 같이, 회계 손익을 비교하는 손익계산서 비교법과 관련정보를 비교하는 방법의 결과는 항상 같다.

영업비용을 좀 더 자세히 분석해보자. 신기계로 교체할 경우, 구기계 처분손실 ₩800,000이 추가로 발생한다. 여기서 구기계 처분손실 ₩800,000은 구기계 장부가액 ₩900,000에서 처분가치 ₩100,000을 뺀 금액이다. 두 대안을 비교해보면, 구기계 장부가액 ₩900,000은 구기계를 계속 사용할 경우에는 2년에 걸쳐 감가상각비 형태로 소멸하고, 신기계로 교체할 경우 처분 시점(1차 연도)에 즉시 소멸한다. 구기계의 처분가치 ₩100,000은 미래에 발생할 항목으로서 두 대안 간에 차이가 있는 관련정보이다. 반면에, 과거에 발생한 구기계의 취득원가, 감가상각누계액, 장부가액 등은 회계 손익 비교에서도 의사결정에서 관련성이 없다는 것을 확인할 수 있다.

표 4-13 손익계산서 비용 비교(2년 합계)

(단위 : 원)

	구기계 사용	기계 교체	비 고	
빙수제조 영업비용				
빙수제조 운영비(현금비용)	1,300,000	500,000		
감가상각비(구기계)	900,000			
유형자산처분손실		800,000	900,000	구기계 장부가액
			(100,000)	구기계 처분가치
감가상각비(신기계)		600,000		
합계	2,200,000	1,900,000		

위의 예제에서 만약 성환이가 4년 전에 내용연수 6년인 기계를 ₩6,000,000에 취득했으며, 구기계의 현 처분가치와 연간운영비(현금비용)는 같다고 하자. 구기계 취득원가가 ₩1,800,000에서 ₩6,000,000으로 3배 이상 많은 것이 대안 선택에 영향을 미치는지 확인해보자. 구기계에 관한 구체적인 사항은 표 4-14와 같다고 하자. 이제 구기계를 처분할 경우 처분손실은 ₩1,900,000(= 장부가액 ₩2,000,000 − 처분가치 ₩100,000)으로 증가한다.

표 4-14 기계교체 : 구기계 자료

[구기계 취득원가 ₩6,000,000]

	구기계
취득원가(원)	6,000,000
내용연수(년)	6
사용연수(년)	4
잔존내용연수(년)	2
감가상각누계액(원)(정액상각법)	4,000,000
장부가액(원)	2,000,000

(표 계속)

	구기계
빙수제조 연간운영비(현금비용)(원)	650,000
현 처분가치(원)	100,000
최종 처분가치(2년 뒤)(원)	0

표 4-15는 구기계 취득원가가 ₩6,000,000일 때 손익계산서의 비용을 비교한 것이다. 구기계 취득원가가 ₩1,800,000에서 ₩6,000,000으로 증가함에 따라 구기계 처분손실이 ₩800,000에서 ₩1,900,000으로 증가하지만, 두 대안의 영업비용 차이는 여전히 ₩300,000으로 변함이 없다. 의사결정에 관련이 있는 구기계의 연간 운영비(현금비용)와 처분가치가 변함없기 때문이다.

표 4-15 손익계산서 비용 비교(2년 합계)

[구기계 취득원가 ₩6,000,000]

(단위 : 원)

	구기계 사용	기계 교체	비 고	
빙수제조 영업비용				
빙수제조 운영비(현금비용)	1,300,000	500,000		
감가상각비(구기계)	2,000,000			
유형자산처분손실		1,900,000	2,000,000	구기계 장부가액
			(100,000)	구기계 처분가치
감가상각비(신기계)		600,000		
합계	3,300,000	3,000,000		

2) 설비교체 의사결정에서 부문 경영자의 유인

설비교체 의사결정에서 설비를 교체하는 것이 회사에 유리한 경우에도 부문 경영자는 설비교체를 망설일 수 있다. 잔여 내용연수 2년 전체를 기준으로 보면, 설비를 교체하는 것이 하지 않는 경우보다 영업이익이 더 많지만, 표 4-16에 나타난 바와 같이 1차 연도에는 설비를 교체하지 않는 것이 **영업이익**이 더 많다. 설비교체로 인한 유형자산 처분손실이 1차 연도에 발생하기 때문이다.

부문 경영자가 기간 단위(예 연도별)로 영업이익 기준으로 성과평가를 받을 경우, 1차 연도에는 구기계를 사용하는 것보다 기계를 교체할 경우 영업이익이 더 작으므로 설비교체를 망설일 가능성이 있다.

부문 경영자의 보직이 조만간 다른 부문으로 변경될 가능성이 있거나, 구기계의 취득원가(장부가액)가 매우 높아 처분손실이 매우 크거나, 구기계를 취득한 후 시간이 얼마 지나지 않아 기계 교체에 대한 책임론이 대두될 가능성이 있는 경우에는 기계를 교체할 가능성은 더욱 낮아진다. 관리자의 성과평가와 보상에 관해서는 제14장에서 자세히 설명한다.

표 4-16 기계교체 연도별 영업비용

(단위 : 원)

	영업비용(1차 연도)		영업비용(2차 연도)	
	구기계 사용	기계 교체	구기계 사용	기계 교체
빙수제조 영업비용				
빙수제조 운영비(현금비용)	650,000	250,000	650,000	250,000
감가상각비(구기계)	450,000		450,000	
유형자산처분손실		800,000		
감가상각비(신기계)		300,000		300,000
합계	1,100,000	1,350,000	1,100,000	550,000

7. 지점(부문, 고객)의 신설, 추가, 폐지

회사의 단위조직(지점, 부문 등)을 신설하거나 폐지할지 또는 도매고객을 새로 추가하거나 기존 고객과의 관계를 단절할지에 관한 의사결정에 대해 학습해보자. 여기서도 관련정보의 개념은 앞에서 설명한 바와 전혀 차이가 없다. 여기에서는 의사결정에서 원가배분의 영향을 어떻게 고려해야 하는지에 대해 중점적으로 학습한다. 다음 예제를 통해 학습해보자.

예제 4-6

[단위조직의 폐지] 서울 강남구에 있는 ㈜전자마트는 빌딩 하나를 임대하여 여러 제조회사로부터 구매한 전자제품을 일반 소비자들에게 판매하고 있다. 회사 조직은 크게 관리본부와 마케팅본부로 구성되어 있으며, 마케팅본부에는 영업을 총괄하는 영업총괄팀과 판매조직인 노트북팀, 휴대전화기팀, 게임기팀이 있다.

(예제 계속)

작년도 회사 전체의 수익과 비용을 판매조직별로 나타낸 손익계산서는 표 4-17과 같다. 회사의 경영진은 회사의 영업이익률이 2.7%(=₩346,000÷₩12,700,000)로 매우 낮아, 최근 수년 동안 연속해서 적자를 나타내고 있는 게임기팀의 폐지를 검토하고 있다.

손익계산서에서 매출원가는 상품의 원가로서 변동원가이다. 판매팀별 손익계산서에서 관리본부의 관리비는 세 팀의 매출액 비율로 배분하였으며, 게임기팀 폐지와 무관하게 발생하는 고정원가이다. 마케팅본부 영업총괄팀 비용도 세 팀의 매출액 비율로 배분하였으며, 게임기팀 폐지 시 일부 인력 감축을 통해 인건비 ₩35,000을 절약할 수 있다. 고객응대 및 판매 비용은 해당 팀의 직접원가로서 모두 회피가능원가이다. 건물임대료는 상품 전시 매장의 공간점유 비율로 배분하였으며, 매장은 현재 판매하고 있는 제품의 전시 외에는 다른 용도가 없다. 게임기팀 폐지 여부를 검토해보자.

표 4-17 (주)전자마트의 제품라인(팀)별 손익계산서(1년)

(단위 : 원)

	제품 판매팀				
	노트북팀	휴대전화기팀	게임기팀	합 계	비 고
매출	5,500,000	4,800,000	2,400,000	12,700,000	
매출원가	3,300,000	2,900,000	1,800,000	8,000,000	변동원가
관리본부 관리비	275,000	240,000	120,000	635,000	매출액 비율 배분
영업총괄팀비용	385,000	336,000	168,000	889,000	매출액 비율 배분
고객응대 및 판매 비용	750,000	530,000	310,000	1,590,000	팀 직접원가
건물임대료	630,000	310,000	300,000	1,240,000	공간점유비율 배분
비용합계	5,340,000	4,316,000	2,698,000	12,354,000	
영업이익	160,000	484,000	−298,000	346,000	

게임기팀 폐지의 영향은 표 4-18과 같다. 게임기팀의 비용 중 관리본부 관리비와 건물임대료는 ㈜전자마트의 관리본부 관리비와 건물임대료를 배분받은 것으로, 게임기팀이 폐지되더라도 계속 발생하는 회피불가능한 원가이다. 영업총괄팀 비용 중에서는 ₩35,000만 회피가능원가이다. 따라서 관련정보(수익, 원가)를 검토한 결과, 게임기팀을 폐지하면 회사 전체적으로 영업이익이 오히려 ₩255,000 감소한다는 것을 알 수 있다. 본 예제에서는 게임기, 노트북, 휴대전화기 판매 간에 시너지가 없다고 가정하였으나, 만

약 시너지가 있다면, 게임기팀 폐지 시에는 노트북과 휴대전화기 판매까지 감소할 수 있어서, 회사의 영업이익이 더 많이 감소할 수 있다.

표 4-18 게임기팀 관련정보(게임기팀 폐지 영향)(1년)

(단위 : 원)

	게임기팀	비 고
매출	(2,400,000)	
매출원가	1,800,000	
관리본부 관리비	0	
영업총괄팀비용	35,000	영업총괄팀 인력감축
고객응대 및 판매 비용	310,000	
건물임대료	0	
비용합계	2,145,000	
영업이익	(255,000)	

게임기팀 폐지 후, 노트북팀과 휴대전화기팀만 남게 될 경우, ㈜전자마트의 예상 손익을 살펴보자. 게임기팀 폐지 전에는 영업이익이 ₩346,000이었으나, 게임기팀 폐지 시에 영업이익이 ₩255,000 감소하게 되어, 표 4-19에 나타난 바와 같이 회사 전체의 영업이익은 ₩91,000(=₩346,000−₩255,000)이 된다. 관리본부의 관리비와 건물임대료 전액 및 영업총괄팀 비용 중 회피가능한 ₩35,000을 제외한 ₩854,000은 계속 발생하는 원가로서, 노트북팀과 휴대전화기팀에 단순히 배분될 뿐이다. 이로 인해 나머지 두 팀의 영업이익은 이전보다 더 감소하게 되며, 노트북팀의 영업이익은 −₩7,233으로 적자를 나타내게 된다. 이제 노트북팀도 폐지할 것인가?

표 4-19 게임기팀 폐지 시 나머지 두 팀 손익(1년)

(단위 : 원)

	노트북팀	휴대전화기팀	두 팀 합계	비 고
매출	5,500,000	4,800,000	10,300,000	
매출원가	3,300,000	2,900,000	6,200,000	
관리본부 관리비	339,078	295,922	635,000	
영업총괄팀비용	456,019	397,981	854,000	영업총괄팀 ₩35,000 절감

(표 계속)

	노트북팀	휴대전화기팀	두 팀 합계	비 고
고객응대 및 판매 비용	750,000	530,000	1,280,000	
건물임대료	662,136	577,864	1,240,000	
비용합계	5,507,233	4,701,767	10,209,000	
영업이익	−7,233	98,233	91,000	

본 예제는 단위조직의 폐지와 관련된 의사결정으로, 단위조직별로 배분된 원가의 영향을 분석하는 방법에 대해 학습하였다. 마찬가지로 특정 도매고객(유통채널 고객)과의 단절 여부 결정 시에도 배부된 판매비와관리비에 대해 회피가능성을 기준으로 분석하면 된다(도매고객의 수익성 분석과 관리방법은 제12장 참고). 단위조직의 신설과 도매고객의 추가 여부에 관한 의사결정 시에도 기존에 발생하던 **공통원가의 배분액**은 영향이 없으며, 신설(추가)로 인해 발생하는 증분수익과 증분원가만 고려하면 된다.

8. 의사결정, 전략적 원가관리, 장기적 관점

우리는 위에서 단기적 맥락에서 관련원가와 관련수익 기준으로 의사결정을 내리는 방법에 대해 학습했다. 그러나 의사결정에서 단기적 관점의 **관련원가**(relevant cost)에 과다하게 집중하여, 장기적으로 기업 경쟁력에 중요한 영향을 미치는 요소들을 간과하는 위험에 빠지지 않도록 주의해야 한다.

예를 들어, 공정 구축에 관한 의사결정 시에 원가절감을 위해 대량생산에 적합한 제조공정을 구축하는 경우, 다양한 형태의 제품을 소량으로 주문하는 고객의 요구에 효과적으로 대응하기 어려워질 수도 있다.

원가절감을 위해 부품을 아웃소싱할 경우에도 제품의 품질과 신뢰성이 저하되어 기업의 장기적인 경쟁력이 저하될 수도 있다[7]. 이런 문제점을 보완하기 위해서는 **균형성과표**(BSC)를 이용하여 경영관리자의 성과지표에 장기적·전략적 요소를 적절히 반영할 필요가 있다(제6장 참고).

특별주문에 대한 의사결정 시에도 장기적인 영향에 주의해야 한다. 일반적으로 특별주문은 해당 주문이 1회성인지 아닌지 판단하기 어려운 경우가 많다. 이때 단기적 관점에서 잉여설비를 활용하기 위해

---

7 2023~2024년에 자주 발생한 보잉사 제조 항공기의 사고와 관련된 결함이 부품의 과도한 아웃소싱에 따른 품질문제에서 비롯되었다는 지적이 있다. https://biz.chosun.com/international/international_general/2024/01/14/PSUDSJLUDJEE5KTLOGWSP74RNM/.

고객이 제안한 가격(잉여설비의 고정원가를 회수하기에 충분하지 않은 수준)을 습관적으로 수용할 경우 기업의 장기적 수익성은 크게 훼손될 수 있다.

관련원가의 정의는 **의사결정의 시계**(time horizon)와 관련되어 있다. 단기적으로 회피불가능한 고정원가도 시간이 경과함에 따라 회피가능성이 증가할 수 있다. 공장과 설비의 임대료와 감가상각비는 장기적으로 공장규모의 축소, 설비의 처분 등을 통해 상당 부분 회피할 수 있으며, 단기적으로 해고가 불가능한 인력의 인건비도 장기적으로는 계약기간 종료나 구조조정으로 회피할 수 있다. 따라서 장기적 관점의 의사결정에서는 대부분의 고정원가도 관련원가에 포함되어야 한다.

관련하여, **활동기준원가계산**(ABC)에서는 고정원가를 배부할 때 단기적인 회피가능성 여부를 고려하지 않는다. 활동기준원가계산은 고정원가에도 원가동인(cost driver)이 있으며, 원가동인의 사용량이 증가(감소)함에 따라 고정원가도 장기적으로 증가(감소)한다는 관점을 가지고 있다. 따라서 활동기준원가계산(ABC)이 제공하는 제품원가 정보는 장기적 관점의 의사결정에 적합한 원가정보이다.

9. 단기 의사결정과 관련정보 마무리

본 장에서는 단기 의사결정(short-run decision-making)에서 손익계산서 접근법과 증분분석법을 사용하는 방법을 학습하였다. 발생주의 회계에 의한 손익계산서 접근법과 미래에 발생할 관련정보에 집중하여 현금흐름을 분석하는 증분분석법은 화폐의 시간가치를 고려하지 않을 경우, 분석대상 기간 전체에 대해서 같은 분석결과를 제시한다.

증분분석법은 여러 해에 걸친 현금 유출입에 대해 화폐의 시간가치를 고려해야 하는 자본예산 편성에도 사용할 수 있다. 그러나 손익계산서 접근법은 실제 현금흐름과 비용인식 시점의 차이로 인해 자본예산 편성에는 사용하기에 적합하지 않다.

보론에서는 증분분석법을 사용하여 화폐의 시간가치와 세금효과를 고려한 자본예산 편성방법에 대해 학습한다.

[보론] 자본예산 편성 의사결정과 관련 현금흐름

우리는 앞에서 대상 기간이 1년 이하인(2년인 경우에는 화폐의 시간가치 무시) 단기 의사결정(short-run decision-making)에 대해 학습하였다. 본 보론에서는 대상 기간이 1년을 초과하는 장기 의사결정의 일종인 자본예산 편성에 대해 학습한다. **자본예산 편성**(capital budgeting)은 1년을 초과하는 장기간에 걸쳐 현금흐름이 발생하는 투자안에 대한 **경제성 분석** 과정이다. 자본예산 편성은 다음과 같은 단계로 실시한다.

- 제1단계 : 대상 기간에 걸쳐, 관련 현금흐름(relevant cash flow)을 파악하여 정리한다.
- 제2단계 : 자본예산 편성방법을 사용하여 투자안의 경제성을 평가한다.

투자안의 경제성을 분석하는 대표적인 방법으로는 **순현재가치(NPV, Net Present Value)법**, **내부수익률(IRR, Internal Rate of Return)법**, **회수기간(Payback)법**이 있으며, 회계이익을 사용하여 평가하는 **회계이익률법**이 있다. 순현재가치법과 내부수익률법은 현금흐름의 현재가치를 고려하여 계산하는 방법으로서 **현금흐름할인법**(DCF, Discounted Cash Flow)을 사용한다. 현금흐름할인법과 회수기간법은 발생주의 회계(accrual accounting)에 의한 회계적 비용과 수익 대신에 현금 유출입을 사용하여 분석한다.

자본예산 편성에서 관리회계의 기본적인 역할은 **관련 현금흐름**(relevant cash flow)을 올바로 파악하는 것이다. 관련 현금흐름은 대안 간의 현금흐름 차이로서, 본문에서 설명한 관련수익, 관련원가 개념과 동일하다. 자본예산 편성 시에는 일반적으로 세금효과를 고려해서 계산한다. 예제를 이용하여 관련 현금흐름을 파악하는 방법과 투자안의 경제성을 분석하는 방법을 학습해보자.

예제(보론) 4-1

㈜표선은 최근의 시장 변화에 대응하여 제품의 모델을 모델 X에서 모델 Y로 변경하는 것을 검토하고 있다. 모델 Y는 프리미엄 가격을 받을 수 있어서 모델 X를 판매할 때보다 세전 영업현금흐름(cash flow from operation)의 유입이 연간 ₩400,000 증가할 것으로 예상된다. 그러나 모델 Y를 생산하기 위해서는 구기계를 처분하고 새 기계를 구입해야 한다. 기계와 관련된 자료는 표(보론) 4-1과 같다.

(예제 계속)

표(보론) 4-1 구기계와 신기계 비교

(단위 : 원)

	구기계	신기계
구입가격	1,200,000	1,600,000
현 장부가액	600,000	–
현 처분가액	150,000	–
5년 뒤 최종 처분가치	0	100,000
연간 감가상각비(정액법)	120,000	300,000
운전자본 필요액	20,000	60,000

* 구기계의 내용연수는 10년으로 5년 전에 구입하였다. 신기계의 내용연수는 5년이다.

구기계의 잔존 내용연수는 신기계와 마찬가지로 5년이다. 신기계는 각종 소모품과 부품 및 매출채권 등의 형태로 구기계보다 **운전자본**(working capital)을 더 많이 요구한다[8]. 모든 운전자본은 기계사용이 종료되는 시점에 모두 회수된다. 편의상 모든 현금흐름은 기말에 발생하는 것으로 가정한다.

㈜표선은 매년 상당한 수준의 이익을 내고 있으며, 과세목적으로 정액법을 사용하여 감가상각을 실시하고 있다. 법인세율은 40%이며, 자산처분 관련 손익에 대한 세율은 일반 영업이익에 대한 세율과 같다. 기계대체에 대한 **필수수익률**(RRR, Required Rate of Return)은 8%이다. ㈜표선이 기계를 대체하고 모델 Y를 생산해야 할지 분석해보자.

1. 연도별 관련 현금흐름 정리

제1단계 작업으로, 모델 Y 생산 시, 기말 시점 기준으로 향후 5년간의 관련 현금흐름(relevant cash flow)을 표(보론) 4-2와 같이 정리한다. 0년도 말은 현재 시점을 의미한다. 두 대안은 모델 X를 생산하는 것과 모델 Y를 생산하는 것으로, 관련 현금흐름은 모델 X를 생산하는 경우에 비해 모델 Y를 생산할 경우의 차액으로서, **증분 현금흐름**(incremental cash flow)이다.

8 운전자본은 유동자산에서 유동부채를 차감한 것으로, 매출이 증가하면 운전자본 규모도 증가하는 경향이 있다.

표(보론) 4-2 모델 Y 생산의 기말 관련 현금흐름

	0	1	2	3	4	5
(1) 신기계 구입	(1,600,000)					
(2) 운전자본투자	(40,000)					
(3) 구기계 처분 현금효과(세후)	330,000					
(4) 순초기투자(=(1)+(2)-(3))	(1,310,000)					
(5) 연간 영업현금흐름(세후)		312,000	312,000	312,000	312,000	312,000
(6) 기계 최종처분 현금흐름(세후)						100,000
(7) 운전자본투자 회수						40,000
(8) 총 관련 현금흐름	(1,310,000)	312,000	312,000	312,000	312,000	452,000

표의 항목들을 자세히 살펴보자. 표에서 (2) 운전자본투자 ₩40,000은 신기계를 사용할 경우 증가하는 운전자본 규모(₩60,000 – ₩20,000)이다. 표에서 (3) 구기계 처분 현금효과는 기계처분 손실에 대한 세금절감 효과를 포함하여 표(보론) 4-3과 같이 계산한다.

표(보론) 4-3 구기계 처분 현금효과(세후)

(단위 : 원)

(1) 구기계 현 처분가격	150,000
(2) 구기계 장부가격	600,000
(3) 처분손실(=(2)–(1))	450,000
(4) 처분손실 세금절감(=(3)x40%)	180,000
(5) 구기계 처분 현금유입 효과(세후)(=(1)+(4))	330,000

표(보론) 4-2 (5) 연간 영업현금흐름(현금 수익 – 현금지출 영업비용)도 증분 현금흐름을 사용하여 표(보론) 4-4와 같이 계산한다. 일반적으로, 연간 영업현금흐름의 추가 유입은 매출 증가 또는 영업비용의 감소에 따른 것일 수 있다.

표(보론) 4-4 연간 영업현금흐름

(단위 : 원)

(1) 신기계 영업현금흐름 증가(세전)	400,000
(2) 세금 증가(=(1)x40%)	160,000
(3) 감가상각비 증가(=₩300,000−₩120,000)	180,000
(4) 감가상각비 증가의 세금절감 효과(=(3)x40%)	72,000
(5) 연간 영업현금흐름(세후)(=(1)−(2)+(4))	312,000

표(보론) 4-2 (6) 기계 최종처분 현금흐름도 구기계와 신기계의 현금흐름 차이로서, 표(보론) 4-5와 같이 계산한다. 구기계의 최종처분가치(여기서 ₩0)는 처분시점의 장부가액(여기서 ₩0)과 같으므로, 처분손익이 발생하지 않으며, 세금효과도 발생하지 않는다. 신기계의 경우에도 최종처분가치(여기서 ₩100,000)와 처분시점의 장부가액(여기서 ₩100,000)이 같아 처분손익이 발생하지 않으며, 세금효과도 발생하지 않는다. 따라서 최종처분과 관련된 구기계와 신기계의 현금흐름 차이는 두 기계의 최종처분가치 차이뿐이며, 여기서 ₩100,000이다.

표(보론) 4-5 5년 후 기계 최종처분 현금흐름 차이

(단위 : 원)

	구기계	신기계	차 이
(1) 기계처분가치	0	100,000	
(2) 처분시점의 기계장부가액	0	100,000	
(3) 기계처분손익(=(2)−(1))	0	0	
(4) 기계처분손익의 세금효과(=(3)x40%)	0	0	
(5) 처분시점의 기계 현금흐름(세후)(=(1)+(4))	0	100,000	100,000

표(보론) 4-2 (7) 운전자본투자 회수는 5년 후 구기계와 신기계의 운전자본 회수금액의 차액으로, 표(보론) 4-2 (2) 운전자본투자와 같은 금액이다. 투자기간이 종료되면 재고자산이나 매출채권, 매입채무 등이 필요 없어지고 현금으로 청산된다. 따라서 구기계를 계속 사용할 시에 회수하게 될 운전자본 ₩20,000과 신기계를 사용할 시에 회수하게 될 운전자본 ₩60,000의 차이인 ₩40,000이 관련 현금흐름이 되는 것이다.

새로운 투자로 소모품 등 필요한 운전자본 규모가 줄어드는 경우도 있다. 그 경우에는 그 차액만큼 0년도 말에 관련 현금흐름이 유입되는 효과가 발생하고, 투자기간 종료 시점에는 회수되는 운전자본의 규모가 감소하므로 현금흐름이 유출되는 효과가 발생한다.

이제 제2단계로 자본예산 편성방법을 사용하여 대안의 경제성을 평가해보자.

2. 순현재가치(NPV)법

순현재가치법에서는 투자안의 순현재가치가 양(+)인 경우 투자안을 수용한다. 투자안의 필수수익률을 현금흐름의 할인율로 사용한다. 필수수익률이 8%인 경우, 현금흐름의 순현재가치(NPV)는 표(보론) 4-6과 같이 ₩33,200으로 계산된다. 순현재가치가 양(+)이므로 신기계를 구입하여 새로운 제품인 모델 Y를 생산하는 투자안을 선택한다.

표(보론) 4-6 연도말 현금흐름의 현재가치(할인율 8%)

(단위 : 원)

연도말	0	1	2	3	4	5
연도말 총 관련 현금흐름	−1,310,000	312,000	312,000	312,000	312,000	452,000
₩1의 현재가치(8%)	1	0.93	0.86	0.79	0.74	0.68
연도말 현금흐름의 현재가치	−1,310,000	290,160	268,320	246,480	230,880	307,360
현금흐름 총현재가치(NPV)	33,200					

3. 내부수익률(IRR)법

내부수익률법에서는 투자안의 내부수익률(IRR)이 필수수익률(RRR)보다 더 높으면 투자안을 수용한다. 내부수익률은 현금흐름의 순현재가치(NPV)가 '0'이 되는 할인율이다. 먼저 9%의 할인율을 적용하여 모델 Y의 현금흐름의 순현재가치를 계산하면 표(보론) 4-7과 같이 −₩5,320이다. 8%의 할인율을 적용할 경우 순현재가치는 양(+)의 값이지만, 9%의 할인율을 적용하면 순현재가치가 음(-)의 값이 된다. 따라서 모델 Y의 내부수익률은 8%와 9% 사이로서, 정확한 할인율은 계산기를 사용하여 계산할 수 있다. 본 예제에서 내부수익률(IRR)은 필수수익률(RRR) 8%보다 높으므로 모델 Y 투자안을 선택한다.

복수의 투자안이 있는 경우, 순현재가치(NPV)법과 내부수익률(IRR)법이 투자안의 평가에서 서로 다른 결과를 나타낼 수도 있다. 그 경우에는 순현재가치법을 사용하는 것이 바람직하다. 재무관리 이론에 의하면, 순현재가치법은 대체로 주주가치 최대화에 부합하는 의사결정 기준이다.

표(보론) 4-7 연도말 현금흐름의 현재가치(할인율 9%)

(단위 : 원)

연도말	0	1	2	3	4	5
연도말 총관련현금흐름	−1,310,000	312,000	312,000	312,000	312,000	452,000
₩1의 현재가치(9%)	1	0.92	0.84	0.77	0.71	0.65
연도말 현금흐름의 현재가치	−1,310,000	287,040	262,080	240,240	221,520	293,800
현금흐름 총현재가치(NPV)	−5,320					

4. 회수기간(Payback)법

회수기간은 초기 순투자금액을 회수하는 데 걸리는 기간이다. 일반적으로 화폐의 시간가치를 고려하지 않고 회수기간을 계산한다.

표(보론) 4-8 회수기간법(할인율 미적용)

연도말	순현금유입	순현금유입누적	미회수금액
0			−1,310,000
1	312,000	312,000	−998,000
2	312,000	624,000	−686,000
3	312,000	936,000	−374,000
4	312,000	1,248,000	−62,000
5	452,000	1,700,000	−

할인율은 적용하지 않을 경우, 회수기간은 다음과 같다. 4차 연도말에 미회수된 금액이 ₩62,000이며, 5차 연도에 유입될 금액이 ₩452,000이므로, 0.14년이 더 걸린다.

$$\text{회수기간} = 4\text{년} + \frac{₩62,000}{₩452,000} = 4.14\text{년}$$

현금유출이 여러 시점에서 발생하는 경우에는 여러 현금유출을 단순히 더하여 총현금유출을 계산하면 된다. **회수기간법**의 변형된 형태는 화폐의 시간가치를 고려하기 위해 현금흐름에 할인율을 적용하는 **현금흐름할인 회수기간(discounted payback)법**이다. 현금흐름에 8%의 할인율을 적용하는 경우, 표(보론) 4-9와 같이 회수기간을 계산할 수 있다.

표(보론) 4-9 회수기간법(할인율 8% 적용)

연도말	순현금유입	순현금유입누적	미회수금액
0			−1,310,000
1	290,160	290,160	−1,019,840
2	268,320	558,480	−751,520
3	246,480	804,960	−505,040
4	230,880	1,035,840	−274,160
5	307,360	1,343,200	−

$$\text{회수기간} = 4\text{년} + \frac{₩274,160}{₩307,360} = 4.89\text{년}$$

투자규모가 큰 투자안이나 미래 현금흐름에 대한 불확실성이 높은 투자안의 경우, 자금의 조속한 회수에 관심을 가질 수 있으며, 이때 회수기간법이 유용하게 사용될 수 있다. 투자안의 순현재가치가 높더라도, 자금의 회수기간이 미리 설정한 **탈락기간(cutoff period)**보다 긴 경우에는 투자안을 기각할 수도 있다. 만약 ㈜표선의 투자 탈락기간이 4년이라고 하면, 모델 Y를 생산하는 투자안은 기각된다[9].

회수기간법도 회계이익이 아닌 현금을 분석대상으로 하지만, 회수기간 이후의 현금흐름을 고려하지 않으며, 일반적으로 화폐의 시간가치를 무시한다. 따라서 순현재가치법과 다른 분석결과를 제시할 수 있다.

9 복수의 투자안 중에서 하나를 택해야 하는 경우, 순현재가치법에서는 양(+)의 순현재가치를 가진 투자안 중에서 순현재가치가 가장 큰 투자안을 택하며, 내부수익률법에서는 필수수익률을 초과하는 투자안 중에서 내부수익률이 가장 큰 투자안을 택한다. 회수기간법에서는 회수기간이 탈락기간을 초과하지 않는 투자안 중에서 회수기간이 가장 짧은 투자안을 택한다(각 방법에 대한 구체적인 내용은 재무관리 분야 서적 참고).

5. 회계이익률(Accounting rate of return)법

회계이익률법은 다른 방법과 달리 발생주의 회계이익을 사용하여 수익률을 계산하는 방법으로, 회계이익률은 투자금액 대비 연평균 세후영업이익(after-tax operating income)의 비율이다. 회계이익률법에서는 투자안이 미리 정해진 회계이익률 하한선을 초과하면 투자안이 수용된다.

㈜표선의 모델 Y 투자에 대한 회계이익률은 다음과 같이 계산한다[10].

$$\text{회계이익률} = \frac{\text{세후 연간영업이익 증가분의 평균}}{\text{순초기투자}}$$

$$= \frac{\text{세후 연간영업현금흐름 증가분의 평균} - \text{연간감가상각비 증가분}}{\text{순초기투자}}$$

$$= \frac{[(312{,}000 \times 5\text{년}) \div 5] - (300{,}000 - 120{,}000)}{1{,}310{,}000}$$

$$= \frac{312{,}000 - 180{,}000}{1{,}310{,}000} = \frac{132{,}000}{1{,}310{,}000}$$

$$= 10.08\%$$

위 식에서 분모인 순초기투자 대신 투자기간 5년에 대한 평균투자를 사용하기도 한다. 발생주의 회계에서 감가상각을 실시하면 투자의 장부가치가 하락하기 때문이다. 평균투자는 다음과 같이 계산한다.

$$\text{5년 동안의 평균투자} = \frac{\text{순초기투자} + \text{순최종현금흐름}}{2}$$

본 예제에서 순최종현금흐름은 기계 최종처분 현금흐름(구기계와 신기계의 최종처분가치 차이) ₩100,000과 운전자본 회수 차이 ₩40,000의 합계이다. 따라서 본 예제에서 평균투자는 다음과 같이 계산한다.

10 식의 분자에서 연간감가상각비 증가분에 대해 세금효과를 추가로 고려하지 않아야 한다. 감가상각비 증가의 세금효과는 분자의 세후 연간영업현금흐름 증가분에 이미 고려되었기 때문이다.

$$5\text{년 동안의 평균투자} = \frac{\text{순초기투자} + \text{순최종현금흐름}}{2}$$

$$= \frac{[1,310,000 + (100,000 + 40,000)]}{2}$$

$$= ₩725,000$$

평균투자를 이용하여 회계이익률을 계산하면 다음과 같다.

$$\text{회계이익률(평균투자)} = \frac{\text{세후 연간영업이익 증가분의 평균}}{\text{평균투자}}$$

$$= \frac{132,000}{725,000} = 18.21\%$$

회계이익률법은 재무제표에 나타나는 회계수치를 이용하여 계산하는 방법이므로 이해하기 쉽다는 장점이 있으나, 현금흐름할인률(DCF)법과 달리 자본예산의 중요한 요소인 화폐의 시간가치를 무시한다는 단점이 있다.

자본예산 편성 시에는 이상에서 설명한 여러 가지 방법을 종합적으로 사용하는 것이 바람직하다.

관련 사례

공사중단과 매몰원가

'강남 알짜' 청담르엘에 공사 중지 예고 현수막 걸린 까닭은 – 네이트 뉴스(nate.com)

대규모 투자 베팅, 자본예산

'HBM 주도권 쥘 것' … SK하이닉스, 투자 50% 확대 '초강수 베팅' – 한국경제(hankyung.com)

광산 추가투자 또는 중단?

볼레오 동광, 채광 저조 불구 831억 추가 투자 – 뉴스토마토(newstomato.com)

공항건설도 NPV IRR 기준사용

본궤도 오른 TK신공항 건설 … 2030년 이륙 향해 힘찬 날갯짓 [지방기획] – 세계일보(segye.com)

연습문제

객관식

01 특별주문과 최소가격 (2000 세무사)

북한강전자㈜는 계산기를 제조하여 개당 ₩2,000에 판매하고 있다. 북한강전자㈜의 생산능력은 매기 12,000개이며, 이때 개당 생산원가는 직접재료비 ₩750, 직접노무비 ₩550, 제조간접비(변동비 75%, 회피불능고정비 25%) ₩480이다. 해외바이어가 방문하여 2,500개의 계산기를 특별 주문하였다. 이 특별주문에 따른 유일한 판매비용은 운송료로 개당 ₩100이 소요된다. 현재 북한강전자㈜는 7,200개를 생산·판매하여 정상적인 판매경로를 통하여 판매하고 있다. 북한강전자㈜가 이 특별주문과 관련하여 받아야 하는 최소금액은 얼마인가?

① ₩1,760 ② ₩2,000 ③ ₩1,660
④ ₩1,780 ⑤ ₩1,820

02 특별주문이 영업이익에 미치는 영향 (2005 세무사)

우진회사는 월간 30,000개까지의 단일제품을 생산할 수 있는 설비를 가지고 있다. 거래처와의 계약체결 내용에 따라 우진회사는 다음 달에 25,000개의 제품을 제조하여 판매할 예정이며, 이 경우 제품 1개당 총원가는 ₩2,500으로 예상된다. 그런데 다음 달에 5,000개의 제품을 1개당 ₩1,600에 납품해 달라는 거래처의 추가 주문이 접수되었다. 이 추가주문을 접수하여 생산량을 증가시킬 경우 제품 1개당 총원가는 ₩2,300으로 감소할 것으로 예상되며, 이 주문을 수락하더라도 기존의 예상판매량을 달성하는 데는 아무런 문제가 없을 것으로 예상된다. 우진회사가 이 추가 주문을 수락한다면 영업이익에 어떤 영향을 줄 것인가? (단, 재고는 없는 것으로 가정한다.)

① ₩2,000,000 감소 ② ₩4,000,000 증가 ③ ₩1,000,000 증가
④ ₩1,000,000 감소 ⑤ ₩1,500,000 증가

03 증분수익과 증분비용 (2008 세무사)

대한회사는 단위당 ₩250에 판매되는 램프를 생산·판매하고 있다. 이 제품과 관련된 변동비는 단위당 ₩150이고, 고정비는 매월 ₩35,000이 발생한다. 회사는 현재 단일제품으로 매월 평균 400단위를 생산·판매하고 있다. 대한회사의 판매담당 관리자는 매월 광고비를 ₩10,000만큼 증가시키면 매출액이 매월 ₩30,000만큼 증가할 것으로 기대하고 있다. 매월 광고비를 ₩10,000만큼 증가시킬 때 회사의 영업이익이 매월 얼마만큼 증감하게 될 것으로 예상되는가?

① 영업이익 ₩1,000 증가 ② 영업이익 ₩2,000 증가 ③ 영업이익 ₩3,000 증가
④ 영업이익 ₩2,000 감소 ⑤ 영업이익 ₩3,000 감소

04 자가제조 및 외부구입 여부 결정 (2012 세무사)

㈜국세는 현재 제품 생산에 필요한 부품 10,000단위를 자가제조하여 사용하고 있는데, 최근에 외부의 제조업자가 이 부품을 전량 납품하겠다고 제의하였다. ㈜국세가 이러한 제의에 대한 수락 여부를 검토하기 위하여 원가자료를 수집한 결과 10,000단위의 부품을 제조하는 데 발생하는 총제조원가는 다음과 같으며, 최대로 허용 가능한 부품의 단위당 구입가격은 ₩330으로 분석되었다.

직접재료원가	₩1,800,000
직접노무원가	700,000
변동제조간접원가	500,000
고정제조간접원가	500,000
총제조원가	₩3,500,000

이 경우, ㈜국세가 회피가능한 고정제조간접원가로 추정한 최대 금액은 얼마인가?

① ₩150,000 ② ₩200,000 ③ ₩250,000 ④ ₩300,000 ⑤ ₩500,000

05 특별주문과 최저판매가격 (2012 세무사)

㈜국세는 야구공을 생산·판매하고 있으며, 월간 최대생산능력은 30,000단위이다. ㈜국세가 생산하는 야구공의 단위당 원가자료는 다음과 같다.

직접재료원가	₩200
직접노무원가	100
변동제조간접원가	50
고정제조간접원가	100
변동 판매비와관리비	25
고정 판매비와관리비	30

㈜국세는 현재 정상주문에 대해 단위당 ₩500의 가격으로 판매를 하고 있는데, 최근 해외사업자로부터 할인된 가격으로 3,000단위를 구입하겠다는 특별주문을 받았다. ㈜국세가 이 주문을 수락할 경우에는 생산능력의 제한으로 인하여 기존 정상주문 중 1,200단위의 판매를 포기해야 한다. 그러나 특별주문 수량에 대한 단위당 변동판매비와관리비는 ₩5만큼 감소할 것으로 예상하고 있다. ㈜국세가 해외사업자의 특별주문에 대하여 제시할 수 있는 단위당 최저 판매가격은 얼마인가?

① ₩370 ② ₩375 ③ ₩420 ④ ₩425 ⑤ ₩500

06 보조부문과 외부구입 2018 세무사

㈜세무는 보조부문 A, B와 제조부문 P, Q를 운영하고 있으며, 각 부문의 용역수수관계와 각 보조부문에서 발생한 원가는 다음과 같다.

제공부문 \ 사용부문	보조부문		제조부문		용역생산량
	A	B	P	Q	
A	10%	40%	20%	30%	1,000단위
B	20%	10%	40%	30%	2,000단위

- 보조부문 A의 원가 : ₩50,000 + ₩70×1,000단위
- 보조부문 B의 원가 : ₩30,000 + ₩150×2,000단위

㈜세무는 현재 운영하고 있는 보조부문을 폐쇄하는 방안을 고려하던 중 ㈜한국으로부터 보조부문 A가 생산하던 용역을 단위당 ₩150에, ㈜대한으로부터는 보조부문 B가 생산하던 용역을 단위당 ₩200에 공급하겠다는 제의를 받았다. ㈜세무가 보조부문의 용역을 외부에서 구입하더라도 각 보조부문에서 발생하는 고정원가를 회피할 수 없다. 다음 설명 중 옳은 것은?

① ㈜세무는 보조부문 A와 B를 계속해서 유지하는 것이 유리하다.
② ㈜세무가 보조부문 A를 폐쇄하고 ㈜한국의 제의를 수락할 경우, 영업이익이 ₩7,000 증가한다.
③ ㈜세무가 보조부문 B를 폐쇄하고 ㈜대한의 제의를 수락할 경우, 영업이익이 ₩20,000 감소한다.
④ ㈜세무가 보조부문 A의 용역을 외부로부터 구입할 경우, 지불할 수 있는 최대 가격은 단위당 ₩120이다.
⑤ ㈜세무가 보조부문 B의 용역을 외부로부터 구입할 경우, 지불할 수 있는 최대 가격은 단위당 ₩170이다.

07 특별주문과 예산이익 2018 세무사

㈜세무는 20X1년에 제품 A를 5,000단위 생산하여 전량 국내시장에 판매할 계획이다. 제품 A의 단위당 판매가격은 ₩10,000, 단위당 변동제조원가는 ₩7,000, 단위당 변동판매관리비는 ₩1,000이다. ㈜세무는 20X1년 초에 해외 거래처로부터 제품 A 3,000단위를 단위당 ₩8,000에 구입하겠다는 특별주문을 받았다. 해외 거래처의 주문을 수락하기 위해서는 제품 A 1단위당 부품 B(단위당 외부구입가격 : ₩500) 1단위를 추가로 투입해야 하고, 20X1년도 국내시장 판매량을 350단위 감소시켜야 한다. 특별주문과 관련된 판매관리비는 주문수량에 관계없이 ₩300,000 발생한다. ㈜세무가 특별주문을 수락할 경우, 20X1년도 예산이익의 증가(또는 감소)금액은? (단, 특별주문은 전량 수락하든지 기각해야 한다.)

① ₩300,000 증가　② ₩420,000 증가　③ ₩500,000 증가
④ ₩550,000 감소　⑤ ₩800,000 감소

08 인소싱·아웃소싱 결정 (2014 감정평가사)

㈜대한은 완제품 생산에 필요한 A부품을 매월 500단위씩 자가제조하고 있다. 그런데 타 회사에서 매월 A부품 500단위를 단위당 ₩100에 납품하겠다고 제의하였다. A부품을 자가제조할 경우 변동제조원가는 단위당 ₩70이고, 월간 고정제조간접원가 총액은 ₩50,000이다. 만약 A부품을 외부구입하면 변동제조원가는 발생하지 않으며, 월간 고정제조간접원가의 40%를 절감할 수 있다. 또한 A부품 생산에 사용되었던 설비는 여유설비가 되며 다른 회사에 임대할 수 있다. A부품을 외부구입함으로써 매월 ₩10,000의 이익을 얻고자 한다면, 여유설비의 월 임대료를 얼마로 책정해야 하는가?

① ₩5,000 ② ₩6,000 ③ ₩7,000 ④ ₩8,000 ⑤ ₩10,000

09 제안별 영업이익 비교 (2013 세무사)

㈜세무는 부품 A를 매년 1,000단위씩 자가생산하여 제품 생산에 사용하고 있는데, 부품 A 생산과 관련된 원가자료는 다음과 같다.

	단위당 원가
직접재료원가	₩150
직접노무원가	30
변동제조간접원가	20
고정제조간접원가	40
계	₩240

㈜하청이 부품 A를 단위당 ₩215에 전량 공급해주겠다는 제안을 하였다. ㈜하청의 제안을 수락하면 부품 A의 생산 공간을 부품 B 생산에 이용할 수 있어 부품 B의 총제조원가를 매년 ₩7,000 절감할 수 있고, 부품 A의 고정 기술사용료가 매년 ₩9,000 절감된다.

한편, ㈜간청은 ㈜세무에게 다른 제안을 하였다. ㈜간청의 제안을 수락하면 부품 A의 총고정제조간접원가가 매년 10% 절감되나, 부품 A의 생산 공간을 부품 B 생산에 이용할 수 없어 부품 B의 총제조원가는 절감되지 않는다. ㈜간청의 기술지도로 인하여 부품 A의 고정 기술사용료는 매년 ₩7,000 절감된다. 각 제안별 수락에 따른 영업이익 증감액이 동일하게 되는 ㈜간청의 제안가격은?

① ₩180 ② ₩198 ③ ₩202 ④ ₩210 ⑤ ₩212

10 인소싱·아웃소싱 결정 (2015 세무사)

㈜국세는 부품 A를 자가제조하며, 관련된 연간 생산 및 원가자료는 다음과 같다.

직접재료원가	₩10,000
직접노무원가	20,000
변동제조간접원가	10,000
고정제조간접원가	20,000
생산량	250단위

최근에 외부업체로부터 부품 A 250단위를 단위당 ₩200에 공급하겠다는 제안을 받았다. 부품 A를 전량 외부에서 구입하면 고정제조간접원가 중 ₩10,000이 절감되며, 기존 설비를 임대하여 연간 ₩15,000의 수익을 창출할 수 있다. 외부업체의 제안을 수용하면, 자가제조보다 연간 얼마나 유리(또는 불리)한가?

① ₩15,000 유리 ② ₩15,000 불리 ③ ₩25,000 유리
④ ₩25,000 불리 ⑤ ₩35,000 유리

11 생산 중단 여부 결정 (2010 세무사)

㈜울산은 A,B,C 세 종류의 제품을 생산·판매하고 있다. 20X1년 ㈜울산의 제품별 손익을 살펴본 결과 다음과 같이 나타났다.

항 목	A제품	B제품	C제품	합 계
매출액	₩1,000,000	₩2,000,000	₩1,000,000	₩4,000,000
변동원가	500,000	1,800,000	700,000	3,000,000
공헌이익	₩500,000	₩200,000	₩300,000	₩1,000,000
고정원가	200,000	400,000	200,000	800,000
이익	₩300,000	(₩200,000)	₩100,000	₩200,000

경영자는 손실을 보이고 있는 B제품의 생산 중단을 고려하고 있으며, 이에 대한 자료를 다음과 같이 수집하였다. 총고정원가 ₩800,000은 각 제품의 매출액에 비례하여 배부한 것이며, B제품 생산 중단 시 총고정원가의 10%는 회피가능하고, 또한 C제품의 매출액이 20% 감소할 것으로 예상된다. ㈜울산이 B제품의 생산을 중단할 경우 회사 전체 이익은 얼마나 감소하는가?

① ₩120,000 ② ₩150,000 ③ ₩170,000
④ ₩180,000 ⑤ ₩200,000

12 배치생산과 특별주문 수락 여부 (2019 세무사)

㈜세무의 최대생산능력은 5,000개이다. 정규시장에 1개당 ₩200에 4,000개 판매할 것으로 예상된다. 한 번에 50개씩 묶음(batch) 생산하며, 4,000개를 생산하는 경우 원가는 다음과 같다.

생산량에 따라 변하는 변동원가	₩240,000
묶음수에 따라 변하는 변동원가	80,000
고정원가	400,000
	₩720,000

1개당 ₩130에 1,500개를 구입하겠다는 특별주문을 받았다. 특별주문에 대해서는 100개씩 묶음 생산하며, 특별주문은 전량 수락하거나 거절해야 한다. 이 특별주문을 수락하는 경우 ㈜세무의 이익은 얼마나 증가 또는 감소하는가?

① ₩75,000 증가
② ₩30,000 증가
③ ₩20,000 증가
④ ₩20,000 감소
⑤ ₩75,000 감소

13 특별주문과 최대생산능력 (2016 세무사)

㈜세무는 단일 제품 A를 생산·판매하며, 관련범위 내 연간 최대생산능력은 10,000단위이다. ㈜세무는 현재 제품 A 7,500단위를 생산하여 단위당 판매가격 ₩400으로 정규시장에 모두 판매한다. 최근 ㈜세무는 ㈜한국으로부터 단위당 가격 ₩350에 제품 A 3,000단위를 구입하겠다는 특별주문을 받았다. ㈜한국의 특별주문은 전량 수락하든지 기각하여야 하며, 특별주문 수락 시 정규시장 판매를 일부 포기하여야 한다. 제품 A의 단위당 직접재료원가는 ₩80, 단위당 직접노무원가는 ₩120, 단위당 변동판매관리비는 ₩0이며, 조업도 수준에 따른 총제조간접원가는 다음과 같다.

조업도 수준	총제조간접원가
최대생산능력의 55%	₩1,755,000
최대생산능력의 65%	1,865,000
최대생산능력의 75%	1,975,000
최대생산능력의 80%	2,030,000

㈜세무가 ㈜한국의 특별주문을 수락한다면, 증가 또는 감소할 영업이익은? (단, 변동제조간접원가의 추정은 고저점법을 이용한다.)

① ₩30,000 감소
② ₩45,000 감소
③ ₩75,000 증가
④ ₩90,000 증가
⑤ ₩120,000 증가

14 특별주문 수락과 기회비용 (2020 세무사)

㈜세무는 20X1년에 오토바이를 생산·판매하고 있다. 오토바이 1대당 판매가격은 ₩200이며, 단위당 제조원가 내역은 다음과 같다.

직접재료원가	₩86
직접노무원가	45
변동제조간접원가	9
고정제조간접원가	42
단위당 제조원가	₩182

㈜세무는 경찰청으로부터 순찰용 오토바이 100대를 1대당 ₩180에 공급해달라는 특별주문을 받았다. 특별주문에 대해서는 오토바이를 순찰용으로 변경하기 위해 내비게이션을 장착하는 데 1대당 ₩10의 원가가 추가적으로 발생한다. 또한 경찰청 로고 제작을 위해 디자인 스튜디오에 ₩1,200을 지급해야 한다. 현재 ㈜세무의 생산능력은 최대생산능력에 근접해 있으므로 특별주문을 수락하면 기존 오토바이 10대의 생산을 포기해야 한다. ㈜세무가 경찰청의 특별주문을 수락할 때 증분이익은?

① ₩0 ② 증분이익 ₩800 ③ 증분이익 ₩1,000
④ 증분이익 ₩1,200 ⑤ 증분이익 ₩1,400

15 특별주문 수락과 기회비용 (2013 세무사)

㈜세무의 정상판매량에 기초한 20X1년 예상손익계산서는 다음과 같다.

매출액(5,000단위 ₩60)	₩300,000
변동매출원가	150,000
변동판매비	60,000
공헌이익	₩90,000
고정제조간접원가	50,000
고정판매비	20,000
영업이익	₩20,000

㈜세무의 연간 최대생산능력은 6,000단위이다. 새로운 고객이 20X1년 초 1,500단위를 단위당 ₩50에 구입하겠다고 제의하였으며, 이 제의는 부분 수락할 수 없다. 이 제의를 수락하고, 정상가격에 의한 기존의 거래를 감소시켜 영업이익을 극대화한다면, 20X1년에 증가되는 영업이익은?

① ₩1,000 ② ₩3,000 ③ ₩9,000 ④ ₩14,000 ⑤ ₩17,000

16 외부구입과 순이익 (2008 CPA)

㈜한국완구는 매년 완구생산에 필요한 부품인 모터 3,000개 중 일부를 자체생산하고, 나머지 부족한 부분은 외주로 충당하고 있다. 자체생산은 모터부서에서 담당하며 연간 총 2,000개의 모터를 생산한다. 모터 1개당 변동제조원가는 ₩55이며, 모터부서의 총고정원가는 연간 ₩150,000이다. 자체생산 시 발생하는 모터부서의 총고정원가 중 80%만이 모터부서 폐지 시 회피가능한 원가이다. 외주로 조달하는 모터는 연간 총 1,000개이다. 당기초 외주업체는 전격적으로 모터의 판매가격을 모터 1개당 ₩120에서 ₩100으로 인하하였다. 이에 따라 ㈜한국완구는 기업 내 모터부서를 폐지하고, 모터 3,000개를 전량 외주업체에서 구매할 것을 검토하기 시작하였다. 이에 모터부서는 부서 폐지를 막기 위한 자구방안으로 단위당 변동제조원가 ₩10과 회피가능 고정원가 ₩10,000을 동시에 절감하였다. 만약 ㈜한국완구가 외주업체로부터 모터 3,000개 전량을 구입할 경우 ㈜한국완구의 순이익에 미치는 영향은 얼마인가? (단, 모터부서의 최대 생산능력은 자구방안과 관계없이 항상 2,000개이다.)

① ₩0　② ₩10,000 증가　③ ₩30,000 증가
④ ₩40,000 증가　⑤ ₩40,000 감소

17 투자안 평가방법 (2003 세무사)

다음 중 자본예산기법에 대한 설명으로 적절하지 않은 것은?

① 순현재가치법에서 순현재가치란 투자안으로부터 생기는 현금수입의 현재가치에서 현금지출의 현재가치를 차감한 잔액이다.
② 내부수익률법에서 내부수익률이란 현금수입과 현금지출을 현재가치로 환산할 때 동일한 금액이 되게 하는 수익률을 의미한다.
③ 회수기간이란 투자안으로부터 유입되는 현금이 최초의 투자지출액을 회수하는 데 소요되는 시간을 의미하는데, 이 기법은 주로 위험이 적고 안정적인 투자안을 평가하는 데 사용되는 것이 바람직하다.
④ 회계이익률법에서 회계이익률이란 손익계산서에서 계산된 이익과 투자액의 비율이다.
⑤ 회수기간의 역수는 투자안의 연간순현금유입액을 최초투자액으로 나눈 것으로, 투자안으로부터의 연간현금유입액이 일정하게 발생하고 투자안의 내용연수가 최소한 회수기간의 2배 이상인 상황에서 내부수익률의 근사한 추정치로 사용할 수 있다.

18 설비투자에 대한 회수기간 (2021 세무사)

㈜세무는 온라인 교육을 확대하기 위해 새로운 온라인 강의설비를 ₩280,000에 구입할 것을 검토하고 있다. 이 설비는 향후 5년에 걸쳐서 강사료, 시설관리비 등에서 ₩330,000의 현금절감효과를 가진다. 현금절감액은 연중 균일하게 발생하지만, 연도별 현금흐름은 다음과 같이 균일하지 않다. 이러한 상황에서 설비투자에 대한 회수기간은?

연 도	1	2	3	4	5
현금절감액	₩100,000	₩80,000	₩60,000	₩50,000	₩40,000

① 3.2년 ② 3.4년 ③ 3.5년 ④ 3.6년 ⑤ 3.8년

19 세금과 인플레이션 존재 여부에 따른 순현재가치법 비교 (2003 CPA)

㈜월드컵은 향후 10년 동안 매년 말 ₩500,000에 달하는 운영비절감효과(즉, 법인세차감전 순현금유입액)를 가져오는 신기계를 ₩1,000,000에 구입할 것인가를 검토 중이다. 투자안 검토 시 요구되는 실질수익률(real rate of return)은 10%이며, 신기계가 구입되면 내용연수를 10년, 잔존가액을 영(0)으로 하여 정액법에 따라 감가상각된다. ㈜월드컵은 순현재가치(NPV)를 토대로 신기계의 구입 여부를 결정한다. 다음 보기 중 신기계의 NPV 값의 크기를 옳게 배열한 것은 어떤 것인가? (단, 세율은 40%, 인플레이션은 20%로 가정한다. 위에서 말한 운영비절감효과는 불변가치(real value)로 추정된 것이다. 편의상 세금과 인플레이션의 존재 여부는 다음 기호를 이용하여 표현한다. (힌트) NPV를 계산하지 않고도 감가상각비 감세효과의 유무를 포함한 현금흐름의 고려만으로도 답할 수 있다.)

- A : 세금이 없고 인플레도 없는 경우
- B : 세금은 있고 인플레는 없는 경우
- C : 세금은 없고 인플레는 있는 경우
- D : 세금이 있고 인플레도 있는 경우

① C > A > D > B ② A > C > B > D ③ A = C > B = D
④ A = C > B > D ⑤ A > C > B = D

20 내부수익률법 (2004 CPA)

㈜광안은 자동화설비를 ₩50,000에 구입하려고 한다. 이 회사의 원가담당자는 설비를 도입함으로써 다음과 같은 현금운영비가 절감할 것으로 예상하고 있다. 이때 내부수익률은 얼마인가?

연 도	금 액
1차 연도	₩20,000
2차 연도	₩20,000
3차 연도	₩20,000

연금의 현가표(n=3)			
8%	9%	10%	11%
2.577	2.531	2.487	2.444

① 9.17%　② 9.50%　③ 9.70%　④ 10.17%　⑤ 10.83%

주관식

01 제품생산 중단 여부 결정 (2022 CPA 수정)

㈜소망의 식품사업부는 소금, 후추 및 인공감미료를 생산하여 판매하고 있다. 기초 및 기말 재고는 없으며, 제품별 수익과 원가자료는 다음과 같다.

(단위 : 백만원)

구 분	소 금	후 추	인공감미료	합 계
매출액	200	300	500	1,000
매출원가				
직접재료원가	60	100	140	300
직접노무원가	40	60	100	200
제조간접원가	50	40	45	135
합계	150	200	285	635
매출총이익	50	100	215	365
판매관리비	68	90	142	300
영업이익(손실)	(18)	10	73	65

제조간접원가 중에서 ₩85,000,000은 작업준비원가이며, 나머지 ₩50,000,000은 공장감가상각비이다. 작업준비원가는 배치(batch)의 수에 따라 발생하며, 공장감가상각비는 회피불가능원가로서 매출액을 기준으로 각 제품에 배부된다. 판매관리비 중에 45%는 변동원가이고 나머지는 회피불가능원가이다.

요구사항

▶ 물음 1. 각 제품의 제조간접원가에 포함되어 있는 작업준비원가는 얼마인가?

(단위 : 백만원)

구 분	소 금	후 추	인공감미료
작업준비원가			

▶ 물음 2. ㈜소망의 경영진은 소금제품 부문의 지속적인 적자로 인하여 소금생산 라인 폐지를 검토하고 있다. 손실이 발생하고 있는 소금생산 라인을 폐지하면 인공감미료의 판매량이 35% 증가하며, 인공감미료 배치(batch)의 수는 30% 증가한다고 한다. 소금생산 라인을 폐지할지 판단하고, 그 계산근거를 제시하시오.

▶ 물음 3. 소금 생산을 중단하는 경우, 경영진이 이익 변화 이외에 추가로 고려해야 할 사항은 무엇인지 3줄 이내로 서술하시오.

02 자본예산 비교 (2022 CPA 수정)

㈜소망의 신제품 생산에 따른 경제성을 분석하기 위해 판매부서와 원가부서에서 수집한 관련 자료는 다음과 같다.

신제품을 생산하기 위해서는 기존 기계 이외에 새로운 기계가 필요하다. 신기계의 취득원가는 ₩30,000,000, 내용연수는 3년, 잔존가치는 취득원가의 10%이다. 신기계는 연수합계법으로 감가상각하며, 내용연수 종료시점에 잔존가치로 처분한다.

3년 동안의 연간 예상판매량은 다음과 같다.

연 도	연간 예상판매량
1차 연도	7,000개
2차 연도	10,000개
3차 연도	15,000개

신제품의 단위당 판매가격은 ₩6,000이며, 단위당 변동원가는 ₩2,000이다.
신제품을 생산하기 위한 연간 고정원가는 신기계의 감가상각비를 포함하여 ₩35,000,000이다.

㈜소망의 자본비용(최저요구수익률)은 10%이다. ₩1의 현가계수는 다음과 같다.

기간(년)	1	2	3
현가계수	0.9091	0.8264	0.7513

요구사항

▶ 물음 1. 신제품 판매로부터 예상되는 공헌이익을 연도별로 계산하시오.

1차 연도	2차 연도	3차 연도

▶ 물음 2. 순현재가치(NPV)법을 이용하여 ㈜소망의 신제품 생산을 위한 제품라인의 증설 여부를 판단하고, 그 계산 근거를 제시하시오. (다만, 법인세는 고려하지 않는다.)

▶ 물음 3. 순현재가치(NPV)법을 이용하여 ㈜소망의 신제품 생산을 위한 제품라인의 증설 여부를 판단하고, 그 계산 근거를 제시하시오. (다만, 법인세율은 20%이다.)

▶ 물음 4. 제품라인의 증설 여부와 관련한 의사결정 시 고려해야 할 비계량적 요인을 3가지 제시하시오.

INTRADAY
Business Gpaph
BUSINESS GRAPH
SUMMARY REPORT
A B C D
45
100
76

CHAPTER

5

불확실성하의 의사결정

기업의 경영 의사결정은 대부분 미래에 대한 불확실성 속에서 내려진다. 본 장에서는 미래에 나타날 상황과 결과에 대한 불확실성이 존재하는 상태에서 여러 대안 중에서 하나를 선택하는 불확실성하의 의사결정에 관해 학습한다. 대안의 선택은 효용함수로 표시되는 의사결정자의 위험에 대한 선호도에 따라 달라진다. 위험회피형, 위험중립형, 위험선호형 등 위험선호도에 따라 대안의 선택이 어떻게 달라지는지 알아보고, 전문가가 제공하는 정보를 추가로 반영하여 의사결정을 내리는 방법과 전문가 정보의 가치를 평가하는 방법에 대해서도 학습한다.

CHAPTER

5

불확실성하의 의사결정

1. 경영 의사결정과 불확실성

의사결정은 경영자들의 가장 중요하고 어려운 업무이다. 인간의 삶과 경영은 불확실성으로 가득 차 있으며, 미래에 대한 불확실성이 높을 때 경영 의사결정은 더욱 어려워진다. 현실적으로 대부분의 경영 의사결정은 현재 알려지지 않은 어떤 미지의 요소들이 등장할지, 현재 알려진 요소들이 향후 어떻게 전개될지, 다른 사람들(예 경쟁기업)은 어떻게 대응할지 등에 대한 수많은 불확실성 속에서 내려진다. **불확실성하의 의사결정(decision-making under uncertainty)**은 이처럼 미래에 나타날 상황과 결과(outcome)에 대한 불확실성이 존재하는 상태에서 여러 대안 중에서 하나를 선택하는 의사결정이다.

우리는 제2장의 원가-조업도-이익(CVP) 분석에서 민감도 분석과 영업레버리지 분석을 통해 불확실성을 분석하는 방법을 일부 학습한 바 있다. 그리고 제4장에서 학습한 자본예산 편성(capital budgeting)에서는 할인율을 이용하여 미래 현금흐름의 불확실성을 반영하는 방법에 대해 학습했으며, 제9장에서는 수요 불확실성하에서 안전재고 수준을 계산하는 방법에 대해 학습한다. 그러나 나머지 대부분의 주제는 불확실성을 명시적으로 다루지 않고, 대체로 **확정적(deterministic) 상황**을 가정한다.

불확실성의 형태는 매우 다양하고, 이를 다루는 복잡한 수학적·통계학적 모형들도 매우 다양하다. 본 장에서는 미래 불확실한 상황을 확률적으로 평가할 수 있는 **확률적(probabilistic) 상황**에서의 기본적인 의사결정 방법에 대해 학습한다. 확률적인 상황에서는 대안이 가져올 여러 결과(outcome)와 그 결과들이 나타날 확률을 고려해야 한다. 여러 결과가 나타날 가능성이 있다는 것은 불확실성을 초래하며, 의사결정자에게 위험(risk) 요인이 될 수 있다. 불확실성(위험)을 수용하는 정도는 의사결정자의 **효용함수(utility function)**에 따라 다르다. 본 장에서는 결과에 대한 불확실성이 있는 경우에 효용함수의 형태가 의사결정자들이 대안을 평가하는 데 어떻게 작용하는지 학습한다.

불확실한 상황에서 정보(information)는 위험을 줄이는 역할을 한다. 경영자는 불확실성을 줄이고자 여러 경로를 통해 정보를 획득하게 된다. 기업 내부적으로는 관리회계시스템이 중요한 정보의 원천이 될 수 있으며, 외부적으로 시장분석가나 컨설턴트로부터 정보를 획득하기도 한다. 정보를 획득하는 데는 비용이 발생하므로, 경영자는 정보의 가치와 정보 획득 비용을 고려하여 정보 획득 여부를 판단해야 한다.

2. 불확실성하의 의사결정과 대안 선택 기준

1) 불확실성하 의사결정의 속성

본 장에서 다루는 불확실성하의 의사결정은 두 가지 특징이 있다. 먼저 의사결정자는 미래에 어떤 상황이 나타날지에 대해 확률적으로만 평가할 수 있다. 그리고 각 대안이 가져오는 결과는 미래에 나타나는 상황에 따라 달라진다. 다음 예제를 이용하여 자세히 학습해보자.

예제 5-1

지수는 샌드위치 전문점에서 샌드위치를 대량으로 구입하여 대학교 축제 기간에 판매하고자 한다. 샌드위치를 대량으로 구입하여 가격할인을 받을 수 있으나 팔고 남은 샌드위치는 폐기처분해야 한다. 지수는 샌드위치를 판매하기 위해 학교로부터 부스를 임대해야 하며, 부스 임대료는 ₩300,000이다. 샌드위치 판매가격과 원가는 다음과 같다.

판매가격	단위당 구입가격	고정원가
₩2,000	₩1,100	₩300,000

샌드위치 판매량(수요량)은 불확실하며, 지수는 두 가지 상황(state 또는 event)이 발생할 것으로 예상하고 있다. 상황 1은 샌드위치가 적게 팔리는 상황이며, 상황 2는 샌드위치가 많이 팔리는 상황이다. 각 상황이 발생할 확률과 각 상황에서의 판매량은 다음과 같다.

(예제 계속)

상황(event)	확 률	수요량
1	0.4	1,000개
2	0.6	1,500개

수요가 불확실한 상황에서 지수는 샌드위치를 몇 개 주문해야 할지 고민하고 있는데, 샌드위치 전문점이 500개 단위로 주문할 것을 요구하고 있어서 다음과 같은 두 가지 행동(action) 대안을 고려하고 있다.

행동(action)	주문량
대안 A	1,000개
대안 B	1,500개

대안 A는 상황 1(낮은 수요)에 맞게 1,000개를 주문하는 것이며, 대안 B는 상황 2(높은 수요)에 맞게 1,500개를 주문하는 것이다. 어떤 대안을 택해야 할지 분석해보자.

먼저, 지수가 각 대안을 택할 때 나타나는 상황별로 발생하게 될 이익을 계산해보면 표 5-1과 같다.

표 5-1 대안별 각 상황 발생에 따른 이익 시나리오

	대안 A		대안 B	
상 황	상황 1	상황 2*	상황 1	상황 2
판매량(개)	1,000	1,000	1,000	1,500
매출(원)	2,000,000	2,000,000	2,000,000	3,000,000
구입원가(원)	1,100,000	1,100,000	1,650,000	1,650,000
고정원가(원)	300,000	300,000	300,000	300,000
이익(원)	600,000	600,000	50,000	1,050,000

* 수요가 1,500개라도 주문량이 1,000개이므로 판매량은 1,000개를 초과할 수 없음

표의 상단에는 각 **행동**(action) 대안과 이에 따라 발생하게 될 **상황**(event)의 모든 네 가지 조합이 나타나 있다. 네 가지 조합의 결과로 나타나는 가치(여기서 이익)를 **성과**(payoff)라고 하며, 이를 정리해서 나타

낸 표를 **보수표** 또는 **성과표**(payoff table)라고 한다. 지수의 의사결정에 대한 성과표는 다음과 같이 나타낼 수 있다.

지수의 샌드위치 판매 성과표

	상황 1	상황 2
(확률)	0.4	0.6
대안 A	₩600,000	₩600,000
대안 B	₩50,000	₩1,050,000

이처럼 불확실성하의 의사결정은 나타나는 상황에 따라 선택한 대안의 성과가 달라지는 경우에 내리는 의사결정이다. 이제 지수가 대안 A와 B 중 어느 것을 택하는 것이 옳은지 본격적으로 분석해보자.

2) 기대가치 기준의 대안 선택

먼저, 대안 A와 대안 B의 이익의 기댓값을 계산해보자. 성과표를 이용하여 각 대안의 기대이익을 계산하면 표 5-2와 같다. 지수가 두 대안의 **기대가치**(expected value)를 기준으로 대안을 선택한다면, 기대이익이 더 높은 대안 B(1,500개 주문)를 택하게 될 것이다.

표 5-2 대안별 기대이익과 기대가치 기준의 대안 선택

	상황 1	상황 2	기대이익	비 고
(확률)	0.4	0.6		
대안 A	₩600,000	₩600,000	₩600,000 (=0.4x600,000+0.6x600,000)	
대안 B	₩50,000	₩1,050,000	₩650,000 (=0.4x50,000+0.6x1,050,000)	선택

지수가 위에서 내린 대안 선택과정을 **의사결정 나무**(decision tree) 형태로 다시 나타내면 그림 5-1과 같다. 그림에서 사각형은 대안을 선택해야 하는 의사결정 분기점을 나타내며, 원형은 상황이 확률적으로 분리되는 분기점을 의미한다. 괄호 안은 상황이 발생할 확률이다. 분석 결과, 대안 A의 기대이익이 낮아 대안 A는 부적절한 대안으로 판명되어 제외(가지치기)되었다.

그림 5-1 의사결정 나무를 이용한 대안 비교

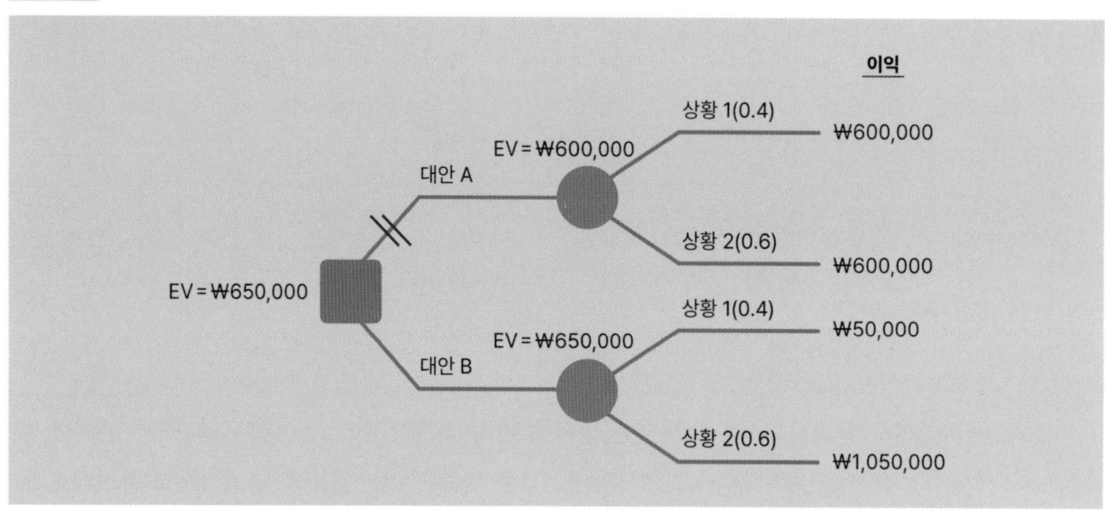

3) 기대효용 기준의 대안 선택

기대가치 기준의 대안 선택은 각 대안의 성과들이 안고 있는 불확실성을 반영하지 않고 기댓값만을 기준으로 대안을 선택하는 것이다. 그러나 불확실한 상황에서 대안의 일반적 **선택기준**(choice criterion)은 **기대효용**(expected utility)을 최대화하는 대안을 선택하는 것이다[1]. 효용(utility)은 의사결정자가 주관적으로 느끼는 만족감(satisfaction)이다. 불확실성하에서 기대효용은 화폐가치로 표시되는 가치(이익 등)의 기댓값은 물론, 그 금액의 변동성의 크기에 의해서도 영향을 받는다[2]. 예를 들어, 위험을 싫어하는 사람은 성과의 기댓값이 조금 작더라도 성과의 변동성이 낮은 대안을 더 선호할 수도 있다.

지수가 가지고 있는 두 대안의 특징을 비교해보자. 대안 A는 어떤 상황이 발생하더라도 이익 ₩600,000이 항상 보장되지만, 대안 B는 그렇지 않다. 대안 B에서 상황 2(높은 수요)가 나타나면 이익이 ₩1,050,000이지만 상황 1(낮은 수요)이 나타나면 이익이 ₩50,000에 불과하다.

따라서 기대이익과 변동성을 모두 고려하면 두 대안 중에 어느 대안이 절대적으로 우위(superior)에

1 일부 서적에서는 불확실성하의 대안 선택기준을 기대가치기준과 기대효용기준으로 별도로 구분하는 경우도 있지만, 오해의 소지가 있다. 기대가치기준은 기대효용기준의 특수한 경우이다.

2 이익의 변동성이 크면 이익의 예상 분포가 이익의 기댓값에서 멀리 퍼져 있게 되며, 최종적으로 실현될 이익에 대한 불확실성이 커진다. 투자안의 위험(risk)은 이 변동성(불확실성)의 크기를 의미하며, 분산(표준편차)으로 측정한다. 투자안의 기대이익이 낮더라도 분산이 작으면 기대이익이 달성될 가능성이 커져서 위험도 작아지므로 고려 대상이 될 수 있다.

있다고 말하기 어렵다. 어느 대안이 더 나은가는 개인별 **효용함수**(utility function)에 따라 다르다.

3. 효용함수와 위험에 대한 태도

효용함수(utility function)의 유형에 대해 구체적으로 학습해보자. 투자안을 선택할 때 투자안이 가지고 있는 위험에 대한 투자자의 태도를 **위험선호도**(risk preference)라고 한다. 투자자의 위험선호도는 투자자의 효용함수에 반영되며, 위험선호도에 따라 투자자(또는 효용함수)는 크게 위험중립형, 위험회피형, 위험선호형 세 가지 유형으로 분류된다.

1) 위험중립형

위험중립형(risk-neutral)은 이익 한 단위 증가에 따른 효용의 증가분(즉, 한계효용)이 일정한 경우이다. 위험중립형 효용함수는 직선 형태로서, 대표적인 예로는 $y=ax$(a : 상수)가 있다.

그림 5-2는 이익에 대한 효용함수가 $y=2x$일 때를 나타낸 것이다. 대안 B의 경우, 이익이 5(만원)일 때 효용은 10이며, 이익이 105(만원)일 때 효용은 210이다(편의상 이하 효용함수 설명에서 이익은 ₩10,000을 한 단위로 나타낸다). 따라서 대안 B를 택할 경우, 효용이 10일 확률은 0.4, 효용이 210일 확률은 0.6이므로, 효용의 기댓값은 130(=10×0.4+210×0.6)이다. 이 값은 대안 B의 기대이익인 65의 효용인 130과 같다. 즉, 위험중립형 효용함수에서는 다음이 항상 성립한다.

효용(기댓값) = 기댓값(효용)

예를 들어, 동전을 던져 앞면이 나오면 ₩600을 받고, 뒷면이 나오면 ₩1,000을 내야 하는 게임에 ₩800을 내고 참여할 수 있다고 하자. 이 게임의 기댓값은 ₩800이므로 위험중립형은 이 게임에 대한 호불호가 없다. 게임에 참여할 때 기댓값인 ₩800을 내야 하는데, 이 기댓값 ₩800의 효용이 게임의 결과로 받게 될 ₩600과 ₩1,000에서 각각 얻게 될 효용의 기댓값과 같기 때문이다. 후자, 즉 기댓값(효용)을 **기대효용**이라고 한다.

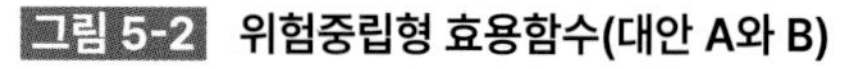

그림 5-2 위험중립형 효용함수(대안 A와 B)

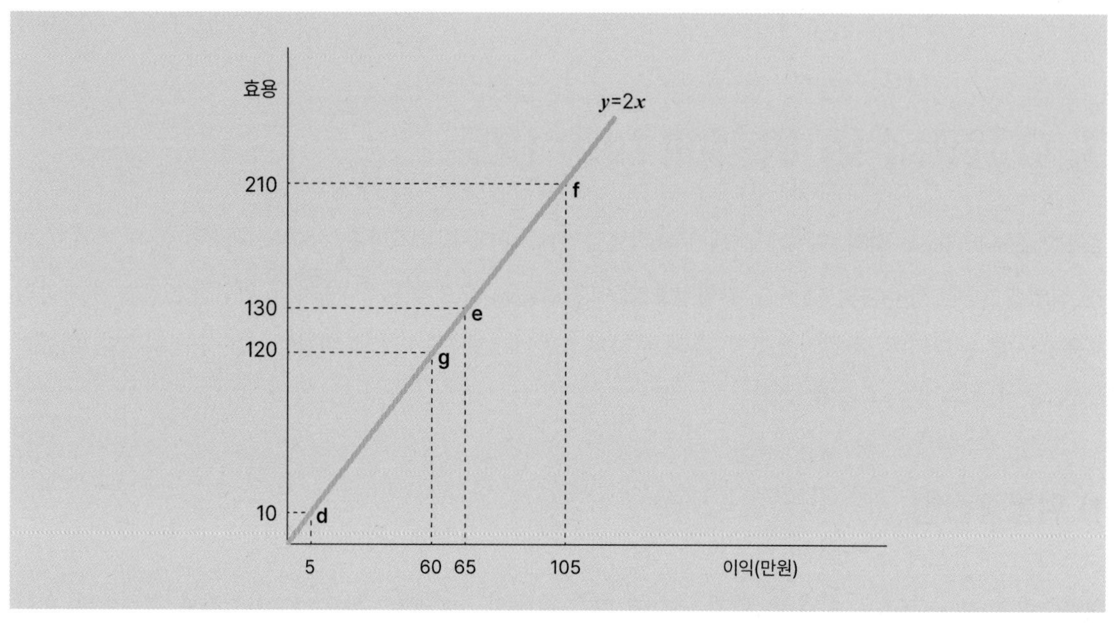

지수의 효용함수가 $y=2x$일 때, 대안 A와 대안 B의 기대효용은 표 5-3과 같다. 대안 A의 기대효용은 120, 대안 B의 기대효용은 130으로서 대안 A의 기대효용이 더 작다. 따라서 지수는 대안 B를 더 선호하게 된다. 위험중립형에서는 효용함수의 구체적인 형태와 무관하게 기대이익이 더 큰 대안이 기대효용이 항상 더 크므로, 기대가치를 기준으로 대안을 선택하는 것과 기대효용을 기준으로 대안을 선택하는 것의 결과는 같다.

표 5-3 효용함수가 $y=2x$인 경우 대안의 기대효용

대 안	이익(만원)	효 용	확 률	기대효용
A	60	2×60=120	1	120 (=120×1)
B	5	2×5=10	0.4	130 (=(10×0.4)+(210×0.6))
	105	2×105=210	0.6	

2) 위험회피형

위험회피형(risk-averse)의 기본적인 특징은 이익이 증가함에 따라 한계효용이 점차 감소하는 한계효용

체감의 법칙이 적용된다는 것이다. 위험회피형 효용함수는 위로 볼록한 형태로서, 대표적인 예로는 $y=a\sqrt{x}$ (a : 상수)가 있다.

그림 5-3은 이익에 대한 효용함수가 $y=\sqrt{x}$일 때를 나타낸 것이다. 대안 B의 경우, 이익(만원)이 5일 때 효용은 2.24(점 d)이며, 이익이 105일 때 효용은 10.25(점 g)로서, 기대효용은 7.04(=2.24×0.4+10.25×0.6)(점 f)이다. 이 기대효용은 대안 B의 기대이익인 65의 효용(8.06, 점 e)보다 작다. 즉, 위험회피형 효용함수에서는 다음이 항상 성립한다.

효용(기댓값) > 기댓값(효용)

위에서 예를 든 동전 던지는 게임에서 게임의 기댓값은 ₩800이지만 위험회피형은 이 게임에 참여하지 않는다. 게임에 참여할 때 기댓값인 ₩800을 내야 하는데, 이 기댓값 ₩800의 효용이 ₩600과 ₩1,000에서 얻게 될 효용의 기댓값보다 더 크기 때문이다[3].

그림 5-3 위험회피형 효용함수(대안 B)

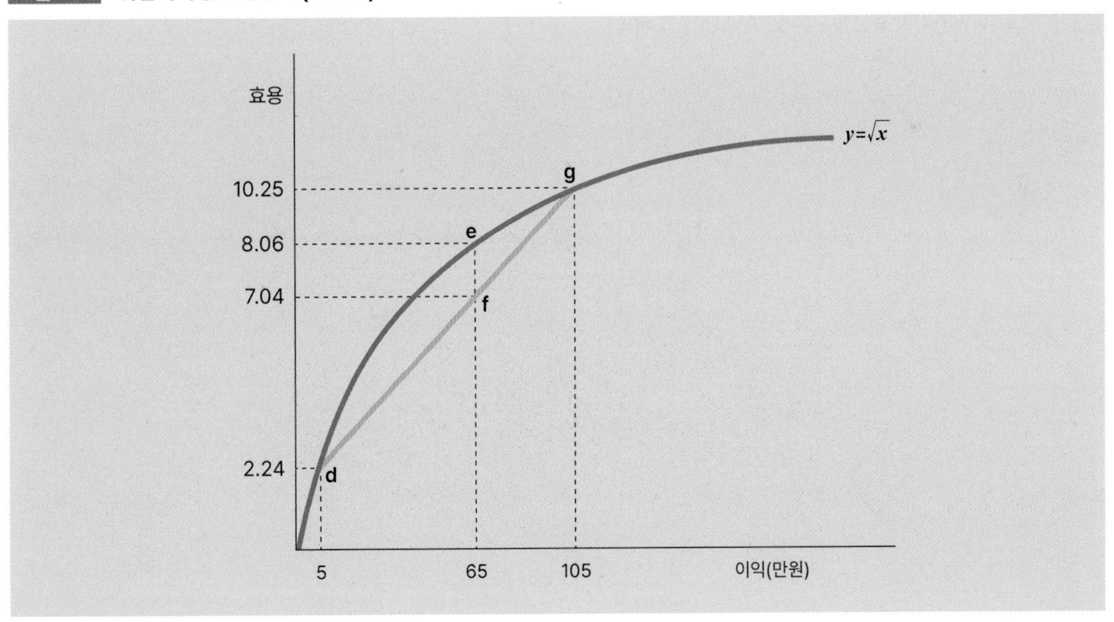

3 달리 표현하면, 동전 던지기 게임에 참여하여 뒷면이 나와서 ₩200을 따는 데서 오는 효용의 증가분보다 앞면이 나와서 ₩200을 잃을 때 오는 효용의 감소분이 더 크기 때문이다(감소 방향으로 그래프의 기울기가 더 가파르다).

이제 지수가 위험회피형일 때, 대안 A와 대안 B 중에 어느 대안을 택할지에 대해서 살펴보자. 대안 A는 이익이 확정적이어서(분산이 '0') 위험이 전혀 없지만, 대안 B보다 기대이익이 낮기 때문에 효용함수를 이용하여 효용을 계산해야 어느 대안의 효용이 더 큰지 알 수 있다.

지수의 효용함수가 $y=\sqrt{x}$일 때, 대안 A와 대안 B의 기대효용을 비교하면 표 5-4 및 그림 5-4와 같다. 대안 A의 기대효용은 7.75, 대안 B의 기대효용은 7.04로서, 대안 A의 기대효용이 더 크다. 따라서 지수는 대안 A를 더 선호하게 된다[4].

표 5-4 효용함수가 $y=\sqrt{x}$인 경우 대안의 기대효용

대 안	이익(만원)	효 용	확 률	기대효용
A	60	$\sqrt{60}$=7.75	1	7.75 (=7.75×1)
B	5	$\sqrt{5}$=2.24	0.4	7.04 (=(2.24×0.4)+(10.25×0.6))
	105	$\sqrt{105}$=10.25	0.6	

그림 5-4 위험회피형 효용함수(대안 A와 대안 B 비교)

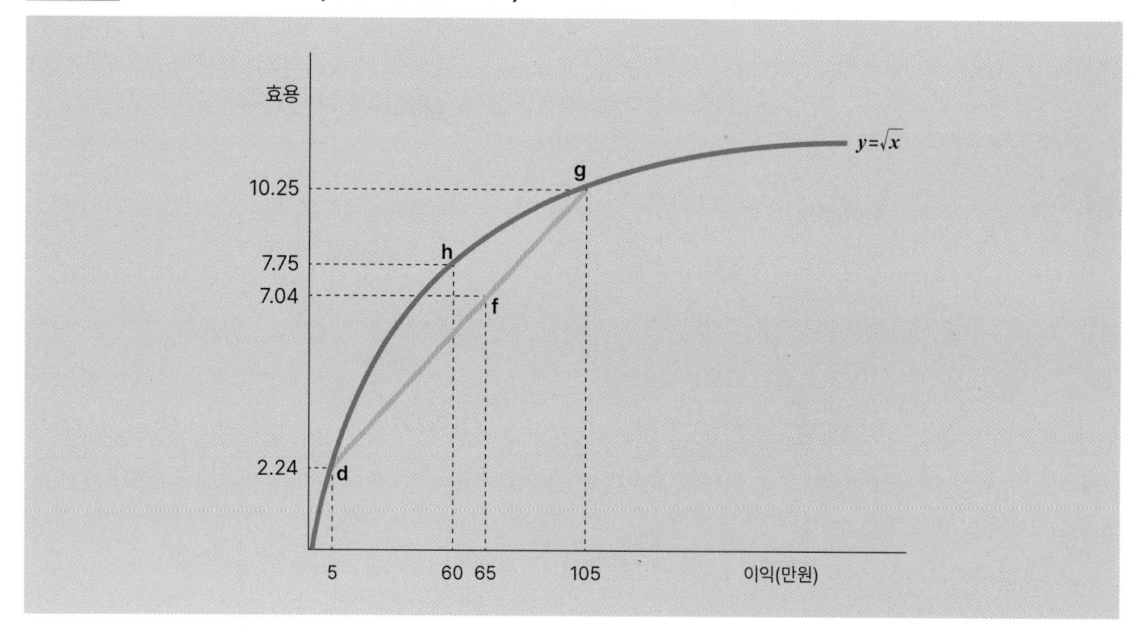

4 대안 B의 기댓값이 대안 A보다 더 크기 때문에, 위험회피형일지라도 효용함수의 형태가 달라지면 선호하는 대안이 달라질 수도 있다.

3) 위험선호형

위험선호형(risk-seeking)은 이익이 증가함에 따라 한계효용이 점차 증가하는 경우로서, 높은 이익을 바라고 높은 위험도 받아들이는 형태이다. 위험선호형 효용함수는 위로 오목한 형태로서, 대표적인 예로는 $y=ax^2$(a : 상수)이 있다.

그림 5-5는 이익의 효용함수가 $y=x^2$일 때를 나타낸 것이다. 이익(만원)이 5일 때 효용은 25(점 d)이며, 이익이 105일 때 효용은 11,025(점 g)로서, 기대효용은 6,625(=25×0.4+11,025×0.6)(점 e)이다(표 5-5 참고). 이 기대효용은 대안 B의 기대이익인 65의 효용(4,225, 점 f)보다 크다. 즉, 위험회피형 효용함수에서는 다음이 항상 성립한다.

효용(기댓값) < 기댓값(효용)

위에서 예를 든 동전 던지는 게임에서 게임의 기댓값은 ₩800이지만 위험선호형은 이 게임에 참여한다. 게임에 참여할 때 기댓값인 ₩800을 내야 하는데, 이 기댓값 ₩800의 효용보다 ₩600과 ₩1,000에서 얻게 될 효용의 기댓값(즉, 기대효용)이 더 크기 때문이다.

그림 5-5 위험선호형 효용함수(대안 B)

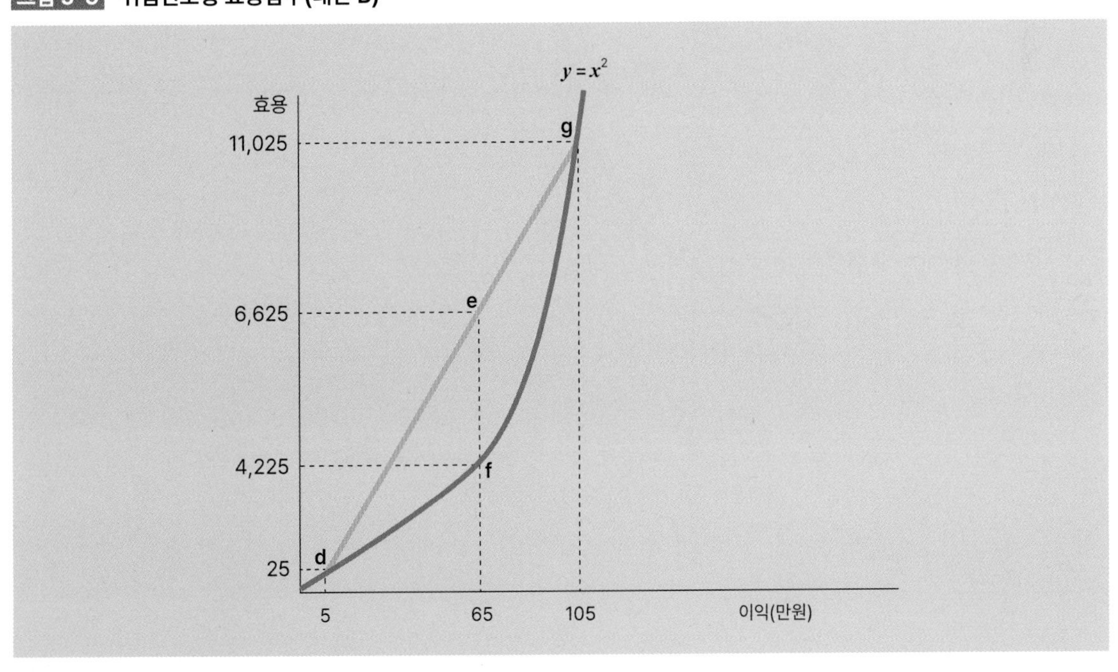

이제 지수가 위험회피형일 때, 대안 A와 대안 B 중에 어느 대안을 택할지에 대해서 살펴보자.

지수의 효용함수가 $y=x^2$일 때, 대안 A와 대안 B의 기대효용을 비교하면 표 5-5 및 그림 5-6과 같다. 대안 A의 기대효용은 3,600, 대안 B의 기대효용은 6,625로서, 대안 B의 기대효용이 더 크다. 따라서 지수는 대안 B를 택하게 된다.

표 5-5 효용함수가 $y=x^2$인 경우 대안의 기대효용

대 안	이익(만원)	효 용	확 률	기대효용
A	60	60^2=3,600	1	3,600 (=3,600×1)
B	5	5^2=25	0.4	6,625 (=(25×0.4)+(11,025×0.6))
	105	105^2=11,025	0.6	

그림 5-6 위험선호형 효용함수(대안 A와 대안 B 비교)

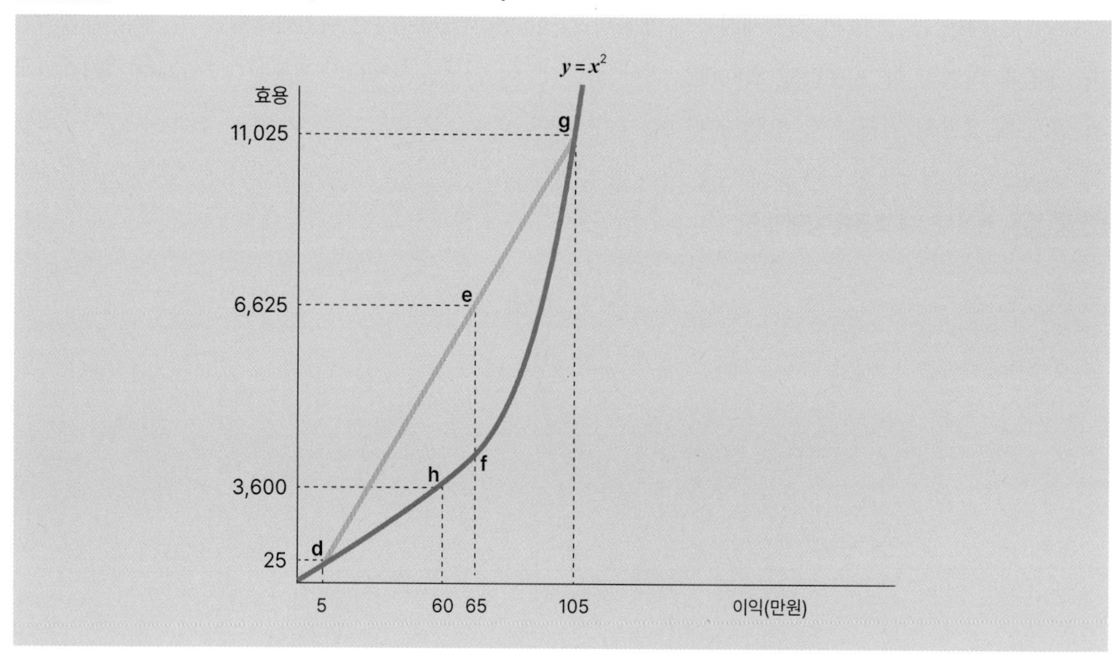

4) 위험선호도와 의사결정 요약

앞에서 학습한 위험선호도의 유형별 특징을 정리하면 표 5-6과 같다. 위험에 대한 선호도는 의사결정자가 해당 투자안에 대한 위험을 분산할 수 있는 다른 투자안들이 있는지에 따라 다르다. 일반적인 효용분석모델에서 개인은 위험을 분산할 수 있는 다양한 투자 대안이 적을 가능성이 높아 위험을 싫어하는 위험회피형으로 간주하는 경우가 많다(물론, 사행성 게임을 즐기는 위험선호형도 존재한다).

표 5-6 위험선호도 유형별 특징

	위험중립형	위험회피형	위험선호형
한계효용 특징	한계효용 일정	한계효용 감소	한계효용 증가
효용함수의 예	$y=ax+b$(a, b는 상수)	$y=ax^2+b$(a, b는 상수)	$y=\sqrt{a+x}$ (a는 상수) $y=a+\log(x)$(a는 상수)
효용의 특징	효용의 기댓값(기대효용) = 기댓값의 효용	효용의 기댓값(기대효용) < 기댓값의 효용	효용의 기댓값(기대효용) > 기댓값의 효용

회계·재무 분야에서 널리 사용되고 있는 대리인 이론(agency theory)에서는 일반적으로 대리인(agent)은 위험분산 수단이 적은 사람으로서 위험회피형으로 분류하고, 주인(principal)은 다양한 투자 대안을 보유하여 위험분산이 가능한 위험중립형으로 분류한다. 참고로, 대리인 이론에서 대리인의 효용에 영향을 미치는 요소에는 대리인이 받는 보수 외에도 대리인이 투입하는 노력이 있다. 보수는 효용을 증가시키지만, 노력은 효용을 감소시킨다(제14장의 보론에서 자세히 설명).

4. 불확실성과 정보가치

1) 정보의 가치

지수가 샌드위치 구매량을 결정하기 위해서는 수요(상황)를 예측해야 한다. 현재 지수의 예상에 따르면 상황 1(낮은 수요, 1,000개), 상황 2(높은 수요, 1,500개)가 발생할 확률은 각각 0.4와 0.6이다. 그러나 만약 전지전능한(clairvoyant) 전문가가 어떤 상황이 발생할지를 정확하게 알고 있다면 지수에게 그 정보의 가치는 얼마인가? 이 정보 가치의 기댓값이 **완전정보의 기대가치**(EVPI, Expected Value of Perfect Information)이다.

이와 달리, 시장분석 전문가가 어떤 상황이 발생할지 정확하게 알지 못하지만 각 상황이 발생할 확률을 제시한다면, 지수에게 전문가가 제시하는 정보의 가치는 얼마인가? 이 정보 가치의 기댓값이 **불완전정보의 기대가치**(EVII, Expected Value of Imperfect Information) 또는 **표본정보의 기대가치**(EVSI, Expected Value of Sample Information)이다.

투자자의 선택이 효용함수에 따라 다르듯이, 정보의 기대가치도 효용함수에 따라 달라진다. 여기에서는 과다한 복잡성을 피하기 위해 위험중립형 투자자에 대한 정보가치를 계산하는 방법을 학습해보자. 즉, 기대이익을 기준으로 정보의 기대가치를 계산해보자.

2) 완전정보의 기대가치

여기서 **완전정보**(perfect information)는 두 가지 상황 중에서 어떤 상황이 발생할지를 미리 아는 것이다. 전문가가 상황 1이 발생할 것이라고 말한다면("상황 1"), 지수는 대안 A를 택하게 되고 이익은 ₩600,000이 된다. 상황 2가 발생할 것이라고 말한다면("상황 2"), 지수는 대안 B를 택하게 되고 이익은 ₩1,050,000이 된다. 현재 지수는 자신이 판단하는 각 상황이 발생할 확률만 가지고 있으며, 전문가가 어떤 상황이 발생할 것이라고 말할지 아직 알지 못한다. 따라서 완전정보를 얻을 수 있을 때 투자의 기대가치(여기서 기대이익)는 다음과 같다.

완전정보를 얻을 수 있을 때 투자의 기대가치

= P("상황 1")×상황 1에서의 기대이익+P("상황 2")×상황 2에서의 기대이익

= (0.4×₩600,000)+(0.6×₩1,050,000) = ₩870,000

여기서 P("상황 1"), P("상황 2")는 전문가가 각각 상황 1, 상황 2가 발생할 것이라고 말할 확률로서, 지수가 현재 판단하는 확률이다. 따라서 완전정보를 얻을 수 있을 때 투자의 기대가치도 지수가 각 상황이 발생할 것으로 예측하는 주관적 확률에 의해 영향을 받는다. 만약 지수가 상황 1, 2가 발생할 확률이 각각 0.3, 0.7이라고 예측한다면, 완전정보를 얻을 수 있을 때 투자의 기대가치는 (0.3×₩600,000)+(0.7×₩1,050,000)=₩915,000이 된다.

완전정보를 얻을 수 있을 때 지수의 **의사결정 나무**는 그림 5-7 과 같다. 정보를 얻을 수 없는 경우의

그림 5-7 완전정보를 얻을 수 있을 때의 의사결정 나무(괄호 안은 확률)

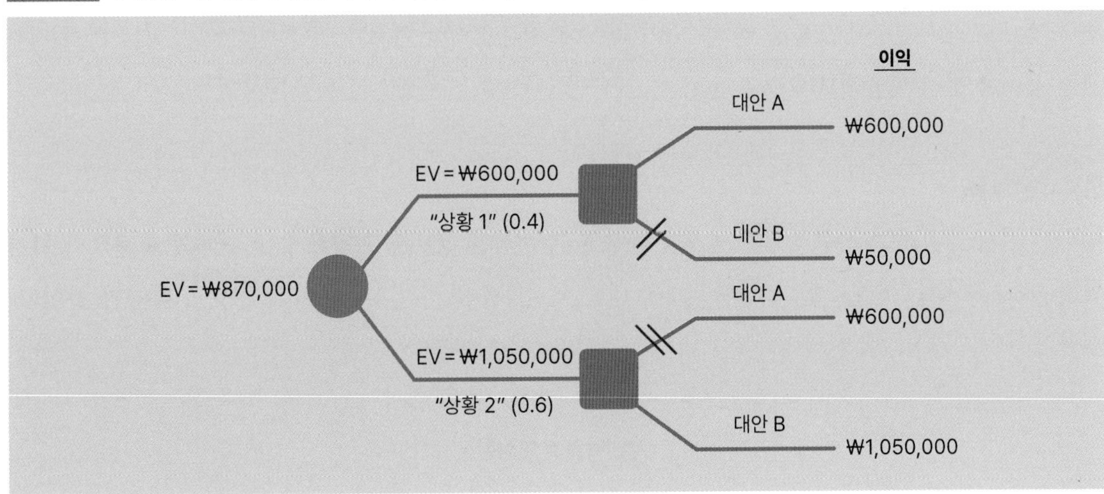

의사결정 나무(그림 5-1)와 비교하면, 완전정보를 얻을 수 있을 경우에는 상황에 대한 정보를 얻은 이후에 대안을 선택한다는 점에 차이가 있다.

정보가 없는 경우에는 앞에서 설명한 바와 같이 지수는 각 대안의 기대이익을 비교하여 기대이익이 높은 대안 B를 택하게 될 것이다. 이때 투자의 기대가치는 ₩650,000이다(표 5-2). 따라서 완전정보의 기대가치(EVPI)는 다음과 같이 계산한다.

완전정보의 기대가치(EVPI)

= 완전정보를 얻을 수 있을 때 투자의 기대가치 − 정보가 없을 때 투자의 기대가치
= ₩870,000 − ₩650,000 = ₩220,000

완전정보의 기대가치는 지수가 현재 상태에서 해당 완전정보를 얻는 대가로 지불할 용의가 있는 최대금액이다.

3) 불완전정보의 기대가치

불완전정보(imperfect information)는 각 상황이 발생할 수 있는 확률에 대해 지수가 현재 가지고 있는 정보에 부가적으로 제공되는 정보로서 여전히 불완전한 정보를 말한다. 대부분의 시장조사 전문가의 분석은 불완전정보에 해당한다. 지수는 전문가로부터 (불완전)정보를 획득하더라도 자신이 가지고 있는 정보

를 버리지 않는다. 전문가의 정보를 조언(advice)으로 받아들이고 상황이 발생할 확률을 재평가한다. 불완전한 정보도 의사결정에 도움을 줄 수 있기 때문에 정보로서의 가치가 있다. 자세한 분석을 하기 전에 관련 용어를 먼저 학습해보자.

(1) 사전확률

지수가 현재 생각하는 상황 1, 2가 발생할 확률은 추가적인 정보를 획득하기 전 단계의 확률로서 **사전확률**(prior probability)이라고 한다. 상황 1, 2에 대한 사전확률은 각각 0.4, 0.6이다. 기호로 다음과 같이 표시한다.

사전확률 = P(상황)

본 예제에서 사전확률은 표 5-7과 같다.

표 5-7 사전확률 = P(상황)

상황	수요량	확률
1	1,000	0.4
2	1,500	0.6
확률 합계		1

(2) 우도

지수는 전문가를 고용하기 전에 전문가의 과거 경력과 실적을 토대로 전문가의 상황예측 능력을 주관적으로 평가해야 한다. (상황예측 능력이 낮다면 왜 그를 고용하겠는가?) 예를 들어, 실제로 상황 1이 발생할 때 전문가가 상황 1이 발생할 것이라고 예측하는 확률은 얼마일까? 이런 확률을 **우도**(likelihood)라고 한다. 기호로 다음과 같이 표시한다.

우도 = P(예측/실제)

즉, 우도는 실제로 발생하는 상황에 대해 어떤 예측을 할 조건부 확률이다. 지수가 전문가에 대해 내린 평가는 표 5-8과 같다고 하자. 표에서 실제 상황 1이 발생할 때, 전문가가 상황 1이 발생할 것이라고 말할 확률, 즉, P("상황 1"/상황 1)은 0.65이며, 상황 2가 발생할 것이라고 말할 확률, 즉 P("상황 2"/상황 1)은 0.35이다.

표 5-8 우도 = P(예측/실제)

예측 \ 실제	상황 1	상황 2
"상황 1"	P("상황 1"/상황 1) = 0.65	P("상황 1"/상황 2) = 0.3
"상황 2"	P("상황 2"/상황 1) = 0.35	P("상황 2"/상황 2) = 0.7
합계	1	1

(3) 사후확률

전문가가 각 상황이 발생할 확률을 제시했을 때 실제로 각 상황이 발생할 조건부 확률을 **사후확률**(posterior probability)이라고 한다. 기호로 다음과 같이 표시한다.

사후확률 = P(실제/예측)

사후확률은 사전확률(지수가 생각하는 상황별 발생 확률)과 우도(지수가 전문가에 대해 내리고 있는 평가)를 이용하여 계산한다[5].

전문가가 상황을 상황 1로 예측하는 경우("상황 1")는 두 가지이다. 실제로 상황 1이 발생하고 상황 1로 예측할 수도 있고(상황 1 & "상황 1"), 실제로 상황 2가 발생하지만 상황 1로 예측할 수 있다(상황 2 & "상황 1")[6]. 두 가지 경우의 확률을 더하면 전문가가 상황 1을 예측할 확률, 즉 P("상황 1")이 된다. 전문가가 상황 1이 발생할 것으로 예측하는 조건부하에서 두 경우 중에 첫 번째 경우에 해당할 확률이 사후확률 P(상황 1/"상황 1")이다.

이제 사후확률을 계산해보자.

5 사전확률에 새로운 정보(우도)를 반영하여 사후확률을 계산하는 이론이 베이스 정리(Bayes' theorem)이다.

6 상황 1이 발생하고 상황 1이라고 예측할 확률인 P(상황 1 & "상황 1")은 상황 1이 발생할 확률(P(상황 1))에다 상황 1이 발생할 때 상황 1이라고 예측할 확률(P("상황 1"/상황 1))을 곱한 것과 같다.

가. P(상황 1/"상황 1") [상황 1을 예측할 때 상황 1이 발생할 확률]

$$= \frac{P(\text{상황 1 \& "상황 1"})}{P(\text{"상황 1"})}$$

$$= \frac{P(\text{상황 1 \& "상황 1"})}{P(\text{상황 1 \& "상황 1"}) + P(\text{상황 2 \& "상황 1"})}$$

$$= \frac{P(\text{상황 1}) \times P(\text{"상황 1"/상황 1})}{[P(\text{상황 1}) \times P(\text{"상황 1"/상황 1}) + P(\text{상황 2}) \times P(\text{"상황 1"/상황 2})]}$$

$$= \frac{0.4 \times 0.65}{(0.4 \times 0.65 + 0.6 \times 0.3)} = \frac{0.26}{0.44} = 0.59$$

마지막 수식에서 분모와 분자는 사전확률과 우도의 곱으로 이루어져 있음을 알 수 있다.

나. P(상황 2/"상황 1") [상황 1을 예측할 때 상황 2가 발생할 확률]

$$= \frac{P(\text{상황 2 \& "상황 1"})}{P(\text{"상황 1"})}$$

$$= \frac{P(\text{상황 2 \& "상황 1"})}{P(\text{상황 1 \& "상황 1"}) + P(\text{상황 2 \& "상황 1"})}$$

$$= \frac{P(\text{상황 2}) \times P(\text{"상황 1"/상황 2})}{[P(\text{상황 1}) \times P(\text{"상황 1"/상황 1}) + P(\text{상황 2}) \times P(\text{"상황 1"/상황 2})]}$$

$$= \frac{0.6 \times 0.3}{(0.4 \times 0.65 + 0.6 \times 0.3)} = \frac{0.18}{0.44} = 0.41$$

$$= 1 - P(\text{상황 1/"상황 1"})$$

다. P(상황 1/"상황 2") [상황 2를 예측할 때 상황 1이 발생할 확률]

$$= \frac{P(\text{상황 1 \& "상황 2"})}{P(\text{"상황 2"})}$$

$$= \frac{P(\text{상황 1 \& "상황 2"})}{P(\text{상황 1 \& "상황 2"}) + P(\text{상황 2 \& "상황 2"})}$$

$$= \frac{P(상황\ 1) \times P(“상황\ 2”/상황\ 1)}{[P(상황\ 1) \times P(“상황\ 2”/상황\ 1) + P(상황\ 2) \times P(“상황\ 2”/상황\ 2)]}$$

$$= \frac{0.4 \times 0.35}{(0.4 \times 0.35 + 0.6 \times 0.7)} = \frac{0.14}{0.56} = 0.25$$

라. P(상황 2/“상황 2”) [상황 2를 예측할 때 상황 2가 발생할 확률]

$$= \frac{P(상황\ 2\ \&\ “상황\ 2”)}{P(“상황\ 2”)}$$

$$= \frac{P(상황\ 2\ \&\ “상황\ 2”)}{P(상황\ 1\ \&\ “상황\ 2”) + P(상황\ 2\ \&\ “상황\ 2”)}$$

$$= \frac{P(상황\ 2) \times P(“상황\ 2”/상황\ 2)}{[P(상황\ 1) \times P(“상황\ 2”/상황\ 1) + P(상황\ 2) \times P(“상황\ 2”/상황\ 2)]}$$

$$= \frac{0.6 \times 0.7}{(0.4 \times 0.35 + 0.6 \times 0.7)} = \frac{0.42}{0.56} = 0.75$$

$$= 1 - P(상황\ 1/“상황\ 2”)$$

이상의 사후확률 계산 결과를 정리하면 표 5-9와 같다.

표 5-9 사후확률 = P(실제/예측)

실제 \ 예측	“상황 1”	“상황 2”
상황 1	P(상황 1/“상황 1”) = 0.59	P(상황 1/“상황 2”) = 0.25
상황 2	P(상황 2/“상황 1”) = 0.41	P(상황 2/“상황 2”) = 0.75
합계	1	1

사후확률을 계산하는 방법을 표 5-10의 사전확률과 우도표를 이용해서 다시 확인해보자.

표 5-10 사전확률과 우도표를 이용한 사후확률 계산과정

예측 \ 실제	상황 1 P(상황 1) = 0.4	상황 2 P(상황 2) = 0.6	비 고 사전확률
"상황 1"	P("상황 1"/상황 1) = 0.65 ① P(상황 1 & "상황 1")=0.4×0.65	P("상황 1"/상황 2) = 0.3 ② P(상황 2 & "상황 1")=0.6×0.3	우도
"상황 2"	P("상황 2"/상황 1) = 0.35 ③ P(상황 1 & "상황 2")=0.4×0.35	P("상황 2"/상황 2) = 0.7 ④ P(상황 2 & "상황 2")=0.6×0.7	우도

실제상황과 상황예측의 모든 조합은 표에 나타난 ①, ②, ③, ④ 네 가지 경우로 정리된다. 이 네 가지 경우를 이용하여 다음과 같이 사후확률을 계산한다.

- P(상황 1/"상황 1") [상황 1을 예측할 때 상황 1이 발생할 확률] $= \frac{①}{(①+②)} = 0.59$
- P(상황 2/"상황 1") [상황 1을 예측할 때 상황 2가 발생할 확률] $= \frac{②}{(①+②)} = 0.41$
- P(상황 1/"상황 2") [상황 2를 예측할 때 상황 1이 발생할 확률] $= \frac{③}{(③+④)} = 0.25$
- P(상황 2/"상황 2") [상황 2를 예측할 때 상황 2가 발생할 확률] $= \frac{④}{(③+④)} = 0.75$

(4) 불완전정보의 기대가치

전문가가 제공하는 정보를 이용할 경우 지수의 기대이익이 어떻게 변하는지 계산해보자. 지수는 전문가로부터 정보를 획득하더라도 여전히 불완전정보이므로 그대로 따르지 않고, 기존에 자기가 가지고 있던 정보(사전확률)를 갱신하게 된다. 이제 사전확률에다 우도를 고려하여 계산한 사후확률이 새로운 확률이 된다. 사후확률을 이용하여 기대이익을 다시 계산해보자(표 5-11).

표 5-11 사후확률을 이용한 지수의 대안별 기대이익 재계산

[패널 A] 상황 1을 예측하는 경우("상황 1")

	상황 1	상황 2	기대이익	비 고
(사후확률)	0.59	0.41		
대안 A	₩600,000	₩600,000	₩600,000 (=0.59×600,000+0.41×600,000)	선택
대안 B	₩50,000	₩1,050,000	₩460,000 (=0.59×50,000+0.41×1,050,000)	

[패널 B] 상황 2를 예측하는 경우("상황 2")

	상황 1	상황 2	기대이익	비 고
(사후확률)	0.25	0.75		
대안 A	₩600,000	₩600,000	₩600,000 (=0.25×600,000+0.75×600,000)	
대안 B	₩50,000	₩1,050,000	₩800,000 (=0.25×50,000+0.75×1,050,000)	선택

전문가가 상황 1을 예측했을 때, 지수는 대안 A를 택하며 이때 기대이익은 사후확률을 토대로 계산하면 ₩600,000이다. 상황 2를 예측했을 때, 지수는 대안 B를 택하게 되며 이때 기대이익은 ₩800,000이다. 따라서 전문가가 제시하는 불완전정보를 토대로 대안을 선택한다고 하면, 불완전정보가 있을 때 투자의 기대이익은 다음과 같이 계산한다.

불완전정보가 있을 때 투자의 기대가치

= P("상황 1")×이때 선택된 대안의 이익+P("상황 2")×이때 선택된 대안의 이익

= 0.44×₩600,000+0.56×₩800,000 = ₩712,000

불완전정보가 있을 때 **의사결정 나무**는 그림 5-8과 같다.

그림 5-8 불완전정보하에서 의사결정 나무(괄호 안은 확률)

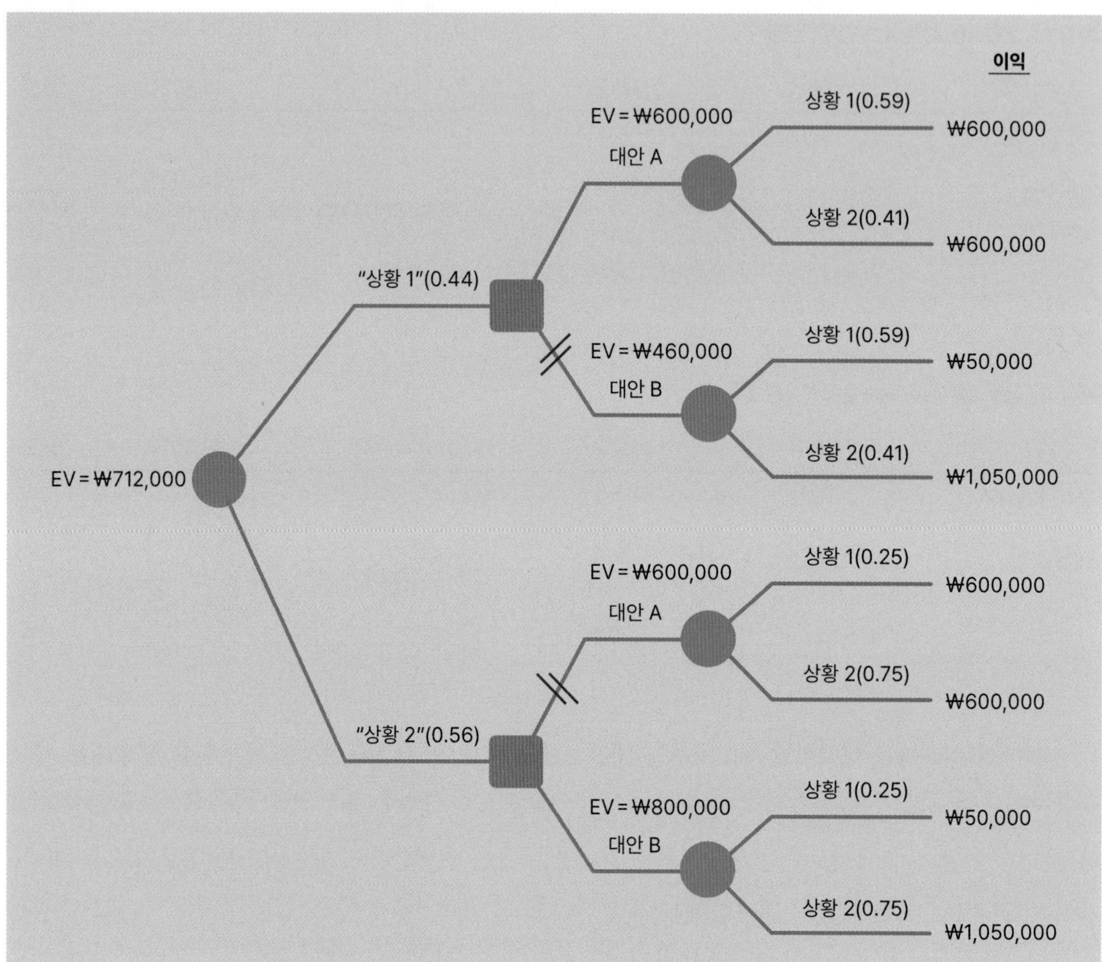

이제 마지막으로 **불완전정보의 기대가치**는 다음과 같이 계산한다. 즉, 지수는 전문가에게 정보제공에 대한 대가로 최대 ₩62,000을 지불할 용의가 있다.

불완전정보의 기대가치(EVII, EVSI)

= 불완전정보가 있을 때 투자의 기대가치 − 정보가 없을 때 투자의 기대가치
= ₩712,000 − ₩650,000 = ₩62,000

5. 예측오류의 원가

먼저, 지수가 대안 A(1,000개 주문)를 택한 경우를 생각해보자. 이때 상황 1(수요 1,000개)이 나타나면 올바른 결정이었으므로 오류가 없다. 그러나 상황 2(수요 1,500개)가 나타나면, 대안 B(1,500개 주문)를 택했더라면 얻을 수 있었던 이익 ₩1,050,000을 얻지 못하고 대안 A의 이익 ₩600,000만 얻게 되었으므로, 예측오류로 인해 잃어버리는 이익(기회손실)이 ₩450,000이다. 즉, 상황 2가 나타나면 대안 A의 **예측오류의 원가**(cost of a prediction error)는 ₩450,000이다.

다음으로, 지수가 대안 B를 택한 경우를 생각해보자. 이때 상황 2가 나타나면 올바른 결정이었으므로 오류가 없다. 그러나 상황 1이 나타나면, 대안 A를 택했더라면 얻을 수 있었던 이익 ₩600,000을 얻지 못하고 대안 B의 이익 ₩50,000만 얻게 되었으므로, 예측오류로 인해 잃어버리는 이익(기회손실)이 ₩550,000이다. 즉, 상황 1이 나타나면 대안 B의 **예측오류의 원가**(cost of a prediction error)는 ₩550,000이다. 이를 정리하면 표 5-12와 같다.

표 5-12 각 대안의 상황별 예측오류의 원가

	상황		기댓값
	상황 1 (수요 1,000개)	상황 2 (수요 1,500개)	
대안 A (1,000개 주문)	0	₩450,000	₩270,000 (=0.6×₩450,000)
대안 B (1,500개 주문)	₩550,000	0	₩220,000 (=0.4×₩550,000)
확률	0.4	0.6	

각 대안의 예측오류의 원가의 기댓값은 표에 나타난 바와 같이, 대안 A의 경우 ₩270,000, 대안 B의 경우 ₩220,000이다. 따라서 지수가 기대가치 기준으로 대안을 선택한다면, 예측오류의 기대원가가 ₩50,000 적은 대안 B를 택하는 것이 옳다. 두 대안의 예측오류의 기대원가의 차이 ₩50,000은 두 대안의 기대이익(₩600,000, ₩650,000) 차이와 크기가 같다(표 5-2). 즉, 대안 선택기준으로서, 기대이익이 큰 대안을 선택하는 것과 예측오류의 원가가 작은 대안을 택하는 것은 같은 것이다.

여기서, 예측오류의 원가를 줄이기 위해 대안 B를 택하더라도 이에 따른 예측오류의 기대원가 ₩220,000이 있다. 즉, 대안 B를 택한 후 상황 1이 나타날 확률이 0.4이므로 오류의 가능성이 있는 것이다. 만약 완전정보를 가지고 있다면, 이런 오류는 발생하지 않을 것이다. ₩220,000은 앞에서 설명한 완전정보의 기대가치와 같은 값임을 알 수 있다.

6. 관리회계와 불확실성하의 의사결정

경영 의사결정은 불확실성에 노출되어 있다. 원가-조업도-이익(CVP) 분석에서는 원가와 판매량 등이 불확실성에 노출되어 있으며, 재고관리에서도 재료 주문 리드타임(purchase-order lead time), 수요량 등이 불확실성에 노출되어 있다(제9장 참고). 이러한 불확실성을 확률적으로 계량화할 수 있다면 경영 의사결정을 더 정교화할 수 있다.

원가-조업도-이익(CVP) 분석에서 불확실성의 영향을 분석하기 위해 민감도 분석과 영업레버리지 분석을 사용하지만, 주로 "what-if" 분석에 의존한다(예 판매량이 1% 증가하면 영업이익은 몇 % 증가하는가?). 그러나 what-if 분석은 미래에 발생할 수 있는 상황(event)들을 확률적으로 예측하지 않고 다양한 시나리오에 열려 있어서 구체적인 행동 대안에 대한 지침을 제시하지 못한다. 만약 관련 변수들의 불확실성을 확률적으로 나타낼 수 있다면(예 판매량이 10% 증가할 확률이 40%), 본 장에서 설명한 계량적 방법들을 사용하여 분석을 한 단계 더 정교화할 수 있다.

제조원가의 경우, 예산과 발생액 간에 차이가 발생할 때 미미한 차이는 그냥 지나칠 수도 있지만, 차이가 큰 경우에는 차이 발생의 원인을 조사해야 할 수도 있다(제11장 참고). 조사에는 조사비용이 들기 때문에 차이 발생 원인에 대한 확률적인 평가를 통해 조사 여부를 결정해야 할 수 있다.

유사한 의사결정 문제로서, 제조공정에서 불량이 발생할 경우, 공정이 여전히 정상적인 통제상태(In-Control)에 있는지 통제를 벗어난 상태(Out-of-Control)에서 불량이 발생했는지 그 여부를 조사해야 할 수 있으며, 이때에도 확률적인 평가가 필요하다.

관리회계시스템이 제공하는 정보는 상황에 대한 확률적 평가를 개선하여 의사결정의 불확실성을 줄이는 역할을 할 수 있으며, 관리회계에서 제공하는 분석방법들은 확률적 모델(probabilistic model)을 이용하여 현실적으로 보다 유용하게 확장될 수 있다.

관련 사례

동해유전 투자할 것인가?

"대왕고래 성공률 꽤 괜찮아" 포스코 · SK · GS 투자 가능성 – 중앙일보(joongang.co.kr)

바이오 성공확률과 기업가치

리가켐바이오, 플랫폼가치 ↑… 내년 첫 상용화 예고 – 이데일리(edaily.co.kr)

경영본질은 불확실성에 대한 대처

엇갈리는 유가 전망 … 정유 · 석유화학 업계 불확실성 커지나? – 글로벌이코노믹(g-enews.com)

연습문제

객관식

01 불확실성하의 의사결정 개념 (2011 CPA)

다음 중 불확실성하의 의사결정에 관한 설명으로 가장 타당하지 않은 것은?

① 미래의 발생 가능한 상황들은 모두 알려져 있지만 그중에서 어떤 특정상황이 실제로 발생할지는 모르는 상태에서 내리는 의사결정을 불확실성하의 의사결정이라고 한다.
② 불확실성하의 의사결정은 확실성하의 의사결정과는 달리 미래의 발생 가능한 상황들과 각 상황이 발생할 확률을 추가적으로 고려할 필요가 있다.
③ 불확실성하의 의사결정에 사용되는 정보의 유용성은 사전확률을 사후확률로 변경시킨 결과에 따른 의사결정자의 기대가치 또는 기대효용의 증가분에 의하여 평가할 수 있다.
④ 불완전정보의 기대가치(expected value of imperfect information)는 불완전정보에 의하여 수정된 사후확률을 이용하여 계산한 최적안의 기대가치와 불완전정보를 사용하기 전의 사전확률에 의한 최적안의 기대가치 차이로 계산할 수 있다.
⑤ 완전정보의 기대가치(expected value of perfect information)는 완전정보에 의한 미래의 상황별 최적안의 선택에 따른 기대가치로서 위험중립형 의사결정자가 정보의 구입비용으로 지불할 수 있는 최대금액이 된다.

02 불확실성하의 기대가치 (2006 CPA)

㈜싸이언은 게임용 소프트웨어를 개발하여 판매하고 있다. 제품의 단위당 변동원가는 ₩30,000이며 단위당 판매가격은 ₩40,000이다. 이 회사는 곧 개최되는 컴퓨터 박람회에 참가하려고 하는데 박람회 주관기관에서 부스(booth) 임차료와 관련하여 다음의 2가지 지급방안을 제안하였다.

- 방안 1 : 고정임차료 ₩8,000,000 지급
- 방안 2 : 고정임차료 ₩2,000,000과 매출액의 10% 지급

이 회사는 과거 경험자료에 기초하여 소프트웨어 1,000단위와 2,000단위를 판매할 확률을 각각 40%와 60%로 평가하였다. 기대영업이익을 극대화하려면 어느 방안을 선택해야 하며 그 기대영업이익은 얼마인가?

① 방안 1, ₩14,000,000
② 방안 2, ₩14,000,000
③ 방안 1, ₩8,000,000
④ 방안 2, ₩7,600,000
⑤ 방안 1, ₩7,600,000

03 불확실성하의 기대현금흐름 (2021 CPA)

㈜대한은 월드컵에서 한국 축구팀이 우승하면, 10억원 상당의 경품을 증정하는 이벤트를 실시할 예정이다. 동 경품 이벤트의 홍보효과로 인해 ㈜대한의 기대현금유입액은 한국 축구팀의 우승 여부에 관계없이 3억원이 증가할 것으로 예상된다. ㈜대한은 경품 이벤트에 대비하는 보험상품에 가입할 것을 고려하고 있다. 동 보험상품 가입

시 한국 축구팀이 월드컵에서 우승하는 경우, 보험사가 10억원의 경품을 대신 지급하게 된다. 동 상품의 보험료는 1억원이며, 각 상황에 따른 기대현금흐름은 다음과 같다.

	기대현금흐름(보험료 제외)	
	월드컵 우승 성공	월드컵 우승 실패
보험 가입	3억원	3억원
보험 미가입	(-) 7억원	3억원

한국 축구팀이 월드컵에서 우승할 가능성이 최소한 몇 퍼센트(%)를 초과하면 ㈜대한이 보험상품에 가입하는 것이 유리한가? (단, 화폐의 시간가치는 고려하지 않는다.)

① 5% ② 10% ③ 20% ④ 30% ⑤ 40%

04 불확실성하의 의사결정 대안 (2005 CPA)

㈜전략은 새로운 생산설비를 도입하면서 자본집약적인 경우와 노동집약적인 경우의 두 가지 대안을 생각하고 있다. 각 대안의 원가구조는 다음과 같다.

원 가	자본집약적 설비	노동집약적 설비
고정원가	₩1,000,000	₩200,000
단위당 변동원가	₩4,000	₩7,000

설비를 도입한 후 월 예상생산량과 그 확률이 다음과 같다고 할 때 원가최소화를 목표로 하는 ㈜전략이 월 예상판매량에 관한 불확실한 정보 때문에 입게 될 경제적 손실은 얼마인가?

생산량(단위)	100	200	300	400
확률(%)	40	30	20	10

① ₩60,000 ② ₩260,000 ③ ₩1,540,000
④ ₩1,600,000 ⑤ ₩1,800,000

05 완전정보의 기대가치 (2002 CPA)

김밥을 말아서 판매하는 경숙이는 한국시리즈가 진행되는 야구장에서 김밥을 판매하려고 한다. 김밥의 단위당 제조원가는 ₩400이며, 판매가격은 ₩1,000이다. 야구는 야간경기이기 때문에 야구장에서 팔고 남은 김밥은 쉬게 되어 폐기처분해야 하며, 미리 만들어 간 김밥이 다 팔린 후에는 추가로 김밥을 만들어 팔 수 없다. 김밥 아가씨 경숙이가 예상한 김밥의 판매량은 다음과 같다.

판매량	2,500개	3,000개	3,500개
확 률	0.4	0.3	0.3

김밥의 판매량에 관하여 완전한 예측을 해주는 완전정보시스템이 있다면 그러한 완전정보의 기대가치는 얼마인가?

① ₩0 ② ₩90,000 ③ ₩170,000 ④ ₩220,000 ⑤ ₩270,000

06 완전정보의 기대가치 (2023 CPA)

㈜대한은 제품 A를 생산하여 판매하려고 한다. 제품 A의 단위당 제조원가는 ₩200이며, 단위당 판매가격은 ₩500이다. 제품 A는 판매되지 못하면 전량 폐기처분해야 하며, 미리 생산한 제품 A가 전량 판매된 후에는 추가로 생산하여 판매할 수 없다. ㈜대한이 예상한 제품 A의 판매량은 다음과 같다.

판매량	확 률
500개	0.4
600개	0.3
700개	0.3

제품 A의 판매량에 관하여 완전한 예측을 해주는 완전정보시스템이 있다면, 다음 설명 중 옳은 것은?

① 기존정보하의 기대가치는 ₩155,000이다.
② 기존정보하에서는 생산량이 700개인 대안을 선택할 것이다.
③ 완전정보하의 기대가치는 ₩17,000이다.
④ 완전정보의 기대가치는 ₩177,000이다.
⑤ 기존정보하에서 기대가치가 가장 큰 대안을 선택하였고 실제로 제품 A가 500개 판매된 경우 예측오차의 원가는 ₩20,000이다.

07 기대이익 비교 (2010 세무사)

㈜목포는 갑회사로부터 유휴설비를 1년간 임대해 달라는 요청을 받았다. ㈜목포는 설비 임대료와 관련하여 다음과 같이 두 가지 대안을 제시받았다.

- 대안 1 : 갑회사의 연간 제품판매량×₩40+₩50,000
- 대안 2 : 갑회사의 연간 제품판매량×₩70

갑회사의 1년간 판매량이 1,000단위일 확률은 40%이며, 2,000단위일 확률은 65%라고 한다. ㈜목포의 입장에서 기대이익을 극대화하려면 어느 대안을 선택해야 하며, 그 기대임대료는 얼마인가?

① 대안 2, ₩104,000 ② 대안 2, ₩130,000 ③ 대안 2, ₩90,000
④ 대안 1, ₩112,000 ⑤ 대안 1, ₩114,000

08 기대이익 비교 (2001 세무사)

딸기작물은 서리에 노출되면 그렇지 않은 경우보다 가격이 대폭 하락한다. 딸기작물을 재배하는 어떤 농부가 딸기를 서리로부터 전문적으로 보호해 주는 A회사에게 서리보호용역을 맡기고자 한다. 서리(보호)의 유무에 따라 딸기재배로 인한 이익이 다음과 같이 예상되는 상황에서, A회사는 최소한 ₩1,000,000을 서리보호 대가로서 수취하고자 한다. 농부는 서리가 내릴 확률이 최소한 몇 % 이상일 때 A회사에게 용역을 맡길 가치가 있겠는가?

	딸기재배로 인한 이익의 예상액	
	서리가 있는 상황	서리가 없는 상황
서리보호가 있는 경우	₩9,000,000	₩6,000,000
서리보호가 없는 경우	4,000,000	6,000,000

① 16.7% ② 20.0% ③ 33.4% ④ 44.5% ⑤ 50.0%

09 완전정보의 기대가치 (2000 세무사)

㈜한국공업사는 최근 개발에 성공한 신제품을 생산하기 위해서, 제조기계 甲·乙 두 기계 중 하나를 구입하려고 한다. 甲·乙 기계는 그 성능에 있어 약간의 차이가 있으며, 따라서 기업이익에 기여하는 정도도 다소의 차이가 있다. 아래의 자료는 甲·乙 기계의 구입 시에 수요량(생산량)의 변동에 따른 예상이익의 성과표이다.

	수요량	
대 안	1,000단위 (0.4)	2,000단위 (0.6)
갑 기계 구입	₩9,000	₩20,000
을 기계 구입	8,000	20,000

만일, ㈜한국공업사가 생산제품의 수요량 변동을 정확히 예측할 수 있도록 하는 완전정보를 얻을 수 있다면, 이 정보의 대가로서 지급할 수 있는 최대한의 금액은 얼마가 되겠는가?

① ₩400 ② ₩600 ③ ₩800 ④ ₩1,200 ⑤ ₩1,600

10 완전정보의 기대가치 (2019 세무사)

㈜세무는 공정이 정상인지에 대해 조사 여부를 결정하고자 한다. 공정 조사비용은 ₩20,000이며, 조사 후 공정이 비정상 상태일 때 교정비용은 ₩30,000이다. 공정이 비정상인데 조사하지 않으면 손실 ₩90,000이 발생한다. 공정이 정상일 확률은 60%, 비정상일 확률은 40%이다. 공정 상태에 대해 완전한 예측을 해주는 완전정보시스템이 있다면 그 완전정보를 얻기 위해 지불 가능한 최대금액은?

① ₩4,000 ② ₩12,000 ③ ₩16,000 ④ ₩20,000 ⑤ ₩32,000

11 완전정보의 기대가치 (2023 세무사)

㈜세무는 기계 A, B 중 하나를 구입하고, 이를 사용하여 신제품을 생산하려 한다. 관련 자료를 근거로 작성한 성과표(payoff table)는 다음과 같다. 성과표에서 P(Si)는 확률을 의미하고, 금액은 이익을 의미한다.

	S1= 호황 P(S1) = 0.4	S2 = 불황 P(S2) =0.6
기계 A	₩9,000	₩1,000
기계 B	₩7,000	K

기계 A의 기대이익이 기계 B의 기대이익보다 더 크며, 호황일 때는 기계 A의 이익이 더 크고 불황일 때는 기계 B의 이익이 더 크다. 완전정보의 기대가치(EVPI)가 ₩600인 경우, 성과표에서 K는 얼마인가?

① ₩1,500 ② ₩2,000 ③ ₩2,200 ④ ₩2,300 ⑤ ₩2,500

12 완전정보의 기대가치 (2003 세무사)

서울회사는 방식 A 또는 방식 B를 이용하여 신제품을 개발하려고 한다. 신제품이 개발되면 소비자의 선호 여부에 따라 판매량이 달라질 것이다. 각 상황별 기대이익은 다음과 같다.

방 식 \ 상 황	선호함	선호하지 않음
방식 A	₩100,000	₩60,000
방식 B	150,000	40,000

신제품이 선호상품일 확률은 40%, 비선호상품이 될 확률은 60%로 예상되며, 위 자료를 이용하여 신제품개발의 완전정보 가치를 구하면 얼마인가?

① ₩3,200 ② ₩4,200 ③ ₩6,000 ④ ₩8,000 ⑤ ₩12,000

13 불완전정보의 기대가치 영향 요인 (2006 세무사)

불완전정보의 기대가치에 영향을 주는 요인으로 가장 옳지 않은 것은?

① 발생상황과 행동대안에 따른 성과
② 발생상황의 불확실성 정도
③ 각 행동대안의 기대성과
④ 불완전 정보의 예측정확성
⑤ 각 행동대안의 실현가능성

14 불완전정보의 기대가치 영향요인 (2018 감정평가사)

다음은 ㈜감평의 20X1년도 매출 관련 자료이다.

• 매출액 ₩282,000 • 총변동원가 ₩147,000 • 총고정원가 ₩ 30,000 • 판매량 3,000단위

20X2년도에 광고비 ₩10,000을 추가로 지출한다면, 판매량이 300단위 증가할 확률이 60%이고, 200단위 증가할 확률이 40%로 될 것으로 예상된다. 이때 증가될 것으로 기대되는 이익은? (단, 20X2년도 단위당 판매가격, 단위당 변동원가, 광고비를 제외한 총고정원가는 20X1년도와 동일하다고 가정한다.)

① ₩700 ② ₩800 ③ ₩1,200 ④ ₩1,700 ⑤ ₩2,700

주관식

01 불확실성하의 의사결정 (2000 CPA 수정)

㈜청룡은 제품을 생산하는 데 반자동기계(A기계)와 완전자동기계(B기계)를 사용할 수 있다.

	A기계	B기계
단위당 변동제조원가	₩150	₩50
단위당 변동판관비	50	50
고정제조간접비	100,000	350,000
고정판관비	50,000	50,000

제품 단위당 판매가격은 기계와 상관없이 모두 ₩500이다. 이 회사는 판매량을 추정하고 있는데 호황일 확률은 70%로 이때 예상 판매량은 3,000단위이며, 불황일 확률은 30%이고 이때 예상 판매량은 1,000단위이다.

요구사항

▸ **물음 1.** **미래의 상황이 위의 자료와 같다면 어느 대안을 택하겠는가?**

▸ **물음 2.** **이 경우 발생할 상황에 대해 확실한 정보가 있다고 하면, 그 정보에 대해 수수료를 최대한 얼마까지 지불할 용의가 있는가?**

▸ **물음 3.** **만약 시장전문가의 정보를 이용한다고 하면 수수료로 최대한 얼마를 지불할 수 있는가? 시장전문가는 호황일 때는 정확도가 90%이고 불황일 때는 정확도가 80%이다. (단, 확률계산 시 소수점 이하 둘째 자리까지 계산하라.)**

02 불확실성하의 의사결정 종합 (2018 CPA 수정)

20X8년 ㈜금감의 경영자는 인건비의 상승으로 인해 공장을 자동화설비로 교체할 예정이다. 경영자는 교체할 기계로 甲과 乙 중 하나를 선택할 수 있다. 두 기계는 동일한 제품을 생산하지만, 생산용량과 구입가격 및 변동제조간접원가에서 차이가 난다. 다음은 甲과 乙에 관한 자료이다. 두 기계의 내용연수는 1년이며, 잔존가치는 없다.

	甲	乙
최대생산용량	3,000개	2,000개
구입가격	₩580,000	₩180,000
직접재료원가	단위당 ₩180	단위당 ₩180
변동제조간접원가	단위당 ₩300	단위당 ₩400
고정제조간접원가 (구입가격제외)	₩170,000	₩170,000
변동판매관리비	단위당 ₩60	단위당 ₩60
고정판매관리비	₩50,000	₩50,000

제품의 예상 판매가격은 개당 ₩940이다. 호황기에는 생산된 모든 제품이 판매될 것으로 예측되지만 불황기에는 2,200개가 판매될 것으로 추정된다. 재무분석가는 20X8년에 호황이 될 확률이 30%, 불황이 될 확률이 70%로 예측하였다.

요구사항

▶ **물음 1.** 20X8년 기준으로 甲을 선택하는 경우가 乙을 선택하는 경우에 비해 기대가치가 얼마나 더 큰(작은)지를 구하시오.

▶ **물음 2.** ㈜금감은 기계도입의 효과를 극대화하기 위해 20X8년의 경기상황이 호황 또는 불황인지를 예측하고자 한다. 대형컨설팅업체에 의뢰 시 ₩50,000의 가격으로 경기상황에 대한 정보를 제공받을 수 있으며 제공받은 정보는 100% 정확하다. 소형컨설팅업체에 의뢰 시 ₩35,000의 가격으로 경기상황에 대한 정보를 제공받지만 80%만 일치한다. 컨설팅업체 선정은 컨설팅비용 및 기대가치에 의해서만 결정된다. 컨설팅을 받는 것이 유리한지 불리한지를 설명하시오. 만약 컨설팅을 받는 것이 유리하다면 대형컨설팅업체와 소형컨설팅업체 중 어느 업체를 선정하는 것이 유리한지 설명하시오. (단, 소수점 이하 셋째 자리에서 반올림하시오.)

PART III

전략적 성과관리와 원가관리

CHAPTER

6

균형성과표와 시간관리

본 장에서는 균형성과표(BSC)와 시간 관리에 대해 학습한다. 균형성과표는 기업이 재무적 성과와 비재무적 성과를 균형 있게 추구하여 기업가치를 제고하는 데 유용한 성과관리 수단으로, 기업전략 달성을 위한 효과적인 도구로 사용될 수 있다. 기업의 핵심성공요인인 품질, 원가, 시간, 혁신, 지속가능성 등은 균형성과표의 성과지표를 구성하는 핵심요소로서, 기업전략에 따라 구체적인 성과지표의 형태도 달라질 수 있다. 균형성과표는 정부부처 등 비영리조직에서도 활용할 수 있다. 본 장에서는 핵심성공요인 중의 하나인 시간(time)과 관련된 요소에 대해서도 깊이 있게 학습한다.

CHAPTER

6

균형성과표와 시간관리

1. 전략과 균형성과표

1) 전략달성 수단으로서의 균형성과표

성공적인 기업들은 훌륭한 전략(strategy)을 개발하고 그 전략을 성공적으로 실행에 옮긴다. 대표적인 전략유형으로는 제품차별화(product differentiation), 원가우위(cost leadership), 고객친화(customer intimacy), 운영탁월성(operational excellence) 등을 들 수 있다.

전략을 성공적으로 실행하기 위해서는 구체적인 행동계획(action plan)을 수립하고, 전략달성 정도를 측정하여 체계적으로 관리해야 한다. 과거에는 기업들이 매출액과 이익성장률 등 재무적(financial) 정보에 주로 관심을 가졌으나, 현대 경영에서는 전략의 진척도와 달성 정도를 파악할 수 있는 비재무적(nonfinancial) 정보를 더 필요로 한다. 전략의 달성 정도를 측정하는 지표의 상당수는 시장점유율, 고객만족도, 품질, 고객대응시간 등 비재무적 정보이다.

균형성과표(BSC, Balanced Scorecard)는 전략의 달성 정도를 나타내는 중요한 재무적·비재무적 요소들을 **핵심성과지표(KPI, Key Performance Indicators)**로 변환함으로써 전략의 성공적인 추진을 돕는 역할을 하며, 기업의 재무적 성과와 비재무적 성과를 균형 있게 추구하도록 해주는 성과관리 도구이다.

1990년대 이후로 AT&T, KPMG와 같은 세계적인 대기업들이 성과관리를 위해 균형성과표(BSC)를 채택해왔으며, 우리나라에도 KT를 비롯한 많은 기업들이 균형성과표 개념을 활용하고 있고, 정부 부처, 지방자치단체, 공공기관 등 공공부문에서도 균형성과표를 도입하여 활용하고 있다.

2) 원가우위전략과 제품차별화전략

경쟁우위 확보를 위한 대표적인 전략인 원가우위전략과 제품차별화전략에 대해 살펴보자.

원가우위전략(cost leadership strategy)은 기업이 경쟁자보다 낮은 원가로 제품(서비스)을 생산하여, 경쟁자보다 낮은 가격에 판매함으로써 지속적으로 이윤을 확보하는 전략이다. 원가우위전략은 대규모 제품 공급을 위한 상당한 자본 동원 능력과 저원가 제조를 위한 공정 혁신 능력을 요구한다. 중저가 제품 제조업체들의 상당수가 이 전략을 추구하며, 상기업 중에는 이케아, 이마트와 같은 대형 유통기업들이 이 전략을 추구하고 있다.

원가우위전략을 택하는 기업은 원가절감에 집중하며, 이 전략에 성공한 기업들은 저렴한 가격을 바탕으로 대체로 높은 시장점유율을 나타낸다. 원가절감은 제조공정은 물론, 배송이나 일반 관리 분야에 이르기까지 전 가치사슬활동에 걸쳐 추진한다.

그러나 유통 분야의 경우 온라인 판매가 점점 보편화되는 분야에서는 오프라인 매장 중심의 유통기업은 원가경쟁력을 지속적으로 확보하기 어려울 수도 있다. 제조 분야에서는 글로벌 경쟁 속에 해외 저가 제조업체들과의 경쟁으로 인해 우리나라에서는 순수하게 원가우위전략을 구사하는 기업을 찾기가 쉽지 않다.

원가우위전략을 추진할 때도 원가를 절감하기 위해 경쟁자가 제공하는 중요한 고객혜택을 제거할 경우 고객이 외면할 수 있다는 점에 주의해야 한다.

제품차별화전략(product differentiation strategy)은 기업이 제공하는 제품(서비스)의 혜택(제품의 기능과 특성, 품질, 평판, 브랜드명, 지원서비스 등)을 경쟁자와 차별화하고, 고객이 차별화된 혜택을 인지하도록 함으로써 경쟁우위를 확보하는 전략이다. 삼성전자, LG전자 등 우리나라의 대규모 제조업체들은 초기 원가우위전략을 통해 국제시장에 기반을 마련했지만, 이제는 많은 종류의 제품에 대해 고품질 제품을 생산하는 제품차별화전략을 추구하고 있다.

제품차별화전략은 강력한 마케팅 능력, 제품 엔지니어링 능력, 품질과 기술에 대한 기업 명성, 오랜 전통 등을 요구하며, 품질과 이미지가 중요한 화장품, 보석, 패션, 자동차 등의 산업에 큰 효과를 발휘한다. 에르메스, 루이비통, 티파니, 다이슨, 밴틀리, 롤렉스 등 제품차별화전략을 구사하는 기업들은 경쟁자들보다 더 높은 가격을 부과함으로써 상당한 원가절감 없이도 더 많은 이익을 확보한다.

제품차별화전략을 구사할 때 유의할 점은 원가절감을 실시하는 과정에서 제품의 차별화된 가치가 훼손될 수 있고, 잘못된 마케팅 활동은 차별화된 가치에 대한 고객의 인지에 부정적인 영향을 미칠 수 있다는 점이다.

우리는 편의상 기업의 전략을 원가우위전략과 제품차별화전략으로 구분했지만, 대부분의 기업은 두 전략 중 하나를 명확하게 택하기가 쉽지는 않다. 이로 인해, '중간에 끼는(getting stuck in the middle)' 위험에 빠질 수 있으니 이를 경계해야 한다.

3) 장단기 성과의 균형 달성수단으로서의 균형성과표

균형성과표의 또 다른 역할은 기업의 장단기 성과를 균형 있게 추구하도록 유도한다는 것이다. 이익을 추구하는 조직의 궁극적인 목적은 조직 소유주의 가치를 창출하는 것이다. 기업은 단기적으로뿐만 아니라 장기적으로 성과를 창출함으로써 주주가치를 증가시킬 수 있다. 순이익, 투자수익률 등 재무적인 성과들이 대표적인 단기성과 측정치이다. 경영자들이 이런 단기성과를 높이기 위해 장기적으로 주주가치를 증가시키는 종업원 교육훈련, 연구개발, 공정개선 등에 필요한 비용을 삭감할 우려가 있다. 균형성과표는 중요한 비재무적 성과를 핵심성과지표로 설정하여 측정하고 관리함으로써, 기업이 단기적 성과를 추구하여 장기적 성과를 희생하는 것을 방지하는 데 도움을 준다.

균형성과표라는 명칭은 기업이 **단기성과(short-run performance)**와 **장기성과(long-run performance)**를 균형 있게 추구할 수 있도록 핵심성과지표를 구성한다는 데서 비롯된 것이다. **재무적 성과지표(financial performance indicator)**는 주로 단기 성과지표이며, 정시배달률, 불량률 등 **비재무적 성과지표(nonfinancial performance indicator)**는 장기 성과지표에 해당한다. 비재무적 성과지표는 조직의 장기적인 이익 창출력을 나타내는 지표라는 점에서 **선행지표(leading indicator)**라 할 수 있으며, 재무 성과지표는 비재무적 성과들이 축적되어 결과적으로 나타난 것이라는 점에서 **후행지표(lagging indicator)**라 할 수 있다.

균형성과표는 재무적·비재무적 성과지표들을 재무적 관점, 고객 관점, 내부 비즈니스 프로세스 관점, 학습과 성장 관점 등 네 가지 **관점(perspective)**으로 체계화한다. 이 중에서 재무적 관점을 제외한 나

표 6-1 균형성과표에서 재무적 · 비재무적 성과의 균형

재무적 성과지표	비재무적 성과지표
단기 성과지표	장기 성과지표
후행지표	선행지표
재무 관점	고객 관점, 내부 비즈니스 프로세스 관점, 학습과 성장 관점

머지 세 관점은 주로 비재무적 성과지표에 해당한다. 표 6-1은 균형성과표가 추구하는 균형을 나타낸 것이다.

2. 균형성과표의 구성

1) 균형성과표의 관점

기업 균형성과표의 성과지표는 일반적으로 다음 네 가지 관점에 따라 설정된다.

- **재무 관점**(financial perspective) : 이 관점은 전략의 재무적 성과를 측정한다. 주주가치, 당기순이익, 매출액, 투자수익률, 제품 단위당 원가 등의 성과지표가 이에 해당한다. 기업이 채택한 전략에 따라 지표의 구체적인 모습은 달라질 수 있다. 예를 들어, 신규사업의 수익성을 강화하고자 하는 경우 신규사업의 영업이익이나 영업이익률(=영업이익÷매출액)을 지표로 사용할 수 있다.
- **고객 관점**(customer perspective) : 이 관점은 전략이 추구하는 목표고객과 목표시장에 대한 성과를 측정한다. 고객만족도, 시장점유율, 고객불만 건수, 반품비율, 재구매비율, 고객 재방문 의사 비율, 신규고객 건수 등이 이에 속한다. 다른 관점과 마찬가지로 이 관점도 전략과 연계하여 성과지표를 구체화할 수 있다.
- **내부 비즈니스 프로세스 관점**(internal business process perspective) : 이 관점은 전략의 성공적 실행을 위한 내부 프로세스 운영과 관련된 성과를 측정한다. 신제품 개발 건수, 특허 출원 건수, 불량률, 제품 수율, 재고율, 제조사이클타임, 정시배달률, 평균 배송시간 등이 이에 속한다[1].
- **학습과 성장 관점**(learning and growth perspective) : 이 관점은 전략 실행을 뒷받침하기 위한 조직의 인적·물적 인프라 시스템과 관련된 성과를 측정한다. 첨단 정보시스템 구축, 종업원 교육훈련 시간, 종업원 만족도, 종업원 이직률, 종업원 제안 건수 등이 이에 해당한다.

네 가지 관점 중에서 **학습과 성장 관점**은 주주가치 창출을 위한 가장 기본적인 토대로서, 내부 비즈니스 프로세스 관점의 성공적 달성을 견인하는 역할을 한다. **내부 비즈니스 프로세스 관점**은 고객 관점

1 이 중에서 고객과 직접 관련된 정시배달률, 평균 배송시간 등은 고객 관점의 지표로 분류하기도 한다.

그림 6-1 균형성과표의 구성 체계

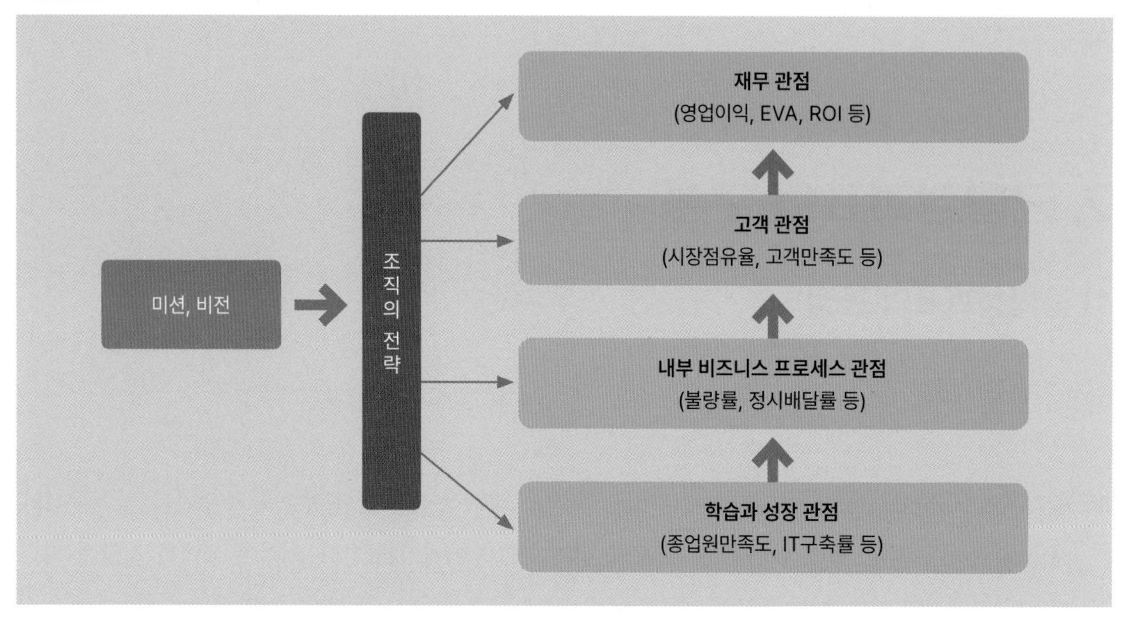

의 성과 달성을 견인하며, **고객 관점**은 최종적으로 조직의 **재무 관점**의 성과 달성으로 이어진다. 이처럼, 네 가지 관점은 학습과 성장 관점으로부터 시작해서 재무 관점까지 **인과관계**(cause and effect)적으로 연결된다. 그림 6-1은 균형성과표의 전체적인 체계를 나타낸 것이다. 균형성과표의 관점 내에 있는 성과지표 간의 인과관계를 보다 구체적으로 나타내는 도식을 **전략지도**(strategy map)라 부른다.

2) 전략과 균형성과표 성과지표

기업은 구사하는 전략에 따라 균형성과표의 **핵심성과지표**(KPI)를 다르게 구성할 필요가 있다. 표 6-2는 원가우위전략과 제품차별화전략에 대해 네 가지 관점별로 고려할 수 있는 핵심성과지표의 예를 나타낸 것이다. 원가우위전략의 경우, 낮은 가격을 통해 높은 매출과 시장점유율을 추구하고, 단위당 원가, 고객 대응시간, 재고자산회전율, 종업원의 전반적인 교육훈련 수준 등이 주요 성과가 될 수 있다. 제품차별화 전략의 경우, 프리미엄 가격을 통한 높은 영업이익률을 추구하고, 시장점유율보다는 고객충성도와 브랜드 이미지, 무결점 제품을 통한 고객불만 건수 최소화, 제품의 기능과 재료 등의 혁신, 장인(숙련인력) 확보, 충성고객 데이터 관리시스템 구축 등이 중요한 성과지표가 될 수 있다.

표 6-2 전략별 균형성과표의 주요 핵심성과지표 예시

관 점	원가우위전략	제품차별화전략
재무 관점	매출액, 단위당 원가	영업이익률
고객 관점	시장점유율	고객충성도, 브랜드 이미지
내부 비즈니스 프로세스 관점	고객대응시간, 재고자산회전율	고객불만 건수, 제품 관련 혁신 건수
학습과 성장 관점	송업원 교육훈련 수준, 공장자동화 정도	혁신인력과 숙련인력 비율, 충성고객 데이터 통합관리시스템 구축 정도

3) 지속가능성과 균형성과표

최근 기후변화가 극심해짐에 따라 지구환경의 **지속가능성**(sustainability)에 대한 관심이 증가하고 있다. 아울러, 기업을 둘러싼 **이해관계자**(stakeholder)들은 기업에게 환경, 종업원, 지역사회, 소비자에 대한 더 큰 사회적 책임을 요구하고 있다.

이와 함께 전 세계적으로 지속가능성(sustainability)과 관련하여 각국의 규제가 강화되고 있으며, 기업에 공시의무가 부과되고 있다. 유럽과 국제회계기준 제정기구인 IFRS 재단은 2023년도에 **지속가능성 공시기준**을 각각 제정하여 발표하였으며, 미국도 2024년도에 기후변화 분야의 기업공시 기준을 발표하였다.

우리나라도 2026년도부터 지속가능성 공시를 기업규모에 따라 순차적으로 의무화할 예정이다. 지속가능성 규제는 **ESG**라고 불리는 **환경**(environmental), **사회**(social), **지배구조**(governance)를 대상으로 한다. 환경 분야에서는 **기후변화**(climate change) 등 다양한 주제를 포함하고 있으며, 기후변화에서는 기업의 온실가스 배출 규제가 핵심이다[2].

지속가능성 규제는 장기적으로 기업에 기회(opportunity)가 될 수도 있지만, 단기적으로 큰 비용을 초래하는 위험(risk) 요소가 될 수 있다. 기업은 지속가능성과 관련된 기회와 위험을 기존 사업전략과 분리하여 관리할 수도 있지만, 이해관계자들의 압력이 증가함에 따라 전략개발 단계에서부터 적극적으로 통합하여 관리할 수도 있다.

따라서 지속가능성과 관련된 성과를 별도의 균형성과표를 사용하여 관리할 수도 있고, 하나의 균형

2 유럽이 제정한 지속가능성 공시기준의 주요 주제는 다음과 같다. 환경(E) 분야에서는 기후변화, 오염, 수자원 및 해양자원, 생물다양성과 생태계, 자원사용과 순환경제가 있으며, 사회(S) 분야에서는 내부 근로자, 가치사슬 기업의 근로자, 커뮤니티, 소비자 및 최종이용자, 지배구조(G) 분야에서는 기업의 행동강령이 있다.

성과표에 통합하여 다른 성과들과 함께 통합적으로 관리할 수도 있다[3]. 지속가능성과 관련된 대표적인 핵심성과지표들을 균형성과표의 관점별로 나타내면 다음과 같다.

지속가능성 분야의 관점별 핵심성과지표 예시

- **재무 관점** : 친환경 제품으로부터의 수익, 탄소세, 환경정화 비용, 폐기물 절감을 통한 원가절감액, 산업재해 감소로 인한 비용 절감액, 에너지비용 절감액
- **고객 관점** : 친환경 기업 이미지 점수, 친환경 제품의 시장점유율, 세계적 평가기관 ESG 점수(등급)
- **내부 비즈니스 프로세스 관점** : 전기 사용량, 물 사용량, 온실가스 배출량, 산업재해 건수, 친환경 부품(재료)의 비율, 친환경 기술개발(특허 출원) 건수, 친환경 공정 대체율, 기업 윤리규정 위반 건수
- **학습과 성장 관점** : 종업원 만족도, 졸업생 취업 희망순위, 환경 및 사회 분야 종업원 교육훈련 실적

3. 균형성과표 예시

표 6-3은 반도체 부품 제조회사 ㈜양재반도체의 균형성과표를 예시로 나타낸 것이다. 이 회사는 반도체 부품 제조를 주요 분야로 하고 있으나, 최근 성장하고 있는 2차 전지(배터리) 부품 시장에 신규 진출하는 등 관련 첨단분야로 사업영역을 확대하고 있다.

이 회사의 균형성과표에는 **관점(perspective)**별로 **전략목표(strategic objectives)**, 각 전략목표의 달성 정도를 측정하는 **핵심성과지표(KPI)**, 각 전략목표를 달성하기 위한 **주요 수단(initiatives)** 및 각 핵심성과지표에 대한 **목표치(target performance)**와 **실적(actual performance)** 등이 나타나 있다.

전략과 관련해서, 이 회사는 신규사업 추진을 강화하기 위해 균형성과표의 학습과 성장 관점에는 첨단분야 종업원 교육이수율, 내부 비즈니스 프로세스 관점에는 신규사업 제품 불량률, 고객 관점에는 신규사업 시장점유율, 재무 관점에는 신규사업 매출액 등을 핵심성과지표로 두고 있다. 이처럼 균형성과표는 종업원들이 회사의 전략과 주요 추진수단을 명확하게 이해할 수 있도록 구성해야 한다.

3 Datar and Rajan(2024), Horngren's Cost Accounting-A Managerial Emphasis. Pearson.

표 6-3 (주)양재반도체의 균형성과표

관점 (perspectives)	전략 목표 (strategic objectives)	성과지표 (KPI)	주요 수단 (initiatives)	목표치 (target performance)	실적 (actual performance)
재무 관점	영업이익의 지속적 증대	영업이익	기존사업 원가절감	250억원	280억원
	신규사업 성장률 제고	신규사업 매출액	신규사업 고객관계 강화	1,600억원	1,400억원
↑ ↑ ↑					
고객 관점	고객만족 증대	고객만족도	고객니즈 조사 강화	만족 이상 등급 비율 90%	만족 이상 등급 비율 85%
	신규사업 시장 지위 강화	신규사업 시장점유율	신규사업 고객 추가 발굴	30%	25%
↑ ↑ ↑					
내부 비즈니스 프로세스 관점	신규사업 고객대응성 강화	신규사업 고객대응 시간	공정개선을 통한 제조시간 단축	25일	23일
	신규사업 제품 생산성과 품질 향상	신규사업 제품 불량률	불량원인 파악 및 개선방안 수립	8%	10%
	고객 욕구 발굴	신규사업 아이디어 발굴 건수	종업원 대상 제안 제도 및 보상 마일리지 도입, AI를 이용한 고객 욕구 발굴	3건	4건
↑ ↑ ↑					
학습과 성장 관점	종업원 만족도 제고	종업원 만족도	종업원 고충 조사 및 다면평가제도 도입	만족 이상 등급 비율 80%	만족 이상 등급 비율 75%
	품질관리 능력 향상	품질관리 자격증 보유율	종업원 품질관리 교육 실시	30%	33%
	첨단분야 인력 확보	첨단분야 교육 이수률	첨단분야 교육 실시	30%	35%
	IT 시스템 고도화	IT 시스템 교체율	최신 IT 시스템으로 교체	20%	22%

4. 균형성과표의 설계 및 실행과 활용

1) 균형성과표 설계 시 유의사항

균형성과표를 구체적으로 설계할 때 다음 사항에 유의해야 한다.

- 핵심성과지표(KPI)는 조직의 구성원들이 조직의 전략과 목표를 명확히 이해할 수 있도록 구성해야 한다.
- 지표의 숫자는 너무 많거나 적지 않도록 해야 한다(관점별로 3~5개 정도). 지표의 숫자가 너무 많으면 전략의 초점이 흐려진다.
- 지표는 측정가능한 계량적(quantitative) 지표로 정의하고 구체적인 달성 목표를 제시한다. 측정이 불가능한 비계량적 지표(예 추진 노력)는 성과를 관리하고 개선하기 어렵게 한다[4].
- 영리조직에서 비재무적 성과지표들은 재무적 성과를 달성하기 위한 수단이지 그 자체가 최종 목적은 아니다. 따라서 재무적 영향을 무시한 채, 혁신, 고객만족, 품질개선 등을 과도하게 강조하지 않아야 한다. 담당자들은 지표 간의 실질적인 인과관계를 분석해야 한다.
- **객관적(objective) 지표**(예 영업이익, 시장점유율)는 물론, **주관적(subjective) 지표**(예 고객만족도)도 사용하는 것이 바람직하다. 주관적 지표는 조작가능성과 부정확성의 위험이 높지만, 중요한 정보를 담고 있는 경우가 많으므로 활용 가치가 높다.

2) 균형성과표의 실행과 활용

조직의 균형성과표는 구성원들의 의견을 반영하여 수립하고, 결과를 구성원들에게 커뮤니케이션하여 기업전략을 함께 공유하는 것이 바람직하다. 또한 조직 전체 수준에서 수립한 균형성과표를 **하위전개**(cascading)하여 각 하부 단위조직별로도 균형성과표를 수립함으로써, 조직의 전략 실행력을 강화할 필요가 있다(본 장의 보론 시설관리공단의 균형성과표 참고).

균형성과표를 단위조직의 성과평가에 적절히 사용하면 구성원의 동기부여를 위한 유용한 수단이 될

4 균형성과표는 측정을 중요시한다. "측정할 수 없는 것은 통제할 수 없고, 통제할 수 없는 것은 관리할 수 없다."("it is not possible to manage what you cannot control and you cannot control what you cannot measure.")는 논리에 기반을 두고 있다.

수 있다. 일반적으로 균형성과표를 이용한 성과평가는 주로 관리자 평가에 사용되며, 재무적 관점의 성과가 비재무적 관점의 성과보다 금전적 보상에 미치는 영향이 여전히 큰 것으로 알려져 있다. 그 이유는 균형성과표에 포함된 많은 비재무적 성과지표들의 상대적 중요성을 정하기가 쉽지 않고, 질적인 요소들을 계량화하여 측정하는 데 어려움이 있으며, 단위조직별로 비재무적 성과지표가 서로 달라 단위조직들 상호 간에 비교하는 것이 어렵다는 점이 원인으로 지목되고 있다(성과평가에 관해서는 제14장에서 자세히 설명).

그러나 고객만족도와 불량률 등 비재무적 성과는 고위 경영층이 갖추어야 할 자질을 더 잘 반영하는 것으로 인식되고 있으며, 이에 따라 승진이나 인사고과에서는 비재무적 지표가 재무적 지표보다 높은 비중을 차지하는 것으로 알려져 있다.

균형성과표의 재무적 지표와 비재무적 지표의 상대적 가중치를 결정하는 것은 매우 어려운 일이다. 비재무적인 성과를 달성하기 위해 재무적인 성과를 일부 희생해야 할 수 있으므로, 경영진은 적절한 균형을 찾아야 한다. 그러나 재무적 성과가 낮은 이유를 비재무적인 성과 탓으로 돌리는 방식으로 균형성과표가 악용되지 않도록 주의해야 한다(제14장 예제 14-3 참고).

5. 시간의 측정과 관리

제1장에서 설명한 기업의 **핵심성공요인(KSF)**은 균형성과표의 **핵심성과지표(KPI)**를 구성하는 기본 요소이다. 본 장에서는 핵심성공요인 중에서 시간(time)의 측정과 관리에 대해 학습한다.

시간(time)은 품질(quality)과 함께 기업의 경쟁력을 좌우하는 중요한 요소이다. "시간은 돈이다"라는 말은 기업에 가장 잘 적용된다. 고정원가의 상당 부분은 생산량과 무관하게 시간이 흘러가면서 발생한다. 근로자와 관리자의 급여, 보험료와 임대료, 전기와 가스 기본요금 등등이 대표적인 예이다. 제품제조에 많은 시간이 들어가면 단위당 변동원가도 증가한다. 고객들도 시간에 매우 민감하게 반응한다.

시간과 관련된 주요 성과지표로는 **고객대응시간(customer response time)**과 **정시납품률(on-time performance)**을 들 수 있다. 전자는 고객이 주문한 제품을 빨리 생산하여 신속하게 배달하는 것과 관련된 지표이며, 후자는 고객과 약속한 시점 내에 제품을 인도하는 것과 관련된 지표이다. 기업은 시간 성과지표들을 계량적으로 측정하고, 균형성과표를 활용하여 성과를 관리할 필요가 있다.

1) 시간 성과지표

첫 번째 시간 성과지표는 **고객대응시간**(customer response time)으로, 고객이 제품을 주문한 시점부터 제품이 고객에게 인도되기까지 걸리는 총시간을 말한다. 그림 6-2는 고객대응시간의 세부 구성요소들을 나타낸 것이다.

- **주문수령시간(receipt time)** : 마케팅부서가 고객으로부터 주문을 받은 후 고객의 구체적인 요구사항을 명시하여 제조부서에 주문서를 전달하는 데 걸리는 시간이다.
- **제조사이클타임(manufacturing cycle time)** : 제조부서가 주문서를 수령한 시점부터 생산이 완료되는 시점까지 걸리는 시간으로, **제조리드타임**(manufacturing lead time), **제조쓰루풋타임**(manufacturing throughput time)이라고도 한다. 제조사이클타임은 두 가지 요소로 구성된다. 하나는 제조부서에 주문서가 도착하면 생산에 착수하기까지 걸리는 대기시간(waiting time)이고, 다른 하나는 생산에 착수한 후 실제 생산이 완료되기까지 걸리는 제조시간(manufacturing time)이다.
- **배송시간(delivery time)** : 제조부서에서 제품생산이 완료된 후 고객에게 인도되기까지 걸리는 시간이다.

기업이 속한 업종별로 고객대응시간의 여러 구성요소 중에서 핵심적인 성과지표는 다를 수 있다. 제조기업으로부터 상품을 매입해서 판매하는 상기업에서는 배송시간(delivery time)이 핵심적인 성과요소가 될 수 있다. 식품 배송업체들의 익일배송, 당일배송, 새벽배송 등은 배송시간 단축 전략이다.

그림 6-2 고객대응시간 구성요소

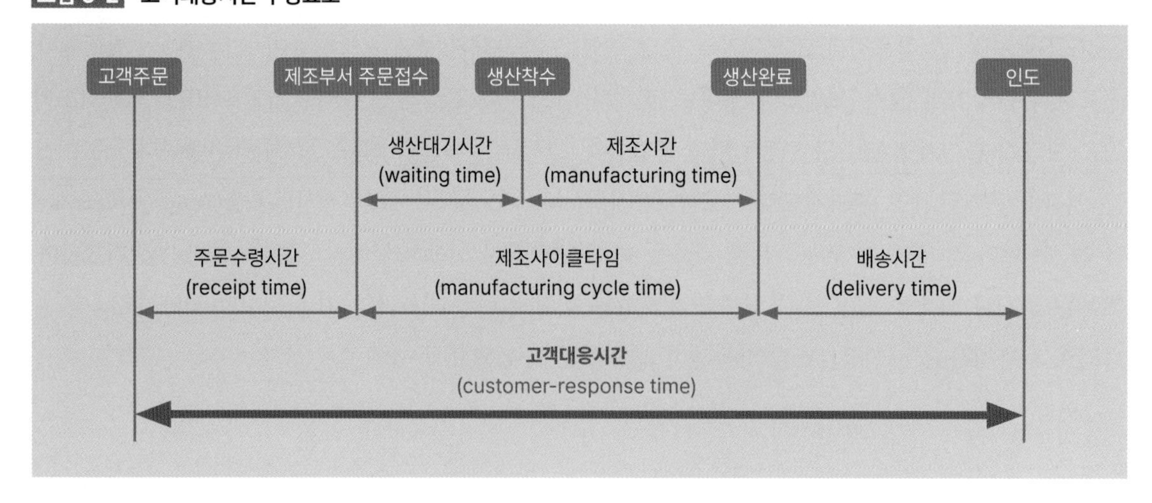

서비스기업에서는 고객이 도착한 후 서비스를 받기까지 걸리는 시간(예 병원에서 진료대기시간, 그림 6-2 에서 대기시간)이 중요한 성과지표이다. 제조기업에서는 고객대응시간 중에서 일반적으로 가장 긴 시간을 차지하는 제조사이클타임이 핵심적인 성과지표가 될 수 있다.

제조부서의 시간 효율성과 관련된 성과지표로 **제조사이클 효율성**(**MCE, Manufacturing Cycle Efficiency**)(서비스기업에서는 서비스사이클 효율성)을 사용하기도 한다.

$$\text{제조사이클 효율성(MCE)} = \frac{\text{제조사이클타임 중 부가가치활동 시간}}{\text{제조사이클타임(manufacturing cycle time)}}$$

제조부서에서는 실제 제조활동이 아닌, 대기, 이동, 검사와 같은 **비부가가치활동**(**non-value added activities**)도 발생한다. 제조사이클 효율성(MCE)은 제조부서에서 걸리는 시간(즉, 제조사이클타임) 중에서 이들 비부가가치활동의 시간을 제외하고 **부가가치활동**(**value-added activities**)에 걸리는 시간이 차지하는 비율이다. 기업은 제조사이클 효율성을 최대한 1에 근접한 수준으로 올릴 필요가 있다.

두 번째 시간 성과지표는 **정시납품**(**배달**)**률**(**on-time performance**)이다. 이는 고객에게 약속한 기한 내에 제품을 인도하는 비율이다. 고객대응시간과 정시납품률은 상충관계에 있다. 고객에게 제품을 인도하는 약속 시점을 늦춰 고객대응시간을 길게 설정하면 정시납품률이 증가하지만, 고객대응시간을 짧게 설정하면 정시납품률이 낮아질 수 있다. 적절한 균형점을 찾아야 한다. 네이버는 최근 새로운 전략을 통해 배송시간도 줄이면서 정시배달을 100% 보장하겠다고 발표한 바 있다(첨부 사례 '정시배달률 100% 도전' 참고).

2) 제조사이클타임의 분석과 관리

제조기업에서 **제조사이클타임**은 고객대응시간 중에서 비중이 매우 높은 편이다. 그림 6-2 에 나타난 바와 같이, 제조사이클타임은 **생산대기시간**(**waiting time**)과 **제조시간**(**manufacturing time**)으로 구성되어 있다.

먼저, 생산대기시간(waiting time)은 재료와 부품이 부족하여 공급업체로부터 이들이 도착하기를 기다리거나, 생산시설이 이미 사용 중이어서 제조에 착수하지 못하고 대기하기 때문에 발생한다. 재료와 부품의 재고가 부족한 경우에는 재고관리가 잘못된 것이므로 재고관리 방식을 재검토해야 한다. 생산대기는 전체적으로 설비용량이 부족해서 발생할 수도 있으며, 주문생산 방식에서는 불규칙한 주문 패턴(수요 불확실성)으로 인해 발생할 수도 있으므로 설비확대를 검토해야 한다[5].

다음으로, 제조시간(manufacturing time)을 줄이기 위해서는 각 공정단계에서의 불필요한 대기시간이 발생하지 않도록 공정계획을 올바로 수립하고, 비부가가치활동에 걸리는 시간은 최소한으로 줄이거나 없애야 한다. 이를 위해서는 재고관리, 카이젠, 활동기준경영관리, 제약이론(TOC), 품질관리, 적시생산(JIT manufacturing) 등 다양한 원가관리 방법을 사용해야 한다. 재고, 품질, 시간 관리는 각각 별개의 독립적인 주제가 아니라, 서로 밀접하게 관련되어 있다. 본 장을 포함하여 제7, 8, 9장은 이런 원가관리 방법들을 깊이 있게 학습한다.

다음 예제를 이용하여 고객대응시간의 관리에 대해 종합적으로 학습해보자.

예제 6-1

㈜민지는 고객으로부터 주문을 받은 후 재료를 주문하여 제조에 착수한다. ㈜민지는 최근 경쟁이 심화됨에 따라 고객대응시간을 줄여 경쟁력을 높이고자 노력하고 있다. 20X6년과 20X7년에 제품 생산량과 주문당 고객대응시간의 평균은 **표 6-4**와 같으며, 고객대응시간 중 제조부서에서 수행한 활동에 대한 고객 주문당 활동별 평균소요시간은 **표 6-5**와 같다. 표에 나타난 활동은 모두 제조부서에서 발생한 것으로, 모든 시간이 제조사이클타임(manufacturing cycle time)과 관련되어 있다. 경영층에서 제조부서활동을 분석해보니, 제조부서에서는 주문 수령 후 대기하는 시간 동안에, 주문을 확인하고, 재료를 주문하고 수령해서 저장하며, 재료검사를 실시한다. 따라서 이 세 가지 활동에 소요되는 시간은 제조대기시간에 이미 포함된다. ㈜민지의 시간관리 성과를 분석해보자.

표 6-4 **㈜민지의 20X6년, 20X7년 제품 생산량 및 주문당 평균 고객대응시간**

	20X6년	20X7년
생산량(개)	25,000	33,000
평균 고객대응시간(주문당)(시간)	120	118

(예제 계속)

5 주문 패턴이 매우 불규칙한 경우(수요 불확실성이 높은 경우)에는 미사용설비(unused capacity)가 적으면, 수요증가 시 대기시간(waiting time)이 급격하게 증가할 수 있다. 따라서 수요가 불확실한 상황에서 미사용설비는 불필요한 잉여설비가 아니라, 대기시간을 크게 줄이는 긍정적인 기능을 한다.

표 6-5 (주)민지의 20X6년, 20X7년 주문당 제조부서의 활동별 평균소요시간

제조부서활동	20X6 평균시간	20X7 평균시간	변 화
주문 수령 후 제조대기	42	48	증가
주문 확인	1	1	
재료 주문 후 수령 및 저장	12	12	
재료검사	3	2	감소
제조현장으로 재료이동	2	2	
주문처리셋업	2	3	증가
제조활동	32	30	감소
반제품의 공정 간 이동 및 대기	3	5	증가
기계유지관리	1	2	증가
완성품 검사	3	3	
완성품 이동 및 포장	4	4	
합계	105	112	

주요 분석결과는 표 6-6과 같다. 제조부서에서 발생하는 활동 중 주문을 확인하고, 재료를 주문하고 수령해서 저장하며, 재료검사를 하는 활동의 시간은 20X6년에는 총 16시간(=1시간+12시간+3시간)이며, 20X7년에는 총 15시간(=1시간+12시간+2시간)이다. 따라서 20X6년과 20X7년 제조사이클타임은 각각 89시간(=105시간−16시간)과 97시간(=112시간−15시간)이다. 이 중에서 부가가치활동의 시간은 제조활동 시간뿐이다. 따라서 제조사이클 효율성(MCE)은 제조사이클타임 중에서 제조활동에 걸리는 시간이 차지하는 비중으로, 20X6년과 20X7년에 각각 36%, 31%이다(표 6-6).

표 6-6 (주)민지의 20X6년, 20X7년 제조부서활동의 주요 시간 성과

	20X6년	20X7년
(1) 제조사이클타임	89시간 (=105시간−16시간)	97시간 (=112시간−15시간)
(2) 부가가치활동(제조활동)시간	32시간	30시간
(3) MCE(=(2)÷(1))	0.36	0.31
(4) 평균 고객대응시간	120시간	118시간
(5) 제조사이클타임의 비중(=(1)÷(4))	0.74	0.82

이상의 분석결과를 요약해보자. ㈜민지의 고객대응시간은 20X6년 120시간에서 20X7년 118시간으로 감소하여 **고객대응성(customer responsiveness)**이 증가하였다. 그러나 제조사이클타임은 20X6년 89시간에서 20X7년 97시간으로 오히려 증가하였다. 이로 인해 고객대응시간 중에 제조사이클타임이 차지하는 비중은 74%에서 82%로 증가하였다. 주문처리와 고객배송시간 등을 줄여 고객대응시간이 감소했지만, 제조사이클타임은 오히려 증가했으므로, 제조사이클타임을 줄이는 방안을 찾아야 한다.

제조사이클타임을 구체적으로 분석해보면, 제조에 착수하기 전 대기시간이 20X7년에 증가하였다. 그 원인으로는 수요 불확실성 속에서 주문 증가(생산량 증가)에도 불구하고 생산용량(production capacity)이 증가하지 않았기 때문일 수도 있다(각주 5 참고).

제조에 착수한 후의 제조시간을 분석해보면, 부가가치활동인 제조활동에 투입된 평균시간은 32시간에서 30시간으로 2시간 감소하였다. 그러나 주문처리셋업, 반제품의 공정 간 이동 및 대기, 기계유지관리 활동에는 더 많은 시간이 소요되었다. 따라서 **제조사이클 효율성(MCE)**은 20X6년보다 떨어졌다. 그 이유로는 주문 증가(생산량 증가)로 인해 공정의 복잡성(complexity)이 증가했기 때문일 수 있다. 따라서 ㈜민지는 공정계획을 재검토하고, 제조과정에서 발생하는 각종 비부가가치활동의 시간을 줄이는 방안을 찾아야 한다.

3) 가치사슬 단계별 시간관리

가치사슬활동의 단계별로 시간 관리와 관련된 세부적인 성과지표를 구분하여 나타내면, 표 6-7과 같이 나타낼 수 있다. 제조기업에서 제조단계의 시간관리와 관련된 요소에는 품질관리, 적시(JIT, Just-in-Time) 조달·생산 체제, 제약이론(TOC, Theory of Constraints) 등이 있다. 이에 대해서는 뒤에 나오는 장들에서 자세하게 학습한다.

표 6-7 가치사슬활동별 대표적인 시간관리 지표

R&D & 디자인	제 조	마케팅 & 배송	고객지원
• 신제품개발 시간 • 제품엔지니어링 시간	• 제조사이클(리드)타임 • 제조사이클효율성(MCE)	• 배송시간 • 정시배달률	• 고객질의 대응시간 • 고객 서비스요청 대응시간

[보론] 비영리조직의 균형성과표

이익 추구가 목적이 아닌 **비영리조직(not-for-profit organization)**(예 공공기관, 국제기구)도 각자 고유의 설립목적과 미션(mission)을 달성하기 위해 균형성과표를 활용할 수 있다. 다만, 비영리조직의 궁극적인 목적은 재무적 관점이 아니라, 설립 목적과 미션에 부합하도록 고유의 관점과 성과지표를 개발하여 사용해야 한다.

예를 들어, 기아대책기구들의 최종 목적은 기아인구의 감소이며, 재원 확보는 목적 달성을 위한 수단이지 최종 목적이 될 수 없다. 우리나라 공공기관인 KOTRA는 '글로벌 비즈니스 지원으로 국민경제 발전에 이바지'를 미션으로 설정하고, 영리 추구가 아닌 국가의 무역진흥 및 투자유치 확대를 주요 업무로 한다.

표(보론) 6-1은 서울시 구청 산하 모 시설관리공단 균형성과표로서, 공단의 주요 부서(팀, 사업장)별 핵심성과지표와 가중치를 나타내고 있다. 공단은 관할지역에 있는 체육시설과 주차장 관리를 주요 업무로 하고 있으며, 공공기관으로서 구민 생활의 편익과 복지에 기여하는 것을 미션으로 설정하고 있다. 따라서 고객/공익 분야를 최상위 관점으로 설정하고 있으며, 재무/수익 분야는 고객/공익 분야의 달성수단으로서 고객/공익 관점보다 하위에 배치하였다.

또한 공단의 성과관리지표는 부서(팀, 사업장)별로 **하위전개(cascading)**하여 부서별로 핵심성과지표를 달리 구성하고, 같은 지표에 대해서도 가중치를 다르게 설정하고 있음을 알 수 있다.

표(보론) 6-1 서울시 산하 구청 시설관리공단의 균형성과표

관 점	핵심성과지표		경영혁신 파트	CS 안전팀	기획 재정팀	경영 지원팀	사업팀 (사업장)
지표 개수			21	23	18	19	28
가중치(%)			100	100	100	100	100
I. 고객 공익	1. 고객 참여 확대(2)						
		가. 고객만족도 조사	8	10	8	8	9
		나. 민원 발생 증감률		5			2
	2. 매우 만족 서비스 강화(3)						
		가. 전화친절도조사	3	6	3	3	3
		나. VOC 답변기한 준수율		3			2
		다. 고객 Needs(개선요구) 이행실적		3			2
	3. 공공서비스 증진(4)						
		가. 무료·감면 수혜자수(금액) 증가율					4
		나. 봉사활동 참여율	4	4	4	4	3
		다. 공익사업 추진실적					2
		라. 보도자료 및 우수사례 전파활동				5	
	소계		15	31	15	20	27

(표 계속)

관 점	핵심성과지표	경영혁신 파트	CS 안전팀	기획 재정팀	경영 지원팀	사업팀 (사업장)
II. 재무 수익	**1. 시설운영 효율 증대(6)**					
	가. 사업수입 증가율	3		2		5
	나. 대행사업비 절감률	3		10		6
	다. 사업수지 비율	3		12		12
	라. 재무관리 점수	3		12		
	마. 이용자 수 증가율					2
	바. 사업계획 대비 추진실적	3	3	3	3	3
	소계	**15**	**3**	**39**	**3**	**28**
III. 내부 프로 세스	**1. 시설안전의 전문성 확보(3)**					
	가. 시설안전 전문교육 이수실적		4			2
	나. 1인당 자체보수 실적		4			2
	다. 에너지 사용량 절감률		5			2
	2. 안전 환경 구축(3)					
	가. 안전사고 발생률	3	3			3
	나. 시설물 유지관리 실적		4			3
	다. 개인정보 관리				5	
	3. 안전의식 확산(2)					
	가. 안전·재난교육 참여율	2	4	2	2	3
	나. 안전우수사례 전파 실적		4			3
	4. 청렴문화 정착(4)					
	가. 감사 및 부조리 예방활동		6			
	나. 공렴활동실적	5	6	5	5	3
	다. 윤리경영 위반율	3	3	3	3	3
	라. 청렴도 점수	3	4	7	7	3
	5. 노사 상생 협력(2)					
	가. 노사협력 프로그램 추진실적				3	
	나. 내부 고객만족도 점수				10	
	6. 조직 활력 제고(2)					
	가. 조직·인사관리 점수	7			10	
	나. 임원 성과목표 관리실적	10				
	소계	**33**	**47**	**17**	**45**	**27**
IV. 혁신 역량	**1. 신성장 동력 창출(3)**					
	가. 학습동아리 운영실적	7	3	3	3	3
	나. 공기업정책 준수	10		10	10	
	다. 선진기관 우수사례 반영률	5	5	5	5	4
	2. 일하는 방식의 혁신(3)					
	가. 필수교육 이수율	5	5	5	8	5
	나. 지식관리 제안실적	7	3	3	3	3
	다. 업무개선 실적	3	3	3	3	3
	소계	**37**	**19**	**29**	**32**	**18**

관련 사례

병원평가와 BSC

병의원의 평가는 BSC(균형성과표)를 활용한다. – 헬스조선(health.chosun.com)

수율과 납기, 기업경쟁력

"반도체 정상품 비율, TSMC 80% 삼성 50%" – 조선일보(chosun.com)

서대문구청의 균형성과표 활용

서대문구, 민선 8기 1년 성과 평가 · 미래 비전 공유 – 아시아경제(asiae.co.kr)

로봇이용, 병목파악, 제조리드타임 단축

美 리얼타임로보틱스, 최적화서비스로 생산주기 시간 단축 – 로봇신문(irobotnews.com)

정시배달률 100% 도전

"O일 도착합니다" … '택배 배송시간 보장' 네이버의 도전 – 머니투데이(mt.co.kr)

연습문제

객관식

01 균형성과표의 지표

균형성과표의 지표에 관한 다음 설명 중에서 잘못된 것은?

① 균형성과표는 미래의 기업 성장을 위한 관리 도구이므로, 성과지표는 미래지향적인 선행지표들로 구성해야 한다.
② 종업원들에 대한 교육훈련은 기업의 성장을 위해 장기적으로 중요한 요소이다.
③ 내부 비즈니스 프로세스 관점의 지표들은 고객 관점과 재무 관점의 지표에 영향을 미치는 지표들로 구성해야 한다.
④ IT시스템 구축은 학습과 성장 관점의 지표이다.
⑤ 제품의 품질과 시간은 기업의 미래 성과를 나타내는 중요한 선행지표이다.

02 균형성과표의 균형

균형성과표는 성과지표들 간의 균형을 추구한다. 균형성과표에서 추구하는 균형이 아닌 것은?

① 재무성과, 비재무성과
② 단기성과, 장기성과
③ 선행지표, 후행지표
④ 정성적 지표, 정량적 지표
⑤ 객관적 지표, 주관적 지표

03 균형성과표의 선행지표

다음 중에서 균형성과표의 선행지표에 해당하는 것은?

① 당기순이익
② 고객 수익성
③ 제품 단위당 원가
④ 정시배달률
⑤ 신제품매출액

04 균형성과표의 관점과 지표

균형성과표의 관점과 지표에 관한 다음 설명 중에서 적절하지 않은 것은?

① 국제기구나 공공기관 등 비영리조직에서 재무관점은 최종적으로 추구하는 관점이 되기에 적합하지 않다.
② 기업의 균형성과표 지표들은 최종적으로 재무 관점의 성과로 나타나지 않더라도 균형을 추구하여 다양한 지표들로 구성해야 한다.
③ 각 관점의 지표들 간에 인과관계가 있도록 성과지표를 구성해야 한다.
④ 균형성과표 지표는 구성원들이 조직의 전략을 이해할 수 있도록 구성해야 한다.
⑤ 균형성과표에 너무 많은 성과지표를 담는 것은 바람직하지 않다.

05 균형성과표와 전략

다음 성과지표 중에서 원가우위전략을 구사하는 기업보다 제품차별화 전략을 구사하는 기업에 더 적합한 지표는?

① 매출액
② 숙련인력 비율
③ 시장점유율
④ 공장 자동화율
⑤ 단위당 원가

06 균형성과표와 지속가능성

지속가능성과 관련된 다음 설명 중에서 가장 적절하지 않은 것은?

① 지속가능성이 기업의 핵심성공요인 중의 하나로 등장함에 따라 균형성과표를 활용하여 관리할 필요가 있다.
② 기업의 지속가능성을 높이기 위해서는 이해관계자들보다 주주의 이익에 더욱 집중해야 한다.
③ 지속가능성은 환경, 사회, 지배구조에 대한 사회적 관심과 관련되어 있다.
④ 에너지비용 절감액, 친환경 제품 매출액 등이 중요한 성과지표가 될 수 있다.
⑤ 위 네 가지 모두 옳다.

07 균형성과표 성과지표 이해 (2017 관세사)

균형성과표(Balanced Scorecard)에 관한 설명으로 옳지 않은 것은?

① 영리기업의 경우, 균형성과표에서 내부 프로세스 관점의 성과지표는 학습과 성장 관점의 성과지표에 대해 후행지표인 것이 일반적이다.

② 균형성과표의 여러 관점은 서로 연계되어 인과관계를 가지고 있으며, 영리기업의 경우에 최종적으로 재무적 관점과 연계되어야 한다.
③ 균형성과표는 일반적으로 재무 관점, 고객 관점, 내부 프로세스 관점, 학습과 성장 관점의 다양한 성과지표에 의하여 조직의 성과를 측정한다.
④ 조직구성원들이 조직의 전략적 목표를 달성할 수 있도록 균형성과표에서 핵심성과지표(KPI)는 조직의 전략과 연계하여 설정된다.
⑤ 균형성과표의 내부 프로세스 관점은 기업 내부의 업무가 효율적으로 수행되는 정도를 의미하며 종업원 만족도, 이직률, 종업원 생산성 등의 지표를 사용한다.

08 균형성과표를 통한 정보 이해 (2001 세무사)
아래에서 균형성과표(BSC)를 통해 알 수 없는 항목은?

① 고객들의 눈에 비친 회사의 모습
② 주주들의 눈에 비친 회사의 모습
③ 내부 프로세스 중 가치유발요인
④ 혁신, 변화/개선의 지속성 여부
⑤ 명료한 성과측정치와 낮은 실행비용

09 균형성과표 적용과 설명 (2005 세무사)
다음 중 균형성과표(BSC)에 대한 설명으로 옳지 않은 것은?

① 비영리단체에서도 재무 관점, 고객 관점, 내부 프로세스 관점, 학습과 성장 관점을 사용할 수 있다.
② 전략과 연계된 주요평가지표(KPI)를 사용한다.
③ 관점 사이의 인과관계를 전략체계도(strategy map)로 나타낸다.
④ 미국에서 시작된 기법이다.
⑤ 균형성과표는 전략의 구체화와 의사소통보다 성과보상에 초점이 맞추어진 제도이다.

10 균형성과표 구성 요소 분석 (2006 세무사)
균형성과표(제도)에 관련된 설명으로 가장 옳지 않은 것은?

① 균형성과표는 기업의 가치를 향상시키기 위해 전통적인 재무 지표 이외에 다양한 관점의 성과지표가 측정되어야 한다는 것을 강조하고 있다.
② 고객의 관점은 고객만족에 대한 성과를 측정하는데 고객만족도 조사, 고객확보율, 고객유지율, 반복구매 정도 등의 지표가 사용된다.

③ 내부 프로세스의 관점은 원가를 낮은 수준에서 유지하여 제품을 저렴한 가격으로 고객에게 제공할 수 있도록 기업 내부의 업무가 효율적으로 수행되는 정도를 의미하는데 불량률, 작업폐물, 재작업률, 수율, 납기, 생산 처리시간 등의 지표가 사용된다.
④ 학습과 성장의 관점은 기존의 프로세스와 제품에 만족하지 않고 기술 및 제품의 혁신적인 발전을 추구하는 정도를 의미하는데 종업원 만족도, 전략적 직무충족도 등의 지표가 이용된다.
⑤ 재무적 성과는 수익을 제공하는 고객으로부터 달성될 수 있으므로 고객관점지표가 재무적 지표의 동인이 될 수 있으나, 내부 프로세스의 효율성 향상과 재무적 성과에 따라 학습과 성장의 지표가 달성되므로 결국 학습과 성장의 지표가 최종적인 결과물이 된다.

11 균형성과표 전략적 연계 (2011 세무사)
균형성과표(BSC)에 관한 설명으로 옳지 않은 것은?

① 조직구성원들이 조직의 전략을 이해하여 달성하도록 만들기 위해, 균형성과표에서는 전략과 정렬된 핵심성과 지표(Key Performance Indicators)를 설정한다.
② 전략 달성에 초점을 맞춘 조직을 구성하여, 조직구성원들이 전략을 달성하는 데 동참할 수 있도록 유도한다.
③ 조직의 사명과 비전에 근거하여 다양한 관점에서 전략을 도출한 후 도출된 전략의 인과관계를 도식화한다.
④ 균형성과표에서 전략에 근거하여 도출한 재무적 성과측정치는 비재무적 성과측정치의 선행지표가 된다.
⑤ 조직구성원들은 전략 달성을 위한 의사소통 수단으로 핵심성과지표를 사용한다.

12 균형성과표 구축 방법론 (2013 세무사)
균형성과표(BSC, Balanced Scorecard)에 대한 내용 중 옳지 않은 것은?

① 전사적인 BSC는 하부조직의 BSC를 먼저 수립한 후의 하의상달식으로 구축한다.
② BSC에서 관점의 수와 명칭은 조직별로 다를 수 있다.
③ BSC는 대학교나 정부기관과 같은 비영리조직에도 적용된다.
④ 성과지표는 조직의 비전과 전략에 연계되어 선정되어야 한다.
⑤ 전략체계도는 관점 간의 인과관계를 보여준다.

13 균형성과표 기본 개념 이해 (2000 세무사)
균형 잡힌 성과기록표(Balanced Scorecard)에 대한 내용 중 옳지 않은 것은?

① 재무 관점, 고객 관점, 내부 프로세스 관점, 학습과 성장의 관점에서 성과를 측정한다.
② Kaplan과 Norton에 의해 개발된 개념이다.
③ 조직의 전략과 성과평가시스템을 연계하는 점이 강조된다.

④ 재무 관점은 경제적 부가가치(EVA)로, 고객 관점은 시장점유율로, 내부 프로세스 관점은 수율(yield rate)로 측정할 수 있다.

⑤ 균형 잡힌 성과기록표의 장점은 계량화된 객관적인 측정치만을 사용하는 것이다.

14 균형성과표 성과 측정 평가 2009 CPA

균형성과표(BSC, Balanced Scorecard)에 관한 다음의 설명 중 가장 타당하지 않은 것은?

① 균형성과표는 재무적인 성과지표를 중심으로 하는 전통적인 성과측정제도의 문제점을 보완할 수 있는 성과측정시스템으로 인식되고 있다.

② 균형성과표는 조직의 비전과 전략을 성과지표로 구체화함으로써 조직의 전략수행을 지원한다.

③ 균형성과표의 다양한 성과지표 간의 인과관계를 통하여 조직의 전략목표 달성과정을 제시하는 성과지표의 체계를 전략지도(strategy map)라고 한다.

④ 균형성과표는 일반적으로 재무 관점, 고객 관점, 내부 프로세스 관점, 학습과 성장 관점의 다양한 성과지표에 의하여 조직의 성과를 측정하고자 한다.

⑤ 균형성과표는 조직의 수익성을 최종적인 목표로 설정하기 때문에 4가지 관점의 성과지표 중에서 학습과 성장 관점의 성과지표를 가장 중시한다.

15 균형성과표 성과지표 분석 2014 CPA

균형성과표에 관한 다음의 설명 중 옳지 않은 것은?

① 균형성과표에서 전략에 근거하여 도출한 비재무적 성과측정치는 재무적 성과측정치의 후행지표가 된다.

② 균형성과표의 다양한 성과지표 간의 인과관계를 통하여 조직의 전략목표 달성과정을 제시하는 성과지표의 체계를 전략지도(strategy map)라고 한다.

③ 균형성과표의 고객 관점은 고객만족에 대한 성과를 측정하는데 고객만족도, 고객유지율, 반복구매정도, 시장점유율 등의 지표가 사용된다.

④ 균형성과표의 내부 프로세스 관점은 기업 내부의 업무가 효율적으로 수행되는 정도를 의미하는데 불량률, 작업폐물, 재작업률, 수율, 납기, 생산처리시간 등의 지표가 사용된다.

⑤ 균형성과표의 학습과 성장 관점은 기존의 프로세스와 제품에 만족하지 않고 기술 및 제품의 혁신적인 발전을 추구하는 정도를 의미하는데 종업원 만족도, 종업원 이직률, 종업원 1인당 사내훈련시간 등의 지표가 이용된다.

주관식

01 시간원가가 고려된 관련원가 (2001 CPA 수정)

HDS 회사는 고성능 컴퓨터 HDC를 제조하여 판매하고 있다. 모든 생산은 lot 단위로 이루어지며 500개가 1lot가 된다. HDC의 예상 판매량은 연간 25,000개이다. HDC를 생산하는 데 소요되는 제조시간은 lot당 150시간이며, 대기시간은 lot당 100시간이 소요된다.

당사는 최근 소비자 욕구의 변화와 컴퓨터 판매시장의 변화로 기능이 향상된 차세대컴퓨터 NC(Nude Computer)의 개발을 고려하고 있다. 회사가 HDC와 함께 NC를 생산할 경우 대기시간은 두 제품 모두 lot당 250시간이 걸린다. NC는 15,000개의 판매가 예상되며 제조시간은 lot당 250시간이다. NC의 판매는 HDC의 판매량에 전혀 영향을 미치지 않는다.

회사의 고정제조간접비 예산액은 총 ₩200,000이며, 변동제조간접비는 두 제품 모두 lot당 ₩4,000 및 HDC는 누적제조주기당 ₩40, NC는 누적제조주기당 ₩30이 발생될 것으로 보인다.

(누적제조주기란 총생산량의 대기시간과 제조시간의 합을 말한다. 예를 들어, 제품 1lot당 생산 대기시간이 200시간, 제조시간이 400시간 소요되고 총생산량이 2lot라면 누적제조주기는 1,200시간이 된다.)

또한 lot당 제조주기가 증가하게 되면 소비자 수요에 영향을 주게 되어 단위당 판매가격이 다음과 같이 하락한다.

제품명	제품 단위당 판매가격		
	lot당 제조주기 300시간 이하일 때	lot당 제조주기 300시간 초과할 때	제품 단위당 기초원가
HDC	85	80	20
NC	70	65	22

요구사항

▸ 물음 1. HDC만 생산할 때에 비해서 두 제품을 동시에 생산하는 경우 회사의 매출액은 얼마나 증가 또는 감소하는가?

▸ 물음 2. HDC만 생산할 때에 비해서 두 제품을 동시에 생산하는 경우 원가는 얼마나 증가 또는 감소하는가? (판매량만큼 생산한다고 가정한다.)

▸ 물음 3. 위의 결과에 의할 경우 회사는 NC를 생산해야 하는가?

CHAPTER

7

수명주기원가관리, 목표원가계산, 활동기준경영관리

1 수명주기원가관리의 의의
2 목표원가계산
3 카이젠 원가계산
4 활동기준경영관리
5 판매 후 고객지원 및 폐기단계 원가관리
6 지속가능성과 환경원가계산
7 제품수명주기예산
8 고객수명주기원가계산

본 장에서는 제품의 수명주기단계별 다양한 원가관리기법에 대해 학습한다. 제품의 도입기와 디자인 단계에서 실시하는 목표원가계산(target costing)을 자세히 학습하고, 디자인 단계에서 원가관리의 중요성과 관리회계의 역할에 대해서도 살펴본다. 다음으로, 제조단계에서 실시하는 카이젠과 활동기준경영관리에 대해 학습하고, 판매 후 고객지원 단계 및 지속가능성(환경)과 관련된 원가관리 이슈를 학습한다.

CHAPTER

7

수명주기원가관리, 목표원가계산, 활동기준경영관리

1. 수명주기원가관리의 의의

본 장에서는 **제품수명주기(product life cycle)** 각 단계에서의 원가관리 방안에 대해 학습한다. 제품수명주기(product life cycle)에는 두 가지 종류가 있다. 하나는 기업의 가치사슬(value chain)활동의 흐름을 시간 순서대로 나타낸 **기업활동(business activity)** 관점의 제품수명주기로서, 연구개발과 디자인활동에서 시작하여 고객지원활동까지를 말한다(그림 7-1). 다른 하나는 시장에서 제품의 도입부터 철수에 이르는 **시장단계(market phase)** 관점의 수명주기로서, 제품(서비스)의 도입기(introduction), 성장기(growth), 성숙기(maturity), 쇠퇴기(decline)를 말한다(그림 7-2).

두 종류의 제품수명주기는 관점의 차이로 인해 다르게 정의되지만, 상당 부분 중복되어 있다(특히, 제조 이후의 단계). 본 장에서는 특별한 언급이 없는 한 구분하지 않고 사용한다.

기업은 제품개발 단계에서 제품수명주기 전체에 걸쳐 발생할 원가를 미리 계획하고, 시장단계(도입, 성장, 성숙, 쇠퇴)별로 고객으로부터 회수하기 위한 가격전략을 수립해야 한다. 원가관리는 제품의 개발단계부터 사용 후 폐기단계까지 수명주기 전체에 걸쳐 **수명주기원가관리(life-cycle cost management)**를 실시해

그림 7-1 기업활동 관점의 제품수명주기(가치사슬)

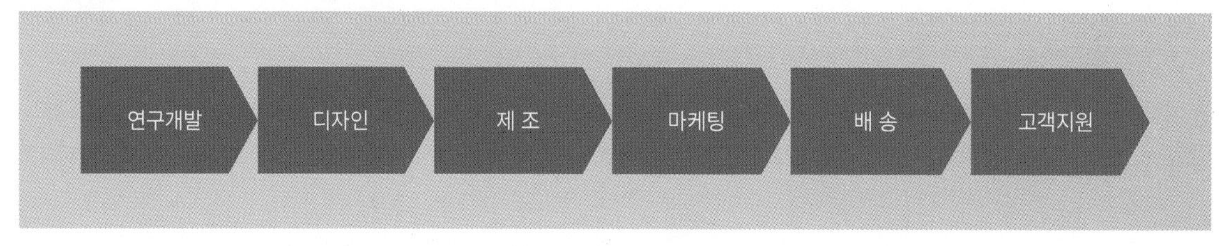

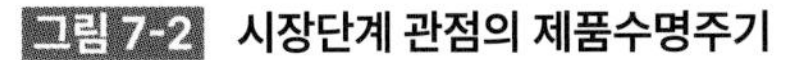
그림 7-2 시장단계 관점의 제품수명주기

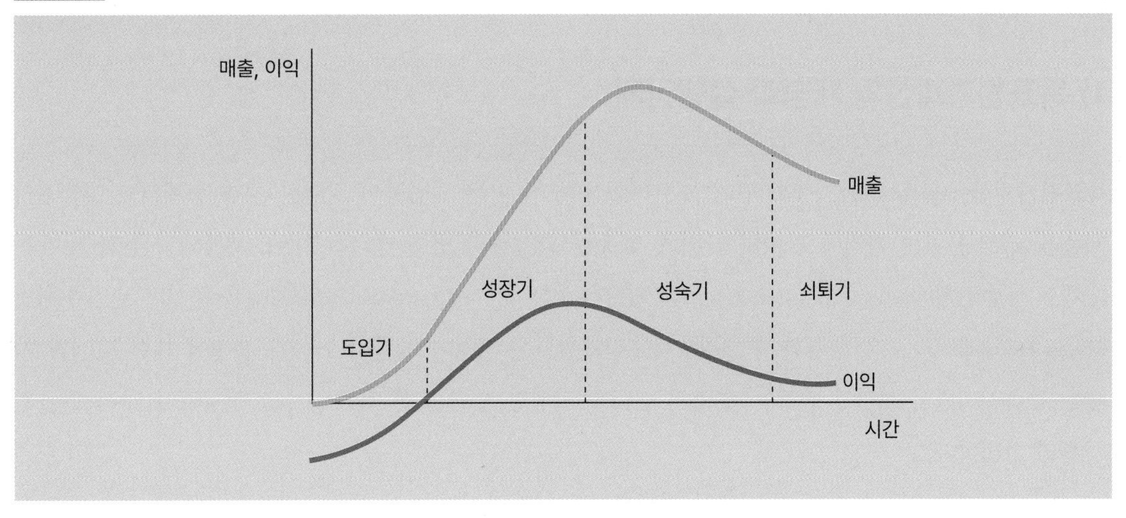

야 한다. 수명주기 원가관리는 수명주기 전체에 걸쳐 **고객가치**(customer value) 창출과 **기업가치** 제고를 위해 조직의 자원을 사용하는 모든 활동과 방법을 말한다.

원가관리는 단순히 원가를 줄이는 것이 아니다. 고객가치를 창출하기 위해 전략적으로 자원을 더 많이 투입하거나, 기업의 가치사슬활동의 총원가를 낮추기 위해 특정 단계에서 원가를 더 많이 투입하는 것도 중요한 원가관리활동으로서, 기업전략이 원가관리의 구체적인 방향을 결정한다.

수명주기 원가관리에서 제조 전 단계(연구개발, 디자인)가 차지하는 비중이 매우 크다. 전통적으로 기업들은 제조 전 단계보다는 제조단계의 원가절감에 집중하는 경향이 있었다. 이는 외부 재무보고에서 제조원가(manufacturing costs)만 제품원가(product cost)에 포함되고 연구개발과 디자인원가는 대부분 판매비와관리비로서 기간비용(period)으로 처리되어, 제품수익성(product profitability) 분석에서 종종 제외된 것과 관련이 있다. 그러나 제조 전 단계에서 $1를 투입할 경우 제조원가 $8~$10를 절감하는 효과가 있다는 초기 연구도 있듯이, 수명주기 원가관리는 제조 전 단계를 포함한 수명주기 전체에 걸쳐 종합적으로 실시해야 한다.

제품수명주기 각 단계에서 사용되는 주요 원가관리 기법에 대해 자세하게 학습해보자.

2. 목표원가계산

1) 목표원가계산의 개념과 실행단계

목표원가계산(target costing)은 1960년대 도요타를 비롯한 일본 기업들이 치열한 경쟁 속에서도 고품질의 제품을 경쟁력 있는 가격에 판매하기 위해 사용한 원가관리 방법 중 하나이다. 제품의 기능과 원가는 대체로 상충관계(functionality-cost trade-offs)에 있으나, 제품의 기능(product functionality)을 무시한 원가우위전략(cost leadership strategy)은 성공할 수 없다. 목표원가계산은 기업이 제품의 기능과 품질에 대한 고객의 기대를 충족시키면서 기업이 원하는 수준의 이익을 달성할 수 있도록 목표원가를 설정하여 관리하는 원가관리 방법이다.

목표원가계산에서는 제조 전 단계인 연구개발과 디자인 단계에서 제품수명주기 전체에 걸쳐 원가감축과 이익계획을 수립한다. 목표원가계산의 일반적인 실행단계는 그림 7-3과 같다.

그림 7-3 목표원가계산의 일반적 단계

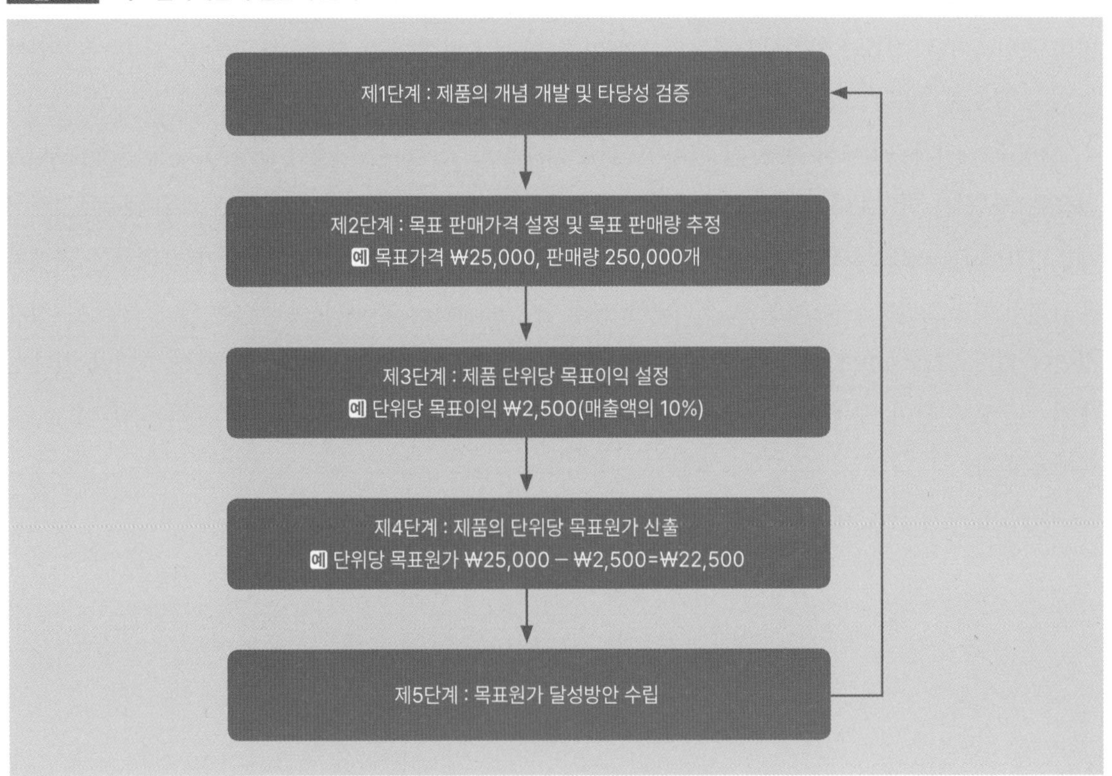

제1단계는 **시장조사(고객니즈 조사)**를 통해 개발하고자 하는 제품의 특성(기능)을 포함한 제품 개념(product concept)을 개발하고, 타당성 검증(feasibility test)을 실시하는 단계이다. 이 단계에서 고객의 니즈가 가장 중요시된다(**고객주도(customer-driven) 접근법**).

제2단계는 해당 제품의 **목표 판매가격(target price)**을 설정하고 목표 판매량을 추정하는 단계이다. 제품의 목표 판매가격은 회사가 인지하는 제품이 제공하는 고객에 대한 가치와 시장경쟁을 고려하여 설정한다.

제3단계는 **제품 단위당 목표이익(target profit per unit)**을 설정하는 단계이다. 단위당 목표이익은 장기적인 이익계획을 통해 매출액이익률(ROS, Return on Sales)이나 투자수익률(ROI, Return on Investment)을 이용하여 산출한다(제14장 참고). 장기적인 이익계획 속에 제품의 도입기, 성숙기, 성장기, 쇠퇴기 각 단계에서 전략적으로 다른 가격과 단위당 목표이익을 설정할 수 있다.

제4단계는 **제품 단위당 목표원가(target cost per unit)**를 산출하는 단계로서, 목표가격에서 단위당 목표이익을 차감하여 계산한다.

그림에 나타난 바와 같이, 목표가격이 ₩25,000이며, 목표이익이 매출액의 10%(단위당 ₩2,500)인 경우, 목표원가(단위당)는 ₩22,500이다.

목표원가(단위당) = 목표가격 − 목표이익(단위당) ₩22,500 = ₩25,000 − ₩2,500

제품개발 단계에서 단위당 목표원가는 제품수명주기 전체에 걸쳐 달성하고자 하는 단위당 장기적 원가이다. 연구개발부터 고객지원까지 모든 활동의 원가가 포함되며, 변동원가는 물론 고정원가도 포함된다. 고정원가도 기업이 생존하기 위해 장기적으로 회수해야 할 원가이기 때문이다.

제5단계에서는 구체적인 목표원가 달성방안을 수립한다. 이 단계에서 많이 사용되는 기법으로는 **역공학(리버스 엔지니어링, reverse engineering)**, **가치공학(VE, Value Engineering)**, **프로세스 개선(process improvement)**이 있다. 역공학은 경쟁기업의 제품을 분석하여 제품의 기본적인 설계 개념과 적용 기술, 부품 등을 파악하고 재현하는 것으로 통상적인 제품화 과정을 거꾸로 수행하는 기법을 말한다.

가치공학은 제품의 각 부품에 대해 기능(functionality), 성능(performance), 품질(quality), 안전(safety), 재활용가능성(recyclability)을 유지하면서도 원가를 줄이는 방법을 검토하는 기법으로, 목표원가계산의 핵심 기법이다. 가치공학을 위해 **원가분석(cost analysis)**을 통해, 부품별로 수행하는 기능과 부품원가를 정리한 뒤, 주요 원가감축 영역을 탐색하고, 각 부품이 수행하는 기능이 고객의 관점에서 어느 정도 중요한 가치가 있는지를 평가한다(예 자동차의 ABS 브레이크 기능을 수행하는 데 필요한 부품들과 이들의 원가를 나열하고, ABS에 대해 고객이 부여하는 가치를 평가).

프로세스 개선은 제품의 제조와 유통 프로세스를 효율화하기 위해 프로세스를 재설계하는 것을 말한다. 최종적으로 원하는 목표원가에 도달하기 위해 제품 디자인, 제품의 사양과 재료, 제조공정 등을 바꾸기도 한다.

이처럼 목표원가계산은 제조 및 사후지원, 폐기단계까지의 품질, 원가, 고객요구사항 등을 제품설계단계에서 통합적으로 고려하는 **동시공학**(CE, Concurrent Engineering) 기법을 사용한다. 예를 들어, 제품 디자인과 제조공정 디자인을 별도로 진행하는 것이 아니라, 디자인 변경이 제조공정과 제조원가에 미치는 영향을 동시에 고려한다.

가치공학(VE)의 성공적인 실행을 위해 가치사슬 전 단계에서 활동하는 종업원들이 참여하는 **다기능팀**(cross-functional team)을 구성하고, 여기에 외부 공급업체들이 참여하기도 한다. 마지막 단계에서 목표원가 달성방안을 찾지 못하면 제1단계인 제품개발 단계로 다시 돌아가야 한다. 목표원가계산에서 목표원가에 도달하기 위해 주로 사용하는 방법은 표 7-1과 같다.

전통적인 접근법에서도 제품개발은 고객의 니즈를 반영하지만, 엔지니어 중심으로 제품의 디자인과 엔지니어링을 먼저 실시한 후 원가를 사후적으로 추정한다. 그 후 제품가격은 단위당 원가에다 원하는 수준의 이윤을 더해 결정한다. 즉, 원가가 결정된 다음, 가격이 결정되는 **원가가산 가격설정**(cost-plus

표 7-1 목표원가계산에서 사용하는 주요 방법들

- 실제 데이터를 사용하여 공급업체와 협상
- 공급업체의 공급능력을 공동으로 향상
- 디자인 변경
- 원재료 변경
- 제품 사양 변경
- 원가설감 가능성 탐색을 위해 제품의 특성 간 상충관계 고려
- 원가절감 확약하에 초기 고비용 허용
- 목표 미달성 프로젝트 철회
- 미래 원가절감을 보증받기 위해 공급업체와 장기적 약정
- 공급자와 장기전략 공유

pricing) 방식을 사용하며, 외부시장과 경쟁자에 대한 고려가 부족하다. 반면에, 목표원가계산은 목표가격이 먼저 설정된 후 목표원가를 설정한다(**가격주도 원가설정**(price-led costing) **접근법**).

목표원가계산은 경쟁이 치열한 시장에서 이익을 확보하기 위한 중요한 수단이지만, 제품개발과정이 지나치게 길어질 수도 있고, 그 과정에서 종업원들과 공급업체들의 피로가 누적될 수 있다는 점에 주의해야 한다.

2) 원가가산 가격설정

목표원가계산과 대비되는 전통적인 가격설정 방식인 **원가가산 가격설정**(cost-plus pricing)에 대해 살펴보자. 원가가산 가격설정은 경쟁이 심하지 않은 시장에서 기업이 가격을 설정하는 경우에 사용할 수 있는 방법이다.

표 7-2에 나타난 바와 같이, 제품의 가격은 단위당 총원가에 **이윤**(markup)을 더해 계산한다([패널 A]). 이윤(markup)은 목표 총이윤을 예상판매량으로 나누어 계산하고, 목표 총이윤은 투자금액에 목표 투자수익률을 곱해서 계산할 수 있으며([패널 B]), 기타 시장 상황들을 고려할 수 있다.

[패널 A]에서 이윤율(markup percentage)은 제품 단위당 총원가 대비 이윤(markup)의 비율로서[1], 이윤의 크기가 결정된 후 사후적으로 계산되는 비율이다. 본 예제에서는 이윤율이 20%(8÷40)로 계산된다.

가격 = 단위당 총원가 + 이윤(markup)

목표 총이윤 = 투자금액 × 목표 투자수익률(ROI)

이윤(markup) = 목표 총이윤 ÷ 예상판매량 이윤율(markup percentage) = 이윤(markup) ÷ 단위당 총원가

1 단위당 원가를 계산할 때 사용되는 원가기준(cost base)으로는 제조원가를 사용할 수도 있고, 판매비와관리비를 포함할 수도 있으며, 변동원가만을 대상으로 할 수도 있고, 고정원가를 포함할 수도 있다. 이윤(markup)은 단위당 원가를 계산할 때 포함되는 원가기준에 따라 크기가 달라진다. 원가기준에 포함되는 원가의 범위가 좁아질수록 총원가를 회수하기 위해 이윤은 커진다. 본문의 예시에서 원가기준에는 제조원가와 판매비와관리비 및 변동원가와 고정원가가 모두 포함된다.

표 7-2 원가가산 가격설정 방식

[패널 A]		
(1) 예상판매량(개)	20,000	
(2) 총고정원가(원)	200,000	
(3) 단위당 고정원가(원)(=(2)÷(1))	10	
(4) 단위당 변동원가(원)	30	
(5) 단위당 총원가(원)(=(3)+(4))	40	
(6) 이윤(원)(이윤율 20%)	8	[패널 B] (4)
(7) 가격(원)(=(5)+(6))	48	
[패널 B]		
(1) 총투자(원)	1,000,000	
(2) 목표 ROI	16%	
(3) 연간목표이익(원)(=(1)×(2))	160,000	
(4) 단위당 연간목표이익(원)(=(3)÷예상판매량)	8	

원가가산 가격설정은 사용하기 편리하지만, 가격결정에서 공급자의 원가만을 고려하는 방법으로서, 고객의 지불의사 등 수요측면을 고려하지 않는다는 단점이 있다. 실제판매량이 예상판매량에 미달하는 경우 원가를 충분히 회수하지 못할 수도 있다. 실제판매량이 예상보다 적은 경우 단위당 원가가 증가하고(고정원가로 인해), 이를 반영하여 가격을 올리면 수요가 더 감소하는 악순환을 맞을 수 있다. 따라서 원가가산 가격설정은 가격산정의 출발점으로만 사용하는 것이 좋다.

3) 원가관리에서 디자인 단계의 중요성

제품의 연구개발과 디자인 단계에서는 제품의 기능과 구체적인 사양이 대부분 결정된다. 따라서 이 단계에서 가치사슬활동의 나머지 단계(제조, 마케팅, 배송, 고객지원)에서 발생하는 원가의 규모가 대부분 결정되는 경우가 많다. 건물 건축비용의 대부분이 건물 설계단계에서 결정되는 것과 유사하다.

그림 7-4에서 **원가발생곡선(cost incurrence curve)**은 제조기업에서 가치사슬활동의 단계별로 실제 발생하는 원가의 비중을 누적으로 나타낸 것이다. 일반적으로, 제조활동에서 발생하는 제조원가(재료원가, 노무원가, 제조경비)의 비중이 가장 크고(그림에서 60% 정도를 차지함), 나머지 각 활동에서 발생하는 원가의 비

그림 7-4 **가치사슬 단계별 원가발생과 원가고착 형태**

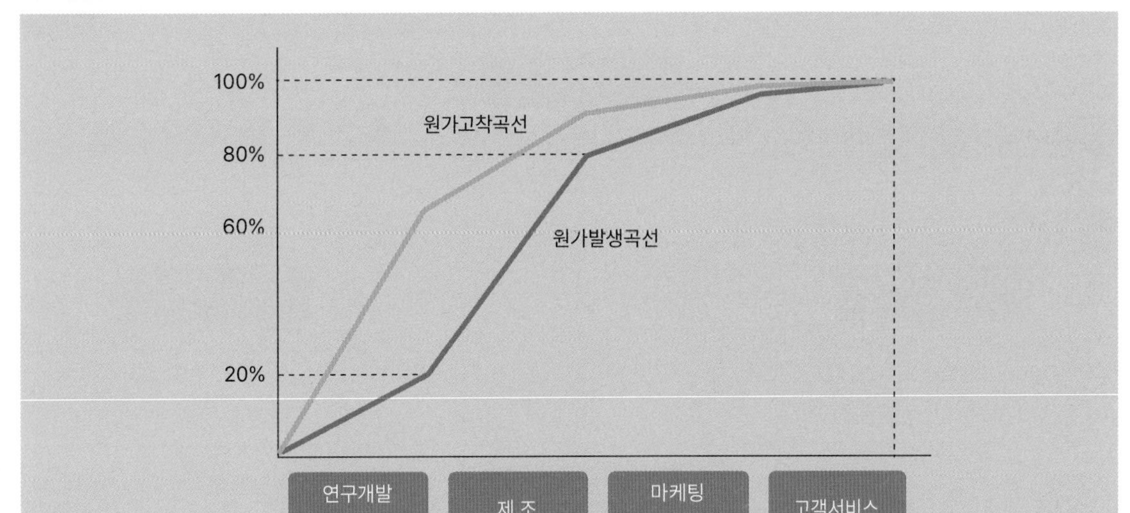

중은 제조활동에 비해 작다.

이와 달리, 그림에서 **원가고착곡선**(locked-in cost curve)은 전체 가치사슬활동에서 발생하는 총원가가 어느 단계에서 주로 결정되는지를 보여준다. 그림에 의하면, 연구개발과 디자인 단계에서 총원가의 20%가 발생하지만 총원가의 60% 이상이 이 단계에서 미리 결정된다. 반대로, 제조활동에서는 총원가의 60%가 발생하지만, 전체 원가의 20~30%만 제조단계의 영향을 받는다. 예를 들어, 제조단계에서의 불량 발생 원인의 상당수는 잘못된 디자인으로 인한 것으로, 디자인 단계에서 이미 고착된 것이라 할 수 있다.

마케팅, 배송, 고객지원 활동의 경우에도 발생하는 원가의 상당 부분은 연구개발과 디자인 단계에서 결정(고착)된다. 따라서 기업이 원가관리를 위해 모든 활동의 원가를 동시에 줄이려고 하거나, 제조활동에서 발생하는 원가의 비중이 높다고 해서 제조활동의 원가관리에 더 집중하는 것은 잘못된 접근이다. 연구개발과 디자인 단계에서는 자원(원가)을 더 투입하는 것이 결과적으로 전체 가치사슬의 원가를 줄이는 방법이 될 수 있다.

그림 7-5는 디자인 단계가 제조를 포함한 나머지 단계의 원가에 구체적으로 어떤 영향을 미치는지를 요약해서 나타낸 것이다. 디자인활동은 나머지 모든 활동의 원가를 줄일 수 있고, 판매에도 긍정적인 영향을 미친다는 것을 알 수 있다. 원가관리에서 디자인 단계의 중요성은 목표원가계산의 중요성을 잘 보여주는 것이다.

그림 7-5 디자인활동이 나머지 활동의 원가에 미치는 영향

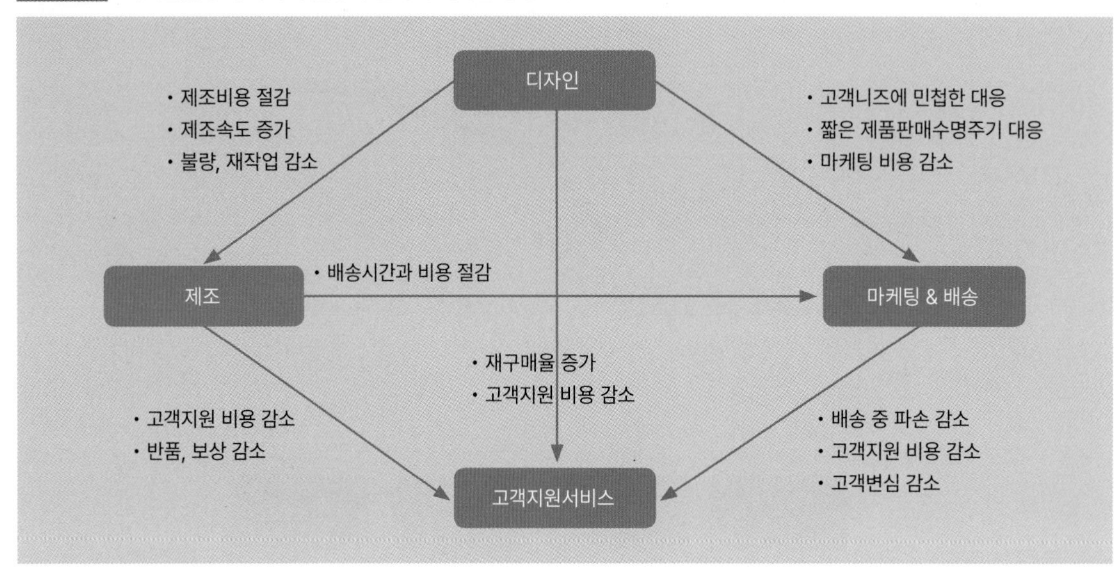

4) 목표원가계산에서 관리회계의 역할

관리회계 담당자는 종종 원가계산 중심의 소극적인 역할에 머무는 경향이 있지만, 목표원가계산의 성공적인 수행을 위해서는 관리회계 담당자의 역할이 매우 중요하다. 관리회계 담당자는 **다기능 팀(cross-functional team)**의 일원으로 목표원가계산의 초기 단계부터 참여하여, 원가를 추정하고 관련 정보를 제공해야 한다. 제품 디자이너들에게 제품 디자인의 각 요소가 가치사슬 전체의 원가에 미치는 영향을 분석해서 그 정보를 제공하고, 마케팅 담당자들에게는 고객이 요구하는 제품의 특정 기능이 원가에 미칠 영향에 대한 정보를 제공하여 고객의 지불의사와 원가를 비교할 수 있도록 해야 한다.

목표원가계산을 위해 관리회계 담당자는 여러 종류의 원가계산 정보를 수집하고 분석해야 한다. 전통적인 부문별 원가계산(departmental costing) 대신, 제품 도입기부터 제품 폐기단계까지 발생하는 원가에 대한 수명주기 원가계산(life cycle costing)과 기업의 가치사슬활동의 원가계산(value chain costing), 제품의 특성(기능)별 원가계산(product feature/function costing), 각 디자인이 가치사슬활동의 전체 원가에 미치는 영향에 대한 원가계산(design-driven costing), 가치사슬활동의 원가에 대한 추정의 정확도를 높이는 활동기준원가계산(activity-based costing) 등을 실시해야 한다.

3. 카이젠 원가계산

1) 카이젠 원가계산의 개요

연구개발과 디자인 단계를 지나면 제조단계에 들어간다. 제조단계에서는 제품원가와 제품 디자인에 영향을 미칠 수 있는 공학적인 유연성이 상당히 사라진다. 그 전 단계에서 대부분 결정되었기 때문이다.

제조단계에서 원가의 점진적 개선을 추구하는 방법론을 **카이젠(改善) 원가계산(Kaizen costing)**이라고 한다. 카이젠은 특정한 원가관리 기법이라기보다는 원가관리 철학이라고 할 수 있다. 제조과정에서 근로자들이 제시하는 각종 원가절감 아이디어를 이용하여 대규모 혁신보다는 소규모 점진적인 개선을 추구한다. 장기 이익계획 달성을 위해 보통 일정한 기간 단위로 원가절감 목표가 설정된다.

제조단계에서는 제조 효율성을 높이기 위해 품질관리, 제약관리, 재고관리, 설비배치관리 등 각종 **운영관리(operation management) 기법**들이 사용된다. 관리회계 분야에서는 표준원가를 설정하여 차이분석(variance analysis)을 실시하고, 활동기준경영관리(ABM)를 이용하여 부가가치원가(value-added cost)와 비부가가치원가(non-value added cost)를 판별하여 관리한다(활동기준경영관리는 아래에서 설명하고, 나머지 기법들은 이후 장들에서 학습한다.).

2) 목표원가계산과 카이젠 원가계산의 사용방식

제품도입 단계에서부터 철수 단계까지 목표원가계산(target costing)과 카이젠이 사용되는 방식은 그림 7-6과 같다. 먼저 제품의 개념을 개발하고 타당성 검증을 완료하면, 디자인 단계에서 목표원가계산을 통해 제품원가를 희망하는 수준으로 낮추는 방안을 찾게 된다. 원하는 수준의 1차 목표원가에 도달하는 방안이 수립되면 제조에 착수하여 제품을 출시하고, 제조과정에서 카이젠 원가계산을 사용하여 원가를 계속 줄인다. 일정 기간이 경과하면, 소비자의 반응과 시장경쟁을 반영하여, 새로운 기능을 추가하는 등 소규모의 디자인 변경을 실시한다. 이 단계에서 다시 목표원가계산을 사용하여 원가절감 방안을 수립하고, 새로운 디자인을 적용한 제품을 제조하는 과정에서 다시 카이젠 원가계산을 사용하여 원가를 지속적으로 줄인다. 이런 과정을 통해 경쟁이 치열한 제품의 수익성을 확보하게 된다.

그림 7-6 단계별 목표원가계산과 카이젠 원가계산 사용방식

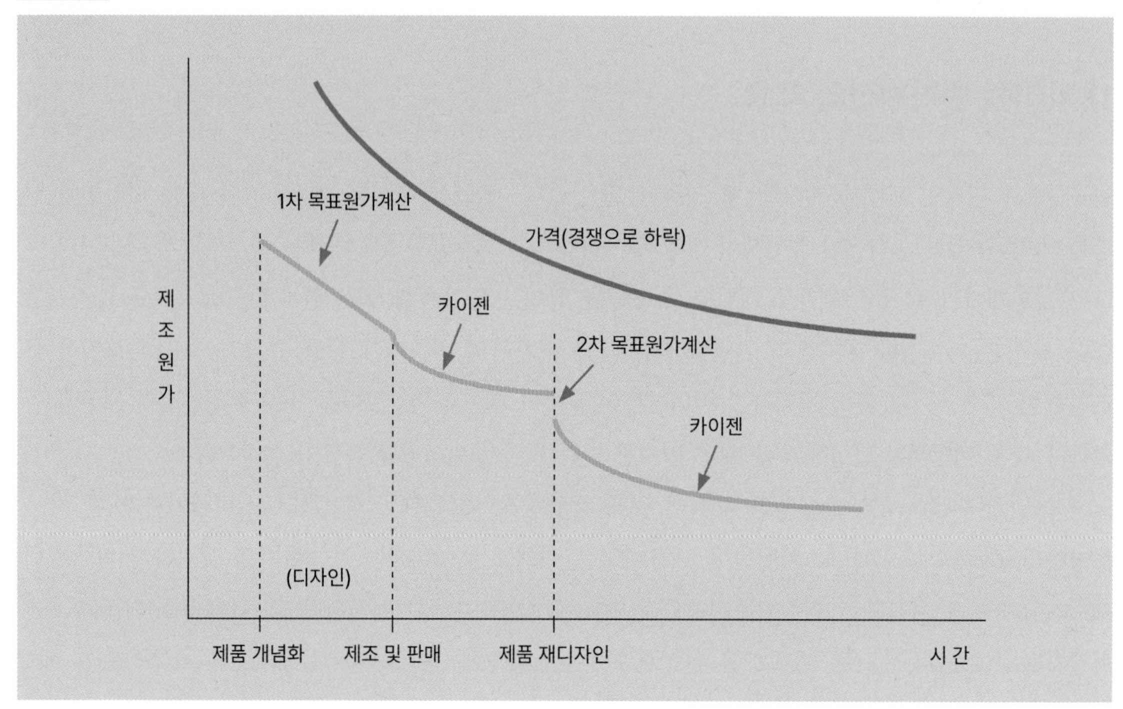

4. 활동기준경영관리

1) 활동기준경영관리의 사용

활동기준경영관리(ABM, Activity-based Management)는 활동기준원가계산(ABC)이 산출하는 **활동**(activity)과 **원가동인**(cost driver)에 관한 정보를 이용하여 **고객가치**(=고객효익−고객희생)와 기업가치 제고를 추구하는 통합적인 접근법이다. 활동기준경영관리가 사용되는 대표적인 분야는 다음과 같다.

첫째, 모든 활동을 고객에 대한 가치를 부여하는 **부가가치활동**(value-added activities)과 고객에게 가치를 부여하지 않는 **비부가가치활동**(nonvalue-added activities)으로 구분하여 관리한다. **부가가치원가**는 고객이 지불할 용의가 있는 활동의 원가로서, 제거할 경우 고객이 인지하는 제품의 가치가 하락할 수 있는 원가이다. 예를 들어, 자동차의 조수석 에어백을 제조하기 위해 투입되는 각종 재료원가와 노무원가가

이에 해당할 수 있다.

반면에, **비부가가치원가**는 고객이 지불할 용의가 없는 원가로서, 제거하더라도 고객이 인지하는 제품의 가치에 영향을 미치지 않는 원가이므로 제거하거나 점진적으로 줄여야 한다. 예를 들어, 에어백 생산과정에서 발생한 불량품의 원가가 이에 해당한다. 낭비와 불량품의 원가 및 재료, 재공품, 제품을 검사하고, 이동하고, 저장하고, 다음 작업을 위해 대기하는 활동들의 원가는 대표적인 비부가가치원가에 속한다. 검사활동의 경우에도 처음부터 정상적인 제품이 생산되면 필요하지 않은 활동이므로 고객가치를 증가시키지 않는다.

조직에서 감독비용, 회의비용 등 많은 비용이 부가가치원가와 비부가가치원가의 중간지대에 속할 수 있어 구분이 쉽지 않을 수 있다. 그러나 원가를 부가가치원가와 비부가가치원가로 구분하려는 시도는 원가관리 방향 설정의 시발점이 될 수 있다[2].

부가가치활동도 효율화해야 한다[3]. 활동 한 단위당 원가를 줄이거나(예 재료 취급을 위해 인력 대신 로봇을 사용), 소비하는 활동의 양(원가동인 소비량)을 줄임으로써 원가를 줄일 수 있다. 원가동인 소비량을 줄이기 위해서는 종종 원가를 유발시키는 **근본 원인(root cause)**을 찾아 개선해야 한다.

예를 들어, 셋업시간이 원가동인인 셋업활동의 경우, 셋업활동의 원가를 줄이기 위해서는 셋업시간을 줄여야 한다. 셋업시간을 줄이기 위해서는 셋업시간에 영향을 미치는 근본 원인인 제품의 크기를 줄이거나 디자인 요소를 개선하여 제품의 복잡성을 낮춰야 한다.

배송활동의 경우, 원가동인인 배송부피를 줄이기 위해서는 제품 디자인을 개선하거나 제품의 크기 또는 제품 포장의 부피를 감소시키는 방안을 찾아야 한다. 원가를 관리하기 위해 원가(자원) 자체를 관리하는 것이 아니라, 원가를 발생시키는 요인을 관리하는 것이다.

비부가가치활동의 원가도 근본 원인을 찾아 줄일 수 있다. 재료 검사활동의 경우, 원가동인은 재료 검사시간이지만, 재료 검사시간이 소요되는 근본 원인을 찾아야 한다. 재료공급업체 선정이 잘못된 경우라면, 공급업체를 변경하는 등 필요한 조치를 해야 재료 검사시간을 줄일 수 있다.

원가 발생 원인(원가동인과 근본 원인)을 통해 원가를 관리하는 이 방식은 종종 자원(resources)을 직접 줄이고자 하는(예 인력을 단순히 해고) 전통적인 방식과 차이가 있는 것이다.

---

2 기업활동의 유형은 매우 다양해서 고객가치 창출 여부에 대한 판단이 쉽지 않은 경우가 많다. 넓은 의미에서, 기업이 장기적으로 존속하는 데 필요한 활동은 부가가치활동으로 볼 수 있다. 예를 들어, 연구개발은 현재의 고객에게는 가치를 제공하지 않을 수 있으나, 미래의 고객에게 가치를 제공하는 활동으로서 기업 생존을 위해 필요한 활동이다.

3 엄격히 표현하면, 부가가치활동과 부가가치원가는 다르다. 부가가치활동 수행과정에서 비효율적으로 발생하는 원가는 부가가치원가라고 할 수 없다.

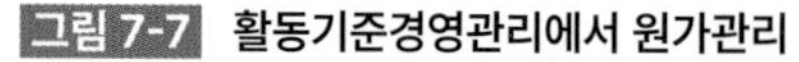
그림 7-7 활동기준경영관리에서 원가관리

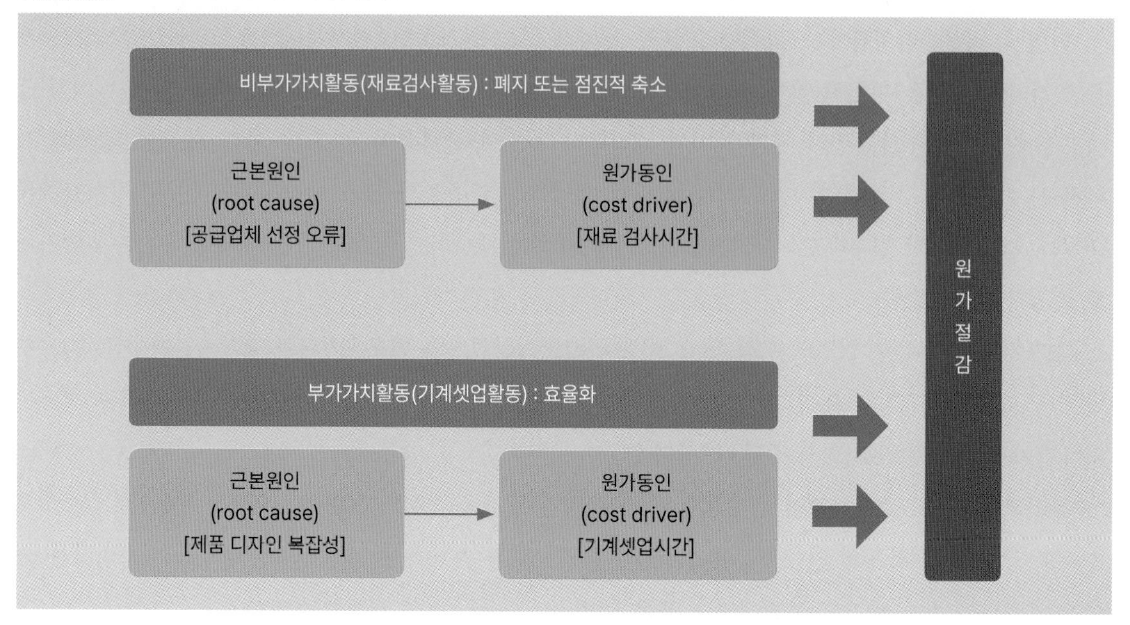

둘째, 제품의 가격과 **제품배합**(product mix)의 적정성을 검토한다. 활동기준원가계산을 통해 획득한 정확한 제품(서비스)의 원가(제조원가 및 판매비와관리비)를 이용하여 제품의 가격이 적절한지, 제품배합이 올바른지에 대해 검토할 수 있다. 제품의 원가계산이 잘못되는 경우, 제품가격 결정이 잘못되어 경쟁력에 심각한 타격을 입을 수 있고, 제품의 수익성에 대한 잘못된 판단으로 제품배합이 잘못될 수 있다.

셋째, 디자인(기능) 변경 여부를 검토한다. 제품의 디자인은 제품의 제조, 마케팅, 배송, 고객지원 등 많은 가치사슬활동의 원가에 영향을 미칠 수 있다. 활동기준경영관리를 통해, 현재의 디자인을 변경하거나 여러 디자인 중 하나를 선택할 때, 각 디자인이 원가에 미치는 영향과 고객이 부여하는 가치(효익)를 종합적으로 비교하여, 바람직한 디자인 대안을 선택할 수 있다. 여기에서도 기업 전략과 고객가치가 중요한 역할을 한다. 활동기준경영관리는 제조단계는 물론, 디자인 단계에서 가치공학(VE) 기법과 함께 사용할 수도 있다.

넷째, 활동기준원가계산 정보를 이용하여 기타 각종 경영관리활동을 수행할 수 있다. 예산을 수립하거나(제10장), 품질관리활동의 원가를 예측하거나(제8장), 제품수명주기 원가를 예측하거나, 고객 수익성을 분석하는(제12장) 등 많은 분야에 활동기준원가계산 정보를 이용할 수 있다.

2) 활동기준경영관리와 미사용 자원의 원가

활동기준경영관리를 통해 원가(활동)의 효율성을 증가시킨 경우, **기정(확정)자원**(committed resources)이 있을 때 원가는 단기적으로 감소하지 않을 수 있다[4]. 이와 관련된 사항에 대해 다음 자료를 이용하여 자세하게 학습해보자.

단밸과 복밸 두 밸브 제품을 생산하고 있는 정선㈜의 셋업활동과 관련된 자료는 **표 7-3**과 같다. 셋업활동의 원가는 모두 고정원가이며, 원가동인인 셋업시간의 실제최대조업도(실제생산능력)는 950시간이다. 20X5년과 20X6년 셋업시간의 실제조업도(실제셋업시간)는 각각 760시간, 690시간이다.

표 7-3 정선㈜의 셋업활동 내역(배부기준(원가동인) : 셋업시간)

	활동원가 (원)	실제최대 조업도 (시간)	실제조업도 (시간)	미사용조업도 (시간)	실제조업도기준 원가배부율 (원)	실제최대조업도기준 원가배부율 (원)
	(1)	(2)	(3)	(4) (=(2)−(3))	(5) (=(1)÷(3))	(6) (=(1)÷(2))
20X5년	608,000	950	760	190	800	640
20X6년	608,000	950	690	260	881.16	640

표 7-4에서 [패널 1]은 20X5년 셋업활동의 원가를 실제조업도기준의 원가배부율(₩800)을 사용하여 두 제품인 단밸과 복밸에 모두 배부한 것이며, [패널 2]는 20X5년 원가를 실제최대조업도기준의 원가배부율(₩640)을 사용하여 배부한 것이다. 실제최대조업도기준으로 배부하면, 단밸과 복밸에 배부되는 셋업활동의 원가는 적어지고, 나머지는 별도로 미사용 셋업자원 190시간(=950시간−160시간−600시간)의 원가로 표시한다. [패널 1] 방식은 [패널 2] 방식과 달리, 셋업활동의 **미사용 자원**의 수량과 원가를 파악하기 어렵게 한다는 단점이 있다.

---

4 기정자원, 고정원가, 계단원가에 대해서는 제1장을 참고한다.

표 7-4 정선㈜의 20X5년 셋업활동원가 배부 대안

[패널 1] 실제조업도기준 원가배부율(₩800) 사용

	단 밸	복 밸	합 계
원가동인소비량(시간)	160	600	760
셋업활동원가 배부(원)	128,000	480,000	608,000

[패널 2] 실제최대조업도기준 원가배부율(₩640) 사용

	단 밸	복 밸	미사용	합 계
원가동인소비량(시간)	160	600	190	950
셋업활동원가 배부(원)	102,400	384,000	121,600	608,000

이제, 20X6년에 대해 살펴보자. 정선㈜이 20X6년에 제품 생산량이 같은 상황에서, 제품의 셋업활동을 효율화하여 단밸과 복밸의 셋업시간을 각각 140시간, 550시간으로 줄여, 실제조업도가 총 690시간으로 감소하였다. 또한 정선㈜은 셋업시간과 함께 셋업시간(실제최대조업도)당 원가를 ₩640에서 ₩600으로 줄이는 방법을 찾았다고 하자. 그러나 셋업원가는 고정원가로서 단기적으로 ₩608,000이 여전히 발생한다. 장기적으로 셋업활동에 투입되는 자원을 조정하게 되면, 실제최대조업도를 950시간으로 유지한 상태에서도 셋업원가는 ₩570,000(=실제최대조업도 950시간×₩600)으로 감소하게 된다.

20X6년의 원가배분 대안으로 다음 세 가지 방법을 고려할 수 있다(표 7-5).

[패널 1]은 실제발생원가 ₩608,000을 실제조업도기준(690시간)으로 나눈 원가배부율을 사용하여 배부한 결과이다. 실제배부율은 ₩881.16(표 7-3 (5))으로, 20X5년보다 증가한다. 실제 셋업원가는 변하지 않았지만 총셋업시간이 줄었기 때문에 나타나는 현상이다.

[패널 2]는 실제발생원가 ₩608,000을 실제최대조업도(950시간) 기준으로 나눈 원가배부율(₩640)을 사용하여 원가를 배분한 것으로, 단밸과 복밸이 사용한 셋업시간이 전년보다 감소함으로 인해 배부되는 원가도 전년보다 감소한다. 미사용 셋업시간(260시간)에 대한 셋업활동원가는 단밸과 복밸에 배부하지 않고 **미사용 자원의 원가**로 별도로 구분한다.

[패널 3]은 장기예정원가 ₩570,000을 실제최대조업도(950시간) 기준으로 나눈 원가배부율(₩600)을 사용하여 원가를 배분하고, 미사용 자원의 원가를 별도로 구분한 것이다. **미사용 자원의 원가** ₩194,000은 실제원가 ₩608,000에서 단밸과 복밸에 배부된 원가를 차감하고 남은 수치로서 다음과 같이 계산한다.

미사용 자원의 원가

자원의 공급(발생원가) = ₩608,000
자원의 사용(단밸, 복밸) = ₩84,000 + ₩330,000 = ₩414,000
차이 : 미사용 자원 = ₩608,000 − ₩414,000 = ₩194,000

여기서 **미사용 자원의 원가**는 두 가지 요소로 구성된다. 하나는 실제원가 ₩608,000과 장기예정원가 ₩570,000의 차이 ₩38,000이며, 다른 하나는 장기예정원가 ₩570,000 중에서 미사용 자원 260시간에 해당하는 셋업활동의 원가 ₩156,000(=₩600×260시간)이다.

표 7-5 정선㈜의 20X6년 셋업활동원가 배부 대안

[패널 1] 실제조업도기준 원가배부율(₩881.16) 사용(실제원가 ₩608,000 적용)

	단 밸	복 밸	합 계
원가동인소비량(시간)	140	550	690
셋업활동원가 배부(원)	123,362	484,638	608,000

[패널 2] 실제최대조업도기준 원가배부율(₩640) 사용(실제원가 ₩608,000 적용)

	단 밸	복 밸	미사용	합 계
원가동인소비량(시간)	140	550	260	950
셋업활동원가 배부(원)	89,600	352,000	166,400	608,000

[패널 3] 실제최대조업도기준 원가배부율(₩600) 사용(장기예정원가 ₩570,000 적용)

	단 밸	복 밸	미사용	합 계
원가동인소비량(시간)	140	550	260	950
셋업활동원가 배부(원)	84,000	330,000	194,000*	608,000

* ₩194,000=₩608,000−₩84,000−₩330,000

위에서 설명한 배부방법들을 비교해보자. [패널 1] 방식(실제조업도기준 원가배부율 사용)은 미사용 자원의 원가를 파악할 수 없어, 의사결정에 사용하기에 한계가 있다. 예를 들어, 정선㈜이 기존 제품의 생산량을 늘리거나 새로운 제품 생산을 고려할 때 셋업활동의 원가가 얼마나 증가할지에 대한 정보를 얻기 어렵다. 또한 원가동인 사용량을 줄여 셋업활동을 효율화했음에도 불구하고 제품에 배부되는 원가는 오히려 증가할 수도 있다는 문제점이 있다(복밸이 사용한 셋업시간이 전년보다 감소했음에도 불구하고, 복밸에 배부되는 셋업원가는 오히려 증가).

[패널 2] 방식(실제최대조업도기준 원가배부율 사용)은 **미사용 자원의 원가**를 별도로 기록하여 관리하므로 의사결정에 도움이 되는 정보를 제공한다. 다만, 셋업시간당 장기적 원가절감 예상을 반영하지 않아 의사결정에 필요한 정보를 제공하는 데 다소 제약이 있다.

[패널 3] 방식(실제최대조업도기준 원가배부율 사용 및 장기예정원가 적용)은 **미사용 자원의 원가**를 별도로 관리할 뿐만 아니라, 장기예정원가에 관한 정보도 포함하고 있어 의사결정에 유용한 정보를 제공한다. 다만, 원가배부율이 현재의 단위당 원가가 아닌 장기예정액을 반영한 금액이라는 점에서 혼란의 여지가 있다. 어느 방법을 사용하는 것이 바람직한지는 회사의 상황과 원가관리 방식에 따라 다를 수 있다[5].

5. 판매 후 고객지원 및 폐기단계 원가관리

제품이 생산되어 판매되면, 제품의 반품, 보증수리, 리콜 등 각종 판매 후 비용이 발생한다. 또한 제품 사용단계에서 발생하는 인체의 손상과 질병에 대한 보상비용이 발생할 수 있다. 미국의 담배 관련 폐암 소송, 우리나라 가습기 살균제 관련 소송, 이케아 서랍장 아동 사망 등이 대표적인 예에 속한다.

제품 사용 후 폐기(disposal)단계에서도 각종 처리비용이 발생할 수 있다. 프린터 카트리지, 노트북 배터리 등은 사용 후 환경오염의 위험이 있어 제조사가 회수하는 프로그램을 운영하는 경우가 많다. 전기차의 보급이 확대됨에 따라 유럽을 중심으로 자동차 폐배터리 강제회수 의무도 도입되고 있다.

제품의 사용단계와 사용 후 폐기단계에서 발생하는 비용 중에서 회사가 부담해야 하는 각종 비용의 상당 부분도 연구개발과 디자인 단계에서 고착되는 경향이 있으므로, 제품개발 단계에서 이를 고려해야 한다.

---

5 Horngren 교수의 저서 Cost Accounting은 [패널 3]의 방법 사용을 권장한다. **미사용 자원의 원가**는 원가회계의 고정제조간접원가 배부차이와 유사한 개념이다. 배부차이는 재무보고를 위해 기말에 재공품, 제품, 매출원가 계정에서 조정하면 관련 내역이 사라진다. 그러나 **미사용 자원의 원가**는 원가관리 목적으로 별도로 구분하여 보고하도록 하는 것이므로 계속 별도로 기록하여 관리해야 한다.

6. 지속가능성과 환경원가계산

최근 기후변화에 대한 우려와 함께 전 세계적으로 인류와 환경의 **지속가능성**(sustainability)에 관한 관심이 증가하고 있다. 이런 추세에 맞춰 각국은 온실가스 배출을 중심으로 한 환경(environment) 규제를 강화하고 있다. 우리나라에서는 기업이 배출할 수 있는 **온실가스**(greenhouse gas) 배출량을 매년 할당하고 있으며, 기업이 이를 초과한 경우에는 초과 배출량에 대해 배출권 거래시장에서 배출권을 구입하거나 과징금을 납부해야 한다.

또한 유럽(EU)과 미국의 규제기관(SEC)과 국제회계기준 제정기구인 IFRS 재단은 **지속가능성 공시기준**을 제정하고, 기업의 공시를 의무화하고 있다. 우리나라에서도 2026년부터 기업의 지속가능성 공시가 의무화될 예정이다.

지속가능성 공시기준의 환경 분야는 기후변화와 각종 오염 방지 및 수자원과 해양자원 보호, 순환경제 등에 관한 내용을 담고 있다(본 장의 별첨 자료 참고). 기업의 환경 분야 활동이 자세하게 공시되면, 기업의 이해관계자들과 소비자들의 압력이 증가하여 기업의 평판과 이미지에 크게 영향을 미칠 전망이다.

기업의 모든 가치사슬활동은 환경 이슈들과 관련되어 있다. 따라서 기업은 지속가능성과 관련된 이슈들을 **수명주기원가관리**(life-cycle cost management)의 한 분야로 관리해야 한다. 연구개발과 디자인 단계에서부터 가치사슬활동 전체에 걸쳐 환경 이슈와 관련된 활동을 예측하고, 환경 관련 원가의 발생을 줄이는 방안을 찾고, 환경 원가를 추정하고, 그 원가를 제품별로 할당하여, 제품의 수명주기에 걸쳐 회수하는 **환경원가계산**(environmental costing)을 해야 한다.

7. 제품수명주기예산

기업은 제품 개발단계에서 장기적인 이익계획(profit planning)을 수립한다. 제품의 이익계획은 제품의 연구개발 단계에서부터 고객지원활동과 최종적인 폐기단계까지 기업의 수익과 비용을 모두 고려해야 한다. 제품수명주기 전체에 걸쳐 제품의 수익과 비용의 예산을 수립하는 것을 **제품수명주기 예산편성**(product life cycle budgeting)이라고 한다.

제품수명주기예산은 연구개발과 디자인 단계에서 시간과 비용이 많이 드는 제품의 예산편성에 매우 중요하다. 비용과 시간이 많이 드는 연구개발과 디자인에 착수해야 할지 그 여부를 결정하기 위해서는 수명주기 전체에 걸친 수익과 비용의 예측이 매우 중요하기 때문이다.

표 7-6 은 10년의 제품수명주기를 가진 제품 Q의 제품수명주기예산을 예시로 나타낸 것이다. 연구개발과 디자인에 2년이 소요되며, 3차 연도부터 제조와 판매가 이루어진다. 제품판매는 8차 연도말에 종료되지만 10차 연도말까지 고객지원 비용이 발생할 것으로 예상한다.

이 회사의 경영진은 이 제품에 대한 가격 대안으로 ₩270과 ₩300을 고려하고 있다(화폐의 시간가치는 무시하고 연도별 제품가격은 일정하다고 가정). 수익예산과 비용예산은 목표가격설정(target pricing), 목표원가계산(target costing), 활동기준경영관리, 환경원가계산 등을 종합적으로 이용해서 수립한다. 분석결과(표 7-7), 회사는 두 가격 대안에서 희망하는 수준 이상의 영업이익을 얻을 수 있을 것으로 판단하고 있으며, 판매가격이 ₩270일 때 영업이익이 더 크므로 이 대안을 택하기로 하고, 본격적으로 연구개발과 디자인에 착수한다.

표 7-6 제품 Q의 제품수명주기 예상 원가

[1차 연도 ~ 2차 연도]

(단위 : 원)

	단위당 변동원가	고정원가
연구개발원가	–	3,500,000
디자인원가	–	1,500,000

[3차 연도 ~ 10차 연도]

	단위당 변동원가	고정원가
제조원가	55	310,000
마케팅원가	19	110,000
배송원가	7	65,000
고객지원원가	18	105,000

표 7-7 가격 대안별 제품 Q의 제품수명주기예산

	가격과 판매량 대안	
	A	B
가격(원)	270	300
판매량(개)	60,000	45,000
수명주기 수익(원)	16,200,000	13,500,000

(표 계속)

	가격과 판매량 대안	
	A	B
수명주기 원가(원)		
연구개발원가	3,500,000	3,500,000
디자인원가	1,500,000	1,500,000
제조원가	3,610,000	2,785,000
마케팅원가	1,250,000	965,000
배송원가	485,000	380,000
고객지원원가	1,185,000	915,000
수명주기 원가 합계(원)	11,530,000	10,045,000
수명주기 영업이익(원)	4,670,000	3,455,000

8. 고객수명주기원가계산

고객이 제품을 구입하고, 사용하고, 폐기하기까지 고객이 부담해야 하는 총원가를 **고객수명주기원가**(customer life cycle cost)라고 한다. 고객이 부담해야 하는 원가에는 제품 구매비용과 함께, 유지보수 비용(전기료, 연료비, 부품비용, 수리비용)과 폐기비용 등 **구매 후 비용**(postpurchase costs)이 있다. 중고제품 처분가치는 구매 후 비용을 줄이는 역할을 한다.

따라서 기업은 고객가치를 위해 제품의 연구개발과 디자인 단계에서부터 제품수명주기원가는 물론, 고객수명주기원가를 고려해야 한다. 예를 들어, 전기차의 가격은 내연기관 자동차보다 높은 편이지만, 전기차의 유지비용(전기료)이 내연기관 자동차(연료비)보다 낮아, 소비자들의 선택을 받을 수 있다. 전기차 중에서도 수명종료 후 배터리 재활용 가치가 높은 제품은 더 비싼 가격을 받을 수 있다. 전구제품의 경우, 소비자들은 각종 조명 전구의 수명이 아직 남아 있는 상태에서도, 전력 소모가 적은 LED 전구로 교체하는 것을 망설이지 않는다.

최근 지속가능성(ESG)이 전 세계적으로 주목을 받게 됨에 따라 친환경 제품에 관한 관심이 증가하고 있다. 정부의 친환경 규제는 환경에 유해한 제품의 구매 후 사용 및 폐기와 관련된 고객비용을 증가시키고 있다(예 노후 경유차량에 대한 환경개선부담금 부과). 기업은 제품개발과 가격결정에서 제품수명주기원가는 물론, 고객수명주기원가에 대해서도 관심을 가져야 한다.

별첨 : 유럽의 지속가능성 공시기준(ESRS)의 환경 관련 공시 주제			
ESRS 기준	ESRS에 포함된 지속가능성(sustainability) 공시 주제들		
	Topic	Sub-topic	Sub-sub-topics
ESRS E1	기후변화 (Climate change)	• Climate change adaptation • Climate change mitigation • Energy	
ESRS E2	오염 (Pollution)	• Pollution of air • Pollution of water • Pollution of soil • Pollution of living • Organisms and food resources • Substances of concern • Substances of very high concern • Microplastics	
ESRS E3	수자원 및 해양자원 (Water and marine resources)	• Water • Marine resources	• Water consumption • Water withdrawals • Water discharges • Water discharges in the oceans • Extraction and use of marine resources
ESRS E4	생물다양성 및 생태계 (Biodiversity and ecosystems)	• Direct impact drivers of biodiversity loss	• Climate Change • Land-use change, fresh water-use change and sea-use change • Direct exploitation • Invasive alien species • Pollution • Others
		• Impacts on the state of species	Examples : • Species population size • Species global extinction risk
		• Impacts on the extent and condition of ecosystems	Examples : • Land degradation • Desertification • Soil sealing
		• Impacts and dependencies on ecosystem services	
ESRS E5	순환경제 (Circular economy)	• Resources inflows, including resource use • Resource outflows related to products and services • Waste	

출처 : CSRD Delegated Act 2023

관련 사례

원가관리에서 협력업체의 중요성

뫼비우스의 띠처럼 파트너와 손잡고 윈-윈하라 – 매일경제(mk.co.kr)

포스코 활동기준경영관리

포스코 최대규모 ABM(활동기준 원가관리) 추진 – 네이버(naver.com)

가격경쟁력을 위한 구매, 개발, 생산에서 원가관리

현대차그룹, 전기차 가격경쟁력 위한 원가 절감 안간힘 – 매일일보(m-i.kr)

환경원가 관리와 탄소중립도 디자인 단계부터

탄소중립 · 지속 가능 여정 첫걸음은 개발과 디자인 – 매경ECONOMY(mk.co.kr)

연습문제

객관식

01 고객가치와 원가

기업이 지출한 원가로서 고객에 대한 가치를 증가시키지 못하는 원가를 무엇이라고 하는가?

① 판매비와관리비
② 비부가가치원가
③ 부문유지원가
④ 유통채널원가
⑤ 고정원가

02 부가가치활동

다음 중에서 부가가치활동에 속하는 것은?

① 완성품 검사
② 재료 이동
③ 불량품 재작업
④ 재료 가공
⑤ 재료 저장

03 원가고착

다음 중에서 제조기업에서 상당히 많은 원가가 고착되는 가치사슬활동의 단계는?

① 디자인 단계
② 제조단계
③ 마케팅 단계
④ 배송단계
⑤ 고객지원 단계

04 목표원가설정

목표원가설정(target costing)에서 주로 사용하는 기법은?

① 가치공학
② 카이젠 원가계산
③ 활동기준경영관리
④ 원가가산 가격설정
⑤ 예산과의 차이분석

05 목표원가설정의 순서

다음 중 목표원가설정(target costing)의 순서로 올바른 것은?

① 목표원가 – 목표가격 – 목표이익
② 목표이익 – 목표가격 – 목표원가
③ 목표가격 – 목표이익 – 목표원가
④ 목표원가 – 목표이익 – 목표가격
⑤ 목표가격 – 목표원가 – 목표이익

06 원가가산 가격설정

원가가산 가격설정에 관한 다음 설명 중에서 잘못된 것은?

① 제품 단위당 원가에 이윤(markup)을 더하여 가격을 설정한다.
② 이윤(markup)은 시장경쟁을 고려하여 경쟁가격 수준에서 결정한다.
③ 단위당 원가를 계산하는 원가기준(cost base)은 제조원가에다 판매비와관리비도 포함할 수 있다.
④ 이윤율(markup percentage)은 제품 단위당 총원가 대비 이윤(markup)의 비율이다.
⑤ 이윤(markup)은 총목표이익을 예상판매량으로 나누어 계산한다.

07 원가가산 가격설정

다음 자료에서 이윤율(markup percentage)과 단위당 가격은 각각 얼마인가?

• 예상판매량(개)	10,000
• 총고정원가(원)	200,000
• 단위당 변동원가(원)	40
• 총투자(원)	2,000,000
• 목표 ROI	15%

① 이윤율 15%, 가격 ₩75
② 이윤율 33.3%, 가격 ₩80
③ 이윤율 50%, 가격 ₩120
④ 이윤율 33.3%, 가격 ₩90
⑤ 이윤율 50%, 가격 ₩90

08 활동기준경영관리

활동기준경영관리와 전통적인 원가관리의 차이점에 관한 다음 설명 중에서 잘못된 것은?

① 활동기준원가계산(ABC)의 원가동인에 관한 정보를 사용한다.
② 부문별로 원가발생 원인을 분석하여 부가가치원가와 비부가가치원가를 구분한다.
③ 비부가가치활동의 원가는 즉시 제거하거나 점진적으로 줄인다.
④ 부가가치활동의 원가 중에도 비효율적인 원가를 줄인다.
⑤ 원가동인에 영향을 미치는 근본원인을 찾아서 개선해야 하는 경우도 있다.

09 목표원가 (2007 세무사)

목표원가계산(target costing)에 대한 설명으로 옳지 않은 것은?

① 목표원가는 기업이 내부적으로 기술진이나 생산담당자들의 분석평가에 의하여 설정하는 부가가치표준과는 상이할 수 있다.
② 목표원가는 외부시장환경과 경쟁업체의 대응 정도 등을 고려하여 기업이 목표로 설정한 시장점유율의 유지 또는 목표로 하는 이익을 달성하기 위하여 전략적인 차원에서 책정하는 원가이다.
③ 목표원가는 목표가격에서 목표이익을 차감하여 결정한다.
④ 목표원가계산 기법은 원가우위(cost leadership) 전략과 연계하여 실시할 수 있다.
⑤ 목표원가계산은 표준원가계산과 마찬가지로 제조단계에서의 원가절감을 강조한다.

10 목표원가 (2001 CPA)

목표가격(target price)에 대한 설명 중 가장 적절한 것은?

① 생산요소의 시장가격과 목표이익률을 고려해 결정되는 가격이다.
② 변동원가의 회수에 초점을 둔, 기업의 생존을 도모하기 위한 가격이다.
③ 목표원가에 목표영업이익을 가산하여 책정되는 가격이다.
④ 제품디자인에서부터, 공급지가격, 제조공정 등에 이르는 모든 단계에서 원가절감요인을 도출해 최소의 원가를 달성하여 목표가격을 설정한다.
⑤ 설정된 목표가격을 달성할 수 있는 원가를 가치공학 등의 수행을 통해 달성하는 것이 중요한 절차이다.

11 목표원가 (2012 CPA)

㈜갑의 신제품 개발팀은 신제품을 위한 다양한 제품 사양을 개발하였다. ㈜갑은 개발한 제품 사양이 모두 포함된 신제품 A를 제조할 것인지 아니면 제품 사양들 중 일부가 제외된 신제품 B를 제조할 것인지를 결정하고자 한다. 어느 신제품을 생산하여 출시하더라도 생산 및 판매와 관련된 예상고정원가 총액은 ₩2,000,000이며, 신제품의 목표이익률은 판매가격의 30%이다.

신제품 A와 신제품 B의 생산 및 판매와 관련된 추가 자료는 다음과 같다.

	신제품 A	신제품 B
단위당 예상판매가격	₩5,000	₩4,000
단위당 예상변동원가	₩2,500	₩1,900
예상생산·판매량	?	2,500단위

다음 설명 중 옳지 않은 것은?

① 신제품 A의 단위당 목표원가는 ₩3,500이다.
② ㈜갑은 신제품 A의 단위당 목표원가를 달성하기 위해 최소한 2,000단위 이상을 생산·판매하여야 한다.
③ 신제품 B의 단위당 목표원가는 ₩2,800이다.
④ 신제품 B를 생산·판매하면 목표이익률을 달성할 수 있다.
⑤ 만약 신제품 A의 예상생산·판매량이 2,000단위 이상이면, ㈜갑은 신제품 B 대신 신제품 A를 생산·판매하는 것이 유리하다.

주관식

01 수명주기원가와 보상 (2003 CPA)

㈜한국전자는 핸드폰을 생산·판매하고 있다. ㈜한국전자는 신제품개발담당 경영자인 김천재 이사의 주도하에 디지털카메라의 기능이 부가된 카메라폰에 새로운 통역기능이 추가된 통역카메라폰(일명 A제품)의 개발을 고려하고 있다. 김 이사는 2001년도에 연구개발을 시작하여 2005년도에 시장에서 쇠퇴하는 A제품의 수명주기예산자료를 다음과 같이 작성하였다.

A제품의 수명주기예산자료

	2001년	2002년	2003년	2004년	2005년
생산·판매량		5,000단위	15,000단위	25,000단위	10,000단위
단위당 판매가격		₩100	₩80	₩60	₩50
연구개발·설계원가	₩170,000				
단위당 제조원가		₩40	₩30	₩20	₩16
단위당 마케팅·고객 서비스원가		₩45	₩41	₩34	₩27

모든 현금유입과 유출은 연중 계속하여 발생하지만 계산의 편의를 위해 매년 기말시점에 발생하는 것으로 가정한다. 또한 위의 모든 수익과 비용은 현금수익과 현금비용이며, 화폐의 시간가치, 세금 및 인플레이션효과는 무시한다.

요구사항

▶ **물음 1. ㈜한국전자의 A제품에 대한 2005년까지 연도별 예산누적현금흐름을 보이시오.**

▶ **물음 2. 신제품 개발팀에서는 A제품 이외에 또 다른 방안으로 B제품의 개발도 함께 고려하고 있다. B제품의 요약된 수명주기예산자료가 다음과 같다고 하자.**

B제품의 수명주기예산자료

(단위 : 원)

구 분	2001년	2002년	2003년	2004년	2005년
현금수입		773,000	1,570,000	947,000	570,000
현금비용	187,000	703,000	1,450,000	730,000	490,000

(1) 한편 ㈜한국전자와 김 이사의 고용계약만기는 2003년 말이며, 2000년 말 현재로서는 계약연장계획이 없다. 김 이사의 성과보상은 매년 순현금흐름(= 현금수입 − 현금비용)의 일정비율에 의해 결정된다고 하자. 이러한 상황하에서 자신의 성과보상을 극대화하려는 김 이사는 두 가지 대안 중에서 어떤 제품을 개발해야 한다고 주장하겠는가?

(2) 2000년도에 CPA 자격증을 취득하고 입사한 정회계사는 회사입장에서 보다 유리한 투자안을 선택하려고 한다. 정회계사의 선택이 김 이사의 선택과 일치하는지 여부를 보이시오.

(3) 만일 두 사람의 의견이 일치한다면 그 원인은 무엇이며, 서로 의견이 다르다면 그 원인은 무엇인가?

02 목표원가 및 카이젠원가와 표준원가의 비교 (2005 CPA 수정)

요구사항

▸ 물음 1. 원가기획은 저원가와 고품질을 양립시킬 수 있는 탁월한 전략적 원가관리이지만, 이로 인해 필연적으로 수반되는 역기능은 ① 부품공급회사의 경영악화 우려, ② 다품종소량생산에 따른 설계업무내용의 다양화와 설계업무량의 과다 및 이를 충족시켜야 할 설계기술의 지속적인 갱신요구 등으로 인한 담당 엔지니어의 심리적 중압감 가중, ③ 확정된 목표원가의 준수에 따른 가격결정능력의 상실 등 다양하게 존재한다. 특히 조직 간 원가관리 분야에 있어서 위의 ①에 해당하는 완제품조립회사와 부품공급회사 간의 구체적인 역기능의 예와 그에 대한 해소방안을 간략하게 제시하시오(5줄 내외).

Quality
%

CHAPTER

8

품질관리

1 경쟁력의 원천으로서 품질
2 품질과 기업 수익성
3 품질경영과 품질원가
4 제조공정 통제와 불량원인 분석
5 서비스의 품질
6 품질관리에서 관리회계의 역할
7 품질개선 관련 의사결정

품질은 기업의 수익과 비용 모두에 큰 영향을 미친다. 품질을 높이기 위해서는 비용이 많이 드는 것으로 생각할 수도 있으나, 품질이 좋아질수록 비용이 오히려 감소할 수 있고, 소비자 만족도가 증가하여 매출과 이익이 증가할 수 있다. 본 장에서는 품질의 정확한 의미와 불량의 정의, 품질과 관련된 원가의 범주, 품질관리 활동이 원가에 미치는 영향, 품질관리에 사용되는 다양한 도구들의 의미 등에 대해 자세하게 학습한다. 아울러, 품질관련 원가 정보를 수집하고 품질원가 보고서를 작성하는 방법과 균형성과표를 통한 품질관리 방법에 대해서도 학습한다.

CHAPTER

8

품질관리

1. 경쟁력의 원천으로서 품질

오늘날 전 산업에 글로벌 경쟁이 심화됨에 따라 제품과 서비스의 **품질(quality)**은 선택사항이 아닌 필수사항이 되었다. 1970년대에 들어 도요타를 비롯한 일본 유수의 기업들은 저가의 고품질 제품을 통해 세계 시장을 공략하는 데 성공했으나, 다수의 미국 제조기업들은 경쟁위기에 직면하게 되었다. 가장 중요한 원인으로 지목된 것이 바로 제품의 품질 차이였다. 이로 인해 1980년대 들어 미국 기업들은 제품과 서비스의 품질개선을 본격화하였으며, 정부 차원에서도 1987년 의회에서 Malcolm Baldrige National Quality Award를 제정하여 기업들의 품질혁신을 유도하였다. AT&T, IBM, Merrill Lynch, Lockheed Martin, Xerox, Ritz-Carlton Hotel, 3M 등이 이 상을 받은 대표적인 기업들이다.

국제적으로도 품질의 중요성에 대한 인식이 증가하여, **국제표준화기구(ISO, International Organization for Standardization)**가 1987년에 제정한 **ISO 9000시리즈**는 제품과 서비스에서 품질경영과 고품질에 대한 국제적 인증기준으로 자리 잡고 있다[1]. 이제 저원가(low cost), 고품질(high quality)은 글로벌 경쟁에서 기업이 생존하기 위한 기본 요건이 되었다.

---

1 국제표준화기구(ISO)가 제시한 일곱 가지 **품질경영원칙(QMP, Quality Management Principles)**은 다음과 같다.
QMP 1 - 고객 중심(Customer focus)
QMP 2 - 모든 계층 관리자의 리더십(Leadership)
QMP 3 - 전 구성원의 적극적 참여(Engagement of people)
QMP 4 - 통합적인 프로세스 관리(Process approach)
QMP 5 - 지속적인 개선(Improvement)
QMP 6 - 데이터(증거) 기반 의사결정(Evidence-based decision making)
QMP 7 - 공급업체 등 이해관계자 관계경영(Relationship management)

품질(quality)은 무엇인가? 품질은 고객이 지불할 용의가 있는 가격 수준에서 제품(서비스)에 대해 가지는 **고객의 기대**(customer expectations)이다. 제품에 대한 고객의 기대는 제품의 기능(특성), 성능, 심미성 등 매우 다양한 요소와 관련되어 있으며, 고객이 원하는 품질을 충족시키는 제품(서비스)만 소비자의 선택을 받을 수 있다.

그러나 품질이 고객의 선택에 미치는 영향은 대체로 잘 알려져 있지만, 품질 향상 노력이 기업의 비용에 미치는 영향에 대해서는 체계적인 이해가 여전히 부족한 편이다. 기업이 품질을 개선하기 위해 투입해야 하는 비용만 생각해서는 안 된다. 품질이 저하되면 제조원가가 상승하고 소비자의 선택을 받지 못해 더 큰 비용이 발생할 수 있다는 점을 고려해야 한다.

관리회계는 **전략적 원가관리**를 통해 기업의 **핵심성공요인**(KSF) 중의 하나인 품질이 기업 수익성에 미치는 영향을 종합적으로 분석하고 관리할 수 있는 수단을 제공한다. 대표적으로, 기업의 가치사슬활동에서 발생하는 품질과 관련된 원가를 수집하고, 다양한 유형별로 체계적으로 분류하고, 품질 관련 활동의 재무적 효과를 분석하며, **균형성과표**(BSC)를 통해 품질관리활동을 종합적으로 평가하고 관리할 수 있게 한다.

이러한 활동을 올바로 수행하기 위해 관리회계 담당자는 품질의 의미와 품질과 관련된 원가의 범주, 품질관리활동이 원가에 미치는 영향, 기업의 품질관리활동의 동향 및 다양한 품질관리 도구의 의미에 대해 구체적으로 이해할 필요가 있다.

2. 품질과 기업 수익성

품질은 기업의 수익과 비용 모두에 큰 영향을 미친다. 수익 측면에서 먼저 살펴보자. 품질은 제품차별화 전략(production differentiation strategy)을 구사는 기업의 전유물이 아니다. 가격경쟁력을 기반으로 하는 원가우위 전략(cost leadership strategy)을 구사하는 기업도 품질을 무시하고서는 소비자의 선택을 기대하기 어렵다. 경쟁 증가와 함께, 소비자들의 기대(customer expectation) 수준이 높아짐에 따라 저렴한 가격의 제품이라고 해서 낮은 품질의 제품으로 소비자들의 기대를 충족시키기는 어렵다.

비용 측면에서 볼 때, 품질은 기업 전체적으로 비용을 감소시켜 기업의 수익성을 증가시키는 것으로 알려져 있다. 품질을 높이기 위해서는 비용이 많이 드는 것으로 생각할 수도 있으나, 품질을 높일수록 오히려 품질과 관련된 비용은 감소한다는 것이다(아래에서 자세히 설명). 종합적으로, 품질이 좋아질수록 소비자 만족도가 증가하여 매출이 증가하고, 비용은 감소하여 이익이 증가하게 되는 것이다.

그림 8-1 품질 향상이 이익과 투자수익률에 미치는 영향[2]

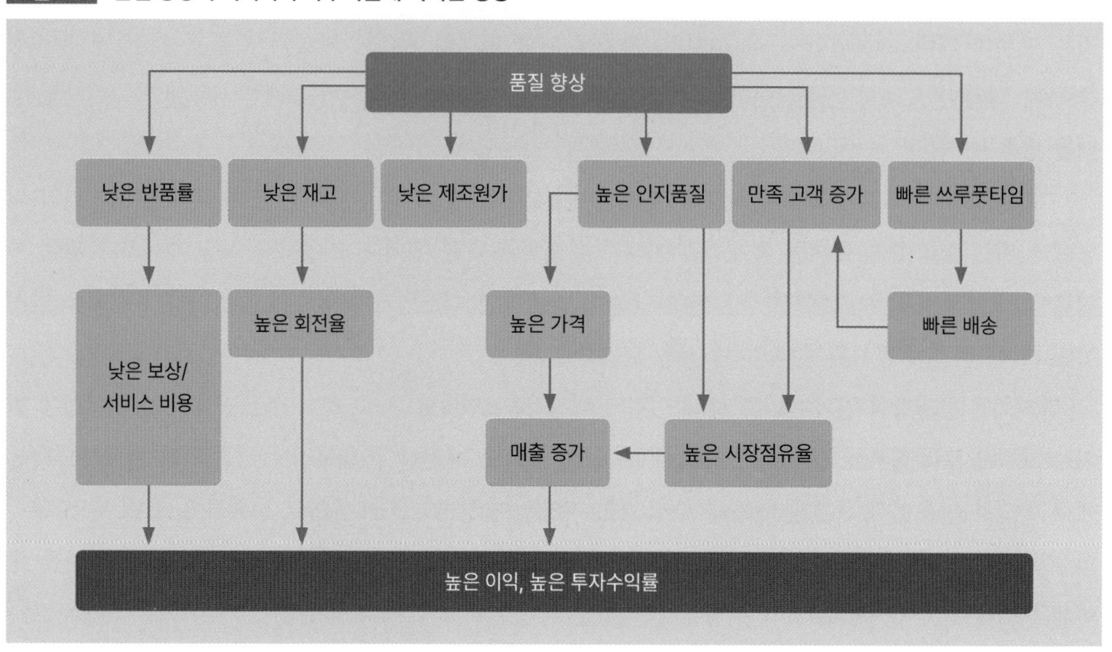

그림 8-1은 품질 향상이 이익과 투자수익률에 미치는 영향을 구체적으로 나타낸 것이다. 품질이 향상되면, 불량이 적어지고 제조공정의 신뢰성이 높아짐에 따라 높은 재고(재료, 재공품, 제품)를 유지할 필요가 없어진다. 또한 불량품에 대한 재작업이나 잔폐물(scrap)이 감소하고 생산성이 높아져 제조원가가 감소한다. 아울러, 고객들의 품질 인지도와 제품 만족도가 증가하여 반품이 줄어들고, 높은 가격과 판매량 증가로 매출은 증가한다. 또한 불량 감소로 쓰루풋타임(제조시간)이 감소하여 고객 주문 시점부터 배송까지 걸리는 고객대응시간(customer response time)이 줄어듦에 따라 고객만족도가 증가한다. 따라서 기업 전체적으로 이익과 투자수익률이 증가한다.

다수의 연구결과에 의하면, 품질이 뛰어난 기업들이 실제로 매출, 이익, 주가, 자산성장률 등에 있어서 그렇지 않은 기업들과 비교해서 상대적으로 성과가 우수한 것으로 나타났다.

2 Blocher, Chen, and Lin, Cost Management 2e.

3. 품질경영과 품질원가

1) 전사적 품질경영

전사적 품질경영(TQM, Total Quality Management)은 고객을 만족시킴으로써 장기적인 성공을 추구하는 경영관리접근법이다. 모든 종업원은 공정, 제품, 서비스, 문화를 지속적으로 개선하는 데 참여하여 고객가치를 창출한다. 전사적 품질경영은 조직의 특성에 따라 다양한 형태로 추진되지만, 기본적인 원칙과 철학은 국제표준화기구(ISO)가 제시한 일곱 가지 품질경영원칙과 유사하다(각주 1 참고).

전사적 품질경영에서 모든 종업원은 고객의 기대를 이해하고, 이를 충족시키기 위해 지속적으로 노력해야 한다. 고객의 기대는 계속 높아지므로, 기업은 이상적인 품질수준에 결코 도달할 수 없으며, 고객의 기대를 충족시키기 위해 끊임없이 노력해야 한다. 고품질의 제품은 원재료에서부터 출발하므로, 품질경영은 내부 종업원은 물론 공급업체(suppliers)를 포함해서 추진해야 한다.

품질경영에서 추구하는 품질(quality)의 개념에 대해 구체적으로 살펴보자. 품질은 제품이나 서비스가 고객이 지불하고자 하는 가격에서 고객의 기대(customer expectations)를 충족시키는 정도를 나타내는 상대적 측정치로서, 고객의 기대는 제품의 특성, 성능, 심미성, 내구성 등 여러 가지 **품질 차원**(**dimensions of quality**)으로 구성된다[3].

즉, 품질은 제품(서비스)의 실제 성능(성과)이 고객의 기대에 어느 정도 부합하는지, 그 정도를 나타내며, 개념적으로 다음의 두 가지 구성요소로 구분할 수 있다.

- **디자인품질(design quality)** : 제품이나 서비스의 형질(形質, characteristics)과 특성(features)이 고객의 기대를 어느 정도 충족하는지를 나타내는 품질이다.
- **적합품질(conformance quality)** : 제품이나 서비스가 디자인 사양(design specifications)대로 성능(성과)을 발휘하는지를 나타내는 품질이다.

자동차를 예로 들면, 고객이 지불하고자 하는 가격의 자동차에 자율운전 기능이 갖춰져 있어야 하

3 고객의 기대(customer expectations)를 구성하는 구체적인 **품질 차원(dimensions of quality)**에는 제품(서비스)의 성능(performance), 심미성(aesthetics), 서비스 가능성(serviceability), 특성(features), 신뢰성(reliability), 내구성(durability), 적합성(conformance), 사용적합도(fitness of use) 등 여덟 가지가 있다.

고, 운전 중에 올바로 작동하기를 기대한다고 하자. 디자인품질은 자동차에 자율운전 기능이 장착되어 있는지에 관한 것이며, 적합품질은 운전 중에 자율운전 기능이 얼마나 올바로 작동하는지에 관한 것이다.

품질 차원(dimensions of quality)으로 예를 들자면, 자동차에서 변속기 종류(수동, 자동 등), 시트 재료(비닐, 가죽 등)는 제품의 특성(features)에 해당하는 것으로서 디자인품질에 관한 것이며, 사용 중 이들의 작동 성능과 신뢰성, 내구성 등은 적합품질에 관한 것이다.

즉, 품질은 제품의 실제 성능(actual performance)이 고객의 기대(customer expectations)에 부합할 때 달성되는 것으로서, 디자인품질과 적합품질이 모두 충족되어야 한다. 이를 도식으로 나타내면 그림 8-2와 같다.

이 중에서 **적합품질**을 달성하는 것은 제품이 **사양(specifications)**에 맞게 생산되는 것을 전제로 한다. 사양에 맞게 생산되지 않은 제품에서 희망하는 성능을 기대하기는 어렵기 때문이다. 이로 인해, 제조공정에서 품질관리의 초점은 제품이 사양에 맞게 생산되도록 하는 것에 있으며, 적합품질이라는 용어도 종종 좁은 의미에서 제품(서비스)이 얼마나 사양에 충실한지를 나타내는 의미로 사용된다.

디자인된 사양(specification)에 맞게 생산되지 않은 제품은 불량품(defective unit)으로 간주된다. 여기서, 사양에 맞게 생산한다는 말의 정확한 의미는 무엇인가? 그 의미는 절대 목표치(target value)를 추구할 것인지? 일정한 편차를 허용할 것인지? 두 가지 관점에 따라 다르다. 전자를 **절대 품질적합성(absolute(또는 robust) quality conformance)**이라고 하며, 후자를 **골대 품질적합성(goalpost quality conformance)**이라고 한다[4].

예를 들어, 공업용 밸브를 생산하는 회사에서 모든 밸브의 구경은 편차를 허용하지 않고 정확하게 절대 목표치를 준수하도록 품질기준을 설정할 수 있다. 반면에, 가정용 체온계를 생산하는 회사에서 체

그림 8-2 품질을 구성하는 두 가지 요소

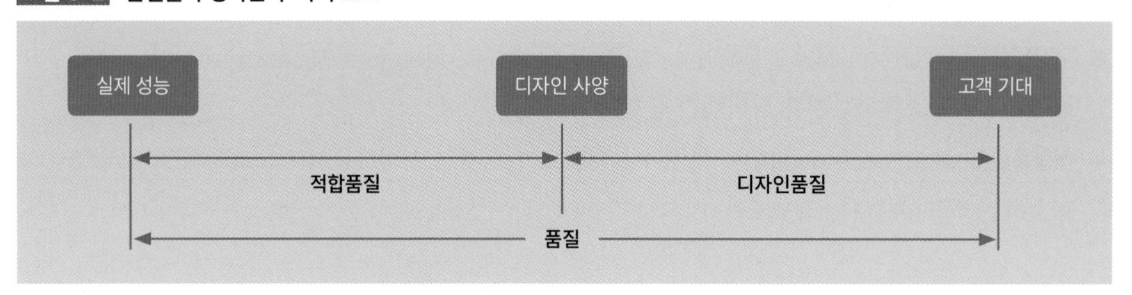

4 **골대 품질적합성**은 축구경기에서 공이 골대의 어느 부분을 통과하든지 골대 안으로 들어가기만 하면 된다는 데서 유래된 표현이다. 그러나, 절대 목표치에서 벗어나더라도 허용된 범위(골대) 내에 있는 편차라는 개념은 단순히 엔지니어들이 만든 개념이지 고객이 만든 개념이 아니며, 허용된 편차에 대해서도 고객은 '손실'을 체감할 수 있다. 고객이 체감하는 손실은 기업의 손실에 영향을 미친다.

온계의 눈금(숫자)은 일정한 편차를 허용하여 절대 목표치 ± 상한치(하한치) 범위 내에 있는 제품은 품질기준을 충족하는 것으로 규정할 수 있다. 손목시계를 제조할 때, 6개월에 ±1분의 편차를 허용할 것인지, 편차를 허용하지 않을 것인지도 마찬가지이다.

두 관점 중에 어느 관점을 택할 것인가 하는 것은 제품의 특성이나 경영자의 선택에 따라 다를 수 있다. 전통적으로 품질관리는 후자의 골대 적합성 관점에서 실시되었다. 그러나 일본의 엔지니어 겸 통계전문가인 Taguchi는 고객의 기대를 충족시키기 위해 지속적으로 품질을 개선하여 절대 목표치를 추구해야 한다고 주장하였다. 비록 제품의 품질이 허용된 편차의 범위 내에 있어서 불량으로 처리되지 않더라도, 그림 8-3과 같이 그 제품의 품질(x)이 절대 목표치(T)에서 벗어나는 정도(편차)가 클수록, 기업의 품질과 관련된 **재무적 손실(L(x))**은 제곱함수의 형태로 급격히 증가한다는 것이다[5]. 예를 들어, 비록 허용 범위 내에 있더라도 절대 목표치에서 벗어나는 정도가 클수록, 사용 중에 보증수리나 반품 등이 급격히 증가할 수 있다.

전통적으로는 제품의 품질이 허용된 하한치(lower limit)와 상한치(upper limit)를 벗어난 영역(그림 8-3에서 A와 D)에 속할 때만 손실이 발생하는 것으로 인식되었으나, 영역 B와 C에서도 손실이 발생한다는 것이다. 예를 들어, 밸브 구경의 목표치가 10인치이고 관찰된 구경의 편차가 +0.01인치일 때 기업의 손실

그림 8-3 Taguchi의 품질 손실함수(Quality Loss Function)

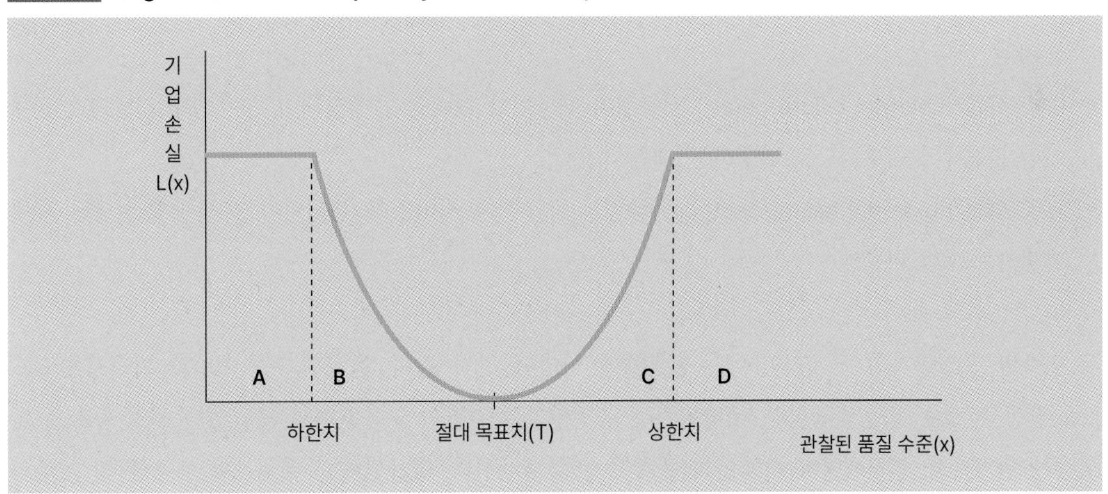

5 **손실함수**는 $L(x)=k(x-T)^2$로 표현된다. x는 품질특성의 관찰된 값이며, T는 품질특성에 요구되는 절대 목표치이다. k는 손실계수로서 편차(x−T)에 따른 손실 규모를 결정하는 상수이다. k는 제품의 종류와 제품의 품질특성(예 밸브의 구경)별로 다르며, 불량 발생에 따른 기업 손실이 적을 때는 k값이 작아진다. 이 손실함수를 **Taguchi 품질손실 함수(Quality Loss Function)**라고 한다.

이 ₩500이라면, 편차가 +0.03인치인 경우(세 배로 증가)에 기업의 손실은 ₩4,500(아홉 배)이 된다. 손실은 편차가 상한치나 하한치를 벗어나 불량으로 처리될 때까지 계속 제곱함수 형태로 증가한다. 이런 측면에서 경쟁이 치열해지고 고객의 기대가 높아짐에 따라 절대 품질적합성을 추구하는 것이 전체적인 품질 관련 비용을 낮출 수 있다는 인식이 확산되어 있다.

2) 품질원가

품질원가(cost of quality)는 품질과 관련하여 기업이 지출하거나 부담하는 모든 비용으로서, 저품질의 제품이나 서비스를 미리 방지하고, 판별하고, 저품질을 바로잡는 활동의 원가와 저품질로 인한 생산 손실, 매출기회의 상실로 인한 기회비용 등이 모두 포함된다. 위에서 설명한 품질이 절대 목표치에서 벗어남으로 인해 발생하는 기업의 재무적 손실(L(x))은 품질원가의 일부이다. 품질원가는 다음과 같이 크게 네 가지로 범주로 구분할 수 있다[6].

- **예방원가(prevention cost)** : 저품질의 제품이나 서비스가 생산되지 않도록 미리 방지하기(preclude) 위해 지출하는 비용
- **평가원가(appraisal cost)** : 저품질의 제품이나 서비스가 생산되는 것을 발견하기(detect) 위해 지출하는 비용
- **내부실패원가(internal failure cost)** : 저품질의 제품이나 서비스가 생산되어, 고객에게 전달되기 전에 이와 관련해서 내부적으로 발생하는 제반 비용
- **외부실패원가(external failure cost)** : 저품질의 제품이나 서비스가 생산되어, 고객에게 전달된 후에 발생하는 제반 비용

범주별 품질원가의 구체적인 예는 **표 8-1**에 나타난 바와 같다. 품질원가는 기업의 가치사슬(value chain)활동 전체에 걸쳐 발생한다. **예방원가**는 종업원의 품질관리 교육훈련과 공급업체 선정 등으로 발생하는 원가로서, 연구개발과 디자인 단계에서 주로 발생한다. **평가원가**는 원재료와 재공품 및 제품의 검사, 제조공정 감시 등으로 인해 발생하는 원가로서 제조단계에서 발생한다. **내부실패원가**는 불량품 발생에 따른 재작업과 공손의 원가 및 작업중단 손실 등으로서 제조단계에서 발생한다. **외부실패원가**

6 Joseph Juran의 품질원가 분류이다.

표 8-1 품질원가의 범주별 주요 원가요소

예방원가 (Prevention Cost)	평가원가 (Appraisal Cost)	내부실패원가 (Internal Failure Cost)	외부실패원가 (External Failure Cost)
• 품질관리 계획 수립, 회의 • 교육훈련 강사료 • 종업원 훈련기간 급여 • 훈련장비 도입과 유지관리 • 예방적 장비 유지보수 • 제품 및 공정 평가 • 제조공정 개선 • 품질관리 동아리(Quality Circle) 활동 • 공급업체 평가, 선정 및 관리 • 품질관리 IT시스템	• 원재료 검사 및 테스트 • 재공품 검사 및 테스트 • 완성품 검사 및 테스트 • 검사장비 및 소프트웨어 도입과 유지관리 • 검사인력 급여 • 온라인 공정 감시 • 품질 데이터 수집 및 보고 • 외부 승인 • 고객설문조사	• 공손(spoilage) • 재작업(rework) • 잔폐물(scrap) • 재작업 세품의 재검사(reinspection) 및 재테스트(retesting) • 불량 원인분석 및 대책 수립 • 재작업, 불량 발생 등으로 인한 작업중단(downtime) 손실 • 불량해결을 위한 제품, 공정 재설계(design change)	• 반품 및 제품교환 • 보상(증) 수리 • 제품 사용으로 인해 발생한 신체적 피해(liability) 보상 및 보험 • 고객서비스 부서의 인건비와 관리비 • 제품 회수(recall), 수리, 부품교체, 법적 소송 및 보상 비용 • 주문취소, 매출손실 등으로 인한 기회손실 • 이미지와 평판 회복을 위한 지출

는 반품, 보증수리, 평판 악화로 인한 매출손실 등으로서, 주로 마케팅, 배송, 고객서비스 단계에서 발생한다. 이처럼 품질원가의 분류는 품질원가가 발생하는 시간 흐름과 관련되어 있다.

예방원가는 저품질이 발생하는 것을 미리 방지하기 위해 지출하는 원가이므로, 예방원가를 적극적으로 투입하면 나머지 다른 세 범주의 품질원가도 감소할 수 있다. 따라서 예방원가는 대표적인 부가가치활동(value-added activity)의 원가라고 할 수 있다. 그러나 예방활동 중에서도 비효율적인 부분은 부가가치원가가 아니므로 효율화해야 한다.

평가원가는 제품이나 서비스가 규격에 맞는지를 측정하고 분석하는 데 지출되는 비용으로서, 근본적으로 불량이나 오류의 발생을 줄이거나 제거하는 데는 한계가 있다. 따라서 예방원가와 달리, 평가원가를 많이 지출한다고 해서 불량이나 오류가 획기적으로 감소하지는 않는다. 이런 점에서 평가원가 또한 비부가가치 활동의 원가에 해당한다.

내부실패원가는 품질평가활동의 결과로서 발견된 불량품이 고객에게 전달되기 전에 바로잡는 데 지출되는 비용으로, 비부가가치(non-value added)활동의 원가이다.

외부실패원가는 저품질의 제품이나 서비스가 고객에게 전달된 후에 이를 처리하기 위해 발생하는 현금지출비용과 매출손실 등 기회비용으로서, 비부가가치(non-value added)활동의 원가이다. 외부실패원가

표 8-2 품질원가 범주별 원가 특성

범 주	예방원가	평가원가	내부실패원가	외부실패원가
품질통제/품질실패	통제원가	통제원가	실패원가	실패원가
가치사슬활동 단계	연구개발/디자인	제조	제조	마케팅, 배송, 고객서비스
부가/비부가가치	부가가치활동 원가	비부가가치활동 원가	비부가가치활동 원가	비부가가치활동 원가

는 네 가지 범주의 품질원가 중에서 가장 규모가 큰 원가로서, 그중에서도 매출 손실로 인한 기회비용은 재무회계시스템에 기록되지 않지만, 규모가 가장 클 수도 있다.

품질원가를 불량 발생 전후를 기준으로도 분류할 수 있다. 예방원가와 평가원가는 저품질이 발견되기 전 단계에서 지출하는 원가로서, 저품질을 예방하고 발견하는 데 투입되는 **통제원가**(control cost)이다. 반면에, 내부실패원가와 외부실패원가는 저품질이 발견된 후에 지출하는 원가로서, **실패원가**(failure cost)라고 한다. 품질원가의 범주별 원가 특성을 요약하면 표 8-2와 같다.

3) 적정 품질수준 : 허용품질수준과 무결점

제조공정에서 개별 제품을 모두 검사하는 것은 비용 면에서 사실상 불가능하다. 따라서 일반적으로 샘플링을 통해 일부 제품에 대해 품질검사를 하며, 검사한 제품 중에서 **불량품**(defective unit)이 몇 % 발생하는 것을 용인할 것인가를 결정해야 한다. 이를 **허용품질수준**(AQL, Acceptable Quality Level)이라 한다. 허용품질수준은 산업, 제품 또는 고객 요구에 따라 달라진다. 공업용 기기의 허용품질수준(불량률)은 장난감에 비해 훨씬 낮다.

산업계가 요구하는 품질표준이나 대량구매 고객의 요구가 없는 경우에는 기업 자체적으로 허용품질수준(AQL)을 설정할 수 있다. 이때 허용품질수준은 **총품질원가**(네 가지 품질원가의 합계)가 최소화되는 불량률 수준에서 결정한다.

품질원가 중에 통제원가와 실패원가는 상충관계에 있다. 통제원가를 많이 지출하면 불량을 줄일 수 있으므로, 실패원가를 낮출 수 있다. 반대로, 통제원가를 적게 지출하면 불량이 증가하여 실패원가가 높아진다. 그림 8-4는 통제원가와 실패원가의 합계가 최소화되는 수준에서 허용품질수준이 결정되는 것을 나타낸 것이다.

그림에서 허용품질수준은 불량률을 획기적으로 감소시키기 위해서는 통제원가, 특히, 예방원가가 급

그림 8-4 전통적인 품질원가와 허용품질수준

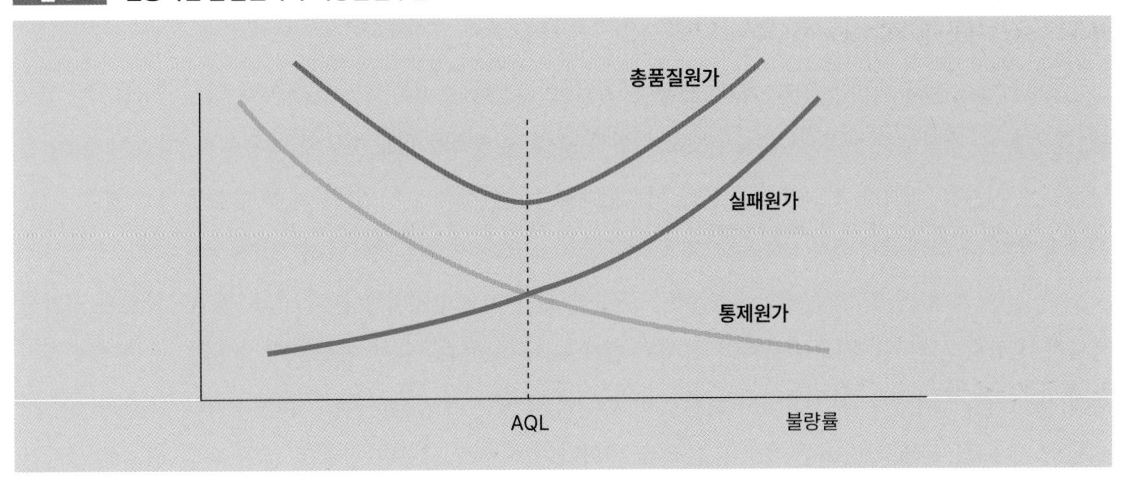

격히 증가한다는 인식에 바탕을 둔 것이다. 그러나 실제로 예방원가는 일정한 수준까지 증가하다가 다시 감소할 수 있다. 종업원 교육훈련, 공급업체 평가와 선정 등에 지출되는 비용은 일정한 시간 단계를 지나면 더 이상 발생하지 않거나 감소할 수 있다. 또한 불량률이 감소하면 원재료 검사활동을 축소하는 등 평가원가도 함께 줄일 수 있게 된다. 따라서 그림 8-5와 같이 불량률이 일정한 단계를 지나 큰 폭으로 감소하면, 통제원가는 다시 감소할 수 있다. 이런 관점은 통제원가와 실패원가가 상충관계에 있다는 전통적인 관점과 대비되는 것으로 실제 기업(예 Westinghouse Electric) 사례에서도 증명된 바 있다. 이 경우 총품질원가는 불량이 거의 발생하지 않는 **무결점(ZD, Zero Defect)** 수준에서 최소가 된다. 경쟁이 심화되어

그림 8-5 무결점 철학에 기반을 둔 현대적 품질원가

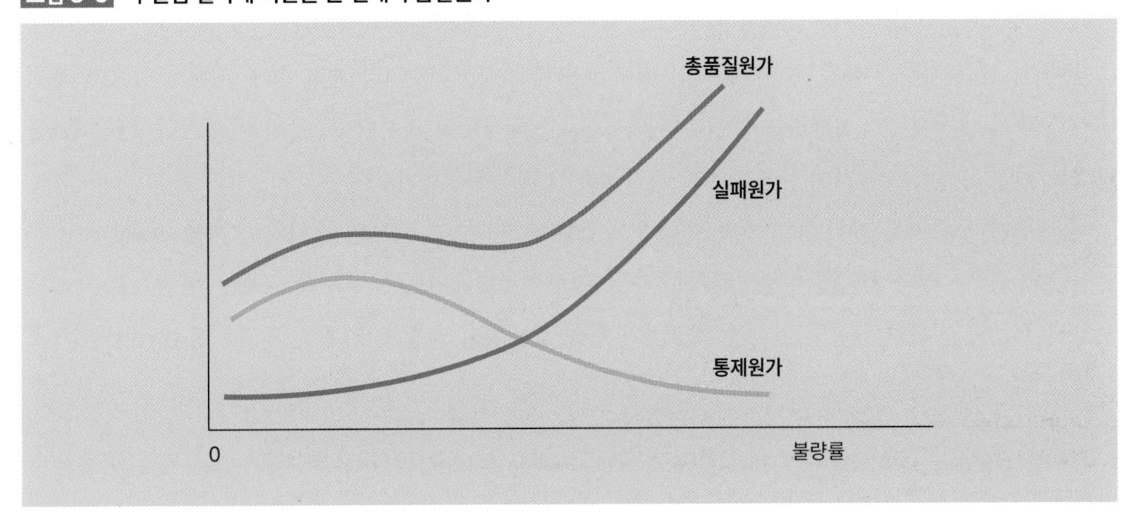

고객들의 품질에 대한 인식이 높아지면서 외부실패원가가 예전보다 훨씬 더 커진 것도 무결점을 추구하게 만든 또 다른 배경이다[7].

그러나 무결점의 의미는 단지 개별 제품이 기업이 설정한 품질기준을 벗어나지 않도록 한다는 것으로, 불량품을 정의하는 기준인 절대 품질적합성과 골대 품질적합성에 모두에 적용된다. 따라서 골대 품질적합성 기준을 채택한 기업이 무결점을 달성했다고 하는 것은 단지 모든 개별 제품들이 허용된 편차 이내에 있다는 것으로서, 많은 제품이 절대 목표치(target value)에서는 벗어날 수 있다.

전통적인 골대 품질적합성에서 출발했던 무결점 철학은 1980년대에 들어 절대 품질적합성에 기반한 무결점 철학으로 한 단계 더 발전하여 **절대 무결점(robust zero defect)**으로 진화하게 되었다. 즉, 품질특성이 절대 목표치를 달성하도록 하면서도 불량품이 발생하지 않는 무결점을 추구하는 것이다. 품질특성이 허용된 편차 범위 내에 있더라도 절대 목표치를 벗어나면 여전히 상당한 금액의 품질 관련 비용이 발생한다는 관점(예 Taguchi의 관점)이 설득력을 얻었기 때문이다. 이상적인 목표치로부터의 변동(variation)에는 항상 비용이 따른다는 것이다.

4) 품질원가 보고서

품질원가 보고서(cost of quality report)를 작성하는 목적은 경영층이 품질과 관련된 원가의 발생 내역과 발생 규모를 이해하고, 각종 품질개선활동의 재무적 영향(효과)을 파악할 수 있도록 하는 것이다. 품질원가 보고서를 작성하기 위해서는 먼저 품질원가의 범주를 설정하고, 품질원가의 항목들을 범주별로 구분한다. 다음 단계는 품질원가 항목별로 원가를 수집하는 단계로서 이 단계에서 많은 어려움이 발생한다.

품질과 관련된 원가 항목들이 전통적인 내부(재무)회계시스템의 여러 계정 속에 흩어져 있으며, 품질원가가 특정 부서에서만 발생하는 것이 아니라, 조직 전체적으로 발생할 수 있기 때문이다. 관리회계담당자는 이런 사실을 고려하여 품질원가 보고시스템을 구축해야 한다.

품질원가 보고서는 제품별, 부서별, 공장별, 사업부문별, 보고기간별 등 다양한 계층(stratification) 구조로 보고할 수 있다. 표 8-3은 품질원가를 주요 활동별로 2개년도에 대해 비교하는 형식으로 나타낸 보고서이다. 품질 관련 활동별 원가를 보고하기 위해서는 여러 계층(제품, 부서 등)별로 분산되어 있는 품

7 통계학에 바탕을 둔 6시그마(6σ)가 무결점(3.4 defects per million opportunities(DPMO))을 추진하는 대표적인 품질관리 철학이다.

표 8-3 20X4, 20X5년도의 품질원가 비교 보고서

	주요 활동	20X5년 금액(천원)	20X5년 매출대비 비율(%)	20X4년 금액(천원)	20X4년 매출대비 비율(%)	변화율(%)
예방원가						
	품질계획	37,000		26,000		42.31
	교육훈련	40,000		22,000		81.82
	공정개선	50,000		25,000		100
	공급업체평가	20,000		15,000		33.33
	소계	147,000	1.79	88,000	1.35	67.05
평가원가						
	검사와 테스트	120,000		90,000		33.33
	품질데이터 측정	60,000		40,000		50
	품질감사	35,000		20,000		75
	소계	215,000	2.62	150,000	2.31	43.33
내부실패원가						
	재작업	70,000		170,000		−58.82
	기계고장	30,000		50,000		−40
	작업손실	25,000		70,000		−64.29
	소계	125,000	1.52	290,000	4.46	−56.90
외부실패원가						
	반품 및 교환	60,000		210,000		−71.43
	보증수리	55,000		105,000		−47.62
	고객이탈손실(추정)	250,000		350,000		−28.57
	소계	365,000	4.45	665,000	10.23	−45.12
품질원가총계		852,000	10.39	1,193,000	18.35	−28.58
매출		8,200,000	100	6,500,000	100	26.15

질원가를 체계적으로 수집해야 한다.

표에는 일부 추정치(고객이탈 손실)를 제외하고는 실제발생액을 보고하고 있으며, 예산(목표)과 실적을 비교하여 함께 보고할 수도 있다. 특히, 내부실패원가와 외부실패원가의 예산과 실적을 예방원가

그림 8-6 품질원가 범주별 원가의 연도별 비교

(단위 : 천원)

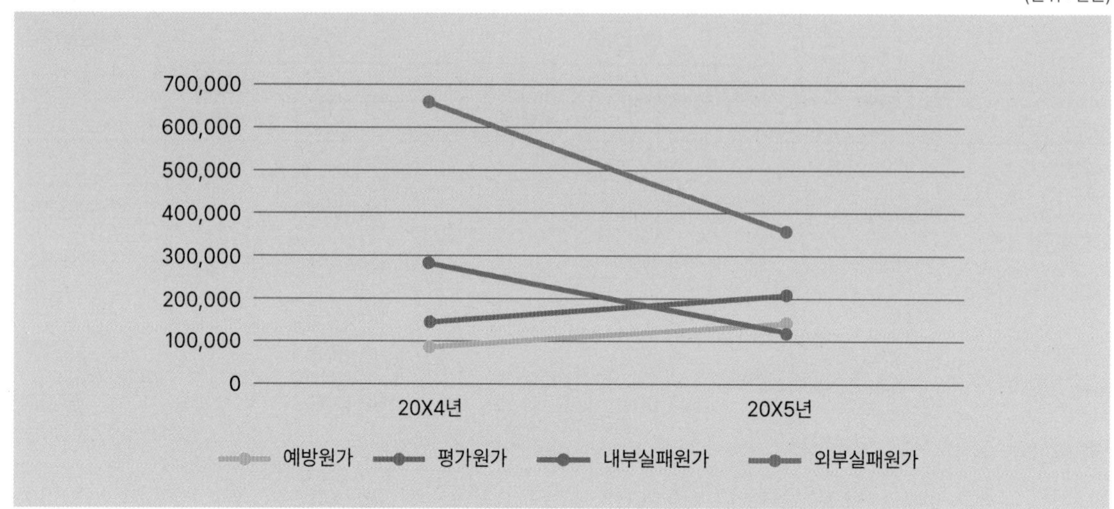

와 평가원가의 지출 규모와 비교해서 분석하면, 예방과 평가활동의 효과를 분석하는 데 도움이 될 수 있다.

품질원가 보고서에 나타난 2개 연도의 품질원가를 비교해보면, 이 회사는 20X5년에 예방원가와 평가원가 지출의 절대 규모와 매출액 대비 비중을 그 전년도보다 확대하였다. 이에 따라, 내부실패원가와 외부실패원가의 규모와 매출액 대비 비중이 전년보다 감소하였다. 그림 8-6은 이를 그래프로 나타낸 것이다.

그림 8-7 매출액과 총품질원가의 변화

(단위 : 천원)

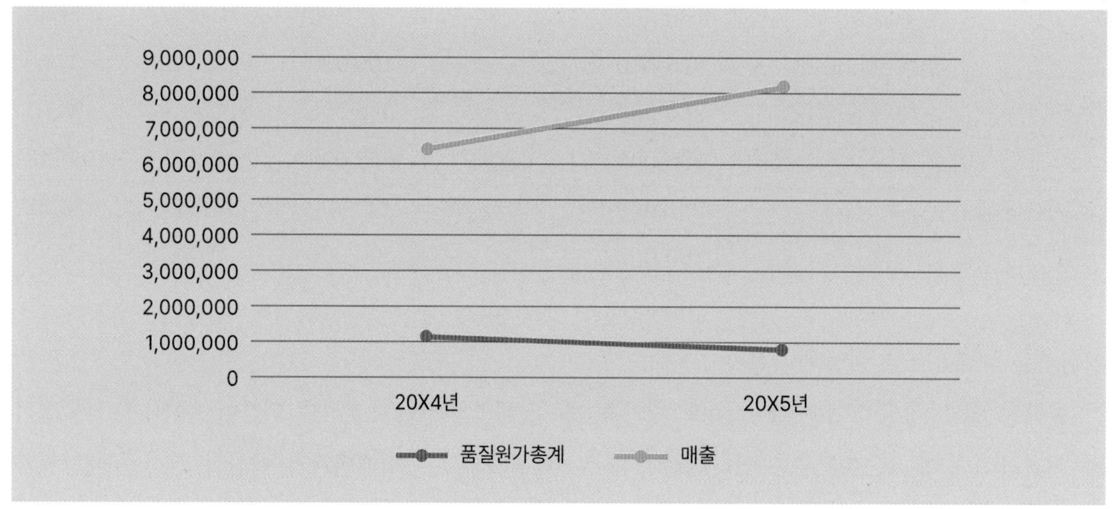

표에 나타난 바와 같이, 매출액은 전년보다 26.15% 증가했지만, 총품질원가(네 가지 품질원가의 합계)는 28.58% 감소하였다(예방과 평가활동의 결과로서 총품질원가가 감소하기까지 실제로는 더 많은 시간이 걸릴 수도 있다). 이는 내부실패원가와 외부실패원가의 발생 규모가 각각 125,000천원, 365,000천원으로 전년보다 감소했기 때문이다. 그림 8-7은 매출액과 총품질원가의 변화를 나타낸 것이다. 이와 같은 분석을 통해 품질 관련 활동의 효과를 체계적으로 파악하여 향후 품질개선 활동의 방향을 수립하는 데 도움을 얻을 수 있다. 예를 들어, 이 회사는 통제활동에 더 많은 자원을 투입하여 궁극적으로 무결점을 추구함으로써 모든 실패원가를 제거하고자 할 수 있다.

표 8-4는 이 회사의 20X5년의 품질원가 보고서(표 8-3)를 부서별로 다시 정리한 보고서이다. 부서별 품질원가 보고서는 부서별로 품질관리 활동의 성과를 분석하는 데 유용하게 사용할 수 있다. 마찬가지로, 품질원가 보고서를 제품별로 작성하면, 제품별로 품질원가를 파악하고, 관련 활동의 성과를 분석할 수 있다[8].

표 8-4 20X5년도의 부서별 품질원가 보고서

(단위 : 천원)

	주요 활동	품질관리	디자인/엔지니어링	조 달	제 조	마케팅/고객지원	회계/재무	기 타	합 계
예방원가									
	품질계획	.....	.....	.....	.....	.....	.....	.....	37,000
	교육훈련	.....	.....	.....	.....	.....	.....	.....	40,000
	공정개선	.....	.....	.....	.....	.....	.....	.....	50,000
	공급업체평가	.....	.....	.....	.....	.....	.....	.....	20,000
	소계	.....	.....	.....	.....	.....	.....	.....	147,000
평가원가									
	검사와 테스트	.....	.....	.....	.....	.....	.....	.....	120,000
	품질데이터 측정	.....	.....	.....	.....	.....	.....	.....	60,000
	품질감사	.....	.....	.....	.....	.....	.....	.....	35,000
	소계	.....	.....	.....	.....	.....	.....	.....	215,000

(표 계속)

8 복수의 제품에 대해 제품별로 품질원가 보고서를 작성하는 경우, 활동별로 집계한 품질 관련 원가를 원가동인을 사용하여 각 제품으로 배분하는 절차가 필요할 수 있다.

	주요 활동	품질 관리	디자인/ 엔지니어링	조 달	제 조	마케팅/ 고객지원	회계/ 재무	기 타	합 계
내부실패원가									
	재작업	.....	.....	.....	.....	.....	.....	.....	70,000
	기계고장	.....	.....	.....	.....	.....	.....	.....	30,000
	작업손실	.....	.....	.....	.....	.....	.....	.....	25,000
	소계	.....	.....	.....	.....	.....	.....	.....	125,000
외부실패원가									
	반품 및 교환	.....	.....	.....	.....	.....	.....	.....	60,000
	보증수리	.....	.....	.....	.....	.....	.....	.....	55,000
	고객이탈손실(추정)	.....	.....	.....	.....	.....	.....	.....	250,000
	소계	.....	.....	.....	.....	.....	.....	.....	365,000
품질원가총계		.....	.....	.....	.....	.....	.....	.....	852,000
매출									8,200,000

4. 제조공정 통제와 불량원인 분석

관리회계 담당자는 품질의 정의와 품질원가에 대한 정확한 이해와 함께, 제조공정에서 엔지니어들이 수행하는 각종 품질관리활동을 올바로 이해할 필요가 있다. 균형성과표(BSC)의 내부 비즈니스 프로세스 관점에서 품질과 관련된 핵심성과지표(KPI)는 제조공정상의 품질관리 도구들과 관련되어 있다.

1) 관리도

제품의 불량이 정상적인 수준을 넘어 발생하는 것을 방지하기 위해서는 제조공정이 정상적인 **통제(in-control) 상태**에 있는지, **통제를 벗어난(out-of-control) 상태**에 있는지를 항상 모니터해야 한다. 이때 자주 사용하는 도구가 **관리도(control chart)**이다. 관리도는 일정한 주기로 제품의 품질값의 관측치를 연속적으로 보여주는 도표이다. 이때 품질값은 불량률(%)이나 품질특성의 값(예 밸브의 구경) 등으로 나타낼 수 있다.

그림 8-8 은 밸브를 생산하는 세 제조라인의 관리도를 나타낸 것이다. 관리도 y축의 중앙에는 공정이

정상적인 통제(in-control)상태에 있을 때 기대되는 품질의 기댓값(여기서, 밸브의 구경)을 표시하고, 그 위아래로 상한치(upper control limit)와 하한치(lower control limit)를 표시한다. 상한치와 하한치는 공정이 통제상태에 있을 때 허용될 수 있는 통제한계치로 설정하며, 한계치를 설정할 때 표준편차와 같은 통계적 수단이 많이 사용된다.

그림에서 제조라인 A에서 모든 배치(batch)의 품질값이 계속 한계치 내에 있고 특이한 점이 없어 공정이 여전히 통제상태에 있다고 판단할 수 있다. 제조라인 B는 하한치와 상한치를 벗어나는 품질값이 관찰되므로 공정이 통제를 벗어났을 가능성이 있으므로, 원인 조사를 고려할 필요가 있다. 제조라인 C는 품질값이 통제한계치 내에 있지만, 특이한 추세(trend)를 나타내고 있다. 통계이론에 의하면, 공정이 통제상태에 있을 때 품질값은 통제한계치 내에서 **임의적인 변동**(random variation)을 나타내게 된다. 그러나 품질값이 특이한 추세(trend)나 일정한 패턴(pattern)을 보이면, 그 공정은 통제상태에서 벗어났을 가능성이 크다. 따라서 제조라인 C에 대해서도 조사 여부를 결정해야 한다.

관리도는 품질값의 변화를 시각적으로 나타냄으로써 공정에 **체계적인 문제**(systematic problem)가 있는지를 파악할 수 있게 해준다. 공정이 특별한 문제가 없이 통제상태에 있더라도 우연(chance)에 의해 품질값은 **임의적인 변동**(random variation)을 보일 수 있다. 그러나 부품설계 오류, 재료 취급 오류, 장비의 오작동, 설비의 마모와 변형, 작업자의 오류 등으로 인한 체계적인 문제(systematic problem)가 있는 경우에는 공정은 통제상태를 벗어나게 되며, 그 징후가 관리도에 나타나게 되는 것이다.

관리도의 정확성을 높이기 위해서는 공정에 대한 철저한 이해가 선행되어야 하며, 관리도를 주기적으로 분석하고 업데이트하는 것이 중요하다[9].

그림 8-8 제조공정의 품질 속성값의 변화를 나타내는 관리도

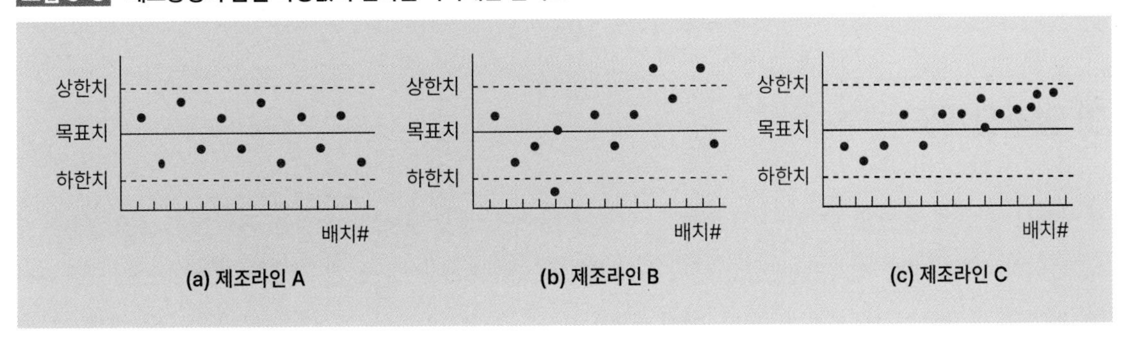

9 관리도는 공정이 현재 통제상태에 있는지를 파악하는 도구로서, 공정이 통제상태에 있다고 해서 고객의 기대 품질을 충족한다는 것을 의미하지는 않는다. 기업은 현재의 공정능력(process capabilities)이 고객의 요구와 기대를 충족시킬 수 있는 수준인지에 대해 분석하여 품질개선 노력을 기울여야 한다.

2) 히스토그램과 파레토도

히스토그램(histogram)은 사건이나 속성의 발생빈도(frequency)를 나타내는 그래프이다. 품질관리에서는 히스토그램을 이용하여, 불량을 유형별로 정리하여 발생빈도를 나타낼 수 있다. 관리도에서 통제한계치를 벗어난 불량이 주로 분석대상이 된다. **파레토도**(Pareto diagram)는 히스토그램에서 발생빈도가 높은 불량의 유형부터 순서대로 배치하여 나타낸 도표이다. 파레토도를 이용하면, 여러 가지 사소한 문제들로부터 소수의 중요한 문제들을 따로 구분할 수 있다.

그림 8-9는 한 달 동안 생산된 냉장고의 불량유형을 발생빈도가 높은 순서대로 나열한 파레토도의 예시로서, 중점적으로 개선해야 하는 불량의 유형을 쉽게 파악할 수 있게 해준다[10]. 관리자는 온도조절 부정확과 작동 시 소음 문제를 집중적으로 해결함으로써 많은 불량을 제거할 수 있다.

그림 8-9 냉장고 주요 불량유형을 나타내는 파레토도

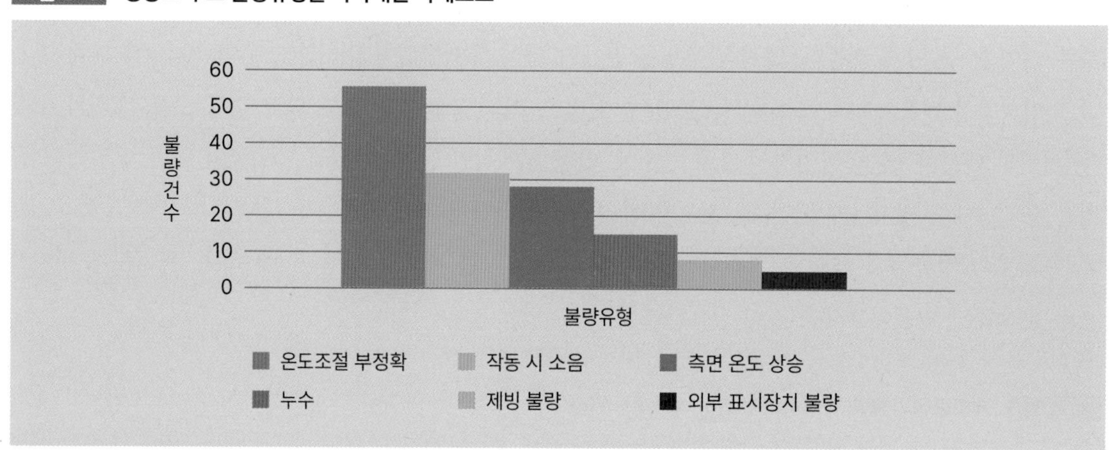

3) 인과관계도

공정에서 불량을 유발할 수 있는 요소들은 수없이 많으며, 불량 발생의 원인을 파악하는 것이 쉬운 일이 아니다. 이에 대한 해결방안으로, 불량을 유발할 수 있는 요소들을 분류하여 체계적으로 그룹화하면 원인을 파악하는 데 도움이 된다. **인과관계도**(cause-and-effect diagram)는 주요 불량유형에 대해 그 원인을 그룹화하여 인과관계적으로 나타낸 도표이다. 제조공정에서 불량의 원인은 크게 인력(Man), 기계

10 파레토라는 명칭은 전체 불량유형 중에서 소수의 유형이 대부분의 불량을 차지한다는 데서 유래한 것이다.

그림 8-10 스테이크 맛 저하의 원인분석을 위한 인과관계도

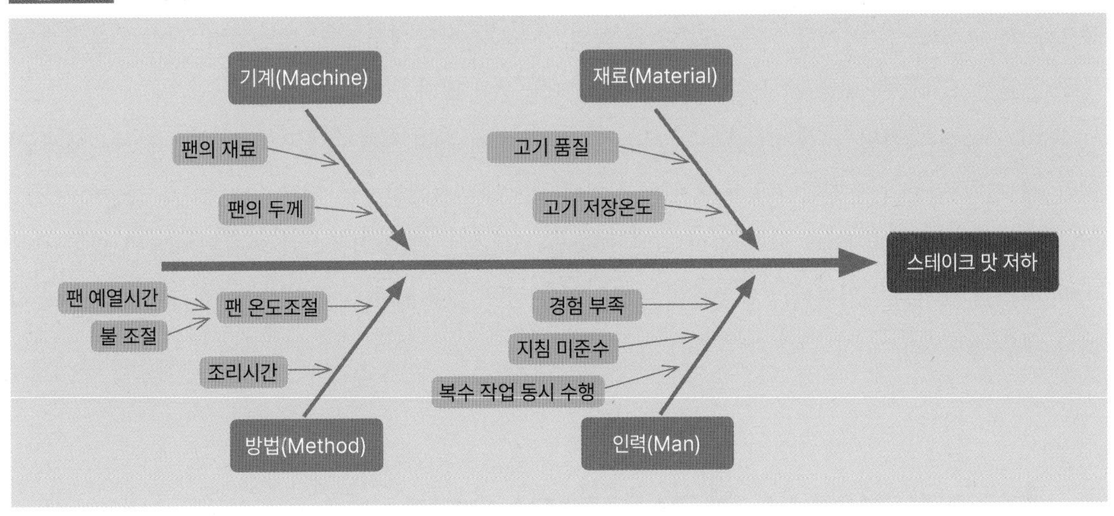

(Machine), 재료(Material), 방법(Method) 등으로 그룹화할 수 있다. 그룹별로 여러 개의 주요 원인(cause)이 있고, 각 주요 원인에는 여러 개의 보조 원인(sub-cause)이 있을 수 있다.

그림 8-10은 스테이크를 판매하는 고급 레스토랑에서 스테이크 맛이 저하된 원인을 분석한 인과관계도이다[11]. 스테이크 맛 저하 원인을 고기를 조리하는 요리사의 문제(인력), 고기 조리에 사용된 팬과 관련된 문제(기계), 고기와 관련된 문제(재료), 고기 조리 방법과 관련된 문제(방법)로 크게 구분하고, 각각에 대해 예상되는 세부적인 원인을 나열하고 있다. 예를 들어, 방법과 관련된 주요 원인에는 '팬 온도조절 실패'가 있을 수 있으며, '팬 온도조절 실패'의 보조원인으로는 '팬 예열시간 오류'나 '불 조절 실패'가 있을 수 있다. 레스토랑 주방장은 나열된 원인 중에 실제로 어떤 원인에 의해 맛이 저하되었는지를 찾아서 대책을 수립해야 한다. 이처럼 인과관계도는 불량의 원인을 규명하여 공정을 통제상태로 회복시키는 데 유용한 도구이다.

5. 서비스의 품질

우리는 지금까지 주로 제조기업의 제품 품질에 대해 학습하였다. 그러나 고객이 기대하는 품질은 제품

11 인과관계도의 모양이 생선 가시 모양을 하고 있어, **피쉬본 다이어그램(fishbone diagram)**이라고도 한다.

의 물리적인 품질에만 국한되지 않고 관련된 서비스의 품질도 포함한다. 제조기업과 상기업에서 **서비스 품질**(quality of service)은 마케팅, 배송, 고객지원 등의 가치사슬활동에서 매우 중요하다. 서비스 품질에 만족하지 않는 고객들은 제품 재구매를 망설이게 될 가능성이 크다.

서비스 품질은 병원, 미용, 컨설팅 등 서비스 기업들에게 특히 중요하다. 서비스 기업에도 위에서 설명한 네 가지 범주의 품질원가가 발생하며, 여기에서도 내부실패원가와 외부실패원가가 상당히 클 수 있다. 제조기업이나 상기업과 달리 한번 잘못 제공된 서비스는 다시 되돌리기 어려운 경우가 많기 때문이다. 따라서 서비스 기업에서의 품질관리는 종업원의 선발, 교육훈련과 자질 향상 등 예방적 활동의 강화가 매우 중요하다.

6. 품질관리에서 관리회계의 역할

품질원가는 조직 내의 여러 부서, 제품, 활동에 걸쳐 광범위하게 발생한다. 그러나 전통적인 재무회계 시스템에서는 품질과 관련된 각종 자료가 수많은 계정(account)과 부서(department)에 분산되어 있어, 품질원가를 체계적으로 수집하고 파악하기 어렵다. 품질원가를 체계적으로 파악하지 못하면, 회사는 각종 품질관리활동의 효과와 효율성을 올바로 판단하기 어렵게 된다.

품질관리에서 관리회계 담당자의 기본 업무는 기업 내 각종 품질과 관련된 활동들의 원가에 관한 자료를 체계적으로 수집하고, 분석하여, 보고하는 것이다. 활동기준원가계산(ABC)을 이용하면, 품질과 관련된 원가를 활동별로 파악하고, 부서별, 제품별, 기능별로 품질원가를 다양하게 분석할 수 있다.

또한 관리회계 담당자는 균형성과표(BSC)를 이용하여, 품질관리활동의 재무적·비재무적 성과를 종합적으로 측정할 수 있다. 이를 위해 비재무적 성과지표를 포함하여 다양한 핵심성과지표(KPI)를 개발

표 8-5 균형성과표의 관점별 품질관리 핵심성과지표 예시

재무 관점	고객 관점	내부 비즈니스 프로세스 관점	학습과 성장 관점
• 품질원가(cost of quality) • 매출액	• 시장점유율 • 고객만족도 • 제품 특성(기능)별 만족도 • 고객불만 건수	• 정시배달률 • 불량률 • 재작업 비율 • 주요 불량유형의 발생빈도 • 공정, 디자인 개선 건수	• 디자인 전문가 확보율 • 종업원 품질관리 교육이수율 • 종업원 업무 숙련도 • 종업원 이직률 • 품질관리 IT시스템 구축도

해야 한다. 균형성과표의 주요 관점(perspective)별로 고려할 수 있는 품질관리와 관련된 핵심성과지표는 표 8-5와 같다.

한 가지 유의할 점은 기업이 각종 예방활동과 평가활동에 지출한 원가(즉, 통제원가)가 실패원가의 감소로 나타나기까지 시간이 걸릴 수도 있다는 것이다. 제6장 균형성과표(BSC)에서 설명한 바와 같이, 기업이 종업원 교육(예방활동) 등 학습과 성장 관점의 지표에 자원을 투입해도 단기적으로는 불량률의 감소를 통해 재무 관점의 성과인 품질원가의 감소가 나타나지 않을 수도 있다. 따라서 관리회계 담당자는 품질원가를 비롯한 관점별 성과지표의 추이를 계속 추적해서 분석해야 한다.

7. 품질개선 관련 의사결정

지금까지 학습한 내용을 토대로 품질개선과 관련된 의사결정을 어떻게 내리는지 다음 예제를 통해 학습해보자.

예제 8-1

지게차를 생산하는 ㈜이화중장비는 지게차 부품인 유압모터의 품질 불량문제를 해결하기 위해 모터 재설계 여부를 검토하고 있다. 이 회사의 품질관리부서에서 품질원가를 담당하고 있는 홍태는 모터 재설계가 품질원가에 미치는 영향을 분석해서 보고하고자 한다. 홍태가 품질원가에 미치는 영향을 어떻게 분석해서 보고해야 하는지 학습해보자(불필요한 복잡성을 피하기 위해 모터 재설계의 비용과 효과는 당년도에 국한되는 것으로 가정한다).

먼저 홍태는 최근에 작성한 연간 **품질원가 보고서**(cost of quality report)를 검토하여 모터 재설계와 관련이 있는 활동의 원가를 별도로 파악하였다. 모터를 재설계하여 유압모터의 불량이 감소하면, 검사비용, 재작업비용, 반품운송비, 방문수리비가 감소할 것으로 예상된다.

품질원가 보고서에 나오는 이 활동들의 단위당 원가는 **활동기준원가계산**(ABC)을 이용하여 계산한 원가로서, 고정원가와 변동원가를 모두 포함하고 있다. 따라서 홍태는 모터 재설계 여부 의사결정의 **관련원가**(relevant cost)인 모터 재설계 시에 실제로 감소하게 되는 **회피가능원가**(avoidable costs)를 따로 구분하여 표 8-6과 같이 정리하였다(관련원가는 제4장 단기 의사결정 참고).

표 8-6 모터 재설계와 관련이 있는 활동의 단위당 ABC 원가 및 회피가능원가(연간)

(단위 : 원)

모터 재설계 관련 활동 원가	단위당 활동 원가 (품질원가 보고서)	단위당 회피가능원가
검사비용	시간당 300,000	시간당 140,000
재작업비용	시간당 450,000	시간당 250,000
반품운송비	건당 200,000	건당 200,000
방문수리비용	건당 350,000	건당 270,000

다음으로, 모터 재설계가 비용과 수익에 미치는 영향을 표 8-7과 같이 추정하였다. 모터를 재설계할 경우, 각종 관련 활동의 원가가 절감되고 지게차가 10대 더 팔릴 것으로 예상하였다. 분석결과, 연간 기준으로 모터 재설계 시 발생할 비용보다 효익이 ₩79,100,000 더 큰 것으로 나타났다. 모터 재설계로 인해 예방원가가 증가하지만, 평가원가(검사비용)와 (내부, 외부)실패원가가 감소하고 매출이 증가하는 효과를 기대할 수 있다는 것이다. 이 결과를 토대로 홍태는 모터의 재설계가 바람직한 것으로 보고하였다.

표 8-7 모터 재설계가 비용과 수익에 미치는 영향(연간)

	회피가능원가/공헌이익(원)	물 량	비용/효익(원)
(1) 부품/공정 재설계비용			(250,000,000)
(2) 근로자 교육훈련비			(6,000,000)
(3) 검사비용 절감	시간당 140,000	1,000시간	140,000,000
(4) 재작업비용 절감	시간당 250,000	600시간	150,000,000
(5) 반품운송비 절감	건당 200,000	10건	2,000,000
(6) 방문수리비용 절감	건당 270,000	30건	8,100,000
(7) 공헌이익 증가	대당 3,500,000	10대	35,000,000
(8) 총절감 및 혜택 (=(3)+(4)+(5)+(6)+(7))			335,100,000
(9) 순절감 및 혜택 (=(8)−(1)−(2))			79,100,000

관련 사례

품질비용 절감과 무결점운동 추진

삼성전기, 품질비용 1,390억원 절감 – 매일경제(mk.co.kr)

불량, 실패원가, 원가경쟁력

LG이노텍, AI로 카메라 모듈 불량 최대 90% 줄여 – 매일경제(mk.co.kr)

외부실패원가

SK하이닉스 품질 저하로 3,800억 보상 … 추가 비용 가능성 낮아 – 한국경제(hankyung.com)

빵제조와 도요타 생산방식

신라명과 "빵도 책도 일용할 양식이죠" – 매일경제(mk.co.kr)

무결점, Fishbone

"작은 개선이 공정 전체 바꾸죠" TV 납땜불량 0.01% 아래로 – 한겨레신문(hani.co.kr)

품질문제 충당금 설정

현대차 · 기아, 또 '3조원' 품질비용 미리 털었다 … 실적 자신감 – 연합인포맥스(einfomax.co.kr)

연습문제

객관식

01 품질과 기업 수익성

다음 중에서 품질이 기업 수익성에 미치는 영향에 대한 설명으로 옳지 못한 것은?

① 품질이 좋아지면 고객만족도가 높아져서 높은 가격을 받을 수도 있다.
② 품질이 좋아지면 생산과정에서 비효율이 적어 생산속도(쓰루풋타임)가 빨라질 수 있다.
③ 품질 향상에는 많은 비용이 들기 때문에 일정한 수준 이상으로 품질을 개선하려고 하는 것은 바람직하지 않다.
④ 품질이 좋아지면 불량과 재작업이 감소하여 제조원가가 감소할 수 있다.
⑤ 품질이 좋아지면 불필요한 재고를 줄일 수 있다.

02 적합품질과 사양

제품의 품질을 달성하기 위해서는 제품이 사양(specifications)에 맞게 생산되어야 한다. 사양에 맞게 생산된다는 것은 무엇을 의미하는가?

① 품질적합성(quality conformance)을 어떻게 정의하느냐에 따라 다르다.
② 디자인품질을 달성해야 한다.
③ 전체 불량률이 6시그마 기준을 충족해야 한다.
④ 절대목표치를 벗어나더라도 일정한 편차 범위 이내에 있으면 된다.
⑤ 제품 사용 중에 성능이 올바로 발휘되어야 한다.

03 품질원가의 유형

다음 중에서 공손의 원가 또는 불량품을 재작업하는 데 발생하는 원가는 어디에 속하는가?

① 예방원가
② 평가원가
③ 내부실패원가
④ 외부실패원가
⑤ 통제원가

04 품질원가 개념

다음 중에서 품질원가(cost of quality)에 대한 설명으로 옳은 것은?

① 불량이 발생하지 않고 좋은 품질의 제품이 생산되도록 하는 데 투입되는 모든 원가이다.
② 불량이 발생하지 않도록 종업원 교육훈련에 투입하는 원가이다.
③ 불량과 관련된 모든 사전적·사후적 원가이다.
④ 비부가가치활동을 제거하는 데 발생하는 원가이다.
⑤ 제품 품질문제로 인해 고객들이 제품을 외면함으로써 발생하는 기회비용이다.

05 품질관리활동

불량이 발생한 원인을 찾기 위해 주요 불량 발생 원인을 유형별로 그룹화하여 인과관계적으로 나타낸 도표를 무엇이라고 하는가?

① 관리도
② 히스토그램
③ 인과관계도
④ 파레토도
⑤ 컨트롤차트

06 품질원가의 분류 (2013 감정평가사)

㈜감평은 품질 관련 활동원가를 예방원가, 평가원가, 내부실패원가 및 외부실패원가로 구분하고 있다. 다음에 제시한 자료 중 외부실패원가로 집계할 금액은?

• 제품보증수리활동	₩21,000
• 원재료 검사활동	11,000
• 직원 품질교육활동	50,000
• 고객서비스센터활동	6,000
• 불량품 재작업활동	8,000
• 설비보수 및 유지활동	5,000
• 판매기회 상실로 인한 기회비용	18,000
• 공정검사활동	7,000
• 설계개선활동	10,000

① ₩35,000 ② ₩43,000 ③ ₩45,000 ④ ₩53,000 ⑤ ₩57,000

07 품질원가의 분류 (2013 관세사)

다음 품질원가 항목 중 예방원가에 해당하는 것을 모두 고른 것은?

ㄱ. 설계엔지니어링	ㄴ. 품질교육훈련	ㄷ. 재작업
ㄹ. 고객지원	ㅁ. 부품공급업체 평가	ㅂ. 작업폐물

① ㄱ, ㄴ, ㄷ ② ㄱ, ㄴ, ㅁ ③ ㄱ, ㅁ, ㅂ ④ ㄴ, ㄷ, ㄹ ⑤ ㄹ, ㅁ, ㅂ

08 품질원가의 분류 (2021 관세사)

㈜관세는 품질원가를 계산하고자 한다. 다음 자료를 바탕으로 계산한 외부실패원가는?

• 품질교육	₩100	• 완성품검사	₩400
• 불량재공품 재작업	₩600	• 보증수리	₩200
• 반품 재작업	₩500	• 설계개선 작업	₩300
• 품질에 따른 판매기회상실 기회비용	₩700		

① ₩700 ② ₩900 ③ ₩1,200 ④ ₩1,400 ⑤ ₩1,800

09 품질원가의 분류 (2001 세무사)

농업용 양수기를 제조하여 판매하는 ㈜대풍의 2001년도 품질과 관련된 재무적 자료가 아래와 같다.

과 목	금 액	과 목	금 액
설계엔지니어링	₩240	재작업품	₩300
품질훈련교육	₩100	운송비	₩110
검사	₩200	손해배상	₩220
제품시험	₩150	재수리보장비용	₩120
공손품	₩80	품질엔지니어링	₩130

위의 자료에 의하여 품질예방원가를 계산하면 얼마인가?

① ₩470 ② ₩350 ③ ₩430 ④ ₩440 ⑤ ₩550

10 실패원가 및 시스템 도입 의사결정 (2006 세무사)

대한익스프레스는 이사전문업체로서 이사서비스의 품질을 (1) 이삿짐운송시간, (2) 정시운송(약속한 시간까지 이사 완료), (3) 분실 또는 파손된 이삿짐 수로 측정한다. 대한익스프레스는 연간 ₩160,000,000이 소요되는

통합물류시스템을 도입하여 성과를 개선하려고 한다. 새로운 시스템의 도입으로 이사서비스품질이 향상된다면 이에 비례하여 매출수익도 증가될 것으로 예상된다. 대한익스프레스의 공헌이익률이 40%라면, 최소한 얼마 이상의 매출수익 증가가 실현되어야 새로운 통합물류시스템의 도입을 정당화할 수 있는가?

연간 성과의 비교	현재의 성과	새로운 시스템 도입 시 예상성과
정시운송성과	85%	95%
분실 또는 파손 이삿짐* 수	3,000개	1,000개

* 분실 또는 파손된 이삿짐 1개당 실패원가(배상해주어야 할 비용)는 ₩60,000이다.

① ₩80,000,000 ② ₩95,000,000 ③ ₩10,000,000
④ ₩85,000,000 ⑤ ₩100,000,000

11 품질원가 개념 (2007 세무사)

품질원가에 대한 설명으로 옳지 않은 것은?

① 품질원가의 바람직한 분포는 일반적으로 '예방원가 > 평가원가 > 내부실패원가 > 외부실패원가'이다.
② 예방원가와 평가원가를 포함하는 통제원가는 불량품의 발생률과 역의 관계를 갖는다.
③ 제조물책임법에 의한 소송비용, 제품보증수리비용, 불량품으로 인한 회사 이미지 실추에 따른 판매기회상실로 인한 기회비용 등은 외부실패원가에 해당한다.
④ 불량품으로 인한 기계가동중단손실, 재작업원가 등은 내부실패원가에 해당한다.
⑤ 품질관리계획수립원가, 품질관리기술개발원가, 품질개선을 위한 토의원가 등은 평가원가에 해당한다.

12 품질원가 및 공정 개선의사결정 (2010 세무사)

㈜대전은 20X1년 품질과 관련된 원가를 분류한 결과 다음과 같은 항목을 파악하였다.

• 반품재작업	₩100억	• 설계개선작업	₩200억
• 사후수리(A/S)	₩150억	• 완성품검사	₩50억
• 불량재공품재작업	₩100억	• 고객불량품 피해 손해배상	₩150억
• 품질교육	₩100억		

㈜대전의 원가담당자는 위의 항목들을 예방원가, 평가원가, 내부실패원가, 외부실패원가로 재분류한 후 구체적으로 분석한 결과, 현재 예방원가에 사용된 자원의 50%만큼을 추가로 투입하는 경우 내부실패원가를 50%, 외부실패원가를 40%씩 절감할 수 있다고 주장하였다. 원가담당자의 주장을 수용하는 경우 이익은 얼마나 증가하는가?

① ₩30억 ② ₩40억 ③ ₩50억 ④ ₩60억 ⑤ ₩70억

13 품질원가 개념 (2012 세무사)

품질원가에 관한 설명으로 옳지 않은 것은?

① 일반적으로 원재료 검사비용은 예방원가로 분류한다.

② 일반적으로 보증기간 내 수리와 교환은 외부실패원가로 분류한다.

③ 품질원가는 제품의 품질에 문제가 발생한 경우 이를 해결하기 위하여 발생하는 원가를 포함한다.

④ 허용품질수준관점(acceptable quality level view)에서는 통제원가와 실패원가 사이에 부(-)의 관계가 있는 것으로 본다.

⑤ 무결점수준관점(zero defects view)에서는 불량률이 0(zero)이 될 때 품질원가가 최소가 되므로, 불량률이 0이 되도록 품질원가를 관리해야 한다고 본다.

14 품질원가 개념 (2015 세무사)

품질원가에 관한 설명으로 옳지 않은 것은?

① 제품의 품질은 설계품질(quality of design)과 적합품질(quality of conformance)로 구분할 수 있는데, 품질원가는 생산자 품질이라 할 수 있는 설계품질과 관련된 것이다.

② 품질원가는 예방원가 및 평가원가로 구성되는 통제원가와 내부실패원가 및 외부실패원가로 구성되는 실패원가로 분류할 수 있다.

③ 품질원가에 대한 전통적인 관점에서는 통제원가와 실패원가 사이에 상충관계(trade-off)가 존재한다고 보고 있다.

④ 예방원가는 제품의 생산과정에서 불량품이 발생하지 않도록 예방하기 위하여 발생하는 원가로서 품질관리를 위한 종업원들에 대한 교육훈련비, 생산설비의 유지보수비 등이 여기에 속한다.

⑤ 품질원가는 제품에 불량이 발생하지 않도록 예방하거나 불량이 발생하는지를 검사하고, 불량이 발생한 경우 초래되는 모든 원가를 의미한다.

15 품질원가의 분류 (2021 세무사)

㈜세무는 에어컨을 제조하는데, 에어컨의 품질원가를 파악하기 위해 다음의 자료를 수집하였다. 품질원가에 관한 설명으로 옳지 않은 것은?

• 생산판매단위	6,000개
• 판매단가	₩1,500
• 단위당 변동원가	₩800
• 제품설계시간	1,000시간
• 제품설계 노무임률	₩80

• 단위당 시험검사시간	0.5시간
• 시험검사 노무임률	₩60
• 재작업률	10%
• 단위당 재작업원가	₩400
• 보증수리비율	5%
• 단위당 수리원가	₩500
• 품질로 인해 상실된 추정판매	400개

① 예방원가는 ₩80,000이다.
② 평가원가는 ₩180,000이다.
③ 내부실패원가는 ₩240,000이다.
④ 외부실패원가는 ₩150,000이다.
⑤ 총품질원가는 ₩930,000이다.

16 품질원가의 분류 (2001 CPA)

㈜시그마는 품질원가의 측정을 위해 품질관련 활동원가를 계산하고 있다. 다음 나열된 품질 관련 활동원가 중 예방원가(prevention cost of quality)에 포함되어야 할 금액은?

활 동	활동원가 (또는 비용)	활 동	활동원가 (또는 비용)
품질방침기획 및 선포활동	₩10	제품품질검사 및 시험활동	₩60
선적 전에 발견된 부적합품 재작업활동	20	원부자재 공급사 평가활동	70
반품 재작업활동	30	반품 재검사활동	80
예방적 설비보수 및 유지활동	40	품질교육 및 훈련활동	90
미래 판매기회상실에 따른 기회비용	50		

① ₩50 ② ₩80 ③ ₩140 ④ ₩160 ⑤ ₩210

17 실패원가 (2019 CPA)

㈜대한은 연속된 공정 A와 B를 거쳐서 완제품을 생산한다. 완제품의 단위당 판매가격은 ₩50이다. 직접재료원가 이외의 운영원가는 모두 고정원가로 간주한다. 20X1년에 공정별 생산 및 원가자료는 다음과 같다.

항 목	공정 A	공정 B
시간당 생산능력	15단위	10단위
연간 이용가능시간	2,000시간	2,000시간
연간 생산량	20,000단위	20,000단위
단위당 직접재료원가	₩10	₩10
연간 고정운영원가	₩120,000	₩140,000

㈜대한은 공정 B의 종료단계에서 품질검사를 실시한다. 당기 중에 공정 B에서 불량품 100단위가 생산되었다면, 불량품 100단위로 인해 영업이익은 얼마나 감소하는가? (단, ㈜대한의 기초 및 기말 재고자산은 없으며, 불량품은 전량 폐기된다.)

① ₩2,000 ② ₩2,500 ③ ₩3,000 ④ ₩4,000 ⑤ ₩5,000

18 품질원가 및 공정 개선 의사결정 (2020 CPA)

㈜대한은 자동차를 생산하여 판매한다. ㈜대한의 원가관리 담당자는 효율적으로 원가를 관리하기 위해 다음과 같이 제품의 품질원가(예방원가, 평가원가, 내부실패원가, 외부실패원가로 구성)를 측정하였다.

내 용	품질원가
불량률을 낮추기 위한 생산직원들의 교육훈련비	₩5,400
제조단계에서 발생한 불량품을 폐기하기 위해 지불한 비용	₩6,100
공정별 품질검사를 진행하는 직원들의 관리비	₩3,200
완성품을 검사하는 기계의 수선유지비	₩10,200
고객 제품보증수리센터에서 근무하는 직원의 인건비	₩24,700
높은 품질의 부품조달을 위한 우수협력 업체 조달 비용	₩2,300
품질검사 과정에서 발견한 불량품 재작업으로 인해 발생한 생산직원의 특근수당	₩7,400
제품 리콜로 인해 발생한 미래매출감소의 기회원가	₩9,300
총합계	₩68,600

㈜대한이 지금보다 예방원가를 50% 확대하면 내부실패원가와 외부실패원가를 각각 20%와 10% 절감할 수 있다고 한다. ㈜대한이 지금보다 예방원가를 50% 확대할 때 품질원가의 총합계는 얼마인가?

① ₩65,200 ② ₩66,350 ③ ₩67,280 ④ ₩72,000 ⑤ ₩73,050

주관식

01 품질원가 보고서 작성 및 품질원가와 품질수준 비교 (2002 CPA)

최근 우리나라는 2002년 7월1일부터 본격 시행되는 제조물책임(PRODUCT LIABILITIES)법에 대하여 국내기업들은 제품결함 관련 손해배상의 부담을 안게 되었다. 그 결과 경영자들은 품질경쟁력을 높이기 위한 방안을 신중히 검토하고, 품질관리와 신제품개발에 총력을 기울여야 하는 상황에 직면하게 되었다. 두 가지 형태의 냉장고를 생산·판매하고 있는 ㈜신바람전자도 이러한 상황을 고려하여 품질관리에 대한 전면적인 검토를 하게 되었다. 즉, 경영자는 두 가지 냉장고의 품질을 믿을 수 없어 품질관리를 위하여 원가를 계산하여 전사적 품질관리를 시도하게 되었다.

품질원가에 대한 전반적인 자료를 수집한 결과 일반적으로 품질원가는 네 가지 범주로 구분된다는 것을 파악하고, 품질원가를 요약하여 품질 원가보고서를 작성하기로 하였다.

㈜신바람전자의 각 냉장고와 관련된 품질관리 자료를 요약하면 다음과 같다.

구 분	A형	B형
생산 및 판매수량	10,000단위	5,000단위
단위당 판매가격	₩200,000	₩150,000
단위당 변동원가	₩120,000	₩80,000
설계개선에 소요된 시간	6,000시간	1,000시간
단위당 품질검사시간	1시간	0.5시간
재작업수량비율	4%	10%
냉장고당 재작업원가	₩50,000	₩40,000
고객의 요구에 따른 수선비율	3%	8%
냉장고당 수선원가	₩40,000	₩50,000
불량품으로 인하여 상실된 추정매출수량	–	300단위
손해배상추정액	₩10,000,000	₩5,000,000

품질관리와 관련하여 설계 개선에 참가한 직원과 품질검사원의 임률은 각각 다음과 같다.

1. 설계 개선에 참가한 직원 : 시간당 ₩7,500
2. 품질 검사원가 : 시간당 ₩4,000

요구사항

▸ **물음 1.**

㈜신바람전자의 품질 원가를 네 가지 범주로 구분하여 A형과 B형 냉장고에 대한 품질원가와 매출액 대비 범주별 원가비율을 나타내는 품질원가 보고서를 작성하시오. (비율은 %로 나타내고, 소수점 이하 셋째 자리에서 반올림하시오.)

▸ **물음 2.**

㈜신바람전자의 매출액 대비 각 범주별 품질원가의 비율에 기초하여 냉장고 A형과 B형에 대한 품질원가를 비교 설명하시오.

02 품질원가보고서 작성 및 비교 (2008 CPA 수정)

요구사항

▶ 물음 1. 다음은 R제품을 생산하는 ㈜백양의 품질활동에 대한 재무적 정보이다. 아래의 자료를 이용하여 물음에 답하시오.

항목	금액	항목	금액
• 매출	₩1,000,000	• 재작업	₩12,500
• 작업폐물	35,000	• 공급업체평가	5,000
• 고객지원	4,000	• 제품시험	10,000
• 반품제품원가	6,000	• 보증수리	50,000
• 품질교육	5,000	• 입고재료검사	5,000
• 설계엔지니어링	10,000	• 작업중단 복구	2,500
• 제품검사설비 보수	25,000		

(1) 품질원가 보고서를 작성하시오.
(단, 원가항목들을 예방원가, 평가원가, 내부실패원가, 외부실패원가로 분류하여 각 범주별로 소계를 표시하고 각 소계 옆에는 매출액에 대한 비율을 표시한다.)

(2) R제품과 같은 종류의 제품을 생산하는 경쟁업체인 ㈜낙동의 매출액에 대한 각 품질원가 범주의 비율이 다음과 같다. ㈜백양의 품질원가 보고서를 이와 비교하고 시사점을 제시하시오. (3줄 이내)

예방원가	평가원가	내부실패원가	외부실패원가	합 계
4.0%	2.0%	3.0%	4.0%	13.0%

INVENTORY MANAGEMEN

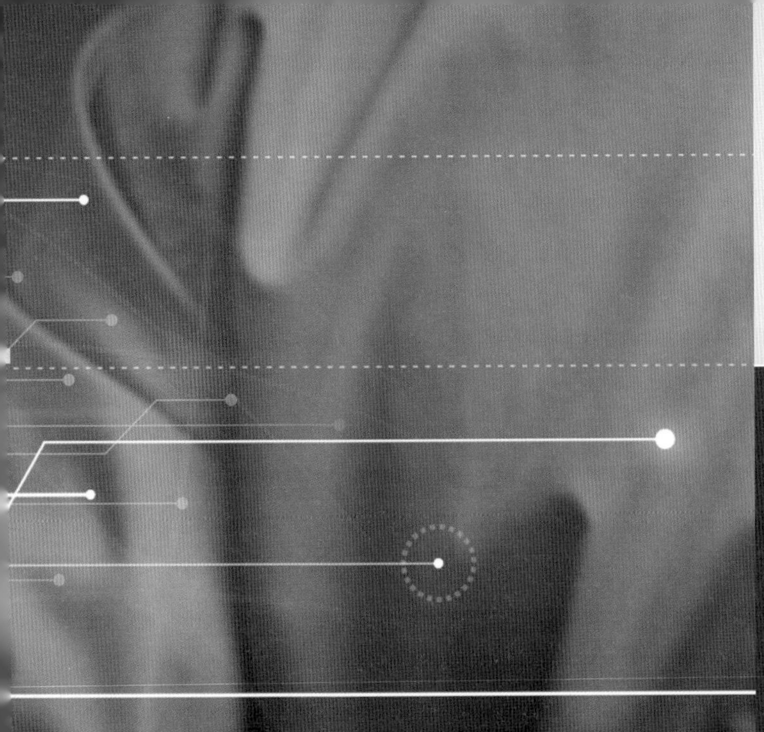

CHAPTER

9

재고관리와 제약이론

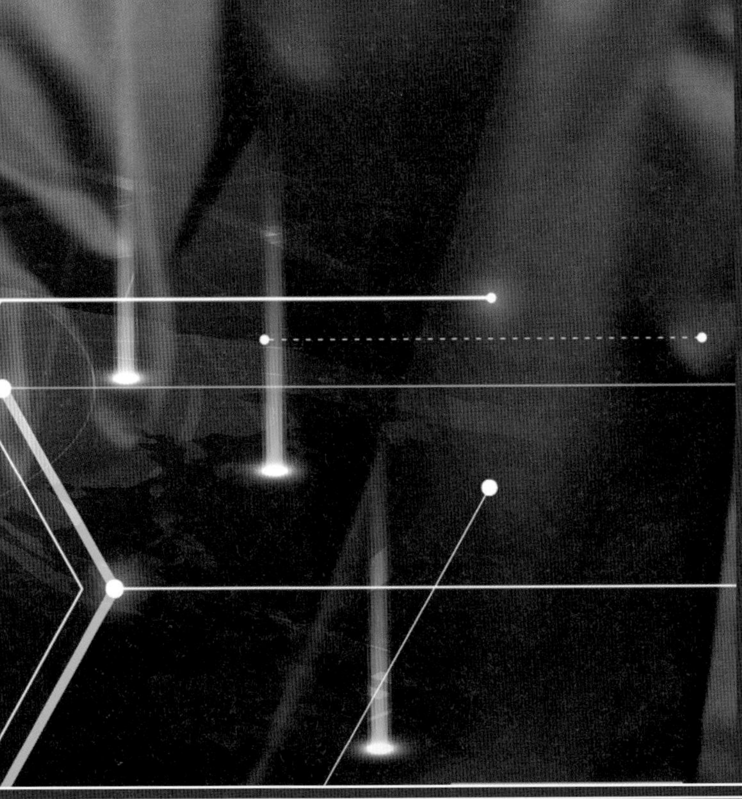

본 장은 재고관리와 제약이론에 관해 학습한다. 재고관리는 원재료와 상품을 구매하는 단계부터 시작하여 제조공정에서 중간제품과 완성품을 적절한 수준으로 유지하는 것을 모두 포함한다. 전통적인 경제적 주문량(EOQ) 모델과 적시(JIT, Just-in-time) 조달·생산 체제의 의의와 차이점 및 JIT 방식에서 원가계산의 특징과 성과관리 방법에 관해 자세하게 학습한다. 또한 제약공정이 있을 때 제약이론에 따라 단기적으로 최적 제품배합을 결정하는 방법을 학습하고, 제약에 대해 장단기적으로 대처하는 방안과 제약이론과 활동기준원가계산의 관점 상의 차이에 관해 설명한다.

CHAPTER

9

재고관리와 제약이론

1. 재고관리의 의의와 중요성

재고관리(inventory management)는 재고와 관련된 모든 활동을 계획하고, 통합·조정하고, 통제하는 활동으로, 기업의 이익과 경쟁력에 큰 영향을 미친다. 기업이 보유하는 재고의 수준은 원재료 공급업체의 공급능력, 제품의 품질, 가격정책, 기업의 생산용량, 고객의 주문에 대한 대응성 등 많은 요소들과 복잡하게 연계되어 있다. 원활한 기업활동을 위해서는 재고를 적절하게 유지할 필요가 있지만, 재고가 과다하게 많은 경우에는 기업의 장기적인 경쟁력이 심각하게 훼손될 수 있다.

상기업에서 재고관리는 외부로부터 구매하는 상품의 재고를 관리하는 구매단계의 활동에 초점이 있다. 반면에 제조기업의 재고관리는 원재료와 부품 등을 외부에서 구입하는 단계(구매단계)와 제조과정에서 중간제품(재공품)과 완성된 제품을 적절한 수준으로 유지하는 단계(제조단계)로 구분할 수 있다.

제조기업의 구매단계에서 주요 재고관리활동은 공급업체의 선정과 원재료나 부품의 주문시기와 주문량을 결정하는 것이다. 공급업체의 품질과 납기준수 능력은 구매단계 재고관리에서 매우 중요한 요소이다. 제조단계에서는 공정별로 중간제품(재공품)의 재고를 적절한 수준으로 유지하여 제조활동이 원활하게 진행되도록 하고, 제품 수요를 고려하여 제품의 과다 재고나 재고 고갈을 피하는 것이 주요 과제이다.

이처럼 재고관리는 단순히 최종 제품의 재고수준을 결정하는 일이 아니다. 우수한 공급업체를 선정하는 일부터 각 제조공정에서 적정한 공정 재고를 유지하는 일까지 매우 복잡한 과정에 대한 관리를 요구한다. 아울러 재고관리는 품질관리와 시간관리를 동시에 요구한다. 불량이 많이 발생하거나 잘못된 공정관리로 작업이 지체되면, 재작업이나 작업대기 등으로 생산계획에 차질이 발생하게 되어 재고관리가 매우 어렵게 된다. 제6장에서 설명한 고객대응시간(customer response time)과 정시납품률(on-time performance) 등의 시간관리 지표는 기업의 재고관리 정책과도 밀접하게 관련되어 있다.

그동안 재고관리의 철학은 적정 재고 수준을 유지한다는 개념에서 필요한 시점에 필요한 수량을 조달하고 생산하는 적시(JIT, Just-in-Time) 조달·생산 체제로 발전해왔다. 그러나 전 세계적인 COVID-19의 대유행으로 공급망 위기를 겪으면서 재고관리 철학에 또 다른 변화가 발생하고 있다.

2. 상기업 재고관리와 경제적 주문량 모델

1) 재고관리 관련원가

상기업은 제조기업으로부터 상품을 구매하여 판매하는 기업으로, 재고관리가 영업이익에 미치는 영향이 매우 크다. 표 9-1은 상기업인 이마트의 2022년도 요약 손익계산서로서, 당년도 매출액 영업이익률은 1.67%이다. 상기업의 낮은 매출액 영업이익률은 기업의 통제가능성이 비교적 높은 판매비와관리비 관리의 중요성을 나타내는 것으로서, 2022년도에 이마트의 판매비와관리비가 10%만 감소하더라도 영업이익이 두 배 이상으로 증가한다는 것을 알 수 있다. 상기업의 판매비와관리비에서 상품의 보관과 이동, 폐기 등 재고와 관련된 비용이 차지하는 비중이 매우 높다는 사실은 상기업에서 재고관리의 중요성을 잘 보여주는 것이다[1].

표 9-1 이마트 손익계산서(2022.1.1. ~ 2022.12.31.)

(단위 : 억원)

구 분	금 액	매출액 대비 비율
매출액	154,868	100%
매출원가	113,569	73.33%
매출총이익	41,299	26.67%
판매비와관리비	38,711	25.00%
영업이익	2,588	1.67%

* 2023년도 매출액 영업이익률은 1.24%임

상기업에서 **재고관리의 관련원가**(relevant costs)는 다음과 같이 분류할 수 있다.

1 판매비와관리비의 비중과 매출액 영업이익률은 산업별로 큰 차이를 보일 수 있으며, 특정 산업의 수익성을 나타내는 지표는 아니다(제14장 참고).

- **구매비용(purchasing cost)** : 상품 매입 비용으로, 운송비 등 부대비용을 포함한다.
- **주문비용(ordering cost)** : 상품 주문과 관련해서 발생하는 비용으로, 상품 주문을 준비하고(근거자료 작성과 상사의 결재 등), 상품을 주문하고, 상품을 수령하고, 도착한 상품을 검사하고 수량을 확인하고, 공급자에게 대금을 지급하는 활동 등으로 인해 발생하는 비용이다.
- **유지비용(carrying cost)** : 상품 재고를 보유하는 데서 발생하는 비용으로, 창고비용, 상품 관련 보험료, 물리적 변화와 진부화에 따른 비용, 재고 보유액(투자)에 해당하는 금액에 대한 투자수익(기회비용)이 포함된다.
- **재고고갈비용(stockout cost)** : 고객이 요구하는 상품의 재고가 없을 때 발생하는 비용으로, 재고를 신속히 보충하는 데 발생하는 비용, (현재, 미래) 판매기회를 상실한 데 따른 상실한 공헌이익(기회비용)이 포함된다.

재고관리와 관련된 원가 중에서 구매비용은 매출원가를 구성하며, 나머지 비용은 판매비와관리비와 관련되어 있거나 재무회계시스템에 기록되지 않은 기회비용(opportunity cost)이다[2].

2) 경제적 주문량 모델

상기업의 전통적인 재고관리 모델은 **경제적 주문량(EOQ, Economic Order Quantity)** 모델이다. 경제적 주문량은 재고관리와 관련된 비용 중에서 **주문비용(ordering cost)**과 **유지비용(carrying cost)**의 합계가 최소가 되는 1회 주문량을 말한다. 경제적 주문량 결정 모델에서는 대량구매에 따른 할인이 없는 것으로 가정하므로, EOQ 계산 시에 구매비용(purchasing cost)은 고려할 필요가 없다. 또한 수요가 일정하게 발생하고 수요량을 미리 알고 있으며, 주문 후 상품 도착까지 걸리는 시간도 확정적이고 미리 알고 있으므로 재고고갈이 발생하지 않는다고 가정한다. 따라서 재고고갈비용(stockout cost)도 EOQ 계산에서 고려하지 않는다. 또한 EOQ 모델에서는 1회 주문비용과 1단위 재고유지비용도 확정된 값으로 알려져 있다고 가정한다.

경제적 주문량(EOQ)을 계산할 때 고려하는 재고관리 관련 총원가(relevant total costs)는 다음과 같다.

---

2 재고관리 관련원가는 재무제표에 등장하는 회계적 비용이 아니다. 재고관리와 관련된 의사결정에서 모든 비용은 관련원가(relevant cost)를 사용한다(제4장). 예를 들어, 재고가 없더라도 재고를 보관하는 창고를 단기적으로 처분할 수 없다면, 기존에 보유하고 있는 창고의 비용(회피불가능원가)은 유지비용에 포함되지 않는다. 반면에 기회비용은 관련원가에 포함된다.

EOQ 계산에서 고려하는 재고관리 관련 총원가

= 주문비용 + 유지비용

$$= \left(\frac{D}{Q} \times P\right) + \left(\frac{Q}{2} \times C\right)$$

여기서, D : (일정 기간) 총수요량
Q : 1회 주문량
C : (일정 기간) 상품 한 단위의 재고 유지비용
P : 주문 1회당 주문비용

첫 번째 항목에서 $\frac{D}{Q}$는 일정기간 동안의 주문횟수를 나타낸다. 두 번째 항목에서 $\frac{Q}{2}$는 평균 재고 수준이다. 재고의 최고수준(주문량이 도착한 시점)이 Q이며 최저수준(주문량이 도착하기 직전)이 0으로서, 수요가 일정하게 발생하기 때문에 평균 재고수준은 $\frac{Q}{2}$이다.

그림 9-1과 같이 EOQ(1회 주문량)가 많아지면 주문비용이 감소하지만 유지비용은 증가한다. 따라서 EOQ 모델에서 재고관리 관련 총원가가 최소가 되는 주문량은 주문비용과 유지비용이 같아지는 점에서 결정된다.

EOQ 모델

주문비용 = 유지비용. 즉, $\left(\frac{D}{Q} \times P\right) = \left(\frac{Q}{2} \times C\right)$

위 식을 Q에 대해 풀면[3], EOQ는 다음과 같다.

$$EOQ = \sqrt{\frac{2DP}{C}}$$

EOQ는 수식에 나타난 바와 같이 총수요량(D)이 많고, 1회 주문비용(P)이 클수록 증가하며, 상품 1단위의 유지비용(C)이 클수록 작아진다. 예제를 통해 EOQ와 재고관리 관련 총원가를 계산해보자.

3 양변에 Q를 곱하면, $DP = \frac{Q^2C}{2}$. $Q^2 = \frac{2DP}{C}$. 따라서, $Q = \sqrt{\frac{2DP}{C}}$.

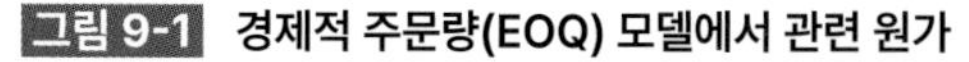
그림 9-1 경제적 주문량(EOQ) 모델에서 관련 원가

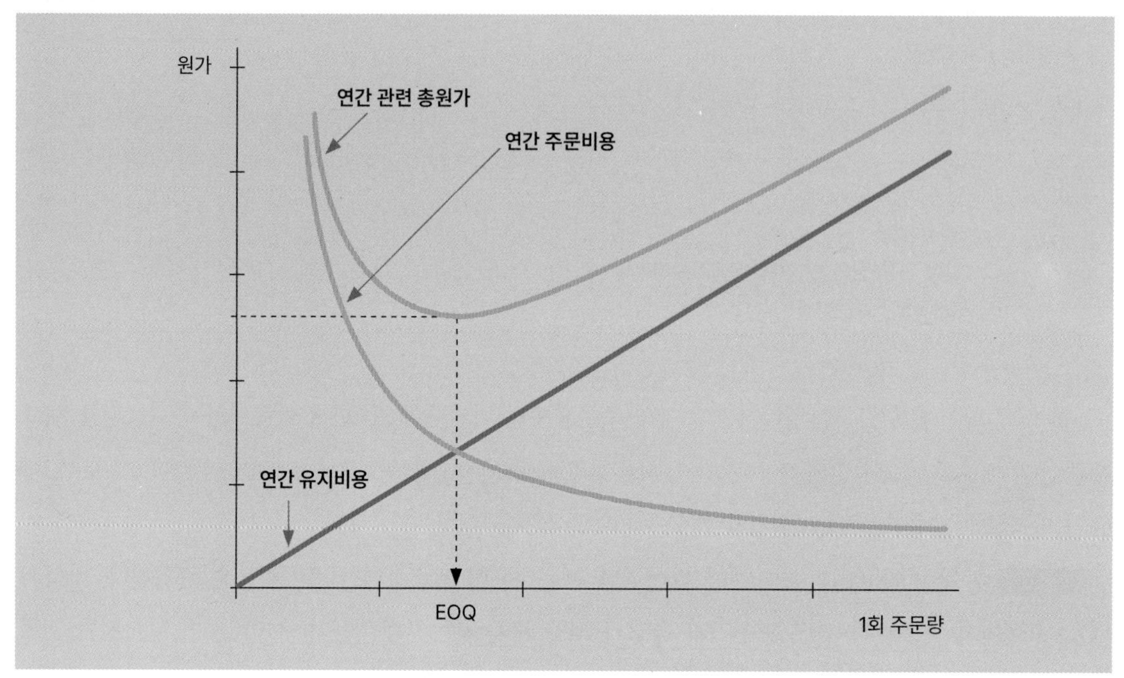

예제 9-1

대형 와인 전문판매점을 운영하고 있는 길동이는 칠레산 인기 와인 알마비바를 판매하고 있다. 알마비바와 관련된 구체적인 자료는 다음과 같다.

향후 1년간 알마비바의 수요량(D)은 2,600병이며, 병당 가격(구입부대비용 포함)은 ₩150,000, 1회 주문비용(P)은 ₩260,000이며, 한 병당 연간 유지비용(C)은 재고투자에 대한 투자수익을 포함하여 다음과 같다.

한 병당 연간 유지비용

=(연간 7% 투자수익(기회비용)×병당 가격)+연간 병당 파손 및 관리비용

=(0.07 × ₩150,000) + ₩2,300 = ₩12,800

이제 EOQ를 계산해보자.

$$EOQ = \sqrt{\frac{2DP}{C}} = \sqrt{\frac{2 \times 2{,}600 \times 260{,}000}{12{,}800}} = 325\text{병}$$

이때 주문비용과 유지비용은 같은 금액으로서 각각 다음과 같이 계산된다.

$$\text{주문비용} : \left(\frac{D}{Q} \times P\right) = \frac{2{,}600}{325} \times 260{,}000 = ₩2{,}080{,}000$$

$$\text{유지비용} : \left(\frac{Q}{2} \times C\right) = \frac{325}{2} \times 12{,}800 = ₩2{,}080{,}000$$

매 주문 시 EOQ만큼 주문할 때, 연간 재고관리 관련 총원가(주문비용과 유지비용의 합계)는 ₩4,160,000이다.

$$\text{주문횟수} : \frac{D}{Q} = \frac{2{,}600}{325} = 8\text{회}$$

즉, 길동이는 1년 동안에 총 8회에 걸쳐, 1회 주문할 때마다 EOQ(325병)씩 주문하는 것이 재고관리 관련 총원가를 최소화하는 방법이다.

3) 재주문점

재주문점(reorder point)은 주문을 다시 해야 하는 시점에 보유하고 있는 재고량의 수준을 말한다. 즉, 재고량이 얼마일 때 신규 주문을 해야 하느냐는 것이다. 주문 후 상품이 도착할 때까지 걸리는 기간을 **주문리드타임**(purchase-order lead time)이라고 하며, 주문리드타임이 확정적이고 알려져 있으면 재주문점 계산은 간단하다. 예제를 이용해서 재주문점을 계산해보자.

예제 9-2

예제 9-1에서 와인 알마비바의 주문리드타임이 3주라고 하면, 재주문점은 몇 병인지 계산해보자.

주문리드타임 동안의 판매될 수량만큼 재고가 있을 때 주문을 하면 된다. 알마비바의 주간 수요량과 재주문점(주문리드타임 동안 판매량)은 다음과 같이 계산된다.

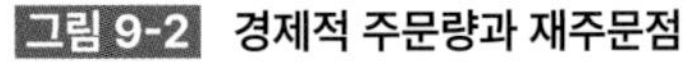
그림 9-2 경제적 주문량과 재주문점

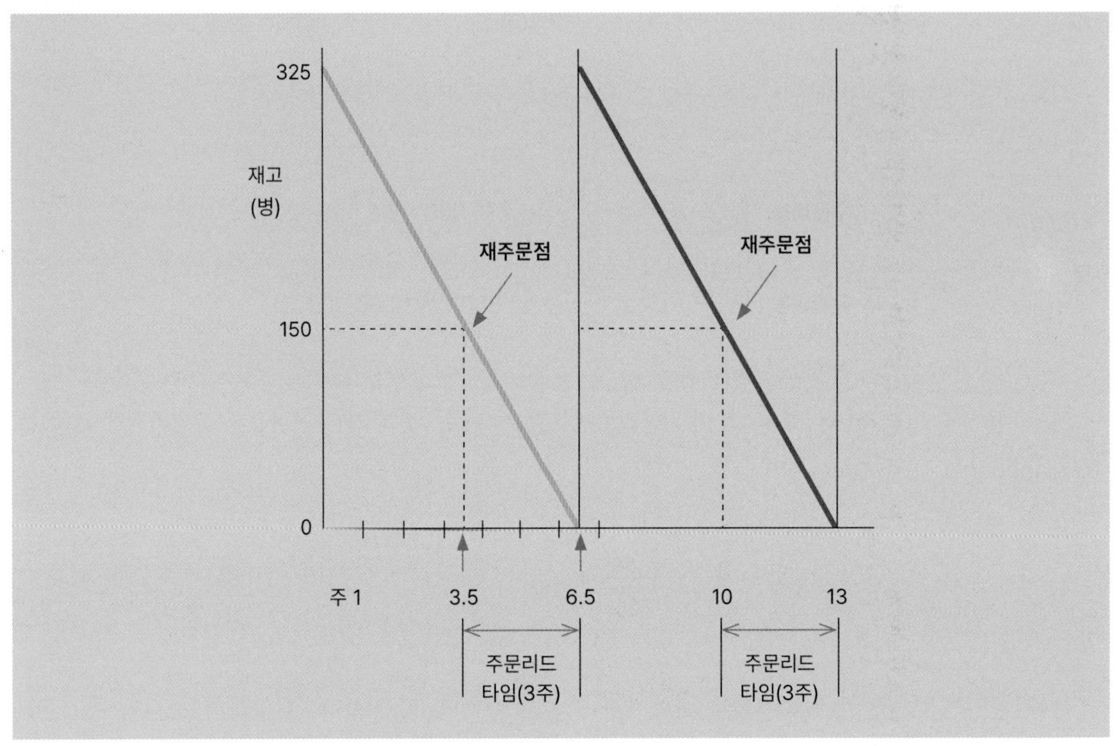

주간 수요량 = 연간 수요량 ÷ 52주 = 2,600병 ÷ 52주 = 50병/주

재주문점(주문리드타임 동안 수요량) = 주간 수요량 × 주문리드타임 = 50병 × 3주 = 150병

즉, 재고가 재주문점인 150병에 도달하면 자동적으로 주문을 해야 한다. 그림 9-2는 재고의 변화와 재주문점을 나타낸 것이다. 재고량이 150병일 때 재주문을 하면, 재고 물량은 3주(주문리드타임) 동안에 걸쳐 판매가 완료되며, 3주 후에 EOQ 물량 325병이 새로 도착한다. EOQ 물량(325병)이 도착하면 재고는 325병이 되며, 이 물량은 6.5주(=325병 ÷ 주당 50병) 동안에 판매된다. EOQ 물량 도착 후 3.5주가 지나면 재주문점에 도달하므로 다시 주문한다.

4) 안전재고

우리는 지금까지 재고고갈이 발생하지 않는다고 가정하였다. 그러나 수요량, 주문리드타임 또는 공급업체가 공급할 수 있는 물량에 불확실성이 있는 경우에는 재고고갈이 발생할 수 있으므로 버퍼(buffer)로서 **안전재고**(safety stock)를 보유해야 한다. 다음 예제를 이용해서 학습해보자.

예제 9-3

예제 9-2에서 알마비바의 주간 평균 수요량은 50병이지만, 최대수요는 70병이다. 재고고갈비용이 너무 커서, 길동이는 재고고갈이 발생하지 않기를 원한다. 이때 안전재고 물량과 재주문점을 계산해보자.

1주일 최대수요가 70병이면, 길동이가 예상한 평균 수요량에 비해 주당 최대 20병(=70병−50병)의 초과수요가 발생할 수 있으므로, 주문리드타임 3주를 고려하면 안전재고는 다음과 같이 계산된다.

안전재고
= 주문리드타임(주) × (주간 최대수요 − 주간 평균 수요량)
= 3주 × (70병 − 50병)
= 60병

수요가 불확실할 때 재주문점은 다음과 같이 안전재고를 추가로 고려한다.

수요 불확실성하에서 재주문점 = 주문리드타임 동안 평균 수요량 + 안전재고

식에서 주문리드타임 동안 평균 수요량은 150병(=50병×3주)이므로 재주문점은 다음과 같이 계산된다.

수요 불확실성하에서 재주문점(재고고갈 비허용의 경우)
= 150병 + 60병 = 210병

본 예제에서는 재고고갈을 허용하지 않으므로, 재주문점은 주문리드타임 동안의 최대수요와 같다. 주간 최대수요가 70병이고, 주문리드타임 3주이므로, 3주 동안의 최대수요인 210병이 재주문점이 된다[4].

이때 1회 주문 수량은 앞에서 설명한 EOQ 계산식을 사용하여 계산하되, 연간 확정 수요(D) 대신 평균 수요량을 사용하여 계산한다. 본 예제의 경우, 1회 주문량은 EOQ 주문량인 325병과 같다. 1회 주문 수량은 안전재고와 상관없이 계산한다. 즉, 수요의 불확실성이 있는 경우에도 1회 주문량과 예상 주문 횟수는 예상(평균)수요량을 토대로 안전재고 수준과 상관없이 계산한다. 안전재고 수준은 재고고갈비용(stockout cost)과 안전재고를 유지하는 데 드는 유지비용(carrying cost)의 합계를 최소화하는 수준에서 결정된다.

안전재고 계산에서 고려하는 관련 총원가 = 재고고갈비용 + 안전재고 유지비용

일반적으로 재고고갈비용이 무한대는 아니므로 안전재고 수준을 결정할 때, 각 안전재고 수준에서 재고고갈이 발생할 확률과 단위당 재고고갈비용 및 안전재고 유지비용을 함께 고려해야 한다.

5) 경제적 주문량과 성과평가

재고 유지비용에는 현금지출 비용과 함께 재고금액에 해당하는 투자에 대한 기회비용이 발생한다. 따라서 EOQ 주문량을 결정할 때 재고 유지에 따른 기회비용을 고려해야 한다. 그러나 재무회계시스템에 기록되는 비용으로 구매담당자의 성과를 평가하면(각주 2 참고), 구매담당자는 기회비용을 무시하고 EOQ보다 더 많은 양을 주문하게 될 우려가 있다. 예제를 이용해서 확인해보자.

예제 9-4

예제 9-1에서 와인구매 담당자가 기회비용을 제외하고 회계적 비용을 기준으로 성과평가를 받는 경우, 담당자의 1회 주문량과 재고관리 관련 총원가가 얼마인지 계산해보자.

4 예제에서 재고가 재주문점인 210병일 때 1회 주문량 325병을 주문한다. 만약 주문 후 주문리드타임인 3주 동안 주당 55병씩 총 165병의 수요가 발생한다면, 3주 후 재고가 45병(210병−165병)이 될 때 주문량이 도착하여, 재고는 370병(325병+45병)이 된다. 안전재고가 60병이라고 해서 항상 60병 이상을 재고로 보유하고 있다는 것으로 오해해서는 안 된다. 안전재고는 재주문점을 결정할 때 고려하는 재고 수준이다.

구매담당자는 와인 한 병의 유지비용(C)을 ₩12,800이 아닌 기회비용을 제외한 ₩2,300으로 간주하여 다음과 같이 1회 주문량을 결정한다.

$$\text{담당자의 EOQ} = \sqrt{\frac{2DP}{C}} = \sqrt{\frac{2 \times 2,600 \times 260,000}{2,300}} = 767\text{병}$$

즉, 담당자는 1회에 767병을 주문하는 것이 회계적 비용을 최소화하는 방법이므로, 회사 입장에서의 EOQ 325병보다(예제 9-1) 두 배가 넘는 물량을 1회에 주문한다.

이때 주문비용과 실제 (기회비용을 포함한) 유지비용은 다음과 같다[5].

$$\text{주문비용} : \left(\frac{D}{Q} \times P\right) = \frac{2,600}{767} \times 260,000 = ₩881,400$$

$$\text{유지비용} : \left(\frac{Q}{2} \times C\right) = \frac{767}{2} \times 12,800 = ₩4,908,800$$

따라서 재고관리 관련 총원가는 ₩5,790,200으로서, 기회비용을 올바로 반영했을 때의 총원가인 ₩4,160,000보다 훨씬 크게 된다.

이처럼 성과평가에서 기회비용을 빠뜨리면, 구매담당자의 이해와 회사의 이해가 일치하지 않는 **목표 불일치**(goal incongruence) 현상이 발생할 수 있다.

3. JIT 구매와 제조

전통적인 상기업의 재고관리 모델은 구매단계에서 경제적 주문량과 안전재고 수준을 결정하는 것이 핵심이다. 그러나 기업의 경제활동 환경이 변함에 따라 구매단계에서의 재고관리도 변화를 맞게 되었다. 대표적인 방식이 **적시**(適時)(JIT, Just-in-Time) **조달·생산 방식**이다. JIT는 구매단계와 제조단계 모두에 해당

5 편의상 주문횟수를 2,600÷767=3.39회로 계산하였다.

하는 재고관리 방식으로, 상품이나 재료(부품)가 판매와 제조에 필요한 시점에 도착하도록 하는 방식이다. JIT는 불필요한 재고를 줄임으로써 유지비용(carrying cost)을 대폭 줄일 수 있게 해준다.

1) JIT 구매

전통적인 EOQ 구매는 미래 수요에 대한 예측을 토대로 주문량을 결정하는 방식으로서, **밀어내기(push) 방식**의 재고관리 시스템이다. 이에 반해, **JIT 구매(JIT Purchasing)**는 외부 공급업체로부터 상품이나 재료(부품)를 구입할 때 실제로 필요한 수량이 필요한 시점에 도착하도록 하는 **수요견인(demand pull) 방식**이다.

JIT 구매 정책을 사용하면, 재고가 대폭 감소하므로 품질기준을 만족하는 상품과 재료(부품)가 정시에(on-time) 도착하는 것이 무엇보다 중요하다. 불필요한 재고를 보유하지 않으므로 불량품이 발견되는 경우에는 판매나 제조활동에 심각한 지장을 초래할 수 있기 때문이다.

전통적인 EOQ 모델에서 JIT 구매로 이행하게 된 배경은 재고 유지비용(carrying cost)은 점차 증가하고 있지만, 1회 주문비용(ordering cost)은 감소했기 때문이다. 물가상승과 제품수명주기의 단축으로 인해, 창고비용, 파손비용, 진부화 비용, 취급 비용, 재고금액 기회비용 등 유지비용은 점점 증가하고 있다. 반면에, 신뢰할 수 있는 공급업체와 장기공급계약을 맺게 됨에 따라 공급업체 탐색과 가격협상이 불필요하게 되고, 기업 내부에서도 권한 하부이양으로 인한 내부결제단계가 축소되는 등 1회 주문비용은 대폭 감소하게 되었다. 이로 인해 1회 주문량을 줄이고 주문횟수를 늘리는 것이 재고관리 관련 총원가를 줄이는 길이 된 것이다. 다음 예제를 통해 학습해보자.

예제 9-5

예제 9-1에서 길동이가 국내 대형 와인 수입회사와 장기 공급계약을 맺게 되어 가격동향 파악과 공급처 탐색에 따른 비용이 감소하여 알마비바 와인 1회 주문비용(P)이 ₩260,000에서 ₩15,600으로 대폭 감소하고, 1단위 유지비용(C)은 임대료, 인건비, 이자율의 상승으로 ₩12,800에서 ₩30,000으로 증가했다고 할 때, EOQ 주문량과 주문횟수를 계산해보자.

새로운 EOQ 주문량과 주문횟수는 다음과 같다.

$$EOQ = \sqrt{\frac{2DP}{C}} = \sqrt{\frac{2 \times 2{,}600 \times 15{,}600}{30{,}000}} = 52\text{병}$$

$$주문횟수 = \frac{2,600}{52} = 50회$$

1단위 유지비용이 증가하고, 1회 주문비용이 감소함에 따라 EOQ 주문량은 325병에서 52병으로 대폭 감소하고, 주문횟수는 8회에서 50회로 대폭 증가한다.

JIT 방식에서는 소량주문으로 인해 상품의 구매비용이 증가할 수 있고, 재고고갈의 가능성이 있으므로, EOQ 모델이 기반을 둔 주문비용과 유지비용 외에도 구매비용(purchasing cost)과 고갈비용(stockout cost)도 함께 고려해야 한다. 다음 예제를 통해 JIT 방식의 총비용 절감효과를 학습해보자.

예제 9-6

길동이의 알마비바 와인의 병당 구매비용은 1회 주문량이 100병 이상일 때 ₩150,000, 50병 이상~100병 미만일 때 ₩150,500, 50병 미만일 때 ₩151,000이다. 기존에 EOQ 모델을 통해 계산한 1회 주문량 325병을 계속 유지하는 경우에는 재고고갈이 발생하지 않는다. 그러나 길동이는 최근 주문비용과 유지비용의 변화를 고려하여(예제 9-5), 1회 주문량을 65병으로 결정하였다. 이 경우 연간 40병의 고갈이 발생하며, 재고고갈비용은 병당 ₩45,000으로 추정하였다. 재고관리 관련 총원가를 계산하고 기존의 325병씩 주문할 때의 총원가와 비교해보자.

길동이가 65병씩 소량주문을 할 경우, 구매비용, 주문비용, 고갈비용이 증가하지만, 유지비용이 감소하여 재고관리 관련 총원가는 연간 ₩300,800 감소한다. 유지비용의 감소 폭이 다른 비용의 증가 폭보다 크기 때문이다(표 9-2).

이처럼 EOQ 모델에서 1회 주문량은 주문비용과 유지비용만 고려하지만, JIT 방식은 구매비용과 고갈비용도 함께 고려한다. 또한 EOQ 모델에서는 동일한 1회 주문량을 주기적으로 주문하지만, JIT는 필요한 시점에 필요한 수량이 도착할 수 있도록 주문하는 방식이다[6].

JIT 방식에서는 공급업체가 고품질의 상품이나 재료(부품)를 소량으로, 빈번하게, 적시에 공급할 수 있는 종합적인 공급능력이 매우 중요하다. 따라서 공급업체를 선정할 때 공급가격만 고려해서 단기적으

---

6 JIT 방식에서는 표 9-2에 나타난 것처럼 65병씩 반드시 일정한 단위로 주문해야 하는 것은 아니다.

표 9-2 1회 주문량과 재고관리 관련 원가

	수량단위	325병씩 주문 단위당 비용(원)	325병씩 주문 연간 수량	325병씩 주문 총원가(원)	65병씩 주문 단위당 비용(원)	65병씩 주문 연간 수량	65병씩 주문 총원가(원)	소량구매의 비용 영향
구매비용	병(총수요)	150,000	2,600	390,000,000	150,500	2,600	391,300,000	비용 증가
주문비용	회	15,600	8	124,800	15,600	40	624,000	비용 증가
유지비용	병(평균재고)	30,000	162.5	4,875,000	30,000	32.5	975,000	비용 감소
고갈비용	병	45,000	0	0	45,000	40	1,800,000	비용 증가
합계				394,999,800			394,699,000	비용 감소
차이								₩300,800

로 선정하지 않고, 종합적인 공급능력을 평가하여 장기적인 계약(long-term contract)을 맺는 것이 바람직하다.

공급가격이 저렴하더라도 불량품이 포함될 가능성이 크면, 상품이나 재료(부품)가 도착할 때마다 검사를 더 많이 해야 하므로 검사비용이 증가하고, 검사결과 불량이 발생하면 판매나 제조에 차질이 발생할 수 있어서 고갈비용이 더 많이 발생할 수 있으며, 최종적으로 불량 제품이 고객에게 배송되면 외부 실패원가(external failure cost)가 발생한다(제8장 품질관리 참고).

기업의 공급망(supply chain)은 여러 단계(1차, 2차, 3차 공급업체 등)에 걸쳐 매우 복잡하게 연결되어 있다. 공급망 전체적으로 재료와 부품들이 안정적으로 공급되지 않으면 JIT 방식이 작동하기 어렵다. 기업은 정보시스템을 이용하여 공급업체들과 재고 및 판매에 관한 정보를 서로 교환함으로써, 공급업체들이 적시 공급을 위해 과다하게 재고를 보유하게 되는 부담을 줄여주고, 공급망 전체적으로 비용을 낮춤으로써 경쟁력을 강화할 수 있다.

2) COVID-19가 JIT 구매 방식에 미친 영향

2019년에 발생한 COVID-19는 전 세계적으로 **공급망 위기(supply chain crisis)**를 불러일으켰다. 자동차 제조기업은 반도체 부족으로 생산에 차질을 빚게 되었으며, 원재료를 해외에서 조달하는 기업들은 운송수단 확보에 어려움을 겪으면서 운송비용도 급증하게 되었다. 유럽의 전기차 제조회사들은 우리나라 기업들이 제조한 2차 전지(배터리)를 운송하는 데 필요한 선박을 구하지 못해, 철도를 이용한 값비싼 육상

운송을 택하기도 했다.

이처럼 COVID-19는 물류병목 현상을 일으켜, 매우 복잡한 대기업의 공급망에 심각한 타격을 입혔다. 이에 대처하여 일부 기업들은 **공급망 관리**(SCM, Supply Chain Management)를 강화하고, 재고를 최소로 유지하는 JIT 방식 대신에 중요한 재고를 더 많이 보유하는 방식으로 재고관리 철학을 바꾸게 되었다. 그러나 이것은 JIT 방식에서 완전히 탈피했다라기보다는 공급망 불안정에 대비해 안전재고(safety stock)를 증가시키는 것으로도 이해할 수도 있다.

3) JIT 생산

이제 JIT 방식이 생산활동에서 어떻게 이용되는지 학습해보자. 20세기 후반 이후 글로벌 경쟁이 일반화되어, 제품의 수명주기는 짧아지고, 고품질, 저원가의 다양한 제품들이 주류를 이루게 되었다. 이에 따라 전통적인 소품종 대량생산 체제는 다품종 소량생산으로 점차 이행하게 되었다. 이러한 경쟁압력에 대응하여 기업들은 미래 수요예측에 기반을 둔 EOQ 모델 대신, JIT 구매와 생산으로 점차 전환하게 되었다.

JIT 생산(JIT Production)은 생산공정(워크스테이션)의 모든 단계에서 발생하는 반제품과 최종 제품의 재고를 최소화하는 제조방식이다. 각 공정은 다음 단계 공정이 필요한 시점에 필요한 수량만큼 공정 산출물을 공급함으로써 재고를 최소화한다. 다음 단계 공정에서 필요하지 않는데도 산출물을 공급하면 생산현장에 재고로 쌓이기만 할 뿐이다.

따라서 제일 먼저 최종 제품에 대한 고객의 수요가 최종단계 공정의 산출물(완성품) 수량과 제조시점을 결정하게 되며, 이 과정은 최종공정에서 시작해서 최초공정까지 계속 역으로 진행된다. JIT 생산을 하는 기업은 재료나 부품의 재고를 최소화하기 위해 대체로 JIT 구매(JIT Purchasing)도 함께 실시한다.

JIT 생산에서는 다음 단계 공정에서의 수요가 그 공정의 생산활동을 견인하므로, **수요견인**(demand-pull) **방식**이라고 한다. 각 공정이 다른 공정과 무관하게 최대의 효율로 산출물을 생산하는 전통적인 **밀어내기**(push) **방식**과 대비되는 방식이다. 또한 제조활동에서 재고를 최소로 유지하여 군살이 없도록 하는 방식이라는 점에서 **린 생산**(lean production)이라고도 하며, 도요타의 생산방식으로 잘 알려져 있다.

맥도널드에서는 과거 다량의 햄버거를 미리 만들어 발열 램프 밑에 쌓아 두고 있다가 고객들이 주문하면 판매하는 방식을 사용했으나, 이 방식은 햄버거의 품질을 떨어뜨리고 일정 시간이 지나면 많은 햄버거를 폐기해야 하는 문제가 있었다. 따라서 새로운 햄버거 제조기술과 JIT 방식을 도입하여 고객이 주문할 때 햄버거를 요리하여 제공하는 방식으로 전환함으로써, 고객만족도를 높이고 재고 유지비용과 폐기비용을 절감한 것으로 알려져 있다.

4) JIT 생산의 특징

JIT 생산(제조)에서는 전통적인 방식과 다른 **설비배치(plant layout)**와 제조방식을 채택하는 경우가 많다. 전통적인 방식에서의 설비배치는 그림 9-3 [패널 A]와 같이 공정별로 특화된 분업 생산방식을 사용한다. 예를 들어, 절단공정에서는 절단작업에 필요한 각종 장비들을 배치하고, 모든 제품의 재료를 절단하는 작업을 실시하며, 작업자들은 절단작업에 전문화되어 있다. 각 제품은 필요한 작업순서에 따라 공정별로 이동하게 되며, 제품별로 작업순서가 다를 수도 있으므로 제품의 이동거리가 길어질 수 있다.

이에 반해 JIT 생산에서는 그림 9-3 [패널 B]와 같이 각 제품은 각자 독립된 **생산 셀(manufacturing cell)**이라는 구역 내에서 생산된다. 각 셀 내에는 해당 제품을 생산하는 데 필요한 모든 설비를 작업순서에 따라 반원형으로 배치하여 재료의 이동이 최소화되도록 한다. 셀 내에서는 1~2명의 작업자가 모든 생산작업을 담당하며, 설비의 유지보수와 간단한 수리 및 제품의 품질검사까지 수행한다. 따라서 셀은

그림 9-3 전통적인 설비배치와 JIT 셀 방식의 설비배치

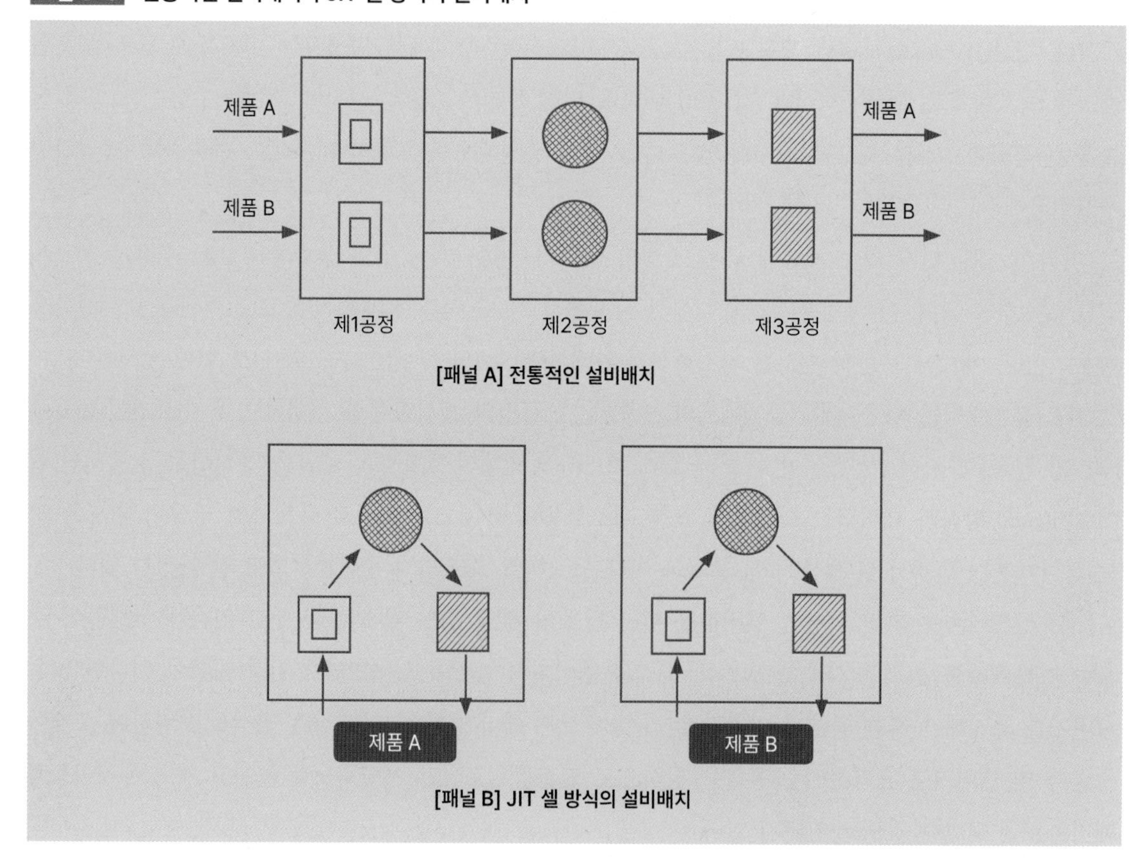

그림 9-4 전통적인 컨베이어 방식과 삼성전자 TV 제조공장의 셀 방식

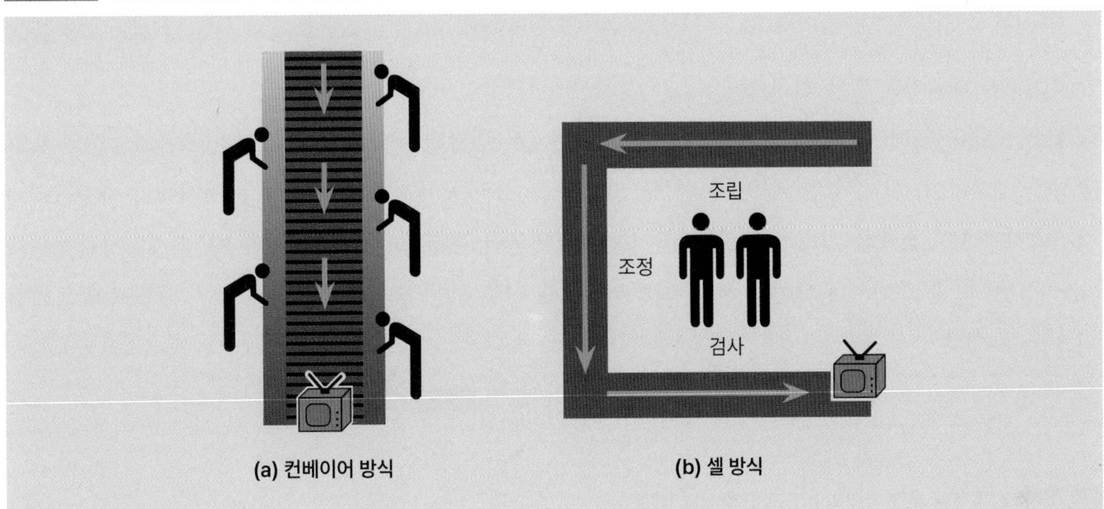

"**공장 내의 공장**(a factory within a factory)"이라고 불리기도 한다. 삼성전자에서도 TV를 제조하는 일부 공장에 그림 9-4와 같이 컨베이어 방식 대신 셀 방식을 도입하여 생산성을 높였다(조선비즈, 2006. 9. 5.).

셀 방식에서는 특정 공정에 전문화된 작업자가 아니라, 개별 제품의 제조에 필요한 모든 공정에 관한 기술을 습득한 **다기능**(multi-skilled) **작업자**가 요구된다. 셀 방식에서는 소수의 작업자가 모든 작업을 수행하므로, 작업자들 간의 협조문제가 발생하지 않으며, 불량이 발생하는 경우 즉시 이전 단계까지 추적해서 불량의 원인을 신속히 찾아 해결할 수 있다. 셀 방식이 잘 작동하기 위해서는 작업자들에게 현장활동에 대한 대폭적인 권한이양(empowerment)도 필요하다.

JIT 제조에서 각 공정에서는 필요한 부품을 소량의 묶음(lot)으로 생산하므로, 재고 유지비용은 감소하지만, 설비와 장비의 셋업비용(setup cost)은 증가할 수 있다[7]. 따라서 JIT 제조를 위해 셋업 1회당 셋업비용을 대폭 낮추는 노력을 병행하게 된다. 셋업비용은 셋업시간(setup time)에 비례하여 증가하는 경향이 있으므로, JIT에서는 셋업시간을 대폭 감소시켜 전체 **제조사이클타임**(manufacturing cycle time)을 줄임으로써 **고객대응시간**도 줄인다(제6장 시간관리 참고).

공정 재고의 최소화를 추구하는 JIT 생산이 잘 작동하기 위해서는 각 공정(또는 워크스테이션) 간의 긴밀한 협조와 품질관리가 매우 중요하다. 공정 간의 긴밀한 협조를 위해 **칸반**(看板, Kanban) 시스템을 사

7 제조단계에서 셋업비용은 구매단계에서 주문비용과 같은 의미를 지닌다.

용하여 각 공정의 상태를 확인한 후 불필요한 재고를 방지할 수 있게 한다[8]. 공정 불량품은 작업의 흐름을 방해하고 반제품 재고를 더 많이 요구하므로 품질관리를 위해 제조활동에서 **종합적 품질관리**(TQC, Total Quality Control)를 함께 실시한다.

JIT는 단순한 재고관리 시스템이 아니다. 재고는 생산현장의 복잡성을 증가시키고 제조공정의 비효율성을 초래하여, 현금, 공간, 인력, 시간 등 자원들을 소비한다. 이런 이유로 JIT 방식에서 재고관리가 강조되지만, JIT 효과를 기대하기 위해서는 재료와 제품의 품질관리, 생산방식의 개선, 셋업시간(따라서, 제조시간)의 단축 등이 수반되어야 한다. 따라서 JIT를 실행하면, 결과적으로 여러 가지 복합적인 효과를 기대할 수 있다.

전통적인 방식과 JIT 방식의 차이점을 간단히 정리하면 표 9-3과 같다.

표 9-3 전통적인 제조 방식과 JIT 제조 방식의 비교

전통적인 방식	JIT 방식
수요예측과 생산계획을 토대로 한 밀어내기(push) 방식	실제 수요를 바탕으로 한 수요견인(demand pull) 방식
상당수준의 재고	소량의 재고
다수의 공급업체와 단기적인 계약	소수의 공급업체와 장기적인 계약
허용가능한 품질수준 설정	무결점 추구
공정(부서)별 설비 배치	생산 셀 방식의 설비 배치
소수의 기능에 전문화된 작업자	다기능 숙련공
원가계산에서 제조간접원가 비중이 높고, 원가흐름 가정 필요(아래에서 설명)	원가계산에서 제조간접원가 비중이 낮고, 원가흐름 가정 필요성 감소(아래에서 설명)

5) JIT 생산과 성과관리

JIT 생산 방식을 도입하여 운영하는 경우, 균형성과표(BSC)의 네 가지 관점별로 다음과 같은 핵심성과지표(KPI)를 설정하여 성과를 관리할 수 있다.

8 칸반은 플라스틱이나 카드보드 등을 이용하여 만든 소형 카드로서, 취소칸반(withdrawal Kanban), 제조칸반(production Kanban), 공급업체칸반(vendor Kanban) 등 세 가지 유형의 칸반이 사용된다.

JIT 생산 방식의 핵심성과지표 예시

- **재무 관점** : 영업이익, 재고자산 회전율(= $\frac{\text{매출원가}}{\text{평균 재고자산}}$)
- **고객 관점** : 고객만족도
- **내부 비즈니스 프로세스 관점** : 셋업시간, 평균 재고보유기간, 불량률, 재작업비율
- **학습과 성장 관점** : 종업원 다기능 교육 비율, 공정 재고관리 IT 시스템 구축 정도

각 공정의 성과를 측정하기 위해 시간당 생산량과 같은 전통적인 효율성 지표를 사용하면 불필요한 재고를 양산할 수 있으므로, JIT 방식에서는 그런 지표들을 사용할 때 주의해야 한다.

6) JIT 방식이 제품원가계산에 미치는 영향

JIT 방식은 원가계산에도 다음과 같은 영향을 미친다.

첫째, JIT 방식(구매와 생산)에서는 재고자산(재료, 재공품, 제품)의 재고가 최소화되므로 **원가흐름**(cost flow) **가정**(예 선입선출법, 가중평균법)이 원가계산에 미치는 영향이 대폭 감소한다. 기초와 기말에 재료 재고가 거의 없어 직접재료원가는 대부분 당기에 구입한 재료의 원가로 구성된다. 또한 재공품과 제품의 재고가 매우 적어, 당기제품제조원가와 매출원가도 모두 당기에 투입한 원가가 대상이 되기 때문이다.

둘째, 제품 재고가 최소화됨으로써 **전부원가계산**(absorption costing)과 **변동원가계산**(variable costing)의 손익 차이가 미미해진다. 변동원가계산에서는 고정제조원가(예 고정제조간접원가)를 제품원가에 포함하지 않고 당기에 기간비용으로 처리한다. 그러나 전부원가계산에서는 고정제조원가도 제품원가에 포함하여 재고화한 후 제품이 판매되는 시점에 매출원가로 처리하여 비용화한다. 즉, 전부원가계산에서는 고정제조원가의 비용화를 판매 시점까지 이연시킨다고 볼 수 있다. JIT 방식에서는 대부분의 제품이 제조되는 연도에 판매되므로, 전부원가계산에서도 당기에 발생한 고정제조원가가 매출원가로 대부분 비용화된다. 따라서 전부원가계산과 변동원가계산에서 제품원가에는 차이가 발생하지만, 연간 손익에는 차이가 거의 없어진다.

셋째, JIT 방식에서는 제조간접원가 규모가 작아진다. 고품질의 재료가 생산현장으로 바로 배달되므로, 재료의 보관, 이동, 검사 등에 발생하는 비용이 감소하여 간접원가가 줄어들게 되는 것이다.

넷째, JIT 방식에서는 기존에 간접원가로 분류하던 많은 원가를 제품별로 직접 추적(cost tracing)하는 것이 가능해진다. 각 제품을 독립적인 셀에서 제조하는 경우, 기계감가상각비와 기계작업원가 등이 제품별로 추적이 가능해져 직접원가가 된다. 또한 셋업, 기계유지보수, 검사활동의 원가 등 전통적인 제조방식에서 간접원가로 분류되던 많은 원가들을 직접 추적할 수 있게 된다.

이처럼 JIT 방식에서는 제품원가계산이 단순해질 수 있다[9].

7) JIT 방식의 한계와 도입상 주의점

JIT 방식은 재고를 최소한으로 유지하는 방식으로서 재고고갈에 따른 기회비용이 매우 높은 분야에서는 사용하기 어렵다. 예를 들어, 병원에서 의약품과 주요 의료용품들에 대한 재고를 JIT 구매 방식으로 관리할 수 없다. 재고가 적정 시간에 도착하지 않을 때 고갈비용이 너무 크기 때문이다. 중요한 의약품을 필요할 때 주문하여 적시에 도착하기를 기대하는 방식은 비현실적이다. 이런 분야에서는 안전재고를 고려한 EOQ 모델을 사용하는 것이 바람직하다.

JIT 방식은 한순간에 도입할 수 있는 시스템이 아니다. 위에서 설명한 바와 같이, 품질기준과 배달일정을 준수할 수 있는 공급업체의 선정과 다기능 숙련공의 양성, 공정(또는 워크스테이션) 간에 재고 정보를 교환할 수 있는 정보시스템 및 셋업시간을 대폭 줄일 수 있는 새로운 제조기술이 필요하다.

이런 요건을 일시에 충족시키는 것은 매우 어려운 일이다. 공급업체들은 소량의 재료나 부품을 더 자주, 필요한 시기에 공급해야 하며, 품질에도 문제가 없어야 한다. 그러나 이를 일시에 요구하는 것은 공급업체와의 관계를 위태롭게 할 수 있다. JIT는 신뢰할 수 있는 공급업체와의 장기적인 계약과 파트너십하에서 추진되어야 한다.

또한 재고를 급격히 감소시킬 경우, 생산 중단이 빈번히 발생할 수 있고, 재고 부족으로 판매에 차질을 빚을 수도 있고, 작업자들은 많은 스트레스를 받을 수도 있다.

따라서 공급업체의 준비, 내부 공정개선, 품질관리 등 기본적인 요건이 충족되는 수준에 맞추어 JIT 방식을 점진적으로 확대해야 한다.

---

9 역류원가계산(Backflush costing)이 대표적이다.

4. 제약이론 기초

모든 기업은 생산설비와 인력 등의 자원을 제한적으로 보유하고 있다. 과거에 많은 기업들은 생산과정 전체적으로 효율성을 높여 제조시간을 단축하기 위해 노력하는 경향이 있었다. 그러나 Goldratt과 Cox가 개발한 **제약이론**(TOC, Theory of Constraints)은 생산활동에 제약(constraints)이 되는 활동(공정)에 집중해야 함을 지적한다. **제약**(constraints)은 제품의 생산량이나 생산속도를 좌우하는 활동으로 병목(bottleneck)이다.

예를 들어, 낙오자가 발생하지 않아야 하는 군대 행군에서는 체력이 약해 행군속도가 가장 늦은 군인이 제약(constraints)이다. 군대의 전체 행군속도는 행군속도가 가장 늦은 군인의 행군속도에 의해 전적으로 결정된다. 제약이 아닌 다른 군인들이 행군속도를 높이는 것은 전체 행군속도를 높이지 못하고 혼란만 초래하게 된다.

TOC에서 조직의 성과(performance)는 다음 세 가지 요소를 이용하여 정의한다.

- **쓰루풋(throughput)** : 조직이 일정 기간에 판매를 통해 돈을 버는 업무처리 능력(rate)을 표현하는 용어로서, 일반적으로 쓰루풋마진(throughput margin)으로 측정한다. 쓰루풋마진은 매출에서 생산량에 따라 변하는 변동원가를 차감한 이익 개념으로, 공헌이익(contribution margin)과 유사한 개념이다[10]. TOC에서 생산량(판매량)에 따라 변하는 변동원가에는 주로 직접재료원가(direct materials)가 포함되며, 노무원가와 제조경비 등 나머지 원가는 대체로 생산량에 따라 단기적으로 변하지 않는 고정원가로 간주한다[11].
- **투자(investment)** : 조직에 묶여 있는 돈으로서, 재고(재료, 재공품, 제품)에 포함된 직접재료, R&D 비용, 건물과 장비 등의 원가를 말한다.
- **운영비용(operating expenses)** : 조직이 이익을 내기 위해 소비하는 돈으로서, 변동원가(직접재료원가)를 제외한 나머지 모든 비용으로서, 임금, 유지보수, 세금 등을 말한다.

---

10 쓰루풋마진은 변동원가와 고정원가의 정의에서 공헌이익과 차이가 있다. 공헌이익 계산에서는 직접재료원가와 함께 직접노무원가와 변동제조간접원가를 변동원가로 간주하지만, 쓰루풋마진에서는 직접재료원가를 제외하고는 대부분 단기적으로 고정된 원가로 간주한다.

11 TOC에서 변동원가는 상황에 따라 다르게 정의할 수도 있다. 예를 들어, 재료원가 외에도 재료취급 원가, 전기료 등이 포함될 수도 있다.

TOC의 목적은 투자(investment)와 운영비용(operating expenses)은 줄이면서, 쓰루풋마진(throughput margin)을 증가시키는 것이다. TOC는 단기적인 관점의 이론으로서, 쓰루풋마진의 크기는 조직 내외부의 제약(constraints)에 의해 결정된다고 보며, 이익증대를 위해 원가절감보다 쓰루풋 증대에 더 초점을 둔다. 따라서 쓰루풋마진을 증가시키기 위해서는 조직활동에서 제약을 찾아내어, 단기적으로는 주어진 제약에 효과적으로 대처하여 제약자원을 최대한 활용하고, 장기적으로는 제약을 극복(완화)할 방법을 찾아야 한다.

단기적으로 제약공정(병목공정)에 대처하기 위해서는 제약공정이 비효율적으로 운영되지 않도록 하는 것이 우선이다. 이를 위해서는 제약공정 기준으로 모든 작업 흐름 계획을 수립해야 하며, 제약공정이 가공할 반제품이 없어 기다리지 않도록 일정 규모의 버퍼 재고를 유지해야 한다. 또한 복수의 제품이 있는 경우에는 제약공정을 고려하여 쓰루풋이 높은 제품을 우선적으로 생산해야 한다.

조직 전체의 쓰루풋을 결정하는 제약(constraints)에 집중하는 대신에 생산과정 전체적으로 효율을 높이려는 전통적인 시도는 쓰루풋을 증가시키지 못하고 불필요한 공정 재공품 재고만 양산하여 투자(investment)를 증가시키는 문제가 있다. 최종 제품에 대한 수요를 초과하여 생산량을 늘리는 것도 마찬가지다.

TOC가 추구하는 재무적 성과로는 순이익(net profit)(=쓰루풋마진−운영비용)과 투자수익률(ROI, Return on Investment)(=순이익/투자) 및 쓰루풋생산성(=쓰루풋/운영비용)과 투자회전율(쓰루풋/투자)이 있다.

5. 제약이론과 장단기 의사결정

1) 제약이론과 제품배합 결정 예제

제약공정이 있는 경우, 단기 의사결정 사항 중에는 복수의 제품 중에서 어떤 제품을 생산해야 하는지, **제품배합**(product mix)을 결정하는 일이 있다. 다음 예제를 통해 학습해보자.

예제 9-7

공작기계 전문 제조회사인 ㈜HCK정밀기계는 HCK1과 HCK2 두 제품을 제조하여 판매하고 있다. 표 9-4는 두 제품에 대한 기본적인 정보를 나타내고 있다. [패널 A]는 두 제품의 가격과 재료원가 및 월간 수요량을 나타내고 있으며, [패널 B]는 각 공정의 월간 처리용량(capacity)과 운영비용(고정원가) 및 각 제품의 개당 공정소요시간을 나타내고 있다. 각 공정의 처리용량은 각 공정의 기계와 장비의 용량으로서 실제최대조업도(practical capacity)를 의미한다. 운영비용은 재료원가를 제외한 모든 제조원가로서 단기적으로 고정원가에 속한다. 각 제품의 제조는 제1공정, 제2공정, 제3공정의 순서대로 진행된다. 이상의 자료를 이용하여 ㈜HCK정밀기계가 이익을 최대화하기 위해 HCK1과 HCK2를 월간 몇 개씩 생산해야 하는지 계산해보자.

표 9-4 ㈜HCK정밀기계 제품배합 예제

[패널 A] 제품별 가격, 재료원가, 월간 수요

제 품	가 격	재료원가	판매가능량(개)
HCK1	1억원	0.6억원	500
HCK2	0.8억원	0.5억원	600

[패널 B] 제품 개당 공정별 소요시간, 공정별 월 처리용량, 월 운영비용

공 정	HCK1 (시간)	HCK2 (시간)	월 처리용량 (시간)	월 운영비용 (고정원가)
제1공정 : 절단	1.6	1.5	1,800	50억원
제2공정 : 조립	2.5	1.5	1,900	100억원
제3공정 : 검사	0.3	0.2	300	10억원

[패널 C] 월간 공정 소요시간 및 공정별 여유용량

공 정	HCK1 (시간)	HCK2 (시간)	합 계 (시간)	처리용량 (시간)	여유용량 (시간)	제약공정 여부
절단 500×1.6; 600×1.5	800	900	1,700	1,800	100	x
조립 500×2.5; 600×1.5	1,250	900	2,150	1,900	−250	o
검사 500×0.3; 600×0.2	150	120	270	300	30	x

(표 계속)

[패널 D] 제품별 개당 쓰루풋마진

	HCK1	HCK2	
(1) 가격	1억원	0.8억원	
(2) 재료원가	0.6억원	0.5억원	
(3) 개당 쓰루풋마진(=(1)−(2))	0.4억원	0.3억원	
(4) 개당 제약공정 자원사용량	2.5시간	1.5시간	(패널 B 조립공정)
(5) 제약자원당 개당 쓰루풋마진(=(3)÷(4))	0.16억원	0.2억원	

[패널 E] 총쓰루풋마진

	HCK1	HCK2	합 계	비 고
제약공정 처리용량			1,900시간	조립공정
HCK2 생산량		600개		HCK2 우선 생산
HCK2 제약공정 자원사용량		900시간		600개×1.5시간
HCK2 생산 후 잔여용량			1,000시간	1,900시간−900시간
HCK1 생산가능량	400개			1,000시간÷개당 2.5시간
HCK1 제약공정 자원사용량	1,000시간			400개×2.5시간
개당 쓰루풋마진	0.4억원	0.3억원		패널 D의 (3)
총쓰루풋마진	160억원	180억원	340억원	400개×0.4억원+600개×0.3억원

풀이과정은 [패널 C] 이하에 나타나 있다. [패널 C]는 병목공정을 판별하기 위해 두 제품의 월간 판매가능량을 생산하는 데 필요한 공정별 총소요시간을 나타내고 있다. 조립공정의 경우, 처리용량은 1,900시간이지만 필요시간이 2,150시간으로서 250시간의 처리용량이 부족하므로, 조립공정이 병목공정이다.

[패널 D]에 나타난 바와 같이, HCK1과 HCK2 두 제품의 개당 **쓰루풋마진**은 각각 0.4억원과 0.3억원으로 HCK1이 더 크다. 그러나 두 제품의 병목공정(조립공정) 소요시간은 각각 2.5시간, 1.5시간으로 HCK1이 더 오래 걸린다. 이로 인해 병목공정의 시간당 쓰루풋마진은 HCK1은 0.16억원이며, HCK2는 0.2억원으로, HCK2가 더 크다. 따라서 제약자원을 잘 활용하기 위해서는 HCK2를 우선적으로 생산해야 한다.

어느 제품을 우선 생산해야 할지를 결정할 때, 제품 한 개를 생산하는 데 소요되는 총시간([패널 B]에서 HCK1의 경우, 4.4시간(=1.6+2.5+0.3))은 전혀 고려사항이 아니다. 병목공정이 아닌 공정에서는 모든 수요량을 처리할 수 있기 때문이다.

[패널 E]에 나타난 바와 같이, 최적의 방안은 HCK2 월간 수요 600개를 우선적으로 생산하는 것으로, HCK2 생산에 병목공정(조립공정) 900시간이 소요되고 처리용량이 1,000시간 남는다. 이 1,000시간은 HCK1 400개 생산에 투입한다. 이때 총쓰루풋마진은 340억원이 된다.

표 9-5는 HCK1 500개를 우선 생산하고, 남은 처리용량을 이용하여 HCK2 433개를 생산할 경우의 쓰루풋마진을 나타낸다. 이때 총쓰루풋마진은 329.9억원으로, HCK2를 우선 생산할 때보다 10억원 정도 적음을 알 수 있다.

표 9-5 ㈜HCK정밀기계에서 HCK1을 우선 생산할 경우의 쓰루풋마진

	HCK1	HCK2	합 계	비 고
제약공정 처리용량			1,900시간	조립공정
HCK1 생산량	500개			HCK1 우선 생산
HCK1 제약공정 자원사용량	1,250시간			500개×2.5시간
HCK1 생산 후 잔여용량			650시간	1,900시간-1,250시간
HCK2 생산가능량		433개 (소수점 내림)		650시간÷1.5시간
HCK2 제약공정 자원사용량		649.5시간		433개×1.5시간
개당 쓰루풋마진	0.4억원	0.3억원		패널 D의 (3)
총쓰루풋마진	200억원	129.9억원	329.9억원	500개×0.4억원+433개×0.3억원

2) 병목공정의 처리용량 증대와 아웃소싱 여부

제약공정이 있을 때 단기적으로는 제약에 대처하여 제약공정을 최대한 효율적으로 활용해야 하며, 장기적으로는 제약을 극복(완화)하는 방법을 찾아야 한다. 장기적인 대처 방안으로서 병목공정의 처리용량 확대와 아웃소싱을 고려할 수 있다. 구체적인 방안을 검토해보자.

첫째, 제품의 디자인을 개선하거나 병목공정의 효율성을 높여 병목공정에서 소요되는 시간을 줄임으로써 병목공정의 용량이 확대되는 효과를 거둘 수 있는 방안을 검토한다. 병목공정의 셋업시간 축소, 공정 단순화, 유지보수를 통한 기계고장 방지 등이 이에 속한다. 이런 활동이 비용을 발생시키는 경우에는 관련원가(relevant cost)와 **쓰루풋마진** 증가액을 비교하여 수행 여부를 결정한다.

둘째, 장기적으로 병목공정의 설비를 추가로 도입하거나 필요한 인력을 충원하여 병목공정의 처리용량을 증가시키는 방안을 검토할 수 있다. 예제를 이용하여 학습해보자.

예제 9-8

예제 9-7에서 월 임대료가 32억원인 월 225시간의 처리용량을 가진 조립공정설비 A와 월 임대료가 42억원인 월 300시간의 처리용량을 가진 조립공정설비 B에 대해 어느 설비를 임대해야 할지 분석해보자.

분석결과는 표 9-6과 같다. 처리용량이 월 300시간인 설비 B를 임대하는 경우에는 제약공정이 없어지고 현재 수요량을 모두 생산하지 못하고 있는 HCK1을 최대 120개까지 추가로 생산할 수 있으나, HCK1의 월간 총수요가 500개이고, 기존 설비를 이용하여 400개를 생산할 수 있으므로, 새로 임대한 설비 B를 이용하여 월 100개를 생산하게 된다. 반면에 설비 A를 임대하는 경우에는 조립공정은 여전히 제약공정으로 남게 되지만, HCK1 90개를 추가로 처리할 수 있게 된다.

설비 A와 설비 B를 통해 증가하는 쓰루풋마진(설비임대료 고려전)은 각각 36억원과 40억원이며, 증분원가는 각각 월 임대료인 32억원과 42억원이다. 따라서 설비 A는 임대하는 것이 바람직하지만, 설비 B는 임대하지 않는 것이 바람직하다.

표 9-6 (주)HCK정밀기계의 조립공정 설비임대 증분이익 분석

	설비 A(월 처리용량 225시간)	설비 B(월 처리용량 300시간)
(1) 월 임대료	32억원	42억원
(2) HCK1 추가 생산가능량	90개(=225시간÷개당 2.5시간)	100개(50시간은 잉여시간)
(3) 쓰루풋마진 증가액	36억원(=90개×0.4억원)	40억원(=100개×0.4억원)
(4) 설비임대 최종 증분이익 (=(3)−(1))	4억원	−2억원

셋째, 병목공정인 조립공정에서 하는 작업의 일부를 **아웃소싱**(outsourcing)하는 방안을 검토할 수 있다. 다음 예제를 통해 학습해보자.

예제 9-9

㈜HCK정밀기계는 최근 외부로부터 매월 HCK1 100개의 조립공정 작업을 개당 0.3억원에 대신 수행해 주겠다는 제안을 받았다. 재료는 절단공정 초기에 모두 투입되며, 외부업체는 절단공정을 마친 재료들을 이용하여 조립공정 작업을 한다. 외부의 제안을 수락해야 할지에 대해 분석해보자.

현재 조립공정의 운영비용은 총 100억원으로, **표 9-7**에 나타난 바와 같이, HCK1 개당 ₩13,157,895이다. 이 개당 내부 운영원가는 외부 제안 가격 0.3억원보다 적다. 그러나 현재의 내부 운영원가는 고정원가로서 외주 여부 의사결정에 관련이 없다. 외주가공 시에 얻게 될 쓰루풋마진과 외주가공원가만 비교하면 된다. HCK1 개당 외주가공원가 0.3억원은 개당 쓰루풋마진(외주가공원가 고려 전) 0.4억원보다 적다. 따라서 외부 제안을 수락하는 것이 0.1억원 이익이다[12]. 관련원가와 관련수익으로 설명하자면, HCK1 개당 증분수익은 판매가격 1억원이며, 증분원가는 재료원가 0.6억원과 외주가공원가 0.3억원이다.

표 9-7 ㈜HCK정밀기계의 HCK1 조립공정 작업의 외주 여부 분석

외주 여부 비관련원가		외주 증분이익 (외주 가공원가 차감 전) (1)	외주 가공원가 (2)	외주 순증분이익 (외주 가공원가 차감 후) (3)(=(1)−(2))
고정원가(조립공정 운영원가)		쓰루풋마진	외주 가공원가	최종 쓰루풋마진
(1) 총운영원가	100억원			
(2) 월 처리용량	1,900시간			
(3) 시간당 운영원가 (=(1)÷(2))	₩5,263,158			
(4) HCK1 개당 금액	₩13,157,895 (=(3)×2.5시간)	0.4억원	0.3억원	0.1억원

만약 외부업체에서 일정한 금액을 받고 ㈜HCK정밀기계에서 제공한 재료를 이용하여 절단공정을 대신 수행해주겠다고 제안하는 경우에는 ㈜HCK정밀기계는 이를 수락하지 않아야 한다. 절단공정은

12 외주를 통해 HCK1 100개를 추가로 생산하더라도 HCK1의 총생산량은 500개로서 월간 수요량(500개)을 초과하지 않으며, 이 경우에도 절단공정과 검사공정은 물량을 처리할 수 있어서 여전히 병목공정이 아니므로, 외주 여부 분석은 조립공정에 대해서만 실시하면 된다.

병목공정이 아니므로, 외주 대신 내부에서 절단작업을 하더라도 단기적으로 추가적인 비용이 전혀 발생하지 않는다. 달리 표현하면, 절단작업을 외부에 의뢰하더라도 절단공정의 운영비용은 단기적으로 전혀 절약되지 않는 회피불능원가(unavoidable cost)이다. 따라서 외주 시에는 외부에 지급하는 금액만큼 비용만 증가하게 된다.

이제, 외부업체가 HCK1 대신, HCK2 100개의 조립공정 작업을 개당 0.2억원(총 20억원)에 대신 수행해주겠다고 제안한 경우 이 제안을 수락해야 할지에 대해 분석해보자. 현재 HCK2 100개를 내부가공하더라도 고정원가인 운영원가가 추가로 발생하지 않는다. 그러나 HCK2 100개 외주 시, 조립공정에서 150시간의 처리용량을 절약하게 되어, 이 처리용량을 이용하여 HCK1 60개(=150시간÷개당 2.5시간)를 추가로 생산할 수 있다.

HCK1 60개 생산, 판매에 따른 쓰루풋마진은 총 24억원(=0.4억원×60개)으로서, 외부업체가 HCK2 조립공정 작업에 대해 제안한 금액 20억원보다 많다. 즉, ㈜HCK정밀기계는 20억원을 더 들여 24억원을 벌 수 있다. 따라서 ㈜HCK정밀기계는 외부 제안을 수락하는 것이 이익이다. 이때 HCK1, HCK2 총생산량은 각각 460개(=400개+60개), 600개(500개+100개)로서 총수요 범위 이내에 있으며, 해당 물량을 절단공정과 검사공정에서 모두 처리할 수 있다.

위에서 둘째 방법(병목공정에 설비와 인력 추가 투입)과 셋째 방법(병목공정 외주)은 첫째 방법(제품 디자인 변경, 병목공정 개선)을 사용한 후에 고려해야 한다. 둘째와 셋째 방법은 투자(investment)와 운영비용(operating expenses)을 증가시키기 때문이다.

병목공정은 항상 고정되어 있는 것이 아니다. 제품의 디자인과 공정 개선을 통해 병목공정의 처리용량이 증가하면 기존의 비병목공정이 병목공정이 될 수도 있다[13]. 고품질의 부품 공급이 원활하지 않을 경우, 기업의 내부 공정이 아닌 외부 공급업체가 기업의 제약자원이 될 수도 있다.

---

13 우리는 복수의 제품이 있을 때 모든 제품의 수요량을 생산하는 데 제한을 가하는 활동을 제약(constraints)으로 설명하였다. 그 외에도, 버퍼 재고를 허용하지 않는 경우(예 단일 프로젝트), 다른 공정작업을 대기 상태로 만들어 전체적으로 시스템의 생산성을 저하시키는 병목공정도 제약(constraints)의 일종이다.

6. 병목공정과 품질검사

병목공정은 최종 제품 생산량에 직접 영향을 미치는 공정이므로 병목공정에서 불량품이 발생하지 않도록 해야 한다. 병목공정에서 불량이 발생하여 폐기하거나 재작업해야 할 때의 비용은 비병목공정에서 불량이 발생할 때보다 훨씬 크다.

예제 9-7에서 HCK1을 제조하는 과정에서 절단공정의 종료 시점에 불량이 발견되어 재료 전체를 폐기해야 한다고 하자. 현재 절단공정은 HCK1과 HCK2의 수요량에 해당하는 재료를 모두 가공한 이후에도 100시간의 여유시간이 있다(표 9-4 [패널 C]). 이 100시간은 HCK1을 62.5개(=100시간÷개당1.6시간) 가공할 수 있는 시간이다. 따라서 절단공정에서 최대 62개의 HCK1 불량이 발생하더라도 HCK1과 HCK2 제품의 수요량을 모두 처리할 수 있다. 그러므로 절단공정에서 HCK1의 불량이 62개 이하로 발생할 경우, 불량 1개당 회사의 손실은 재료원가 0.6억원이다.

그러나 HCK1의 불량이 병목공정인 조립공정에서 발생하는 경우에는 개당 재료원가 0.6억원과 판매기회 상실로 인해 잃어버린 쓰루풋마진(기회비용) 0.4억원을 합하여 총 1억원의 손실을 입게 된다. 이 손실은 개당 판매가격과 같은 금액이다.

따라서 회사는 병목공정인 조립공정에서 불량이 발생하지 않도록 해야 하며, 병목공정이 시작되기 전에 **품질검사**를 실시하여 병목공정에서 불량품을 가공하는 일이 발생하지 않도록 해야 한다. 품질개선 활동(공정개선, 작업자 훈련 등)도 병목공정에 집중해야 한다.

7. 제약자원 관리방안 요약 및 ABC와 비교

1) 병목공정 관리방안 요약

표 9-8은 지금까지 설명한 병목공정 관리방안을 요약한 것이다.

표 9-8 병목공정 관리방안

- 모든 공정을 병목공정 기준으로 작업 흐름 계획을 수립한다.
- 병목공정에서 앞 공정의 완성품이 부족하여 기다리지 않도록 버퍼 재고를 보유한다.
- 병목공정 작업과정에 불량이 발생하지 않도록 품질개선활동을 한다.
- 병목공정 시작 전에 앞 공정 완성품의 품질검사를 실시하여 병목공정에서 불량품을 가공하지 않도록 한다.
- 병목공정에서 기계고장 등으로 작업이 중단되지 않도록 한다.
- 제품 디자인 변경 및 병목공정의 공정 개선을 통해, 병목공정 작업시간을 단축한다.
- 복수의 제품이 있을 경우, 병목공정 처리용량 한 단위당 쓰루풋마진이 가장 큰 제품을 우선적으로 생산한다.
- 병목공정 작업의 외주를 검토한다.
- 병목공정의 설비 도입과 인력 충원을 고려한다.

2) 제약이론과 활동기준원가계산

제약이론(TOC)과 **활동기준원가계산**(ABC)은 제품원가와 원가관리에 다른 관점을 제시한다. TOC는 단기적인 관점의 이론으로서, 직접재료원가를 제외한 대부분의 원가(운영비용)를 단기적으로 조정(관리)하기 어려운 고정원가로 간주하며, 단기적으로 주어진 제약에 대응하여 쓰루풋마진을 최대화하고자 한다.

이와 달리, ABC는 장기적인 관점의 이론으로서, 대부분의 고정원가도 장기적으로 원가동인(cost driver) 사용량에 따라 변동하는 원가로 간주한다. 따라서 ABC에서는 고정원가도 장기적으로 증가하거나 회피가능한 원가이므로 제품의 장기적인 수익성을 반영하기 위해 제품에 배부한다.

ABC의 제품 수익성은 (장기적으로) 제약이 없는 상태에서 고정원가를 포함하여 제품의 장기 수익성을 나타내지만, TOC의 제품 수익성은 (단기적으로) 제약이 있는 상태에서 제약자원의 영향을 고려한 제품 수익성으로 고정원가를 배제한 것이다.

따라서 ABC는 단기적으로 최적인 제품배합(product mix)을 결정하는 데 사용하기에는 적합하지 않으며, TOC는 장기적으로 최적의 제품배합을 결정하는 데 사용하기에 적합하지 않다. 이처럼 ABC와 TOC는 관점이 다르므로 상황과 목적에 따라 상호보완적으로 사용해야 한다.

표 9-9는 활동기준원가계산과 제약이론의 차이를 요약한 것이다.

표 9-9 활동기준원가계산과 제약이론 비교

	활동기준원가계산(ABC)	제약이론(TOC)
주요 목적	제품원가계산, 전략적 가격결정, 장기적 이익계획	단기적인 제약의 발견과 대응
시계(time horizon)	장기	단기
이익관리	영업이익 중심	쓰루풋마진 중심
이익관리/원가관리 수단	원가계층별 다양한 원가동인 관리, 고정원가의 장기적 관리, 장기 제품배합 결정	병목공정 파악, 병목공정 중심의 공정계획 수립, 단기 제품배합결정, 병목공정 작업대기 방지

관련 사례

도요타 생산시스템

[기고] 애자일, '변화의 바람이 분다' – 아이티데일리(itdaily.kr)

공급망 대란과 JIT 구매

차량용 반도체 쇼크에 … 시험대 오른 '적기(Just In Time) 생산' 방식 – 조선비즈(chosun.com)

JIT 구매의 위험

요소수 품귀 자동차 업계에도 불똥 튈까 … 디젤차 출고 지연 우려 – 연합뉴스(yna.co.kr)

엔비디아 반도체 병목공정의 영향

"엔비디아 생산 병목지점은 패키징" … 올트먼의 'AI반도체' 자립 키웠다 – 아시아경제(asiae.co.kr)

연습문제

객관식

01 EOQ (2007 CPA 경영학)

기본적인 경제적 주문량(EOQ, Economic Order Quantity) 모형에 대한 다음 설명 중에서 가장 적절하지 않은 것은?

① 다른 조건이 일정할 때 주문비용이 감소하면 EOQ는 감소한다.
② 다른 조건이 일정할 때 연간 수요가 증가하면 EOQ는 감소한다.
③ EOQ는 연간 재고유지비용과 연간 주문비용이 같아지는 1회 주문량이다.
④ 다른 조건이 일정할 때 연간 단위당 재고유지비용이 증가하면 EOQ는 감소한다.
⑤ EOQ는 연간 재고유지비용과 연간 주문비용의 합인 연간 총재고비용을 Q(1회 주문량)에 대해 미분한 뒤 0으로 놓고 Q에 대해 풀면 구할 수 있다.

02 EOQ (2019 CPA 경영학)

A제품의 수요는 연간 900개로 연중 균일하다. 1회 주문비용은 10만원이고 재고유지비용은 개당 연간 5만원이다. 현재는 2개월에 한 번씩 150개를 주문하고 있으며, 리드타임(lead time)은 2일이다. 재고비용을 주문비용과 재고유지비용의 합이라고 할 때 다음 설명 중 가장 적절한 것은?

① 현재의 주문방식을 고수할 경우 연간 재고비용은 750만원이다.
② EOQ(경제적 주문량)로 주문량을 변경하면 현재에 비해 연간 135만원의 재고비용을 절감할 수 있다.
③ EOQ로 주문량을 변경하면 연간 주문비용은 200만원이 되고, 이는 연간 재고유지비용과 동일하다.
④ EOQ로 주문량을 변경하면 안전재고(safety stock)는 리드타임 동안의 수요량이 된다.
⑤ EOQ 재고모형은 고정주문량모형(fixed-order quantity model)이므로 현재의 수요량과 리드타임이 변경되더라도 EOQ의 변동은 없다.

03 안전재고 (2002 CPA 경영학 수정)

안전재고(safety stock)란 조달기간 중 수요의 불확실성에 기인한 품절현상을 막기 위해 평균적 수요량을 초과해 보유하는 재고량을 말한다. 아래의 안전재고에 관한 설명 중 가장 적절치 않은 것은?

① 경제적 주문량 모형에서 안전재고량은 0이다.
② 수요의 표준편차가 클수록 안전재고를 많이 보유해야 한다.
③ 안전재고 수준을 계산할 때 주문비용은 고려하지 않는다.
④ 조달기간이 짧을수록 안전재고의 수준은 낮아진다.
⑤ 안전재고가 0이면 조달기간 중 품절률은 100%이다.

04 JIT (2003 세무사)

대규모 가구제조업을 영위하는 종로회사는 적시(JIT)구매/생산시스템을 채택하고자 한다. 높은 재고수준을 요하는 업종의 특성으로 이 회사의 평균재고액은 ₩75,000,000이다. 종로회사가 JIT시스템을 채택하면 현재 사용 중인 가구보관창고 2개가 더 이상 필요없게 되며, 이 가구보관창고를 다른 회사에 임대할 경우 한 개당 연간 ₩4,000,000의 임대료를 받을 것으로 예상한다. 추가적인 원가절감요인으로 창고운영비와 재고자산손해보험료 등 연간 ₩500,000을 절감할 수 있으며, 재고 수준 감소에 따라 재고자산파손비와 기업의 자금비용으로 각각 평균재고액의 1%, 5%를 원가절감할 수 있다. 그러나 JIT시스템은 가구의 주문횟수를 증가시켜 주문원가가 ₩5,000,000이 추가적으로 발생한다. 또한 수요가 일시적으로 증가할 경우 수요에 감당하지 못하여 연간 200단위의 재고 부족 원가가 예상된다. 재고자산의 단위당 공헌이익은 ₩20,000이다. 종로회사가 JIT시스템을 채택할 경우 절감할 수 있는 원가를 구하시오.

① ₩4,000,000
② ₩5,000,000
③ ₩6,000,000
④ ₩7,000,000
⑤ ₩8,000,000

05 JIT (2006 세무사)

다음의 내용 중 가장 옳지 않은 것은?

① 소비자의 다양한 기호에 맞는 다품종 소량의 제품을 생산함으로써 종합원가계산보다는 개별원가계산의 적용이 늘어나는 추세이다.
② 적시생산방식의 도입에 따라 종합원가계산을 적용하는 기업에서 당기완성품환산량을 이용한 재무회계 목적상 당기제품제조원가 결정의 중요성이 점점 낮아지고 있다.
③ 표준원가계산제도하에서 생산성 향상을 통한 회사 전체의 수익성 제고를 위해 조업도 차이의 중요성이 점점 더 부각되는 추세이다.
④ 유연생산제도하에서는 순수한 의미의 개별원가계산제도의 도입이 어렵다.
⑤ 원가관리 목적상 종래의 간접원가를 직접원가로 관리하려는 시도가 늘고 있는 추세이다.

06 JIT (2001 CPA)

제품이 생산되어 고객에게 발송되기 이전까지의 과정은 다음과 같이 시간의 개념으로 표현될 수 있다.

- 공정시간(processing time) : 제품의 가공에 소요되는 시간
- 저장시간(storage time) : 원재료 또는 제품의 재고로서 저장되어 있는 시간
- 대기시간(queue time) : 다음 작업으로 이동하기 전에 대기하는 시간
- 이동시간(moving time) : 다음 작업장으로 이동하는 시간
- 검사시간(inspection time) : 검사에 소요되는 시간

적시재고관리(Just-in-Time)시스템에서 제거 또는 최소화하고자 의도하는 것의 조합은?

① 공정, 저장, 대기시간
② 저장, 대기, 이동시간
③ 대기, 이동, 검사시간
④ 검사, 공정, 저장시간
⑤ 저장, 이동, 검사시간

07 역류원가계산 (2007 CPA)

다음 중에서 역류원가계산(backflush costing)에 대한 설명으로 가장 타당한 내용은?

① 역류원가계산방법을 사용하는 기업은 표준원가를 사용하지 않고 항상 실제원가를 사용한다.
② 역류원가계산방법은 생산공정의 리드타임(lead time)이 긴 기업에서 주로 사용된다.
③ 역류원가계산방법의 장점 중 하나는 순차적 계산방법에 비하여 거래의 흔적을 더 잘 추적할 수 있다는 것이다.
④ 역류원가계산방법에서는 재고자산의 수준이 낮아져서 주문이 필요한 시점에서만 분개가 이루어진다.
⑤ 역류원가계산방법에서는 재료 구입부터 제품 판매까지의 분개 기록 중 일부가 생략될 수 있다.

08 제약이론 (2009 CPA)

제약이론(theory of constraints)에 대한 다음의 설명 중 가장 타당하지 않은 것은?

① 제약이론에서는 기업의 생산활동과 관련된 내부적 제약요인을 집중적으로 관리하고 개선하여 생산활동을 최적화하고자 한다.
② 제약이론의 생산최적화 과정은 제약요인을 찾아 개선한 후에 또 다른 제약요인을 찾아 지속적으로 개선하는 과정을 밟는다.
③ 제약이론을 원가관리에 적용한 재료처리량공헌이익(throughput contribution)은 매출액에서 직접재료비와 직접노무비를 차감하여 계산한다.
④ 제약이론은 재료처리량공헌이익을 증가시키고, 투자 및 운영원가를 감소시키는 것을 목적으로 한다.
⑤ 제약이론에서는 운영원가를 단기적으로 변화시킬 수 없는 고정비로 본다.

09 제약이론 (2011 세무사)

㈜국세는 세 종류의 제품 A, B, C를 독점하여 생산·판매하고 있다. 제품생산을 위해 사용되는 공용설비의 연간 사용시간은 총 80,000시간으로 제한되어 있다. 20X1년도 예상 자료는 다음과 같다.

구 분	제품 A	제품 B	제품 C
단위당 판매가격	₩1,000	₩1,500	₩2,000
단위당 변동원가	₩300	₩600	₩1,200
단위당 공용설비사용시간	10시간	20시간	16시간
연간 최대시장수요량	2,000단위	3,000단위	2,000단위

위 자료에 근거한 설명으로 옳은 것은?

① 제품단위당 공헌이익이 가장 큰 제품은 A이다.
② 공용설비사용시간 단위당 공헌이익이 가장 큰 제품은 C이다.
③ ㈜국세가 20X1년에 획득할 수 있는 최대공헌이익은 ₩4,260,000이다.
④ ㈜국세가 20X1년 공헌이익을 최대화하는 경우, 생산된 총제품수량은 5,500개이다.
⑤ ㈜국세가 20X1년 공헌이익을 최대화하기 위해서는 제품 C, 제품 B, 제품 A의 순서로 생산한 후 판매해야 한다.

10 제약이론 (2017 세무사)

㈜세무는 제품 A, 제품 B 및 제품 C를 생산하여 판매한다. 이 세 제품에 공통으로 필요한 재료 K를 품귀현상으로 더 이상 구입할 수 없게 되었다. ㈜세무의 재료 K 보유량은 3,000kg이며, 재료 K가 소진되면 제품 A, 제품 B 및 제품 C는 더 이상 생산할 수 없다. ㈜세무는 각 제품의 사전계약 물량을 의무적으로 생산하여야 하며, 사전계약 물량과 별도로 추가 최대수요량까지 각 제품을 판매할 수 있다. ㈜세무의 관련 자료가 다음과 같을 때, 최대의 공헌이익 총액(사전계약 물량 포함)은?

	제품 A	제품 B	제품 C
사전계약 물량	100단위	100단위	300단위
추가 최대수요량	400단위	100단위	1,500단위
단위당 판매가격	₩100	₩80	₩20
공헌이익률	24%	25%	60%
단위당 재료 K 사용량	3kg	5kg	2kg

① ₩19,000
② ₩19,500
③ ₩20,000
④ ₩20,500
⑤ ₩21,000

11 제약이론 (2006 CPA)

㈜스피드는 사무용복합기 A모델과 B모델을 생산하여 판매하고 있으며 두 모델의 단위당 자료는 다음과 같다.

	A모델	B모델
직접재료원가	₩240,000	₩320,000
직접노무원가	100,000	160,000
변동제조간접원가	40,000	80,000
(기계시간당 ₩10,000)		
고정제조간접원가	40,000	40,000
단위당제조원가	₩420,000	₩600,000
판매가격	₩520,000	₩800,000

㈜스피드의 최대 조업도는 월 6,000기계시간이며, 현재 시장의 월간수요량은 A모델 800개, B모델 500개이다. 이상의 자료에 근거할 때 ㈜스피드가 영업이익을 극대화할 수 있는 제품배합은 무엇인가?

	A모델	B모델
①	800개	350개
②	0개	750개
③	400개	550개
④	1,000개	250개
⑤	500개	500개

12 제약이론 (2021 세무사)

㈜세무는 CCTV 장비를 제조하여 고객에게 설치판매하는 사업을 하고 있다. 장비제조는 제조부서에서 장비설치는 설치부서에서 수행하는데, 장비설치에 대한 수요는 연간처리능력을 초과하고 있다. 따라서 ㈜세무는 제약자원 개념하에서 운영개선을 검토하기로 하고, 다음의 자료를 수집했다.

구 분	장비제조	장비설치
연간처리능력	400개	300개
연간제조설치량	300개	300개

장비의 단위당 설치판매 가격은 ₩40,000이고, 단위당 직접재료원가는 ₩30,000이다. 직접재료원가 이외의 모든 원가는 고정되어 있고 장비설치 오류 시 해당 장비는 폐기된다. 이와 같은 상황하에서 ㈜세무가 영업이익 증가를 위해 취하는 행동으로 옳은 것은?

① 장비설치 부서에 두 명의 작업자를 고정배치하여 연간 설치수량을 20개 증가시키고, 이로 인해 두 명의 작업자에 대해서 연간 ₩300,000의 추가적 원가가 발생한다.

② 직접재료는 ㈜세무가 제공하는 조건으로 개당 ₩10,000에 30개의 장비를 제조해주겠다는 외주업체의 제안을 받아들인다.

③ 연간 ₩550,000의 추가원가를 투입하여 설치시간을 단축함으로써 설치부서의 연간 설치수량을 50개 더 증가시킨다.

④ 장비는 ㈜세무가 제공하는 조건으로 개당 ₩12,000에 30개의 장비설치를 해주겠다는 외주업체의 제안을 받아들인다.
⑤ 연간 ₩700,000의 추가원가를 투입하여 오류 설치수량을 연간 20개 줄인다.

13 전략적 원가관리 (2008 CPA)

다음의 전략적 원가관리기법에 관한 설명 중 타당한 것은?

① 적시생산시스템(JIT)은 짧아진 제품수명 및 제품의 다양성에 따라 증가하는 재고관리비용 등을 감소시키는 방안으로 유용하며, 초변동원가계산법(throughput costing)을 사용하여 제품원가를 계산하여야 한다.
② 전사적 품질관리(TQM)의 도입 후 내부실패원가와 외부실패원가의 상충관계(trade-off)에 입각하여 품질원가를 분석하고, 적정한 불량률은 허용해야 하는 것으로 인식이 변화하였다.
③ 제약이론(theory of constraint)은 병목공정(bottleneck)에 의하여 전체 공정의 처리량이 제한되는 현상에 주목한 이론으로, 비효율적 재고 및 대기시간의 절감을 위하여 모든 공정을 병목공정의 처리량에 맞추어 진행할 것을 장기적인 개선책으로 제안한다.
④ 제품수명주기원가(product life-cycle cost)는 제품의 기획 및 개발·설계에서 고객서비스와 제품폐기까지의 모든 단계에서 발생하는 원가를 의미하며, 제품수명주기원가의 상당 부분은 제품의 기획에서 설계까지 이르는 과정에서 확정된다.
⑤ 목표원가(target cost)는 시장 상황의 검토를 통하여 예상되는 제품의 목표가격을 확인한 후 기업이 필요로 하는 목표이익을 차감하여 결정되며, 기존 생산공정을 유지하며 발생하는 제조원가를 고려하여 생산 개시 후 결정된다.

14 전략적 원가관리 (2017 CPA)

전략적 원가관리 및 성과평가에 관한 옳지 않은 설명은?

① 제약이론을 원가관리에 적용한 재료처리량공헌이익(throughput contribution)은 매출액에서 직접재료원가를 차감하여 계산한다.
② 목표원가계산은 제품개발 및 설계단계에서의 원가절감에 초점을 맞추는 반면, 카이젠원가계산은 제조단계에서 원가절감을 강조한다.
③ 적시생산시스템하의 제조작업은 제조 셀(manufacturing cell)을 중심으로 이루어지며, 역류원가계산을 사용하여 제품원가를 계산한다.
④ 수명주기원가계산은 활동분석과 원가동인분석을 통하여 파악된 정보를 토대로 활동과 프로세스를 개선하여 기업 전체의 성과를 개선하는 데 초점을 두고 있다.
⑤ 균형성과표는 조직의 비전과 전략을 성과평가지표로 구체화함으로써 조직의 전략수행을 지원한다.

15 전략적 원가관리 2021 CPA

다음 중 원가관리회계의 이론 및 개념들에 대한 설명으로 옳지 않은 것은?

① 안전재고는 재고 부족으로 인해 판매기회를 놓쳐서 기업이 입는 손실을 줄여준다.
② 제품의 품질 수준이 높아지면, 실패원가가 낮아진다. 따라서 품질과 실패원가는 음(−)의 관계를 가진다.
③ 제약이론은 주로 병목공정의 처리능력 제약을 해결하는 것에 집중해서 기업의 성과를 높이는 방법이다.
④ 제품수명주기원가계산은 특정 제품이 고안된 시점부터 폐기되는 시점까지의 모든 원가를 식별하여 측정한다.
⑤ 적시생산시스템(JIT)은 재고관리를 중요하게 생각하며, 다른 생산시스템보다 안전재고의 수준을 높게 설정한다.

16 전략적 원가관리 2004 CPA

다음은 최신 관리회계 기법에 관해 설명한 것이다. 이 중에서 적절하지 않은 표현은 어떤 것인가?

① Target Costing(목표원가관리 또는 원가기획)은 제품의 수명주기 중에서 연구개발 및 설계단계에 초점을 맞추는 원가관리 기법이다.
② 제약자원이론에서는 직접재료원가만을 진정한 변동원가로 본다.
③ 개선원가계산(Kaizen Costing)은 제조단계에서의 원가절감에 초점을 맞추고 있다.
④ 품질원가계산에서 낭비, 재가공, 폐품원가 등은 외부실패원가에 해당한다.
⑤ 균형성과표(Balanced Scorecard)는 조직의 전략과 성과평가시스템을 연계시키는 것이 강조된다.

17 전략적 원가관리 2016 CPA

전략적 원가관리에 관한 다음 설명 중 옳은 것은?

① 품질원가계산(quality costing)에서 품질관리계획 수립, 품질관리보고서 작성, 품질관리기술개발, 품질개선을 위한 토의원가 등은 품질원가 중 평가원가에 해당한다.
② 활동기준경영(ABM, Activity-based Management)은 활동분석을 통하여 파악된 정보를 토대로 활동과 프로세스의 개선을 통한 가치창출능력 증대에 초점을 두고 있다.
③ 카이젠원가계산(kaizen costing)은 제조 이전 전방단계에서의 지속적인 원가절감을 강조한다.
④ 적시재고시스템(JIT, Just-in-time Inventory System)은 공장 내에 재고가 거의 없기 때문에 원재료 계정을 별도로 철저하게 기록·관리해야 한다.
⑤ 제품수명주기원가계산(product life-cycle costing)은 제조 이후 단계에서 대부분의 제품원가가 결정된다는 인식을 토대로 생산단계와 마케팅단계에서 원가절감을 강조한다.

18 제약이론과 제품배합

제약이론에서 기업의 영업이익을 최대화하기 위한 어떤 제품을 우선적으로 생산해야 하는가?

① 제품 단위당 영업이익이 가장 많은 제품
② 제품 단위당 공헌이익(쓰루풋마진)이 가장 많은 제품
③ 제품 단위당 제품 생산시간이 가장 짧은 제품
④ 제약자원 단위당 제품 개당 공헌이익(쓰루풋마진)이 가장 많은 제품
⑤ 제품의 가격이 가장 비싼 제품

19 제약공정의 품질관리

제약공정의 품질관리와 관련된 다음 설명 중에서 옳지 않은 것은?

① 제약공정에서 발생한 불량품의 원가에는 재료원가에다 판매 기회비용이 포함된다.
② 제약공정이 종료된 후에는 반드시 품질검사를 실시하여 제약공정을 효율적으로 활용할 수 있도록 해야 한다.
③ 제약공정이 아닌 공정에서 발생한 불량품의 원가는 재료원가이다.
④ 공정개선과 작업자 교육은 제약공정에 대해 우선적으로 실시한다.
⑤ 제약공정에서 발생한 불량품의 원가는 정상적인 제품의 판매가치와 같다.

주관식

01 JIT (2007 CPA 수정)

㈜지예는 최근 JIT(Just-in-Time) 구매 및 제조 환경을 구축하기로 결정하였다. 새로운 구매 및 제조 환경은 원가회계 환경에도 많은 영향을 미칠 것으로 생각된다. JIT와 관련하여 다음 질문에 답하시오.

요구사항

▶ **물음 1. JIT가 전통적인 제품원가계산에 어떤 영향을 미치는지 나열하되, 그 이유를 함께 기술하시오.**

▶ **물음 2. 현재 전부원가계산제도를 사용하고 있는 ㈜지예의 성과관리담당자인 당신은 균형성과표(BSC)를 통하여 JIT의 효과를 극대화하고자 한다. 재무적 성과지표로서 영업이익(operating income)과 재고자산회전율(inventory turnover ratio = 매출원가/평균재고자산) 중에서 하나를 택하게 될 때 어떤 지표를 택할 것인가? 그 이유를 설명하되, 택하지 않은 지표의 문제점이 무엇인지를 함께 기술하시오.**

02 제약자원이론 2000 CPA

	절단공정	가공공정
월 생산량	10,000	15,000
월 완성량	9,500	8,550
변동비	@550	@120
고정비	3,000,000	475,000

절단공정과 가공공정을 거쳐 완성품이 완성되며, 위의 공정을 거친 제품은 수요량이 크고 @1,300에 팔린다. 절단공정에서는 작업폐물이 500개(5%)가 나오고 가공공정에서는 950개(10%)의 작업폐물이 나온다.

요구사항

- 물음 1. 각 공정에서 나오는 작업폐물의 단위당 원가를 각각 구하시오.
- 물음 2. 절단공정의 작업폐물 1단위가 합격품으로 바뀐다면 이 회사의 늘어나는 이익은 얼마인가?
- 물음 3. 절단공정의 작업폐물이 나오는 비율을 5%에서 3%로 개선할 수 있는 방안이 있다. 이를 수행하면 ₩220,000이 든다. 이 방안을 수행하겠는가?
- 물음 4. 외부에서 5,000개를 @1,000에 가공공정에 공급하겠다고 한다. 이는 절단공정 완성품의 품질과 차이가 없다고 가정한다. 이를 수락하겠는가?

PART IV

예산과 분권화 및 책임회계

16%
44%
76%
Jan
Feb
Mar

CHAPTER

10

종합예산 편성

예산은 기업이 다가올 기간에 달성하고자 하는 목표를 구체적인 수치로 나타낸 것으로서, 경영의 계획과 통제기능에 핵심적인 역할을 한다. 종합예산은 기업의 영업, 투자, 재무활동에 관한 종합적인 단기예산이다. 본 장에서는 본문에서 영업예산의 편성절차와 방법에 대해 자세하게 다루고, 보론에서 현금예산 편성에 대해 학습한다. 아울러, 제조간접원가예산과 판매비와관리비예산을 편성하는 데 사용할 수 있는 활동기준예산편성과 카이젠 예산편성에 대해서도 학습한다. 마지막으로, 예산슬랙 방지를 위한 진실보고 유도시스템에 관해 학습한다.

CHAPTER

10

종합예산 편성

1. 예산과 전략

기업은 다가올 기간에 대해 달성하고자 하는 목표(target)로서 **예산(budget)**을 수립한다. 예산은 기업의 구체적인 활동계획(action plan)을 수치로 표현한 것으로, 매출, 이익, 현금수입과 지출, 투자 등 재무적인 (financial) 요소와 이런 재무적 수치를 산출하는 데 필요한 판매량, 생산량, 재료구매량, 종업원 수 등 비재무적인(nonfinancial) 요소를 포함한다.

예산은 일정 기간에 기업이 달성하고자 하는 목표로서, 경영활동의 계획(planning) 기능에 핵심적인 역할을 한다. 아울러, 실적과 비교하여 문제가 발견되면 필요한 조치를 하고 성과를 평가하는 데 기준점이 되므로, 경영활동의 통제(control) 기능에도 중요한 역할을 한다.

예산과 기업 전략은 서로 영향을 미친다. 그림 10-1에 나타난 바와 같이 기업은 중장기 및 단기 전략을 토대로 중장기 예산과 단기 예산을 각각 수립한다. 기업의 전략이 없다면 예산은 방향성을 잃을 우

그림 10-1 예산과 전략의 상호관계

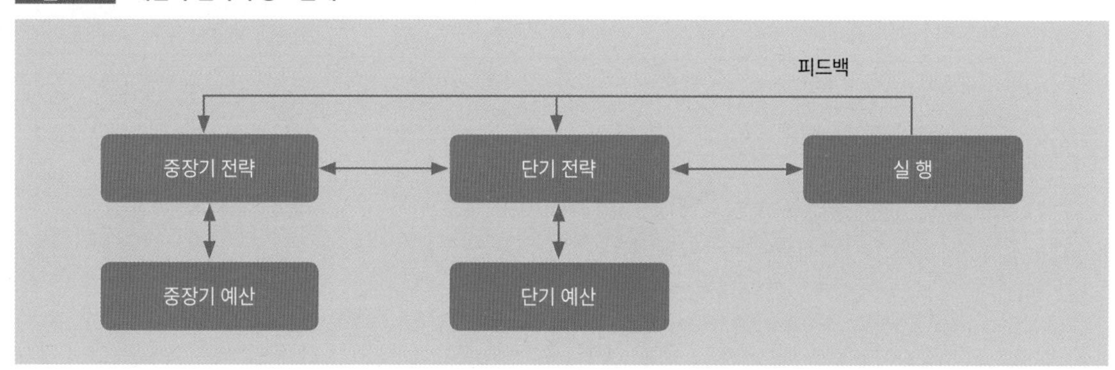

려가 있다. 반대로, 예산은 기업의 전략에 영향을 미치기도 한다. 조직 전체와 하부단위의 구체적인 활동계획을 수립하고 이를 수치로 변환하는 과정에서 기업 전략의 문제점이 드러나면 전략을 수정해야 할 수도 있다. 이처럼 예산은 전략실행을 위한 구체적인 행동계획으로서, 전략을 수정하거나 강화하는 역할을 한다.

2. 예산의 기능과 종류

1) 예산의 기능과 의의

예산은 단순한 숫자가 아니다. 전략의 구체적인 달성 계획과 목표를 종합적으로 수치화한 것으로, 전체 구성원들을 통합조정하고 구성원들에게 달성 동기를 부여하는 긍정적인 기능을 한다. 예산의 세부적인 기능은 다음과 같다.

- **통합조정(coordination)과 의사소통(communication)** : 예산편성은 단위조직들이 수행해야 할 목표와 행동계획을 통합적으로 조정하고, 모든 종업원이 이를 이해하고 공유하도록 하는 기능이 있다. 예산편성 과정에서 마케팅부서의 판매량 목표는 재료구매부서 및 제조부서와 공유되고 조율된다. 그렇지 않을 경우, 재료구매부서는 재료확보 필요량과 재료확보 시기를 결정하는 데 어려움을 겪고, 제조부서는 제조인력의 필요 규모와 인력확보 시기, 생산설비 규모를 결정하는 데 어려움을 겪게 된다.
- **성과평가 기준점** : 조직의 성과는 다양한 요소들을 고려하여 평가한다(제14장에서 자세히 설명). 그중에서 예산은 최종적으로 달성한 성과를 평가하는 기준점 역할을 하는 경우가 많다. 예산은 조직의 전략, 과거 실적, 경영환경과 전망을 종합적으로 반영하여 수립한 목표이기 때문이다. 그러나 한번 수립한 예산을 끝까지 고수하는 것이 반드시 바람직한 것은 아니다. 예산 수립 후 실행하는 과정에서 환경변화에 대응하여 유연하게 예산을 재편성해야 할 수도 있고, 성과평가에서도 환경변화를 포함한 관리자가 통제불가능한 요소를 고려하여 평가하는 것이 바람직할 수 있다.
- **차이분석과 문제점 발견의 기준점** : 예산은 실적과 비교하여 차이를 분석할 수 있는 기준점의 역할을 한다. 실행과정에서나 최종 단계에서 실적과 목표 간에 차이가 발생하는 경우, 그 원인을 분석하여 대책을 수립하고 신속하게 조치를 해야 한다. 만약 예산(목표)이 없다면 문제가 있는지를 판단하기 어렵게 된다.

- **동기부여** : 예산은 성과평가의 기준이 되는 목표로서, 종업원들에게 달성하고자 하는 동기를 부여하여 성과 개선을 유도하는 기능을 한다. 따라서 예산편성 시, 달성하기 어려운 과도한 목표 설정은 좌절감을 줄 수 있으므로 바람직하지 않으며, 열심히 노력하면 달성할 수 있는 도전적인(challenging) 목표를 예산으로 제시하는 것이 바람직하다.

2) 종합예산

기업활동은 크게 **영업활동**(예 연구개발, 구매, 제조, 마케팅, 배송, 고객지원), **투자활동**(예 유형자산의 획득과 처분), **재무활동**(예 자금의 차입과 상환, 유상증자)으로 분류할 수 있다. **종합예산**(master budget)은 조직 전체에 대한 종합적 예산으로, 보통 1년 이내의 기간을 대상으로 수립하는 단기 예산이다. 종합예산은 단위조직별로 수립한 예산을 조직 전체에 대해 종합적인 재무계획으로 요약하여 나타낸다.

종합예산은 기업활동의 유형에 따라 **영업예산**(operating budget)과 **재무예산**(financial budget)으로 구분한다. 영업예산은 영업활동 계획을 수치로 표현한 것으로서, 기업 전체의 **예산손익계산서**(Budgeted Income Statement)가 최종적인 형태이다.

재무예산은 투자활동과 재무활동 계획을 수치로 표현한 것으로서, 현금유출입 예산인 **현금예산**(cash budget)과 투자활동 예산인 **자본지출예산**(capital expenditure budget)이 재무예산에 속한다. 재무예산은 최종적으로 **예산재무상태표**(Budgeted Statement of Financial Position)와 **예산현금흐름표**(Budgeted Statement of Cash Flows)에 반영된다.

예산을 나타내는 **예산재무제표**(budgeted financial statements)를 **추정재무제표**(pro forma financial statements)라고도 한다.

그림 10-2 기업의 활동유형별 종합예산의 구성과 예산재무제표

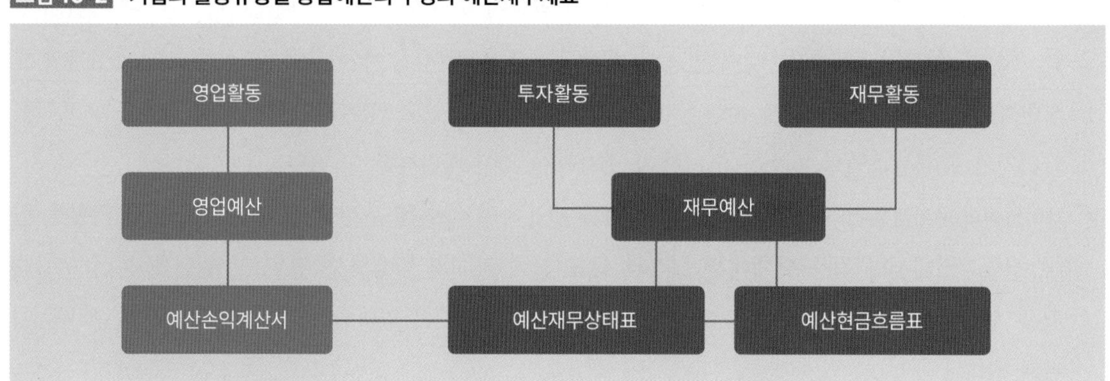

3) 영업예산과 재무예산

종합예산 중에서 **영업예산**(operating budget)은 그림 10-3과 같은 체계로 편성한다. 매출예산부터 시작하여 제조예산과 매출원가예산, 판매비와관리비예산(연구개발예산, 마케팅예산, 배송예산, 고객지원예산 등)을 거쳐

그림 10-3 영업예산 편성의 흐름 및 재무예산과의 관계

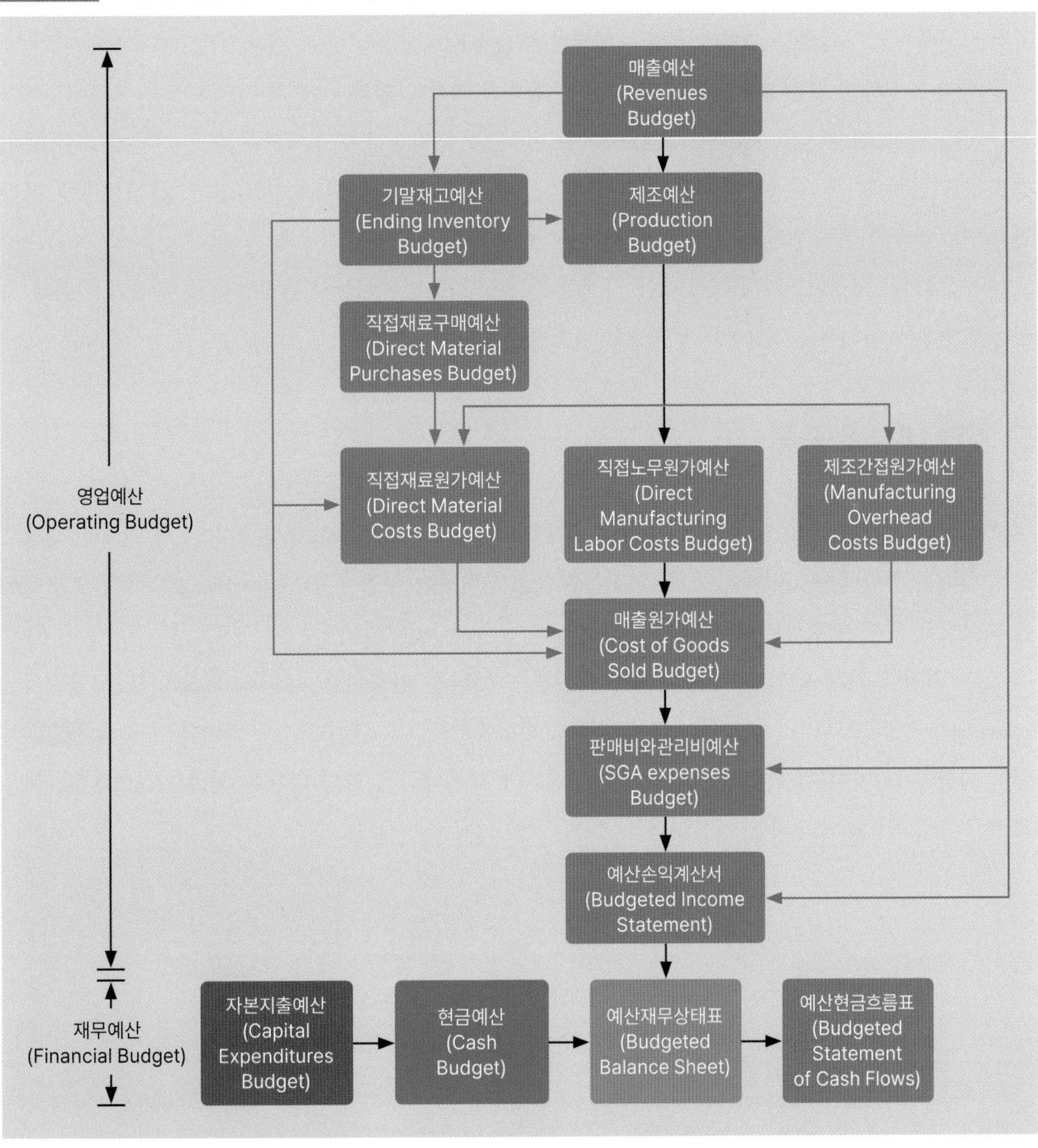

최종적으로 **예산손익계산서**(Budgeted Income Statement)를 작성한다. 구체적인 영업예산 편성방법은 아래에서 자세하게 학습한다. 재무예산(financial budget) 중에서 현금예산은 본 장의 보론에서 학습한다[1].

4) 고정예산과 변동예산

예산은 변동가능성에 따라 두 가지로 구분할 수 있다. 기초에 설정된 하나의 예산조업도(판매량)에 대해 확정된 금액으로 설정하는 **고정예산** 또는 **정태적 예산**(static budget)이 있고, 실제조업도(판매량)에 따라 예산을 함께 조정하는 **변동예산**(flexible budget) 또는 **동태적 예산**이 있다.

기업은 목표 판매량과 매출액을 바탕으로 고정예산을 수립한다. 고정예산은 해당 기간에 대한 초기 목표이다. 변동예산은 실제판매량에 따라 사후적으로 조정한 예산으로서, 재료원가 등 판매량에 따라 변하는 금액의 발생 규모의 적정성을 판단하는 차이분석에 유용하게 사용될 수 있다.

본 장에서는 고정예산의 편성에 대해 자세하게 학습하고, 변동예산의 편성방법 및 예산과 실적의 차이분석 방법에 대해서는 제11장에서 자세하게 학습한다.

5) 기타 예산의 종류

예산편성 대상 기간에 따라 중장기 예산(1년 초과)과 단기 예산(1년 이하)이 있으며, 조직 전체를 대상으로 수립하는 **종합예산**(master budget)과 개별 부문별로 수립하는 **부문예산**(divisional budget), 특정 프로젝트를 대상으로 하는 **프로젝트 예산**(project budget) 등이 있다.

또한 일정한 기간 단위로 예산을 계속 갱신하는 예산을 **연속예산**(continuous budget) 또는 **롤링예산**(rolling budget)이라고 한다. 예를 들어, 4년 중장기 롤링예산을 1년 단위로 롤링(갱신)할 경우, 그림 10-4와 같이 예산이 1년마다 다음 4년에 대해 계속 갱신된다. 롤링예산은 항상 다가올 일정 기간에 대해 새롭게 예측하고 목표를 수립하는 예산이다.

1 재무예산 중에서 **자본지출예산**(capital expenditure budget)은 기업의 장기 투자 계획인 **자본예산**(capital budget)에서 종합예산 편성 대상 기간(예 차기)의 지출예산이다. 자본예산 편성방법은 제4장에서 학습한 바 있다.

그림 10-4 매년 갱신하는 4년 중장기 롤링예산

3. 영업예산의 편성절차와 편성방법

여러 예산 중에서 영업예산의 편성은 관리회계의 가장 중요한 영역에 속한다. 다음 예제를 이용하여 영업예산의 구체적인 편성방법에 대해 학습해보자.

예제 10-1

㈜한림은 20X4년에 매출액 ₩21,000,000과 영업이익 ₩2,750,000을 달성하여 13.1%의 영업이익률을 기록할 것으로 예상하고 있다. 이 회사의 경영층은 20X4년 말에 20X5년에 매출 성장과 함께, 영업이익률 13% 유지를 목표로 예산을 편성하고 있다. 이를 위해 제조원가와 판매비와관리비 관리계획도 수립하여 함께 추진한다. 이 회사는 제조부문 X와 Y에서 재료 A와 B를 사용하여 제품을 생산한다.

[패널 1]~[패널 6]의 자료를 이용하여 20X5년 ㈜한림의 영업예산을 편성해보자. 편의상 재공품은 없다고 가정한다(제조간접원가예산에 관한 자료는 아래 제5단계에서 추가 제공).

[패널 1] 20X5년 제품 관련 자료

목표판매량	20,000개	
목표기말재고수량	500개	
기초재고수량	450개	
기초재고금액	₩396,000	개당 ₩880 [패널 6]

(예제 계속)

[패널 2] 20X5년 제품 판매가격

가격	₩1,200

[패널 3] 20X4년, 20X5년 직접원가 자료

(단위 : 원)

		20X4년	20X5년
직접재료원가			
	재료 A(g당)	50	55
	재료 B(ml당)	15	18
직접노무원가(시간당)		800	900

[패널 4] 20X5년 직접재료 재고수량 자료

기초재고량		
	재료 A	6,000g
	재료 B	4,200ml
목표기말재고량		
	재료 A	6,500g
	재료 B	4,500ml

[패널 5] 20X4년, 20X5년 제품 개당 투입물량

	제조부문 X	제조부문 Y	합 계
재료 A	10g	–	10g
재료 B	–	6ml	6ml
기계시간	0.16시간	0.09시간	0.25시간
직접노동시간	0.06시간	0.14시간	0.2시간

[패널 6] 20X5년 기초 제품재고 개당 원가(선입선출법)

(단위 : 원)

직접재료원가		
	재료 A	500(=10g×₩50)
	재료 B	90(=6ml×₩15)
직접노무원가		160(=0.2시간×₩800)
제조간접원가		130(계산방법은 아래 제5단계 참고)
합계		880

제1단계 : [매출예산]

매출예산(sales budget)은 영업예산의 출발점으로서, 후속 예산인 재료구매예산, 제조예산, 판매비와관리비 예산 등을 결정하는 가장 기본적인 예산이다. 매출예산이 잘못되면 예산이 수행하는 계획(planning)기능이 올바로 작동하기 어렵다.

매출예산을 설정할 때 다음 요소들을 고려한다.

- 과거 판매 실적과 판매 동향
- 글로벌 및 국내 일반 경제환경(경제성장률, 물가, 유가, 실업률 등)
- 산업과 관련된 특수 경제환경
- 경쟁기업들의 전략과 동향
- 가격정책 및 광고홍보 전략
- 생산용량(설비, 인력) 및 원재료 공급 동향 등

㈜한림은 20X5년에 판매가격 ₩1,200([패널 2])에 제품 20,000개([패널 1])를 판매하여, 전년 대비 ₩3,000,000의 매출 증가를 목표로 하고 있다. 매출예산은 [패널 7]과 같다.

[패널 7] 매출예산

목표판매량	가 격	매 출
20,000개	₩1,200	₩24,000,000

제2단계 : [생산량 예산]

목표판매량이 결정되면, 제조예산(manufacturing budget)을 수립한다. 먼저, 제품의 기초재고수량과 목표기말재고수량을 이용하여 [패널 8]과 같이 생산량 목표를 계산한다.

[패널 8] 생산량 예산

(단위 : 개)

(1) 목표판매량	20,000	패널 1
(2) 목표기말재고수량	500	패널 1
(3) 총필요량(=(1)+(2))	20,500	
(4) 기초재고수량	450	패널 1
(5) 제조필요량(=(3)−(4))	20,050	

제3단계 : [직접재료 구매예산과 직접재료 사용예산]

생산량 목표가 결정되면, 재료 구매예산과 사용예산을 수립한다. 직접재료 구매예산부터 살펴보자([패널 9]). 구매예산은 손익에 영향을 미치지 않는다.

[패널 9] 직접재료 구매예산

재료 A	(1) 제조투입 필요량	200,500g	20,050개×10g	패널 8, 5
	(2) 목표기말재고수량	6,500g		패널 4
	(3) 총필요량(=(1)+(2))	207,000g		
	(4) 기초재고수량	6,000g		패널 4
	(5) 구매필요량(=(3)−(4))	201,000g		
	(6) 구매원가	₩11,055,000	(5)×₩55	패널 3
재료 B	(1) 제조투입 필요량	120,300ml	20,050개×6ml	패널 8, 5
	(2) 목표기말재고수량	4,500ml		패널 4
	(3) 총필요량(=(1)+(2))	124,800ml		
	(4) 기초재고수량	4,200ml		패널 4
	(5) 구매필요량(=(3)−(4))	120,600ml		
	(6) 구매원가	₩2,170,800	(5)×₩18	패널 3
총직접재료 구매예산		₩13,225,800	재료 A, B 합계	

직접재료 사용예산(직접재료원가예산)은 [패널 10]과 같다. 직접재료 A와 B는 제조부문 X와 Y에서 제품을 제조하기 위해 사용하는 재료이다. 이 회사는 재료를 포함한 모든 재고자산의 원가흐름으로 선입선출법(FIFO)을 사용한다고 가정하자. 선입선출법을 사용하므로, 재료 A와 재료 B 모두 기초재료 재고를 먼저 사용한 다음 당기에 매입한 재료를 사용한다. 20X5년 직접재료원가예산은 총 ₩13,150,300이다.

[패널 10] 직접재료원가예산

			단 가	원가(원)	
재료 A	(1) 당기사용량	200,500g			패널 9
	(2) 기초재고분 사용	6,000g	₩50/g	300,000	패널 4
	(3) 당기매입분 사용 (=(1)−(2))	194,500g	₩55/g	10,697,500	패널 3
재료 B	(1) 당기사용량	120,300ml			패널 9
	(2) 기초재고분 사용	4,200ml	₩15/ml	63,000	패널 4
	(3) 당기매입분 사용 (=(1)−(2))	116,100ml	₩18/ml	2,089,800	패널 3
합계				13,150,300	

제4단계 : [직접노무원가예산]

직접노무원가예산은 제조부문 X와 Y에서 제품을 제조하는 데 투입되는 직접노무원가의 예산이다. [패널 11]에 나타난 바와 같이, 20X5년 직접노무원가예산은 총 ₩3,609,000이다.

[패널 11] 직접노무원가예산

생산량	개당 시간	총시간	시간당 임률	총 계	
20,050개	0.2시간	4,010시간	₩900	₩3,609,000	패널 3, 5, 8

제5단계 : [제조간접원가예산]

제조간접원가예산은 회사의 제조간접원가 배부방식과 유사한 방식으로 편성한다. ㈜한림은 **부문별 원가계산제도**(departmental costing system)를 사용하고 있으며, 제조간접원가예산을 부문별로 편성한다고 하자[2]. 그림 10-5 와 같이, ㈜한림에서 제조활동을 수행하는 부문은 제조부문 X와 Y가 있으며, 제조활동을 지원하는 보조부문으로는 보조부문 P와 Q가 있다. 직접재료원가와 직접노무원가는 제조부문 X와 Y에서 발생하며, 제조간접원가는 제조부문과 보조부문에서 발생한다.

2 제품별 배부를 충분히 이해하기 위해서는 원가회계의 관련 분야에 대한 학습이 필요하다. 제조간접원가예산은 활동기준예산편성(아래에서 설명)을 사용하면 더 정확하게 편성할 수 있다.

그림 10-5 ㈜한림의 제조활동 수행 부문구조(제조부문과 보조부문)

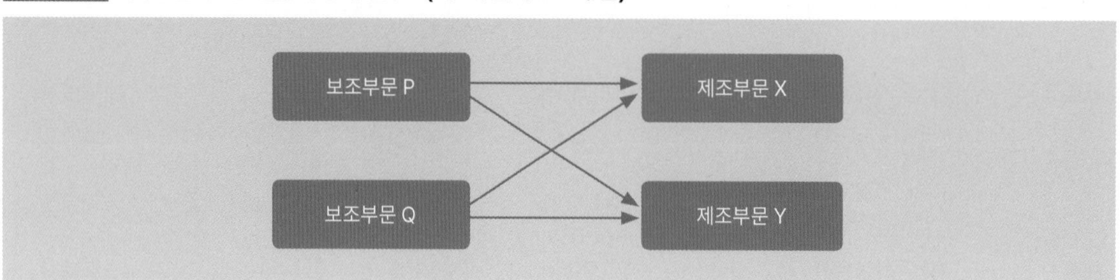

㈜한림의 20X5년의 목표생산량이 정해지면, 제조부문과 보조부문은 원가감축 계획을 반영하여 부문의 제조간접원가예산을 고정원가와 변동원가로 구분하여 수립한다. 각 부문의 제조간접원가예산이 결정되면, 두 보조부문의 제조간접원가예산은 제조부문 X와 Y로 배부된다.

이 배부가 끝나면, 각 제조부문에는 보조부문으로부터 배부받은 제조간접원가예산과 자체에서 발생하게 될 제조간접원가예산이 모두 모여, 각 제조부문의 제조간접원가예산이 최종적으로 결정된다.

이상의 단계가 모두 종료된 후 제조부문 X와 Y의 제조간접원가예산 총액이 각각 ₩1,872,035과 ₩834,715이라고 하자([패널 12]). ㈜한림에서 제조부문 X는 기계 사용이 많고, 제조부문 Y는 직접노동의 비중이 높아([패널 5]), 각각 기계시간과 직접노동시간을 배부기준으로 사용한다.

제조부문의 제조간접원가예산을 제품으로 배부하는 데 사용하는 예정배부율은 다음과 같이 계산한다[3].

$$\text{부문별 제조간접원가 예정배부율} = \frac{\text{부문의 제조간접원가예산 총액}}{\text{부문의 배부기준 예정조업도}}$$

이에 따라 [패널 12]에 나타난 바와 같이 제조부문 X의 제조간접원가 예정(산)배부율은 기계시간당 ₩583.55, 제조부문 Y의 제조간접원가 예정(산)배부율은 직접노동시간당 ₩297.37로 계산되었다[4].

3 본 예제에서는 배부기준인 기계시간과 직접노동시간의 예정조업도가 기준조업도와 같다고 가정하였다. 즉, 생산용량을 전부 사용한다고 가정하였다.

4 본 예제에서는 제품이 한 종류이므로 배부율을 계산할 필요 없이 총액을 사용해도 되지만, 제품이 두 종류 이상일 때는 배부율을 사용해서 제품별로 계산해야 한다.

[패널 12] 제조부문별 제조간접원가예산 총액과 예정배부율

	제조간접원가예산 총액(원)		배부기준 예정조업도	예정배부율
제조부문 X (배부기준 : 기계시간)	변동원가 고정원가 합계	705,760 1,166,275 1,872,035	3,208시간 (=0.16시간×20,050개) 패널 5, 8	₩583.55 (=₩1,872,035÷ 3,208시간)
제조부문 Y (배부기준 : 직접노동시간)	변동원가 고정원가 합계	266,665 568,050 834,715	2,807시간 (=0.14시간×20,050개) 패널 5, 8	₩297.37 (=₩834,715÷ 2,807시간)
총 계		2,706,750		

제6단계 : [기말재고예산]

목표생산량에 따라 직접재료원가예산, 직접노무원가예산, 제조간접원가예산이 수립되고 나면, 기말재고예산을 편성한다. 재고자산 원가흐름은 선입선출법을 사용하므로, 제품 기말재고는 당기에 매입한 재료를 이용하여 당기에 제조한 제품이다. 따라서 [패널 13-1]과 같이 당기에 매입한 재료를 사용하여 당기에 제조한 제품의 단위당 원가를 먼저 계산한다. 계산한 개당 원가는 ₩973이다. 제품과 재료의 기말재고예산은 [패널 13-2]와 같다.

[패널 13-1] 20X5년 당기에 매입한 재료를 사용하여 제조한 제품의 개당 원가

원가 항목	개당 원가(원)	비 고	
직접재료원가	658	재료 A : 10g×₩55, 재료 B : 6ml×₩18	패널 3, 5
직접노무원가	180	0.2시간×₩900	패널 3, 5
제조간접원가			
부문 X	93.37	0.16기계시간×₩583.55	패널 5, 12
부문 Y	41.63	0.14직접노동시간×₩297.37	패널 5, 12
합계	973		

[패널 13-2] 기말재고예산

		단위당 원가	수 량	원 가	
제품		₩973	500개	₩486,500	패널 1, 13-1
재료	재료 X	₩55	6,500g	₩357,500	패널 3, 4
	재료 Y	₩18	4,500ml	₩81,000	패널 3, 4

제7단계 : [매출원가예산]

목표판매량 20,000개에 대한 매출원가예산은 [패널 14]와 같다.

[패널 14] 매출원가예산

(단위 : 원)

제품 기초재고		396,000	패널 1
당기제품제조원기			
직접재료원가	13,150,300		패널 10
직접노무원가	3,609,000		패널 11
제조간접원가	2,706,750	19,466,050	패널 12
판매가능액		19,862,050	
제품 기말재고		486,500	패널 13-2
매출원가		19,375,550	

제8단계 : [판매비와관리비예산]

이제 비제조활동의 비용예산인 판매비와관리비예산(SGA(Selling, General, and Administrative) expenses budget)을 편성해보자. 판매비와관리비도 원가절감 목표를 수립하고, [패널 15]와 같이 고정원가와 변동원가로 구분하여 예산을 편성한다[5].

5 본 예제에서 판매비와관리비예산 중 변동원가를 제품 개당 원가를 기준으로 편성하였으나 활동기준예산편성(아래에서 설명)을 사용하면 예산을 더 정확하게 편성할 수 있다.

[패널 15] 판매비와관리비예산

(단위 : 원)

	변동원가	고정원가	합 계
일반관리비	0	200,000	200,000
마케팅비	400,000 (=20,000개×₩20)	180,000	580,000
배송비	160,000 (=20,000개×₩8)	80,000	240,000
고객지원비	300,000 (=20,000개×₩15)	85,000	385,000
합 계			1,405,000

제9단계 : [예산손익계산서]

영업예산 편성의 마지막 단계에서는 표 10-1과 같이 예산손익계산서를 작성한다. 최종적으로 계산된 영업이익예산은 ₩3,219,450이며, 영업이익률이 13.4%로 경영층이 목표로 하는 13%를 초과하는 수치이다.

표 10-1 ㈜한림의 20X5년 예산손익계산서

(단위 : 원)

매출		24,000,000	패널 7
매출원가		19,375,550	패널 14
매출총이익		4,624,450	
판매비와관리비			패널 15
일반관리비	200,000		
마케팅비	580,000		
배송비	240,000		
고객지원비	385,000	1,405,000	
영업이익		3,219,450	영업이익률 13.4%

이상의 과정을 거쳐 ㈜한림의 20X5년 영업예산 편성을 완료한다. 그러나 설정한 판매가격에서 목표 판매량을 달성하기 어려울 수도 있고, 직접재료의 구매원가가 예상보다 높을 수도 있다. 이런 불확실한 요소를 반영하여 민감도 분석(sensitivity analysis)을 통해 여러 시나리오를 미리 검토할 필요가 있다.

4. 활동기준예산편성

1) 활동기준예산편성의 순서와 방법

우리는 위에서 제조간접원가와 판매비와관리비의 예산을 편성할 때 전통적인 배부기준을 사용하여 예산을 편성하였다. 그러나 이들 원가의 예산을 편성할 때 활동기준원가계산(ABC)의 활동(activity)과 원가동인(cost driver) 정보를 활용하면 예산편성의 정확성을 높일 수 있다. 이를 **활동기준예산편성(ABB, Activity-based Budgeting)**이라고 한다. 활동기준예산편성의 순서는 다음과 같다.

첫째, 활동기준원가계산 개념을 이용하여, 수행해야 할 활동들을 판별한다. 이때 각 활동 내의 원가 항목들은 활동의 변화에 따라 유사한 형태로 변하는 동질적인(homogeneous) 원가들로 구성되어야 한다.

둘째, 제품의 생산량과 판매량이 결정되면, 활동별로 원가동인 총필요량을 산출한다.

셋째, 각 활동의 개별적인 원가 항목들에 대해 원가동인 총필요량을 제공하는 데 필요한 예산을 편성한다.

판매비와관리비예산을 편성할 때는 이 단계에서 활동기준예산편성(ABB)이 종료된다. 제조간접원가 예산을 편성할 때는 위 영업예산 편성과정에서 설명한 기말재고예산과 매출원가예산을 편성하기 위해 추가적으로 활동별 원가배부율을 계산하고, 이를 이용하여 제품 단위당 예산원가를 계산한다.

위 예제에서 ㈜한림은 전통적인 방법에 따라 제조간접원가예산을 부문별로 편성했다. 다음 예제를 이용하여 활동기준예산편성 방법에 대해 학습해보자.

예제 10-2

정선㈜은 가스관 특수 밸브를 제조하는 회사로서 두 종류의 제품(단밸, 복밸)을 생산하고 있다. 단밸은 비교적 작고 단순한 제품이며, 복밸은 크고 복잡한 제품이다. 202X년도 단밸의 예산생산량(판매량)은 80,000개, 복밸의 예산생산량(판매량)은 20,000개이다. 활동기준예산편성을 사용해서 제조간접원가예산을 편성해보자.

먼저, 제품 생산에 필요한 활동들을 판별하고, 활동별로 각 제품 생산을 위해 필요한 원가동인 필요량을 표 10-2와 같이 추정한다.

표 10-2 정선㈜의 202X년 제조간접원가의 활동별 원가동인 필요량 추정

활 동	원가계층*	원가동인	원가동인 예상필요량		
			단 밸	복 밸	합 계
제품엔지니어링활동	제품수준	부품수(개)	10	20	30
셋업활동	배치수준	셋업시간(시간)	160	600	760
기계작업활동	제품단위수준	기계작업시간(시간)	16,000	6,000	22,000
품질검사활동	배치수준	셋업시간(시간)	160	600	760
공장관리활동	설비수준	–	–	–	–

* 원가계층은 생산량과 원가의 관계로서, 제품단위수준은 생산량에 비례해서 증가하는 원가, 배치수준은 생산량의 묶음(배치)에 비례해서 증가하는 원가, 제품수준은 생산량과 무관하게 제품 생산 여부에 의해 금액이 결정되는 원가, 설비수준은 특정 제품과 무관하게 제품 공통으로 생산량과 무관하게 발생하는 고정원가로서 원가동인을 찾기 어려움

표에서 셋업활동의 경우, 각 제품을 생산하는 데 필요한 셋업활동의 원가동인인 셋업시간 필요량(760시간)은 표 10-3과 같이 추정한 것이다(이하에서는 셋업활동을 제외한 모든 활동에 대한 계산 내역은 생략함).

표 10-3 정선㈜의 202X년 제품별 셋업활동 추정

	단 밸	복 밸	합 계
(1) 총생산량	80,000개	20,000개	
(2) 배치규모(배치 1회당 생산량)	250개	50개	
(3) 배치수(=(1)÷(2))	320회	400회	
(4) 배치당 셋업시간	0.5시간	1.5시간	
(5) 총셋업시간(=(3)x(4))	160시간	600시간	760시간

다음으로, 활동별로 예산을 추정한다. 셋업활동의 경우, 총 760셋업시간의 셋업활동 수행에 필요한 모든 원가를 원가항목별로 표 10-4와 같이 추정한다. 원가는 원가동인(셋업시간) 소비량 변화에 따라 변하는 변동원가 요소와 변하지 않는 고정원가 요소로 구분하여 추정한다. 원가추정을 위해 제3장에서 학습한 원가추정방법(고저점법, 계정분석법, 회귀분석법 등)을 사용할 수 있다.

표 10-4 정선㈜의 202X년 셋업활동 예산(제조간접원가)

(단위 : 원)

	총액(760셋업시간)	셋업시간당
변동원가 요소(셋업시간 기준)		
소모품	25,000	32.89
셋업노무원가	12,000	15.79
전기공급	32,000	42.11
유지보수	12,000	15.79
합계	81,000	106.58
고정원가 요소(셋업시간 기준)		
감가상각비	130,000	
감독	120,000	
셋업노무원가	110,000	
전기공급	25,000	
유지보수	142,000	
합계	527,000	693.42*
셋업활동 총원가(제조간접원가)	608,000	800

* 편의상 셋업활동의 기준조업도가 760셋업시간이라고 가정함

제조간접원가의 나머지 활동들에 대해서도 같은 방식으로 활동별로 예산을 편성한다. 각 활동에 대해 최종적으로 편성한 예산(변동원가와 고정원가 합계)은 표 10-5와 같다. 이 단계에서 합계 기준으로는 활동기준예산편성이 종료된다.

표 10-5 정선㈜의 202X년 제조간접원가 활동별 예산

활 동	원가동인	활동별 총예산(원)
제품엔지니어링활동	부품수(개)	300,000
셋업활동	셋업시간(시간)	608,000
기계작업활동	기계작업시간(시간)	8,470,000
품질검사활동	셋업시간(시간)	159,600
공장관리활동*	–	2,112,000

* 공장관리활동의 원가(예 공장보험료, 공장감가상각비, 공장장급여)는 설비수준원가로서 단기적으로 고정원가이므로 연간 예산은 전년도 예산을 기준으로 물가상승 등을 고려해서 편성

이제 제품별로 제조간접원가 예산을 편성해보자. 이를 위해 활동별로 원가동인 한 단위당 예산원가 배부율을 계산한다. 셋업활동의 경우, 표 10-6에 나타난 바와 같이 셋업시간당 총 ₩800(셋업활동 총원가 예산 ₩608,000 ÷ 예산 셋업시간 760시간)으로 예산이 설정된다[6]. 다른 활동들에 대해서도 같은 방식으로 활동별로 원가동인 한 단위당 예산(cost driver rate)을 설정한다. 계산결과는 표 10-6과 같다.

표 10-6 정선㈜의 202X년 제조간접원가 활동별 원가동인 단위당 예산원가

활 동	원가동인	활동별 총예산(원) (1)	원가동인 예상필요량			원가동인 단위당 예산원가(원) (3) (=(1)÷(2))
			단 벨	복 벨	합계 (2)	
제품엔지니어링활동	부품수(개)	300,000	10	20	30	10,000
셋업활동	셋업시간(시간)	608,000	160	600	760	800
기계작업활동	기계작업시간(시간)	8,470,000	16,000	6,000	22,000	385
품질검사활동	셋업시간(시간)	159,600	160	600	760	210
공장관리활동	기계작업시간(시간)*	2,112,000	16,000	6,000	22,000	96

* 설비수준원가인 공장관리활동 원가는 원가동인이 없으나, 정선㈜이 제품별 배부를 위해 임의의 배부기준으로 기계작업시간을 사용한다고 가정함

이제 각 제품의 개당 제조간접원가예산을 활동별로 나타내면 표 10-7과 같다. 활동별로 각 제품 한 단위가 소비하는 원가동인 필요량을 계산하고(셋업활동의 경우, 단벨 제품은 160시간 ÷ 80,000개 = 0.002시간), 여기에 원가동인 단위당 예산원가(셋업활동의 경우, ₩800)를 곱해서 계산하면 된다. 단벨과 복벨 제품의 개당 제조간접원가예산은 표와 같이 각각 ₩99.47, ₩184.6으로 계산된다. 이를 이용해서 제품의 개당 예산제조원가, 기말재고예산, 매출원가예산 등을 편성할 수 있다(위에서 설명한 영업예산 편성방법 참고).

6 예정(산) 셋업시간이 셋업활동의 기준조업도(760시간)보다 적은 경우에도, 제품별로 셋업활동의 예산 고정원가를 계산하기 위해 기준조업도를 사용해서 셋업시간당 ₩693.42(표 10-4)을 고정원가 배부율로 사용한다. 그 경우 발생 예정인 고정원가 총액 ₩527,000과 예산편성 단계의 고정원가 (예산)배부액 간에 차이가 발생할 수 있다. 그 차이(배부차이)는 예산손익계산서에 추가적으로 반영한다. 본 예제에서는 예정(산)조업도와 기준조업도를 모두 760시간으로 가정하고 있어서 배부차이는 발생하지 않는다(배부차이의 계산과 처리에 대한 자세한 사항은 원가회계 교재 참고).

표 10-7 정선(주)의 202X년 제품 개당 활동별 제조간접원가 예산

활 동	원가동인	제품 개당 원가동인 예상필요량 (1)		원가동인 단위당 예산원가(원) (2)	제품 개당 활동별 원가(원) (3)=((1)×(2))	
		단 밸 (80,000개)	복 밸 (20,000개)		단 밸	복 밸
제품엔지니어링활동	부품수(개)	0.000125	0.001	10,000	1.25	10
셋업활동	셋업시간(시간)	0.002	0.03	800	1.6	24
기계작업활동	기계작업시간(시간)	0.2	0.3	385	77	115.5
품질검사활동	셋업시간(시간)	0.002	0.03	210	0.42	6.3
공장관리활동	기계작업시간(시간)	0.2	0.3	96	19.2	28.8
합계					99.47	184.6

제품의 개당 제조간접원가 예산이 단밸보다 복밸이 두 배 가까이 많은 것은 복밸이 제품생산량에 비해 많은 자원을 소비하기 때문이다. 예를 들어, 복밸의 제품생산량은 단밸의 1/4에 불과하지만, 셋업활동에서 복밸과 단밸의 총셋업시간은 600시간과 160시간으로 복밸이 오히려 4배가량 많다.

2) 활동기준예산편성의 의의

이처럼, **활동기준예산편성(ABB)**에서는 제품(서비스)의 생산에 필요한 여러 활동(activity)을 중심으로 예산을 수립하며, 제품단위수준, 배치수준, 제품수준, 설비수준 등 다양한 원가계층(cost hierarchy)을 고려하여 예산을 편성한다. 원가항목들을 고정원가 요소와 변동원가 요소로 구분하여 추정할 때도 제품 생산량과 관련된 요소에 국한하지 않고 다양한 원가동인을 기준으로 사용한다. 따라서 자원(resource) 필요량을 비교적 정확하게 파악할 수 있어서 예산편성의 정확성이 높아질 수 있다. 또한 활동 중심으로 예산을 편성하면, 활동의 필요성과 활동의 효율성을 고려할 수 있게 되므로, 낭비적인 활동을 없애고 필요한 활동은 효율적으로 실행할 수 있도록 유도할 수 있다. 즉, 활동기준예산편성(ABB)은 **활동기준경영관리(ABM)**를 효과적으로 실행할 수 있는 도구의 역할을 한다.

이와 달리, 전통적인 예산편성은 제품과 자원 소비 간의 복잡한 관계를 설명하기 어려워(특히, 제조간접원가와 판매비와관리비), 먼저 각 부서(또는 주요 기능) 단위에서 원가항목별로 예산을 편성한다. 이 과정에서 제품생산량과 관련된 요소들(예 생산량, 기계시간, 직접노동시간, 재료사용량 등)이 주요 편성기준이 된다. 고정원가와 변동원가의 구분에도 주로 제품생산량과 관련된 요소들을 기준으로 사용한다. 이로 인

해 예산편성의 정확도가 낮아지며, 지출의 필요성을 판단할 기준이 명확하지 않아 낭비적인 요소를 제거하기 어렵다.

3) 활동기준예산편성을 이용한 변동예산 편성

활동기준예산편성(ABB)은 본 장에서 지금까지 설명한 **고정예산**(static budget)뿐만 아니라, **변동예산**(flexible budget)을 편성할 때도 사용할 수 있다(변동예산은 생산량, 판매량 등 조업도가 변할 때 달성해야 할 예산으로 제11장에서 자세히 학습). 활동별로 원가의 변동예산을 편성할 때, 원가동인의 변화에 따라 변하지 않는 고정원가 요소와 변하는 변동원가 요소를 구분하여 실시하면 된다.

예제 10-3

정선㈜의 202X년 실제생산량은 예산과 다르게 단밸이 92,000개, 복밸이 25,000이다. 이때 셋업활동의 변동예산을 계산해보자.

셋업활동의 변동예산 기초자료는 기초에 추정한 고정예산 자료(표 10-4)를 이용하여 다음 표와 같이 나타낼 수 있다.

표 10-8 정선(주) 202X년 셋업활동 변동예산 기초 예산자료(표 10-4 참고)

원가동인	단위당 변동원가요소 예산	고정원가요소 예산
셋업시간	₩106.58 (=₩81,000÷760시간)	₩527,000

실제생산량이 단밸이 92,000개, 복밸이 25,000이므로, 이 생산량에서 필요한 셋업시간은 표 10-9와 같이 계산된다. 배치규모와 배치당 셋업시간은 생산량이 변하더라도 변하지 않는다.

표 10-9 정선(주)의 202X년 실제생산량에 대한 제품별 셋업활동 필요량 추정

	단 밸	복 밸	합 계	예산 대비
(1) 총생산량	92,000개	25,000개		증가
(2) 배치규모	250개	50개		동일
(3) 배치수(=(1)÷(2))	368회	500회		증가
(4) 배치당 셋업시간	0.5시간	1.5시간		동일
(5) 총셋업시간(=(3)×(4))	184시간	750시간	934시간	증가

표 10-10 정선(주) 202X년 셋업활동 변동예산 원가(단밸 92,000개, 복밸 25,000개)

원가동인	변동원가요소 예산	고정원가요소 예산	합 계
셋업시간	₩99,545 (=₩106.58×934시간)	₩527,000	₩626,545

생산량이 증가하여 총셋업시간 필요량도 760시간에서 934시간으로 증가한다. 이에 따라 셋업활동의 변동예산은 다음 표 10-10과 같이 계산된다. 표에서 셋업시간당 원가 ₩106.58은 기초에 고정예산 편성 시에 설정한 단위당 예산 변동원가이다.

이렇게 실제생산량을 기준으로 새로 수립된 변동예산은 실제발생액과 비교하여 원가가 효율적으로 발생했는지를 분석하는 기준점 역할을 할 수 있다.

5. 기타 예산편성 방법

1) 참여 예산편성

예산편성은 최고경영층이 주도적으로 예산을 편성하는 하향식(top-down) 예산편성 방식을 사용할 수도 있고, 하부 단위조직의 관리자들이 주도적으로 예산을 편성하는 상향식(bottom-up) 예산편성 방식을 사용할 수도 있다.

상향식 예산편성은 하위 관리자들이 보유하고 있는 정보와 지식을 활용하기 쉽고, 수립된 예산을 달성하고자 하는 책임의식이 하위 관리자들 사이에서 높아진다는 장점이 있다. 그러나 예산이 성과평가

의 기준으로 작용하기 때문에, 비교적 낮은 목표를 제시하고자 하는 문제점이 발생할 수 있다.

따라서 상향식과 하향식 예산편성을 적절히 병행하는 것이 바람직하다. 예산편성 과정에 하위 관리자들이 참여하는 예산편성 방식을 **참여 예산편성**(participative budgeting)이라고 한다.

2) 카이젠 예산편성

예산편성 시에 일정한 기간 단위로 계속해서 개선을 추구하는 방식을 카이젠(Kaizen, 改善)이라고 한다. **카이젠 예산편성**(Kaizen budgeting)은 현재의 관행을 분석하여 개선이 필요한 곳을 찾아서, 원하는 수준의 향상 목표를 제시한다. 카이젠 예산편성은 일시에 대규모 원가절감을 추구하기보다 작은 개선을 통한 지속적인 원가절감을 유도하는 방식이다.

카이젠이 효과를 거두기 위해서는 현장에서 업무를 직접 수행하는 종업원들의 개선 아이디어가 매우 중요하다. 따라서 종업원들이 많은 아이디어를 낼 수 있도록 격려하는 분위기를 조성하고, 제안한 아이디어에 대해 보상할 필요가 있다.

카이젠 예산편성은 활동(activity) 단위로도 실시할 수 있다. 예를 들어, 셋업활동의 원가를 점진적으로 줄이기 위해 셋업시간이나 셋업시간당 예산원가를 줄이는 방식으로 예산을 편성할 수 있다. 예제를 통해 학습해보자.

예제 10-4

정선㈜은 202X년 말에 차년도 예산을 편성하면서, 제조간접원가예산을 활동별로 카이젠 방식을 사용하여 편성하기로 하였다. 카이젠 예산은 202X년도 활동의 단위당 예산원가(표 10-6)를 기준으로 매 분기에 전 분기 대비 0.5%씩 감축하는 방식으로 편성하기로 하였다(활동별 원가동인 소비량에 대한 절감목표는 미부여). 분기별로 각 활동의 단위당 예산원가를 나타내보자.

카이젠 방식에 의한 분기별 제조간접원가예산은 표 10-11과 같이 설정된다.

표 10-11 정선㈜의 분기별 제조간접원가예산(카이젠 방식)

(단위 : 원)

활 동	원가계층	원가동인	전년도 202X년 (1)	분기별 원가동인 단위당 예산원가			
				1분기 (2)(=(1)×(1−0.005))	2분기 (3)(=(2)×(1−0.005))	3분기 (4)(=(3)×(1−0.005))	4분기 (5)(=(4)×(1−0.005))
제품엔지니어링 활동	제품수준	부품수(개)	10,000	9,950	9,900.25	9,850.75	9,801.50
셋업활동	배치수준	셋업시간(시간)	800	796	792.02	788.06	784.12
기계작업활동	제품단위 수준	기계작업시간(시간)	385	383.08	381.16	379.25	377.36
품질검사활동	배치수준	셋업시간(시간)	210	208.95	207.91	206.87	205.83
공장관리활동*	설비수준	기계작업시간(시간)	96	96	96	96	96

* 공장관리활동은 설비수준활동(고정원가)으로 예산절감 목표를 수립하기에 적합하지 않아 절감 목표를 제시하지 않음

분기별로 각 활동의 원가동인 단위당 예산원가를 설정하고 나면, 분기별 제조간접원가 예산은 분기별 각 활동의 예산조업도(원가동인)에 단위당 예산원가를 곱하여 계산하면 된다.

카이젠 예산편성은 조직의 내부 활동에도 사용하지만, 원재료나 부품의 공급가격을 지속적으로 낮추도록 유도하는 방식으로 외부의 공급업체들에게 적용하기도 한다. 카이젠 예산편성은 소규모의 개선을 지속적으로 추구하는 장점이 있으나, 종업원들의 피로감과 심리적 부담이 클 수 있고, 관리자들이 혁신적인 원가절감 방안에 주의를 덜 기울이게 될 우려가 있다.

카이젠 예산편성은 일반적인 **예산삭감**(budget cut)과 구분되어야 한다. 예산삭감은 단순히 생산적인 활동이나 서비스도 줄이거나 폐지하여 원가를 절감하는 방식이지만, 카이젠 예산편성은 활동 수행 방식이나 관행을 개선하여 필요한 활동을 보다 효율적으로 수행하도록 함으로써 원가절감을 유도하는 방식이다.

3) 제로베이스 예산편성

제로베이스 예산편성(Zero-based Budgeting)은 예산을 제로(원점)에서 편성하는 방식을 말한다. 일반적으로 예산은 전년도 기준에서 새로 변하는 사항을 반영하여 가감하는 방식으로 편성하는 경우가 많다. 이는 현재 수행하고 있는 대부분의 활동과 기능을 계속 수행할 것으로 가정하기 때문이다. 그러나 제로베이

스 예산편성에서는 기존의 활동과 기능의 수행 필요성과 관련 예산 항목의 지출 필요성을 원점에서 검토하여 효율적인 예산편성에 집중한다.

그러나 매년 예산을 원점에서 편성하는 것은 비용과 시간 측면에서 비효율적일 수 있고, 하부 조직의 저항이 심할 수 있으므로, 제로베이스 예산편성은 일정한 주기별로 하는 것이 바람직하다.

6. 예산슬랙과 진실보고

1) 예산슬랙 발생 이유와 방지 방안

예산편성은 단순한 기계적 계산과정이 아니다. 예산편성 과정에 하위 관리자들이 참여하는 **참여 예산편성(participative budgeting)**이 보편적이며, 예산은 경영층과 하위 관리자들의 최종적인 합의의 산물이다. 그런데 예산은 달성해야 할 목표로서 종종 성과평가의 기준점이 되므로, 하위 관리자들이 달성하기 쉬운 목표(비용은 높게, 매출은 낮게)를 예산으로 제시하는 경향이 있다. 이런 경향을 **예산여유** 또는 **예산슬랙(budgetary slack)**이라고 한다. 예산슬랙은 예산이 계획(planning)기능과 통제(control)기능을 동시에 수행하기 때문에 발생하는 문제이다.

예산슬랙은 경영활동의 계획(planning)기능을 약화시킬 우려가 있다. 앞에서 설명한 바와 같이, 합리적으로 설정된 예산은 조직 전체의 활동을 통합조정하고 커뮤니케이션하는 기능을 하지만, 예산슬랙은 이런 기능에 부정적인 영향을 미친다. 이런 문제를 방지하기 위해서는 예산을 계획목적으로만 사용하고 성과평가 등 통제목적으로는 사용하지 않거나, 통제목적으로도 사용하는 경우에는 예산슬랙을 줄이는 방안을 마련해야 한다.

상위 관리자들의 하위 관리자들의 업무 환경에 대한 이해도를 높이거나, 성과평가 시에 부하의 성과를 유사한 동료 그룹의 성과와 비교하여 평가하는 것도 예산슬랙을 줄이는 데 도움이 된다(성과평가에 대해서는 제14장에서 자세히 학습).

2) 진실보고 유도시스템(신 소비에트 인센티브 모델)

예산을 계획기능과 통제기능에 모두 사용하면서도 예산슬랙을 방지하기 위해서는 하위 관리자들이 달성할 수 있는 목표를 진실하게 보고하도록 유도하는 **진실보고 유도시스템(truth-inducing incentive scheme)**이 필요하다. 대표적인 방안으로 **'신 소비에트 인센티브 모델'**(the new Soviet incentive model)이 있다[7]. 이 모델은 소비에트(구 소련)의 계획경제 체제하의 인센티브 문제를 해결하기 위해 고안된 방식으로, 기업의 예산편성에 흥미로운 시사점을 제공한다.

모델의 기본적인 구성은 다음과 같다[8].

$$B = \begin{cases} \overline{B} + \beta\hat{y} + \alpha(y - \hat{y}), \text{만약 } y \geq \hat{y} \text{ (목표 초과 달성 시)} \\ \overline{B} + \beta\hat{y} - \gamma(\hat{y} - y), \text{만약 } y < \hat{y} \text{ (목표 미달 시)} \end{cases}$$

여기서, $(0 < \alpha < \beta < \gamma)$

식에서 B는 실적이 나온 후에 최종적으로 수령하는 보너스 금액, $\overline{B}$는 기본 보너스, $\hat{y}$는 목표치, y는 실적치이다. 계수인 α와 γ는 각각 목표 초과 달성 시와 목표 미달 시, 그 차이에 대한 초과보너스 계수와 페널티 계수이다. β는 제시한 목표 $\hat{y}$에 대해 지급하는 보너스 계수이다. 이처럼 목표 $\hat{y}$에 대해서 별도로 지급하는 보너스가 있다는 특징이 있다. 성과지표 y는 원가절감, 매출액, 이익, 생산성 향상 등 다양하게 설정할 수 있다.

하위 관리자는 예산 설정 단계에서 $\hat{y}$를 목표로 제시하고, 실적 y가 실현되면 위의 식에 따라 보너스를 받게 된다. 목표 초과 달성 시에는 초과액에 대해 $\alpha(y-\hat{y})$만큼 보너스를 추가로 받는다. 목표 미달 시에는 미달액에 대해 $\gamma(y-\hat{y})$만큼 페널티를 부여받아 보너스가 차감된다.

식에서 계수의 크기는 $(0 < \alpha < \beta < \gamma)$로 설정된다. 만약 $\beta < \alpha$이면, 목표에 대한 보너스보다 목표 초과 달성분에 대한 보너스가 더 크게 되어, 달성가능한 수치보다 낮은 수치를 목표로 보고한 뒤 초과 달성하려는 유인이 발생한다. 만약 $\gamma < \beta$이면, 목표에 대한 보너스가 목표 미달분에 대한 페널티보다 더 크게 되어, 달성가능한 수치보다 높은 수치를 목표로 보고하려는 유인이 발생한다.

---

7 M. L., Weitzman(1976), "The new Soviet incentive model," Bell Journal of Economics 1976; Spring, 7 (1): 251-257.

8 원 모형에는 중앙에서 제시하는 목표도 보너스에 영향을 미치도록 설계되어 있다.

진실보고 유도시스템이 올바로 기능하기 위해서는 기본적으로 다음 두 가지 요건이 충족되어야 한다.

진실보고 시스템이 갖춰야 할 기본 요건
요건 1 : 목표 보고 시(예산수립 단계), 달성가능한 최고목표를 자신의 목표로 보고한다. 요건 2 : 목표가 설정된 후(실행 단계), 최대한의 성과를 내기 위해 노력한다.

'신 소비에트 인센티브 모델'은 이 두 가지 요건을 충족한다. 구체적인 숫자를 이용해서 설명해보자. 표 10-12는 모델에서 $\overline{B}=70$, $\alpha=0.2$, $\beta=0.3$, $\gamma=0.5$를 가정하여, 보너스 수령액(B)을 계산하여 나타낸 것이다.

표 10-12 '신 소비에트 인센티브 모델'에서 보너스 수령액 B

($\overline{B}=70$, $\alpha=0.2$, $\beta=0.3$, $\gamma=0.5$)

실적치 y \ 목표치 $\hat{y}$	50	60	70	80	90	100	110	120
50	85	83	81	79	77	75	73	71
60	87	88	86	84	82	80	78	76
70	89	90	91	89	87	85	83	81
80	**91**	92	**93**	**94**	**92**	90	88	86
90	93	94	95	96	97	95	93	91
100	95	96	97	98	99	100	98	96
110	97	98	99	100	101	102	103	101
120	99	100	101	102	103	104	105	106

표에서 하위 관리자가 목표로 80을 보고한 경우, 실적 변화에 따른 보너스 변화를 살펴보자. 실적이 50에서 120으로 증가하면 보너스 금액이 79에서 102까지 계속 증가한다. 다른 목표를 보고한 경우에도 실적이 증가하면 보너스 금액이 증가한다(표의 세로 방향). 따라서 진실보고 유도시스템의 요건 2가 충족됨을 알 수 있다.

이제 하위 관리자가 실적으로 80을 달성한 경우를 생각해보자. 하위 관리자가 얼마를 목표로 보고한 경우에 가장 많은 보너스를 받게 되는가? 실적 80에 대해 목표별 보너스 금액을 살펴보면(표의 가로 방향), 목표가 80이었을 때 보너스 금액이 94로 가장 많다. 목표가 80보다 낮거나 높은 경우 보너스 금액은 94보다 적다. 실적(80)과 보고목표의 차이가 클수록 보너스는 더 적어진다. 예를 들어, 목표가 70인 경우와 50인 경우를 비교해보면, 보너스 금액은 각각 93과 91로 목표가 70인 경우의 보너스가 50인 경우보다 오히려 많다. 목표를 90으로 보고한 경우 실적이 목표에 미달했지만 보너스는 92로서, 목표가 50인 경우보다 더 많다. 실제로 달성가능한 수치에 가까운 수치를 목표로 보고하는 것이 유리하다는 것이다. 따라서 요건 1이 충족된다. 목표 초과 달성분이 클수록 더 좋게 평가되는 전통적인 방식과는 완전히 다른 방식이다.

이것은 하위 관리자가 목표로 50을 보고했을 경우, 실적 50을 달성하고 나면 더 노력하지 않는 것이 좋다는 것을 의미하는 것이 아님에 유의해야 한다. 목표와 상관없이 실적이 많을수록 보너스는 더 많아진다. 돌이켜 생각해보아, 예산수립 단계에서 50보다 더 높은 수치를 목표로 제시하지 않았던 것이 후회될 뿐이다.

마지막으로, 표에서 목표와 실적이 정확하게 일치한 경우(표의 대각선 방향)를 살펴보면, 왼쪽 상단에서 오른쪽 하단으로 갈수록(즉, 목표와 실적이 함께 높을수록) 보너스 금액도 커진다. 따라서 가능하면 낮은 수치보다는 높은 수치를 목표로 제시하고 그 목표를 달성하는 것이 유리하다.

이처럼 '신 소비에트 인센티브 모델'은 목표 설정 시에 달성가능한 목표를 제시하도록 진실보고를 유도함으로써, 예산슬랙을 방지할 수 있는 긍정적인 요소가 있다.

[보론] 현금예산

현금예산(cash budget)은 재무예산의 일종으로 현금의 유출입을 관리하기 위해 편성하는 예산이다. 표(보론) 10-1은 분기별 현금예산 편성 예시를 나타낸 것이다.

표에서 분기 초 현금잔액(1)에 분기 중 현금유입(2)을 더하면 총현금가용액(3)이 된다. 회사는 매 분기 말에 최소 ₩300,000의 현금을 보유하고자 한다. 분기 중 현금 유출액(4)과 회사가 희망하는 최소 현금보유필요액(5)을 더하면 총현금필요액(6)이 된다. 감가상각비 등 비현금성비용은 현금유출에 포함되지 않는다. 현금가용액과 현금필요액의 차이가 현금과부족액(7)이다. 이 회사에서 1분기에는 현금가용액보다 현금필요액이 더 많아 ₩1,125,500의 현금부족이 발생한다. 따라서 현금부족을 방지하기 위해 단기자금을 차입한다. 차입은 분기 초에 실시하고, 원리금은 은행과 합의하여 다음 분기 말부터 지급하는 것으로 가정하자. 1분기 현금부족을 방지하기 위해 1분기 초에 ₩1,170,000을 차입한다(8). 차입 후 분기말 현금잔액(10)은 ₩344,500이 되어, 최소 현금보유필요액(5) ₩300,000 이상의 현금을 보유하게 된다.

분기말 현금잔액은 다음 분기초 현금잔액이 된다. 표에서 2분기, 3분기, 4분기에는 분기별로 원리금을 지급하고도 현금부족이 발생하지 않아, 차입하지 않는다.

표의 마지막 행은 현금예산을 연간기준으로 나타낸 것이다. 이때 연도초 현금잔액은 1분기 초 현금잔액이며, 연도말 현금잔액은 4분기 말 현금잔액이다. 연간기준의 현금예산을 계산할 때 주의해야 할 점은 연간기준의 최소 현금보유필요액(5)은 분기별 기준 필요액 ₩300,000과 같은 금액으로서, 1분기부터 4분기까지 금액을 더하면 안 된다는 것이다. 이로 인해 연간 기준의 총현금필요액(6)과 현금과부족액(7)도 1분기부터 4분기까지 금액을 더하면 안 된다.

우리는 본문 표 10-1에서 매출원가와 판매비와관리비를 포함하여 영업이익이 나타나는 예산손익계산서를 작성하였다. 현금예산에 등장하는 이자비용은 예산손익계산서에 영업외비용으로 추가적으로 포함될 수 있다.

표(보론) 10-1 분기별 현금예산

	분 기				
	1	2	3	4	연간 기준*
(1) 기초 현금잔액	215,000	344,500	319,000	736,500	215,000
(2) 현금 유입	6,285,500	8,756,000	8,864,500	8,234,000	32,140,000
판매대금 수령	....	....	....	....	....
(3) 총현금가용액 (=(1)+(2))	6,500,500	9,100,500	9,183,500	8,970,500	32,355,000
(4) 현금 유출	7,326,000	8,330,500	8,045,000	7,810,000	31,511,500
직접재료구입	....	....	....	....	....
노무원가지급	....	....	....	....	....
제조간접원가지급	....	....	....	....	....
판매비와관리비지급	....	....	....	....	....
기계구입	....	....	....	....	....
세금납부	....	....	....	....	....
(5) 최소 현금보유필요액	300,000	300,000	300,000	300,000	300,000
(6) 총현금필요액 (=(4)+(5))	7,626,000	8,630,500	8,345,000	8,110,000	31,811,500
(7) 현금과부족액 (=(3)−(6))	−1,125,500	470,000	838,500	860,500	543,500
(8) 현금조달(차입)(기초)	1,170,000	0	0	0	1,170,000
(원리금지급)(기말)	0	−451,000	−402,000	−373,000	−1,226,000
(9) 현금조달 순효과	1,170,000	−451,000	−402,000	−373,000	−56,000
(10) 기말 현금잔액 (=(3)−(4)+(9))	344,500	319,000	736,500	787,500	787,500

* (1), (5), (6), (7), (10)을 제외한 각 항목의 금액은 1분기부터 4분기까지 금액을 합한 금액과도 같음

관련 사례

중장기예산과 중장기전략

LG전자 "스마트 라이프 솔루션 기업으로" … 2030년 매출 100조원 – 연합뉴스(yna.co.kr)

제로베이스 예산편성

[DBR] 롯데칠성 '제로베이스 예산편성(ZBB)팀'의 비용 절감 성공 사례 – 네이버 블로그(naver.com)

영업예산과 재무예산

에이텀, 전기차 시장 진입 임박 … "내년도 매출 1,000억원 목표" – 머니투데이(mt.co.kr)

연습문제

객관식

01 생산량 예산 (2014 관세사)

㈜관세는 20X1년 3분기에 30,000단위의 제품을 판매하였으며, 4분기에는 판매량이 3분기보다 10% 증가할 것으로 예측하고 있다. 20X1년 9월 및 12월 말 제품재고량이 각각 3,300단위, 2,850단위라면, 4분기의 목표 생산량은 얼마인가?

① 29,250단위 ② 30,900단위 ③ 32,550단위 ④ 34,200단위 ⑤ 35,850단위

02 직접재료구매 예산 (2017 관세사)

㈜관세의 20X1년 3월 매출액은 ₩302,500이며, 매출총이익률은 20%이다. 3월에 발생한 제품원가 관련 자료가 다음과 같을 때 당월 재료매입액은?

구 분	월 초	월 말
재료	₩20,000	₩40,000
재공품	₩100,000	₩40,000
제품	₩90,000	₩120,000
재료매입액	?	
직접노무원가	₩70,000	
제조간접원가	₩52,000	

① ₩50,000 ② ₩70,000 ③ ₩90,000 ④ ₩110,000 ⑤ ₩212,000

03 현금 예산 (2017 관세사)

20X1년 1월 초에 1분기 현금예산을 편성 중인 ㈜관세의 월별 매출예상액은 다음과 같다.

구 분	1월	2월	3월
매출예상액	₩600,000	₩450,000	₩900,000
매출총이익률	30%		

매출액 중 40%는 판매한 달에, 55%는 판매한 다음 달에 현금으로 회수되며, 5%는 대손으로 예상된다. 상품 매입대금은 매입한 다음 달에 전액 현금으로 지급한다. 1월 초 상품재고액은 ₩60,000이고 매월 말 상품재고액은 다음 달 매출원가의 10%로 유지한다. 2월 한 달간 예상되는 현금유입액과 현금유출액의 차이는?

① ₩112,500 ② ₩118,500 ③ ₩121,200 ④ ₩126,300 ⑤ ₩132,300

04 현금 예산 (2018 관세사)

㈜관세는 20X1년의 분기별 현금예산을 편성 중이며, 관련 매출 자료는 다음과 같다.

	1분기	2분기	3분기	4분기
예상 매출액	₩250,000	₩300,000	₩200,000	₩275,000

분기별 예상 매출액 중 현금매출은 40%이며, 외상매출은 60%이다. 외상매출은 판매된 분기(첫 번째 분기)에 60%, 두 번째 분기에 30%, 세 번째 분기에 10%가 현금으로 회수된다. 20X1년 매출과 관련하여 3분기에 예상되는 현금유입액은?

① ₩152,000 ② ₩206,000 ③ ₩218,000 ④ ₩221,000 ⑤ ₩267,000

05 직접재료구매 예산 (2022 관세사)

㈜관세의 20X1년도 2분기 직접재료예산 관련 자료이다. 5월의 직접재료 구입예산은? (단, 매월 말 재공품 재고는 무시한다.)

- 제품 예산생산량은 4월 1,000단위, 5월 1,200단위, 6월 1,500단위이다.
- 월말 직접재료의 목표재고량은 다음 달 생산량에 필요한 직접재료량의 5%이다.
- 제품 1단위를 생산하는 데 직접재료 2kg이 투입되며, 직접재료의 구입단가는 kg당 ₩10이다.

① ₩22,800 ② ₩23,700 ③ ₩24,300 ④ ₩25,200 ⑤ ₩25,500

06 직접재료구매 예산 (2019 국가직 9급)

㈜한국은 제품 1단위에 2kg의 원재료를 사용하고 있으며, 원재료 1kg당 가격은 ₩10이다. 각 분기 말 원재료 재고량은 다음 분기 원재료 예상사용량의 10%를 유지하고 있다. ㈜한국이 1분기 초에 보유하고 있는 원재료는 220kg이다. 분기별 실제(=목표)생산량이 다음과 같을 때, 1분기의 원재료 예산구입액은? (단, 재공품 및 제품 재고는 없다.)

	1분기	2분기
실제생산량(=목표생산량)	1,100개	1,500개

① ₩17,200 ② ₩18,800 ③ ₩22,800 ④ ₩23,000

07 매출 예산 (2004 세무사)

인천㈜의 2/4분기 매출수량과 생산수량에 대한 예산자료가 다음과 같다.

	4월	5월	6월
매출수량	100,000단위	120,000단위	?
생산수량	104,000단위	128,000단위	156,000단위

인천㈜의 4월 1일 현재 제품의 재고량은 20,000단위이다. 회사의 정책에 따르면 매월 말 제품의 재고로 다음 달 판매수량의 20%를 반드시 보유하여야 한다. 7월의 매출은 140,000단위가 될 것으로 예상하고 있다. 6월의 예상 판매수량은 얼마인가?

① 188,000단위 ② 160,000단위 ③ 128,000단위 ④ 184,000단위 ⑤ 180,000단위

08 직접재료구매 예산 (2005 세무사)

대양회사는 제품 단위당 4g의 재료를 사용한다. 재료 1g당 가격은 ₩0.8이며, 다음 분기 재료 목표시용량의 25%를 분기말 재고로 유지한다. 분기별 생산량은 다음과 같다. 1분기의 재료 구입액은 얼마인가?

	1분기	2분기
실제생산량(=목표생산량)	24,000	35,000

① ₩84,500 ② ₩85,600 ③ ₩86,400 ④ ₩87,200 ⑤ ₩88,800

09 직접재료구매 예산 (2007 세무사)

대한회사는 주요 원재료 A를 사용하여 제품 P를 생산하고 있다. 제품 P 한 단위를 생산하기 위해서는 원재료 A가 3kg 소요된다. 2006년 말의 재고자산 종류별 실제재고수량과 2007년도의 분기별 예상판매량은 다음과 같다.

2006년 12월 31일 현재 재고수량		2007년 분기별 예상판매량	
재고자산	수량	분기	판매량
원재료 A	4,000kg	1/4	8,000단위
재공품	없음	2/4	9,000단위
제품 P	2,500단위	3/4	7,000단위
		4/4	9,000단위
			33,000단위

대한회사의 재고정책에 의하면, 각 분기말 제품 재고수량은 다음 분기 예상판매량의 30% 수준으로 유지한다.

또한 각 분기말 원재료 재고수량은 일정하게 4,000kg씩 유지하며 재공품 재고는 없다. 2007년 2/4분기 중에 구입하여야 할 원재료 A의 물량은 얼마인가?

① 22,800kg ② 24,600kg ③ 25,200kg
④ 26,800kg ⑤ 28,600kg

10 상품구매 예산 (2011 세무사)

단일상품을 구입하여 판매하고 있는 ㈜국세는 20X1년 초에 당해 연도 2분기 예산을 편성 중에 있다. 20X1년 4월의 외상매출액은 ₩3,000,000, 5월의 외상매출액은 ₩3,200,000 그리고 6월의 외상매출액은 ₩3,600,000으로 예상된다. ㈜국세의 매출은 60%가 현금매출이며, 40%가 외상매출이다. 외상매출액은 판매일로부터 한 달 뒤에 모두 현금으로 회수된다. ㈜국세는 상품을 모두 외상으로 매입하며, 외상매입액은 매입일로부터 한 달 뒤에 모두 현금으로 지급한다. ㈜국세는 다음 달 총판매량의 20%를 월말재고로 보유하며, 매출총이익률은 20%이다. ㈜국세가 20X1년 5월 중 상품 매입대금으로 지급할 현금은 얼마인가? (단, 월별 판매 및 구입단가는 변동이 없다고 가정한다.)

① ₩6,000,000 ② ₩6,080,000 ③ ₩6,400,000
④ ₩6,560,000 ⑤ ₩6,600,000

11 상품구매 예산 (2014 세무사)

상품매매기업인 ㈜세무의 20X1년 2분기 월별 매출액 예산은 다음과 같다.

	4월	5월	6월
매출액	₩480,000	₩560,000	₩600,000

㈜세무의 월별 예상 매출총이익률은 45%이다. ㈜세무는 월말재고로 그 다음 달 매출원가의 30%를 보유하는 정책을 실시하고 있다. ㈜세무의 매월 상품매입 중 30%는 현금매입이며, 70%는 외상매입이다. 외상매입대금은 매입한 달의 다음 달에 전액 지급된다. 매입에누리, 매입환출, 매입할인 등은 발생하지 않는다. 상품매입과 관련하여 ㈜세무의 20X1년 5월 예상되는 현금지출액은 얼마인가?

① ₩231,420 ② ₩243,060 ③ ₩264,060
④ ₩277,060 ⑤ ₩288,420

12 직접재료구매 예산 (2016 세무사)

㈜세무는 단일 제품 A를 생산하는 데 연간 최대생산능력은 70,000단위이며, 20X1년에 제품 A를 45,000단위 판매할 계획이다. 원재료는 공정 초에 전량 투입(제품 A 1단위 생산에 4kg 투입)되며, 제조과정에서 공손과

감손 등으로 인한 물량 손실은 발생하지 않는다. 20X1년 초 실제재고와 20X1년 말 목표재고는 다음과 같다.

	20X1년 초	20X1년 말
원재료	4,000kg	5,000kg
재공품	1,500단위(완성도 60%)	1,800단위(완성도 30%)
제 품	1,200단위	1,400단위

재공품 계산에 선입선출법을 적용할 경우, ㈜세무가 20X1년에 구입해야 하는 원재료(kg)는?

① 180,000kg ② 182,000kg ③ 183,000kg
④ 184,000kg ⑤ 185,600kg

13 직접재료구매 예산 (2021 세무사)

손세정제를 제조하는 ㈜세무의 20X1년도 직접재료예산과 관련된 자료는 다음과 같다. 이를 바탕으로 구한 2분기의 직접재료 구매예산액은?

- 판매예산에 따른 각 분기별 제품판매량

1분기	2분기	3분기	4분기
1,000통	3,000통	5,000통	2,000통

- 각 분기별 기말목표 제품재고량은 다음 분기 판매량의 20%로 한다.
- 각 분기별 기말목표 재료재고량은 다음 분기 제품생산량에 필요한 재료량의 10%로 한다.
- 손세정제 1통을 만드는 데 20kg의 재료가 필요하다.
- 재료의 구입단가는 kg당 ₩20이다.

① ₩106,000 ② ₩124,000 ③ ₩140,000
④ ₩152,000 ⑤ ₩156,000

14 상품구매 예산 (2022 세무사)

㈜세무는 상품매매업을 영위하고 있으며, 20X2년 1분기의 매출액 예산은 다음과 같다.

구 분	1월	2월	3월
매출액	₩100,000	₩120,000	₩150,000
매출원가율	80%	75%	70%

㈜세무의 20X1년 말 재무상태표에 표시된 상품재고는 ₩10,000이고, 매입채무는 ₩42,400이다. ㈜세무는 20X2년에 매월 기말재고로 다음 달 예상 매출원가의 10%를 보유한다. 매월 상품매입은 현금매입 40%와 외상

매입 60%로 구성되며, 외상매입대금은 그 다음 달에 모두 지급한다. 상품매입으로 인한 2월의 현금지출예산은?

① ₩74,000 ② ₩84,000 ③ ₩85,500 ④ ₩91,500 ⑤ ₩95,000

15 현금 예산 (2005 CPA)

㈜은마의 2005년 1월 매출액은 ₩500,000이고, 2월과 3월 매출은 직전 월에 비하여 각각 10%와 20%씩 증가할 것으로 예상된다. 매출은 현금매출 70%와 외상매출 30%로 구성되며, 외상매출은 판매된 달에 60%, 그 다음 달에 40%가 회수된다. 이에 따라 ㈜은마의 현금예산표상 2005년 3월의 현금유입액을 계산하면 얼마인가?

① ₩440,000 ② ₩484,000 ③ ₩544,000 ④ ₩580,800 ⑤ ₩646,800

주관식

01 현금예산 (2015 세무사 수정)

20X1년 초에 설립된 ㈜대한은 A제품만을 생산·판매하고 있다. 20X1년 중에 15,000단위를 생산하여 12,000단위를 판매하였는데, 이와 관련된 자료는 다음과 같다.

단위당 판매가격	**₩1,500**
제조원가 :	
단위당 직접재료원가	₩300
단위당 직접노무원가	350
단위당 변동제조간접원가	100
총고정제조간접원가	4,500,000
판매관리비 :	
단위당 변동판매관리비	₩130
총고정판매관리비	2,000,000

한편, ㈜대한은 20X2년 중에 20,000단위를 생산하여 22,000단위를 판매하였는데, 직접재료원가를 제외한 다른 원가(비용)요소가격과 판매가격의 변동은 없었으나 직접재료원가는 원자재 가격의 폭등으로 단위당 ₩20 상승하였다. 또한 ㈜대한은 재고자산의 단위원가 결정방법으로 선입선출법을 채택하고 있으며, 기말제품을 제외한 기말직접재료 및 기말재공품을 보유하지 않는 재고정책을 취하고 있다.

20X2년도의 단위당 판매가격 및 원가(비용), 총고정제조간접원가와 총고정판매관리비가 20X3년도에도 동일하게 유지될 것으로 예상되는 상황에서 ㈜대한은 20X3년도에 A제품 23,000단위를 생산하여 18,000단위를 판매할 계획이다.

㈜대한의 A제품은 모두 신용으로 판매되고 있는데, 신용매출의 75%는 판매한 연도에 현금으로 회수되고 25%

는 다음 연도에 회수된다. 한편, ㈜대한은 직접재료 구입액의 40%를 구입한 연도에 현금으로 지급하고 나머지 60%는 다음 연도에 지급하고 있으며, 직접재료원가를 제외한 모든 원가(비용)는 발생한 연도에 현금으로 지급하고 있다. 단, 총고정제조간접원가 중 ₩1,500,000은 감가상각비에 해당된다.
이러한 현금 회수 및 지급 정책이 영업 첫 해인 20X1년도부터 일관되게 유지되고 있다면, 20X3년도 영업활동에 의한 순현금흐름을 계산하시오.

02 종합예산 (2018 세무사 수정)

표준원가계산제도를 도입하고 있는 ㈜세무가 20X1년에 생산할 제품 A의 단위당 표준원가와 2/4분기 예산편성을 위한 자료는 다음과 같다. 물음에 답하시오.

1) 단위당 표준수량과 표준가격 및 표준원가

원가항목	표준수량	표준가격	표준원가
직접재료원가	2kg	₩500	₩1,000
직접노무원가	3시간	60	180
변동제조간접원가	3시간	40	120
고정제조간접원가	3시간	100	300
합 계			₩1,600

2) 단위당 변동 판매비와관리비는 ₩100이며 고정 판매비와관리비는 매월 ₩800,000으로 예상된다.
3) 고정제조간접원가는 매월 ₩1,800,000으로 일정하게 발생한다. 고정제조간접원가 표준배부율을 산정하는 데 사용한 기준조업도는 18,000시간이다.
4) 고정제조간접원가에는 월 ₩600,000의 감가상각비가 포함되어 있으며 고정 판매비와관리비에는 월 50,000의 무형자산상각비가 포함되어 있다.
5) 제품 A의 월별 판매수량과 매출액

구 분	3월	4월	5월	6월
판매수량	3,500단위	4,500단위	5,500단위	5,000단위
매출액	₩7,000,000	₩9,000,000	₩11,000,000	₩10,000,000

6) 월말 제품재고는 다음 달 예산 판매수량의 10%를 유지하고, 월말 직접재료의 재고는 다음 달 예산 사용량의 20% 수준을 유지한다. 월말 재공품은 없는 것으로 한다.
7) 모든 재고자산의 매입과 매출은 외상거래로 이루어진다. 매출액의 60%는 판매한 달에, 나머지 40%는 판매한 다음 달에 현금으로 회수한다. 외상매입금은 매입한 달에 70%를, 나머지 30%는 매입한 다음 달에 현금으로 지급한다. 그리고 재료 매입액을 제외한 제조원가와 판매비와관리비는 발생한 달에 전액 현금으로 지급한다.

8) 원가차이 중 가격차이, 능률차이, 예산차이는 발생하지 않고 고정제조간접원가 조업도 차이는 매출원가에서 조정하는 것으로 가정한다.
9) 3월 말 현금잔액은 ₩2,500,000이다.

요구사항

▸ 물음 1. 다음 물음에 답하시오.
(1) 4월의 제조(생산량)예산을 구하시오.
(2) 4월의 재료매입예산액을 구하시오.

▸ 물음 2. 4월 말 예산 현금잔액을 구하시오.

CHAPTER

11

예산과 차이분석

본 장에서는 고정예산과 변동예산에 대해 학습하고, 실제 발생액과의 차이를 분석하는 방법에 대해 학습한다. 구체적으로, 원가요소(직접재료원가, 직접노무원가, 변동제조간접원가, 고정제조간접원가)별로 표준(예산)과 실제 발생액의 차이에 대한 분석방법과 차이의 의미에 대해 학습하고, 직접재료원가의 가격차이 분리시점에 따라 차이분석이 어떻게 달라지는지 알아본다.

CHAPTER

11

예산과 차이분석

1. 고정예산과 변동예산

기업은 일반적으로 경영활동의 통합조정과 통제를 위해 **예산(budget)**을 설정한다[1]. 예산은 수익과 원가(비용) 및 이익 등에 대해 설정하며, 제품예산은 판매량(생산량), 판매가격, 단위당 원가에 대해 설정한다. 예산은 변동가능성에 따라 두 가지로 구분할 수 있다. 기초에 설정된 하나의 예산판매량(생산량)에 대해 확정된 금액으로 설정되는 **고정예산(static budget)** 또는 **정태적 예산**이 있고, 다른 하나는 실제판매량(생산량)에 따라 예산을 함께 조정하는 **변동예산(flexible budget)** 또는 **동태적 예산**이 있다. 다음 예제를 통해 학습해보자.

예제 11-1

㈜예림의 2024년 5월의 제품 단위당 변동제조원가 예산은 ₩85이며, 고정제조원가 예산은 ₩550,000이다. 5월의 예산판매량(생산량)은 20,000단위, 실제판매량(생산량)은 18,000단위이며, 실제 발생원가는 총 ₩2,090,000이다(관련범위 : 15,000~28,000개). 고정예산과 변동예산을 계산해보자.

5월 예산판매량 20,000단위에 대한 총원가 **고정예산**은 ₩2,250,000(=₩550,000+₩85×20,000단위)이다. 총원가 변동예산은 그림 11-1과 같이 **변동예산선**을 통해 나타낼 수 있다[2]. 또한 총원가 변동예산은 다음

1 예산은 영업활동에 관한 예산인 영업예산(operating budget)과 자본투자와 현금흐름 등에 관한 예산인 재무예산(financial budget)으로 구분된다. 본 장에서는 영업예산을 다룬다.

2 변동예산선은 관련범위 내에서 추정하며, 고정원가는 변동예산선을 조업도 "0" 수준으로 연장했을 때 y축(그림에서 총원가)과 만나는 절편값이다.

과 같이 계산한다.

변동예산(총원가) = 고정원가예산 + 단위당 변동원가예산 × 실제판매량(생산량)

㈜예림의 5월 실제생산량 18,000단위에 대한 **변동예산**은 다음과 같이 나타낼 수 있다.

5월 변동예산(총원가) = ₩550,000 + ₩85 × 18,000단위 = ₩2,080,000

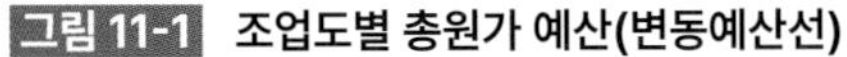
그림 11-1 조업도별 총원가 예산(변동예산선)

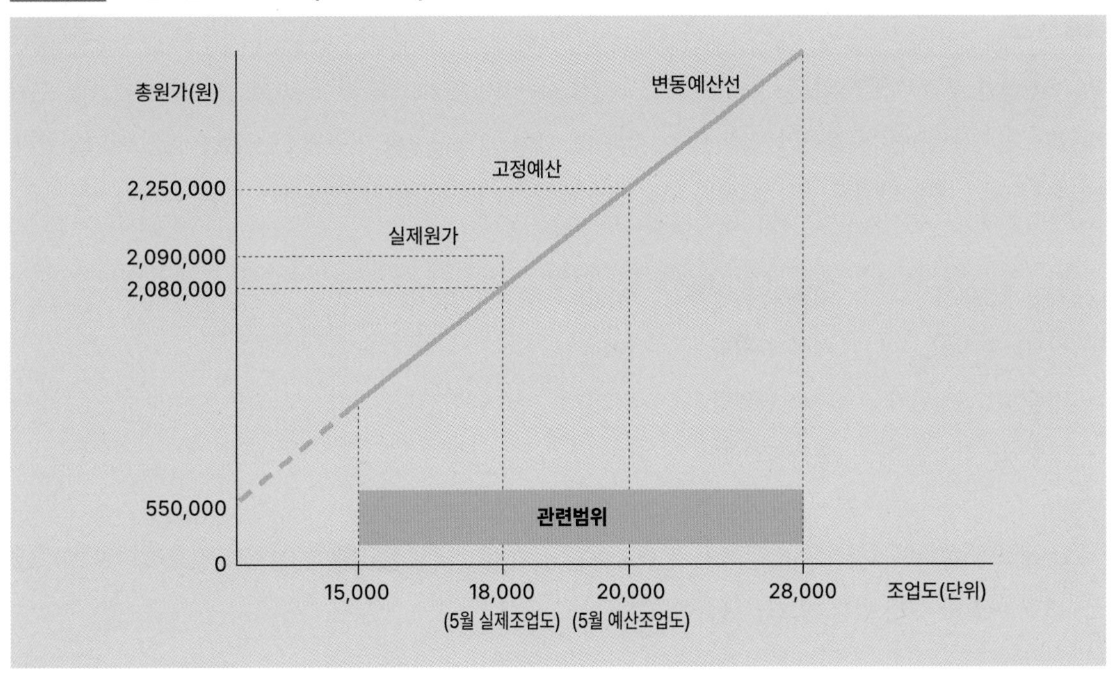

고정예산은 기초에 수립한 예산을 그대로 집행하는 것이 바람직한 경우(특히, 정부, 공공기관의 경우)에 주로 사용되며, 기초에 예정된 조업도(생산량)가 기말에도 그대로 실현되는 경우에 적합하다고 볼 수 있다. 그러나 대부분의 조직에서는 실제조업도가 기초에 예상했던 조업도 수준과 다를 가능성이 크기 때문에, 조업도 변동에 따른 경영활동의 효율성 판단을 위해서는 변동예산을 함께 사용하는 것이 바람직하다.

2. 차이분석

예산을 설정하고 영업활동을 수행한 다음에는 결과에 대해 차이분석을 실시한다. **차이분석**(analysis of variance)은 실제결과와 예산의 **차이**(variance)를 분석하는 것으로서, 차이가 발생한 원인을 파악하여 문제를 해결하는 데 도움을 준다.

차이분석은 분석의 깊이에 따라 여러 가지 단계(수준)로 구분하여 실시할 수 있다. 가장 기본적인 단계는 특정 판매량(생산량) 목표에 대해 설정한 고정예산과 실제 발생한 결과를 단순 비교하는 것이다. 다음 예제를 이용하여 차이분석에 대해 구체적으로 학습해보자.

예제 11-2

위 ㈜예림의 구체적인 영업활동 자료는 다음과 같다. ㈜예림은 2023년 말에 2024년도 월별 예산을 수립하였다. 편의상 판매비와관리비는 발생하지 않으며, 매월 기초재고와 기말재고는 없는 것으로 가정한다. 2024년 5월의 제품 단위당 변동원가 및 고정원가 예산은 다음과 같다(관련범위는 15,000~28,000단위).

- 직접재료원가 제품 단위당 ₩36
- 직접노무원가 제품 단위당 ₩24
- 변동제조간접원가 제품 단위당 ₩25
- 고정제조간접원가 총 ₩550,000

㈜예림의 2024년 5월의 제조원가의 원가요소별 실제 발생액은 **표 11-1**의 (1)열과 같으며, 5월 판매(생산) 관련 예산과 실제 발생 자료는 다음과 같다.

- 예산판매가격 ₩150
- 예산판매량(생산량) 20,000단위
- 실제판매량(생산량) 18,000단위
- 실제매출액 ₩2,880,000

단계별로 차이분석을 실시해보자.

1) 제1단계 : 고정예산차이

차이분석의 제1단계는 **고정예산차이**(static-budget variance)를 계산하는 단계로서, 다음과 같이 계산한다.

고정예산차이 = 실제결과 − 고정예산

㈜예림의 2024년도 5월 고정예산은 예산판매량 20,000단위에 대해 설정된 예산으로서, 주요 항목별 5월 고정예산차이 계산 결과는 표 11-1과 같다. 표에서 U는 예산과 비교하여, 실제결과가 영업이익에 불리한(unfavorable) 영향을 미치는 차이로서, 수익은 더 적을 경우에, 비용은 더 많을 경우에 불리한 차이가 발생한다. 반대로, F는 예산과 비교하여, 실제결과가 영업이익에 유리한(favorable) 영향을 미치는 차이로서, 수익은 더 많을 경우에, 비용은 더 적을 경우에 유리한 차이가 발생한다.

표 11-1 제1단계 : 고정예산차이

	실제결과 (1)	고정예산차이 (2)(=(1)−(3))	고정예산 (3)
판매량(단위)	18,000	−2,000 U	20,000
매출액(원)	2,880,000	−120,000 U	3,000,000
변동원가(원)			
직접재료원가	630,000	−90,000 F	720,000
직접노무원가	486,000	+6,000 U	480,000
변동제조간접원가	414,000	−86,000 F	500,000
변동원가 총계	1,530,000	−170,000 F	1,700,000
고정제조간접원가(원)	560,000	+10,000 U	550,000
영업이익(원)	790,000	+40,000 F	750,000

표에서 고정예산차이(영업이익)는 ₩40,000(F)으로, 실제판매량이 예산판매량보다 적음에도 불구하고 유리한 차이가 발생했다. 원가요소별로 고정예산차이를 살펴보면 유리한 차이가 발생한 원인을 조금 이해할 수 있다. 직접노무원가와 고정제조간접원가는 (고정)예산보다 오히려 더 많이 발생했지만, 직접재료원가와 변동제조간접원가가 (고정)예산보다 적게 발생하여, 실제 영업이익이 예산보다 더 크다는 것을 알 수 있다.

2) 제2단계 : 변동예산차이와 매출조업도차이

고정예산차이는 판매량, 수익, 각 원가요소, 영업이익에 대해 실제결과와 (고정)예산의 차이를 알 수 있게 해준다. 그러나 실제판매량과 예산판매량의 차이를 고려하지 않았기 때문에 고정예산차이만으로는 경영통제에 활용하기 어렵다.

고정예산차이를 (a) 판매량 예측 오류로 발생한 차이와 (b) 실제판매량(생산량)에 대해 예산을 수립했을 경우의 차이로 세분화하면, 고정예산차이의 발생원인을 더 구체적으로 파악할 수 있다. 전자(a)를 **매출조업도차이**(sales-volume variance), 후자(b)를 **변동예산차이**(flexible budget variance)라 한다. 자세한 계산 결과는 표 11-2에 정리되어 있다. 각 차이에 대해 구체적으로 살펴보자.

표 11-2 제2단계 : 변동예산차이와 매출조업도차이

	실제결과 (1)	변동예산차이 (2)(=(1)−(3))	변동예산 (3)	매출조업도차이 (4)(=(3)−(5))	고정예산 (5)
판매량(단위)	18,000	0	18,000	−2,000 U	20,000
매출액(원)	2,880,000	180,000 F	2,700,000	−300,000 U	3,000,000
변동원가(원)					
직접재료원가	630,000	−18,000 F	648,000	−72,000 F	720,000
직접노무원가	486,000	+54,000 U	432,000	−48,000 F	480,000
변동제조간접원가	414,000	−36,000 F	450,000	−50,000 F	500,000
변동원가 총계	1,530,000	0	1,530,000	−170,000 F	1,700,000
고정제조간접원가(원)	560,000	+10,000 U	550,000	0	550,000
영업이익(원)	790,000	+170,000 F	620,000	−130,000 U	750,000

(1) 매출조업도차이

매출조업도차이(표 11-2의 (4)열)는 변동예산과 고정예산의 차이로서, 다음과 같이 계산한다.

매출조업도차이 = 변동예산 − 고정예산

변동예산(flexible budget)은 ㈜예림이 2023년 말 예산 수립 시점에서 2024년 5월의 예산판매량을 실제판매량인 18,000단위로 정확하게 예측했을 경우에 설정되었을 예산이다. 즉, 실제판매량에 기초한 예산이다. 따라서 예산이라는 표현과 달리, 변동예산은 실제판매량이 알려지는 기말(여기서는 2024년 5월 말)에 가서야 금액이 확정된다. 총원가 변동예산은 그림 11-1의 변동예산선으로 나타낼 수 있다.

변동예산에서 실제판매량(생산량)이 관련범위 내에 있을 때는 판매가격과 단위당 변동제조원가 및 고정제조간접원가 총액은 모두 예산 수치 그대로 사용한다. 따라서 본 예제처럼 실제판매량이 예산판매량보다 적을 경우, 매출조업도차이는 매출액은 불리한 차이를, 모든 변동원가는 유리한 차이를, 고정제조간접원가는 '0'의 차이를 항상 나타내게 된다. **매출조업도차이(영업이익)**는 다음과 같이 나타낼 수 있다.

매출조업도차이(영업이익) = 단위당 예산공헌이익 × (실제판매량 − 고정예산판매량)
= ₩65 × (18,000단위 − 20,000단위)
= − ₩130,000(U)

위에서, 단위당 예산공헌이익 = 예산판매가격 − 단위당 예산변동원가
= ₩150 − (₩36 + ₩24 + ₩25)
= ₩65

이처럼 매출조업도차이(sales-volume variance)라는 용어는 차이의 원인이 실제판매량과 예산판매량의 차이, 즉 판매량(sales volume)의 차이로 인해 발생한 것이기 때문에 붙여진 표현이다. 매출조업도차이의 발생원인은 여러 가지가 있을 수 있다. 판매조직의 역량 부족에 따른 예산판매량 달성 실패, 해당 제품의 시장수요 예측 오류, 경쟁기업의 영향, 해당 제품에 대한 소비자 선호의 변화, 해당 제품의 품질 확보 실패 등 다양하다. 따라서 매출조업도차이의 발생에 대한 대처는 발생원인에 따라 판매담당 조직이 담당해야 할 수도 있고, 생산담당 조직이 담당해야 할 수도 있다.

(2) 변동예산차이

다음으로, **변동예산차이**(표 11-2의 (2)열)에 대해 살펴보자. 이 차이는 실제결과와 변동예산의 차이로서, 다음과 같이 계산한다.

변동예산차이 = 실제결과 − 변동예산

변동예산차이는 5월의 실제판매량(생산량)인 18,000단위에 대한 예산과 실제발생액의 차이로서, 동일한 판매량에 기초하고 있으므로, 판매가격, 단위당 변동원가, 고정원가 총액의 실제결과와 예산 간의 차이로 인해 발생한다. 이들의 실제결과와 예산은 표 11-3과 같다. 표에서 단위당 실제결과는 표 11-2의 (1)열 실제결과를 실제판매량으로 나눈 값이다.

매출에 대한 변동예산차이는 제품 판매가격의 차이로 인해 발생하는 것으로서 **판매가격차이**(selling-price variance)라고 부르며, 다음과 같이 계산한다.

판매가격차이 = (실제판매가격 − 예산판매가격) × 실제판매량

= (₩160 − ₩150) × 18,000단위

= ₩180,000(F)

표 11-3 (주)예림의 2024년도 5월 가격과 원가의 실제결과 및 예산

	실제결과	예 산
판매가격	₩160(=₩2,880,000÷18,000개)	₩150
직접재료원가	단위당 ₩35(=₩630,000÷18,000개)	단위당 ₩36
직접노무원가	단위당 ₩27(=₩486,000÷18,000개)	단위당 ₩24
변동제조간접원가	단위당 ₩23(=₩414,000÷18,000개)	단위당 ₩25
고정제조간접원가	총 ₩560,000	총 ₩550,000

변동예산차이는 원가요소별로도 발생했음을 알 수 있다. 예를 들어, 직접재료원가의 경우, 변동예산차이는 (₩35 − ₩36) × 18,000단위 = − ₩18,000(F), 즉 유리한 차이 ₩18,000이 발생하였다. 고정제조간접원가의 경우에는 실제발생액이 ₩560,000으로서 예산보다 ₩10,000이 많아 불리한 차이 ₩10,000이 발생했음을 알 수 있다.

원가요소 중에서 직접재료원가와 직접노무원가의 변동예산차이는 제품 한 단위당 실제원가와 예산원가의 차이로 인해 발생한 것으로서, 실제 투입한 재료(노무)의 수량이 예산 투입 수량과 차이가 있거나, 재료(노무)의 단위당 가격이 예산가격과 차이가 있을 때 발생한다. 이를 파악하기 위해 아래의 제3단계 분석이 필요하다.

3) 제2단계 분석의 의의

지금까지 위에서 실시한 제1단계와 제2단계 분석결과를 종합하면 다음과 같이 나타낼 수 있다.

고정예산차이 = 실제결과 − 고정예산

= (실제결과 − 변동예산) + (변동예산 − 고정예산)

= 변동예산차이 + 매출조업도차이

이를 영업이익에 대해 나타내면, 고정예산차이 ₩40,000(F) = 변동예산차이 ₩170,000(F) + 매출조업도차이 ₩130,000(U)으로 나타낼 수 있다. 제2단계 차이분석은 제1단계에서 실시한 고정예산차이를 추가적으로 분리한 것이다. 항목별로 살펴보면, 매출액 항목의 경우에는 판매량의 차이로 인해 발생하는 매출조업도차이와 판매가격의 차이로 인해 발생하는 변동예산차이를 완전히 분리해서 판단하기 어렵다. 판매량과 가격이 서로 연계되어 있기 때문이다. 예제의 경우, 실제가격(₩160)이 예산가격(₩150)보다 높아 매출액의 변동예산차이가 '0'보다 크지만, 실제판매량(18,000개)은 예산판매량(20,000개)에 미치지 못해 매출액의 매출조업도차이가 '0'보다 작으며, 결과적으로 매출액의 고정예산차이는 ₩120,000 불리한 차이를 나타내게 되었다. 따라서 실제가격을 예산가격보다 낮춘 것이 올바른 가격정책이었다고 하기 어려울 수도 있다.

비용 항목들의 경우에는 고정예산과 실제발생액의 차이(즉, 고정예산차이) 자체는 사실상 큰 의미가 없다. 비용 발생의 효율성은 예산생산량(판매량)이 아닌 실제생산량(판매량)을 기준으로 판단해야 하기 때문이다. 따라서 비용 항목의 매출조업도차이는 비용의 효율성과 무관하며, 변동예산차이가 비용 효율성을 나타낸다.

4) 제3단계 : 변동예산차이의 원가요소별 차이분석

차이분석의 세 번째 단계는 제2단계에서 계산한 **변동예산차이(flexible budget variance)**를 원가요소별로 분석하는 단계이다.

(1) 원가요소별 예산과 표준

변동예산차이를 분석하기 위해 원가요소별 예산에 대해 좀 더 살펴보자. **예산(budget)**은 과거 실제 발생

내역, 유사한 공정을 가진 다른 기업들의 자료, 기업이 자체 개발한 표준 등 다양한 자료를 이용하여 수립할 수 있다. 예산은 반드시 **표준**(standard)을 토대로 수립할 필요는 없으나, 이 중에서 다양한 자료들을 종합적으로 활용하여 기업이 자체 개발한 표준을 예산으로 사용하는 경우가 많다.

표준은 숙련된 근로자가 작업을 효율적으로 수행하는 경우를 전제로 하는 경우가 많으며, 원가요소별로 제품 한 단위당 투입요소의 물량과 투입요소의 가격에 대해 설정된다. 이렇게 설정된 표준은 실제 성과를 평가하는 기준점(benchmark)의 역할을 한다. 표준을 예산으로 사용하는 경우, 표준과 예산이라는 용어는 혼용한다. 본서에서도 특별한 언급이 없는 경우 표준과 예산을 혼용한다.

이제 제3단계 변동예산차이의 원가요소별 분석을 위해, 표 11-3에 있는 제품의 단위당 **표준원가**(standard costs)의 구성에 대해 자세히 살펴보자. 표 11-4는 위 예제 ㈜예림의 2024년 5월 제품 단위당 변동 표준원가의 구성 내역을 나타낸 것이다. 고정원가인 고정제조간접원가는 단위당 표준원가가 따로 없으며, ㈜예림의 2024년 5월 고정제조간접원가 총예산은 ₩550,000이다(예제 11-1).

표준원가는 제품 한 단위를 생산하기 위해 투입되는 **표준투입량**(standard input)에 투입량 한 단위당 **표준가격**(standard price)을 곱하여 계산한다. 직접재료원가는 여러 가지 재료에 대해 종류별로 각각 표준원가를 설정할 수 있고, 직접노무원가의 경우에도 근로자의 유형별로 표준원가를 설정할 수 있다.

변동제조간접원가의 표준투입량에 대해서는 주의를 요한다. 변동제조간접원가는 여러 가지 유형의 자원들의 원가를 포함하므로, 투입수량을 측정할 수 있는 단일의 물량 단위가 존재하지 않는다. 따라서 변동제조간접원가의 표준투입량은 원가계산에서 사용하는 원가배부기준을 물량단위로 사용하며, 표준가격은 배부기준 한 단위당 배부율이 된다. 원가변동을 인과관계(cause-effect relationship) 기준으로 가장 잘 설명하는 변수를 원가배부기준으로 사용하기 때문이다.

표 11-4에서 변동제조간접원가(전기료, 수도료 등 포함)의 표준투입량은 5기계시간으로서, 변동제조간접원가의 배부기준인 기계시간을 투입량 측정단위로 사용하고 있음을 알 수 있다. ㈜예림은 편의상 변동

표 11-4 (주)예림의 제품 한 단위당 변동 표준원가 구성내역

원가요소	단위당 표준투입량 (1)	표준가격 (2)	표준원가 (3)(=(1)×(2))
직접재료원가	4g	₩9/g	₩36
직접노무원가	3직접노동시간	₩8/직접노동시간	₩24
변동제조간접원가	5기계시간	₩5/기계시간	₩25
합계 : 단위당 변동 표준원가			₩85

제조간접원가를 하나의 그룹으로 나타내었지만, 여러 원가집합(cost pool)을 사용할 경우에는 원가집합별로 해당 배부기준의 표준투입량과 표준가격을 설정한다.

원가요소별로 제품 단위당 표준원가가 설정되면 생산량 수준을 고려한 **변동예산**(flexible budget)을 설정할 수 있다(표준은 보통 제품 한 단위에 대해 설정하고, 생산량 전체에 대해서는 예산이라는 표현을 사용하는 경우가 많다). 우리는 위에서 ㈜예림의 변동예산에 대해 이미 학습하였다. 이제 원가요소별로 변동예산차이 분석에 대해 자세히 학습해보자. 먼저 직접재료원가와 직접노무원가의 차이분석에 대해 살펴보자.

(2) 직접재료원가와 직접노무원가의 차이분석

변동예산차이 분석의 기본모형은 다음과 같이 변동예산차이를 **가격차이**(price variance)와 **능률차이**(efficiency variance)로 분리하는 것이다. 일반적으로 차이분석의 핵심이 제3단계인 변동예산차이 분석에 있으므로 변동예산차이를 **총차이**(total variance)라 부르기도 한다. 변동예산차이는 다음과 같다.

변동예산차이(총차이) = 실제발생액 − 변동예산
= 실제가격(AP) × 실제투입량(AQ) − 표준가격(SP) × 표준투입량(SQ)

여기서, AP(Actual Price) : 실제가격
AQ(Actual Quantity) : 실제물량(투입량)
SP(Standard Price) : 표준가격
SQ(Standard Quantity) : 실제생산량에 허용된 표준물량(투입량)[3]

예제 11-3

위 ㈜예림의 2024년 5월 직접재료원가의 실제투입량(AQ)은 75,000g, 실제가격(AP)은 g당 ₩8.4이었으며, 직접노무원가의 실제투입량(AQ)은 60,000시간, 실제가격(AP)은 시간당 ₩8.1이었다고 하자. **표 11-4**의 표준원가 자료를 이용하여 직접재료원가와 직접노무원가의 차이분석을 해보자.

먼저 5월 직접재료원가와 직접노무원가의 실제발생액과 변동예산은 **표 11-5**와 같이 정리할 수 있다.

3 변동예산을 계산하는 데 사용되는 표준투입량(SQ)은 제품 한 단위당 표준투입량이 아닌 실제생산량에 기초한 표준투입량임에 유의해야 한다. 표준은 한 단위에 대해 설정되므로, 변동예산투입량이라는 표현이 더 적절할 수도 있다.

표 11-5 (주)예림의 2024년 5월 직접재료원가와 직접노무원가의 구체적인 내역

구분	실제발생액(AP×AQ)		변동예산(SP×SQ)	
직접재료원가	₩630,000		₩648,000	
	실제가격(AP) ₩8.4	실제투입량(AQ) 75,000g	표준가격(SP) ₩9/g	표준투입량(SQ) 72,000g*
직접노무원가	실제발생액(AP×AQ) ₩486,000		변동예산(SP×SQ) ₩432,000	
	실제가격(AP) ₩8.1	실제투입량(AQ) 60,000시간	표준가격(SP) ₩8/시간	표준투입량(SQ) 54,000시간**

* 18,000단위×4g/단위 = 72,000g
** 18,000단위×3시간/단위 = 54,000시간

이제 직접재료원가와 직접노무원가의 변동예산차이(총차이)를 가격차이(price variance)와 능률차이(efficiency variance)로 분리하는 방법에 대해 살펴보자. 차이분석은 그림 11-2의 차이분석 틀을 이용하면 편리하다.

그림 11-2 직접원가의 변동예산 차이분석 틀

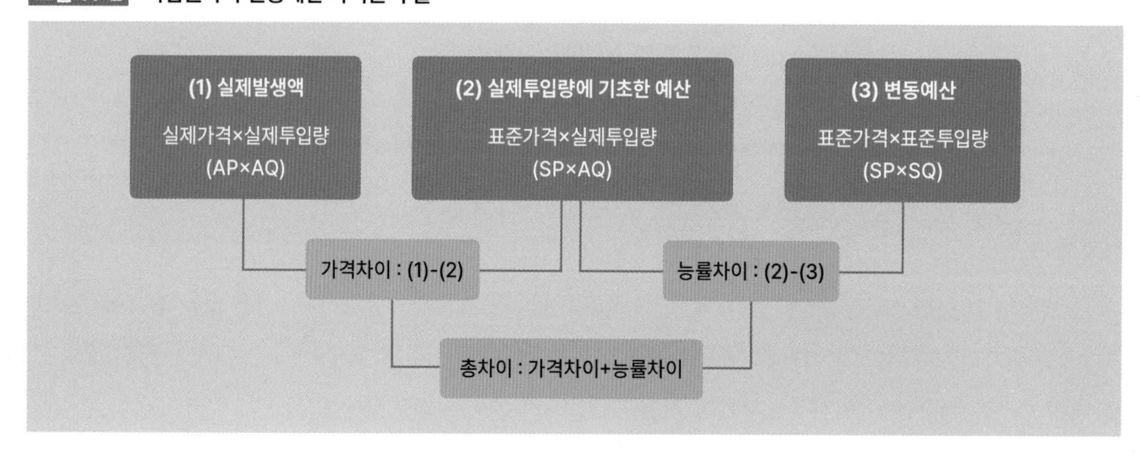

가격차이와 능률차이는 다음과 같이 계산한다.

가격차이 = 실제발생액(1) − 실제투입량에 기초한 예산(2)
= 실제가격(AP) × 실제투입량(AQ) − 표준가격(SP) × 실제투입량(AQ)
= (실제가격 − 표준가격) × 실제투입량

능률차이 = 실제투입량에 기초한 예산《2》 − 변동예산《3》

= 표준가격(SP) × 실제투입량(AQ) − 표준가격(SP) × 표준투입량(SQ)

= (실제투입량 − 표준투입량) × 표준가격

식에서 '실제투입량에 기초한 예산'은 표준가격(SP)에 실제투입량(AQ)을 곱해서 구하게 된다. 이와 비교하여, 변동예신은 표준가격(SP)에 표준투입량(SQ)을 곱해서 계산하므로, '실제생산량에 기초한 예산'이라고 말할 수 있다.

가격차이를 구할 때 표준투입량(SQ)이 아닌 실제투입량(AQ)을 곱한다는 점에 유의해야 한다[4]. 능률차이(efficiency variance)는 사용차이(usage variance)라고도 하며, 직접노무원가의 가격차이(price variance)를 임률차이(rate variance)라고도 한다.

위 분석틀에서 (1) > (2), (2) > (3), (1) > (3)인 경우 각 차이를 불리한 차이(U)라 하고, (1) < (2), (2) < (3), (1) < (3)인 경우 각 차이를 유리한 차이(F)라고 한다. 유리와 불리의 기준은 영업이익에 미치는 영향으로서, 실제가격(AP)이 표준가격(SP)보다 크면 불리한 가격차이가 발생하며, 실제투입량(AQ)이 표준투입량(SQ)보다 많으면 불리한 능률차이가 발생한다.

이제 차이분석 틀을 이용하여 ㈜예림의 2024년도 5월의 직접재료원가와 직접노무원가의 변동예산차이를 분리하면 **그림 11-3**과 같다.

그림 11-3 **㈜예림의 2024년 5월 직접재료원가의 변동예산차이 분석**

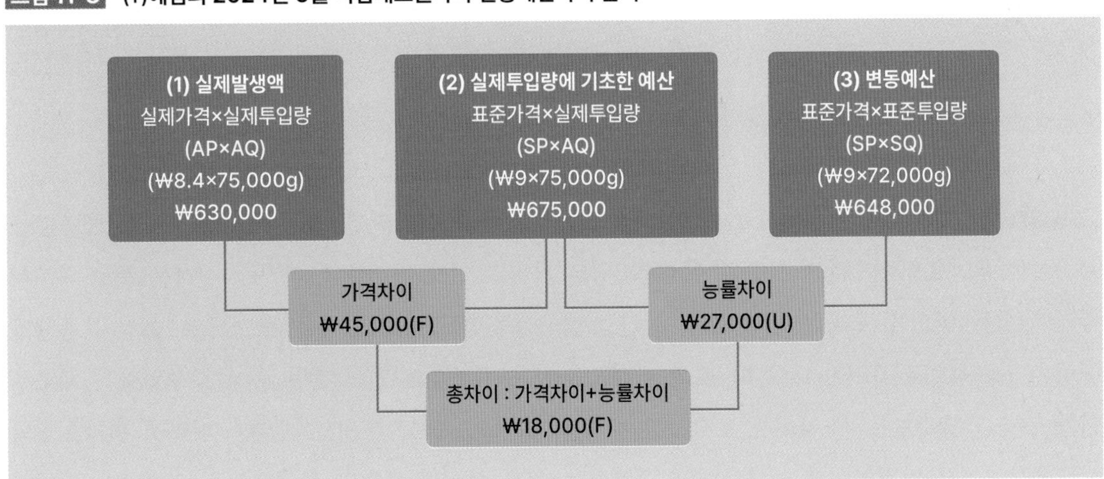

4 이로 인해 실제가격과 표준가격의 차이가 그리 크지 않더라도 실제투입량이 많을 경우 가격차이가 크게 나타나는 해석상의 어려움이 있다. 가격차이에 능률차이의 영향이 부분적으로 반영되어 있기 때문이다(자세한 사항은 본 장의 **보론** 참고).

㈜예림의 2024년 5월의 직접재료원가 총차이(변동예산차이) ₩18,000(유리)은 유리한 가격차이 ₩45,000과 불리한 능률차이 ₩27,000으로 분리됨을 알 수 있다. 직접재료원가의 가격차이는 재료 구매 시점에서 분리할 수도 있고, 사용시점에서 분리할 수도 있다. 이에 대해서는 아래에서 구체적으로 설명한다.

다음으로 직접노무원가 차이분석은 그림 11-4와 같다. 직접노무원가 총차이(변동예산차이) ₩54,000(불리)은 불리한 가격차이 ₩6,000과 불리한 능률차이 ₩48,000으로 분리된다. 직접재료원가와 직접노무원가의 능률차이가 불리한 차이라는 것은 실제생산량(18,000단위)에 대해 허용된 투입량보다 실제투입량이 더 많았다는 것을 의미한다.

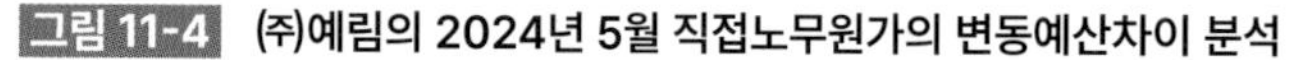
그림 11-4 ㈜예림의 2024년 5월 직접노무원가의 변동예산차이 분석

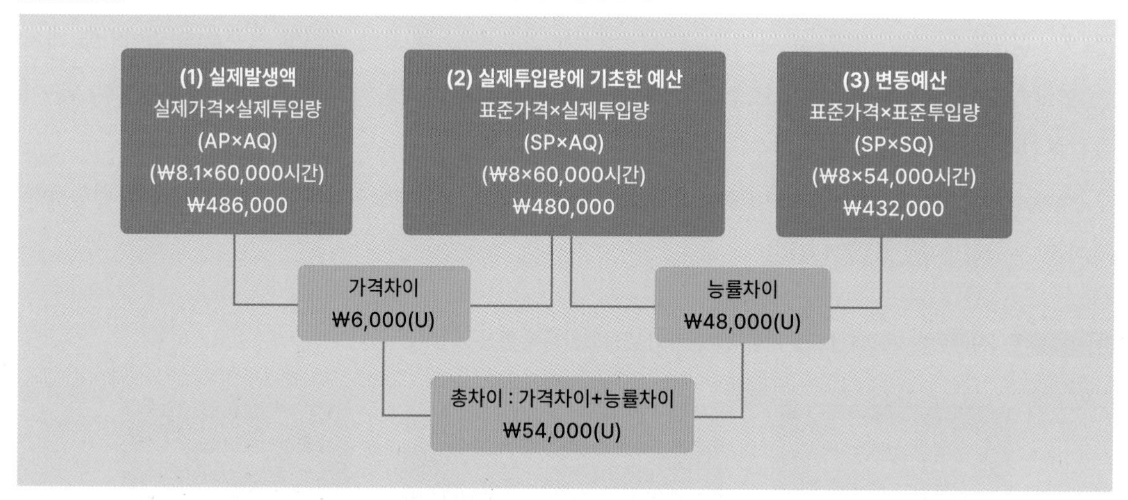

요약하면, 가격차이는 투입요소(재료, 노무) 가격의 표준과 실제발생액의 차이로 인해 발생하며, 능률차이는 투입요소 투입량의 표준과 실제투입량의 차이로 인해 발생한다. 따라서 전자는 주로 외부시장의 영향을 받으며, 후자는 기업 내부 생산공정의 효율성에 의해 영향을 받으므로, 기업의 통제가능성은 일반적으로 후자가 더 높다. 또한 가격(임률)은 구매부서와 인력 관련 부서가, 투입량은 제조부서가 주로 담당하므로 각 차이를 보고하고 책임을 지는(responsible) 부서도 다르다. 따라서 원가요소의 변동예산차이를 가격차이와 능률차이로 구분하는 것은 부서별 책임과 통제가능성 측면에서 의미가 있다.

그러나 직접재료원가의 유리한 가격차이가 발생한 이유는 여러 가지가 있을 수 있다. 재료의 시장가격 하락, 재료가격의 예측 오류, 구매담당자의 성공적인 가격협상, 대량구매를 통한 가격할인, 품질이 낮은 재료 구매, 가격이 낮은 판매업체로의 전환 등 다양하다. 따라서 유리한 가격차이가 구매담당부서의 좋은 성과를 반드시 의미하는 것이 아니며, 마찬가지로 불리한 가격차이도 구매담당부서의 나쁜 성과를 반드시 의미하는 것이 아니다. 회사 전체 차원에서도 유리한 가격차이가 항상 바람직한 것이 아닐 수도 있다. 대량구매 할인의 경우 재고비용 증가로 이어질 수 있고, 낮은 품질의 재료를 저렴하게 산 경우에는 재료 사용량을 증가시키고 작업시간이 증가하여 재료와 노무의 불리한 능률차이를 발생시킬 수도 있다.

능률차이의 발생원인도 여러 가지가 있을 수 있다. 작업자의 작업속도 부진이나 불량품 생산으로 인한 재작업시간 증가, 미숙련 근로자 고용, 근로자 숙련도에 대한 잘못된 평가, 작업 일정계획의 부실로 인한 유휴시간 발생, 정비 불량으로 인한 기계고장 등 다양한 이유가 있을 수 있다. 따라서 올바른 대응을 위해서는 차이 발생원인을 규명할 필요가 있다.

(3) 변동제조간접원가 차이분석

변동제조간접원가와 고정제조간접원가에는 감가상각비, 전기요금, 수도요금, 간접재료원가, 간접노무원가 등 많은 항목들이 포함될 수 있다. 이런 항목들의 소비량(투입량)을 간접적으로 측정하는 단위가 바로 **원가배부기준**이며, 제조간접원가의 표준은 배부기준에 대해 설정한다. 변동제조간접원가 차이분석에 사용되는 가격과 물량은 다음과 같이 정의된다.

- **실제가격(AP)** : 변동제조간접원가 배부기준 한 단위당 실제가격(=**실제배부율**)
- **표준가격(SP)** : 변동제조간접원가 배부기준 한 단위당 표준가격(=**표준배부율**)
- **실제투입량(AQ)** : 변동제조간접원가 배부기준의 실제투입량
- **표준투입량(SQ)** : 실제생산량에 대해 허용된 변동제조간접원가 배부기준의 표준투입량

여기서 **표준배부율**은 정상원가계산에서 배운 예산(정)배부율과 사실상 동일한 것으로서, 계절적인 요인 등으로 인한 변동을 줄이기 위해 연간 단위로 설정되는 것이 일반적이다(제4장 참고). 따라서 변동제조간접원가의 표준배부율[5]은 변동제조간접원가의 연간 예산을 배부기준의 연간 예산조업도로 나누어

5 위에서 설명했던 예산과 표준이라는 용어와 마찬가지로, 배부율의 경우에도 예정(산)배부율이 보다 포괄적인 용어이나, 표준원가계산에서는 '예정배부율' 대신 '표준배부율'을 사용하는 경우가 많아 본서에서도 '표준배부율'이라는 용어를 사용한다.

서 계산한다. ㈜예림의 예제를 이용하여 변동제조간접원가 표준배부율(SP) 계산과 차이분석방법을 학습해보자.

예제 11-4

위 ㈜예림의 2024년도 1년 동안의 변동제조간접원가 총예산이 ₩3,750,000이며, 예산생산량은 150,000단위라고 하자. 변동제조간접원가 배부기준은 기계시간이며, 제품 한 단위당 표준기계시간은 5시간이다(표 11-4). ㈜예림의 2024년 5월 실제 총기계기계시간은 92,000시간이었다고 하자. 변동제조간접원가 표준배부율(SP)을 계산하고, 차이분석을 해보자.

먼저 연간 표준배부율을 계산해보자. 예산 총기계시간은 750,000시간(=150,000단위×5시간)이며, 기계시간당 변동제조간접원가 표준배부율은 ₩5(=₩3,750,000÷750,000시간)이다. 즉, 표준배부율은 다음과 같이 계산된다.

변동제조간접원가 표준배부율(SP) = 변동제조간접원가 연간 총예산 ÷ 변동제조간접원가 배부기준의 연간 총예산사용량
= ₩3,750,000 ÷ 750,000시간
= ₩5/기계시간

이상의 숫자를 정리하면 표 11-6과 같다.

표 11-6 ㈜예림의 2024년 5월 변동제조간접원가 관련 실제결과와 변동예산

	실제결과	변동예산
(1) 판매량(생산량)	18,000단위	18,000단위
(2) 제품 단위당 기계시간	5.111시간	5시간
(3) 총기계시간(=(1)×(2))	92,000시간	90,000시간
(4) 총변동제조간접원가(표 11-2)	₩414,000	₩450,000 (=₩5×90,000시간)
(5) 변동제조간접원가 배부율	₩4.5/기계시간 (=₩414,000÷92,000시간)	₩5/기계시간

이제 변동제조간접원가 차이분석을 해보자. 변동제조간접원가 총차이는 **소비차이**(spending variance)와 **능률차이**(efficiency variance)로 분리된다.

변동제조간접원가 소비차이 = 실제발생액 − 실제투입량에 기초한 예산원가
= 실제배부율(AP) × 실제투입량(AQ) − 표준배부율(SP) × 실제투입량(AQ)
= (실제배부율 − 표준배부율) × 실제투입량

변동제조간접원가 능률차이 = 실제투입량에 기초한 예산원가 − 변동예산
= 표준배부율(SP) × 실제투입량(AQ) − 표준배부율(SP) × 표준투입량(SQ)
= (실제투입량 − 표준투입량) × 표준배부율

차이분석 틀을 이용하여, ㈜예림의 2024년 5월의 변동제조간접원가 총차이를 분석하면, 그림 11-5와 같다. 변동제조간접원가 총차이 ₩36,000(F)은 소비차이 ₩46,000(F)과 능률차이 ₩10,000(U)으로 분리된다.

그림 11-5 ㈜예림의 2024년 5월 변동제조간접원가 차이분석

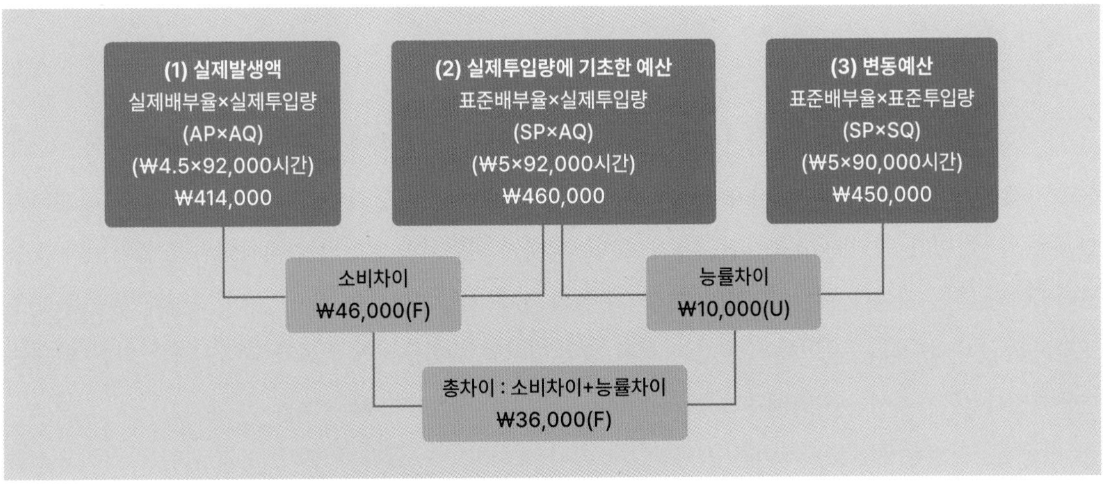

이제 변동제조간접원가 소비차이와 능률차이의 의미에 대해 알아보자. 변동제조간접원가는 간접원가이므로 차이분석의 의미가 직접원가와 다르므로 유의해야 한다.

먼저 **소비차이**(spending variance)에 대해 살펴보자. 변동제조간접원가에는 여러 가지 원가항목이 있지만, 여기서는 전기요금 하나만 있고, 배부기준이 기계시간이라고 가정해보자. 이때 배부율은 다음과 같이 나타낼 수 있다.

배부율 = 변동제조간접원가 금액 ÷ 배부기준 조업도(사용량)
= 전기요금 ÷ 기계시간
= [kWh당 전기요금 × 전기사용량(kWh)] ÷ 기계시간
= kWh당 전기요금 × [전기사용량(kWh) ÷ 기계시간]

변동제조간접원가의 소비차이 발생원인은 실제배부율(AP)과 표준배부율(SP)의 차이로 인한 것이므로, 위 배부율의 실제와 표준의 차이로 인해 발생하는 것이다. 변동제조간접원가에 전기요금만 있는 경우, 위의 식에서 차이발생 원인을 다음과 같이 설명할 수 있다.

- 첫째, kWh당 전기요금이 표준과 실제가 다르기 때문이다. 예를 들어, 연도 중에 kWh당 전기요금이 인상되거나 인하된 경우이다.
- 둘째, [전기사용량(kWh) ÷ 기계시간], 즉 기계시간(배부기준) 한 시간당 전기사용량(kWh)의 표준과 실제가 서로 다르기 때문이다.

첫째와 둘째 원인을 자세히 살펴보면, 변동제조간접원가 소비차이에는 관련된 개별적인 항목들(전기, 수도, 간접재료, 간접노무 등)의 가격차이(첫째 원인)와 이들 항목들의 능률차이(둘째 원인)가 모두 포함되어 있음을 알 수 있다. 즉, 변동제조간접원가의 소비차이에는 일반적인 의미의 가격차이와 능률차이가 모두 포함되어 있다는 것이다. 이것이 변동제조간접원가의 경우 가격차이라는 용어 대신 가격과 물량을 모두 포괄하는 소비차이라는 용어를 사용하는 이유이다. 이처럼 차이분석의 의미가 직접원가와 다른 이유는 변동제조간접원가에서는 원가배부기준을 물량의 측정치로 사용하기 때문이다.

변동제조간접원가의 소비차이는 발생원인에 따라 대처방안도 달라야 한다. 첫째 원인은 가격요소이므로, 앞에서 설명한 직접재료원가 가격차이와 유사한 분석을 거쳐 대처방안을 수립해야 하고, 둘째 원인은 능률요소이므로 공정개선 등이 필요할 수 있다.

다음으로, 변동제조간접원가 **능률차이**(efficiency variance)에 대해 살펴보자. 배부기준이 기계시간인 경우 능률차이는 실제 투입된 기계시간(AQ)과 실제생산량에 대해 허용된 표준기계시간(SQ)의 차이로 인해 발생하는 것이다. 즉, 배부기준인 기계시간 투입의 능률을 나타내는 것이다. 따라서 변동제조간접원가 능률차이는 변동제조간접원가 항목들(예 전기)의 투입의 능률과는 관련이 없다는 점에 유의해야 한다. 위에서 설명한 바와 같이 변동제조간접원가 항목들의 투입의 능률은 소비차이에 모두 반영되어 있다.

변동제조간접원가 능률차이의 발생원인도 여러 가지일 수 있다. 예를 들어, 예측했던 것보다 근로자들이 기계사용에 덜 숙련되어 있을 수도 있고, 기계의 유지보수가 적절히 이루어져 있지 않아 기계고장이 발생했을 수도 있으며, 기계작업 일정계획이 부실했을 수도 있다.

(4) 고정제조간접원가 차이분석

고정제조간접원가는 간접원가인 동시에 고정원가이므로 다른 원가요소들과는 다른 접근이 필요하다. 먼저, 간접원가이므로 차이분석에서 사용되는 물량은 배부기준 물량이 된다. 이로 인해 고정제조간접원가 차이분석에 사용되는 표준가격과 표준투입량은 다음과 같이 정의된다.

- **표준가격(SP)** : 고정제조간접원가 배부기준 한 단위당 표준가격(=표준배부율)
- **표준투입량(SQ)** : 실제생산량에 대해 허용된 고정제조간접원가 배부기준의 표준투입량

우리는 앞의 제2단계 분석에서 ㈜예림의 2024년 5월 고정제조간접원가의 매출조업도차이가 '0'이었음을 알고 있다(**표 11-2**). 즉, 5월의 고정제조간접원가 예산은 예산생산량 20,000단위와 실제생산량 18,000단위에 대해 ₩550,000으로 모두 같다. ㈜예림의 2024년 5월 **고정제조간접원가의 변동예산차이(총차이)**는 ₩10,000(U)으로서, 다음과 같이 계산되었다.

고정제조간접원가 변동예산차이 = 실제발생액 − 변동예산
= ₩560,000 − ₩550,000
= ₩10,000(U)

고정제조간접원가의 변동예산차이가 발생하는 이유로는 예산 대비 설비감가상각비 증가, 기계설비 임대료 증가, 공장 고정관리비용의 증가, 공장관리자 급여 상승, 감독관 급여 상승 등이 있을 수 있다. 고정제조간접원가는 변동제조간접원가와 달리 **능률차이**(efficiency variance)가 발생하지 않는다. 고정제조

간접원가의 배부기준(여기서 생산량)이 증가하거나 감소해도 고정제조간접원가 총액은 변하지 않기 때문이다. 따라서 위의 고정제조간접원가 변동예산차이는 전액 **소비차이**(spending variance)에 해당한다.

고정제조간접원가 변동예산차이 = 고정제조간접원가 소비차이

이처럼 고정제조간접원가는 제2단계 차이분석 결과인 변동예산차이를 더 이상 추가적으로 분리할 수 없다는 특징이 있다. 또 하나의 특징은 **표준원가계산제도**(제12장 참고)에서 제품의 표준원가를 계산할 때 고정제조간접원가를 제품에 배부하는 과정에서 **조업도차이**(production volume variance)가 발생한다는 점이다. 고정제조간접원가는 제품으로 배부할 때 변동예산(=고정예산)을 배부하는 것이 아니라, 생산용량(capacity) 중에서 사용한 생산용량에 해당하는 원가만 제품으로 배부하며, 이로 인해 사용하지 않은 생산용량에 해당하는 조업도차이가 발생한다.

고정제조간접원가 조업도차이에 대해 자세히 학습해보자. ㈜예림의 2024년 5월의 고정제조간접원가(고정, 변동)예산은 ₩550,000인데, 배부기준 단위당 표준배부율은 다음과 같이 계산한다.

고정제조간접원가 표준배부율(SP) = 고정제조간접원가 예산 ÷ 배부기준 기준조업도

고정제조간접원가 표준배부율 계산에 사용되는 배부기준의 **기준조업도**는 변동제조간접원가 표준배부율 계산과 달리, 당기 예산생산량이 아닌 **실제최대조업도**(practical capacity)를 사용하여 제품에 대한 수요보다는 생산용량(capacity)을 반영하는 것이 일반적이다(제7장 참고).

예제 11-5

위 ㈜예림의 2024년 5월의 기준조업도가 27,500단위일 경우, 고정제조간접원가 표준배부율을 계산하고, 차이분석을 해보자.

기준조업도가 27,500단위일 때 표준배부율(SP)은 제품 단위당 ₩20(=₩550,000÷27,500단위)이며, 5월에 생산된 제품 18,000단위에 배부되는 고정제조간접원가 총액은 다음과 같이 계산된다.

고정제조간접원가 배부액 = 표준배부율(SP) × 실제생산량에 허용된 배부기준 표준투입량(SQ)

= ₩20 × 18,000단위 = ₩360,000

이 배부액과 변동예산의 차이를 **조업도차이**라고 하며, 다음과 같이 계산한다.

고정제조간접원가 조업도차이 = 고정제조간접원가 예산 − 고정제조간접원가 배부액
= ₩550,000 − ₩360,000
= ₩190,000(U)

고정제조간접원가 조업도차이를 표준배부율을 이용하여 다시 나타내면 다음과 같다[6].

고정제조간접원가 조업도차이 = 고정제조간접원가 예산 − 고정제조간접원가 배부액
= 표준배부율(SP) × 기준조업도 − 표준배부율(SP) × 표준투입량(SQ)
= 표준배부율 × (기준조업도 − 표준투입량)
= ₩20 × (27,500단위 − 18,000단위)

고정제조간접원가의 차이분석 틀은 그림 11-6과 같이 나타낼 수 있다.

그림 11-6 ㈜예림의 2024년 5월 고정제조간접원가 차이분석

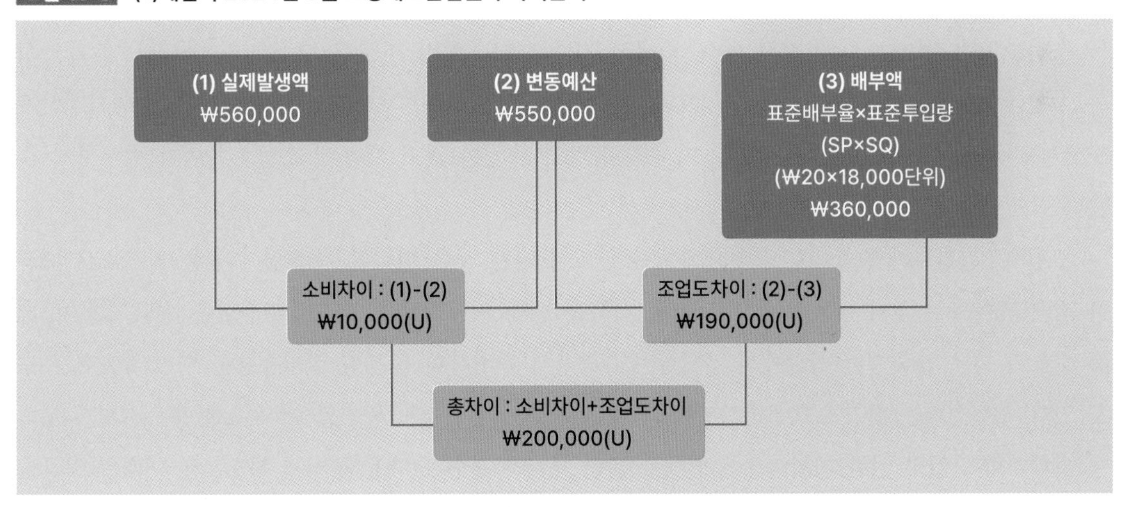

6 ㈜예림은 고정제조간접원가 배부기준으로 제품생산량을 사용하고 있어서 본 예제에서 표준배부율은 제품 단위당으로 나타내었다. 만약 고정제조간접원가의 배부기준이 기계시간이라면, 배부기준의 기준조업도는 137,500시간(=27,500단위×5시간)이 되며, 표준배부율은 기계시간당 ₩4(=₩550,000÷137,500시간)이 된다. 생산된 제품에 대한 배부액은 ₩360,000으로 동일하다.

제1단계 차이분석에서 계산한 고정제조간접원가 고정예산차이 ₩10,000(U)(**표 11-1**)은 제2단계 분석에서 모두 고정제조간접원가 변동예산차이 ₩10,000(U)이 되고(**표 11-2**), 제3단계 분석에서는 모두 고정제조간접원가 소비차이가 됨을 알 수 있다.

고정제조간접원가 고정예산차이 = 고정제조간접원가 변동예산차이 = 고정제조간접원가 소비차이

따라서 고정제조간접원가 조업도차이는 제1단계 차이분석에서 출발한 고정예산차이와 무관하다는 점에 유의해야 한다. 조업도차이는 고정원가에 대해서만 발생하는 차이로서, 표준원가계산제도에서 제품에 배부하는 고정제조간접원가 배부액은 변동예산이 아니라, 표준배부율(SP)에 실제생산량에 허용된 배부기준 표준투입량(SQ)을 곱한 금액이기 때문이다.

㈜예림의 2024년 5월의 고정제조간접원가 예산 ₩550,000은 생산용량인 기준조업도 27,500단위 생산을 지원하는 데 필요한 예산으로서, 계획(planning) 목적으로 설정된 것이다. 그러나 5월의 실제생산량은 기준조업도에 미치지 못하는 18,000단위이므로, 예산 중에서 제품을 생산하는 데 실제로 사용된 용량(used capacity)에 대한 예산만 배부하게 되는 것이다. ㈜예림의 2024년 5월 고정제조간접원가의 소비차이와 조업도차이는 **그림 11-7**과 같이 나타낼 수 있다. 배부를 나타내는 선을 보면, 고정제조간접원가가 마치 변동원가처럼 생산량에 비례해서 배부되는 것을 볼 수 있다.

조업도차이 ₩190,000은 전체 예산 중에서 기준조업도 대비 미사용 용량(unused capacity)에 해당하는 예산(=₩20×(27,500단위−18,000단위))으로도 생각할 수 있다. 변동원가의 경우에는 표준원가계산제도에서 변동예산이 제품원가가 되며, 미사용 용량의 개념이 없기 때문에 조업도차이가 발생하지 않는다.

고정제조간접원가의 불리한 조업도차이가 반드시 나쁜 것은 아니다. ㈜예림이 높은 가격으로 제품을 적게 판매하는 것이 낮은 가격으로 많은 제품을 판매하는 것보다 낫다고 판단했을 수도 있으며, 제품 수요가 매우 불확실한 상황에서 급격한 수요증가에 대비하여 충분한 설비용량을 미리 확보했을 수도 있다. 생산설비는 단기에 확보하기 어렵기 때문에 수요가 갑자기 증가할 때 수요를 충족시키지 못하면 판매기회 상실로 인한 기회비용이 발생할 뿐만 아니라 관련 고객을 놓치게 됨으로써 미래 수익창출 기회마저도 잃게 될 수 있다. 따라서 잉여설비는 수요 불확실성에 대한 완충(buffer) 역할을 할 수 있으므로 반드시 부정적인 것은 아니라는 것이다.

그림 11-7 고정제조간접원가의 소비차이와 조업도차이

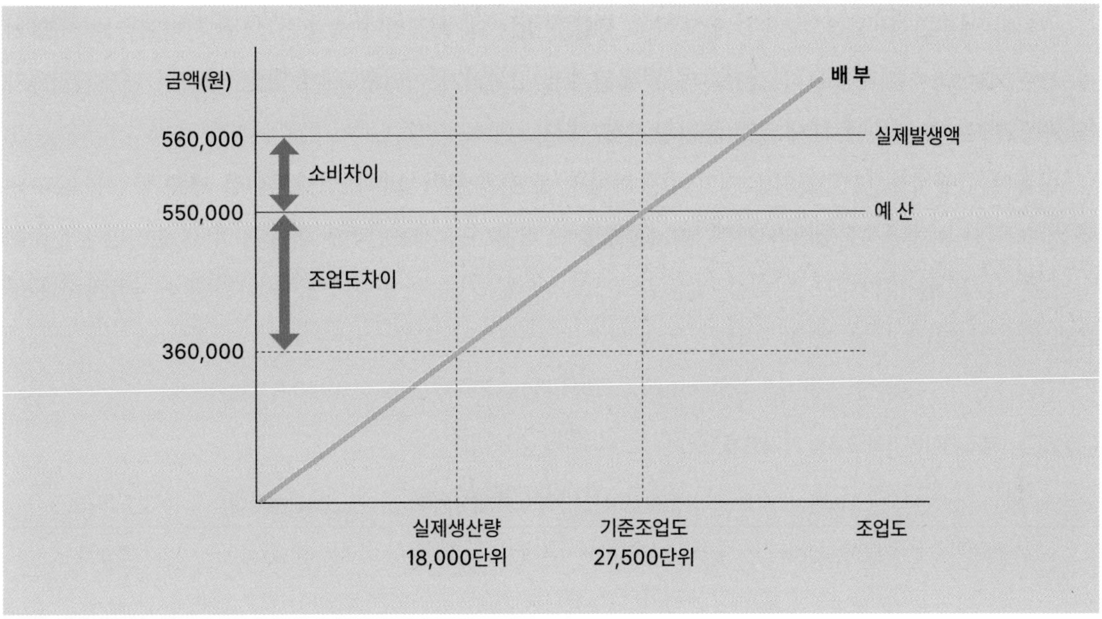

(5) 제조간접원가 차이분석의 통합

우리는 지금까지 (변동, 고정)제조간접원가의 차이분석에서 세 가지 형태의 차이(소비차이, 능률차이, 조업도차이)를 살펴보았다. 이를 정리하면 표 11-7과 같다.

표 11-7 제조간접원가의 4분법 차이분석

	변동예산차이		조업도차이	합계(총차이)	비 고
	소비차이	능률차이			
변동제조간접원가	₩46,000(F)	₩10,000(U)	×	₩36,000(F)	과다배부
고정제조간접원가	₩10,000(U)	×	₩190,000(U)	₩200,000(U)	과소배부

변동제조간접원가의 유리한 총차이는 실제발생액보다 제품에 대한 배부액이 더 적은 경우로서, 5월 중에 과다배부가 발생했음을 의미하며, 반대로 고정제조간접원가의 불리한 총차이는 5월 중에 과소배부가 발생했음을 의미한다.

앞에서 설명한 바와 같이, 변동제조간접원가의 총차이는 소비차이와 능률차이로 분리되며, 조업도차이가 없다. 반면에 고정제조간접원가의 변동예산차이는 모두 소비차이에 해당하고, 조업도차이가 발생

한다. 이것이 제조간접원가의 **4분법**에 기초한 차이분석이다.

그러나 제조간접원가의 대다수 항목이 고정원가 요소와 변동원가 요소를 모두 지니고 있어서(예 전기요금은 기본료+추가 사용료), 고정원가와 변동원가로 구분하기 어려운 점이 있다. 따라서 제조간접원가를 변동과 고정으로 구분하지 않고 통합할 수도 있다.

변동과 고정제조간접원가의 소비차이를 하나로 묶고, 능률차이와 조업도차이를 별도의 그룹으로 구분할 수 있다. 이것을 **3분법**이라고 부른다(표 11-8). 소비차이는 제조간접원가 항목의 실제소비(가격, 물량)와 표준의 차이를 나타내므로, 이를 (변동제조간접원가) 배부기준 사용의 능률을 나타내는 능률차이와 구분한다는 점에서 의미가 있다.

표 11-8 제조간접원가의 3분법 차이분석

	소비차이	능률차이	조업도차이	합계(총차이)	비 고
제조간접원가	₩36,000(F)	₩10,000(U)	₩190,000(U)	₩164,000(U)	과소배부

원가차이를 한 단계 더 통합할 수도 있다. 제조간접원가의 소비차이와 능률차이는 **변동예산차이**에 해당한다. 변동예산차이는 통제가능한 차이에 관한 정보를 담고 있어서 **통제가능차이**라고도 부르며, 차이가 과다한 경우 차이의 원인(가격, 물량 측면에서)을 조사하여 필요한 경우 조치를 취해야 한다. 반면에, 조업도차이는 기준조업도와 실제조업도의 차이에서 발생한 통제가능성이 낮은 차이이다. 이런 분류를 **2분법**이라고 부른다. 이를 정리하면 표 11-9와 같다.

표 11-9 제조간접원가 차이분석 : 4분법, 3분법, 2분법

	4분법	3분법	2분법
변동제조간접원가	변동제조간접원가 소비차이	제조간접원가 소비차이	제조간접원가 변동예산차이
	변동제조간접원가 능률차이	제조간접원가 능률차이	제조간접원가 변동예산차이
고정제조간접원가	고정제조간접원가 소비차이	제조간접원가 소비차이	제조간접원가 변동예산차이
	조업도차이	조업도차이	조업도차이

3. 차이분석 종합정리

㈜예림의 2024년 5월의 차이분석 제1, 2, 3단계를 종합적으로 정리하면 그림 11-8과 같다. 고정제조간접원가 조업도차이 ₩190,000(U)은 변동예산차이에 속하지 않고, 매출조업도차이에 포함된다.

그림 11-8 차이분석 종합정리

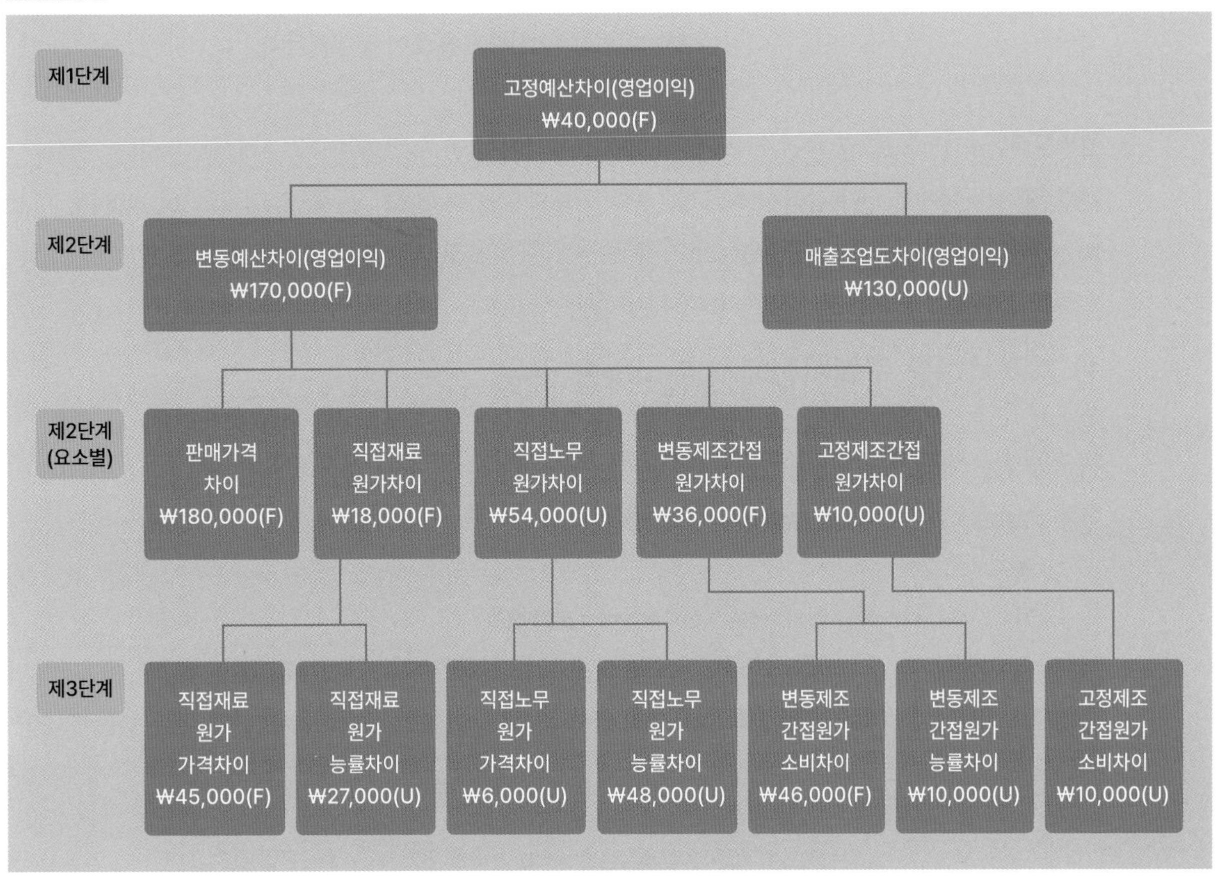

4. 직접재료원가 가격차이 분리시점별 차이분석

우리는 앞의 ㈜예림의 예제에서 직접재료 구매시점과 **가격차이 분리시점**에 대해 별도로 언급하지 않았다. 직접재료원가 가격차이는 재료의 구매시점에서 분리할 수도 있고, 재료의 사용시점에서 분리할 수도 있다. 각 경우에 대해 살펴보자. 직접재료원가 능률차이는 가격차이의 분리시점과 무관하게, 실제사용량(AQu)과 표준투입량(SQ)의 차이에 표준가격(SP)을 곱하여 계산한다(첨자 p는 purchased(구매), u는 used(사용)를 각각 나타낸다). 앞에서 설명한 ㈜예림의 2024년 5월 자료를 사용하여 설명해보자.

예제 11-6

예제 11-3을 이용하자. ㈜예림의 2024년 5월 재료구입량은 90,000g이며, 실제구입가격(AP)은 ₩8.4/g, 사용량이 75,000g이라고 하자. 직접재료원가 가격차이 분리시점별로 차이분석을 해보자.

1) 가격차이를 구매시점에서 분리하는 경우

가격차이를 구매시점에서 분리하는 경우에는 모든 가격차이가 구매물량 전체(AQp)에 대해 분리된다. 이 경우 가격차이와 능률차이는 다음과 같이 계산된다.

가격차이 = 실제발생액 − 실제물량에 기초한 예산
= 실제가격(AP) × 실제구입량(AQp) − 표준가격(SP) × 실제구입량(AQp)
= (실제가격 − 표준가격) × 실제구입량

능률차이 = 실제물량에 기초한 예산 − 변동예산
= 표준가격(SP) × 실제사용량(AQu) − 표준가격(SP) × 표준투입량(SQ)
= (실제사용량 − 표준투입량) × 표준가격

그림 11-9는 차이분석 틀을 이용하여 차이분석을 나타낸 것이다. 가격차이를 구입시점에서 분리하는 경우에는 직접재료는 구입시점부터 장부에 표준가격(SP)에 기록된다는 점을 기억하자.

그림 11-9 직접재료원가 가격차이를 구매시점에서 분리하는 경우의 차이분석

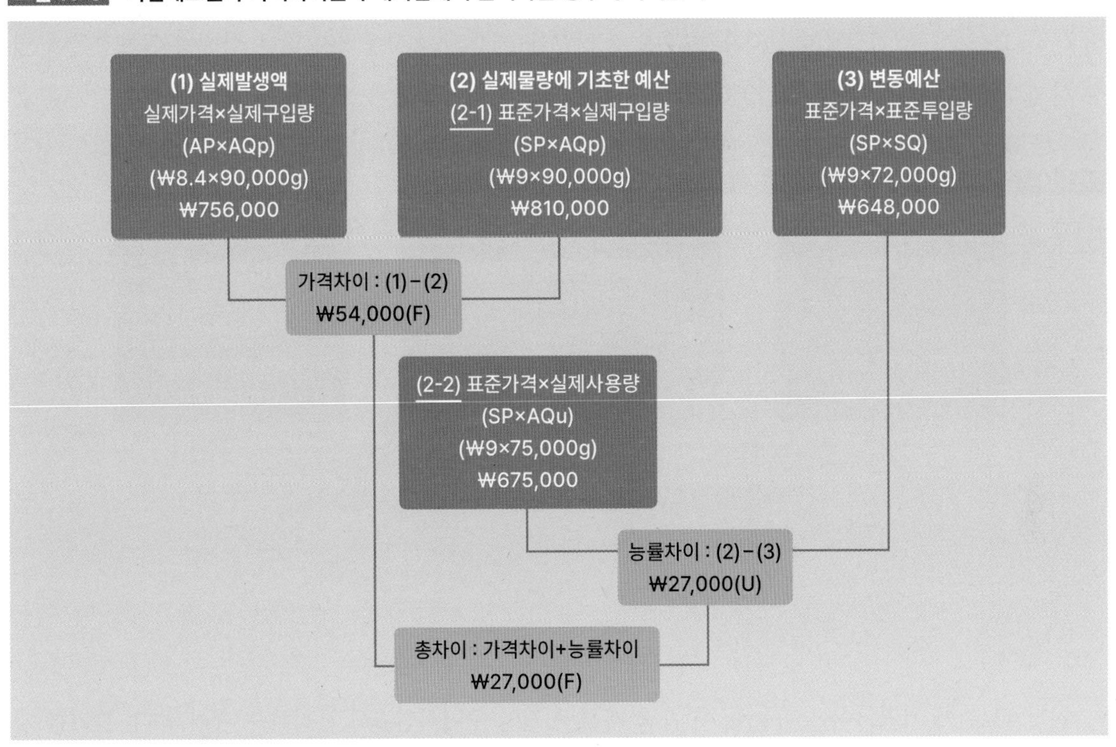

2) 가격차이를 사용시점에서 분리하는 경우

가격차이를 사용시점에서 분리하는 경우에는 재료의 구입시점에는 가격차이를 인식하지 않고, 사용시점에 가서 사용한 물량(AQu)에 대해 가격차이와 함께 능률차이도 분리된다. 이 경우 가격차이와 능률차이는 다음과 같이 계산된다.

가격차이 = 실제발생액 − 실제물량에 기초한 표준원가
　　= 실제가격(AP) × 실제사용량(AQu) − 표준가격(SP) × 실제사용량(AQu)
　　= (실제가격 − 표준가격) × 실제사용량

능률차이 = 실제물량에 기초한 표준원가 − 표준금액
　　= 표준가격(SP) × 실제사용량(AQu) − 표준가격(SP) × 표준투입량(SQ)
　　= (실제사용량 − 표준투입량) × 표준가격

그림 11-10 은 차이분석 틀을 이용하여 차이분석을 나타낸 것이다. 직접재료의 가격차이가 사용시점에서 분리되므로, 구입시점에서 실제가격(AP)으로 장부에 기록되어 사용되지 않은 상태에서는 장부에 항상 실제가격(AP)으로 기록됨을 기억하자.

그림 11-10 직접재료원가 가격차이를 사용시점에서 분리하는 경우의 차이분석

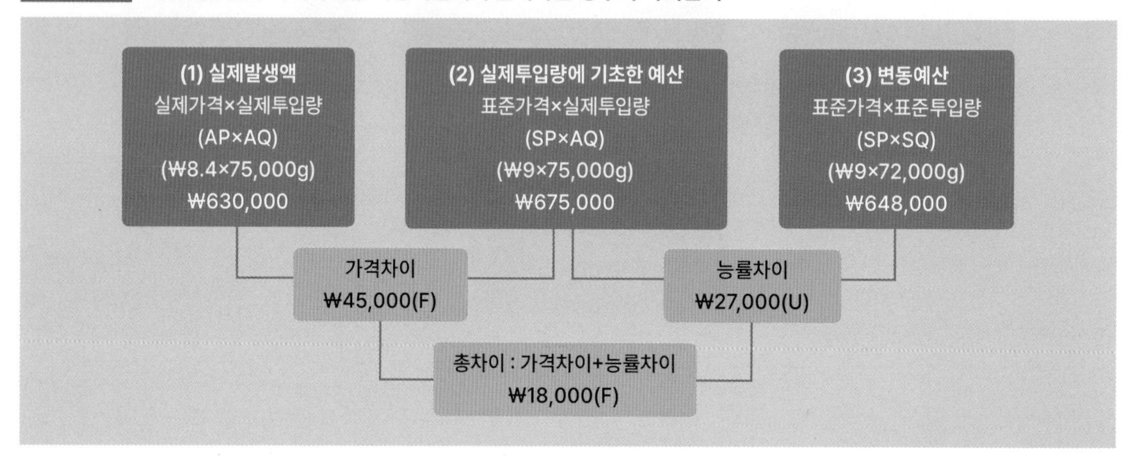

직접재료원가 가격차이는 가능한 한 가장 빠른 시점인 구매시점에서 분리하는 것이 좋다. 불리한 가격차이가 발견되는 즉시, 새로운 가격협상을 요구할 수도 있으며, 새로운 공급업체를 찾을 수도 있기 때문이다.

5. 차이분석의 이해와 활용

원가요소의 차이는 여러 가지 원인으로 인해 발생하므로, 각 원가요소의 차이를 다른 차이와 분리하여 독립적으로 해석해서는 안 된다. 예를 들어, 직접재료원가의 유리한 가격차이는 낮은 재료품질과 관련되어 있을 수도 있으며, 낮은 품질의 재료를 사용하면 직접노무원가의 불리한 능률차이가 발생할 수도 있다. 직접노무원가의 불리한 능률차이는 미숙련 근로자 고용(직접노무원가 유리한 가격차이), 비효율적인 공정 계획 등과도 관련되어 있을 수 있다.

차이분석 결과는 종종 종업원과 부서의 성과평가에 사용되기도 한다. 그러나 개별적으로 유리한 원가차이 자체를 긍정적인 성과로, 불리한 원가차이를 부정적인 성과로 기계적으로 판단해서는 안 되며, 회사의 매출, 총원가, 전체적인 수익성 등 회사 전체에 미치는 영향을 종합적으로 고려해야 한다.

[보론] 가격차이와 능률차이의 의미와 한계

가격차이와 능률차이의 의미에 대해 구체적으로 살펴보자. 직접재료원가의 경우를 예로 들어보자. 직접재료원가 총차이(변동예산차이)는 실제발생액과 변동예산의 차이로서, 그림(보론) 11-1에서 영역 ①, ②, ③의 합에 해당한다.

그림(보론) 11-1 가격차이와 능률차이 분석

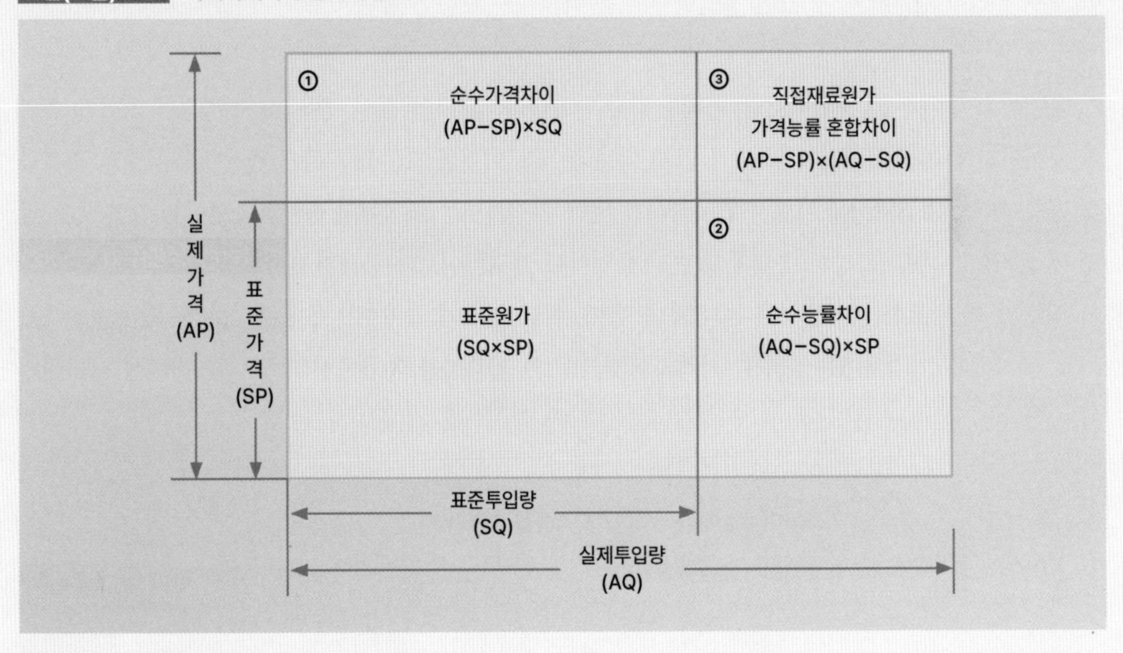

총차이 = 실제발생액 − 변동예산

= 영역 ① + 영역 ② + 영역 ③

= (AP − SP) × SQ + (AQ − SQ) × SP + (AP − SP) × (AQ − SQ)

= 순수가격차이 + 순수능률차이 + 가격능률 혼합차이

영역 ①은 순수한 가격차이로서 실제투입량(AQ)이 아닌 표준투입량(SQ)을 곱해서 구하게 된다. 영역 ②는 순수한 능률차이로서 일반적인 능률차이와 동일하다. 영역 ③은 가격차이의 영향과 능률차이의 영향이 혼합되어 있으므로 가격능률 혼합차이라고 볼 수 있다. 여기서 가격능률 혼합차이는 해석상에 다소 어려움을 내포하고 있다.

먼저, 실제가격(AP)이 표준가격(SP)보다 커서 불리하고(AP－SP : +값), 동시에 실제투입량(AQ)이 표준투입량(SQ)보다 커서 불리한 경우(AQ－SQ : +값), 가격능률 혼합차이도 양(+)의 값을 가지게 되어 불리한 차이를 나타내어 해석상에 문제가 없다. 그러나 이와 반대로 실제가격(AP)이 표준가격(SP)보다 작아서 유리하고(AP－SP : －값), 동시에 실제투입량(AQ)이 표준투입량(SQ)보다 작아서 유리한 경우(AQ－SQ : －값), 가격능률 혼합차이가 양(+)의 값을 가지게 되어 불리한 차이를 나타내게 된다. 즉, 가격과 투입량이 모두 유리한 경우에도 그 값이 불리한 차이를 나타내는 모순이 발생한다.

위 두 가지 경우를 종합해보면, 가격능률 혼합차이가 양(+)의 값인 경우, 그 실질적인 의미가 유리한 차이인지 불리한 차이인지 알 수가 없게 되는 것이다. 이러한 모순을 피하기 위해 일반적으로 가격능률 혼합차이를 가격차이에 포함시켜 나타내게 된다. 가격차이는 조직에서 통제가능성이 비교적 낮은 반면, 능률차이는 투입물 양의 통제와 관련되어 있어서 가격차이보다 통제가능성이 상대적으로 높아, 차이 정보가 더 중요한 의미를 가지는 경우가 많다. 이로 인해 능률차이는 순수한 의미의 능률차이(영역 ②)로 유지하고, 가격차이는 순수한 가격차이(영역 ①)와 가격능률 혼합차이(영역 ③)를 더하여 나타내게 되는 것이다.

가격차이 = 순수가격차이 + 가격능률 혼합차이

능률차이 = 순수능률차이

만약, 어떤 조직에서 가격차이가 통제목적으로 더 중요한 의미를 지니는 경우에는 가격차이를 순수가격차이로 유지하고, 혼합차이를 능률차이에 더해서 나타낼 수도 있을 것이다[7].

---

7 이 경우 가격차이는 (AP－SP)×SQ, 능률차이는 (AQ－SQ)×AP로 표현될 것이다.

관련 사례

매출액 성장과 매출원가율의 변화

국내 제약 · 바이오, 1분기 매출 증가했지만 매출원가율 개선은 '글쎄' – 메디게이트뉴스(medigatenews.com)

패션업체 판관비 지출의 매출에 대한 영향

휠라홀딩스 · LF · 한섬, 상반기 판관비 큰폭 늘려 … 매출 증대 효과는 '글쎄요~' – 소비자가 만드는 신문(consumernews.co.kr)

연습문제

객관식

01 직접재료원가 차이분석

원가차이분석에 관한 다음 사항 중 틀린 것은?

a. 직접재료원가 능률차이는 가격차이 분리 시점에 따라 다르게 계산된다.
b. 직접재료원가 능률차이분석에서 만약 SP×AQ < SP×SQ이면, 유리한 차이이다.
c. 직접재료원가 가격차이가 유리한 것이 구매부서의 성과가 좋다는 것을 항상 의미하지는 않는다.
d. SP×SQ는 생산량에 따라 조정되는 금액이므로 변동예산이라고 볼 수 있다.

① a ② b ③ c ④ d

02 제조간접원가 차이분석

다음 설명 중 틀린 것은?

a. 변동제조간접원가의 차이분석에서 가격(P)은 변동제조간접원가 개별 항목의 가격을 의미한다.
b. 변동제조간접원가의 차이분석에서 물량(Q)은 배부기준의 조업도이다.
c. 고정제조간접원가 조업도차이는 표준배부율×(기준조업도−실제조업도)로 계산한다.
d. 고정제조간접원가의 차이분석에서 변동예산과 고정예산은 모두 표준배부율×기준조업도로서 같은 금액이다.

① a ② b ③ c ④ d

03 제조간접원가 차이분석

제조간접원가의 원가차이에 관한 다음 사항 중 옳지 않은 것은?

a. 변동제조간접원가 소비차이는 배부기준조업도의 실제배부율과 표준배부율의 차이로 인해 발생한다.
b. 변동제조간접원가 능률차이는 변동제조간접원가 항목들을 얼마나 효율적으로 투입했는지를 나타낸다.
c. 고정제조간접원가는 투입/산출관계가 분명하지 않으므로 일반적으로 능률차이를 인식하지 않는다.
d. 고정제조간접원가 예산차이는 전부 소비차이이다.

① a ② b ③ c ④ d

04 직접재료원가 가격차이 (2008 CPA)

다음은 ㈜한강의 표준원가 및 생산활동 자료이다.

• 완제품 실제생산량	1,000개
• 직접재료 표준구매가격	₩64/kg
• 직접재료 표준사용량	21kg/완성품 1개
• 직접재료 실제발생원가	₩1,400,000
• 직접재료수량차이	₩64,000 유리

㈜한강의 직접재료 가격차이는 얼마인가? (단, 직접재료와 재공품, 제품의 기초 및 기말재고는 없는 것으로 가정한다.)

① ₩0　② ₩120,000 불리　③ ₩120,000 유리
④ ₩130,000 불리　⑤ ₩130,000 유리

05 직접노무원가 능률차이 (2013 감정평가사)

㈜감평은 표준원가계산을 사용하고 있다. 20X1년 제품 8,600단위를 생산하는 데 24,000직접노무시간이 사용되어 직접노무원가가 ₩456,000이 실제 발생되었다. 제품 단위당 표준직접노무시간은 2.75시간이고 표준임률이 직접노무시간당 ₩19.20이라면, 직접노무원가의 능률차이는?

① ₩1,920 불리　② ₩4,800 불리　③ ₩4,800 유리
④ ₩6,720 불리　⑤ ₩6,720 유리

06 표준원가계산제도와 차이분석 (2019 감정평가사)

표준원가계산에 관한 설명으로 옳은 것을 모두 고른 것은?

ㄱ. 표준원가계산제도는 전부원가계산에서 적용할 수 있으나 변동원가계산에서는 적용할 수 없다.
ㄴ. 표준원가계산제도는 종합원가계산제도에 적용이 가능하다.
ㄷ. 직접재료원가 가격차이를 구입시점에서 분리하든 사용시점에서 분리하든 직접재료원가 능률차이는 동일하다.
ㄹ. 고정제조간접원가의 예산차이는 실제투입량 변동예산과 실제산출량 변동예산의 차이를 의미한다.

① ㄱ, ㄴ　② ㄱ, ㄷ　③ ㄴ, ㄷ　④ ㄴ, ㄹ　⑤ ㄷ, ㄹ

07 직접노무원가 차이분석 (2020 감정평가사)

㈜감평은 표준원가계산제도를 채택하고 있다. 20X1년 직접노무원가와 관련된 자료가 다음과 같을 경우, 20X1년 실제 직접노무시간은?

• 실제생산량	25,000단위
• 직접노무원가 실제임률	시간당 ₩10
• 직접노무원가 표준임률	시간당 ₩12
• 표준 직접노무시간	단위당 2시간
• 직접노무원가 임률차이	₩110,000(유리)
• 직접노무원가 능률차이	₩60,000(불리)

① 42,500시간 ② 45,000시간 ③ 50,000시간 ④ 52,500시간 ⑤ 55,000시간

08 직접노무원가 차이분석 (2022 감정평가사)

㈜감평은 표준원가계산제도를 채택하고 있으며, 20X1년도 직접노무원가와 관련된 자료는 다음과 같다. 20X1년도 실제 총직접노무원가는?

• 실제생산량	100단위
• 직접노무원가 실제임률	시간당 ₩8
• 직접노무원가 표준임률	시간당 ₩10
• 실제생산량에 허용된 표준 직접작업시간	생산량 단위당 3시간
• 직접노무원가 임률차이	₩700(유리)
• 직접노무원가 능률차이	₩500(불리)

① ₩1,800 ② ₩2,500 ③ ₩2,800 ④ ₩3,500 ⑤ ₩4,200

09 매출조업도차이 (2003 CPA)

㈜세광의 3월 예산 대비 실적자료는 다음과 같다. 동 자료를 토대로 당초 예상보다 영업이익이 ₩200만큼 줄어든 원인을 (i) 판매가격차이, (ii) 변동원가차이, (iii) 고정원가차이 이외에 중요한 차이항목인 매출조업도차이(net sales volume variance : 일명, 순판매수량차이)를 추가하여 경영진에게 의미 있게 요약·보고하고자 한다. 매출조업도차이의 금액은 얼마인가? (단, 유리한 차이는 (F)로, 불리한 차이는 (U)로 표시한다.)

	3월 실적(actual)	3월 예산(budget)
판매수량	400개	300개
매 출 액	₩7,200	₩6,000
변동원가	4,800	3,000
고정원가	1,400	1,800
영업이익	1,000	1,200

① ₩1,800(F) ② ₩600(F) ③ ₩1,000(U) ④ ₩1,800(U) ⑤ ₩1,000(F)

10 고정제조간접원가 소비차이 (2017 관세사)

㈜관세의 고정제조간접원가는 기계시간을 기준으로 배부한다. 기준조업도는 9,000시간이며 표준기계시간은 제품 단위당 3시간이다. 제품의 실제생산량은 3,200단위이고 고정제조간접원가의 실제발생액은 ₩1,100,000이다. 고정제조간접원가의 조업도차이가 ₩60,000(유리)일 경우 소비차이는?

① ₩200,000 불리 ② ₩100,000 불리 ③ ₩140,000 유리
④ ₩100,000 유리 ⑤ ₩200,000 유리

11 직접재료원가 차이분석 (2021 관세사)

㈜관세는 표준원가계산을 적용하고 있다. 20X1년 단위당 표준직접재료원가는 다음과 같다.

제품 단위당 직접재료 표준원가 : 6kg × ₩10/kg = ₩60

20X1년 ㈜관세의 실제생산량은 1,000단위, 직접재료구입량은 7,500kg, kg당 실제 구입가격은 ₩12이다. ㈜관세는 직접재료 6,500kg을 생산에 투입하였다. ㈜관세의 직접재료 가격차이와 수량차이는? (단, 직접재료 가격차이는 구입시점에서 분리한다.)

	구입가격차이	수량차이
①	₩13,000(불리)	₩5,000(불리)
②	₩15,000(불리)	₩5,000(불리)
③	₩13,000(유리)	₩5,000(불리)
④	₩15,000(유리)	₩10,000(유리)
⑤	₩15,000(불리)	₩10,000(유리)

12 직접노무원가 차이분석 (2019 국가직 7급)

㈜한국의 당기 실제제품생산량은 400개, 직접노무비 실제발생액은 ₩31,450, 제품 단위당 표준 직접노동시간은 5시간이다. 표준원가계산하에서 계산된 직접노무비 임률차이는 ₩3,700 불리한 차이, 직접노무비 능률차이는 ₩2,250 유리한 차이이다. 직접노무비의 시간당 표준임률은?

① ₩14 ② ₩15 ③ ₩16 ④ ₩17

13 판매가격차이 & 매출조업도차이 (2016 CPA)

㈜한국이 판매부문의 20X1년도 성과평가 목적으로 작성한 예산과 실적치를 대비한 자료는 다음과 같다.

	고정예산	실적치
판매량	25,000단위	27,500단위
매출액	₩250,000	₩253,000
변동원가		
– 제조원가	148,500	153,450
– 판매관리비	39,000	44,550
공헌이익	₩62,500	₩55,000
고정원가		
– 제조원가	12,500	15,000
– 판매관리비	27,500	30,000
영업이익	₩22,500	₩10,000

㈜한국의 CEO는 20X1년도 실제판매량이 목표판매량보다 10% 증가하였는데도 불구하고 영업이익은 오히려 감소한 원인을 파악하고자 한다. 이를 위해 매출가격차이(sales price variance)와 매출수량차이(매출조업도차이, sales volume variance)를 계산하면 각각 얼마인가? (단, U는 불리한 차이, F는 유리한 차이를 의미한다.)

	매출가격차이	매출수량차이
①	₩22,000U	₩6,250F
②	₩22,000U	₩6,500F
③	₩22,000U	₩6,750F
④	₩20,000U	₩6,500F
⑤	₩20,000U	₩6,750F

14 제조간접원가 차이분석 (2010 CPA)

㈜한강의 당기 초 생산활동과 관련된 예산자료는 다음과 같다.

	예 산
생산량(기준조업도)	1,000단위
고정제조간접원가 총액	₩200,000
단위당 변동제조간접원가	₩125

당기의 실제생산량은 1,100단위였고 실제제조간접원가 총액은 ₩355,000이었다. 제조간접원가 총차이를 통제가능차이와 조업도차이로 나누어 분석할 때 다음 중 옳은 것은?

	통제가능차이	조업도차이
①	₩0	₩1,500 유리
②	₩2,500 유리	₩0
③	₩17,500 불리	₩20,000 유리
④	₩24,500 유리	₩22,500 불리
⑤	₩30,000 불리	₩32,000 불리

15 고정제조간접원가 차이분석 (2021 CPA)

㈜대한은 표준원가계산을 적용하고 있다. 20X1년 1월과 2월에 실제로 생산된 제품 수량과 차이분석 자료는 다음과 같다.

월	실제 생산된 제품 수량	고정제조간접원가 소비차이(예산차이)	고정제조간접원가 조업도차이
1월	1,500단위	₩500 불리	₩1,000 불리
2월	2,000단위	₩500 유리	₩500 유리

㈜대한이 20X1년 1월과 2월에 동일한 표준배부율을 적용하고 있다면, 제품 1단위당 고정제조간접원가 표준배부율은 얼마인가? (단, 고정제조간접원가의 배부기준은 제품 생산량이다.)

① ₩3　② ₩4　③ ₩5　④ ₩6　⑤ ₩7

16 제조간접원가 차이분석 (2018 세무사)

㈜세무는 표준원가계산제도를 도입하고 있다. 20X1년의 변동제조간접원가 예산은 ₩300,000이고, 고정제조간접원가 예산은 ₩800,000이다. ㈜세무는 제조간접원가 배부기준으로 직접노무시간을 사용하고 있다. 기준조업도는 직접노무시간 1,000시간이고, 20X1년에 실제로 투입된 직접노무시간은 850시간이다. 20X1년의 고정제조간접원가 조업도차이가 ₩80,000 (불리)할 경우 변동 제조간접원가 능률차이는?

① ₩15,000 유리　② ₩45,000 유리　③ ₩10,000 불리
④ ₩15,000 불리　⑤ ₩45,000 불리

17 직접재료원가 차이분석 (2019 세무사)

㈜세무는 당기에 영업을 개시하였으며 표준원가계산제도를 채택하고 있다. 직접 재료와 관련된 자료는 다음과 같다.

• 제품 단위당 직접재료 표준원가	3kg×₩10/kg=₩30
• 직접재료 kg당 실제 구입가격	₩12
• 직접재료 구입가격차이	₩12,600(불리)
• 직접재료 능률차이	₩4,000(유리)

당기 실제제품생산량이 2,000단위일 때 기말 직접재료 재고량은? (단, 기말 재공품은 없다.)

① 300kg ② 400kg ③ 500kg ④ 600kg ⑤ 700kg

18 고정제조간접원가 차이분석 (2019 세무사)

㈜세무는 표준원가계산제도를 채택하고 있으며 기계작업시간을 기준으로 고정제조간접원가를 배부한다. 다음 자료에 의할 경우 기준조업도 기계작업시간은? (단, 기초 및 기말 재공품은 없다.)

• 실제제품생산량	700단위
• 제품 단위당 표준기계작업시간	2시간
• 실제발생 고정제조간접원가	₩12,000
• 고정제조간접원가 예산차이	₩2,000(불리)
• 고정제조간접원가 조업도차이	₩4,000(유리)

① 600 ② 800 ③ 1,000 ④ 1,200 ⑤ 1,400

19 변동제조간접원가 소비차이 (2020 세무사)

㈜세무는 표준원가계산제도를 채택하고 있으며, 직접노무시간을 기준으로 제조간접원가를 배부한다. 20X1년의 생산 및 원가 자료가 다음과 같을 때, 변동제조간접원가 소비차이는?

• 변동제조간접원가 실제발생액	₩130,000
• 실제총직접노무시간	8,000시간
• 당기제품생산량	3,600단위
• 제품당 표준직접노무시간	2시간
• 변동제조간접원가 능률차이	₩8,000(불리)

① ₩25,000(유리) ② ₩25,000(불리) ③ ₩50,000(유리)
④ ₩50,000(불리) ⑤ ₩75,000(불리)

20 직접노무원가 차이분석 2021 세무사

㈜세무는 표준원가계산제도를 채택하고 있으며, 당기 직접노무원가와 관련된 자료는 다음과 같다.

• 제품 실제생산량	1,000단위
• 직접노무원가 실제발생액	₩1,378,000
• 단위당 표준직접노무시간	5.5시간
• 직접노무원가 능률차이	₩50,000(유리)
• 직접노무원가 임률차이	₩53,000(불리)

㈜세무의 당기 직접노무시간당 실제임률은?

① ₩230 ② ₩240 ③ ₩250
④ ₩260 ⑤ ₩270

21 직접노무원가 차이분석 2017 감정평가사

표준원가계산제도를 채택하고 있는 ㈜대한의 20X1년 직접노무원가와 관련된 자료는 다음과 같다. 20X1년의 실제생산량은?

• 실제직접노무시간	101,500시간
• 직접노무원가 실제발생액	₩385,700
• 직접노무원가 능률차이	₩14,000(유리)
• 직접노무원가 임률차이	₩20,300(유리)
• 단위당 표준직접노무시간	2시간

① 51,000단위 ② 51,500단위 ③ 52,000단위
④ 52,500단위 ⑤ 53,000단위

22 제조간접원가 차이분석 2018 관세사

㈜관세는 표준원가계산제도를 채택하고 있으며, 20X1년 제품 2,000단위를 기준으로 제조간접원가에 대한 표준을 다음과 같이 설정하였다.

• 제조간접원가예산 = ₩720,000 + 직접노동시간 × ₩100
• 제품단위당 표준직접노동시간 5시간

20X1년 실제직접노동시간은 20,400시간이고, 실제생산량은 4,000단위이다. 변동제조간접원가 능률차이와 고정제조간접원가 조업도차이는?

	능률차이	조업도차이
①	₩40,000(불리)	₩720,000(유리)
②	₩40,000(유리)	₩720,000(불리)
③	₩40,000(불리)	₩1,280,000(유리)
④	₩40,000(유리)	₩1,280,000(불리)
⑤	차이 없음	₩1,280,000(불리)

23 고정예산과 변동예산 (2018 CPA)

㈜대한은 20X1년도 고정예산과 실제결과를 비교하기 위해 다음과 같은 손익계산서를 작성하였다.

	고정예산	실제결과
판매량	10,000단위	12,000단위
매출액	₩500,000	₩624,000
변동원가		
– 제조원가	₩250,000	₩360,000
– 판매관리비	50,000	84,000
공헌이익	₩200,000	₩180,000
고정원가		
– 제조원가	₩15,000	₩19,000
– 판매관리비	25,000	25,000
영업이익	₩160,000	₩136,000

㈜대한의 경영자는 20X1년도 실제판매량이 고정예산 판매량보다 20% 증가하였으나, 영업이익은 오히려 15% 감소한 원인을 파악하고자 한다. 다음 설명 중 옳지 않은 것은? (단, ㈜대한은 20X1년도에 12,000단위를 생산·판매할 수 있는 용량(capacity)을 확보하고 있다.)

① 매출조업도차이(sales–volume variance)는 ₩40,000만큼 유리하다.
② 변동예산차이(flexible–budget variance)는 ₩84,000만큼 불리하다.
③ 매출가격차이(selling–price variance)는 ₩24,000만큼 유리하다.
④ 고정원가 소비차이(fixed overhead spending variance)는 ₩4,000만큼 불리하다.
⑤ 고정예산차이(static–budget variance)는 ₩24,000만큼 불리하다.

24 전환원가 차이분석 (2011 CPA)

표준원가계산을 사용하고 있는 ㈜미아의 20X1년도 표준 및 예산수립에 관한 자료는 다음과 같다.

- 제품 단위당 표준직접노무시간은 0.5시간이며, 표준임률은 시간당 ₩1,000이다.
- 제조간접원가 예산액 = ₩30,000 + (₩600 × 표준직접노무시간)
- 변동제조간접원가 및 고정제조간접원가 배부기준은 직접노무시간이다.
- 고정제조간접원가 배부를 위한 연간 기준조업도는 제품생산량 150단위이다.

한편, 20X1년 말 원가차이를 분석한 결과는 다음과 같다.

- 직접노무원가 임률차이 ₩4,500 불리
- 변동제조간접원가 능률차이 ₩6,000 불리
- 고정제조간접원가 조업도차이 ₩2,000 유리

제시된 자료에 의할 때, 직접노무원가의 시간당 실제임률은 얼마인가?

① ₩1,030 ② ₩1,040 ③ ₩1,050 ④ ₩1,060 ⑤ ₩1,075

주관식

01 원가요소별 차이분석과 분개 (2013 CPA 수정)

제조기업인 ㈜키다리는 변동예산과 표준원가계산제도를 사용하고 있으며, 원가계산주기는 한 달이다. 원가계산과 관리 목적으로 네 가지 원가요소(직접재료원가, 직접노무원가, 변동제조간접원가, 고정제조간접원가)를 설정하고 있으며, 직접노동시간을 변동제조간접원가와 고정제조간접원가의 배부기준으로 사용하고 있다. 2013년도에 ㈜키다리의 제품 한 단위당 표준은 다음과 같다.

원가요소	투입물량	물량 한 단위당 표준가격
직접재료원가	5kg	₩300
직접노무원가	?	₩1,000
변동제조간접원가	?	?
고정제조간접원가	?	?

2013년도 연간 예상 변동제조간접원가 총액은 ₩6,000,000으로서 예상 직접노동시간 12,000시간을 기준으로 설정되었다. 연간 예상 고정제조간접원가 총액은 ₩12,000,000이며, 표준배부율은 기준조업도(생산량) 7,500개를 기초로 계산한다. 원가관리 목적상, 고정제조간접원가 예산은 월별로 균등하게 배분한다.

2013년도 5월 초 직접재료와 재공품 재고는 없었으며, 5월 말 재공품 재고도 없었다. 5월 중에 제품의 실제생산량은 500개이며, 원가요소별로 발생한 구체적인 내역은 다음과 같다.

• 구매 당시 직접재료원가 가격차이	₩200,000(불리)
• 직접재료 kg당 가격차이	₩50
• 직접재료원가 능률차이	₩150,000(유리)
• 직접노무원가 발생액	₩960,000
• 직접노무원가 임률차이	₩160,000(불리)
• 변동제조간접원가 발생액	₩450,000
• 변동제조간접원가 능률차이	₩100,000(유리)
• 고정제조간접원가 소비차이	₩100,000(불리)

요구사항

▶ 물음 1. 다음 물음에 답하라.

(1) 5월 중 직접재료 구매량과 직접재료 실제사용량은?

(2) 직접재료원가 가격차이를 구매시점에서 분리할 경우, 5월 중 직접재료 사용시점에서의 분개는?

(3) 직접재료원가 가격차이를 사용시점에서 분리할 경우, 5월 중 직접재료 사용시섬에서의 분개는?

▶ 물음 2. 다음 물음에 답하라.

(1) 5월 중 직접노동시간 실제투입시간은?

(2) 5월 중 직접노무원가 능률차이는?

▶ 물음 3. 5월 중 변동제조간접원가 관련 분개는? (단, 발생부터 단계별로 반드시 구분하여 작성하되, 변동제조간접원가 발생분개 시 상대계정으로 미지급비용을 사용할 것)

▶ 물음 4. 5월 중 고정제조간접원가 실제발생액과 조업도차이는?

※ 분개는 원가회계 교재 학습 필요

02 직접재료원가의 표준원가와 실제원가 (2018 CPA 수정)

단일제품을 생산하는 ㈜금감은 표준종합원가계산제도를 채택하고 있다. ㈜금감은 직접재료원가에 대해 표준원가와 실제원가의 차이를 신속하게 규명하여 빠른 대처를 하기 위한 차이분석을 실시하고 있다. 다음의 자료는 20X6년 ㈜금감의 제품 단위당 표준원가표이다.

20X6년 표준원가표

	표준투입량	표준가격
직접재료원가	6kg	₩5/kg
직접노무원가		
− 숙련공	2시간	₩40/시간
− 미숙련공	3시간	₩30/시간

20X6년 ㈜금감은 직접재료 36,000kg을 ₩198,000에 구입하여 30,000kg을 사용하였다. 직접재료는 공정 초기에 전량투입되며, 가공원가는 공정 전체에 걸쳐 균등하게 투입된다. 당기 중 제조에 착수한 물량은 4,000

개이며, 이 중 3,600개가 완성되었다. 당기에 판매한 제품은 2,800개이다. 재공품의 가공원가 완성도는 40%이다.

※ 물음의 모든 차이(variance)에 대해 유리(F) 또는 불리(U)를 표시하라.

※ 기초재고가 존재하지 않는다고 가정한다.

요구사항

▶ **물음 1. ㈜금감의 20X6년 직접재료원가의 가격차이와 수량차이를 구하라.**

▶ **물음 2. 20X6년 말 ㈜금감의 재공품, 제품 및 매출원가에 포함된 직접재료원가의 표준원가와 실제원가를 구하라.**

〈답안작성 양식〉

	재공품	제 품	매출원가
직접재료원가(표준원가)			
직접재료원가(실제원가)			

54.85
09.15
COM:
dex (82,05)
POT:
rig (82,05)
43.97
27.03
23.32
$
59.43
63.32
14:21
59.43
95.97

CHAPTER 12

고객 수익성과 판매부문 차이분석

본 장에서는 고객관리를 위해 고객별 수익성을 분석하는 방법과 판매부문의 실적을 기초에 수립한 예산과 비교하여 그 차이를 분석하는 방법에 대해 학습한다. 고객 수익성 분석의 핵심은 판매비와관리비를 고객별로 할당하는 것으로 활동기준원가계산을 이용하여 간접원가 할당의 정확성을 높일 수 있다. 예산과 실적의 차이분석은 차이 발생원인을 판매가격 차이, 판매량 차이, 매출배합 차이, 시장규모 차이, 시장점유율 차이 등으로 구분해서 분석한다. 차이분석 결과는 판매조직의 성과평가와 시장전략에 사용할 수 있다.

CHAPTER
12
고객 수익성과 판매부문 차이분석

1. 고객 수익성 분석과 예산 차이분석

본 장에서는 판매(마케팅)부문과 관련된 두 가지 관리회계 주제를 학습한다. 첫 번째 주제는 고객(특히, 도매고객)별 수익성을 분석하는 방법으로서, 고객관리에 유용하게 사용할 수 있다. 고객별 수익성 분석을 위해서는 먼저 고객별로 관련된 원가를 정확하게 할당해야 한다. 고객별로 원가를 할당하는 과정은 제품별 원가계산과 매우 유사하지만, 정확한 원가할당을 위해 제품 원가계산과 다른 원가분류 체계를 사용한다.

판매부문의 두 번째 관리회계 주제는 판매부문의 실적을 기초에 수립한 예산과 비교하여 그 차이를 분석하는 것이다. 예산과 실적의 차이 발생 원인을 판매가격 차이, 판매량 차이, 매출배합 차이, 시장규모 차이, 시장점유율 차이 등으로 구분해서 분석한다. 판매부문의 각종 차이분석 결과는 판매조직의 성과평가와 향후 제품의 시장전략에 활용할 수 있다.

2. 고객 수익성 분석

1) 고객 수익성 분석의 의의

기업의 원가계산에서 가장 기본적인 원가대상(cost object)은 제품과 고객이다. 제품 원가계산은 외부 보고용 재무제표 작성에 필요한 재고자산의 가치측정과 손익계산을 위해 필요하다. 또한 제품의 가격 결정과 제품 배합(product mix), 제품라인의 수익성 분석 등 관리회계 분야 의사결정을 위해서도 제품 원가계산은 매우 중요하다. 제품 원가계산은 원가회계 주제로서 분량으로 인해 본서에서는 다루지 않는다.

제품 못지않게 중요한 원가대상이 고객(특히, 도매고객)이다. **도매고객**은 회사가 판매하는 제품을 다량으로 구매하여 **소매고객**에게 판매하는 유통채널 역할을 한다. 가전제품 제조회사의 경우 도매고객에는 각종 백화점과 전문판매점 및 온라인쇼핑몰 등이 있다. 도매고객은 대량구매고객으로서 중요한 고객이지만, 판매비와관리비와 관련된 기업 자원의 상당 부분을 소비한다. 도매고객이 소비하는 기업 자원은 도매고객별로 차이가 크게 날 수 있으며, 이에 따라 도매고객별 수익성도 크게 다를 수 있다.

고객 수익성 분석(customer profitability analysis)은 고객별로 제품 판매수익과 비용을 분석하고 평가하는 작업으로서, 도매고객과의 협상을 포함한 고객관리에 필요한 중요한 정보를 제공한다. 고객 수익성 분석에서 고객별 원가계산이 큰 비중을 차지하며, **활동기준원가계산**(ABC)을 이용하여 고객별 원가계산의 정확성을 높일 수 있다.

2) 고객 원가계층

다음 예제를 이용하여 고객 수익성 분석 방법에 대해 학습해보자.

예제 12-1

노트북과 휴대전화기를 제조하여 판매하는 ㈜브라이언의 조직은 노트북본부, 휴대전화기본부, 관리본부로 구성되어 있다. 노트북본부와 휴대전화기본부는 각 제품의 연구개발과 제조 및 판매를 총괄하는 사업본부로서, 각 본부의 조직은 판매를 담당하는 도매고객팀과 소매고객팀 및 관리팀으로 구성되어 있다. 관리본부는 회사 전체 일반관리업무를 담당한다. 노트북본부의 도매고객팀의 고객은 고객 A, B, C이며, 소매고객팀은 회사 임대매장에서 노트북을 전시하여 판매하고 있다(도소매 고객에게 판매되는 제품에 차이는 없다). 노트북의 단위당 제조원가는 ₩400이며, 정상 판매가격은 ₩500이다. 도매고객에게는 각각 다른 할인율을 적용하여 가격할인을 하고 있으며, 일반 소비자인 소매고객에게는 가격할인이 없다. 202X년 고객별 판매량과 판매가격 및 매출은 표 12-1과 같다. 202X년에 도매고객 C는 B보다 구매물량이 적으나 대량구매 가능성을 고려하여 더 많은 가격할인을 제공하였다. 노트북본부의 고객별 수익성 분석을 해보자.

(예제 계속)

표 12-1 고객별 매출 분석

	도매 A	도매 B	도매 C	도매합계	소 매	총 계
(1) 판매량(개)	2,000	1,500	600		2,500	6,600
(2) 판매가격(원)	440	470	460		500	
정가	500	500	500		500	
할인	(60)	(30)	(40)		(0)	
(3) 매출(원)(=(1)×(2))	880,000	705,000	276,000	1,861,000	1,250,000	3,111,000

202X년 ㈜브라이언 노트북본부의 전체 영업이익은 표 12-2와 같다.

표 12-2 202X년 노트북본부 영업이익 손익계산서(기능별 원가분류)

(단위 : 원)

매출	3,111,000
매출원가	2,640,000 (=6,600개×₩400)
영업비용(판매비와관리비)	
R&D, 디자인	36,400
마케팅	268,000
배송	35,000
고객지원	25,000
일반관리	16,400
영업비용 합계	380,800
부문영업이익	90,200

노트북본부는 고객관리를 위해 고객별 수익성을 분석하기로 하였다. 이를 위해 활동기준원가계산(ABC)을 이용하여 노트북본부에서 발생하는 **판매비와관리비**를 고객별로 할당하기로 하였다. 이를 위해 고객과 관련된 모든 원가를 발생하는 형태에 따라 다음과 같은 다섯 가지 유형의 **고객원가계층(customer-cost hierarchy)**으로 분류한다.

- **고객제품단위수준원가(customer output unit-level costs)** : 고객이 구매하는 제품 각 단위에 대해 발생하는 원가로서, 판매량에 비례하여 증가한다. 개별 제품 포장비와 판매 후 고객지원활동의 원가가

이에 속한다.

- **고객제품배치수준원가(customer batch-level costs)** : 고객이 구매하는 제품의 구매 묶음 단위로 발생하는 원가로서, 주문처리비용과 배송비용이 이에 속한다. 예를 들어, 주문처리비용의 경우, 1회 주문처리비용은 대체로 고객의 1회 주문량과 무관하며, 총주문비용은 주문횟수에 비례하여 발생한다.
- **고객유지원가(customer sustaining costs)** : 고객이 구매하는 제품의 수량이나 구매(주문) 횟수와 무관하게 개별 고객을 유지하는 데 발생하는 원가로서, 제품정보 제공, 고객사무실 방문비용, 고객관리비가 이에 속한다.
- **유통채널원가(distribution channel costs)** : 고객의 제품 구매량이나 구매 횟수는 물론, 개별 고객과도 무관하게 유통채널(도매, 소매)별로 고객관리를 위해 발생하는 원가로서, 도소매팀장의 급여 및 도소매 마케팅비용이 이에 속한다.
- **부문유지원가(division sustaining costs)** : 개별 고객이나 유통채널별로 추적할 수 없는 부문원가로서, 노트북본부의 본부장 급여 및 관리팀 비용이 이에 속한다.

이와 같은 고객 원가계층 분류는 제품 원가계산에서 사용하는 제품 원가계층 분류(제품 단위수준, 배치수준, 제품수준, 설비수준)를 고객 원가계산에서도 적용한 것이다. 다만, 여기서 고객 원가계층은 총 다섯 가지로서, 그중에서 유통채널원가는 도매와 소매 유통채널에는 할당할 수 있으나 세부 고객별로 할당하기는 어려우며, 부문유지원가는 유통채널별로도 인과관계기준(cause-and-effect criterion)으로 할당하기 어려운 원가이다.

나머지 세 가지 원가계층인 고객제품단위수준원가, 고객제품배치수준원가, 고객유지원가는 인과관계기준에 의해 고객별로 할당할 수 있는 원가로서, 개별 고객의 영향을 직접 받는 원가이다. 따라서 이들 세 가지 계층의 원가는 개별 **고객수준원가(customer-level costs)**라고 할 수 있다. 노트북본부의 관리자는 개별 고객들에게 고객수준원가를 줄이도록 제의하고 가격협상 자료로 사용할 수 있다(예 대량주문을 유도하여 주문횟수를 줄임으로써 고객제품배치수준원가를 줄임).

표 12-3 노트북본부의 판매비와관리비 분류

고객제품단위 수준원가	고객제품배치 수준원가	고객유지원가	유통채널원가	부문유지원가
고객수준원가(customer-level costs)			–	–

표 12-4 ㈜브라이언 노트북본부의 판매비와관리비의 원가계층별 분류

원가계층	원가(원)	원가동인	고객원가계층	기능 분류
고객수준원가	135,000			
주문처리	45,000	주문건수	고객제품배치수준원가	마케팅
고객사이트 방문	30,000	방문건수	고객유지원가	마케팅
제품배송	35,000	배송거리	고객제품배치수준원가	배송
고객지원	25,000	판매량	고객제품단위수준원가	고객지원
유통채널원가	193,000			
도매마케팅원가	15,000		유통채널원가	마케팅
소매마케팅원가	178,000*		유통채널원가	마케팅
부문유지원가	52,800			
부문관리비	16,400		부문유지원가	일반관리
제품엔지니어링	36,400		부문유지원가	R&D, 디자인
합 계	380,800			

* 이 중에서 ₩165,000은 소매판매 매장 임대료임

202X년에 ㈜브라이언 노트북본부에서 발생한 판매비와관리비(표 12-2)를 고객별로 할당하기 위해 활동별로 재분류하면 표 12-4와 같다. 이를 원가계층으로 분류하면, 고객수준원가(customer-level costs)에는 주문처리, 고객사이트 방문, 제품배송, 고객지원 원가가 포함된다. 고객수준원가는 활동별 원가동인을 이용하여 고객별로 배분한다.

고객수준원가는 고객별로 인과관계적으로 할당할 수 있는 원가로서 추후 고객과의 협상에서 근거자료로 사용할 수 있다.

3) 고객수준원가의 고객별 배분

노트북본부 비용 중에서 고객수준원가(customer-level costs)를 고객별로 배분한 내역은 표 12-5와 같다(구체적인 배분 과정 생략). 유통채널수준원가는 고객별로 할당하기 어려워 고객별로 배분하지 않고, 유통채널(도매, 소매) 단위로만 배분하였다. 마지막으로, 부문유지원가는 유통채널별로도 배분하기 어려워, 부문 전체의 비용으로만 표시하였다.

표 12-5 202X년 노트북본부 고객별 영업이익 손익계산서(원가계층별 원가분류)

(단위 : 원)

	도매 A	도매 B	도매 C	도매합계	소 매	총 계
(1) 매출	880,000	705,000	276,000	1,861,000	1,250,000	3,111,000
(2) 매출원가	800,000	600,000	240,000	1,640,000	1,000,000	2,640,000
(3) 고객수준원가	42,000	38,000	43,000	123,000	12,000	135,000
(4) 고객수준영업이익 (=(1)−(2)−(3))	38,000	67,000	−7,000	98,000	238,000	336,000
(5) 유통채널원가				15,000	178,000	193,000
(6) 유통채널수준영업이익 (=(4)−(5))				83,000	60,000	143,000
(7) 부문유지원가						52,800
(8) 부문수준영업이익 (=(6)−(7))						90,200

㈜브라이언 노트북본부의 고객수준영업이익(표에서 (4))은 매출에서 매출원가와 고객수준원가를 차감한 것으로, 고객별 수익성을 잘 보여준다. 도매고객 C의 경우, ₩7,000의 영업손실을 나타내고 있다. 이는 제품 구매량은 가장 적지만 고객수준원가(₩43,000)는 가장 많기 때문이다. 고객수준원가의 활동별 원가동인 소비량을 자세히 살펴보면 구체적인 원인을 쉽게 파악할 수 있다(자료 미제시).

도매고객 C가 영업손실을 나타내고 있다고 해서 고객과의 관계를 단절하는 것이 바람직하다는 것은 아니다. 첫째는 장기적으로 도매고객 C의 주문량이 증가하고, 고객수준원가는 상대적으로 감소하여 수익성이 개선될 수도 있다. 둘째는 고객별로 할당한 **고객수준원가**(customer-level costs)는 **활동기준원가계산**(ABC) 개념을 이용하여 계산한 것으로, 그중에서 일부는 고객과의 관계를 단절하더라도 원가가 감소하지 않는 회피가 불가능한 고정원가일 수 있다. 그 경우, 적자 고객과의 관계를 단절하면 단기적으로 회사의 수익성이 오히려 더 나빠질 수도 있다(제4장 단기 의사결정 참고).

일반적으로, 많은 도매고객을 보유하고 있는 기업의 **고객수준영업이익**(customer-level operating income)을 분석해보면, 그림 12-1과 같이 소수의 고객이 영업이익의 상당 부분을 차지하는 현상(소위 Pareto 법칙)을 종종 발견할 수 있다.

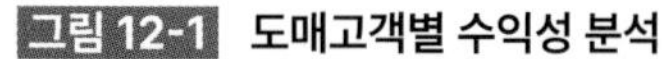
그림 12-1 도매고객별 수익성 분석

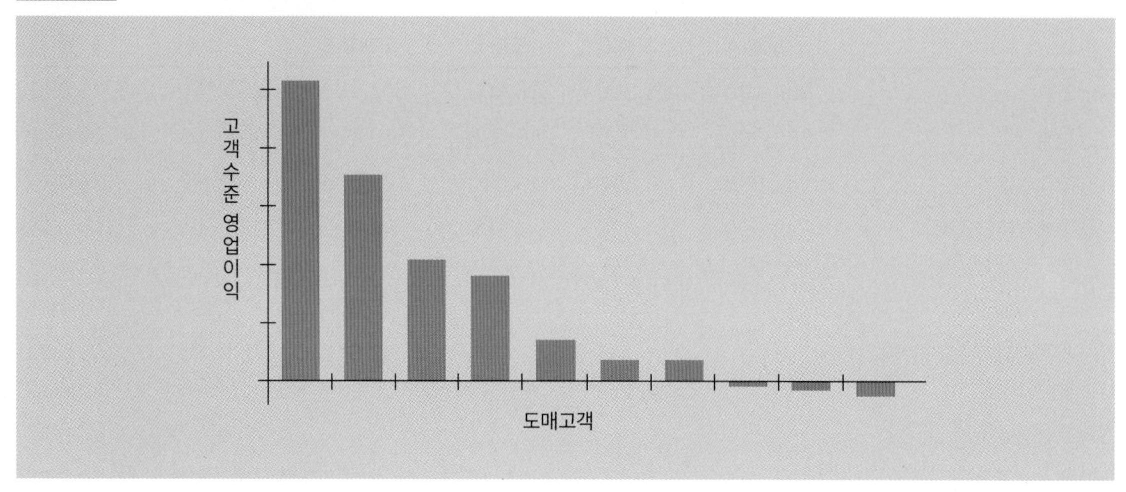

그래프의 오른쪽에 있는 수익성이 낮은 고객은 1회 주문량이 적어 주문횟수가 상대적으로 많거나, 정상적인 배송 일정보다 급한 배송을 자주 요구하거나, 고객사이트 방문 요청이 많은 경향이 있다. 이런 고객에 대한 수익성을 높이기 위해, 대량주문을 유도하거나 회사가 생산하는 제품이 여러 종류일 경우 다양한 제품에 관심을 가지도록 유도할 수 있다. 또한 고객수준의 활동에 대해 활동별로 요금을 부과하는 **활동기준 요금부과**(activity-based pricing)를 고려할 수 있다. 예를 들어, 주문 1회당 주문처리 요금, 고객사이트 방문 1회당 방문요금, 급한 배송에 대한 추가 배송요금을 부과할 수 있다. 아울러, 회사는 원가경쟁력을 높이기 위해 활동별 원가절감을 지속적으로 추진해야 한다.

반대로, 그래프 왼쪽의 수익성이 높은 도매고객은 경쟁에 노출되어 있으므로 할인과 다양한 서비스를 제공하여 고객과의 관계를 더욱 강화할 필요가 있다.

4) 비고객수준원가의 고객별 배분

이상은 고객수준원가(customer-level costs)를 고객별로 할당하여 고객별 수익성을 분석한 것이다. 여기서 한 단계 더 나아가, 노트북본부는 고객수준원가가 아닌 유통채널원가와 부문유지원가를 고객별로 할당하기를 원할 수도 있다. 개별 고객이 이들 **비고객수준원가**(noncustomer-level costs)의 규모에 영향을 미치지는 않으므로 이 원가들을 인과관계적으로 고객별로 할당하기는 어려우나, 고객과 관련해서 발생하는 비용이기 때문이다.

표 12-6 202X년 ㈜브라이언 노트북본부 고객별 전부원가 영업손익계산서(원가계층별 원가분류)

(단위 : 원)

	도매 A	도매 B	도매 C	도매합계	소 매	총 계
매출	880,000	705,000	276,000	1,861,000	1,250,000	3,111,000
매출원가	800,000	600,000	240,000	1,640,000	1,000,000	2,640,000
고객수준원가	42,000	38,000	43,000	123,000	12,000	135,000
고객수준영업이익	38,000	67,000	−7,000	98,000	238,000	336,000
유통채널원가*	7,093	5,682	2,225	15,000	178,000	193,000
유통채널수준영업이익	30,907	61,318	−9,225	83,000	60,000	143,000
부문유지원가**	14,935	11,966	4,684	31,585	21,215	52,800
부문수준영업이익	15,972	49,352	−13,909	51,415	38,785	90,200
관리본부원가***	13,040	40,294	0	53,334	31,666	85,000
기업수준영업이익	2,932	9,058	−13,909	−1,919	7,119	5,200

* 도매유통채널원가(총 ₩15,000)는 도매고객별 매출액 비율로 배분
** 부문유지원가(총 ₩52,800)는 도소매고객 매출액 비율로 배분
*** 관리본부원가는 고객별 부문수준영업이익 비율로 배분(적자 고객은 미배분)

또한 ㈜브라이언은 노트북본부의 비용이 아닌 관리본부의 비용(예 기업 이미지 광고, 일반관리비)까지도 고객별로 배분하여, 전부원가(full cost) 기준으로 고객별 수익성을 파악하기를 원할 수도 있다. 회사는 이 원가들도 궁극적으로는 두(노트북, 휴대전화기) 사업본부의 고객으로부터 회수해야 하기 때문이다.

표 12-6에 나타난 바와 같이, 노트북본부는 유통채널원가 중 도매유통채널원가(총 ₩15,000)와 노트북본부의 부문유지원가(총 ₩52,800)를 관련 고객별 매출액 비율로 배분하여(수혜기준에 따른 원가배분), 고객별로 **부문수준영업이익**을 계산하였다.

표에서 관리본부원가는 ㈜브라이언 관리본부 전체 비용(자료 미제시) 중에서 노트북본부에 배분된 비용(총 ₩85,000)을 노트북본부의 고객별로 부문수준영업이익의 비율로 배분한 것이다(부담능력기준에 따른 배부). 이 과정을 통해 최종적으로 고객별 **기업수준영업이익**을 계산하였다.

최종 분석결과, 노트북본부는 관리본부의 비용을 배분받기 전에는 ₩90,200의 부문수준영업이익을 나타내고 있으나, 관리본부의 비용을 배분받은 후에는 최종 영업이익이 ₩5,200으로서 흑자 폭이 매우 작다. 특히, 도매분야는 영업이익이 ₩51,415에서 −₩1,919로 감소하여 적자를 나타내고 있다. 즉, 노트북본부의 도매분야는 매출원가와 노트북본부 차원에서 발생하는 비용을 충분히 회수하고 있으나 관리본부의 일반관리비용을 회수할 수 있을 정도로 충분한 수익을 내지는 못하고 있다. 이상의 고객 수익성

분석결과를 이용하여, 노트북본부는 제품 소매가격의 적정성을 분석하고, 도매고객별로 주문형태와 가격에 대한 협상을 검토할 수 있다.

3. 판매부문 차이분석

1) 변동예산차이와 매출조업도차이

우리는 위에서 ㈜브라이언의 노트북본부는 도매고객별로 실제결과(실제수익과 실제비용)를 이용하여 수익성을 분석하고, 분석결과를 고객관리에 활용하는 방안에 대해 학습하였다. 다른 한편으로, 판매부문은 실제결과(actual results)와 예산(budget)을 비교하여, 차이(variance)가 발생한 원인을 분석하고, 이를 토대로 적절한 대응방안을 수립할 필요가 있다. 본 장에서는 특히 복수의 제품이나 유통채널이 있는 경우의 차이 발생 원인을 분석하는 방법에 대해 자세하게 학습한다.

다음 예제를 이용하여 매출과 관련된 각종 차이를 분석해보자.

예제 12-2

㈜하늘은 한 가지 종류의 제품을 생산하고 있으며, 인터넷과 마트를 통해 이 제품을 판매하고 있다. 202X년도 예산과 실적은 각각 표 12-7, 표 12-8과 같다. ㈜하늘의 202X년 고정원가는 예산과 실제결과가 동일하여 분석에서 제외하였다. 매출과 관련된 각종 차이를 분석해보자.

표 12-7 ㈜하늘의 202X년 예산

판매 채널	판매가격 (원)	단위당 변동원가(원)	단위당 공헌이익(원)	판매량 (개)	매출배합비율 (판매량기준)	공헌이익 (원)
인터넷	20	15	5	1,000	0.4	5,000
마트	25	16	9	1,500	0.6	13,500
합계	–	–	–	2,500	1	18,500

(예제 계속)

표 12-8 (주)하늘의 202X년 실적

판매 채널	판매가격 (원)	단위당 변동원가(원)	단위당 공헌이익(원)	판매량 (개)	매출배합비율 (판매량 기준)	공헌이익 (원)
인터넷	21	15	6	1,161	0.43	6,966
마트	25	17	8	1,539	0.57	12,312
합계				2,700	1	19,278

먼저, 제11장에서 학습한 차이분석의 기본적인 구조를 이용하여 ㈜하늘 자료에 대한 차이분석을 유통채널(인터넷, 마트)별로 실시하면 표 12-9와 같다. 표에서 고정예산(static budget)(5)은 기초에 확정한 판매목표를 토대로 수립한 예산으로서, 고정예산(5)과 실제결과(1)의 차이가 **고정예산차이**(static-budget variance)이다. 변동예산(flexible budget)(3)은 실제판매량을 기초에 정확하게 예측했을 경우 수립되었을 예산이다. 변동예산을 이용하여 고정예산차이를 **매출조업도차이**(sales-volume variance)와 **변동예산차이**(flexible budget variance)로 분리할 수 있다. 고정예산차이, 매출조업도차이, 변동예산차이는 모든 손익 항목(매출, 원가, 영업이익)에 대해 개별적으로 계산할 수 있다.

그중에서 ㈜하늘의 202X년도 공헌이익 항목의 매출조업도차이는 다음과 같이 계산한다. 매출과 관련된 차이분석이므로, 실제조업도(판매량)가 예산조업도(판매량)보다 더 많을 때 유리한(F) 차이가 되며, 반대인 경우 불리한(U) 차이가 된다.

매출조업도차이(공헌이익) = 단위당 예산공헌이익 × (실제판매량 − 고정예산판매량)

(인터넷) : ₩5 × (1,161개 − 1,000개) = ₩805(F)

(마　트) : ₩9 × (1,539개 − 1,500개) = ₩351(F)

(합　계) : ₩1,156(F)

표 12-9 변동예산차이와 매출조업도차이*(F : 유리한 차이, U : 불리한 차이)

구 분		실제 결과 (1)	변동예산차이 (2)(=(1)−(3))	변동예산 (3)	매출조업도차이 (4)(=(3)−(5))	고정예산 (5)
판매량		2,700개	0	2,700개	200개(F)	2,500개
매출액	인터넷	₩24,381 (₩21×1,161개)		₩23,220 (₩20×1,161개)		₩20,000 (₩20×1,000개)
	마트	₩38,475 ₩25×1,539		₩38,475 (₩25×1,539개)		₩37,500 (₩25×1,500개)
	합계	₩62,856	₩1,161(F)	₩61,695	₩4,195(F)	₩57,500
변동원가 (원)	인터넷	....	....	....	....	....
	마트	....	....	....	....	....
	합계	....	....	....	....	....
공헌이익 (원)	인터넷	₩6,966 (₩6×1,161개)	₩1,161(F)	₩5,805 (₩5×1,161개)	₩805(F)	₩5,000 (₩5×1,000개)
	마트	₩12,312 (₩8×1,539개)	₩1,539(U)	₩13,851 (₩9×1,539개)	₩351(F)	₩13,500 (₩9×1,500개)
	합계	₩19,278	₩378(U)	₩19,656	₩1,156(F)	₩18,500

* 구체적인 차이분석 방법은 제11장 예산과 차이분석 참고

2) 차이분석과 판매부문의 성과

매출조업도차이는 판매량의 차이에서 발생한 것으로 발생원인은 여러 가지가 있을 수 있다. 판매조직의 역량 부족에 따른 (고정)예산판매량 달성 실패, 해당 제품의 시장수요 예측 오류, 경쟁기업의 영향, 해당 제품에 대한 소비자 선호의 변화, 해당 제품의 품질 확보 실패 등 다양하다. 따라서 매출조업도차이의 발생에 대한 대처는 발생원인에 따라 판매담당 조직이 담당해야 할 수도 있고, 생산담당 조직이 담당해야 할 수도 있다.

이와 달리 **변동예산차이**는 예산가격(원가)과 실제가격(원가)의 차이에서 발생한 것이다. 매출액 항목의 변동예산차이는 가격차이에서 발생한 것으로 **판매가격차이**(selling-price variance)라고 부르며, 판매부문과 관련성이 높다. 비용 항목들의 변동예산차이는 제조부문(제조원가), 판매부문(판매비), 일반관리조직(일반관리비)에 모두 관련되어 있다. 따라서 영업이익(공헌이익) 항목의 변동예산차이는 제조부문과 판매부문 및 일반관리조직 모두와 관련되어 있다. 판매부문이 변동예산차이와 매출조업도차이에 영향을 미치는 요소들을 정리하면 표 12-10과 같다.

표 12-10 판매부문이 변동예산차이와 매출조업도차이에 영향을 미치는 요소

항 목	변동예산차이	매출조업도차이
매출	판매가격	판매량
원가	판매비 (제조부문은 제조원가) (일반관리부문은 일반관리비)	판매량
영업이익(공헌이익)	판매가격, 판매비 (제조부문은 제조원가) (일반관리부문은 일반관리비)	판매량

판매부문의 마케팅효율성은 판매가격, 판매량, 매출배합, 시장규모, 시장점유율 등의 영향을 종합적으로 받는다. 판매부문의 효율성과 관련된 주요 차이는 두 가지이다(표 12-10에서 음영처리). 첫 번째는 매출액의 고정예산차이이다. 매출액의 고정예산차이는 매출조업도차이와 변동예산차이로 구성되어 있으며, 전자는 판매량의 차이로 인해 발생하고, 후자는 판매가격 차이로 인해 발생하므로 두 차이는 서로 깊이 연계되어 있다. 따라서 매출액에서 두 차이는 개별적으로 효율성을 판단할 수 없고 종합적으로 분석해야 한다.

다음으로, 두 번째 차이는 영업이익(공헌이익)의 매출조업도차이이다. 즉, 실제판매량과 예산판매량의 차이로 인해 발생하는 영업이익(공헌이익)의 차이이다. 영업이익의 매출조업도차이는 복수의 유통채널(도매/소매, 인터넷/전화/소매점 등)이 있거나, 복수의 제품을 판매하는 경우에 추가적인 원인분석을 통해 다양한 시사점을 얻을 수 있다.

3) 복수의 유통채널(제품)이 있는 경우의 매출조업도차이 분석

이제 복수의 유통채널이나 복수의 제품이 있는 경우에 **영업이익(공헌이익)의 매출조업도차이**를 추가로 분석하는 방법에 대해 자세하게 학습해보자. 복수의 유통채널(또는 제품)이 있는 경우, 매출조업도차이는 그림 12-2와 같이 추가적으로 유통채널별(제품별) 매출배합(sales mix)과 관련된 차이와 총판매수량(sales quantity)과 관련된 차이로 분리할 수 있다. 또한 판매수량에 따른 차이도 시장점유율(market share)과 관련된 차이와 시장규모(market size)와 관련된 차이로 추가적으로 분리할 수 있다. ㈜하늘 예제를 이용해서 이들 차이를 계산해보자.

그림 12-2 복수의 유통채널(제품)이 있는 경우 매출조업도차이 추가 분석

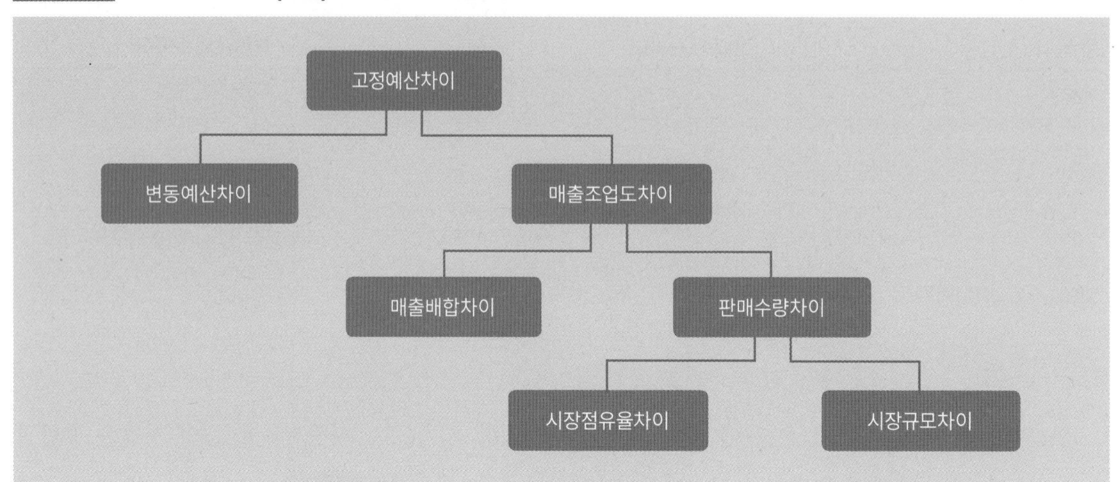

㈜하늘은 202X년도에 예산판매량보다 더 많은 수량의 제품을 판매했으며, 공헌이익도 예산보다 증가하였다. 그러나 수익성이 더 높은 마트채널의 실제 판매비중은 예산보다 감소하였다. 이런 영향은 매출조업도차이를 추가적으로 분리하면 구체적으로 이해할 수 있다.

(1) 매출조업도차이 분리

매출조업도차이는 그림 12-3과 같이 유통채널별로 각각 **매출배합차이**(sales mix variance)와 **판매수량차이**(sales quantity variance)로 분리한다.

매출조업도차이는 수량의 차이(실제판매량－예산판매량)에 단위당 예산공헌이익을 곱한 것으로, 이 수량의 차이를 '예산매출배합에 의한 실제판매량'(그림 12-3의 (2))을 이용해서 분리한다. 인터넷 판매의 경우, 해당 수량은 [총실제판매량(2,700개)×예산매출배합(0.4)]=1,080개이며, 마트 판매의 경우, 해당 수량은 [총실제판매량(2,700개)×예산매출배합(0.6)]=1,620개이다. 표 12-11은 분석결과를 요약한 것이다.

그림 12-3 매출조업도차이(영업이익)의 분리(매출배합차이, 판매수량차이)

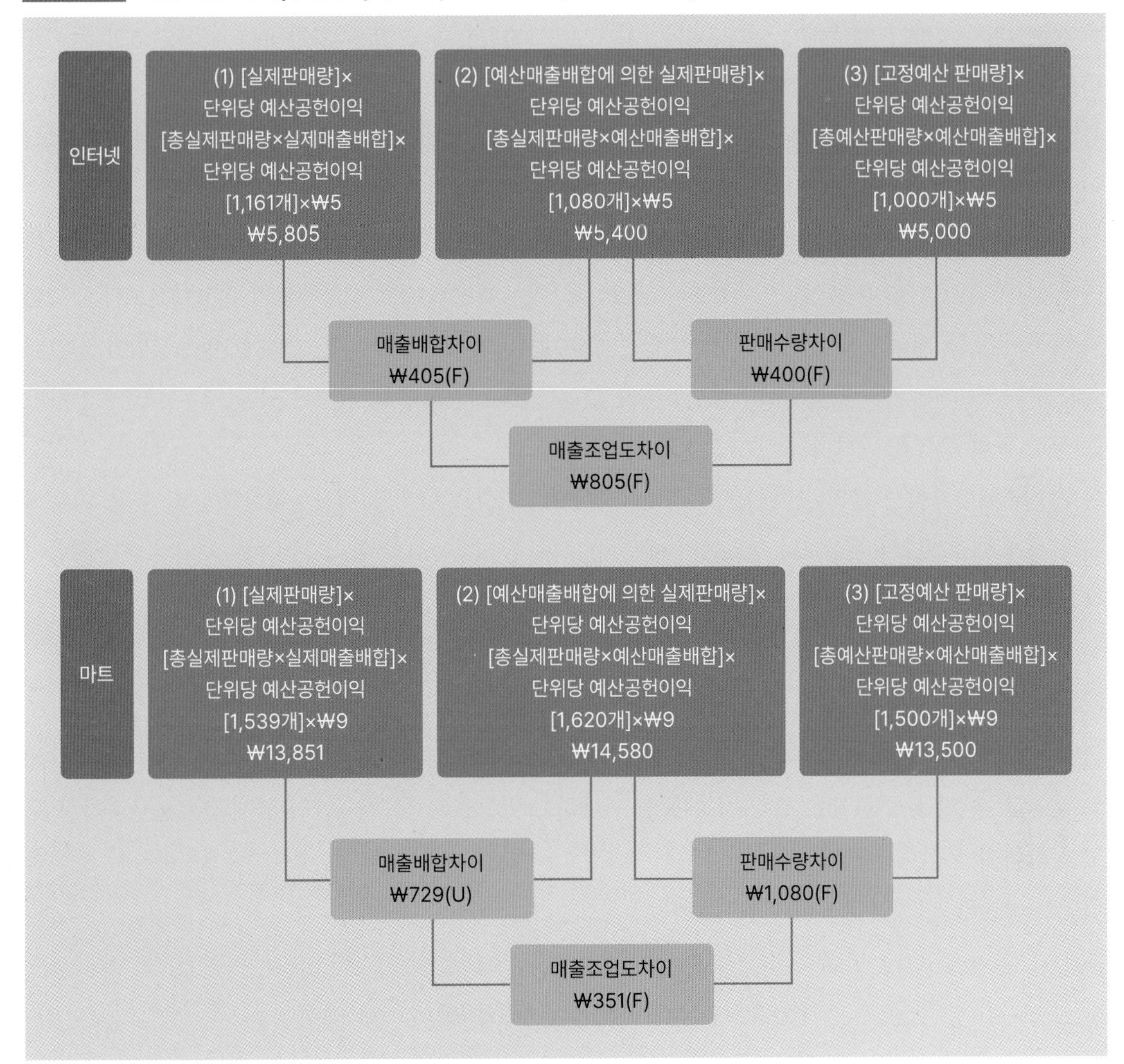

표 12-11 유통채널별 매출조업도차이(영업이익) 분리

차 이	인터넷채널	마트채널	합 계
매출배합차이	₩405(F)	₩729(U)	₩324(U)
판매수량차이	₩400(F)	₩1,080(F)	₩1,480(F)
합계(매출조업도차이)	₩805(F)	₩351(F)	₩1,156(F)

판매수량차이는 두 유통채널 모두 유리한(F) 차이를 나타내고 있는데, 이는 총실제판매량이 총예산판매량보다 증가했기 때문이다. 판매수량차이는 모든 채널이 항상 같은 방향(유리 또는 불리)의 차이를 나타낸다는 것을 확인할 수 있다.

여기서 판매수량차이(sales quantity variance)는 매출조업도차이(sales volume variance)와 유사한 의미를 지니지만, 유통채널별로 차이를 분석할 때 주로 사용하는 용어이다.

매출배합차이는 인터넷채널은 유리한 차이를, 마트채널은 불리한 차이를 나타내고 있는데, 이는 인터넷채널의 실제 매출배합비율은 예산보다 증가하고, 마트채널의 실제 매출배합비율이 예산보다 감소했기 때문이다. 두 채널의 매출배합차이의 수량은 인터넷채널이 81개(=1,161개−1,080개), 마트채널이 −81개(=1,539개−1620개)로서, 채널들의 합계는 '0'임을 알 수 있다. 따라서 두 채널이 있을 경우, 매출배합차이는 항상 반대 방향을 나타내게 된다.

총매출배합차이는 불리한 차이를 나타내고 있는데, 이것은 단위당 예산공헌이익이 더 높은 마트채널의 실제 매출배합이 예산보다 감소했기 때문이다. 따라서 ㈜하늘의 관리자는 마트채널의 매출배합이 예산보다 낮은 이유를 분석해서 대처할 필요가 있다.

(2) 판매수량차이 분리

판매수량차이(sales quantity variance)는 **시장점유율차이(market share variance)**와 **시장규모차이(market size variance)**로 분리할 수 있다. ㈜하늘은 한 가지 제품을 판매하고 있으므로 두 차이는 유통채널별로 구분하지 않고 통합하여 분석한다(제품이 둘 이상인 경우, 제품별로도 아래 분석을 실시할 수 있다). 판매수량차이 분석을 위한 ㈜하늘의 202X년 자료는 다음과 같다.

㈜하늘의 202X년 시장규모와 시장점유율

	예 산	실 제
시장규모(개)	25,000	30,000
시장점유율	0.1	0.09

판매수량차이를 유통채널과 무관하게 통합적으로 분석하기 위해, 판매량과 단위당 예산공헌이익을 유통채널별로 구분하지 않고 통합한다. 판매량은 두 유통채널 판매량의 단순 합계를 사용하며, 단위당 예산공헌이익은 두 유통채널을 통합한 가상의 **복합단위(composite unit)**에 대해 계산하며, 각 유통채널의 단위당 공헌이익을 매출배합 가중치를 사용하여 다음과 같이 계산한다.

그림 12-4 판매수량차이의 분리(시장점유율차이, 시장규모차이)

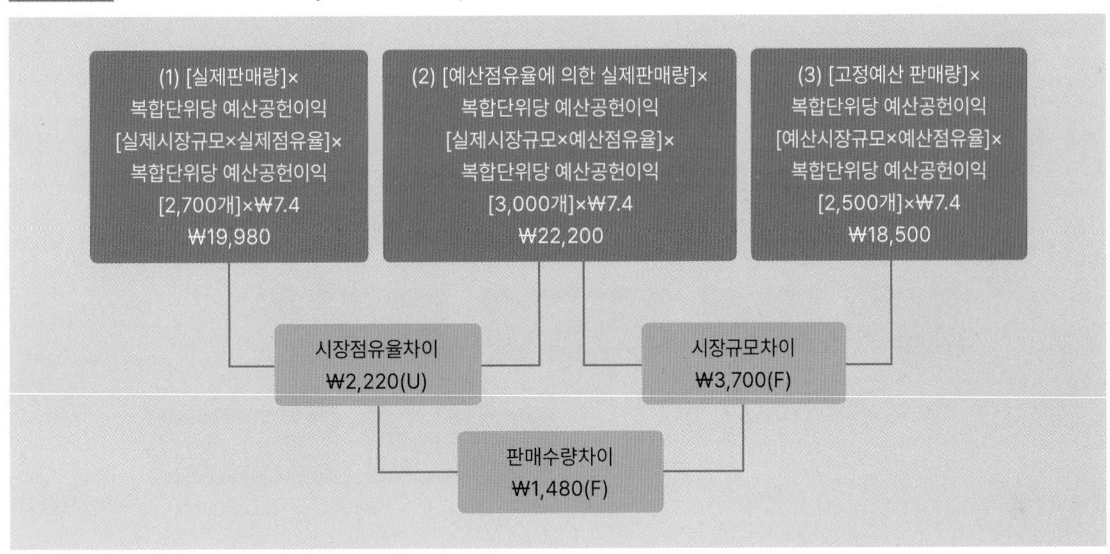

복합단위에 대한 단위당 예산공헌이익 = (0.4 × ₩5)+(0.6 × ₩9) = ₩7.4

판매수량차이의 분리는 그림 12-4와 같이 실시한다. 202X년도 실제 시장규모가 예산보다 커서 시장규모차이는 유리한 차이를 나타내고 있으며, 실제 시장점유율은 예산보다 작아 시장점유율차이는 불리한 차이를 나타내고 있다. 수량 기준으로, 예산 시장점유율을 달성하면 판매량이 3,000개(=30,000개 × 0.1)이어야 하나, 실제판매량이 2,700개로서 300개 적다.

(3) 판매부문의 차이분석 종합

판매부문의 효율성 차이의 주요 관심 대상은 매출액의 고정예산차이와 영업이익(공헌이익)의 매출조업도차이이다. 후자는 복수의 유통채널이나 복수의 제품이 있는 경우 추가적인 분석대상이 된다.

그림 12-5와 같이 영업이익의 매출조업도차이는 매출배합차이와 판매수량차이로 분리되고, 판매수량차이는 시장규모차이와 시장점유율차이로 추가 분리된다.

202X년도에 ㈜하늘의 실제판매량과 공헌이익이 예산보다 더 많은 것은 시장규모가 증가했기 때문인데, 시장점유율은 오히려 감소했으므로, 담당자의 성과가 매우 좋다고 평가하기 어려울 수도 있다. 관리자들이 시장규모보다 시장점유율을 더 잘 통제할 수 있기 때문이다.

그림 12-5 매출조업도차이(영업이익) 분리 종합

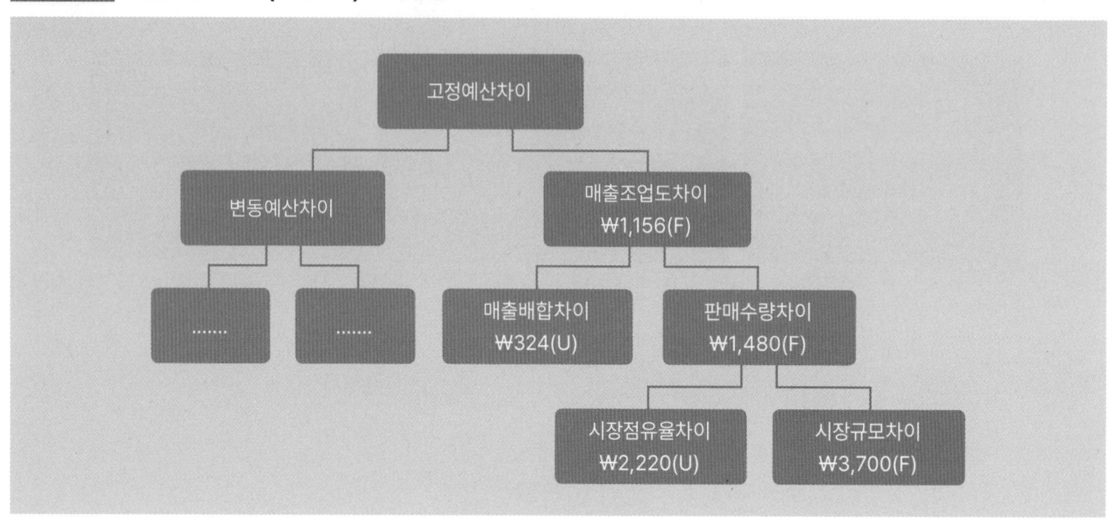

(4) 판매부문 차이분석의 전략적 의미

판매부문의 여러 차이는 상호 연계되어 있다. 판매가격차이는 단순히 기업이 판매가격을 예산보다 높이거나 낮출 때 발생한다. 기업은 제품차별화전략을 구사하거나 시장규모가 확대될 때 가격을 인상하는 경우가 많다. 반대로 원가우위전략을 구사하여 시장점유율을 확대하고자 할 때 가격을 인하하는 경우가 많다. 가격인하 시에 경쟁자들이 추종하여 가격을 인하할 경우, 판매량이 증가하지 않을 수 있고, 판매량 증가가 일시적이거나, 판매량이 증가하더라도 가격인하에 따른 불리한 판매가격차이의 영업이익에 대한 영향이 유리한 매출조업도차이의 영향보다 더 큰 경우에는 기업이익은 감소하게 된다.

기업이 가격을 인하하여(불리한 판매가격차이) 시장점유율이 의미 있는 수준으로 확대된다면, 전체적으로 영업이익이 감소하더라도 전략이 성공적으로 구사되고 있다고 판단할 수도 있다. 기업은 시장점유율의 변화에 주의를 기울여야 한다. 시장점유율의 하락은 기업 경쟁력의 하락을 의미할 수 있기 때문이다. 시장점유율 확대가 전략목표가 아닌 제품차별화전략을 구사하는 기업에서도 판매량의 감소나 시장점유율의 하락은 영업이익의 상당한 감소로 연결될 수 있고, 제품차별화전략에 문제가 발생했다는 이상 징후일 수도 있다.

둘 이상의 유통채널(제품)이 있는 경우, 전체 판매량이 증가하여 판매수량차이가 유리한 경우에도 공헌이익이 큰 유통채널(제품)의 희생으로 공헌이익이 작은 유통채널(제품)의 판매량이 증가한 경우에는 불리한 매출배합차이가 발생할 수 있으며, 이로 인해 기업이익은 감소할 수 있다. 이처럼 판매부문 차이의 다양한 분석을 통해 기업 전략의 매출과 이익에 대한 효과를 분석할 수 있다.

관련 사례

판매부문의 성과, 시장점유율

TSMC, 1분기 파운드리 점유율 61.7% … 삼성전자와 격차 벌려 – 조선비즈(chosun.com)

sales mix와 영업이익

포르셰, 車 판매 감소에도 1분기 매출 4% · 영업이익 17% 증가 – 조선비즈(chosun.com)

바이오 제품 sales mix

[바이오USA] 이동훈 SK바팜 사장 "안정적 흑자 기대 … 현금 확보 시 차기 제품 인수" – 데일리한국(hankooki.com)

연습문제

객관식

01 고객 수익성 관련 원가

고객과 관련된 원가 중에서 개별 고객별로 인과관계적으로 할당하기 어려운 고객 원가계층은 무엇인가?

① 고객 제품단위 수준 원가
② 고객 제품배치 수준 원가
③ 고객 유지 원가
④ 유통채널 원가
⑤ 위의 ③, ④

02 고객 수익성 계산

고객별 수익성 관리에 가장 중요한 정보가 되는 고객 수익성은 어떻게 측정하는가?

① 수익 – 매출원가
② 수익 – 판매비와관리비 할당액
③ 수익 – 매출원가 – 고객별 할당이 가능한 판매비와관리비 할당액
④ 수익 – 매출원가 – 본사 일반관리비 할당액
⑤ 수익 – 매출원가 – 판매조직의 판매비와관리비 할당액

03 고객 수익성과 고객관리

고객 수익성 분석을 활용한 고객관리에 관한 다음 사항 중에서 옳지 않은 것은?

① 고객 수익성이 낮아 적자를 보이는 고객에 대해서는 제품 판매를 중단하는 것이 이익이다.
② 고객 수익성이 높은 고객은 경쟁으로부터 보호하기 위해 할인 등을 통해 고객관계를 강화해야 한다.
③ 고객 수익성이 낮은 고객에게는 고객이 요구하는 기업의 활동에 대해 요금을 부과하는 방안을 검토할 수 있다.
④ 고객 수익성이 높은 고객은 판매량에 비해 기업의 활동 요구량이 상대적으로 적은 고객이다.
⑤ 고객 수익성 관리와 함께 기업의 판매비와관리비를 효율화하는 노력도 해야 한다.

04 고객 수익성 평가 (2010 CPA)

㈜한야의 영업팀은 활동원가에 근거하여 고객의 수익성을 평가한다. 당기에 주문처리와 고객관리를 위해 수행한 활동 및 원가 자료는 다음과 같다. 긴급주문 처리를 위해서는 통상적인 주문처리 원가에 추가하여 1회당 ₩100의 원가가 발생한다.

활동 및 원가항목	원 가
주문처리	₩70/1회 주문
긴급주문 처리를 위한 추가원가	₩100/1회 긴급주문
고객상담	₩450/1회 상담
고객관계관리	₩80,000/고객 1인

상기 원가 이외에 매출원가는 매출액의 80%에 해당한다. 당기 중에 ㈜한야의 주요 고객인 A와 관련하여 매출액 ₩500,000, 주문처리 횟수 300회(이 중 70%는 긴급주문임), 고객상담 횟수 140회가 발생하였다. 고객관계관리는 모든 고객에게 공통으로 적용된다. 회사가 고객 A로부터 얻은 이익(혹은 손실)은 얼마인가?

① ₩5,000 이익
② ₩76,000 이익
③ ₩64,000 손실
④ ₩70,300 손실
⑤ ₩85,000 손실

05 판매수량차이 분리 (2022 CPA)

㈜대한은 20X1년 실제결과와 고정예산을 비교하기 위해 다음과 같은 자료를 작성하였다.

구 분	실제결과	고정예산
판매량	30,000단위	25,000단위
매출액	₩1,560,000	₩1,250,000
변동원가		
제조원가	900,000	625,000
판매관리비	210,000	125,000
공헌이익	₩450,000	₩500,000
고정원가		
제조원가	47,500	37,500
판매관리비	62,500	62,500
영업이익	₩340,000	₩400,000

㈜대한은 20X1년 시장규모를 250,000단위로 예측했으나, 실제 시장규모는 400,000단위로 집계되었다. ㈜대한은 20X1년도 실제 판매량이 고정예산 판매량보다 증가하였으나, 영업이익은 오히려 감소한 원인을 파악하고자 한다. 이를 위해 매출가격차이(sales price variance), 시장점유율차이, 시장규모차이를 계산하면 각각 얼마인가? (단, U는 불리한 차이, F는 유리한 차이를 의미한다.)

	매출가격차이	시장점유율차이	시장규모차이
①	₩60,000 F	₩200,000 U	₩300,000 F
②	₩60,000 U	₩200,000 F	₩300,000 U
③	₩60,000 F	₩300,000 U	₩400,000 F
④	₩80,000 F	₩200,000 U	₩300,000 F
⑤	₩80,000 U	₩300,000 F	₩400,000 U

06 판매부문 차이분석 (2008 세무사)

대한회사는 A와 B의 두 제품을 생산·판매하고 있다. 예산에 의하면 제품 A의 단위당 공헌이익은 ₩20이고, 제품 B의 공헌이익은 ₩4이다. 2007년의 예산매출수량은 제품 A가 800단위, 제품 B는 1,200단위로 총 2,000단위였다. 그러나 실제매출수량은 제품 A가 500단위, 제품 B가 2,000단위로 총 2,500단위였다. 대한회사의 2007년 매출배합차이와 매출수량차이를 계산하면 각각 얼마인가?

	매출배합차이	매출수량차이
①	₩8,000 유리	₩5,200 불리
②	₩8,000 유리	₩5,200 유리
③	₩5,200 불리	₩8,000 불리
④	₩5,200 유리	₩8,000 불리
⑤	₩8,000 불리	₩5,200 유리

07 시장점유율차이 분석 (2011 세무사)

㈜국세는 사무용과 가정용 복사기를 판매한다. ㈜국세는 20X1년 복사기 시장규모가 800,000대일 것으로 예측했으나, 실제 시장규모는 700,000대로 집계되었다. 20X년 예산과 실제 결과에 대한 자료가 다음과 같을 때, ㈜국세의 시장점유율 차이는 얼마인가?

〈20X1년도 예산〉

제품 종류	판매단가	단위당 변동원가	판매수량 및 비율	
			수 량	비 율
사무용	1,200원	700원	20,000대	25%
가정용	900원	500원	60,000대	75%
합계			80,000대	100%

〈20X1년도 실제결과〉

제품 종류	판매단가	단위당 변동원가	판매수량 및 비율	
			수 량	비 율
사무용	1,100원	625원	25,200대	30%
가정용	820원	400원	58,800대	70%
합계			84,000대	100%

① 3,840,000원 불리
② 4,960,000원 불리
③ 5,270,000원 불리
④ 4,750,000원 유리
⑤ 5,950,000원 유리

08 시장점유율차이 분석 2020 세무사

㈜세무는 사무실용과 가정용 공기청정기를 판매한다. 다음은 ㈜세무의 20X1년 예산과 실제결과에 대한 자료이다.

〈20X1년 예산〉

제 품	단위당 판매가격	단위당 변동원가	판매수량
사무실용 공기청정기	₩180	₩120	30,000대
가정용 공기청정기	₩135	₩90	90,000대

〈20X1년 실제결과〉

제 품	단위당 판매가격	단위당 변동원가	판매수량
사무실용 공기청정기	₩165	₩112.5	37,800대
가정용 공기청정기	₩120	₩82.5	88,200대

20X1년도 공기청정기의 전체 실제시장규모는 1,050,000대이며, ㈜세무의 시장점유율차이는 ₩1,023,750(유리)이다. ㈜세무가 예상한 20X1년도 전체 공기청정기의 시장규모는?

① 857,143대 ② 923,077대 ③ 1,100,000대 ④ 1,150,000대 ⑤ 1,200,000대

09 매출배합차이 분석 2011 CPA

동남컨설팅의 모든 컨설팅용역은 책임연구원 1명과 보조연구원 2명이 수행하고 있다. 동남컨설팅의 컨설팅용역 수행에 관한 20X1년 1월과 2월의 예산과 실제자료는 다음과 같다.

구 분	책임연구원 1명당	보조연구원 1명당
시간당 예산공헌이익	₩100,000	₩50,000
매월 예산투입시간	140시간	180시간
1월 실제투입시간	?	171시간
2월 실제투입시간	?	153시간

동남컨설팅의 모든 연구원이 컨설팅용역을 수행하는 데 실제 투입한 총시간은 20X1년 1월과 2월에 각각 450시간씩인 것으로 파악되었다. 컨설팅용역 수행에 투입된 시간에 의할 경우, 공헌이익을 기준으로 계산한 책임연구원과 보조연구원의 1월과 2월 매출배합차이는 각각 얼마인가?

	20X1년 1월 책임연구원	20X1년 1월 보조연구원	20X1년 2월 책임연구원	20X1년 2월 보조연구원
①	₩1,800,000 불리	₩900,000 유리	₩1,800,000 유리	₩900,000 불리
②	₩900,000 불리	₩1,800,000 유리	₩900,000 불리	₩1,800,000 유리
③	₩1,800,000 유리	₩900,000 불리	₩1,800,000 불리	₩900,000 유리
④	₩900,000 유리	₩1,800,000 불리	₩900,000 유리	₩1,800,000 불리
⑤	₩1,800,000 유리	₩900,000 유리	₩1,800,000 불리	₩900,000 불리

주관식

01 고객 수익성 분석 (2009 CPA)

㈜남극전자는 한 가지 종류의 컴퓨터를 구매하여 개인이나 기업체 등에 판매하는 컴퓨터 유통업체이다. ㈜남극전자의 배송센터에서는 입고된 상품을 검수, 보관하고, 판매주문이 접수되면 고객에게 상품을 배송한다. 고객은 주로 전화나 팩스를 이용하여 주문하며, 회사의 인터넷 홈페이지에서 직접 주문할 수도 있다. 상품 배송은 외부의 택배회사를 이용해 왔으며, 작년부터 수익성과 고객만족도를 향상시킬 목적으로 동사의 직원이 직접 배송하는 옵션을 추가하였다.

회사는 직접배송 서비스를 제공하기 위해 트럭 4대를 임차하였고 4명의 트럭운전사를 고용하였다. 상품 판매가격은 상품 구입원가의 20%에 해당하는 이익(markup)을 구입원가에 가산하여 결정된다. 고객이 직접배송 옵션을 선택하는 경우에는 구입원가의 23%에 해당하는 이익을 구입원가에 가산하여 판매가격을 결정한다. 이익률은 직전 연도에 발생한 실제원가와 동종업계 경쟁상황 등을 감안하여 연초에 결정된다. 배송방식과는 달리, 판매주문 접수방식은 가격에 영향을 미치지 않는다. 원가담당자는 수익성 검토를 위해 다음과 같은 자료를 수집하였다.

1. 배송센터에서는 작년에 총 100,000상자의 상품을 배송처리(택배운송 90,000상자, 직접배송 10,000상자)하였다. 배송센터가 보유하고 있는 인력과 공간으로 배송처리할 수 있는 상품은 연간 100,000상자이다. 작년 한 해 동안의 매출원가는 ₩50,000,000, 택배 수수료는 ₩450,000이다. 즉, 상품 1상자당 배송센터 운영비는 ₩50/상자이며, 상품 1상자당 택배수수료는 ₩5/상자이다.

2. 직접배송비 ₩360,000에는 트럭운전사 4명의 인건비와 트럭 임차료가 포함되어 있다. 트럭운전사 1명당 배송시간은 연간 1,500시간이었으며, 이는 각 트럭의 이용 가능한 최대시간이다. 즉, 직접배송 시간당 비용은 ₩60/시간이다.

3. 15명의 직원이 전화나 팩스로 접수된 주문을 배송시스템에 입력하거나 인터넷 주문정보를 확인한다. 판매주문처리를 담당하는 직원 1명당 실제작업시간은 연간 1,600시간이었고, 이는 실행가능 최대작업시간이다. 주문처리 담당자가 전화나 팩스로 접수된 주문을 배송시스템에 입력하는 데 12분(0.2시간), 인터넷으로 입력된 주문정보를 확인하는 데는 6분(0.1시간)이 소요되었다. 작년 한 해 동안의 주문처리비는 ₩840,000이다. 즉, 전화나 팩스 주문과 인터넷 주문을 1건씩 처리하는 데 소요되는 비용은 다음과 같다.
   ① 시간당 주문처리비 : 840,000 ÷ (15명 × 1,600시간) = ₩35/시간
   ② 주문별 1건당 주문처리비용
   - 전화나 팩스 주문 : 0.2시간×35 = ₩7/주문건수
   - 인터넷 주문 : 0.1시간×35 = ₩3.5/주문건수

원가담당자는 작년에 접수된 주문 중 대표적인 4개를 선택하여 수익성을 분석해보기로 하였다.

항 목	주문 1	주문 2	주문 3	주문 4
가격	?	?	?	?
매출원가 (구입원가)	₩500	₩500	₩500	₩500
주문당 상자 수	1	1	1	1
택배회사를 이용하여 배송된 상자 수	1	0	1	0
직접배송시간	0	4	0	4
전화나 팩스 주문	해당 없음	해당됨	해당됨	해당 없음
인터넷 주문	해당됨	해당 없음	해당 없음	해당됨

요구사항

▶ **물음 1. 주문 1~주문 4의 수익성(세전이익과 매출액이익률)을 평가하시오. 가장 수익성이 높은 주문과 가장 수익성이 낮은 주문은 각각 어느 것인가?**

항 목	주문 1	주문 2	주문 3	주문 4
매출액 매출원가(구입원가)				
매출총이익				
배송센터운영비 택배수수료 직접배송비 주문처리비				
세전이익				
매출액이익률				

02 판매수량차이 분리 (2001 CPA 수정)

당사는 전자계산기를 제조하는 회사로서 제품 D와 T를 생산하고 있다. 올해 시장규모는 D제품 200,000개, T제품 300,000개, 총 500,000개로 예상하고 있다. 두 제품에 대한 당기 예산자료는 다음과 같다.

	D	T
기초재고	1,500개	1,000개
@판매가격	₩38	₩35
@직접재료비	10	12
@변동가공비	5	6
@변동판매비	3	4
판매량	18,000개	27,000개
기말재고	1,000개	2,500개

그러나 당기의 실제 시장규모는 D제품이 180,000개, T제품이 270,000개로 전체 시장규모가 총 450,000개에 그쳤다. 실제 판매자료는 다음과 같다.

	D	T
기초재고	1,500개	1,000개
@판매가격	₩36	₩40
@직접재료비	9	10
@변동가공비	5	6
@변동판매비	3	4
판매량	15,300개	22,950개
기말재고	1,000개	2,500개

고정가공비와 고정판매비 발생액은 ₩300,000이다.

요구사항

▸ 물음 1. 매출수량차이를 구하고 이를 시장점유율차이와 시장규모차이로 세분하시오. 이 중에서 영업담당부장이 통제가능한 차이가 무엇인지 설명하시오.

▸ 물음 2. 회사가 시장규모에 미치는 영향이 미미하다고 할 때 시장규모차이에 대한 책임은 누가 져야 하는가?

3K Parts
4X Parts
3K
2S Performance
2S Station
84
93
78

CHAPTER

13

분권화와 사내대체가격

1 경영통제시스템과 동기부여
2 분권화와 중앙집권화 : 조직 의사결정 권한의 할당
3 사내대체가격의 의의, 설정 원리, 가격 기준
4 다양한 상황별 사내대체가격 기준의 적용과 평가
5 사내대체가격 종합정리
6 국제 거래와 사내대체가격

본 장에서는 분권화와 사내대체가격에 대해 학습한다. 조직의 권한 할당 방식인 분권화와 중앙집권화의 장단점에 대해 학습하고, 대규모 조직에서 분권화로 인해 발생할 수 있는 목표불일치 문제에 대해 살펴본다. 다음으로, 분권화 조직의 목표불일치 문제를 해결하기 위해 사용되는 사내대체가격 제도에 대해 자세하게 학습한다. 사내대체가격이 갖추어야 할 요건과 대표적인 사내대체가격의 유형에 대해 학습하고, 다양한 상황별로 각 사내대체가격 유형이 어떤 특성을 갖는지 자세하게 알아본다. 아울러, 사내대체가격과 국제조세의 관계에 대해서도 학습한다.

CHAPTER

13 분권화와 사내대체가격

1. 경영통제시스템과 동기부여

경영층은 조직 목표를 달성하기 위해 다양한 정보를 수집하여 의사결정에 활용하는 **경영통제시스템**(MCS, Management Control System)을 구축하여 운영한다. 경영통제시스템은 회사의 정관과 사규 및 회계시스템, 인사관리시스템, 생산관리시스템 등 다양한 공식적인(formal) 하부 시스템으로 구성되며, 기업문화나 기업 슬로건과 같이 비공식적인(informal) 시스템도 넓은 의미에서의 경영통제시스템에 포함된다.

기업 경영통제시스템의 구축과 운영방식은 기업 전략(원가우위전략, 제품차별화전략 등)과 제품과 서비스의 특성과 수명주기, 고객의 성향과 목표시장, 시장경쟁 정도 등 다양한 경영환경 요소들의 영향을 받는다.

기본적으로 경영통제시스템은 관리자와 종업원들이 조직의 목표 달성을 위해 노력하도록 **동기부여**(motivation)를 할 수 있도록 설계되어야 한다. 동기부여를 위해서는 개인이 자신의 이익을 위해 하는 행동이 조직 전체의 목표에 부합하는 행동이 되도록 **목표일치성**(goal congruence)을 유도할 수 있어야 하며, 목표를 달성하기 위해 **노력**(effort)을 투입하도록 유도할 수 있어야 한다. 이러한 동기부여 기능은 성과평가와 보상(금전적, 비금전적) 제도를 통해 구현되며, 성과평가와 보상은 책임과 권한의 할당 방식과 올바로 연계되어야 한다[1].

본 장에서는 권한의 할당 방식으로서 분권화와 중앙집권화에 대해 학습하고, 분권화와 관련된 중요한 이슈인 사내대체거래에 대해 자세하게 살펴본다. 책임의 할당 방식과 평가 및 보상에 대해서는 제14장에서 자세하게 학습한다.

---

1 제14장에서 자세하게 설명하듯이, 조직에서 책임의 할당과 권한의 할당이 반드시 일치하지는 않는다.

그림 13-1 경영통제시스템의 동기부여 기능

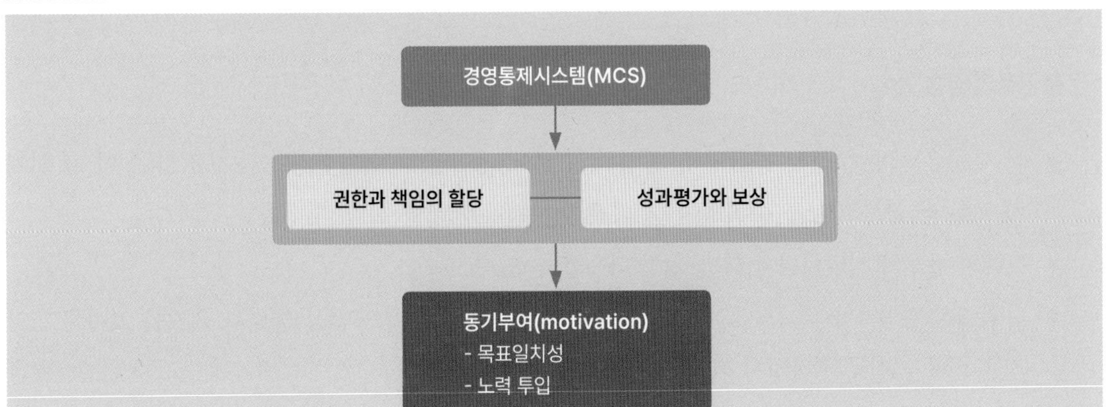

2. 분권화와 중앙집권화 : 조직 의사결정 권한의 할당

기업의 규모가 커지고 사업의 복잡성이 증가함에 따라, 조직은 하부 단위조직(subunit)으로 세분화되고, 단위조직의 관리자들이 **의사결정 권한**(decision right)을 부여받게 된다[2]. 하위 관리자에게 의사결정 권한, 즉 자율성(autonomy)을 부여하는 정도에는 조직별로 차이가 있다. **분권화**(decentralization)는 하부 단위조직의 관리자에게 상당 수준의 의사결정 권한을 부여하는 조직 운영방식이다. 분권화에 대비되는 조직 운영방식이 **중앙집권화**(centralization)이다. 어떤 조직도 100% 분권화로 운영하거나 100% 중앙집권적으로 운영하지는 않는다.

현대차그룹 회장은 그룹에 관한 모든 의사결정을 내리지 않는다. 의사결정을 내리는 데 필요한 정보(information)와 지식(knowledge)을 획득할 시간이 부족하기 때문이다. 어떤 개인도 모든 정보를 획득하고, 저장하고, 가공하는 것이 가능하지 않으므로, 개인 단독적인 의사결정 역량은 제한적일 수밖에 없다.

의사결정에 필요한 정보와 지식을 획득하고, 조직 내에 전파하는 일은 권한의 하부 이양을 촉진한다. 정보와 지식은 의사결정과 긴밀히 연결되어 있으며, 개인이 수집한 정보와 지식을 타인에게 이전하는 데는 한계가 있기 때문이다. 복잡하고 전문적인 정보와 지식이 요구되는 조직에서는 정보와 지식을 보유한 사람이 의사결정권을 보유하게 되는 경향이 강하다.

---

2 본서에서는 별도의 설명이 있는 경우를 제외하고는 단위조직, 하위조직, 부서, 부문 등의 용어를 구분 없이 사용한다.

분권화는 의사결정 권한을 하부에 이양하는 시스템으로 다음과 같은 장단점이 있다.

분권화의 장점

- 각 부문은 해당 부문의 공급업체, 종업원, 고객, 경쟁기업 등 사업환경을 (본부에 비해) 더 잘 이해하므로, 더 좋은 정보를 수집하여 더 나은 의사결정을 내릴 수 있다.
- 고객의 욕구와 사업환경에 더 신속히 대응할 수 있다.
- 하위조직 경영자가 더 큰 책임감을 느끼게 되며, 자신들의 목표달성 능력과 의지를 보여주고 인정을 받을 기회로 생각하게 되어, 동기부여 효과가 발생한다.
- 하위조직 경영자는 자기 책임하에 자율적인 의사결정을 하게 되므로, 학습을 통해 더 높은 직위에 요구되는 경영능력을 키울 수 있고, 회사는 평가를 통해 고위 경영층 후보군을 확보할 수 있다.
- 하위조직 경영자는 자신이 맡은 단위조직의 성과관리에 집중할 수 있고, 본부 경영층은 전사적 전략계획 수립에 집중할 수 있다.

분권화의 단점

- 하위조직 경영자가 회사 전체적으로 최적인 의사결정을 내릴 능력이 부족하거나, 능력이 충분하더라도 회사 전체의 이익보다 자신이 책임지는 부문의 이익을 우선적으로 고려하여 의사결정을 내릴 가능성 있어, 회사 전체적으로 바람직하지 않은 결과가 발생할 수 있다. 후자의 경우를 준최적화(suboptimal), **목표불일치(goal incongruent)** 또는 역기능적(dysfunctional) 의사결정이라고 한다. 대표적인 현상으로는 관리자가 자신이 관리하는 조직의 인력과 시설 규모를 확대하고자 하는 **제국건설(empire building)** 유인을 들 수 있다.
- 분권화된 하위 단위조직들이 서로 경쟁자로 인식하여 중요한 정보를 교환하지 않거나 다른 단위들과의 협조를 회피하는 경향이 발생할 수 있다. 이로 인해 조직의 통합조정 기능이 약화되고 관리자들 간에 갈등이 발생할 수 있다.
- 단위조직들에서 제품(서비스)의 중복이 발생할 수 있고, 각 단위조직이 부품이나 원재료 구매, IT, 인력관리 등의 지원기능을 독자적으로 수행하는 경우 자원의 낭비를 초래할 수도 있다.

따라서 기업은 기업전략, 사업의 성격, 경영환경 등을 종합적으로 고려하여 분권화 수준과 분권화 대상 기능을 결정해야 한다.

중앙집권화는 기업의 최고경영층이 회사의 핵심적인 기능에 대한 통제권을 지니고서 대부분의 의사결정에 개입하므로, 최고경영층이 보유한 전문성이 효과적으로 구현될 수 있다. 또한 중앙집권화는 회사 내의 여러 단위조직들의 활동이 효과적으로 통합조정될 수 있게 해준다.

그러나 경영환경에 불확실성이 높고, 사업이 매우 복잡하여 구체적인 정보와 지식이 많이 요구되며, 여러 단위조직 간에 상호의존성이 낮아 독자적인 의사결정이 가능한 경우, 높은 수준의 **분권화**가 바람직하다.

오늘날 여러 사업부를 거느리고 있는 대규모 기업에서는 상당한 수준의 분권화를 실시하는 것이 일반적이다. 예를 들어, LG화학은 석유화학, 첨단소재, 생명과학 사업부문으로 구성되어 있으며, 각 부문은 별도의 사업본부장을 중심으로 분권화된 형태로 운영되고 있다. 그러나 상당히 분권화된 조직에서도 기업전략, R&D, 자금조달, IT, 법률 등의 분야는 본부(headquarters)에서 주도적으로 관리하는 경우가 많다.

3. 사내대체가격의 의의, 설정 원리, 가격 기준

1) 분권화된 조직에서 사내대체가격의 의의

대규모 기업은 각 부문이 신속하고 자율적인 의사결정을 통해 효율성을 높일 수 있도록 종종 조직을 **분권화**(decentralization) 시스템으로 운영한다. 이상적인 분권화 시스템에서 각 부문은 다른 부문의 성과와는 별개로 평가를 받는 독립적인 단위가 된다.

분권화된 조직에서 각 단위조직은 자기 부문의 이익을 위해 내부에서 생산한 재화나 서비스를 내부 다른 단위조직으로 이전할 수도 있고, 외부시장이 있는 경우 외부에 직접 판매할 수도 있다. 이때 부문 간에 이전되는 재화나 서비스를 **중간재**(intermediate product)라고 한다. 중간재의 수요부문도 중간재를 외부에서 구입할 수도 있고, 내부 공급부문으로부터 제공받을 수도 있다. 대표적인 사내거래 형태로는 제조부문이 제조한 제품을 마케팅부문으로 이전하거나, 부품 제조부문이 제조한 부품을 완성품 제조부문으로 이전하는 것이다.

그림 13-2 분권화된 조직에서 사내대체가격 개념도

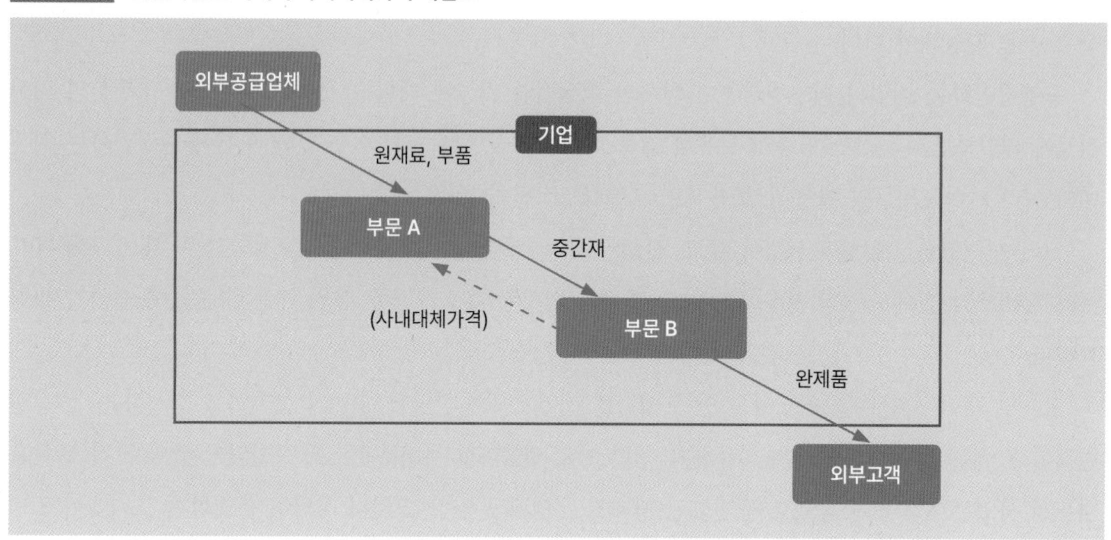

이때 중간재의 공급부문과 수요부문 간 사내거래를 통합조정하는 기능이 필요하다. **사내대체가격**(transfer price)은 분권화된 조직에서 조직 내부의 부문 간에 재화나 서비스가 거래될 때 사용하는 거래가격으로서, 각 부문을 통합조정하고 부문의 성과를 평가하는 데 유용하게 사용될 수 있다. 그림 13-2는 사내대체거래의 대표적인 형태를 나타낸 것이다. 부문 A는 공급부문, 부문 B는 수요부문으로서, 부문 B는 부문 A로부터 중간재를 구입하고, 그 대가로 사내대체가격을 지불한다. 사내대체가격은 판매부문(공급부문)에는 수익이지만, 구매부문(수요부문)에는 비용이므로, 두 부문의 영업이익에 큰 영향을 미친다.

사내대체가격이 필요한 이유가 무엇인가? 분권화된 조직에서는 각 부문의 관리자들이 자기 부문의 이해관계에 따라 의사결정을 내리는 **목표불일치**(goal incongruence) 현상이 발생할 수 있다. 기업에서 원가절감과 수익증대는 궁극적으로 이익증대와 연계되어야 한다. 그러나 제조부문이 제조비용에만 책임을 지도록 하는 경우, 마케팅부문의 긴급 제조요청을 제조원가 상승을 우려하여 거절할 수도 있다. 또한 마케팅부문이 매출에만 책임을 지도록 하는 경우, 이익을 고려하지 않고 가격할인을 실시하여 매출을 올리는 데 집중할 수도 있다. 이런 부작용을 방지하기 위해, 비용이나 수익 중 한 가지를 주로 발생시키는 단위조직에도 수익과 비용을 모두 의식하도록 이익에 대한 책임을 지도록 하면 **목표일치성**(goal congruence)을 강화할 수 있다. 이때 사내대체가격이 핵심적인 역할을 할 수 있다. 예를 들어, 제조부문은 제조원가 상승에도 불구하고 원가상승분을 초과하는 사내대체가격을 받을 수 있다면 마케팅부서의 긴급 제조요청을 받아들이게 되고, 이것은 회사 전체의 이익을 증가시키게 된다.

또한 사내거래제도를 도입하여 기업 내부의 타 부서에 제품이나 부품을 공급하는 제조부서에 이익에 대한 책임을 부과하면, 제조부서가 기업 외부에 있는 잠재고객을 직접 발굴하여 미사용 설비나 유휴인력으로 제품이나 부품을 제조해서 판매하는 효과를 기대할 수 있다.

제조부문은 물론, 일반관리부문이 제공하는 관리서비스(예 건물관리)도 사내거래의 대상이 될 수 있다. 또한 여러 부문이 협업함으로써 대규모 시너지효과를 기대할 수 있는 서비스기업에서도 사내대체거래가 필요할 수 있다. 고객들에게 카지노, 호텔, 고급 식당과 쇼를 함께 제공하는 대규모 리조트호텔의 경우, 카지노부문은 카지노 큰손들에게 무료에 가까운 저렴한 가격으로 숙박서비스를 제공하여 카지노 수입을 많이 올리는 전략을 구사한다. 이때 카지노부문과 호텔부문의 성과를 올바로 평가하기 위해서는 큰손들의 숙박(중간재)에 대해 적절한 사내대체가격을 설정해야 한다.

사내대체가격은 분권화된 단위조직들의 성과평가에 중요한 역할을 한다. 사내대체가격이 없다면, 단위조직들의 성과를 올바로 평가하기 어려울 수도 있다. 마케팅부문이 경쟁기업에 비해 낮은 가격으로 제품을 판매하여 상당한 수준의 매출과 이익을 기록했다고 하더라도, 이것을 모두 마케팅부문의 성과라고 보기 어려울 수 있다. 제조부문이 경쟁기업보다 낮은 원가로 제품을 제조해서 공급했기 때문에 그것이 가능했을 수 있기 때문이다. 사내대체가격을 적절히 설정하면 사내 공급부문과 수요부문의 성과를 합리적으로 분리할 수 있게 된다.

사내대체가격은 각 부문의 경영자들이 의사결정을 내릴 때 회사 전체의 이익에 대해 고민할 필요 없이 자기 부문의 이해관계에 따라 의사결정을 하면 회사 전체의 이익이 최대화될 수 있도록 해주므로, 부문 경영자의 정보처리와 의사결정 업무 부담을 줄여주는 역할도 기대할 수 있다.

사내대체가격을 회사 전체의 이익을 단순히 부문 간에 배분하는 방법으로서 회사의 전체 이익에는 영향을 미치지 않는다고 잘못 생각할 수 있다. 그러나 사내대체가격은 파이(pie)의 배분 방법은 물론 파이의 크기에도 영향을 미칠 수 있다는 점에 유의해야 한다.

사내대체가격의 다른 목적은 회사 내의 한 부문이 제공하는 재화나 서비스를 다른 국가에 있는 해외 자회사 등('foreign related party')으로 이전할 경우, 국제 간 거래에 따른 손익을 명확히 하여 국가별로 세금이 결정될 수 있도록 하기 위한 것이다. 본 장에서는 경영관리 목적의 사내대체가격에 대해 집중적으로 학습하고, 국제조세에 관한 사항은 본 장의 마지막 부분에서 간단히 설명한다.

2) 이상적인 사내대체가격의 요건

이상적인 **사내대체가격 설정**(transfer pricing)의 핵심은 부문의 자율성을 최대한 보장하면서 부문의 자율성이 회사 전체의 이익에 어긋나지 않도록 하는 것이다. 사내대체가격이 갖춰야 할 중요한 요건은 다음과 같다.

첫째, 각 부문의 부문 성과 최대화 노력이 회사 전체의 성과를 최대화할 수 있도록 **목표일치성**(goal congruence)을 달성할 수 있어야 한다.

둘째, 부문의 **자율성**(autonomy)을 최대한 보장해야 한다. 중간재를 공급하는 부서(공급부문)와 사용하는 부서(수요부문)는 자기 부문의 영업이익 최대화를 추구하므로, 공급부서는 높은 사내대체가격을 원하고 수요부서는 낮은 가격을 원한다. 중간재의 내부구입(판매)과 외부구입(판매)에 대해 각 부문이 자율적으로 결정할 수 있도록 하고, 본부는 사내대체가격 결정에 개입하지 않고 두 부문이 자율적으로 결정하도록 허용하는 것이 바람직하다.

셋째, 각 부문은 부문 자체에서 발생하는 원가(비용)를 최소화하기 위해 노력하고, 수요부문은 중간재를 효율적으로 사용하는 한편, 외부로부터 낮은 가격의 중간재를 찾는 데도 노력해야 한다.

넷째, 사내거래제도의 결과로 나타나는 각 부문의 영업이익은 각 부문의 성과를 올바로 반영하여 부문 경영자의 성과평가에 사용할 수 있어야 한다.

이처럼 이상적인 사내대체가격 제도는 각 부문의 경영자가 회사 전체의 성과를 최대화하기 위해 시간과 노력을 투입할 필요 없이 자신의 부문의 성과를 최대화하는 데 집중할 수 있도록 한다. 그러나 모든 상황에서 위의 네 가지 조건을 모두 만족시키는 이상적인 사내대체가격을 찾기는 어렵다. 일반적으로 사용할 수 있는 사내대체가격 기준의 유형을 살펴보자.

3) 대표적인 사내대체가격 기준

사내대체가격은 크게 다음과 같은 유형으로 분류할 수 있다.

- **시장기초가격(market-based transfer prices)** : 기업 외부에서 중간재와 유사한 제품이나 서비스의 시장가격을 찾아 사내대체가격으로 사용하는 방식이다. 중간재와 유사한 제품이나 서비스가 존재

하지 않는 경우에는 시장가격이 존재하지 않으므로 아래의 원가기초기준을 비롯한 다른 기준을 사용해야 한다. 일반적으로, 중간재 시장이 완전경쟁적이며[3], 공급부문과 수요부문 간에 상호의존성(interdependency)이 없는 경우 적합한 방법이다. 부문 간의 상호의존성은 공급부문에 미사용설비(unused capacity)가 있거나, 부문 간에 시너지가 있을 때(예 고급 리조트호텔) 존재할 수 있다.

- **원가기초가격(cost-based transfer prices)** : 중간재를 공급하는 데 소요되는 원가를 기초로 사내대체가격을 계산하는 방식으로, 변동원가 또는 전부원가(고정원가+변동원가)를 사용할 수 있고, 원가에 일정한 이윤(markup)을 더하기도 한다. 기업에서 생산하는 중간재와 용도와 품질, 고객서비스 등에 있어서 유사한 제품이나 서비스가 외부시장에 존재하지 않는 경우가 많으므로, 원가기초가격을 사용하는 경우가 많다. 고정원가를 사내대체가격에 포함하는 경우에는 단위당 고정원가 계산을 위해, 실제최대조업도(practical capacity)를 기준조업도로 사용하는 것이 바람직하다[4].
- **협상가격(negotiated transfer prices)** : 중간재의 공급부문과 수요부문이 자율적인 협상을 통해 정하는 가격이다. 부문의 자율성을 최대한 확보할 수 있으나, 두 부문의 협상력에 따라 가격이 달라지므로 협상에 많은 시간과 노력이 소요될 우려가 있다. 관련된 부문의 원가와 중간재의 외부구입 가격 정보가 협상가격에 영향을 미칠 수 있지만, 최종적인 협상가격은 협상력에 의해 좌우된다. 협상의 결과로서 시장기초가격과 원가기초가격이 협상가격이 될 수도 있다. 그러나 협상을 통하지 않고 본부에서 임의로 기준을 설정하면 부문의 자율성이 훼손될 수 있다. 협상가격은 대체로 각 부문의 원가절감 유인을 약화시키지 않으며, 두 부문이 자율적으로 가격을 결정하므로 부문 경영자의 성과평가에 사용하기에도 적합하다.
- **이중가격(dual pricing)** : 중간재의 사내거래가 바람직한 경우에도, 공급부문과 수요부문이 최대한 자기 부문에 유리한 가격으로 사내대체가격을 주장하면 협상에 도달하기 어려울 수도 있다. 이때 부문의 자율성을 유지하면서 고려할 수 있는 가격기준 중 하나가 이중가격이다. 공급부문과 수요부문에 각기 다른 사내대체가격을 설정하는 방식으로 공급부문에는 최대한 높은 가격을 적용하고, 수요부문에는 최대한 낮은 가격을 적용하는 것이다. 이중가격에서는 수치상으로 부문 영업이익의 합계와 기업 전체의 영업이익은 일치하지 않게 된다. 또한 공급부문과 수요부문이 다른 나라에 속해 있을 때 국제조세와 관련된 복잡한 이슈가 발생할 수도 있다.

---

3 완전경쟁시장에서는 공급부문과 수요부문이 중간재를 시장에서 사거나 팔더라도, 공급량과 수요량이 시장가격에 영향을 미치지 않는다.

4 실제최대조업도는 제품이나 서비스의 실질적인 생산능력으로서, 실제 생산량과 무관하게 일정하므로 단위당 고정원가를 일정하게 해준다.

4) 사내대체가격의 일반적인 가이드라인

분권화된 조직에서 사내거래제도가 도입되면 중간재의 공급부문은 최대한 높은 가격을 원하고, 수요부문은 최대한 낮은 가격을 희망하게 된다. 따라서 사내대체가격은 공급부문이 받아들일 수 있는 최소가격과 수요부문이 받아들일 수 있는 최대가격의 범위 내에서 결정되어야 한다.

최소사내대체가격과 최대사내대체가격은 이성적이고 합리적인 부문 경영자가 자기 부문의 영업이익 최대화를 위해 요구할 수 있는 가격한계를 말하는 것으로, 협상이 허용될 경우 비합리적인 부문 경영자가 이 범위를 벗어난 가격을 요구할 수도 있으며, 그 경우 협상이 결렬될 수도 있다. 최소가격과 최대가격에 대해 구체적으로 살펴보자.

(1) 공급부문이 수용할 수 있는 최소사내대체가격

공급부문은 중간재를 공급함으로 인해 추가로 발생하는 원가를 보상받고자 하며, 이에 더불어 중간재 내부공급으로 인해 상실하게 되는 기회비용에 대한 보상을 요구할 것이다. 원가만 보상하고 상실한 이익기회에 대한 보상을 허용하지 않는다면 각 부문은 의사결정(이익기회 추구)의 자율권을 무시당하는 결과를 초래하게 되어 분권화의 정신에서 벗어나게 된다. 따라서 **최소사내대체가격**은 다음과 같이 나타낼 수 있다.

최소사내대체가격

= 중간재 공급에 따라 발생하는 증분원가(단위당)+중간재 공급에 따른 기회비용(단위당)

위 두 가지 요소를 차례로 살펴보자.

■ **중간재 공급에 따라 발생하는 증분원가(단위당)**

여기서 증분원가는 공급부문이 중간재를 공급함에 따라 추가적으로 발생하는 원가로서, 중간재 공급과 무관하게 발생하는 회피불능원가(unavoidable costs)는 포함되지 않는다(제4장 단기 의사결정 참고). 예를 들어, 공급부문이 보유하고 있는 생산설비의 감각상각비는 생산을 중단하더라도 회피할 수 없는 매몰비용(sunk cost)이다. 따라서 설비 감가상각비는 중간재를 사내에 공급함으로 인해 발생하는 증분원가에 포함되지 않는다. 그러나 중간재 사내공급을 위해 생산시설을 추가로 구축해야 한다면, 구축으로 인해 발생하는 비용은 증분원가에 포함된다[5]. 따라서 설비 추가구축이 필요하지 않을 경우에는 일반적으로 변동원가만 증분원가가 된다.

■ **중간재 공급에 따른 기회비용(단위당)**

최소사내대체가격의 두 번째 요소는 기회비용이다. 즉, 중간재를 사내에 공급함으로 인해 공급부서가 상실한 이익이다. 중간재 공급에 따른 기회비용은 공급부문이 보유하고 있는 이익창출 기회(상황)에 따라 다르다.

만약 외부에 중간재를 판매할 수 있는 완전경쟁시장(perfectly competitive market)이 존재하고 공급부문의 설비에 미사용설비가 없는 경우, 공급부문이 중간재를 수요부문에 제공하면 외부시장에 판매하여 이익을 얻을 기회를 상실하게 된다. 이로 인한 기회비용, 즉 상실한 이익은 다음과 같다.

중간재 공급에 따른 기회비용(단위당)
= 중간재 시장가격 − 중간재 공급에 따라 발생하는 증분원가(단위당)

따라서 이 경우 최소사내대체가격은 다음과 같이 사실상 중간재의 시장가격과 동일하다.

최소사내대체가격
= 중간재 공급에 따라 발생하는 증분원가(단위당) + 중간재 공급에 따른 기회비용(단위당)
= 중간재 공급에 따라 발생하는 증분원가(단위당) + (중간재 시장가격 − 중간재 공급에 따라 발생하는 증분원가(단위당))
= 중간재 시장가격

공급부문이 미사용설비를 이용하여 중간재를 사내에 공급할 때는 기회비용이 '0'이다. 중간재를 추가로 공급하더라도 잃어버리는 이익이 없기 때문이다. 중간재가 내부적으로만 사용할 수 있는 특수한 형태로서 중간재의 외부시장이 없는 경우에도 설비의 다른 용도가 없다면 기회비용은 '0'이 된다.

중간재를 외부시장에 판매할 수 없으나, 중간재 생산설비를 다른 용도로 전환해서 수익을 창출할 수 있는 경우에는 타 용도로 창출할 수 있는 순현금흐름(순현금유입액)이 기회비용이 된다. 또한 공급부문이

5 일단 설비를 구축하고 나면 관련 비용은 회피불가능한 매몰원가가 되므로 증분원가에서 제외된다. 설비가 구축된 이후에는 해당 설비의 기회비용이 새로운 원가가 된다. 따라서 중간재의 시장가격이 있을 때 최소사내대체가격은 설비구축 전후에 차이가 없다(본문 예제 13-1 참고).

현재 중간재가 아닌 다른 제품을 만들어서 외부시장에 판매하고 있는 경우, 해당 제품의 판매이익이 기회비용이 된다.

중간재의 외부시장이 존재하지만 완전경쟁적이지 않고 공급부문이 미사용 설비를 보유하고 있는 경우에는 공급부문의 외부시장 판매량이 시장가격에 영향을 미치게 되므로 기회비용 계산이 조금 복잡해진다. 아래에서 예제를 통해 구체적으로 설명한다.

(2) 수요부문이 수용할 수 있는 최대사내대체가격

이제 수요부문이 지급할 의사가 있는 최대사내대체가격에 대해 살펴보자. 수요부문이 중간재를 외부로부터 공급받을 수 있는 경우에는 중간재의 외부 시장가격 이상을 지급하지 않으려고 할 것이다. 또한 수요부문이 중간재를 사용하여 만든 최종재를 외부에 판매할 때 얻을 수 있는 단위당 공헌이익(사내대체가격 포함 전) 이상도 지급하지 않으려고 할 것이다.

따라서 중간재의 시장가격과 최종재 판매에 따른 단위당 공헌이익(사내대체가격 포함 전) 중에 적은 금액(min)이 수요부문이 수용할 수 있는 최대가격이 될 것이다. 비록 중간재의 사내대체가격이 시장가격보다 낮더라도 수요부문이 최종재를 판매하여 공헌이익을 얻을 수 없다면, 그 사내대체가격을 수용하지 않으려 할 것이기 때문이다. **최대사내대체가격**은 다음과 같이 나타낼 수 있다.

최대사내대체가격 = min{중간재의 시장가격, 최종재 판매에 따른 단위당 공헌이익(사내대체가격 포함 전)}

만약 중간재의 외부시장이 존재하지 않는다면, 최대가격은 최종재 판매에 따른 단위당 공헌이익(사내대체가격 포함 전)이 될 것이다.

최대사내대체가격 [중간재의 외부시장이 없는 경우] = 최종재 판매에 따른 단위당 공헌이익(사내대체가격 포함 전)

그림 13-3에서 (a)는 공급부문이 수용할 수 있는 최소사내대체가격이 수요부문이 수용할 수 있는 최대사내대체가격을 초과하지 않는 경우를 나타낸 것으로서, 두 부문 간에 협상할 수 있는 가격영역이 존재한다. 두 부문 간에 협상가능한 가격영역이 존재할 때는 사내거래를 실시하는 것이 하지 않는 것보다 기업 전체적으로 유리하다. 그러나 (b)와 같이 협상할 수 있는 가격영역이 존재하지 않는다면, 사내거래를 실시하지 않는 것이 기업 전체적으로 유리하다. 예제들을 통해 구체적인 사항들을 학습해보자.

그림 13-3 최소 및 최대사내대체가격과 협상가능 영역

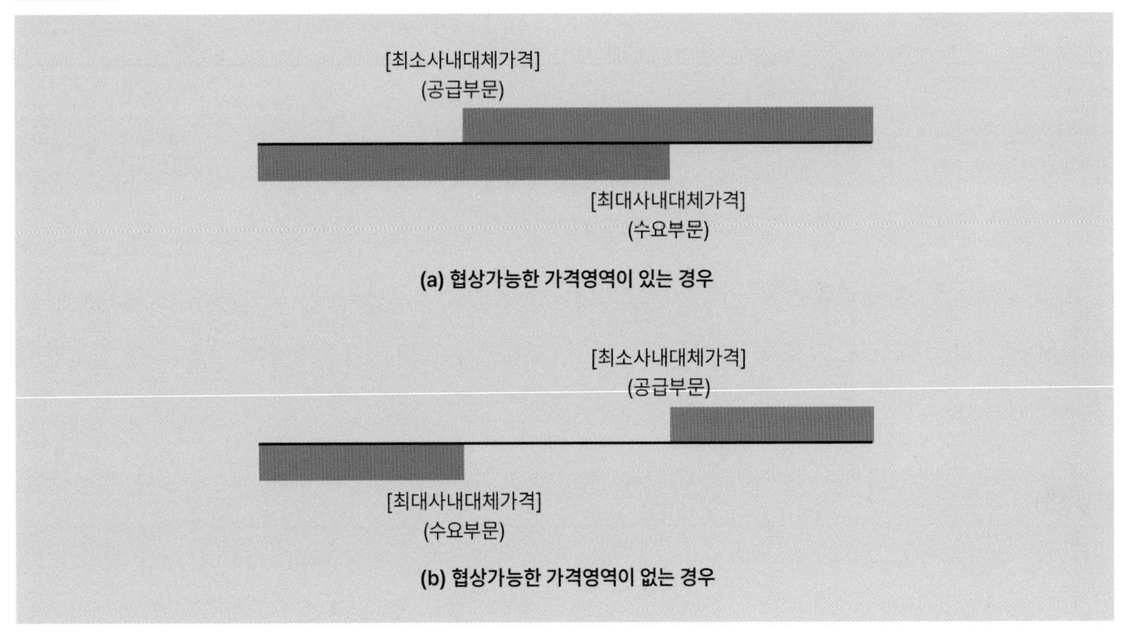

4. 다양한 상황별 사내대체가격 기준의 적용과 평가

모든 상황에서 이상적인 제도가 갖춰야 할 요건을 모두 충족시키는 사내대체가격 기준은 없다. 따라서 다양한 상황에서 각 기준의 장단점과 특징이 무엇인지를 이해하는 것이 중요하다. 사내대체거래 주요 상황별 예제를 통해 학습해보자.

[공통자료] 선풍기 제조회사 ㈜신바람은 모터를 제조하는 모터부문과 모터를 공급받아 다른 부품과 결합하여 완제품 선풍기를 만들어 시장에 판매하는 조립부문을 독립적인 이익중심점(profit center)으로 운영하고 있다[6]. 선풍기 한 개에 모터 한 개가 필요하며, 공급부문과 수요부문의 월 실제최대조업도(practical capacity)는 500단위이다. 모터 공급부문과 수요부문의 제조원가는 표 13-1과 같다.

6 이익중심점은 이익에 대해 책임을 지는(평가를 받는) 단위이다. 제14장에서 자세하게 학습한다.

표 13-1 ㈜신바람의 모터 공급부문과 수요부문의 원가구조

	공급부문	수요부문
단위당 변동원가	₩2,000	₩4,400
단위당 고정원가* (고정원가 총액)	₩800 (₩400,000)	₩500 (₩250,000)

* 단위당 고정원가는 현재 공급부문과 수요부문의 월 실제최대조업도 500단위를 기준으로 계산한 원가이다.

아래 예제별로 각 상황에 대해 모터 공급부문과 수요부문이 수용할 수 있는 최소사내대체가격과 최대사내대체가격을 계산하고, 사내대체가격으로 시장(기초)가격과 원가(기초)가격을 사용할 때 목표일치성(goal congruence) 등에 어떤 영향이 있는지 분석해보자.

예제 13-1

중간재인 모터의 외부시장가격은 ₩3,500이며, 선풍기의 시장가격은 개당 ₩10,000이다. 모터 시장은 완전경쟁시장으로, 모터 공급부문과 수요부문은 외부시장에서 ₩3,500의 가격에서 얼마든지 팔고 살 수 있으며, 두 부문의 모터 공급량과 수요량은 시장가격에 영향을 미치지 않는다.

(1) 공급부문과 수요부문이 수용할 수 있는 최소사내대체가격과 최대사내대체가격을 계산하고, 시장가격 기준에 대해 평가해보자.

■ **공급부문과 수요부문이 수용할 수 있는 최소사내대체가격과 최대사내대체가격**

모터시장이 완전경쟁일 경우 일반적으로 모터부문에 미사용설비가 존재하지 않는다. 시장가격에 얼마든지 추가로 팔 수 있기 때문이다. 이 경우 공급부문의 최소사내대체가격(증분원가+기회비용)은 모터의 시장가격과 정확하게 일치한다. 여기서 증분원가는 ₩2,000이며, 기회비용은 모터를 외부에 판매할 경우 얻게 될 이익으로서 ₩1,500(=₩3,500−₩2,000)이다.

최소사내대체가격
= 단위당 증분원가 + 단위당 기회비용
= 부문 단위당 변동원가 + (모터 시장가격 − 부문 단위당 변동원가)
= ₩2,000 + (₩3,500 − ₩2,000)
= ₩3,500

수요부문의 선풍기 한 단위당 공헌이익(사내대체가격 포함 전)은 ₩5,600(=선풍기 판매가격 ₩10,000 − 부문 단위당 변동원가 ₩4,400)으로서, 모터의 시장가격 ₩3,500보다 크다. 따라서 수요부문이 지불할 용의가 있는 최대사내대체가격은 모터의 시장가격인 ₩3,500이다.

최대사내대체가격
= min{선풍기 단위당 공헌이익(사내대체가격 포함 전), 모터의 시장가격}
= min{₩5,600, ₩3,500}
= ₩3,500

시장가격 이상에서는 수요부문이 모터를 외부에서 구입하는 것이 더 유리하고, 시장가격 이하에서는 공급부문이 외부시장에 판매하는 것이 더 유리하므로, 시장가격이 부문의 자율성을 보장하는(협상가능한) 유일한 사내대체가격이다.

■ **시장가격 기준의 목표일치성 등 평가**

본 예제에서는 중간재와 최종제품의 시장가격이 있으므로, 두 부문이 사내거래를 하지 않고 외부시장에 의존하더라도 부문별 영업이익과 회사 전체적인 영업이익은 사내거래를 하는 경우와 같다. 이 경우 시장가격 기준은 목표일치성을 달성할 수 있다. 그리고 시장가격은 두 부문이 합의할 수 있는 유일한 사내대체가격이므로 시장가격 기준을 본부에서 제시하더라도 부문의 자율성에 미치는 영향이 적고, 각 부문의 영업이익은 부문의 성과를 올바로 반영하므로 부문 성과평가에도 사용할 수 있다. 또한 시장가격 기준에서 각 부문의 경영자는 부문 원가를 최소화하여 부문 이익을 높이고자 노력하게 된다.

(2) 모터와 선풍기를 월 500대 생산하여 판매할 때, 모터의 사내대체가격을 시장가격인 ₩3,500으로 설정할 경우와 부문 전부원가의 110%로 설정할 경우, 각 부문의 월단위 영업이익을 계산하고 두 가격기준의 영향을 평가해보자.

■ **영업이익 계산**

모터부문 전부원가의 110%인 ₩3,080(=₩2,800×1.1)은 두 부문이 수용할 수 있는 최대, 최소사내대체가격 범위에 속하지 않는다. 따라서 부문 자율성이 보장될 경우, 공급부문은 사내거래를 거부하고 모터를 외부시장에 판매하게 될 것이다. 그러나 만약 전부원가의 110%에서 사내거래가 이루어지는 경우(본부의 지시로 인해), 각 부문의 영업이익과 회사 전체 영업이익은 표 13-2와 같다. 두 가격 기준에서 두 부문의 영

표 13-2 (주)신바람의 사내거래와 영업이익 | 예제 13-1

		사내대체가격	
		시장가격	전부원가의 110%*
모터부문	(1) 매출	₩1,750,000 (=₩3,500x500개)	₩1,540,000 (=₩3,080x500개)
	(2) 부문 총비용	₩1,400,000 (=₩2,800x500개)	₩1,400,000 (=₩2,800x500개)
	(3) 영업이익 (=(1)−(2))	₩350,000	₩140,000
조립부문	(4) 매출	₩5,000,000 (=₩10,000x500개)	₩5,000,000 (=₩10,000x500개)
	(5) 부문 총비용	₩2,450,000 (=₩4,900x500개)	₩2,450,000 (=₩4,900x500개)
	(6) 사내대체비용 (=(1))	₩1,750,000 (=₩3,500x500개)	₩1,540,000 (=₩3,080x500개)
	(7) 영업이익 (=(4)−(5)−(6))	₩800,000	₩1,010,000
(8) 영업이익 합계(=(3)+(7))		₩1,150,000	₩1,150,000

* 모터부문 전부원가의 110% =(₩2,000+₩800)×1.1=₩3,080

업이익을 비교하면, 원가기준을 사용할 때 모터부문의 영업이익은 감소하고, 조립부문의 영업이익은 증가한다. 그러나 두 부문 영업이익의 합계는 두 가격 기준에서 같다. 사내대체거래가격의 수준과 무관하게 사내거래가 발생할 때 두 부문 영업이익의 합계는 항상 같다.

사내거래를 하는 경우, ㈜신바람의 전체 손익계산서는 표 13-3과 같다. 모터 공급부문의 매출은 외부매출이 아니므로 매출로 인식되지 않으며, 사내거래원가(비용)도 비용으로 인식되지 않는다. 공급부문의 매출은 수요부문의 비용으로 서로 상계된다. 표 13-2의 두 부문 영업이익의 합계는 표 13-3의 회사 전체의 영업이익과 같음을 알 수 있다.

표 13-3 (주)신바람 손익계산서(월)

(1) 매출(= 표 13-2 의 (4))	₩5,000,000 (=₩10,000×500단위)
(2) 총비용(= 표 13-2 의 (2)+(5))	₩3,850,000 (=₩1,400,000(=₩2,800×500단위)+ ₩2,450,000(=₩4,900×500개))
(3) 영업이익(=(1)−(2))	₩1,150,000

■ **원가기준의 목표일치성 등 평가**

본 예제에서 두 부문이 자율적으로 협상하도록 허용하더라도 시장가격에서 사내대체가격이 설정되고, 그 결과 회사 전체 이익은 중앙집권적 시스템에서 달성할 수 있는 최대이익과 동일하므로, 부문의 자율성을 최대한 보장하는 것이 좋다. 만약 본부에서 주관하여 사내거래가격 기준을 설정하면 각 부문의 자율성만 훼손되며, 각 부문의 영업이익은 성과평가 자료로 사용하기에 적합하지 않을 수 있다.

원가기준은 부문의 원가절감 유인에도 부정적인 영향을 미칠 수 있다. 예를 들어, 원가기준을 제시하는 경우, 공급부문은 원가를 항상 보전받고 일정한 비율의 이윤(markup)을 보장받을 수 있으므로, 효율성을 높여 원가를 절감할 유인이 발생하지 않게 된다. 본 예제에서는 모터부문의 원가가 높아지면 모터부문 영업이익이 오히려 증가하도록 사내대체가격이 설정되므로, 공급부문의 책임자는 사내대체가격이 시장과 유사한 수준(수요부문이 수용할 수 있는 한계)까지 부문원가를 증가시킬 유인마저 가질 수 있다.

(3) 모터부문이 모터를 외부시장에 판매하기 위해서는 단위당 변동판매비가 ₩500 발생하고, 조립부문이 모터를 외부시장에서 구입하기 위해서는 단위당 변동구입부대비용 ₩400이 발생한다면, 공급부문과 수요부문이 수용할 수 있는 최소사내대체가격과 최대사내체가격이 얼마인지 계산해보자. 그리고 회사 전체적으로 모터 외부구입과 사내대체 중 어느 것이 유리한가?

■ **공급부문과 수요부문이 수용할 수 있는 최소사내대체가격과 최대사내대체가격**

공급부문이 수용할 수 있는 최소사내대체가격은 외부시장가격에서 판매에 따른 단위당 변동판매비를 차감한 ₩3,000이 된다.

모터 판매가격 ₩3,500 − 모터 단위당 변동판매비 ₩500 = ₩3,000

수요부문이 수용할 수 있는 최대사내대체가격은 외부시장가격에서 구입할 경우 발생하게 될 단위당 변동구입부대비용 ₩400을 더한 ₩3,900이 된다(모터 내부구입 시 선풍기 단위당 공헌이익 ₩5,600보다 여전히 작다).

모터 구입가격 ₩3,500 + 모터 단위당 변동구입부대비용 ₩400 = ₩3,900

따라서 두 부문이 수용할 수 있는 사내대체가격의 범위는 ₩3,000~₩3,900이다.

■ **회사 전체 영향 평가**

회사 전체적으로는 사내거래를 하는 것이 판매비와 구입부대비용을 모두 절감할 수 있으므로 모터를 외부구입하는 것보다 전량 사내거래를 실시하는 것이 유리하다. 사내거래를 통해 공급부문과 수요부문은 협상능력에 따라 최대 단위당 공헌이익 ₩900(=₩500+₩400)을 더 많이 확보할 수 있다. 이 경우에도 회사는 두 부문이 자율적으로 협상가격(negotiated price)을 설정하도록 허용함으로써 부문 자율성을 보장하고 목표일치성도 달성할 수 있다.

예제 13-2

최종제품인 선풍기 판매가격이 ₩10,000이 아니라, ₩7,500인 경우에 대해 분석해보자.

(1) 모터의 시장가격이 ₩3,500일 때, 공급부문과 수요부문이 수용할 수 있는 최소사내대체가격과 최대사내대체가격은 얼마인지 계산해보자.

모터의 외부시장이 완전경쟁시장으로 모터부문이 월 500개를 시장에 판매할 수 있다면, 공급부문의 수용가능한 최소가격은 중간재의 시장가격인 ₩3,500이다. 모터 수요부문의 경우, 선풍기 판매로 인한 단위당 공헌이익은 ₩3,100(=₩7,500－단위당 변동원가 ₩4,400)으로서 중간재의 시장가격보다 낮으므로, 수요부문이 수용가능한 최대 사내대체가격은 ₩3,100이 될 것이다.

수요부문이 수용가능한 최대사내대체가격 =

min{선풍기 단위당 공헌이익(사내대체가격 포함 전) ₩3,100, 모터의 시장가격 ₩3,500}

= ₩3,100

따라서 협상가능한 가격영역이 존재하지 않는다.

(2) 본부가 주도하여 사내거래를 실시하도록 지시하는 것과 두 부문의 자율에 맡기는 것 중에 어느 것이 기업 전체적으로 바람직한가? 사내거래를 지시할 때 모터 시장가격 ₩3,500을 사내대체가격으로 설정하는 경우와 전부원가의 110%로 설정하는 경우에 대해 회사의 영업이익을 비교해보자.

협상가능한 가격영역이 존재하지 않으므로 사내거래실시 여부에 대한 자율성을 부여할 경우 사내거래가 발생하지 않는다. 공급부문은 중간재 전량을 외부시장에 판매하여 단위당 공헌이익 ₩1,500(=판매가격 ₩3,500－단위당 변동원가 ₩2,000)을 획득하게 된다. 수요부문은 선풍기 제조를 중단할 것이다. **표 13-4**에 나타난 바와 같이, 수요부문이 선풍기 제조를 중단하면, 부문의 월 영업이익은 고정원가로 인해 －₩250,000이 되지만, 모터 500개를 시장가격에 구입하여 선풍기를 제조하면 영업이익은 －₩450,000(=500개×(₩7,500－₩4,400－₩3,500)－₩250,000)이 되기 때문이다. 사내거래가 발생하지 않으면 회사 전체적으로 영업이익이 ₩100,000이 된다.

만약 본부에서 시장가격에서 사내거래를 하도록 지시한다면, 모터부문의 영업이익은 ₩350,000으로 사내거래를 하지 않을 경우와 동일하지만, 조립부문의 영업이익이 －₩450,000이 되어 회사 전체적으로 －₩100,000의 손실이 발생한다. 사내대체가격을 전부원가의 110%인 ₩3,080으로 설정하는 경우에도 회사 전체의 영업이익은 －₩100,000이다. 따라서 사내거래를 실시하지 않는 것이 회사 전체적으로 유리하다.

그 이유는 선풍기의 시장가격이 ₩7,500으로서, 조립부문의 단위당 변동원가가 모터의 시장가격을 사내대체가격으로 수용하고도 공헌이익을 창출할 수 있을 정도로 충분히 낮지 않기 때문이다[7]. 조립부문의 모터 단위당 (사내거래) 원가 수용능력은 ₩3,100으로서, 시장가격 3,500에 ₩400이 미치지 못한다. 그럼에도 불구하고, 강제적으로 모터 500개에 대해 사내거래를 실시하게 되면 ₩200,000(₩400×500개)의 영업이익 감소가 발생하는 것이다.

핵심은 공급부문과 수요부문이 협상가능한 사내대체가격의 영역이 존재하지 않는 경우, 어떤 기준이든 본부에서 강요하여 사내대체거래를 실시하게 되면, 부문의 자율성을 훼손할 뿐만 아니라, 사내거래를 실시하지 않는 경우보다 회사 이익이 감소한다는 것이다.

---

7 공급부문도 수요부문과 마찬가지로 부문 변동원가가 시장가격보다 높은 경우에는 폐쇄해야 한다(예 모터의 시장가격이 ₩1,900인 경우). 여기서 폐쇄 여부는 단순히 단기적인 재무적 기준에 의해 판단한 것이다. 실제 조립부문의 폐쇄 여부는 장기적·전략적 관점에서 판단해야 한다.

표 13-4 (주)신바람의 사내거래 여부와 영업이익 | 예제 13-2

		자율 (사내거래 미발생)	사내대체가격(사내거래 실시)	
			시장가격	전부원가의 110%*
모터부문	(1) 매출	₩1,750,000 (=₩3,500x500개)	₩1,750,000 (=₩3,500x500개)	₩1,540,000 (=₩3,080x500개)
	(2) 총비용	₩1,400,000 (=₩2,800x500개)	₩1,400,000 (=₩2,800x500개)	₩1,400,000 (=₩2,800x500개)
	(3) 영업이익 (=(1)−(2))	₩350,000	₩350,000	₩140,000
조립부문	(4) 매출	−	₩3,750,000 (=₩7,500x500개)	₩3,750,000 (=₩7,500x500개)
	(5) 부문변동원가	−	₩2,200,000 (=₩4,400x500개)	₩2,200,000 (=₩4,400x500개)
	(6) 사내대체비용 (=(1))	−	₩1,750,000 (=₩3,500x500개)	₩1,540,000 (=₩3,080x500개)
	(7) 부문공헌이익 (=(4)−(5)−(6))	−	(₩200,000)	₩10,000
	(8) 고정원가	₩250,000	₩250,000	₩250,000
	(9) 영업이익 (=(7)−(8))	(₩250,000)	(₩450,000)	(₩240,000)
(10) 영업이익 합계(=(3)+(9))		₩100,000	(₩100,000)	(₩100,000)

* 모터부문 전부원가의 110% = (₩2,000+₩800)×1.1=₩3,080

(3) 중간재인 모터의 외부시장이 존재하지 않을 때 최대, 최소사내대체가격은?

공급부문의 모터 사내거래에 따른 기회비용이 '0'이 되므로, 공급부문의 최소사내대체가격은 단위당 변동원가인 ₩2,000이 된다.

단위당 증분원가 + 단위당 기회비용 = 부문 단위당 변동원가 + 0 = ₩2,000

수요부문이 수용할 수 있는 최대가격은 최종제품의 단위당 공헌이익인 ₩3,100(=₩7,500 − ₩4,400)이다. 따라서 두 부문이 수용할 수 있는 사내대체가격의 범위는 ₩2,000~₩3,100이다. 두 부문의 단위당 변동원가의 합이 ₩6,400(₩2,000+₩4,400)으로서 선풍기 시장가격인 ₩7,500을 ₩1,100 초과하고, 모터 외부판매의 기회비용이 없으므로, 사내거래가 발생하는 것이 기업 전체적으로도 유리하다. 표 13-5는 사내대체거래가격이 협상을 통해 ₩3,000으로 정해진 경우에 대해 선풍기 개당 공헌이익을 나타낸 것이다.

표 13-5 ㈜신바람의 사내거래 여부와 선풍기 개당 공헌이익 | 예제 13-2

	사내거래 실시 [가격 : ₩3,000]	사내거래 미실시 (모터 외부구입 불가)
(1) 공급부문 단위당 공헌이익	₩1,000 (=₩3,000−₩2,000)	0
(2) 수요부문 단위당 공헌이익	₩100 (=₩7,500−₩3,000−₩4,400)	0
(3) 회사 전체 단위당 공헌이익 (=(1)+(2))	₩1,100	0

이 경우에는 자율적인 가격협상 영역이 존재하고 사내거래가 회사 전체적으로 바람직하므로 자율적인 협상을 허용하는 것이 좋다. 본부 개입은 부문의 자율성을 훼손하고, 각 부문의 영업이익은 성과평가에 사용하기에도 적합하지 않을 수 있다.

예제 13-3

모터의 시장가격은 ₩3,500이며, 선풍기의 시장가격이 ₩7,500이다. 모터부문이 외부시장에 판매할 수 있는 물량은 350개이다. 따라서 모터부문에 미사용 설비가 발생하며, 미사용 설비를 다른 용도로 사용하여 이익을 창출할 수는 없는 경우에 대해 분석해보자.

(1) 공급부문과 수요부문이 수용할 수 있는 최소사내대체가격과 최대사내대체가격은 얼마인지 계산해보자.

먼저, 수요부문이 수용할 수 있는 최대사내대체가격은 단위당 공헌이익 ₩3,100이다.
공급부문의 경우, 수요부문에 모터 500개를 이전할 때, 외부판매 시 미사용으로 남게 될 설비를 이용하여 생산할 수 있는 150개에 대해서는 기회비용이 '0'이므로 증분원가인 단위당 ₩2,000이 최소가격이 되며, 나머지 350개에 대해서는 증분원가에다 기회비용을 포함한 가격, 즉 시장가격인 ₩3,500이 최소가격이 된다. 전체 물량 500개에 대해 계산해보면, 총액은 ₩1,525,000(=₩2,000×150개+₩3,500×350개)이며, 단위당 ₩3,050(=₩1,525,000÷500개)이 최소사내대체가격이 된다[8].

[(₩2,000×150개)+(₩3,500×350개)]÷500개 = ₩1,525,000÷500개 = ₩3,050

따라서 ₩3,050~₩3,100이 협상가능한 사내대체가격의 범위이다.

(2) 두 부문이 협상을 통해 협상가능한 범위에 있는 ₩3,100으로 사내대체가격이 설정되는 경우, 영업이익을 계산해보자. 그리고 시장가격 기준에 대해 평가해보자.

표 13-6에 나타난 바와 같이, 협상가격인 ₩3,100으로 사내대체가격이 설정되는 경우 회사 전체의 영업이익은 −₩100,000이다. 시장가격인 ₩3,500에 사내거래를 지시할 경우에도 회사 전체의 영업이익은 같다. 그러나 모터의 시장가격 ₩3,500은 두 부문이 모두 수용할 수 있는 가격영역 내에 있지 않다. 즉, 공급부문에 미사용설비가 있을 때 시장가격은 협상가능한 가격범위를 벗어나므로 부문의 자율성을 심하게 침해할 수 있다.

만약 사내거래가 발생하지 않는다면, 모터부문은 월 350개를 외부시장에 판매하고, 조립부문은 선풍기를 생산하지 않으며, 회사 전체의 영업이익은 −₩125,000이 된다. 따라서 어떤 가격 기준에서든 사내거래가 발생하는 것이 회사 전체적으로 유리하다.

이처럼, 공급부문과 수요부문이 협상가능한 가격영역이 있을 때는 자율적인 협상을 통해 사내거래가 발생하도록 하는 것이 회사 전체적으로 항상 유리하다.

8 현재 미사용설비가 있다고 해서 500개 물량 전체에 대해 기회비용이 없다고 생각하면 안 된다. 미사용설비를 사용하여 제조할 수 있는 150개 물량에 대해서만 기회비용이 없다.

표 13-6 (주)신바람의 사내거래 여부와 영업이익 | 예제 13-3

		사내거래 미발생	사내대체가격(사내거래 실시)	
			시장가격	₩3,100
모터부문	(1) 매출	₩1,225,000 (=₩3,500×350개)	₩1,750,000 (=₩3,500×500개)	₩1,550,000 (=₩3,100×500개)
	(2) 변동원가	₩700,000 (=₩2,000×350개)	₩1,000,000 (=₩2,000×500개)	₩1,000,000 (=₩2,000×500개)
	(3) 고정원가	₩400,000	₩400,000	₩400,000
	(4) 영업이익 (=(1)−(2)−(3))	₩125,000	₩350,000	₩150,000
조립부문	(5) 매출	–	₩3,750,000 (=₩7,500×500개)	₩3,750,000 (=₩7,500×500개)
	(6) 부문변동원가	–	₩2,200,000 (=₩4,400×500개)	₩2,200,000 (=₩4,400×500개)
	(7) 사내대체비용 (=(1))	–	₩1,750,000 (=₩3,500×500개)	₩1,550,000 (=₩3,100×500개)
	(8) 부문공헌이익 (=(5)−(6)−(7))	–	(₩200,000)	0
	(9) 고정원가	₩250,000	₩250,000	₩250,000
	(10) 영업이익 (=(8)−(9))	(₩250,000)	(₩450,000)	(₩250,000)
(11) 영업이익 합계(=(4)+(10))		(₩125,000)	(₩100,000)	(₩100,000)

예제 13-4

선풍기의 시장가격이 ₩7,500이며, 모터부문은 현재 시장가격 ₩3,500에서 350개를 외부에 판매할 수 있다. 모터의 외부시장은 불완전경쟁시장으로, 수요부문과 공급부문이 각자 독자적으로 외부시장에서 거래할 경우 물량이 시장가격에 영향을 미친다. 만약 모터부문이 모터의 시장판매 가격을 ₩3,500에서 ₩3,200으로 내리면 판매량이 350개에 500개로 증가한다. 이때 모터부문이 시장에 판매하고자 하는 모터 150개를 조립부문이 모터부문 이익보전을 대가로 자신의 부문으로 이전할 것을 요청한다고 하자.

(1) 공급부문과 수요부문이 수용할 수 있는 최소사내대체가격과 최대사내대체가격은 얼마인지 계산해보자.

모터부문이 가격을 인하하여 500개를 외부시장에 판매하면, 모터부문의 공헌이익은 ₩525,000(=(₩3,500−₩2,000)×350개)에서 ₩600,000(=(₩3,200−₩2,000)×500개)으로 ₩75,000 증가하므로, 판매가격을 인하하여 시장에 판매하고자 할 것이다. 따라서 사내대체가격은 추가적인 시장판매 기회를 고려해야 한다. 모터부문이 모터 150개를 외부판매 대신에 조립부문에 이전할 경우 공헌이익 ₩75,000을 잃게 되어 기회비용이 발생하므로, 모터부문은 150개 이전에 대해 단위당 기회비용 ₩500(=₩75,000÷150개)을 요구하게 된다.

단위당 증분원가 + 단위당 기회비용 = ₩2,000 + ₩500 = ₩2,500

수요부문이 수용할 수 있는 최대사내대체가격은 단위당 공헌이익인 ₩3,100이 최대가격이다[9]. 따라서, 협상가능한 사내대체가격의 범위는 ₩2,500~₩3,100의 범위가 된다.

(2) 사내대체거래가 발생하지 않을 경우와 사내대체가격이 협상을 통해 ₩3,100으로 설정되는 경우의 영업이익을 계산하고, 시장가격에 대해 평가해보자.

표 13-7에 나타난 바와 같이, 사내거래가 일어나지 않을 경우, 모터부문은 ₩3,200으로 가격을 인하하고 시장에 500개를 판매하게 되며, 회사 전체 영업이익은 −₩50,000이 된다. 그러나 ₩3,100에서 사내거래를 실시하면, 기업 전체 영업이익은 ₩40,000으로 사내거래를 하지 않는 경우에 비해 증가한다(이 경우에도 협상가능한 가격영역이 있으므로 사내거래를 하는 것이 회사 전체적으로 유리하다!).

따라서 두 부문이 자율적으로 가격을 협상할 수 있도록 허용하는 것이 좋다. 그러나 본 예제와 같이 중간재 시장이 불완전경쟁일 때 시장가격은 협상가능한 가격범위를 벗어난다.

---

9 모터부문이 ₩3,200의 가격으로 500개를 시장에 판매하고자 할 때, 조립부문이 모터 150개를 시장에서 구입하고자 한다면, 시장수요가 증가하여 최종적인 시장가격은 ₩3,200 이상에서 형성될 수도 있다. 중간재 시장이 불완전경쟁일 때 기회비용은 사내대체물량의 숫자는 물론 전체적인 시장수요와 공급의 영향을 받으므로, 계산이 매우 복잡해진다. 본 예제에서는 사내대체가격 협상단계에서 이러한 상황이 전개될 가능성을 배제하였다.

표 13-7 ㈜신바람의 사내거래 여부와 영업이익 | 예제 13-4

		사내거래 미발생	사내대체가격 (₩3,100)
모터부문	(1) 외부매출	₩1,600,000 (=₩3,200×500개)	₩1,225,000 (=₩3,500×350개)
	(2) 사내매출	–	₩465,000 (=₩3,100×150개)
	(3) 변동원가	₩1,000,000 (=₩2,000×500개)	₩1,000,000 (=₩2,000×500개)
	(4) 고정원가	₩400,000	₩400,000
	(5) 영업이익 (=(1)+(2)–(3)–(4))	₩200,000	₩290,000
조립부문	(6) 매출	–	₩1,125,000 (=₩7,500×150개)
	(7) 부문변동원가	–	₩660,000 (=₩4,400×150개)
	(8) 사내대체비용 (=(2))	–	₩465,000 (=₩3,100×150개)
	(9) 부문공헌이익 (=(6)–(7)–(8))	–	0
	(10) 고정원가	₩250,000	₩250,000
	(11) 영업이익 (=(9)–(10))	(₩250,000)	(₩250,000)
(12) 영업이익 합계(=(5)+(11))		(₩50,000)	₩40,000

(3) 공급부문과 수요부문이 과거 거래실적과 협상경험으로 인해 가격협상이 매우 어려운 상황이라 판단하여, 본부에서 두 부문에 가장 유리하도록 공급부문에는 ₩3,100을 적용하고, 수요부문에는 ₩2,500을 사내대체가격으로 설정하는 이중가격제도를 채택하기로 한 경우, 각 부문의 영업이익을 계산해보자.

이중가격을 사용하면, 두 부문이 협상에 투입하는 시간과 노력을 절감할 수 있지만, 표 13-8에 나타난 바와 같이, 공급부문과 수요부문의 영업이익의 합계 ₩130,000은 실제 회사 전체 영업이익 ₩40,000보다 더 크게 된다.

이중가격제도는 공급부문과 수요부문이 자신의 성과와 무관한 상대 부문의 성과에 의해 영향을 받게 할 수 있으므로 분권화의 취지가 약해질 수 있다. 이중가격제도도 두 부문이 협상가능한 사내대체가격의 범위가 존재하는 경우에(즉, 사내거래를 실시하는 것이 바람직한 경우에) 국한해서 사용하는 것이 바람직하다.

표 13-8 (주)신바람의 이중가격 사내거래와 영업이익 | 예제 13-4

		사내대체가격(이중가격) ₩3,100/₩2,500
모터부문	(1) 외부매출	₩1,225,000 (=₩3,500x350개)
	(2) 사내매출	₩465,000 (=₩3,100x150개)
	(3) 변동원가	₩1,000,000 (=₩2,000x500개)
	(4) 고정원가	₩400,000
	(5) 영업이익 (=(1)+(2)−(3)−(4))	₩290,000
조립부문	(6) 매출	₩1,125,000 (=₩7,500x150개)
	(7) 부문변동원가	₩660,000 (=₩4,400x150개)
	(8) 사내대체비용	₩375,000 (=₩2,500x150개)
	(9) 부문공헌이익 (=(6)−(7)−(8))	₩90,000
	(10) 고정원가	₩250,000
	(11) 영업이익 (=(9)−(10))	(₩160,000)
(12) 영업이익 합계(=(5)+(11))		₩130,000
(13) 회사 전체 영업이익(표 13-7의 (12))		₩40,000

예제 13-5

선풍기의 시장가격이 ₩10,000이며, 모터의 시장가격은 ₩3,500이다. 모터부문이 외부시장에 판매할 수 있는 모터 물량이 350개로서, 모터부문에 미사용 설비가 발생한다. 미사용 설비를 다른 용도로 사용하여 이익을 창출할 수는 없다.

(1) 공급부문과 수요부문이 수용할 수 있는 최소사내대체가격과 최대사내대체가격은 얼마인지 계산해보자.

공급부문이 수용할 수 있는 최소사내대체가격은 다음과 같다(예제 13-3 (1) 참고).

[(₩2,000 × 150개) + (₩3,500 × 350개)] ÷ 500개 = ₩1,525,000 ÷ 500개 = ₩3,050

수요부문의 선풍기 한 단위당 공헌이익은 ₩5,600(=판매가격 ₩10,000 − 단위당 변동원가 ₩4,400)으로서, 모터의 시장가격 ₩3,500보다 크다. 따라서 수요부문이 지불할 용의가 있는 최대 사내대체가격은 모터의 시장가격인 ₩3,500이다.

min{선풍기 단위당 공헌이익(사내대체가격 포함 전) ₩5,600, 모터의 시장가격 ₩3,500}
= ₩3,500

따라서 ₩3,050~₩3,500이 협상가능한 가격범위가 된다.

(2) 시장가격에 대해 평가해보자.

모터 500개에 대해 시장가격인 ₩3,500은 두 부문이 수용할 수 있는 가격범위에 있기 때문에 시장가격에서도 사내거래가 이루어질 수 있다. 즉, 이 경우 미사용 설비가 있어도 시장가격이 협상가능한 영역에 속하게 된다. 이것은 조립부문의 단위당 변동원가가 모터의 시장가격과 최종제품의 시장가격을 충분히 수용할 수 있을 정도로 낮기 때문이다. 그러나 협상의 결과가 아니라, 본부가 시장가격을 지시한 경우에는 부문의 자율성은 훼손된다.

(3) 공급부문과 수요부문이 협상할 수 있는 협상가격을 예를 들어 제시해보자.

협상가격은 두 부문의 협상력에 의해 좌우되므로 일률적인 기준을 정하기 어려우나, 두 부문이 수용할 수 있는 최대, 최소가격인 ₩3,050과 ₩3,500의 평균가격인 ₩3,275이 하나의 대안이 될 수 있다.

또한 최종제품 한 단위를 제조하는 데 투입되는 각 부문의 변동원가를 기준으로 협상가능한 가격의 차액 ₩450(₩3,500 − ₩3,050)을 배분하는 방안을 고려할 수 있다. 여기서, 선풍기 한 단위 제조에 모터 한 단위가 필요하므로, 공급부문과 수요부문의 선풍기 단위당 변동원가는 각각 ₩2,000과 ₩4,400이다. 따라서 차액 ₩450은 다음과 같이 배분할 수 있다.

$$\text{모터부문}: ₩450 \times \frac{2,000}{2,000+4,400} = ₩141$$

$$\text{선풍기부문}: ₩450 \times \frac{4,400}{2,000+4,400} = ₩309$$

이 경우 최종적으로 사내대체가격은 ₩3,191(= ₩3,050 + ₩141, 또는 ₩3,500 − ₩309)이 된다. 이런 방식의 사내거래 혜택 배분을 위해서는 두 부문이 제공하는 원가정보가 신뢰할 수 있어야 한다.

예제 13-6

선풍기의 시장가격은 ₩10,000이며, 모터의 시장가격이 ₩3,500이 아니라 ₩3,000인 경우를 생각해보자. 현재 모터 500개에 대해 사내대체가격이 시장가격인 ₩3,000으로 설정되어 있으나, 모터부문의 책임자는 현재의 사내대체가격이 너무 낮아 모터부문의 투자수익률에도 미치지 못한다고 주장하면서 사내대체가격을 ₩3,100으로 인상해줄 것으로 요구하고 있다.

(1) 공급부문과 수요부문이 수용할 수 있는 최소사내대체가격과 최대사내대체가격은 얼마인지 계산해보자.

공급부문이 합리적으로 수용할 수 있는 최소사내대체가격은 기회비용을 포함하여 시장가격인 ₩3,000이며[10], 수요부문이 수용할 수 있는 최대사내대체가격도 선풍기 단위당 공헌이익보다 적은 시장가격으로

10 시장가격이 있을 때 사내대체가격을 시장가격 이상으로 요구하는 것은 공급부문이 비합리적으로 억지를 부리는 것이라 볼 수 있다.

₩3,000이다. 따라서 시장가격이 합리적인 관리자들이 합의할 수 있는 사내대체가격이다.

(2) 수요부문이 사내거래를 거부하고 외부시장에서 모터를 구입하는 것과 공급부문이 요구하는 가격인 ₩3,100에 사내거래를 하도록 본부에서 지시하는 것 중 어느 것이 회사 전체적으로 유리한가?

사내거래가 발생하지 않을 경우, 두 부문은 시장에서 시장가격으로 모터를 거래할 수 있으며, 그때 회사 전체 영업이익은 ₩3,100에서 사내거래를 할 경우와 같다(표 13-9). 두 부문이 독자적으로 시장에서 모터를 거래할 수 있기 때문이다. 즉, 본 예제의 경우 사내거래를 하든 하지 않든, 어떤 가격에서 사내거래를 하든, 회사 전체 영업이익에 미치는 영향은 없다(단순히 부문 간의 파이 싸움이다).

따라서 본부가 개입할 경우 부문의 자율성만 훼손되므로 분부는 개입하지 않고 두 부문이 자유롭게 협상하도록 중재하는 것이 바람직하다. 다만, 모터부문의 관리자가 요구하는 가격이 합리적이라고 보기 어려우므로, 관리자의 자질이 의심스러운 경우에는 본부에서 향후 모터부문 관리자의 교체를 검토할 필요가 있다.

표 13-9 ㈜신바람의 외부거래와 사내거래의 단위당 공헌이익 | 예제 13-6

		모터 외부거래	사내대체가격 (₩3,100)
모터부문	(1) 단위당 가격(내외부)	3,000	3,100
	(2) 단위당 변동원가	2,000	2,000
	(3) 부문 단위당 공헌이익 (=(1)−(2))	1,000	1,100
조립부문	(4) 단위당 가격	10,000	10,000
	(5) 단위당 변동원가	4,400	4,400
	(6) 사내대체가격	−	3,100
	(7) 외부구입가격	3,000	−
	(8) 부문 단위당 공헌이익 (=(4)−(5)−(6)−(7))	2,600	2,500
(9) 단위당 공헌이익 합계(=(3)+(8))		3,600	3,600

(3) ㈜신바람의 모터부문이 제작하는 모터는 특수한 모터로서 내부공급 외에 다른 대안이 없다고 하자. 수요부문이 모터의 외부구입 가능성을 탐색한 결과, 오픈마켓에서 ₩2,600에 공급할 수 있는 기업을 발견하였다. 이때 공급부문과 수요부문이 수용할 수 있는 최소사내대체가격과 최대사내대체가격은 얼마인지 계산해보자. 수요부문이 모터를 오픈마켓에서 구입한다면 회사 전체적으로 바람직한가?

■ **공급부문과 수요부문이 수용할 수 있는 최소사내대체가격과 최대사내대체가격**

모터의 외부 판매가 불가능한 경우, 모터 내부공급으로 인한 기회비용이 발생하지 않으므로, 두 부문이 수용할 수 있는 사내대체가격은 모터부문의 단위당 변동원가인 ₩2,000에서 조립부문이 수용할 수 있는 최대가격인 오픈마켓 가격 ₩2,600 사이이다.

■ **모터를 오픈마켓에서 구입하는 경우 회사 이익에 대한 영향**

협상가능한 가격영역이 존재하므로, 표 13-10에 나타난 바와 같이, 모터를 외부에서 구입할 경우, 회사 전체적으로 공헌이익이 ₩300,000(단위당 ₩600) 감소한다. 이 단위당 이익 감소액은 오픈마켓 가격과 모터 제조 단위당 변동원가의 차이로 인해 발생한 것이다.

모터 외부구입으로 인한 공헌이익 감소액
= (모터 오픈마켓 가격 ₩2,600 − 모터부문 단위당 변동원가 ₩2,000) × 500개
= ₩300,000

표 13-10 (주)신바람의 외부거래와 사내거래의 영업이익 | 예제 13-6

		모터 외부구입	사내대체가격 (예 : ₩2,300)
모터부문	(1) 외부매출	–	–
	(2) 사내매출	–	₩1,150,000 (=₩2,300×500개)
	(3) 변동원가	–	₩1,000,000 (=₩2,000×500개)
	(4) 고정원가	₩400,000	₩400,000
	(5) 영업이익 (=(1)+(2)−(3)−(4))	(₩400,000)	(₩250,000)

(표 계속)

		모터 외부구입	사내대체가격 (예 : ₩2,300)
조립부문	(6) 매출	₩5,000,000 (=₩10,000×500개)	₩5,000,000 (=₩10,000×500개)
	(7) 부문변동원가	₩2,200,000 (=₩4,400×500개)	₩2,200,000 (=₩4,400×500개)
	(8) 사내대체비용(=(2))	–	₩1,150,000 (=₩2,300×500개)
	(9) 외부구입비용	₩1,300,000 (=₩2,600×500개)	–
	(10) 부문공헌이익 (=(6)–(7)–(8)–(9))	₩1,500,000	₩1,650,000
	(11) 고정원가	₩250,000	₩250,000
	(12) 영업이익 (=(10)–(11))	₩1,250,000	₩1,400,000
(13) 영업이익 합계(=(5)+(12))		₩850,000	₩1,150,000

(4) 위 (3)에서 모터부문의 설비를 기존의 선풍기용 모터가 아닌 손풍기용 소형 모터를 제작하는 데 사용할 수 있으며, 이를 통해 매월 ₩400,000의 순현금흐름을 창출할 수 있다고 하자. 조립부문이 모터를 외부에서 구입하고 기존 모터 생산설비를 소형 모터 생산에 사용하는 방안과 선풍기용 모터를 제조하여 사내거래하는 방안 중에 어느 방안이 회사에 유리한가?

모터 생산설비를 다른 용도로 사용할 수 있으므로 기회비용 ₩400,000이 발생한다. 따라서 모터부문이 수용할 수 있는 최소사내대체가격은 ₩2,800(=₩2,000+₩400,000÷500개)이 된다.

단위당 증분원가+단위당 기회비용 = 부문 단위당 변동원가+단위당 기회비용

=₩2,000+₩400,000÷500개=₩2,800

그러나 수요부문이 수용할 수 있는 최대사내대체가격은 오픈마켓 가격인 ₩2,600이므로 협상가능한 가격 영역이 존재하지 않는다.

표 13-11에 나타난 바와 같이, 이 경우에는 회사 전체적으로 사내거래가 발생하는 것보다 기존 모터를 외부구입하고 소형모터를 제작하는 것이 더 유리하다. 모터부문의 부문 단위당 변동원가와 기회비용

을 고려하면, 모터 내부 생산원가(₩2,800)가 오픈마켓 가격(₩2,600)보다 높기 때문이다. 사내거래와 외부구입의 회사 영업이익 차이 ₩100,000은 이 단위당 원가차이 ₩200(=₩2,800－₩2,600)으로 인해 발생하는 것이다. 따라서 이 경우에도 두 부문 간 사내거래를 강요하지 않고 자율에 맡겨두는 것이 바람직하다.

본 예제에 나타난 바와 같이, 공급부문의 기회비용은 해당 중간재의 이익기회에 대한 기회비용뿐만 아니라, 공급부문이 기존 설비를 이용하여 이익을 창출할 수 있는 다른 기회에 대한 기회비용을 반영해야 한다.

표 13-11 외부구입(&소형모터 생산)과 사내거래의 회사 전체 영향 관련 항목 분석 | 예제 13-6

	모터 생산 및 내부거래	모터 외부구입 & 소형모터 생산
외부구입원가 지출	–	₩1,300,000 (=₩2,600×500개)
모터부문 내부변동원가	₩1,000,000 (=₩2,000×500개)	–
소형모터 판매 순현금유입	–	(₩400,000)
순효과		₩100,000 이익

예제 13-7

선풍기 시장이 불완전경쟁으로서 선풍기 가격이 ㈜신바람의 선풍기 공급량에 의해 영향을 받는다고 하자. 선풍기 공급량별 가격은 표 13-12의 (2)에 나타난 바와 같다. 모터 판매를 위한 외부시장이 존재하지 않을 경우와 외부시장(가격 ₩3,500)이 존재하는 경우에 대해 올바른 사내대체가격을 검토해보자.

(1) 모터의 외부시장이 존재하지 않는 경우, 협상가격과 원가기준(변동원가, 전부원가) 사내대체가격에 대해 분석해 보자.

모터의 외부시장이 존재하지 않으므로, 모터부문이 수용할 수 있는 최저사내대체가격은 단위당 변동원가 ₩2,000이다. 조립부문이 수용할 수 있는 최대사내대체가격은 선풍기 판매에 따른 단위당 공헌이익으로 선풍기 판매량(시장가격)에 따라 다르다. 본 예제에서 선풍기 시장가격이 ₩11,000일 때 ₩6,600으로부터 시장가격이 ₩8,000일 때 ₩3,600까지 조립부문이 수용가능한 가격이 변한다. 모든 시장가격에서 두 부문 간에 협상가능한 가격영역이 존재하므로 회사 전체적으로 사내거래가 유리하다.

■ 회사 전체적으로 이익이 최대화되는 사내거래 수량

표 13-12 중간재(모터)의 외부시장이 없을 때 사내거래 수량별 기업 영업이익 | 예제 13-7

(단위 : 원)

수량 (개) (1)	선풍기가격 (2)	선풍기수익 (3)(=(1)×(2))	모터부문 변동원가 (4)(=(1)×2,000)	모터부문 고정원가 (5)	조립부문 변동원가 (6)(=₩4,400×(1))	조립부문 고정원가 (7)	기업이익 (8)(=(3)−(4)−(5)−(6)−(7))	비 고
200	11,000	2,200,000	400,000	400,000	880,000	250,000	270,000	
250	10,500	2,625,000	500,000	400,000	1,100,000	250,000	375,000	
300	10,000	3,000,000	600,000	400,000	1,320,000	250,000	430,000	
350	9,500	3,325,000	700,000	400,000	1,540,000	250,000	435,000	최대
400	9,000	3,600,000	800,000	400,000	1,760,000	250,000	390,000	
450	8,500	3,825,000	900,000	400,000	1,980,000	250,000	295,000	
500	8,000	4,000,000	1,000,000	400,000	2,200,000	250,000	150,000	

중간재의 외부시장이 없을 때, 모터 350개로 선풍기 350개를 제조하여 판매하면 회사의 영업이익이 ₩435,000으로 최대가 된다.

■ 협상가격 평가

협상을 통해 사내대체가격을 설정할 경우, 협상가격은 모터의 단위당 변동가격인 ₩2,000부터 ₩3,600 (₩6,600) 사이에서 결정된다. 그러나 협상가격에서 사내대체 물량이 기업이익 최대화 수준인 350개와 일치한다는 보장이 없다. 예를 들어, 사내대체가격이 모터부문의 개당 전부원가인 ₩2,800으로 설정되는 경우, 조립부문은 자기 부문의 이익 최대화를 위해 선풍기 300개를 생산하고자 할 것이다(표 13-13 [패널 B]).

협상가격은 부문의 자율성을 보장할 수 있으므로 부문 성과평가에 사용할 수 있고, 협상이 완료되어 가격이 설정되고 나면 공급부문이 원가절감에 노력할 유인이 발생하는 효과가 있지만, 중간재의 외부시장이 없고 최종재 시장이 불완전경쟁일 경우에는 목표일치성을 달성하지 못할 수 있다.

■ 변동원가 기준과 전부원가 기준

사내대체가격을 모터부문의 변동원가 기준으로 설정할 때와 전부원가 기준으로 설정할 때를 비교하면 결과는 표 13-13과 같다.

먼저 사내대체가격을 변동원가인 ₩2,000으로 설정하면, 수요부문인 조립부문은 선풍기 350개를 ₩9,500의 가격에 판매하는 것이 부문이익 최대화에 부합한다. 그러나 사내대체가격을 (기준조업도에 기초한) 전부원가 ₩2,800으로 설정하면, 조립부문은 선풍기 300개를 ₩10,500의 가격에 판매하는 것이 부문이익 최대화에 부합한다.

두 경우를 비교해보면, 기업 전체 영업이익은 각각 ₩435,000과 ₩430,000으로서 변동원가를 사내대체가격으로 설정한 경우에는 목표일치성을 달성할 수 있으나(표 13-12), 전부원가를 기준으로 사내대체가격을 설정하면, 수요부문은 부문이익 최대화를 위해 모터부문의 전부원가 전체를 마치 변동원가처럼 간주하여 선풍기 단위당 변동원가가 높아지기 때문에, 목표일치성을 달성할 수 없다.

다만, 변동원가 기준으로 사내대체가격을 설정하면, 모터부분이 고정원가를 회수할 수 없으므로, 모터부문 영업이익 수치는 부문 성과평가에 적합하지 않을 수 있다. 대안으로, 조립부문이 모터부문에 사내대체가격(변동원가) 외에 추가로 일시불(lump-sum)로 일정액을 지불하도록 할 수 있다. 일시불 금액은 모터부문의 설비(capacity) 사용에 대한 대가로서, 모터부문이 영업손실을 겪지 않도록 하는 수준으로 설정할 수 있다.

원가기준 사용 시 실제 발생 변동원가를 사내대체가격으로 설정하면 공급부문이 원가를 줄이고자 하는 유인이 발생하지 않을 수 있다. 따라서 예산 변동원가를 사내대체가격 기준으로 설정하면 원가절감을 유도할 수 있다.

표 13-13 원가기준 사내대체가격 설정 시 조립부문의 이익과 선택 | 예제 13-7

[패널 A] 변동원가 사내대체

(단위 : 원)

수량(개)(1)	선풍기가격(2)	선풍기수익(3)(=(1)×(2))	사내대체가격(4)(=₩2,000×(1))	조립부문 변동원가(5)(=₩4,400×(1))	조립부문 고정원가(6)	조립부문 영업이익(7)	비 고
200	11,000	2,200,000	400,000	880,000	250,000	670,000	
250	10,500	2,625,000	500,000	1,100,000	250,000	775,000	
300	10,000	3,000,000	600,000	1,320,000	250,000	830,000	
350	9,500	3,325,000	700,000	1,540,000	250,000	835,000	선택
400	9,000	3,600,000	800,000	1,760,000	250,000	790,000	
450	8,500	3,825,000	900,000	1,980,000	250,000	695,000	
500	8,000	4,000,000	1,000,000	2,200,000	250,000	550,000	

[패널 B] 전부원가 사내대체

수량 (개) (1)	선풍기가격 (2)	선풍기수익 (3)(=(1)×(2))	사내대체가격 (4)(=₩2,800×(1))	조립부문 변동원가 (5)(=₩4,400×(1))	조립부문 고정원가 (6)	조립부문 영업이익 (7)	비 고
200	11,000	2,200,000	560,000	880,000	250,000	510,000	
250	10,500	2,625,000	700,000	1,100,000	250,000	575,000	
300	10,000	3,000,000	840,000	1,320,000	250,000	590,000	선택
350	9,500	3,325,000	980,000	1,540,000	250,000	555,000	
400	9,000	3,600,000	1,120,000	1,760,000	250,000	470,000	
450	8,500	3,825,000	1,260,000	1,980,000	250,000	335,000	
500	8,000	4,000,000	1,400,000	2,200,000	250,000	150,000	

(2) 모터의 외부시장이 존재하는 경우(가격 : ₩3,500), 원가기준과 시장가격 기준 사내대체가격을 분석해보자.

■ **회사 전체적으로 이익이 최대화되는 사내거래 수량**

모터의 외부시장이 있는 경우, 회사는 선풍기 판매를 통해 수익을 올릴 수도 있고, 모터를 외부시장에 판매하여 수익을 올릴 수도 있다. 모터의 내부거래 수량별로 기업 전체의 영업이익은 표 13-14와 같다. 사내거래로 모터 250개를 이용해서 선풍기 250개를 제조해서 판매하고, 모터부문은 이와 별도로 모터 250개를 시장에 판매할 때 기업 영업이익이 최대화된다.

표 13-14 중간재(모터)의 외부시장이 있을 때 사내거래 수량별 기업 영업이익 | 예제 13-7

(단위 : 원)

수량 (개) (1)	선풍기가격 (2)	선풍기수익 (3)(=(1)×(2))	모터수익 (4)(=₩3,500×(500개−(1)))	모터부문 총원가 (5)(=₩2,000×500개+400,000)	조립부문 변동원가 (6)(=₩4,400×(1))	조립부문 고정원가 (7)	기업이익 (8)(=(3)+(4)−(5)−(6)−(7))	비 고
200	11,000	2,200,000	1,050,000	1,400,000	880,000	250,000	720,000	
250	10,500	2,625,000	875,000	1,400,000	1,100,000	250,000	750,000	최대
300	10,000	3,000,000	700,000	1,400,000	1,320,000	250,000	730,000	
350	9,500	3,325,000	525,000	1,400,000	1,540,000	250,000	660,000	
400	9,000	3,600,000	350,000	1,400,000	1,760,000	250,000	540,000	
450	8,500	3,825,000	175,000	1,400,000	1,980,000	250,000	370,000	
500	8,000	4,000,000	0	1,400,000	2,200,000	250,000	150,000	

■ 시장가격 기준에서 조립부문의 선택

사내대체가격을 모터의 시장가격인 ₩3,500으로 설정하는 경우, 표 13-15에 나타난 바와 같이, 조립부문은 선풍기 250개를 ₩10,500의 가격에 판매하는 것이 부문이익 최대화에 부합한다. 이때 조립부문과 모터부문은 각각 선풍기 250개와 모터 250개를 외부시장에 판매하게 되고, 기업 영업이익이 최대화된다(모터부문은 사내거래와 외부판매를 통해 모터 총 500개를 시장가격에 모두 판매할 수 있으므로 모터부문의 영업이익은 사내거래 물량과 상관없다). 즉, 모터(중간재)의 외부시장이 완전경쟁시장인 경우에는 선풍기 시장이 불완전경쟁시장일 때에도 협상가격(시장가격)에서 목표일치성이 달성된다. 모터부문의 이익은 사내거래 물량과 무관하게 일정하므로, 조립부문의 이익 최대화가 회사 전체 이익 최대화와 항상 같은 결과를 가져오기 때문이다.

표 13-15 시장가격 사내대체가격 설정의 조립부문과 기업 전체 이익에 대한 영향 | 예제 13-7

(단위 : 원)

수량 (1)	선풍기가격 (2)	수익 (3)(=(1)×(2))	사내대체가격 (4)(=₩3,500×(1))	조립부문 변동원가 (5)(=₩4,400×(1))	조립부문 고정원가 (6)	조립부문 영업이익 (7)	비 고
200	11,000	2,200,000	700,000	880,000	250,000	370,000	
250	10,500	2,625,000	875,000	1,100,000	250,000	400,000	선택
300	10,000	3,000,000	1,050,000	1,320,000	250,000	380,000	
350	9,500	3,325,000	1,225,000	1,540,000	250,000	310,000	
400	9,000	3,600,000	1,400,000	1,760,000	250,000	190,000	
450	8,500	3,825,000	1,575,000	1,980,000	250,000	20,000	
500	8,000	4,000,000	1,750,000	2,200,000	250,000	−200,000	

■ 원가기준과 시장가격 기준 비교

모터의 외부시장 판매가 가능한 경우, 사내대체가격을 변동원가, 전부원가, 시장가격 기준으로 설정할 때 기업 전체 이익을 선풍기 판매와 모터판매 이익으로 구분하여 비교하면 표 13-16과 같다. 원가기준에서 사내거래 물량은 기업 영업이익 최대화 물량과 차이가 있다.

표 13-16 모터의 외부판매시장이 있을 때 사내대체가격별 영업이익 | 예제 13-7

	사내대체가격 기준		
	변동원가 기준 (선풍기 판매 350개) (모터 판매 150개)	전부원가 기준 (선풍기 판매 300개) (모터 판매 200개)	시장가격 기준 (선풍기 판매 250개) (모터 판매 250개)
선풍기판매 기업이익(표 13-12)*	₩435,000	₩430,000	₩375,000
모터 외부판매 공헌이익**	₩225,000 (=150개×₩1,500)	₩300,000 (=200개×₩1,500)	₩375,000 (=250개×₩1,500)
합계(표 13-14)	₩660,000	₩730,000	₩750,000

* (선풍기 판매량×선풍기 가격)−(모터부문 단위당 변동원가+조립부문 단위당 변동원가)×선풍기 판매량−모터부문 고정원가−조립부문 고정원가

** 모터 단위당 공헌이익 : (₩3,500−₩2,000) = ₩1,500

본 예제의 목표일치성과 관련된 사항을 요약하면, 중간재의 외부시장이 없는 경우에는 변동원가로 사내거래를 실시하는 것이 기업이익 최대화에 부합하며(부문의 자율성은 훼손될 수 있음), 외부시장이 있는 경우에는 협상을 통해 시장가격으로 사내거래를 실시해도 목표일치성을 달성할 수 있다.

예제 13-8

카지노, 호텔, 고급 식당 등을 함께 운영하는 대규모 리조트호텔은 카지노부문과 호텔부문을 별도의 사업부문으로 운영하면서, 고소득 고객들의 원스톱 쇼핑 욕구를 충족시키는 전략을 구사하는 경우가 많다. 카지노부문은 종종 카지노 큰손들에게 저렴한 가격으로 항공 및 숙박서비스를 패키지(junket 서비스)로 제공하여 카지노 수입을 많이 올리는 전략을 사용한다. 이때 호텔부문과 카지노부문 간에 사내대체가격을 어떻게 설정해야 하는가?

호텔부문이 제공하는 숙박서비스는 카지노부문이 카지노 고객을 유치하는 데 필요한 중간재 역할을 한다고 볼 수 있다. 이때 카지노부문은 자기 부문이 유치한 고객이 사용하는 숙박서비스에 대해 호텔부문에 적절한 사내대체가격을 지불해야 한다.

카지노부문 고객이 사용하는 숙박서비스에 대한 최소사내대체가격은 호텔부문이 해당 서비스를 제공함으로써 발생하는 증분원가와 기회비용을 포함해야 한다. 증분원가에는 호텔 룸 청소와 식사 제공원가 등이 포함된다. 기회비용은 카지노부문이 유치한 고객 대신에 호텔부문이 일반 고객을 유치하여

벌 수 있는 호텔부문의 공헌이익이다. 기회비용 총액을 카지노부문이 유치한 고객 숫자로 나누면 고객 1인당 기회비용을 구할 수 있다. 기회비용은 상황에 따라 다르다.

카지노부문 고객 대신에 호텔부문이 일반 고객에게 부과할 수 있는 요금은 시기(성수기, 비수기 등)에 따라 다르며, 호텔부문이 유치할 수 있는 고객의 숫자도 시기별로 다르다[11]. 따라서 공헌이익(기회비용)과 최소사내대체가격은 시기적으로 다를 것이다. 호텔 비수기에는 요금이 낮고 고객이 적어(미사용 설비 증가) 호텔부문의 고객 1인당 기회비용은 사실상 '0'에 가까워 최소사내대체가격이 증분원가와 비슷한 수준이 되며, 성수기에는 정상적인 호텔요금에 가까운 수준이 될 것이다.

따라서 비수기에는 호텔부문이 제공하는 숙박서비스에 대해 정상적인 요금(비수기 시장가격)을 사내대체가격으로 부과하는 것은 리조트호텔 전체의 이익에 부합하지 않을 수 있다. 그 경우, 카지노부문이 리조트호텔 전체적으로 최적인 수준보다 적은 숫자의 고객을 유치하는 결과가 발생할 수 있다(예제 13-8의 전부원가기준 사내거래에서 발생하는 문제와 유사).

본 예제가 시사하는 점은 중간재 공급부문과 수요부문 간에 상당한 시너지가 있는 경우에는 시장가격의 사내대체가격도 목표일치성을 달성하지 못할 수 있다는 것이다.

5. 사내대체가격 종합정리

이상적인 사내대체가격 제도는 목표일치성, 부문의 자율성, 부문 경영자의 노력 유도, 성과평가에 사용 가능 등의 조건을 만족시켜야 한다. 그러나 모든 상황에서 모든 조건을 만족시키는 사내대체가격은 존재하지 않는다. 예제에 나타난 주요 내용을 간략히 정리하면 다음과 같다.

- 협상가능한 최소, 최대사내대체가격의 범위가 있을 때는 사내거래를 실시하고, 그렇지 않을 때는 사내거래를 실시하지 않는 것이 단기적으로 회사의 이익에도 도움이 된다.
- 협상가능한 최소, 최대사내대체가격의 범위가 있을 때는 그 범위를 벗어나는 가격으로 사내거래를 실시하더라도 회사 전체 영업이익에는 영향이 없다.

11 호텔부문이 제공하는 숙박서비스는 그 요금이 숙박고객의 숫자에 영향을 미치는 불완전경쟁시장에 해당한다. 카지노부문도 고객에게 제공하는 서비스 패키지 가격이 방문고객의 숫자에 영향을 미치는 불완전경쟁시장이다.

- 시장가격 기준이 항상 협상가능한 가격영역에 속하는 것은 아니다. 중간재 시장이 불완전경쟁이거나, 공급부문에 미사용설비가 있거나, 부문 간에 시너지가 있는 경우에는 시장가격이 협상가능 영역을 벗어날 수 있다(예제 13-3, 예제 13-4, 예제 13-8). 따라서 그 경우에는 시장가격은 사내대체가격으로 적합하지 않으며, 본부에서 시장가격 기준을 지시할 경우 부문의 자율성이 훼손되고, 부문 영업이익은 성과평가에 사용하기에 적합하지 않게 된다. 시장가격은 중간재와 최종재 시장이 완전경쟁적인 시장이며, 부문 간 상호의존성이 없는 이상적인 상황에 적합하다.
- 일부 상황(예제 13-7)을 제외하고는 협상가격은 대체로 목표일치성을 달성하게 해준다. 따라서 일반적으로 분권화된 조직에서 각 부문이 자기 부문의 이익 최대화를 위해 사내대체가격을 협상할 수 있도록 허용하는 것이 좋다.
- 최종재 시장이 불완전경쟁시장인 경우, 중간재의 시장가격이 없다면 변동원가 기준이 바람직한 기준이 될 수 있다.

사내대체가격을 설정할 때 각 부문의 경영자들이 자기 부문의 이익에 너무 집중하여 협상에 많은 시간과 에너지가 소비되는 경우가 있다[12]. 이런 문제를 다소 완화하기 위해, 각 부문 경영자에게 지급하는 성과급을 해당 부문의 성과뿐만 아니라 기업 전체의 성과와도 연계시키는 방안을 고려할 수 있다.

주요 사내대체가격 기준의 장단점을 개략적으로 정리하면 표 13-17과 같다.

표 13-17 주요 사내대체가격의 장단점

기준	장점	단점
시장기초가격	• 객관적이다. • 조작가능성이 낮다. • 중간재의 외부구입/내부제조에 관한 장기 의사결정기준에 부합한다.	• 시장가격을 찾기 어려울 때가 많다. • 부문 간의 시너지가 높을 때 적합하지 않을 수 있다. • 시장이 불완전한 경우 적합하지 않을 수 있다.
원가기초가격	• 간단하여 사용하기 편리하다. • 시장가격이 없을 때 분쟁을 줄일 수 있다.	• 공급부문의 원가절감 유인이 없거나 약하다. • 공급부문의 효율/비효율이 사용부문으로 전가된다.
협상가격	• 부문 자율성을 최대화할 수 있다. • 대체로 목표일치성을 달성한다.	• 협상에 많은 시간이 소요될 수 있다. • 상대적인 협상능력에 좌우된다.

12 특히, 부문 관리자에 대한 보상에 부문들의 성과를 상대적으로 비교하는 상대적 성과평가(RPE) 요소가 포함되는 경우에는 협상이 매우 어려워질 수 있다(상대적 성과평가는 제14장 참고).

6. 국제 거래와 사내대체가격

다국적 기업에서 기업의 한 부문이 제공하는 재화나 서비스를 다른 국가에 있는 부문('foreign related party')으로 이전할 경우, 국제 간 거래에 대한 사내대체가격은 **국제조세**에 영향을 미친다. 이때 사내대체가격은 공급부문이 속한 국가에서는 세금 수입원이 되며, 수요부문이 속한 국가에서는 세금 차감 대상 비용이 된다. 따라서 기업은 두 국가에 지불하는 세금의 합계를 최소화하는 방향으로 사내대체가격을 설정하고자 하게 된다.

예제 13-9

예제 13-1을 이용하여 분석해보자. 만약 ㈜신바람의 모터부문은 국가 A에 있고, 조립부문은 국가 B에서 모터부문이 제공한 모터를 이용하여 선풍기를 제조하여 판매한다고 하자. 국가 A와 국가 B의 법인세는 각각 20%와 30%이다. 사내대체가격으로 시장가격과 전부원가의 110% 기준이 ㈜신바람의 세금 총액에 미치는 영향을 분석해보자.

사내대체가격으로 시장가격(₩3,500)을 사용하는 경우와 전부원가의 110%(₩3,080) 기준을 사용하는 경우의 법인세(1개월 기준)를 계산하면 표 13-18과 같다. 두 기준에서 영업이익의 합계(회사 전체의 영업이익)는 같지만, 법인세의 합계는 시장가격 기준에서 더 작다.

표 13-18 사내대체가격별 ㈜신나라의 법인세(1개월 기준) | 예제 13-9

(단위 : 원)

		사내대체가격	
		시장가격 (₩3,500)	전부원가의 110% (₩3,080)
모터부문	(1) 영업이익	350,000	140,000
	(2) 법인세 (국가 A, 20%)	70,000	28,000
조립부문	(3) 영업이익	800,000	1,010,000
	(4) 법인세 (국가 B, 30%)	240,000	303,000
(5) 영업이익 합계(=(1)+(3))		1,150,000	1,150,000
(6) 법인세 합계(=(2)+(4))		310,000	331,000

조립부문이 속한 국가 B의 법인세율이 모터부문이 속한 국가 A의 법인세율보다 더 높으므로, 회사는 조립부문의 이익을 줄이기 위해 사내대체가격을 높이고자 할 유인이 있다. 본 예제에서 시장가격이 전부원가의 110%보다 더 크므로 시장가격을 더 선호하게 된다.

그러나 사내대체가격을 회사가 임의로 설정할 수 있는 것은 아니다. 대부분의 국가는 사내대체가격을 이용한 조세회피를 방지하고자 법적인 규정을 두고 있으며, 국제 조세 조약을 통해 기업이 사내대체가격을 임의적으로 설정하지 못하도록 규제하고 있다. 대표적으로, 관련이 없는 제3자(unrelated third party)와 유사한 거래를 할 때 적용하게 될 가격으로 사내대체가격을 설정하도록 하고 있다.

사내대체가격은 분권화된 조직에서 목표일치성 달성을 위한 중요한 수단이지만, 국가 간의 거래에서 국제조세 목적으로도 사용된다. 이때 조직의 효율적 운영과 국제조세 목적 간에 충돌이 발생할 수 있으므로, 사내대체가격제도를 운영할 때 이를 고려해야 한다. 예를 들어, 전부원가 기준이 시장가격보다 국제조세 측면에서 바람직하더라도 전부원가 기준이 목표일치성을 달성하지 못할 수 있다. 두 가지 목적을 위해서 별도의 회계시스템을 운영할 수도 있지만, 혼란이 발생할 수 있고, 조세 담당 기관이 문제를 제기할 수도 있다는 점에 유의해야 한다.

관련 사례

모회사 자회사 간 내부거래

[이슈분석] KT, 스카이라이프 상대 망 사용료 착취? … 내부거래 부담에 수익성 '적신호' – 더퍼블릭(thepublic.kr)

본사와 해외 자회사 간 이전거래와 세금

[기업분석] 삼성전자 세무조사 추징금 5,000억원 내막을 뜯어보니…이전가격이 또다시 불거졌을 가능성? – 에너지경제(ekn.kr)

본사와 자회사 간 부품가격 협상

삼성전자, QD-OLED TV 패널 가격협상 '진통' … 시장 출시 해 넘기나 – 아주경제(ajunews.com)

계열사 간 내부거래의 위법소지

"부당내부거래"… 공정위, 세아창원특수강 고발 – 경남신문(knnews.co.kr)

연습문제

객관식

01 유휴설비 존재 시 최소대체가격 (2013 감정평가사)

㈜감평은 이익중심점인 A사업부와 B사업부를 운영하고 있다. A사업부가 생산하는 열연강판의 변동제조원가와 고정제조원가는 각각 톤당 ₩2,000과 톤당 ₩200이며, 외부 판매가격과 판매비는 각각 톤당 ₩3,000과 톤당 ₩100이다. 현재 B사업부가 열연강판을 외부에서 톤당 ₩2,600에 구입하여 사용하고 있는데, 이를 A사업부로부터 대체받을 것을 고려하고 있다. A사업부는 B사업부가 필요로 하는 열연강판 수요를 충족시킬 수 있는 유휴생산능력을 보유하고 있으며, 사내대체하는 경우 판매비가 발생하지 않을 것이다. A사업부가 사내대체를 수락할 수 있는 최소사내대체가격은?

① ₩2,000 ② ₩2,100 ③ ₩2,200
④ ₩2,600 ⑤ ₩3,000

02 유휴설비 일부 존재 시 최소대체가격 (2023 감정평가사)

㈜감평은 분권화된 사업부 A와 B를 이익중심점으로 운영한다. 사업부 A는 매년 부품 X를 8,000단위 생산하여 전량 외부시장에 단위당 ₩150에 판매하여 왔다. 최근 사업부 B는 제품 단위당 부품 X가 1단위 소요되는 신제품 Y를 개발하고, 단위당 판매가격 ₩350에 4,000단위를 생산·판매하는 방안을 검토하고 있다. 다음은 부품 X에 대한 제조원가와 신제품 Y에 대한 예상제조원가 관련 자료이다.

구 분	부품 X	신제품 Y
단위당 직접재료원가	₩40	₩80
단위당 직접노무원가	35	70
단위당 변동제조간접원가	25	30
연간 고정제조간접원가	200,000	100,000
연간 최대생산 능력	10,000단위	5,000단위

사업부 B는 신제품 Y의 생산에 필요한 부품 X를 사내대체하거나 외부로부터 단위당 ₩135에 공급받을 수 있다. 사업부 A는 사내대체를 전량 수락하든지 기각해야 하며, 사내대체 시 외부시장 판매를 일부 포기해야 한다. 사업부 A가 사내대체를 수락할 수 있는 부품 X의 단위당 최소대체가격은?

① ₩100 ② ₩125 ③ ₩135
④ ₩170 ⑤ ₩180

03 유휴설비가 없는 경우의 최소대체가격 (2015 관세사)

㈜관세는 분권화된 사업부 A와 사업부 B를 이익중심점으로 운영하고 있다. 사업부 A에서 생산되는 표준형 밸브는 외부시장에 판매하거나 사업부 B에 대체할 수 있다. 사업부 A는 현재 최대생산능력을 이용하여 생산하는 표준형 밸브 전량을 단위당 판매가격 ₩50으로 외부시장에 판매하고 있고, 생산 및 판매와 관련된 자료는 다음과 같다.

• 연간 최대생산능력	180,000단위
• 단위당 변동제조원가	₩29
• 단위당 변동판매관리비	₩4
• 단위당 고정제조간접원가(연간 180,000단위 기준)	₩7
• 단위당 고정판매관리비(연간 180,000단위 기준)	₩5

사업부 A가 표준형 밸브를 사업부 B에 사내대체할 경우 단위당 변동제조원가를 ₩2만큼 절감할 수 있으며, 변동판매관리비는 발생하지 않는다. 사업부 A가 외부시장에 판매한 경우와 동일한 이익을 얻기 위한 표준형 밸브의 단위당 사내대체가격은 얼마인가?

① ₩29　② ₩34　③ ₩36
④ ₩40　⑤ ₩44

04 대체가격의 범위 결정 (2001 세무사)

㈜동양은 분권화된 사업부 甲과 乙을 이익중심점으로 설정하고 있다. 사업부 甲에서 생산되는 제품 A는 사업부 乙에 대체하거나 외부시장에 판매할 수 있으며, 관련 원가자료가 다음과 같이 제시되어 있다. 사업부 乙은 제품 A를 주요 부품으로 사용하여 완제품을 생산하고 있으며, 공급처는 자유로이 선택할 수 있다. 현재 사업부 甲은 100,000단위의 제품 A를 생산하여 전부 외부시장에 판매하고 있으며, 사업부 乙에서는 연간 50,000단위의 제품 A를 단위당 ₩42의 가격으로 외부공급업자로부터 구입하고 있다.

만일 사업부 甲이 제품 A를 사업부 乙에 사내대체한다면 단위당 ₩8의 판매비와관리비를 절감할 수 있다고 할 때, 제품 A의 사내대체가격은 어느 가격범위에서 결정되어야 하겠는가?

• 단위당 외부 판매가격	₩45
• 단위당 변동원가	₩30(변동판매비와관리비 포함)
• 연간고정원가	₩1,000,000
• 연간최대생산능력	100,000단위

① ₩15과 ₩22 사이　② ₩22과 ₩30 사이　③ ₩30과 ₩37 사이
④ ₩37과 ₩42 사이　⑤ ₩42과 ₩45 사이

05 대체의사결정 (2006 세무사)

한 회사는 갑 부문과 을 부문으로 구성되어 있다. 갑 부문에서 생산하는 부품 한 단위의 생산 및 외부판매에 소요되는 원가는 아래와 같다.

제조원가 :	
변동제조원가	₩300
고정제조원가	100
판 매 비 :	
변동판매비	₩30
고정판매비	50

갑 부문이 생산하는 부품의 외부판매가격은 단위당 ₩600이고, 동 생산 부품을 을 부문에 내부 판매할 경우 변동판매비 ₩30을 모두 절약할 수 있다. 을 부문은 필요한 부품을 갑 부문이나 외부에서 항상 일정한 가격으로 구입할 수 있는 바, 외부에서 구입할 경우 단위당 ₩640이 소요된다. 각 부문이 이익중심점이라는 가정하에 다음의 내용 중 가장 옳지 않은 것은?

① 갑 부문이 제조할 수 있는 부품을 전량 외부에 판매할 수 있다면 갑 부문의 최저대체가격 제시액은 ₩570이다.
② 갑 부문에 유휴 생산설비가 존재하는 경우 갑 부문의 최저대체가격 제시액은 ₩300이다.
③ 을 부문이 지급하고자 하는 최고대체가격 제시액은 ₩610이다.
④ 갑 부문과 을 부문의 내부 대체거래가 이루어지지 않을 경우 기업 전체 관점에서 단위당 ₩70에서 ₩340의 손실이 발생한다.
⑤ 갑 부문과 을 부문의 내부 대체거래가 이루어지지 않을 경우 기업 전체 관점에서의 단위당 손실금액은 갑 부문의 유휴 생산설비 보유 여부에 영향을 받는다.

06 유휴설비가 없는 경우의 최소대체가격 (2008 세무사)

대한회사의 부품 생산부문은 최대생산량인 360,000단위를 생산하여 외부시장에 전량 판매하고 있다. 부품생산 부문의 관련 정보는 다음과 같다.

단위당 외부판매가	₩100
단위당 변동제조원가	58
단위당 변동판매비	8
단위당 고정제조원가	14
단위당 고정관리비	10

단위당 고정비는 최대생산량 360,000단위 기준의 수치이다. 부품 생산부문의 이익을 극대화시키기 위해 사내대체를 허용할 수 있는 단위당 최소 사내대체가격은 얼마인가? (단, 사내대체물에 대해서는 변동판매비가 발생하지 않음)

① ₩58 ② ₩66 ③ ₩90 ④ ₩92 ⑤ ₩100

07 대체가격의 범위 결정 (2009 세무사)

㈜대한은 무선비행기생산부문과 엔진생산부문으로 구성되어 있다. 엔진생산부문에서는 무선비행기 생산에 사용하는 엔진을 자체생산하며, 엔진 1개당 ₩100의 변동비가 발생한다. 외부업체가 ㈜대한의 무선비행기생산부문에 연간 사용할 20,000개의 엔진을 1개당 ₩90에 납품하겠다고 제의했다. 이 외부 납품 엔진을 사용하면 무선비행기생산부문에서는 연간 ₩100,000의 고정비가 추가로 발생한다. 엔진 생산부문은 자체 생산 엔진을 외부에 판매하지 못한다. 각 부문이 부문이익을 최대화하기 위하여 자율적으로 의사결정을 한다면 사내대체가격의 범위에 대한 설명으로 옳은 것은?

① 사내대체가격이 ₩85에서 ₩100 사이에 존재한다.
② 사내대체가격이 ₩90에서 ₩100 사이에 존재한다.
③ 사내대체가격이 ₩95에서 ₩100 사이에 존재한다.
④ 사내대체가격의 범위는 존재하지 않는다.
⑤ 엔진생산부문 사내대체가격의 하한은 ₩95이다.

08 유휴설비 일부 존재 시 최소대체가격 (2016 세무사)

㈜세무는 분권화된 A사업부와 B사업부가 있다. A사업부는 반제품 M을 최대 3,000단위 생산할 수 있으며, 현재 단위당 판매가격 ₩600으로 2,850단위를 외부에 판매하고 있다. B사업부는 A사업부에 반제품 M 300단위를 요청하였다. A사업부 반제품 M의 단위당 변동원가는 ₩300(변동판매관리비는 ₩0)이며, 사내대체를 하여도 외부판매가격과 단위당 변동원가는 변하지 않는다. A사업부는 사내대체를 전량 수락하든지 기각하여야 하며, 사내대체 수락 시 외부시장 판매를 일부 포기하여야 한다. A사업부가 사내대체 전 이익을 감소시키지 않기 위해 제시할 수 있는 최소 사내대체가격은?

① ₩350 ② ₩400 ③ ₩450
④ ₩500 ⑤ ₩550

09 내부대체 시 외부판매가격이 변동되는 경우 (2019 세무사)

㈜세무는 이익중심점으로 지정된 A, B 두 개의 사업부로 구성되어 있다. A사업부는 부품을 생산하고, B사업부는 부품을 추가가공하여 완제품을 생산하여 판매한다. A사업부의 부품 최대생산능력은 5,000단위이고, 단위당 변동원가는 ₩100이다. A사업부는 부품의 단위당 판매가격을 ₩200으로 책정하여 외부에 3,000단위 판매하거나 단위당 판매가격을 ₩180으로 책정하여 외부에 4,000단위 판매할 수 있을 것으로 기대한다. 다만, A사업부가 외부시장에서 2가지 판매가격을 동시에 사용할 수는 없다. 이 같은 상황에서 B사업부가 A사업부에게 부품 2,000단위를 내부대체해 줄 것을 요청하였다. 2,000단위를 전량 대체하는 경우 A사업부의 단위당 최소대체가격은?

① ₩80 ② ₩100 ③ ₩110 ④ ₩120 ⑤ ₩180

10 대체가격 결정방법 (2002 CPA)

이전가격 결정방법의 선택에는 아래와 같은 5가지의 요소들이 고려된다. 각 요소의 특성이 3가지의 이전가격 결정방법별로 모두 올바르게 기술된 것은?

	고려 요소	이전가격 결정방법		
		시장가격 이전가격	원가기준 이전가격	협상 이전가격
①	경영노력 동기부여	동기부여	예산원가에서 가능	동기부여
②	목표일치성	경쟁시장에서 가능	항상 가능	가능
③	하위단위 성과평가 유용	경쟁시장에서 유용	유용	협상력의 영향
④	하위단위 자율성 유지	경쟁시장에서 가능	불가능	불가능
⑤	적용 용이성	시장 유무에 따라 상이	용이	용이

11 대체 시 기업 전체 이익효과 (2006 CPA)

㈜대덕은 A사업부와 B사업부를 운영하고 있다. A사업부는 매년 B사업부가 필요로 하는 부품 1,000개를 단위당 ₩2,000에 공급한다. 동 부품의 단위당 변동원가는 ₩1,900이며 단위당 고정원가는 ₩200이다. 다음 연도부터 A사업부가 부품단위당 공급가격을 ₩2,200으로 인상할 계획을 발표함에 따라, B사업부도 동 부품을 외부업체로부터 단위당 ₩2,000에 구매하는 것을 고려하고 있다. B사업부가 외부업체로부터 부품을 단위당 ₩2,000에 공급받는 경우 A사업부가 생산설비를 다른 생산활동에 사용하면 연간 ₩150,000의 현금운영원가가 절감된다.

(1) A사업부가 부품을 B사업부에 공급하는 경우, 대체가격(transfer price)은 얼마인가? (단, 대체가격은 대체시점에서 발생한 단위당 증분원가와 공급사업부의 단위당 기회원가의 합계로 결정한다.)

(2) B사업부가 부품을 외부업체로부터 공급받는 경우, ㈜대덕의 연간 영업이익 증가(감소)는 얼마인가?

	(1)	(2)
①	대체가격 ₩2,050	영업이익 감소 ₩50,000
②	대체가격 ₩2,050	영업이익 증가 ₩50,000
③	대체가격 ₩2,100	영업이익 감소 ₩200,000
④	대체가격 ₩2,100	영업이익 증가 ₩50,000
⑤	대체가격 ₩2,200	영업이익 증가 ₩100,000

12 대체가격 결정방법 (2007 CPA)

㈜트랜스퍼는 서로 독립적으로 운영되는 중간사업부와 최종사업부로 이루어져 있다. 중간사업부는 중간제품을 생산해 이를 최종사업부에 공급하거나 경쟁적인 외부 시장에 판매한다. 최종사업부는 중간제품을 가공하여 이를 외부 시장에 판매한다. 회사의 최고경영자는 사업부의 자율경영을 촉진하기 위해 중간제품에 대한 내부 이전가격(transfer pricing) 제도의 도입을 검토 중이다. 이와 관련된 다음 설명 중 적절하지 않은 것은?

① 회사가 중간사업부를 이익중심점 또는 투자중심점으로 설정하기 위해서는 내부 이전가격제도의 도입이 필요하다.
② 중간제품에 대한 경쟁적인 외부 시장이 있을 경우에는 원칙적으로 외부 시장가격을 이전가격으로 채택하는 것이 장기적으로 회사의 이익 증대에 유리하다.
③ 이익중심점인 중간사업부로 하여금 공정개선 및 기술혁신을 통한 원가절감을 이루도록 하기 위해서는 시장가격보다 고정원가를 포함한 단위당 제품원가를 이전가격으로 채택하는 것이 효과적이다.
④ 회사 전체에 이익이 되도록 이전가격제도를 운영하기 위해서는 최종사업부가 중간제품을 외부로부터 구입하는 것을 허용해야 한다.
⑤ 이전가격제도를 도입하게 되면 각 사업부의 경영자는 회사 전체의 성과보다는 자신의 사업부의 성과를 극대화하고자 할 수 있다.

13 기회원가와 최소대체가격 (2008 CPA)

㈜한구의 분권화된 사업부 A와 사업부 B는 이익중심점으로 설정되어 있다. 사업부 A는 중간제품 P를 생산하고 있다. 사업부 B는 ㈜한구의 전략적 고려에 따라 지역적으로 접근이 어려운 고립지에서 중간제품 P를 이용하여 완제품 Q를 생산하며, 생산한 모든 완제품 Q를 고립지의 도매상에 납품하고 있다. 사업부 A와 사업부 B의 생산 관련 자료는 다음과 같다.

구 분	사업부 A	사업부 B
단위당 변동제조원가	₩20	₩70
총고정제조원가	₩36,000	₩50,000
연간 시장판매량	12,000개	2,000개
연간 생산가능량	12,000개	3,000개

사업부 A가 생산·판매하는 중간제품 P의 시장가격은 ₩30이다. 그러나 사업부 B는 지역적으로 고립된 곳에 위치하여 중간제품 P를 지역 내 생산업자로부터 1개당 ₩50에 구매하고 있으며, 이 구매가격은 사업부 B의 단위당 변동제조원가 ₩70에 포함되어 있다. 완제품 Q를 1개 생산하기 위하여 중간제품 P는 1개가 사용되며, 두 사업부의 연간 시장판매량은 항상 달성 가능한 것으로 가정한다.
최근 ㈜한구는 사업부 B가 위치한 고립지로의 교통이 개선됨에 따라서 중간제품 P의 사내대체를 검토하기 시작하였다. 사업부 A가 사내대체를 위하여 사업부 B로 중간제품 P를 배송할 경우, 중간제품 1개당 ₩8의 변동배송원가를 사업부 A가 추가로 부담하게 된다. 사업부 B가 생산에 필요한 2,000개의 중간제품 P 전량을 사업부 A

에서 구매한다고 할 때, 사내대체와 관련된 사업부 A의 기회원가와 사업부 A가 사내대체를 수락할 수 있는 최소 대체가격은 얼마인가?

	기회원가	최소대체가격
①	₩0	₩28
②	₩4,000	₩28
③	₩4,000	₩38
④	₩20,000	₩30
⑤	₩20,000	₩38

14 대체가격의 개념 (2011 CPA)

다음 중 내부대체가격의 결정방법에 관한 설명으로 가장 타당하지 않은 것은?

① 내부대체가격은 공급부문과 구매부문의 성과평가에 영향을 미치며, 각 부문의 사율적인 내부대체가격의 결정은 기업 전체의 이익을 최대화하지 못하는 결과를 초래할 수 있다.

② 전부원가를 기준으로 하는 경우에 공급부문의 이익을 보고할 수 있도록 하기 위해서는 전부원가에 제품의 단위당 공헌이익을 가산하여 내부대체가격을 결정하여야 한다.

③ 제품의 원가를 기준으로 내부대체가격을 결정하는 경우에는 제품원가의 계산방법과 공급부문의 유휴생산능력 등을 고려할 필요가 있다.

④ 공급부문에 유휴생산능력이 없고 외부시장이 완전경쟁적일 경우에는 제품의 시장가격이 기업 전체의 이익을 최대화할 수 있는 내부대체가격이 될 수 있다.

⑤ 공급부문에 충분한 유휴생산능력이 있는 경우에는 기업 전체의 이익을 최대화하기 위하여 제품의 표준변동원가를 내부대체가격으로 사용할 수 있다.

15 다국적 기업의 대체가격 결정 (2013 CPA)

㈜무역은 칠레에서 와인을 생산하여 한국에서 판매한다. 칠레에는 와인의 생산사업부가, 한국에는 와인의 판매사업부가 존재한다. 한국과 칠레의 법인세율은 각각 20%와 10%이며, 한국은 칠레산 와인 수입에 대해 15%의 관세를 부과해왔다고 가정한다. 관세는 판매사업부가 부담하며, 당해 연도에 수입된 와인은 당해 연도에 모두 판매된다.

와인 생산과 관련된 단위당 변동원가와 단위당 전부원가는 각각 ₩1,000과 ₩4,000이다. 생산된 와인은 원화가격 ₩5,000에 상당하는 가격으로 칠레에서 판매 가능하며 수요는 무한하다. 판매사업부는 한국에서 이 와인을 ₩10,000에 판매하고 있으며, 국내에서 다른 도매 업체로부터 동일한 와인을 ₩7,000에 필요한 양만큼 공급받을 수 있다.

한편 한국과 칠레는 FTA를 체결하고 양국 간 관세를 철폐하기로 했다. ㈜무역의 세후이익을 극대화시키는 대체가격(transfer price)은 FTA 발효 이후에 발효 이전보다 얼마나 증가(또는 감소)하는가? (단, 두 나라의 세무

당국은 세금을 고려하지 않았을 때 각 사업부가 이익을 극대화하기 위해 주장하는 범위 내의 가격만을 적정한 대체가격으로 인정한다. 또한 대체거래 여부에 관계없이 각 사업부는 납부할 법인세가 존재한다.)

① ₩6,000 증가 ② ₩6,000 감소 ③ ₩2,000 증가
④ ₩2,000 감소 ⑤ 증감 없음

주관식

01 대체가격 결정 및 대체 시 기업 전체 이익효과 (2006 세무사)

청과사업부와 주스사업부를 두고 있는 회사의 비용 관련 자료는 다음과 같다.

	청과사업부	주스사업부
변동비	₩100/kg	₩200/리터
고정비	125,000,000	100,000,000

주스 리터당 판매가격은 ₩2,100이고 청과세척 후 kg당 시장판매가격은 ₩600이다. 청과사업부는 매년 500,000kg을 매입하여 세척 후 그대로 시장에 팔 수도 있고 주스사업부에 공급하여 kg당 0.5리터의 주스 생산에도 대체할 수 있다. 회사는 양 사업부 간의 대체가격에 대해서 고민하고 있다.

요구사항

- **물음 1. 청과사업부가 500,000kg 전량을 주스사업부에 대체한다면 회사 전체의 이익은 얼마가 되겠는가?**
- **물음 2. 회사가 대체가격을 청과사업부의 전부원가의 200%로 하는 경우와 시장가격으로 하는 경우로 구분하여 각 사업부의 관리자에게 영업이익의 5%를 인센티브로 지급하는 정책을 실시하려고 한다. 각 경우에 각 사업부의 관리자에 지급할 인센티브를 계산하시오.**
- **물음 3. (물음 2)에서 각 사업부가 선호하는 대체가격결정 방법을 판단하시오.**

02 최소대체가격과 최대대체가격 결정 (CPA 2017)

甲사는 스마트폰을 제조하고 있으며, 乙사는 스마트폰 제조에 필요한 반도체를 생산한다. 甲사는 스마트폰 생산을 위해 연간 6,000개의 반도체를 필요로 하며, 시장에서 반도체를 구입하는 경우 개당 ₩25,000이 소요된다. 乙사는 연간 최대 18,000개의 반도체 생산능력을 가지고 있으며, 매년 12,000개의 반도체를 생산하여 시장에 판매하고 있다. 乙사의 반도체 판매가격은 개당 ₩25,000이며, 변동원가는 개당 ₩15,000, 고정원가는 연간 총 ₩12,000,000 발생한다.

甲사는 수직계열화를 위해 乙사를 합병한 후 반도체사업부(기존 乙사)와 조립사업부(기존 甲사)의 두 사업부로 운영하고자 한다. 각 사업부문은 이익중심점으로서 반도체의 사내대체가격을 자율적으로 합의하여 결정하며, 사내대체 시 반도체사업부는 거래비용 절감 등으로 변동원가의 10%를 절감할 수 있다고 가정한다.

20X1년 1월 1일 甲사가 乙사를 합병한 결과, 甲사 반도체사업부의 반도체에 대한 시장 수요는 연간 18,000개로 증가하였으며, 이외의 조건은 동일하다고 가정한다.

요구사항

▸ 물음 1. 반도체사업부(기존 乙사)의 경영자가 동의할 수 있는 반도체 1개당 최소 대체가격과 조립사업부(기존 甲사)의 경영자가 동의할 수 있는 반도체 1개당 최대 대체가격은 얼마인가?

▸ 물음 2. 甲사는 각 사업부의 연간 영업이익의 1%를 해당 사업부 경영자에게 성과급으로 지급한다. 20X1년 중 조립사업부 필요수량 6,000개가 모두 사내대체된다고 할 때, 반도체사업부 경영자가 20X1년 영업성과에 대해 받을 수 있는 예상 성과급의 최대 금액과 최소 금액은 얼마인가?

Andy
16%
Sophia
30%
Donut Chart
Chloe
21%
Daniel
13%
Comparison of Units Sold by Year
Column Chart
Stacked Column
Area Chart
Product 1
Product 2
Product 3

CHAPTER

14

책임회계와 성과평가

본 장에서는 조직에서 책임의 할당과 성과평가에 대해 학습한다. 책임회계제도는 책임중심점별로 계획(예산)을 수립하고 실적을 측정하여, 관리자가 맡은 업무와 활동에 대한 책임을 얼마나 잘 수행했는지를 보고하는 회계시스템이다. 권한, 통제가능성, 책임의 의미와 차이점에 대해 설명하고, 책임중심점에 대한 통제와 평가 방법에 대해 자세하게 학습한다. 투자중심점의 평가지표인 투자수익률, 잔여이익, 경제적 부가가치에 대해 구체적으로 살펴보고, 책임중심점의 평가에서 균형성과표를 사용할 때 고려사항을 알아본다. 보론에서는 개인보상의 근간이 되는 대리인 이론에 관해 설명한다.

CHAPTER

14

책임회계와 성과평가

1. 책임회계의 의의와 구성요소

제13장에서 설명한 바와 같이, **경영통제시스템(MCS, Management Control System)**의 설계는 조직에서 책임과 권한의 할당 방식과 연계되어 있다. 권한의 할당 방식(분권화와 중앙집권화)에 대해서는 이미 제13장에서 학습하였다. 본 장에서는 책임의 할당과 성과평가에 대해 학습한다. 본문에서 설명하는 바와 같이, 조직에서 권한의 할당과 책임의 할당은 서로 관련되어 있지만, 독립적인 이슈이다. 책임의 할당과 성과평가에 대해서는 책임회계제도를 통해 자세하게 학습한다.

책임회계(responsibility accounting)는 조직에서 단위조직(**책임중심점(responsibility center)**)별로 계획(예산)을 수립하고 실적을 측정하여, 관리자가 맡은 업무와 활동에 대한 책임을 얼마나 잘 수행했는지를 보고하는 회계시스템이다. 책임회계제도에서 각 책임중심점은 맡은 업무에 대해 예산과 실적의 차이(variances)를 분석하여 차이 발생 원인을 규명하여 보고하고, 관련 부서에 커뮤니케이션함으로써 필요한 조치를 신속하게 취할 수 있게 해야 한다.

책임회계시스템은 경영통제시스템으로서 **동기부여(motivation)** 기능을 수행할 수 있도록, 분권화된 조직에서 단위조직과 회사 전체의 목표가 일치되도록 **목표일치성(goal congruence)**을 달성하고 관리자의 노력을 유도할 수 있도록 설계해야 한다.

책임회계는 다음과 같은 다섯 가지 요소로 구성된다.

- 책임의 할당(assigning responsibility)
- 예산 수립(establishing budgets)

- 성과측정치의 수립(establishing performance measures)
- 성과평가(evaluating performance)
- 보상 부여(offering rewards)

첫 번째 요소인 책임의 할당은 회사가 수행해야 할 모든 업무를 단위조직별로 할당하는 것을 말한다. 단위조직이 수행해야 할 일에는 맡은 업무를 수행하는 데 필요한 정보를 수집하고, 계획을 수립하고, 실행하며, 분석하고 피드백하는 등 모든 제반 사항이 포함된다. 아래에서 설명하는 바와 같이, 단위조직이 업무에 대해 맡는 책임은 업무에 대한 통제가능성을 넘어서는 포괄적인 의미를 지닌다.

두 번째 요소인 예산 수립은 참여예산, 활동기준예산, 카이젠예산, 상향식(하향식) 예산, 벤치마킹 등 다양한 방법을 사용하여 실시한다(제10장 종합예산 참고).

세 번째 요소인 성과측정치의 수립은 원가(비용), 매출액, 영업이익, 투자수익률 등 성과지표(PI, performance indicators)를 정하고, 구체적인 성과평가 방법을 결정하는 것을 포함한다. 예를 들어, 영업이익의 경우, 영업이익 목표 대비 달성도, 전년 대비 증가율, 부서 간의 영업이익 비교 등을 통해 성과를 측정할 수 있다.

업무수행 후 실제 성과가 나오면 단위조직의 성과와 관리자의 성과를 평가한다. 성과평가에서 단위조직의 성과와 관리자의 성과는 구분되어야 한다. 먼저, 단위조직의 효율성과 경쟁력을 평가하여, 필요한 경우 해당 조직의 확대, 축소, 유지, 외부 아웃소싱 등을 결정한다. 다음으로, 성과평가 결과를 이용하여 단위조직의 관리자에 대한 보상수준을 결정한다.

2. 책임회계의 운영원리

1) 책임중심점의 유형

책임회계를 운영하는 기본 단위조직을 **책임중심점(responsibility center)**이라고 한다. 기업은 다양한 형태로 하부 조직을 구성하여 운영한다. 회계, 생산, 마케팅, 인사 등 기능별로 조직을 구성할 수도 있고, 제품 종류별로 사업부를 둘 수도 있으며, 지역별로 지사를 두기도 하고, 고객 유형별로 B2B, B2C 사업본부를 두기도 한다. 기업이 어떤 형태의 조직구조를 취하든 상관없이, 각 단위조직이 수행하는 활동은 재무적으로 원가(비용), 수익, 이익, 투자와 관련되어 있다.

기업의 단위조직은 그 관리자가 재무적으로 책임을 지는 분야에 따라 다음과 같이 네 가지 **책임중심점**(responsibility center)으로 구분할 수 있다.

- **비용중심점(cost center)** : 관리자가 재무적으로 비용에 대해서만 책임을 지는 단위조직으로서, 대체로 생산부문과 관리부문(총무, 회계, IT 등)이 이에 해당한다.
- **수익중심점(revenue center)** : 관리자가 수익에 대해서만 책임을 지는 단위조직으로서, 마케팅본부가 대표적이다. 일반적으로 수익중심점도 수익 창출을 위해 비용을 발생시키므로 비용에 대해 부분적인 통제를 받는다[1].
- **이익중심점(profit center)** : 관리자가 이익(즉, 수익과 비용)에 책임을 지는 단위조직으로서, 특정 제품을 생산하고 판매하는 책임을 지는 제품 사업부가 이에 해당한다.
- **투자중심점(investment center)** : 관리자가 투자, 수익, 비용 전 분야에 책임을 지는 단위조직으로서, 제품의 생산과 판매, 재고수준, 매출채권의 규모, 설비투자, 공장 증설 등에 관해 포괄적으로 책임을 지는 사업본부나 부문(division)이 이에 해당한다. 설비투자에는 대규모 자금이 소요되는 경우가 많아, 투자중심점의 관리자도 중요한 투자에 대해서는 본부의 승인을 받는 것이 일반적이다.

책임의 범위는 비용중심점과 수익중심점보다 이익중심점이 더 넓으며, 투자중심점이 가장 광범위한 책임을 진다. 따라서 조직의 계층구조에서 상층부로 갈수록 대체로 책임의 범위가 더 넓어져 투자중심점이 되는 경향이 있다.

표 14-1 책임중심별 재무적 책임 요소

	비용(원가)	수 익	이 익	투 자
비용중심점	○			
수익중심점	△*	○		
이익중심점	○	○	○	
투자중심점	○	○	○	○

* 단위조직의 직접비용(광고비 등)에 대해 부분적인 통제와 평가를 받는다.

1 일부 학자들은 수익중심점을 이익중심점의 일종으로 분류하기도 한다.

그림 14-1 조직의 수직적 위계와 책임중심점의 설정

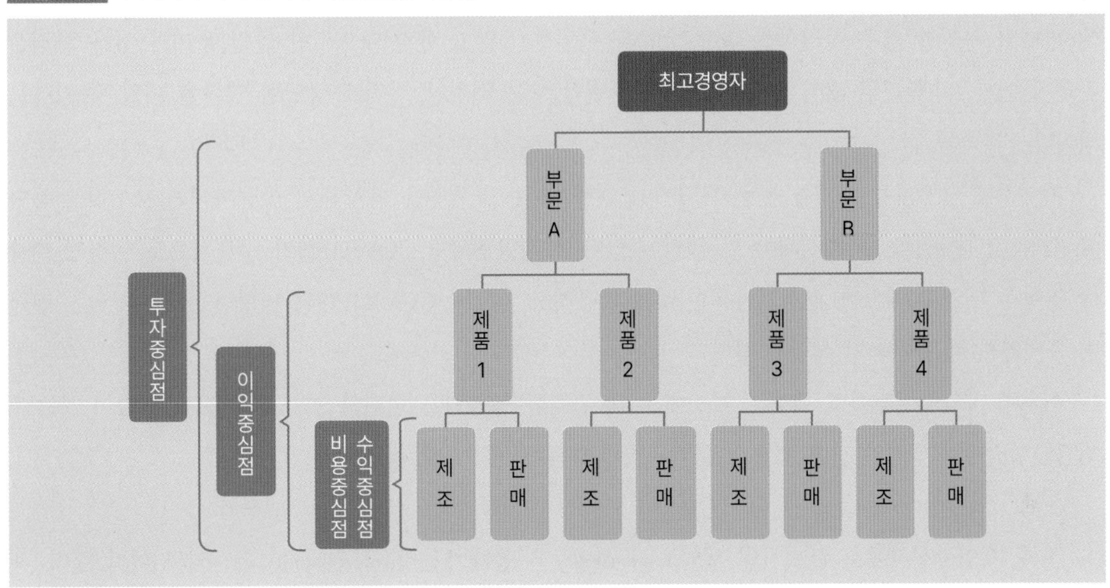

그림 14-1에서 제조를 담당하는 부서와 판매를 담당하는 부서는 각각 비용중심점과 수익중심점 개념에 부합하고, 각 제품의 제조와 판매를 모두 책임지는 제품 1 부서와 제품 2 부서는 이익중심점 개념에 부합하며, 제품군에 대한 투자, 생산, 판매 의사결정을 총괄하는 부문 A와 부문 B는 투자중심점 개념에 부합한다. 최고경영자는 궁극적으로 회사 전체의 투자와 이익에 대한 책임을 지는 단위이므로 최고 투자중심점이다.

2) 책임중심점의 기능과 통제가능성의 원칙

조직에서 **책임중심점**(responsibility center)의 기능에 대해 살펴보자. 책임중심점은 할당받은 업무에 관해 **책임**(responsibility)을 진다. 특정 업무에 관해 책임을 진다는 것은 해당 단위조직이 그 업무를 완벽히 통제할 수 있다는 것을 의미하는 것은 아니다. 예를 들어, 자재구매부서는 자재구매가격에 관해 책임이 있지만, 자재가격은 시장에서 결정되는 경우가 많아 구매담당자의 영향이 크지 않을 수 있다. 마케팅부서는 매출에 책임을 지지만, COVID-19 유행기에 매출이 급감해도 부서장이 대처하기에 한계가 있을 수 있다.

그러나 자재구매 담당자와 마케팅부서장이 맡은 업무에 대한 영향이 제한적이라는 이유로 자재구매가격과 매출에 대한 책임을 면제해준다면 부정적인 결과가 발생할 수 있다. 자재구매 담당자는 평소에 자재 판매처와의 관계 구축, 자재의 시장동향 파악, 전반적인 공급망 관리 등 자재구매가격과 원활한 조달에 영향을 미칠 수 있는 다양한 노력을 기울이지 않을 수 있다. 또한 마케팅부서도 COVID-19로 인해 판매가 부진할 경우 적극적인 대처 방안을 수립하지 않고 환경 탓으로만 돌릴 우려가 있다. 핵심은 관리자들이 노력한다고 해서 문제를 완벽히 해결할 수는 없지만, 실적에 상당한 영향을 미칠 수 있다는 점이다.

자재구매 담당자는 자재를 높은 가격에 구매한 경우, 그 원인을 파악해서 상급자에게 보고하고 동향과 전망 및 대응방안을 제시해야 할 책임이 있다. 마케팅부서도 COVID-19가 구체적으로 어떻게 매출에 영향을 미치고 있으며, 경쟁기업은 어떻게 대응하고 있으며, COVID-19의 영향을 줄일 수 있는 전략이 무엇인지 제시해야 할 책임이 있다.

이처럼 책임중심점에서 책임은 업무에 대해 완벽한 영향력을 발휘할 가능성을 전제로 하지 않는다. 책임중심점에서 책임과 관련된 요소들의 의미에 대해 구체적으로 살펴보자.

첫째, 책임중심점에서 관리자의 **책임**(responsibility)은 **통제가능성**(controllability)과 구분되어야 한다. 책임은 통제가능성보다 넓은 포괄적 개념이다. 통제가능성은 담당자가 맡은 업무의 재무적 성과(비용, 수익, 이익, 투자)에 영향을 미칠 수 있는 정도(degree of influence)를 말한다. 위의 자재구매부서와 마케팅부서의 예처럼, 관리자가 100% 통제가능한 업무는 찾기 어려우며, 어느 정도 통제할 수 있는가 하는 정도의 차이가 있을 뿐이다. 관리자는 자신이 맡은 업무영역을 100% 통제할 수는 없더라도 그 업무영역에 관해 책임을 진다[2].

책임중심점 관리자의 책임은 성과 향상을 위해 노력하고, 결과에 대해 분석하고, 향후 성과제고 방안을 제시하며, 관련 부서에 커뮤니케이션하고, 보고할 책임을 의미한다. 좋은 성과에 대해서도 마찬가지로 원인을 분석하고 커뮤니케이션할 책임이 있다.

둘째, 책임중심점에서 목표(예산)에 미달하는 부정적인 차이(unfavorable variance)가 발생할 경우, 관리자의 책임은 인사상으로나 금전적 보상에 있어서 반드시 부정적인 대가를 치러야 한다는 의미에서의 책임이 아니라, 관리자가 **주인의식**(a sense of ownership)을 가지고 맡은 직무를 수행해야 할 책임이다. 책임회계는 조직에서 발생하는 중요한 일과 재무적 결과에 대해 누가 가장 잘 설명할 위치에 있는지를 파악할 수 있도록 해야 한다. 조직을 통제(control)하는 것 못지않게, 관련된 정보(information)와 지식(knowledge)을 획득하는 것이 중요하다. 책임회계가 오용되어 상벌에 치우치는 경우, 관리자의 통제가능성 문제가 제기

---

2 통제가능성이 낮은 경우에도 관리자의 노력은 재무적 성과의 확률분포에 영향을 미칠 수 있다. 노력을 적게 투입하면 성과가 낮게 나올 가능성이 크고, 노력을 많이 투입하면 성과가 높아질 가능성이 크다.

됨으로써, 제도는 신뢰를 잃고 원래 목적한 바를 달성하기 어렵게 될 수 있다.

셋째, 책임중심점인 단위조직은 수행하는 업무의 성과에 관해 책임을 진다. 그러나 이것이 해당 업무에 대한 **의사결정권(decision right)**을 완전히 부여받았다는 것을 의미하지는 않는다. 책임중심점은 중앙집권적인 형태로 운영될 수도 있고, 분권화된 형태로도 운영될 수 있다. 중앙집권적인 형태에서 책임중심점의 관리자의 통제가능성(controllability)은 낮아지지만, 관리자는 여전히 일상적인 수준의 의사결정을 내리게 되며, 맡은 업무에 대한 노력 투입과 정보수집, 보고의 책임은 그대로 남아 있다. 그럼에도 불구하고, 책임회계제도가 분권화와 결합될 때 부문의 자율성과 책임성은 한층 강화된다. **전략적 사업 단위(SBU, Strategic Business Unit)**가 대표적인 형태이다.

넷째, 책임중심점의 관리자에 대한 성과평가는 환경의 영향 등 통제불가능한 요소들을 고려해야 한다. 책임중심점 관리자에 대한 평가의 기본원칙은 "관리자가 상당히(significantly) 영향을 미칠 수 있고 통제할 수 있는 활동(actions)과 결과(results)에 대해서만 책임을 져야 한다"는 **통제가능성 원칙(controllability principle)**이다.

통제가능하지 않은 요소를 평가하면 공정성과 신뢰를 잃을 우려가 있다. 따라서 관리자의 책임회계보고서에는 관리자가 통제가능한 요소들만 포함하는 방안을 고려할 수 있다. 예를 들어, 제조부서의 책임회계보고서에는 직접재료원가, 직접노무원가, 변동제조간접원가 등 단기적으로 통제가능성이 높은 변동원가만 포함하고 고정제조간접원가(예 공장감가상각비, 공장보험료)는 제외하는 것이다. 다른 방안으로는 통제가능한 요소들과 통제불가능한 요소들을 모두 포함해서 보고하되, 별도로 구분해서 보고할 수도 있다. 그러나 통제가능성의 원칙에도 불구하고, 아래에서 설명하는 통제가능성 원칙의 적용이 어려워 통제가능성 여부를 별도로 구분하지 않을 수도 있다.

3) 통제가능성 원칙과 관리자의 행동유인

통제가능성(controllability)은 정도의 문제(a matter of degree)로서, 관리자의 통제가능성을 제약하는 요소들은 다음과 같다.

- [외부 환경요소] 외부 환경요소들(예 거시경제, 경쟁기업의 전략 등)은 책임중심점의 관리자가 사전적으로 통제할 수 없다.
- [상급자의 개입] 상위 부서나 상급자가 의사결정에 개입하는 경우, 하위 관리자의 통제가능성은 낮아진다. 따라서 통제가능성을 평가할 때 권한 이양(분권화) 정도를 고려해야 한다. 본부가 주로 결정을

내리는 일반 관리비용과 건물 관련 비용, 해고가 자유롭지 않은 근로자의 인건비 등도 하위 관리자의 통제가능성을 제한하는 요소이다.

- [회사 내 다른 조직의 의사결정] 복잡한 조직에서는 여러 단위조직 사이에 상호의존성(interdependency)이 상당히 높을 수 있으며, 책임중심점의 성과는 다른 단위조직의 의사결정에 의해 영향을 받을 수 있다. 예를 들어, 제조부서의 직접노무원가는 재료구매부서가 구매한 재료의 품질에 의해 영향을 받을 수 있다.
- [전임자의 의사결정] 전임 관리자가 내린 의사결정으로 인해 현재의 관리자가 통제할 수 있는 여지가 거의 없을 수도 있다. 예를 들어, 자재구매부서의 장기구매계약이나 마케팅부서가 백화점과 맺은 제품판매 계약을 들 수 있다. 이때 전임자와 현 관리자의 성과를 구분하기 어려울 수 있다.

이처럼 책임중심점의 성과는 관리자의 통제가능성이 낮은 많은 요소들에 의해 복합적으로 영향을 받을 수 있다. 그러나 책임중심점의 성과 중에서 통제가능성이 낮은 요소들이 미친 영향의 크기를 판단하는 것은 매우 어렵다. 또한 관리자는 통제가능성이 낮은 요소에 대해서도 그 사건이 초래하는 결과(consequences of the uncontrollable event)에 영향을 미칠 수 있는 경우가 많다. 예를 들어, 태풍을 사전적으로 통제할 수는 없지만, 미리 대비하면 피해를 줄일 수 있다. 태풍이 통제불가능한 요인이라고 해서 그로 인한 피해를 평가에서 제외하면 관리자는 태풍을 예측하고 대비하지 않을 것이다. 따라서 관리자가 통제할 수는 없지만 적어도 영향을 미칠 수 있는 요소들을 평가에 포함하면 관리자의 행동유인을 바꿀 수 있다.

4) 통제가능성 원칙의 현실적 적용 방안

이처럼 통제가능성에 충실한 성과평가는 현실적으로 많은 제약이 따른다. 또한 관리자가 상당한 영향을 미칠 수 없다는 이유로 통제가능성이 낮은 요소들을 성과평가에서 제외하면, 관리자의 관심이 통제가능성이 낮은 요소로부터 멀어져, 정보와 지식 전달이라는 책임회계의 중요한 기능이 약화될 수 있다.

이에 대한 대안으로서, 책임중심점의 모든 성과를 성과평가에 포함하되, 관리자가 통제하기 어려운 요소들을 다음과 같은 방식으로 반영하는 방안을 고려할 수 있다[3].

3 대리인 이론(agency theory)은 통제불가능한 환경요소의 영향을 개인평가에 반영하는 방법에 관해 중요한 이론적 기반을 제공한다(대리인 이론은 본 장의 보론 참고).

첫째는 관리자의 보상을 고정급(salary)과 성과급(bonus) 체계로 이원화하고, 관리자의 통제가능성 정도를 고려하여 고정급과 성과급의 비중을 조절하는 방안이다. 관리자의 업무에 대한 통제가능성이 낮은 경우에는 고정급의 비중을 높이고 성과급의 비중을 상대적으로 낮추며 통제가능성이 높은 경우에는 성과급의 비중을 높이고 고정급의 비중을 낮추는 것이다.

둘째는 **상대적 성과평가(RPE, Relative Performance Evaluation)**를 실시하는 방안이다. 관리자의 성과를 유사한 상황에 있는 동료(peer)(경쟁기업이나 회사 내 다른 부서들)의 성과와 상대적으로 비교하여 평가하는 것이다. 상대적 성과평가는 관리자가 통제하기 어려운 환경요소를 효과적으로 배제하고 관리자의 노력(effort)을 더 잘 반영한다는 장점이 있다.

이러한 관리자 성과평가 방식은 통제가능성 원칙의 예외라기보다 통제가능성 원칙의 현실적 적용이라고 할 수 있다.

5) 목표일치성과 책임중심점의 설정

책임회계제도에서 각 **책임중심점(responsibility center)**은 다른 단위조직의 성과와는 별개로 평가를 받는 독립적인 단위이다. 각 단위조직은 해당 조직이 주로 수행하는 활동(기능)의 결과로 나타나는 재무적 성과를 기준으로, 비용, 수익, 이익, 투자중심점으로 구분하는 것이 일반적이다. 그러나 책임중심점의 관리자들이 회사 전체의 이익보다 담당 조직의 이익을 우선적으로 고려하는 **목표불일치** 문제가 발생할 수 있으며, 이 문제는 책임회계제도가 분권화와 결합될 때 더 심해질 수 있다.

예를 들어, 제조부서는 판매부서의 긴급한 제조요청에도 제조원가 상승을 우려하여 추가수당이 발생하는 야간근무나 휴일근무를 회피할 수 있으며, 판매부서는 매출 증가를 위해 할인이나 신용판매조건을 남발할 수도 있고, 배송비로 인해 손해가 발생할 수 있거나 수익성이 낮은 소규모 배송에도 적극적일 수도 있다.

이때 제조부문과 판매부문을 비용중심점과 수익중심점이 아닌 이익중심점(profit center)으로 설정하면, 목표불일치 문제를 완화할 수 있다. 이익중심점으로 설정하는 대표적인 방안은 **사내대체가격(transfer price)제도**를 실시하는 것이다(제13장 참고). 사내대체가격을 도입하여 제조부문과 판매부문을 이익중심점으로 설정하는 것이 **통제가능성(controllability) 원칙**에 위반되는 것은 아니다. 중간재에 대한 사내거래 물량과 거래가격이 공급부문과 수요부문 양자의 합의를 통해 결정될 수 있기 때문이다.

분권화에 따른 목표불일치 문제를 해결하는 다른 방안으로서, 사내대체가격을 도입하지 않고 관련부문을 이익중심점으로 설정할 수도 있다. 이 경우 제조부서는 제조활동에서 수익을 고려하게 되고, 판매부서는 판매활동에서 비용을 고려하게 되어 **목표일치성(goal congruence)**을 기대할 수 있다. 그러나 이 방식으로 책임중심점을 지정하게 되면, 성과평가에서 다른 관리자의 업무영역에 속하는 요소들까지도 광범위하게 포함하게 되므로 **통제가능성(controllability) 원칙**에서 크게 벗어날 수 있다. 따라서 관련된 단위조직들 사이에 상호의존성과 통합조정의 필요성이 매우 높은 경우에만 고려해야 한다[4].

3. 책임중심점에 대한 통제와 평가

이제 책임중심점에 대한 통제(control)와 성과평가(performance evaluation)에 대해 학습해보자[5].

1) 일반적 지침

각 책임중심점의 성과측정치는 전사 균형성과표(BSC)를 하위전개(cascading)하여 설정함으로써, 하위 단위조직이 기업전략의 추진과 달성을 효과적으로 지원할 수 있도록 설계해야 한다. 전통적으로 책임중심점에 대한 통제는 주로 재무적인 요소(비용, 수익, 이익, 투자수익률 등)에 대한 **재무통제(financial control)**가 핵심이었지만, 기업 전략의 중요성이 강조되고 균형성과표(BSC)의 확산에 따라 비재무적 요소에 대한 **비재무적 통제(non-financial control)**의 중요성이 커지고 있다.

따라서 책임중심점의 성과평가에는 재무적(financial)·비재무적(non-financial) 성과측정치를 모두 사용하고, 비재무적 성과측정치에는 종업원 만족도, 정시배달률, 불량률, 고객불만 건수 등 기업 전략의 핵심성공요인(KSF)과 관련된 성과지표들을 포함하는 것이 바람직하다.

재무적 성과측정치들은 주로 관리회계담당자들이 정리하여 보고하지만, 비재무적 측정치들은 담당관리자들이 직접 수집하여 보고하는 경우가 많아, 비재무적 측정치의 정확성이 낮을 수도 있다. 그러나 비재무적 측정치는 기업의 전략적 요소와 연계되어 있고, 의사결정에 필요한 직접적인 정보를 제공한다는 점에서 그 중요성이 크다. 여러 종류의 비재무적 측정치를 사용하는 경우, 상위 관리자는 각 측정치에 대한 상대적 가중치를 설정해서 하위 관리자의 노력투입에 대한 지침을 제공해야 한다.

---

4 단위조직들 간의 상호의존성이 높은 경우, 비용중심점이나 수익중심점의 보상구조를 해당 단위조직 자체의 성과에 대한 보상과 회사 전체 이익에 대한 보상으로 이원화하면 목표불일치 문제를 다소 완화할 수 있다.

5 본서에서는 책임회계의 네 번째 요소인 보상 부여에 대한 구체적인 사항은 다루지 않는다. 책임회계에서 보상과 관련된 요소로는 팀 보상과 개인보상의 상대적 효율성, 균형성과표(BSC)의 관점별 보상 가중치의 할당 등을 들 수 있다.

성과평가 측정치는 객관적(objective), 주관적(subjective) 지표를 모두 포함해야 한다. 매출액, 불량률 등의 검증하기 쉬운 객관적 성과지표는 동료들과의 연대, 부하직원들의 만족도 등 업무수행에 필요한 복합적인 측면을 포함하기 어렵다. 만약 객관적 지표만으로 성과를 측정하면, 측정하기 어렵지만 중요한 업무요소들을 관리자들이 무시하게 될 것이다.

성과측정에는 반드시 성과에 대한 보상(상과 벌)이 수반되어야 한다. 보상은 금전적일 수도 있고, 비금전적일 수도 있다.

책임중심점의 유형별로 업무에 대한 통제와 성과평가를 구체적으로 어떻게 해야 할지에 대해 살펴보자.

2) 비용중심점에 대한 통제와 평가

비용중심점(cost center)에 속하는 대표적인 두 부문은 제조(지원)부문과 일반관리부문이다. 제조(지원)부문은 기계작업, 절단, 조립 등 제조활동에 직접 종사하는 부서와 재료관리부서, 엔지니어링부서, 설비유지보수부서 등 제조활동을 지원하는 부서를 포함한다. 이 부서들에 대한 통제방법은 원가(비용)의 성격에 따라 다르다.

대부분의 원가가 생산량과 무관한 고정원가(fixed cost)인 부서(예 공장관리부서)의 경우에는 단기적으로 원가를 통제하기 어려우므로, 연도말에 성과를 평가하기보다 계획(planning) 단계에서 발생이 예상되는 원가를 고정예산(static budget)으로 확정함으로써 원가발생을 통제한다. 즉, 원가 투입(input)에 대한 통제가 핵심이다.

반대로, 조업도에 따라 변하는 변동원가(variable cost)가 주를 이루는 제조부서(예 기계부서, 조립부서)의 경우에는 원가의 통제가능성이 높으므로, 연도말에 실제 조업도(예 생산량)를 기준으로 실제 발생한 원가의 적정성을 평가하는 것이 바람직하다. 즉, 산출(output)에 기초한 변동예산(flexible budget)과 실제 발생액을 비교하여 평가함으로써 원가를 통제한다(변동예산과 차이분석은 제11장 참고). 원가요소별(직접재료원가, 직접노무원가, 제조간접원가)로 전통적인 원가 차이분석(variance analysis) 기법을 사용하여 차이를 분석하고, 차이 발생 원인을 고려하여 성과를 평가할 수도 있다.

일반관리부문의 원가는 조업도(업무량)가 증가함에 따라 인원의 증가로 인해 계단식으로 상승하는 준고정원가(semi-fixed cost)인 경우가 많다. 일반관리부문의 원가도 실제 발생원가를 변동예산과 비교하여 평가함으로써 원가를 통제할 수 있다. 활동(activity)과 원가동인(cost driver)을 바탕으로 하는 활동기준예산

편성(ABB)을 사용하면 예산편성과 차이분석의 정확성을 높일 수 있다(제10장 종합예산 참고).

비용중심점의 통제와 관련된 이슈 중 하나는 **원가이전(cost shifting)**이다. 만약 비용중심점의 관리자가 통제가능한 원가에 대해서만 평가를 받는다면, 관리자는 통제가 가능한 변동원가를 통제가 어려운 고정원가로 대체하고자 하는 유인이 발생할 수 있다. 기존 장비보다 개선된 비싼 장비를 도입하여 인건비를 줄이고자 하는 시도도 이에 속할 수 있다. 이로 인해 해당 단위조직의 통제가능원가는 줄어들지만, 회사 전체적으로 원가가 높아질 수 있다. 따라서 통제가능성 위주의 비용중심점 통제는 역기능을 초래할 수 있다는 점에 유의해야 한다.

비용중심점을 비용에 대해서만 통제하는 경우에도 문제가 발생할 수 있다. 제품품질과 고객만족 등 비재무적인 요소들에 부정적인 영향을 미칠 수 있다. 예를 들어, 호텔 유지관리부서를 비용중심점으로 설정하고, 예산 단계에서 고정예산(static budget)을 할당한 후 비용지출에 대해서만 평가하는 경우, 호텔 유지관리에 최선을 다할 유인이 발생하지 않을 수 있다. 따라서 호텔 관리상태에 대한 고객의 만족도를 성과측정치에 포함하는 것이 바람직하다. 일반적인 비용중심점의 비재무적 성과측정치로는 불량률, 정시배달률, 종업원 재해발생 건수, 고객만족도 등을 들 수 있다.

3) 수익중심점에 대한 통제와 평가

마케팅부서와 같은 **수익중심점(revenue center)**은 가격할인, 판촉활동, 배송활동, 고객서비스 등 다양한 수단을 활용하여 매출을 최대화하기 위해 노력한다. 수익중심점에 대한 기본적인 통제와 평가는 연도 초에 도전적인 매출목표(고정예산)를 설정하고 실적을 목표와 비교하여 평가하는 것이다. 아울러, 판매량, 판매가격, 시장점유율과 전체 시장규모 등의 영향을 구체적으로 분석하여 평가에 반영할 수도 있고(판매부문 차이분석방법은 제12장 판매부문의 차이분석 참고), **상대적 성과평가(RPE)**를 사용하여 동종 기업들과 비교하여 평가할 수도 있다.

마케팅부서에도 부서 인건비, 판매와 마케팅 관련 비용이 발생한다. 마케팅부서에서 발생하는 비용을 활동별로 구분하면 두 가지 종류가 있다. 고객의 주문을 유도하기 위해 발생하는 비용으로 샘플 비용, 시범(demo) 비용, 광고홍보비, 접대비, 시장조사 비용 등 주문유발비용(order-getting costs)이 있고, 운송비, 창고비 등 주문처리비용(order-filling costs)이 있다. 전자는 대체로 매출액과의 관계가 명확하지 않은 재량적 고정비용(discretionary fixed cost)의 성격이 강하며, 후자는 매출액에 비례해서 변하는 경향이 있다. 이 중에서 재량적 고정비용 항목은 연초에 설정하는 매출목표와 연계하여 계획단계에서 고정예산 형태로 확정하여 통제할 수 있다.

비용 발생을 고려하여 마케팅부서의 성과측정치로서 매출액 대신, 매출액에서 마케팅부서에 추적가능한 비용을 차감한 순수익(net revenue)을 사용할 수도 있다. 제약업종이나 화장품업종과 같이, 제품 광고와 홍보에 상당한 비용이 발생하는 업종도 있다. 이런 경우 마케팅부서를 수익중심점이 아닌 이익중심점으로 설정해서 통제하는 것도 고려할 수도 있다.

수익중심점의 성과평가도 재무적인 성과(매출)에만 한정할 경우, 고객만족도나 판매 후 고객지원서비스의 품질이 하락할 수 있으므로 비재무적 요소에 대한 평가를 병행해야 한다.

4) 이익중심점에 대한 통제와 평가

이익중심점(profit center)은 비용과 수익 모두에 관해 책임을 지는 단위이다. 그러나 위에서 설명한 바와 같이, 분권화된 조직에서 목표일치성을 강화하기 위해 비용이나 수익을 주로 발생시키는 단위조직을 이익중심점으로 설정할 수도 있다. 이익중심점에 대한 통제와 평가에는 비용중심점과 수익중심점의 통제에 관한 요소들이 모두 포함된다. 기본적인 통제방법은 예산 설정 시에 도전적인 이익목표를 설정하고 실적을 목표와 비교하는 것이다. 이익중심점의 평가에도 환경 불확실성을 반영하여 **상대적 성과평가**(RPE) 등을 고려할 수 있다.

이익중심점의 성과보고서는 원가에 대한 통제가능성을 반영하여 표 14-2와 같이 작성할 수 있다. 먼저, 원가를 변동원가와 고정원가로 구분하여 **부문 공헌이익**(contribution margin)을 보고한다. 고정원가는 다시 부문 관리자가 단기적으로 통제할 수 있는 통제가능 고정원가(예 광고비, 시장조사비)와 통제하기 어려운 통제불능 고정원가(예 감가상각비, 보험료)로 구분하고, 부문 공헌이익에서 통제가능 고정원가를 차감한 이익을 **부문 통제가능 이익**(표 14-2에서 (5))으로 별도로 보고한다.

표 14-2 이익중심점 성과보고서

(단위 : 억원)

	회사 전체	부문 A	부문 B
(1) 매출	2,400	1,500	900
(2) 변동원가	750	400	350
(3) 공헌이익(=(1)−(2))	1,650	1,100	550
(4) 통제가능 고정원가	450	300	150
(5) 통제가능 이익(=(3)−(4))	1,200	800	400
(6) 통제불능 고정원가	550	350	200

(표 계속)

	회사 전체	부문 A	부문 B
(7) 단위조직 이익(=(5)-(6))	650	450	200
(8) 부문별 추적이 불가능한 원가	150		
(9) 영업이익(=(7)-(8))	500		

통제가능 이익은 이익중심점 관리자의 단기적인 성과를 비교적 잘 나타내 줄 수 있지만, 단위조직의 매출에서 해당 조직에 추적가능한 모든 원가를 차감한 단위조직 이익(표 14-2에서 (7))이 관리자의 장단기적인 원가관리 책임을 포괄적으로 반영한 이익이다. 따라서 통제가능 이익보다 단위조직 이익이 책임회계 관점에 더 잘 부합한다[6]. 그러나 부문별로 추적이 불가능한 원가는 단위조직의 성과와 거리가 있으므로 단위조직의 성과에 포함하지 않는 것이 바람직하다.

이익중심점의 성과평가도 재무적인 성과(이익)에만 한정하지 않고, 종업원 만족도, 제품의 품질, 불량률, 고객만족도, 고객지원서비스의 품질 등 비재무적 요소에 대한 평가를 병행해야 한다.

5) 투자중심점에 대한 통제와 평가

투자중심점(investment center)은 수익을 창출하고 원가를 통제하며, 자본투자 의사결정에 책임을 지는 단위이다. 기업의 단위조직 책임 중에서 가장 포괄적인 책임을 지는 단위로서, 최고경영자를 비롯한 대규모 사업부를 관장하는 부문 경영자들은 대체로 투자중심점의 관리자에 해당한다. 투자중심점은 투자에 대한 의사결정권을 보유한 경우가 많으므로 원가에 대한 통제가능성이 비용중심점과 이익중심점에 비해 크게 증가한다.

투자에 관해 책임을 지는 투자중심점은 이익으로만 성과를 평가할 수 없다. 이익은 투자 규모의 차이를 올바로 반영하지 못하기 때문이다[7]. 투자중심점을 이익 기준으로 평가하면, 관리자는 양(+)의 이익이 예상되는 모든 투자안에 투자하려는 유인을 가지게 되어 **과잉투자**(overinvestment)가 발생할 가능성이 있다. 투자 규모를 고려한 투자중심점의 대표적인 재무적 성과측정치로는 투자수익률, 잔여이익, 경제적 부가가치 등이 있다. 투자중심점의 성과평가에서도 균형성과표(BSC)를 활용하여 다양한 비재무적 요소에 대한 평가를 병행해야 한다.

6 이익중심점의 성과보고서는 제품별, 지역별, 주요 고객별로 상세하게 작성할 수 있다.

7 이익은 감가상각비를 차감한 수치이므로 투자의 영향을 일정 부분 반영한다. 그러나 이익에는 투자 자금에 대한 기회비용은 반영되지 않는다. 예를 들어, 토지에는 감가상각비가 발생하지 않지만 막대한 기회비용이 있다.

4. 투자중심점의 재무적 성과평가 지표

투자중심점의 성과지표에 대한 설명을 위해 다음 예제를 사용하자.

예제 14-1

전자제품을 제조하여 판매하는 ㈜가희는 반도체 사업부, 가전제품 사업부, 디스플레이 사업부 등 세 개의 사업부를 투자중심점으로 운영하고 있다. 세 사업부의 20X4년 사업부별 요약 손익계산서 및 재무상태표는 각각 표 14-3, 표 14-4와 같다. 재무상태표에서 비유동부채와 자기자본은 사업부별 배분이 어려워 회사 전체적으로만 나타내었으며, 이에 따라 손익계산서에서 비유동부채의 이자비용과 법인세 및 당기순이익도 ㈜가희 전체적으로만 나타내었다(유동부채 이자는 없는 것으로 가정). 법인세율은 24%로 가정하였으며, 기타 장기부채와 자기자본에 관한 자료는 표 14-5와 같다. 재무적 성과지표를 학습해보자.

표 14-3 (주)가희 사업부별 요약 손익계산서(단위 : 억원)(20X4.1.1. ~ 20X4.12.31.)

	반도체 사업부	가전제품 사업부	디스플레이 사업부	합 계
매출	550,000	200,000	140,000	890,000
변동원가	125,000	108,000	69,200	302,200
고정원가	357,500	62,000	58,800	478,300
영업이익	67,500	30,000	12,000	109,500
장기부채이자(10%)				26,000
세전이익				83,500
법인세(24%)				20,040
세후 순이익				63,460

표 14-4 (주)가희 사업부별 요약 재무상태표(단위 : 억원)(20X4.12.31.)

	반도체 사업부	가전제품 사업부	디스플레이 사업부	합 계
유동자산(순)	75,000	30,000	20,000	125,000
비유동자산(순)	300,000	120,000	100,000	520,000
자산총계	375,000	150,000	120,000	645,000
유동부채	50,000	20,000	15,000	85,000

(표 계속)

	반도체 사업부	가전제품 사업부	디스플레이 사업부	합 계
비유동부채				260,000
자기자본				300,000
자본총계				645,000

표 14-5 **(주)가희의 20X4년 부채, 자본, 세율 자료**

		비 중	비 고
장기부채 이자율	10%		
장기부채 장부(시장)가치	260,000	25%	장부가치와 동일
자기자본 자본비용	15%		CAPM 이용 산출
자기자본 시장가치	780,000	75%	
자기자본 징부가치	300,000		
법인세율	24%		

1) 투자수익률

투자수익률(ROI, Return on Investment)은 듀퐁(DuPont)에서 사업확장에 따라 여러 사업 부문의 상대적 수익성을 비교하기 위해 개발한 지표로서, 투자(investment) 대비 이익(income)의 비율을 나타내는 회계적 수익률 지표이다.

$$\text{투자수익률} = \frac{\text{이익}}{\text{투자}}$$

식에서 투자는 기업에서 여러 가지 형태로 정의해서 사용할 수 있으나 일반적으로 총자산(total asset)을 많이 사용한다. 이익의 경우, 기업 전체의 투자수익률을 계산할 때는 당기순이익(net income)을 많이 사용하고, 기업 내 단위조직의 투자수익률을 계산할 때는 영업이익(operating income)을 많이 사용한다[8]. 기업에서 조달한 장기부채에 대한 이자비용 등을 각 부문 단위로 별도로 구분하기 어려운 경우가 많기 때문이다.

8 총자산을 투자로 사용하고, 순이익을 이익으로 사용하는 경우 총자산수익률(ROA, Return on Assets)이라고도 부른다.

㈜가희의 세 사업부의 투자수익률을 계산하면 표 14-6과 같다.

표 14-6 사업부별 투자수익률(ROI)

사업부	영업이익	÷	자산총계	=	ROI
반도체	67,500억원	÷	375,000억원	=	18%
가진제품	30,000억원	÷	150,000억원	=	20%
디스플레이	12,000억원	÷	120,000억원	=	10%

투자수익률은 부문의 수익성에 영향을 미치는 3대 요소, 즉 매출, 비용, 투자를 하나의 비율지표로 나타내주는 장점이 있다. 또한 기업 내외부의 여러 투자 대안들의 수익률과 서로 비교할 수 있게 해주는 지표로서 가장 보편적으로 사용된다.

$$\text{투자수익률} = \frac{\text{매출}}{\text{투자}} \times \frac{\text{이익}}{\text{매출}}$$

$$= \text{투자회전율} \times \text{매출액이익률}$$

각 사업부의 투자수익률을 **투자회전율**(Investment Turnover)과 **매출액이익률**(ROS, Return on Sales)로 분리하면 표 14-7과 같다.

표 14-7 ㈜가희의 2024년 사업부별 ROI 분석(반올림 처리)

사업부	투자회전율	×	매출액이익률	=	ROI	순위
반도체	1.47 (=550,000÷375,000)	×	0.12 (=67,500÷550,000)	=	0.18	2
가전제품	1.33 (=200,000÷150,000)	×	0.15 (=30,000÷200,000)	=	0.2	1
디스플레이	1.17 (=140,000÷120,000)	×	0.09 (=12,000÷140,000)	=	0.1	3

세 부문 중에서 반도체 사업부는 투자가 가장 많지만, 투자회전율도 가장 높다. 그러나 매출액이익률이 가전제품 사업부에 비해 낮은 편이다. 이로 인해 가전제품 사업부에 비해 투자수익률이 낮다. 각 사업부를 평가할 때 투자회전율이나 매출액이익률 지표만을 가지고 상대적 우위를 평가하지 않아야 한다.

각 사업부가 속한 산업 영역에 따라 투자회전율과 매출액이익률이 차이를 보일 수 있기 때문이다[9].

각 사업부는 매출, 비용, 투자를 적절히 조합하여 다음과 같은 방법을 사용함으로써 투자수익률을 증가시킬 수 있다.

첫째, 투자회전율을 증가시킨다. 매출액과 매출액이익률에 대한 영향을 최소화하고 투자를 감소시킬 수도 있으며, 반대로, 투자와 매출액이익률에 대한 영향을 최소화하고 매출을 증가시켜 투자회전율을 증가시킬 수도 있다.

둘째, 매출액이익률을 증가시킨다. 매출과 투자에 대한 영향을 최소화하고 원가를 절감하여 이익을 늘림으로써 가능하다.

셋째, 투자회전율과 매출액이익률을 동시에 증가시킨다. 가격을 인상하더라도 판매량에 영향이 적어 매출과 이익이 동시에 증가하는 경우에 가능하다.

넷째, 기존의 투자수익률보다 투자수익률이 더 높은 신규 투자를 통해 전체 투자수익률을 증가시킨다.

2) 잔여이익

잔여이익(RI, Residual Income)은 다음과 같이 계산한다.

잔여이익(RI) = 이익 − 투자×필수수익률

즉, 회계적 이익에서 투자에 **필수수익률**(RRR, Required Rate of Return)을 곱한 금액을 차감하여 계산한다. 필수수익률은 기업이 투자에 대해 요구하는 최소한의 수익률로서 각 투자가 안고 있는 위험에 따라 다르게 정할 수 있다. 투자에 필수수익률을 곱한 금액을 **투자의 부가원가**(implied cost of the investment)라고 한다. 투자의 부가원가란 회계적으로는 비용으로 인식되지 않지만, 투입된 자금에 대한 기회비용

9 일반적으로 투자수익률은 소속 산업에 무관하게 기업(부문)의 투자 대비 수익성을 평가할 수 있게 해준다. 그러나 투자회전율과 매출액이익률은 소속 산업에 의해 크게 좌우된다. 예를 들어, 보석산업은 높은 제품 가격으로 인해 투자의 비중이 높아 투자회전율이 낮으나 매출액이익률이 높다. 반대로, 대형할인점은 투자회전율이 높으나 매출액이익률이 낮다. 종합하면, 두 산업의 투자수익률은 (이론적으로) 유사해야 한다. 산업 전체적으로 투자수익률이 낮은 산업은 매력이 떨어지는 산업이라고 할 수 있다.

(opportunity cost)으로서 투자에 따른 비용이다. 따라서 잔여이익은 투자에 대한 기회비용을 차감한 후 남는 이익이라는 의미이다.

예제에서 ㈜가희의 세 사업부의 필수수익률이 모두 13.75%로 같다고 가정하면, 잔여이익은 표 14-8과 같이 계산한다.

표 14-8 ㈜가희의 2024년 사업부별 잔여이익(RI)

사업부	영업이익(억원)	-	투자(억원)	×	필수수익률(%)	RI(억원)	순위
반도체	67,500	-	375,000	×	13.75	15,937.5	1
가전제품	30,000	-	150,000	×	13.75	9,375	2
디스플레이	12,000	-	120,000	×	13.75	-4,500	3

세 사업부 중에서 반도체 사업부의 잔여이익이 가장 많고 가전제품 사업부가 다음이다. 디스플레이 사업부의 경우, 영업이익은 12,000억원으로서 흑자를 나타내고 있으나, 잔여이익이 음(-)의 값으로서, 회사가 요구하는 필수수익률을 달성하지 못한다는 것을 알 수 있다.

3) 경제적 부가가치

경제적 부가가치(EVA, Economic Value Added)는 잔여이익(RI)의 변형된 형태로서, 조직이 창출한 경제적 가치를 측정하고자 하는 지표이다.

경제적 부가가치 = 세후 조정영업이익 - 세후 가중평균자본비용 × 장기자금

경제적 부가가치는 잔여이익 계산에서 사용하는 이익을 세후 조정영업이익(after-tax operating income)으로 구체화한다. 또한 투자의 부가원가를 계산할 때, 필수수익률은 **세후**(after-tax) **가중평균자본비용**(WACC, Weighted Average Cost of Capital)을 사용하고, 투자는 **장기자금**(long-term fund)을 사용한다.

먼저 세후 조정영업이익에 대해 구체적으로 살펴보자. 조정영업이익은 보수주의에 입각한 회계이익인 영업이익을 경제적 가치를 반영하기 위해 조정한 영업이익이다. 연구개발비, 구조조정비용 등 기업에 장기적인 혜택이 발생하는 비용은 당기에 영업비용으로 처리하지 않고 자산화하여 감가상각을 실시하는 방식으로 영업이익과 자산금액을 조정한다. 여기서, 당기순이익이 아닌 영업이익을 이익으로 사용하는 이유는 조직이 창출한 진정한 경제적 가치에 부합할 수 있도록 하기 위한 것이다. 세금은 조직 외부로의 유출이므로 이익은 세후 기준으로 계산한다.

투자액으로는 자금조달 원천 중에서 장기자금을 사용하는데, 그 이유는 기업(부문)의 투자 중에서 장기자금으로 재원을 조달한 투자에 대해서만 투자수익을 기대하는 것이 합리적이기 때문이다. 전체 자금 중에서 유동부채 상환에 필요한 단기성 자금은 투자에 적합하지 않으므로 수익 요구 대상에서 제외된다. 장기자금은 다음과 같이 나타낼 수 있다.

장기자금 = 총자산 − 유동부채
= (비유동자산 + 유동자산) − 유동부채
= 비유동자산 + (유동자산 − 유동부채)
= 비유동자산 + 운전자본
여기서, 운전자본 = 유동자산 − 유동부채

투자액인 장기자금은 자산 구성 측면에서는 비유동자산과 운전자본(working capital)으로 구성되지만, 조달 원천으로는 그림 14-2 와 같이 비유동부채(타인자본)와 자기자본, 두 가지로 구성된다. 각각에 대한 이자율(수익률)을 두 자금 원천에 대해 가중평균하여 하나의 수치로 나타낸 것이 **가중평균자본비용(WACC)**이다[10].

그림 14-2 자산의 구성과 장기자금

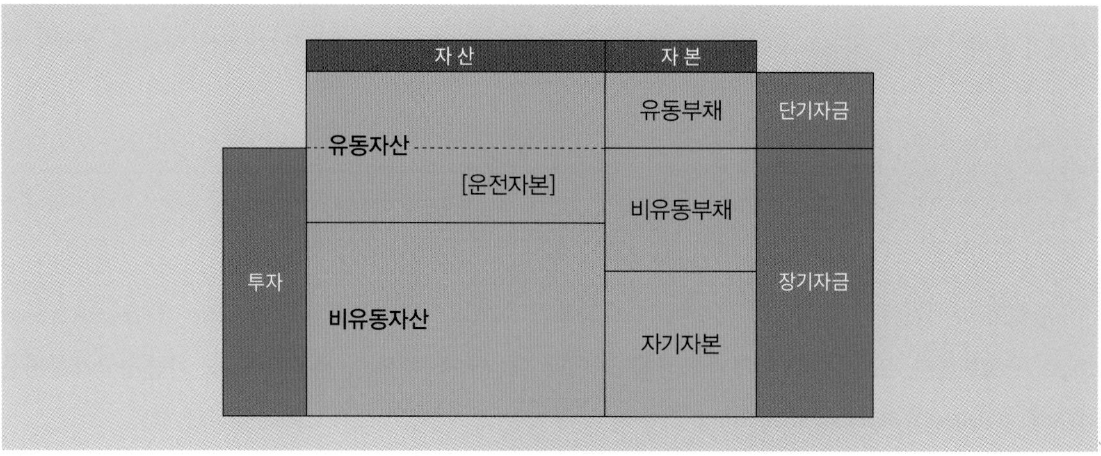

자산
자본
유동자산
[운전자본]
비유동자산
투자
유동부채
비유동부채
자기자본
단기자금
장기자금

10 가중평균자본비용은 투자자들이 ㈜가희와 해당 사업들과 유사한 위험(risk)을 가진 다른 투자안에 투자하지 않은 데 대한 기회비용(opportunity cost)이다.

세후 가중평균자본비용(WACC)은 다음과 같이 계산한다.

세후 가중평균자본비용(WACC) = (세후 타인자본비용 × 타인자본비중) + (자기자본비용 × 자기자본비중)

경제적 부가가치 계산에서 사용되는 투자액은 모두 장기자금을 대상으로 하므로, 타인자본은 장기성부채인 비유동부채에 국한한다. 따라서 타인자본비용도 비유동부채의 이자율을 사용한다. 본 예제에서 비유동부채의 이자율은 10%로 가정하고 있으므로, 세후 타인자본비용은 다음과 같이 계산한다[11].

세후 타인자본비용 = 세전 타인자본비용 × (1−법인세율) = 10% × (1−0.24) = 7.6%

기업의 자기자본비용은 일반적으로 자본자산 가격결정모델(CAPM)을 이용하여 계산하며, 우리는 위에서 ㈜가희의 자기자본비용은 15%인 것으로 가정하였다[12].

타인자본(비유동부채)과 자기자본의 비중을 계산할 때, 비유동부채의 가치와 자기자본의 가치는 시장가치(market value)를 사용하는 것이 바람직하다. 그러나 장부가치를 사용하여 계산하기도 한다. 본 예제에서는 시장가치를 사용하였으며, 비유동부채와 자기자본의 상대적 비중은 각각 0.25와 0.75이다(**표 14-5**)[13]. 이를 이용하여 세후 가중평균자본비용을 계산하면 다음과 같다.

세후 가중평균자본비용
= (세후 타인자본비용 × 타인자본비중) + (자기자본비용 × 자기자본비중)
= (7.6 × 0.25) + (15 × 0.75) = 13.15%

---

11 타인자본에 대한 이자는 비용으로서 세금을 줄여주는 효과가 있다. 따라서 세금효과를 고려하면 타인자본비용은 세전에 비해 감소한다. 예를 들어, 세전 이자비용이 ₩100인 경우, 이자로 인해 세전 이익이 ₩100 감소하여, 세금(세율 : 24%인 경우)이 ₩24 감소한다. 따라서 세금효과를 고려한 이자비용은 ₩76이 된다.

12 기업 전체가 아닌 사업부의 자기자본비용은 사업부의 위험과 유사한 사업위험을 가진 기업의 자기자본비용을 사용해야 한다. 그러나 본 예제에서는 ㈜가희의 사업부별 자기자본비용을 모두 15%로 같다고 가정하였다.

13 사업부별로 비유동부채와 자기자본의 실제 투입비중을 계산하는 것은 가능하지 않다. 따라서 사업부의 장기자금의 구성비율은 회사 전체의 비율과 동일한 것으로 가정하여 계산한다.

경제적 부가가치 계산의 핵심을 요약하면, 세후 기준, 영업이익의 조정, 가중평균자본비용, 장기자금 사용이다[14]. 이처럼 경제적 부가가치는 모든 이해관계자에 대한 비용(공급업체의 재료원가, 종업원 인건비, 타인자본 이자비용, 자기자본 기회비용, 국가에 대한 세금 등)을 차감하고도 남은 이익으로서 기업(부문)이 창출한 진정한 경제적 가치라 할 수 있다.

이상의 결과를 이용하여, ㈜가희의 사업부별 경제적 부가가치를 계산하면 표 14-9와 같다.

표 14-9 (주)가희의 2024년 사업부별 EVA

사업부	세후 영업이익(억원)	−	[WACC×(총자산−유동부채)] (억원)	=	EVA(억원)	순위
반도체	51,300 (=67,500×0.76)	−	42,737.5 [=13.15%×(375,000−50,000)]	=	8,562.5	1
가전제품	22,800 (=30,000×0.76)	−	17,095 [=13.15%×(150,000−20,000)]	=	5,705	2
디스플레이	9,120 (=12,000×0.76)	−	13,807.5 [=13.15%×(120,000−15,000)]	=	−4,687.5	3

경제적 부가가치 기준에서 사업부별 순위는 반도체, 가전제품, 디스플레이 순으로서, 잔여이익과 동일하게 계산되었다.

4) 투자수익률의 문제점

투자수익률(ROI) 지표를 투자중심점 관리자의 성과평가 지표로 사용하면, 관리자들이 기업가치 최대화(목표일치성)에 부합하지 않는 방향으로 행동할 수도 있다. 다음 예제를 이용하여 확인해보자.

예제 14-2

㈜가희의 가전제품 사업부는 공기청정기 제품에 대한 신규 투자기회를 검토하고 있다. 내부검토에 의하면, 공기청정기 제품을 제조하여 판매하더라도 기존 제품의 판매에 미치는 영향은 전혀 없다. 공기청정

(예제 계속)

14 세후 영업이익(after-tax operating income)은 NOPAT(net operating profit after tax)이라고도 불린다.

기 제품 제조에는 1조원의 신규투자가 요구되며, 매년 1,600억원의 세전 영업이익이 발생할 것으로 예상된다. 가전제품 사업부의 관리자가 투자수익률에 의해 평가받을 경우, 공기청정기 사업에 투자할 것인지 분석해보자.

공기청정기 사업의 연간 투자수익률은 다음과 같다.

$$\text{공기청정기 사업의 투자수익률} = \frac{\text{이익}}{\text{투자}} = \frac{\text{1,600억원}}{\text{10,000억원}} = 16\%$$

신규사업의 연간 투자수익률 16%는 ㈜가희가 요구하는 필수수익률(RRR)인 13.75%를 상회하므로, 가전제품 사업부가 공기청정기 사업에 투자하는 것이 회사 차원에서 바람직하다. 그러나 공기청정기 사업에 투자할 경우, 가전제품 사업부의 투자수익률은 표 14-10과 같이 19.75%로 감소한다. 이는 공기청정기 사업의 투자수익률이 기존의 사업부 수익률인 20%보다 낮은 16%이기 때문이다.

표 14-10 가전제품 사업부의 신규투자 전후 ROI 비교

	영업이익	÷	자산총계	=	ROI
신규투자 전	30,000억원	÷	150,000억원	=	20%
신규투자 후	31,600억원	÷	160,000억원	=	19.75%

따라서 투자수익률 기준으로 평가할 경우, 관리자는 기존 투자수익률보다 낮은 신규 투자를 모두 회피하는 **과소투자**(underinvestment) 현상이 발생한다. 투자수익률 기준 평가에서 각 사업부는 유휴설비와 과다한 현금 보유를 줄이고, 재고를 적절히 유지하는 방식으로 비효율적인 투자를 줄임으로써 투자수익률을 증가시킬 수 있다. 그러나 극단적으로는 회사가 기대하는 필수수익률을 상회하는(그러나 사업부의 현재 투자수익률보다 낮은) 투자 분야에서 철수하는 방식으로도 사업부의 투자수익률을 증가시킬 수 있다.

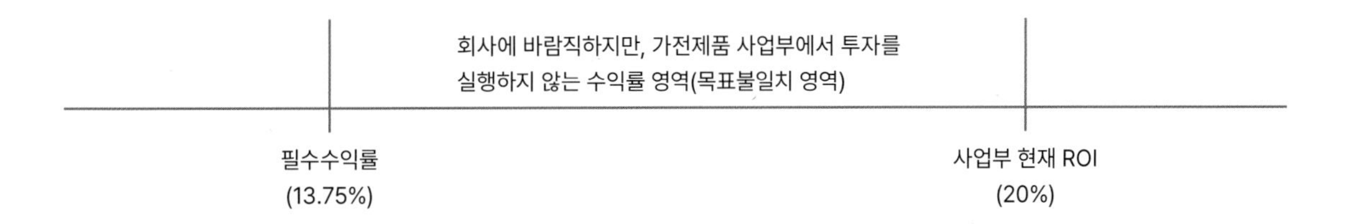

투자수익률로 평가할 경우, 디스플레이 사업부가 어떤 투자의사결정을 내릴지에 대해서 생각해보자. 디스플레이 사업부의 현재 투자수익률은 10%로서 필수수익률 13.75%에 미치지 못하는 상황이다. 만약 디스플레이 사업부가 투자수익률이 12%인 신규투자안을 발견한다면 어떻게 행동할 것인가? 신규투자안의 투자수익률이 현재 사업부의 투자수익률보다 높으므로 신규투자를 실행하게 될 것이다. 그러나 신규투자의 투자수익률은 회사가 기대하는 필수수익률 13.75%에 미치지 못하므로 신규투자는 회사의 이익에 부합하지 않는다.

이처럼 투자수익률 기준 평가에서는 **목표불일치**(goal incongruence) 문제가 발생한다. 회사의 투자기준은 필수수익률이지만, 관리자의 투자 실행 기준은 기존 투자수익률이기 때문이다.

투자수익률의 또 다른 문제점은 고위험 투자와 관련되어 있다. 일반적으로 기대수익률이 높은 투자안은 위험도 높다. 또한 투자안의 위험이 높을수록, 위험에 대한 보상으로 투자안에 대해 요구하는 필수수익률도 높아진다. 그러나 투자수익률 기준으로 평가하면, 관리자들은 투자수익률의 기대치를 높이기 위해 필수수익률을 고려하지 않고 고위험 투자를 실행할 유인을 가질 수 있다. 이로 인해 회사 전체가 위험에 빠질 수도 있다. 이것은 투자수익률이 투자안이 안고 있는 위험(필수수익률)을 고려하지 않고 계산되기 때문이다.

이에 반해, 잔여이익과 경제적 부가가치는 투자안의 위험을 고려한 필수수익률(또는 WACC)을 투자에 대한 자본비용으로 차감한다. 따라서 고수익(고위험) 투자라고 해서, 잔여이익과 경제적 부가가치의 기대치가 높아지는 것이 아니므로, 고위험 투자 문제를 방지할 수 있다.

5) 잔여이익과 경제적 부가가치의 목표일치성

투자수익률(ROI)은 비율로 계산하지만, 잔여이익(RI)과 경제적 부가가치(EVA)는 절대금액으로 계산한다. 따라서 잔여이익과 경제적 부가가치를 투자중심점 관리자의 성과평가 지표로 사용하면, 관리자들은 투자에 요구되는 필수수익을 초과하는 이익(즉, 양(+)의 잔여이익과 경제적 부가가치)을 벌 수만 있다면 투자를 계속 실행하게 된다. 이것은 기업가치 최대화에 부합하는 행동으로서, **목표일치성**(goal congruence)을 달성할 수 있게 해준다.

예제에서 잔여이익을 평가 기준으로 사용할 경우를 검토해보자. 공기청정기 사업의 잔여이익을 계산하면 다음과 같다.

공기청정기 사업의 잔여이익 = 이익 − 투자×필수수익률 = 1,600억원 − 10,000억원×13.75% = 225억원

신규사업의 잔여이익과 경제적 부가가치는 기존 사업과 무관하게 추가적으로 발생하는 것이므로, 표 14-11과 같이 가전제품 사업부의 신규투자 후의 잔여이익은 225억원이 증가하는 효과가 있다. 따라서 가전제품 사업부의 관리자를 잔여이익이나 경제적 부가가치 기준으로 평가하면, 관리자들은 기존 잔여이익이나 경제적 부가가치와 상관없이 공기청정기 사업에 투자하게 될 것이다. 이것이 바로 회사 전체의 이익에 부합하는 투자의사결정 기준이다.

표 14-11 (주)가희의 가전제품 사업부의 신규투자 전후 RI 비교

	영업이익	−	투자	×	필수수익률	RI
신규투자 전	30,000억원	−	150,000억원	×	13.75%	9,375억원
신규투자 후	31,600억원	−	160,000억원	×	13.75%	9,600억원
차이						225억원

6) 투자중심점 성과평가 지표 비교

이상에서 분석한 세 사업부의 주요 재무자료를 요약하면 표 14-12와 같다. 투자수익률(ROI) 기준으로는 가전제품 사업부가 가장 우수하고, 반도체 사업부가 다음이다. 그러나 잔여이익(RI)과 경제적 부가가치(EVA) 기준으로는 반도체 사업부가 가장 우수하고, 가전제품 사업부가 다음이다. 디스플레이 사업부는 두 기준 모두에서 성과가 가장 나쁘다.

반도체 사업부는 가전제품 사업부보다 영업이익이 두 배 이상 높지만, 총자산도 두 배 이상 높아 결과적으로 투자수익률이 가전제품 사업부보다 낮다. 두 사업부의 영업이익은 투자에 대한 필수수익을 초과하여 잔여이익과 경제적 부가가치가 모두 양(+)의 값을 나타내고 있다. 그러나 디스플레이 사업부는 투자 대비 영업이익이 낮아, 잔여이익과 경제적 부가가치가 모두 음(−)의 값을 나타내고 있다.

투자수익률(ROI)이 가장 높은 가전제품 사업부와 잔여이익(RI)과 경제적 부가가치(EVA)가 가장 높은 반도체 사업부 중에서 어느 사업부가 더 우수하다고 할 수 있는가? 투자수익률은 투자한 자금에 대한

표 14-12 (주)가희의 사업부별 주요 재무자료 요약

	반도체 사업부	가전제품 사업부	디스플레이 사업부	합 계
매출(억원)	550,000	200,000	140,000	890,000
영업이익(억원)	67,500	30,000	12,000	109,500
자산총계(억원)	375,000	150,000	120,000	645,000
ROI(%)(순위)	18%(2)	20%(1)	10%(3)	
RI(억원)(순위)	15,937.5(1)	9,375(2)	−4,500(3)	
EVA(억원)(순위)	8,562.5(1)	5,705(2)	−4,687.5(3)	

이익의 비율을 측정하는 비율지표로서 투자의 효율성(efficiency)을 나타낸다. 반면에, 잔여이익과 경제적 부가가치는 투자에 요구되는 필수수익을 차감하고 남은 이익(가치)을 측정하는 절대금액 지표이다.

투자 자금 확보가 어려운 시기에는 투자의 효율성이 높은 투자안을 선택하는 것이 바람직할 수도 있지만, 그렇지 않은 상황에서는 기업가치에 기여하는 바가 더 큰 투자, 즉, 잔여이익(경제적 부가가치)의 규모가 큰 투자가 더 바람직하다. 따라서 이론적으로 잔여이익과 경제적 부가가치가 더 우수하다고 할 수 있다[15]. 그러나 각 성과지표가 측정하고자 하는 성과의 측면이 다르므로, 각 지표의 의미와 한계를 고려하여 보완적으로 사용하는 것이 좋다.

7) 재무지표 측정과 해석상 주의점

투자수익률과 경제적 부가가치의 측정과 해석에서 일반적인 주의사항에 대해 살펴보자.

첫째, **투자수익률(ROI)**을 사용하여 투자중심점의 성과를 평가할 때, 위에서 설명한 바와 같이 투자액은 사업부의 총자산을 사용하고 이익은 사업부의 영업이익을 사용하는 경우가 많다. 사업부 영업이익은 사업부의 투자에 필요한 부채에 대한 이자비용을 차감하지 않은 이익이다. 이와 달리, 기업 전체 단위에서의 투자수익률을 계산할 때는 부채에 대한 이자비용을 사업부별로 배분할 필요가 없이 총자산과 순이익을 그대로 사용하여 계산하는 경우가 많다. 그 경우, 기업의 투자수익률 수치와 사업부의 투자수익률 수치의 의미는 차이가 있으므로, 해석할 때 주의해야 한다.

---

15 ₩1,000,000을 투자하여 ₩500,000을 벌 수 있는 투자안과 ₩100,000을 투자하여 ₩90,000을 벌 수 있는 투자안 중에서 하나를 택한다면, 어느 투자안을 택하겠는가!

둘째, **경제적 부가가치**(EVA)를 계산할 때 반드시 이익으로서 세후 영업이익을 사용해야 한다. 경제적 부가가치를 계산할 때, 만약 이익으로서 순이익을 사용하면 이자비용을 이중으로 차감하는 문제가 생긴다. 경제적 부가가치 계산에 사용되는 투자(장기자금)에는 자기자본과 함께 비유동부채도 포함되며, 이에 따라 필수수익률로 자기자본비용과 세후 장기부채 이자율을 함께 고려한 세후 가중평균자본비용(WACC)을 사용한다. 즉, 투자(장기자금) 전체에 대해 자기자본비용과 타인자본비용을 동시에 차감하는 것이다. 따라서 이자비용을 이미 차감한 순이익에서 투자(장기자금) 전체에 대해 가중평균자본비용을 차감하면, 타인자본에 대한 이자비용이 중복으로 차감되게 되는 것이다.

잔여이익(RI)을 계산할 때도 영업이익 대신 순이익을 사용하면, 이자비용이 중복으로 차감되는 문제가 발생할 수 있다. 투자(총자산) 전체에 대해 필수수익률을 곱하여 차감하기 때문이다.

5. 평가대상 기간과 투자 측정치

성과평가 지표를 사용하여 실제 성과를 측정할 때, 몇 가지 고려할 사항이 있다. 그중에 평가대상 기간과 투자 측정치의 선택에 대해 살펴보자.

첫째, 책임중심점의 성과를 1년 단위로 평가할 경우, 관리자는 목표치 달성을 위해 필요한 비용마저 단기적으로 삭감하는 부작용을 초래할 수 있다. 평가주기를 보다 길게 설정하면 이 문제를 다소 완화할 수 있다.

둘째, 투자(investment)의 측정치로 어떤 자산 기준을 사용해야 할지 결정해야 한다. 총자산, 실제 사용 중인 영업용 자산(operating asset, 비업무용 부동산 등을 제외), 운전자본과 비유동자산의 합계 등을 투자 측정치로 고려할 수 있다.

셋째, 투자의 측정치로 자산의 취득원가인 총액(gross book value)과 감가상각누계액을 차감한 순액(net book value) 중에 어느 것을 사용할지 결정해야 한다. 순액은 재무상태표의 자산개념과 일치하고 감가상각을 실시하는 회계관행에도 부합한다는 장점이 있다. 그러나 감가상각으로 인한 자산 순액의 하락이 자산의 실질적인 수익창출력을 반영하지 않는 경우가 많아, 투자수익률 등의 성과지표가 사업부의 수익창출력을 왜곡할 수 있다.

예제 14-1(순액 사용)에서 가전제품 사업부와 디스플레이 사업부의 유형자산이 대부분 5년 전에 구축되었고, 반도체 사업부의 유형자산이 대부분 2년 전에 구축되었으며, 각 사업부의 감가상각누계액이 표 14-13과 같다고 하자.

총액 기준으로 각 사업부의 투자수익률을 계산해보면, 반도체 사업부의 투자수익률이 가전제품 사업부보다 오히려 높다. 가전제품 사업부의 자산이 총액 기준으로 반도체 사업부보다 적지만, 반도체 사업부보다 먼저 설립되어 감가상각누계액은 더 많아 자산 순액이 더 많이 감소했기 때문이다. 이로 인해 순액 기준으로 투자수익률이 가전제품 사업부가 더 높게 나타난 것이다. 아직도 가전제품 사업부의 수익성이 반도체 사업부보다 높다고 할 수 있을까? 같은 문제가 잔여이익과 경제적 부가가치의 해석에도 발생한다.

표 14-13 자산의 총액 기준과 순액 기준 비교

	반도체 사업부	가전제품 사업부	디스플레이 사업부	합 계	비 고
(1) 영업이익	67,500	30,000	12,000	109,500	표 14-3
(2) 자산총계(순액)	375,000	150,000	120,000	645,000	표 14-4
(3) 감가상각누계액	50,000	60,000	40,000	150,000	
(4) 자산총계(총액) (=(2)+(3))	425,000	210,000	160,000	795,000	
(5) ROI(순액기준) (=(1)÷(2))	18%	20%	10%		표 14-6
(6) ROI(총액기준) (=(1)÷(4))	15.88%	14.29%	7.5%		

총액과 순액의 선택은 신규투자 의사결정에도 영향을 미칠 수 있다. 순액 기준을 사용하면, 관리자들은 오랜 기간에 걸쳐 감가상각이 상당히 진행된 노후 자산을 신규자산으로 대체하기를 망설이게 될 것이다. 그러나 총액 기준을 사용하면, 사업부 관리자들은 수익성 있는 신규사업에 대한 투자를 크게 망설이지 않을 수 있다. 따라서 총액 기준이 목표일치성을 유도하는 데 더 바람직할 수 있다.

6. 책임중심점 평가에서 균형성과표 사용

전통적으로 기업의 책임중심점에 대해 재무적인 성과(비용, 수익, 이익, 투자)를 중심으로 성과를 평가하는 경향이 있었다. 그러나 재무성과 중심의 성과평가는 기업의 장기적 성과를 올바로 반영하는 데 한계가 있으며, 관리자가 단기적인 회계적 성과에 집착함으로써 기업의 장기적 성과가 희생될 가능성이 있다(제 6장 균형성과표 참고).

균형성과표(BSC)를 이용한 단위조직의 성과평가는 해당 조직의 성과를 포괄적으로 측정함으로써 단기 성과주의에 대한 우려를 완화하고, 성과평가의 공정성 제고와 동기부여에도 긍정적인 영향을 미친다. 그러나 균형성과표를 사용할 때 부작용이 발생하지 않도록 주의해야 한다. 다음 예제를 통해 학습해 보자.

예제 14-3

치과병원에 의료기기를 공급하는 ㈜이쁜이는 세 개의 부문(부문 A, 부문 B, 부문 C)을 이익중심점으로 설정하여 운영하고 있다. 최근 의료기기 산업에 경쟁이 치열해짐에 따라, 이 회사의 최고경영진은 회사의 장기적인 경쟁력이 고객만족도에 달려 있다고 판단하여 각 부문 관리자의 성과평가에 고객만족도를 새로이 반영하기로 하였다. 이에 따라, 각 부문 관리자의 보너스로, 고정연봉의 10%를 지급하고, 영업이익이 1% 증가할 때 고정연봉의 1%를 보너스로 지급하고, 고객만족도가 1% 증가할 때 고정연봉의 0.5%를 지급하기로 하였다. 표 14-14는 세 부문의 20X5년과 20X6년의 균형성과표 실적을 나타낸 것이다. 각 부문 관리자의 20X6년도 보너스를 계산하고, 새로운 성과평가방법이 어떤 문제점이 있을 수 있는지 생각해보자.

표 14-14 ㈜이쁜이의 20X5년, 20X6년 이익중심점별 주요 실적

	부문 A		부문 B		부문 C	
	20X5년	20X6년	20X5년	20X6년	20X5년	20X6년
영업이익(억원)	250	245	210	214.2	280	316.4
고객만족도(1점 만점)	0.71	0.8236	0.685	0.73295	0.705	0.7191

세 부문의 영업이익과 **고객만족도**의 변화율 및 추가 보너스비율을 계산하면 표 14-15와 같다. 추가 보너스비율은 기본연봉의 10%에서 추가적으로 반영되는 보너스의 비율이다.

표 14-15 (주)이쁜이의 20X6년 이익중심점별 주요 성과와 추가 보너스비율

(단위 : %)

	부문 A	부문 B	부문 C
(1) 영업이익 증가율	−2	2	13
(2) 고객만족도 증가율	16	7	2
(3) 추가 보너스비율(=(1)+0.5×(2))	6	5.5	14

세 부문의 성과를 살펴보면, 영업이익 증가율과 고객만족도 증가율이 역의 관계에 있다는 것을 알 수 있다. 고객만족도 증가율이 높을수록 영업이익 증가율이 낮다는 것으로, 고객만족도를 높이면 영업이익이 반드시 감소한다는 것을 의미하는 것은 아니다. 부문 B와 부문 C는 영업이익과 고객만족도가 모두 증가했으나, 부문 A는 고객만족도 증가율이 가장 높지만, 영업이익이 감소한 경우이다.

부문 A의 영업이익 감소는 부문 A가 고객만족도에 대해 과다하게 투자했다는(예 과다한 접대활동 등) 것을 의미할 수도 있다. 긍정적인 시각에서 보면, 고객만족도에 대한 투자는 단기적으로 영업이익의 증가로 나타나지 않을 수 있으므로, 부문 A의 고객만족도에 대한 투자가 장기적으로 바람직할 수도 있다. 따라서 영업이익 감소 이유에 대한 추가적인 분석을 통해 새로운 보상제도에 문제점이 없는지 검토할 필요가 있다.

부문 A와 부문 B를 비교하면, 부문 B는 영업이익과 고객만족도 모두 전년도보다 증가했지만, 보너스는 부문 A보다 오히려 적다. 따라서 경영진은 고객만족도가 보너스에서 차지하는 비중이 적절한지를 검토할 필요가 있다.

고객만족도에 대한 투자는 회사의 중요한 전략이지만, 부문 A의 영업이익이 전년도보다 감소한 것은 경영진이 우려해야 할 사항일 수 있다. 어떤 성과지표에서 실적이 전년보다 나빠지는 것이 장기적으로 기업 수익성에 미치는 부정적인 영향은 좋은 실적이 미치는 긍정적인 영향보다 훨씬 클 수도 있다. 따라서 전년보다 실적이 증가하는 데 대한 보상보다 실적이 감소하는 데 대한 페널티를 더 높이 부과하는 것도 검토할 수 있다(예 영업이익 증가에 대해 +1%, 감소에 대해 −2%).

마지막으로, 전년도 영업이익과 고객만족도를 기준으로 보너스를 지급하는 규정은 각 부문 관리자의 성과를 올바로 반영하지 못할 수도 있다. 각 부문의 특성, 경쟁환경 및 고객특성이 반영되지 않기 때문이다. 따라서 부문별로 영업이익과 고객만족도 향상에 대한 목표치를 부여하고 이를 기준으로 성과를 평가하면, 각 부문 관리자의 성과를 좀 더 공정하게 평가하는 데 도움이 될 수 있다.

이처럼 어떤 성과지표와 평가제도도 완벽할 수 없다. 상위 관리자는 하위 관리자를 적절히 모니터링하여, 제도의 역기능을 최소화하도록 노력해야 한다.

7. 조직평가와 개인평가의 구분

조직의 성과평가와 조직 관리자의 성과평가는 구분해야 한다. 예를 들어, 유능한 임원이 적자부문에 투입되어 적자 폭을 대폭 줄인 경우, 해당 부문의 성과는 여전히 나쁜 상태이지만 해당 임원의 성과는 높이 평가받아야 할 것이다.

또한 부문 경영자가 통제할 수 없는 환경요인으로 인해 해당 부문의 성과가 나쁜 경우에도, 유사한 환경요인에 처한 다른 부문들의 성과보다 나은 경우에는 해당 부문 경영자의 성과는 나쁘다고 할 수 없다.

조직에 대한 평가는 산출(output)(실적)에 대한 평가이지만, 개인에 대한 평가는 기본적으로 개인의 노력을 유도하기 위한 것으로서 투입(input)에 대한 평가가 바람직하다. 개인평가에서 종종 산출을 기준으로 평가하는 것은 관찰이 가능한 산출을 평가함으로써 관찰하기 어려운 투입(노력)을 유도하기 위한 것이다.

따라서 **개인 성과평가지표**는 조직의 성과지표를 그대로 사용하기보다, 개인의 노력에는 민감하지만, 환경의 영향은 덜 받는 성과지표들을 사용하는 것이 바람직하다(보론 참고). 비재무적 성과지표들은 재무적 성과지표보다 개인의 통제가능성이 더 높아 개인의 노력에 더 민감하게 반응하는 경우가 많고, 신속한 피드백이 가능하다는 장점이 있다. 또한 비재무적 성과지표들은 관리자가 장기적이고 지속적인 성과에 관심을 가지도록 유도하는 긍정적인 역할을 한다[16].

---

16 기업의 고위 경영층이 기업의 장기적인 성과에 관심을 가지도록 유도하기 위한 대표적인 방안으로는 일정 기간 내에 회사의 주식을 미리 정해진 가격에 살 수 있는 권한을 부여하는 스톡옵션 제도와 일정 조건하에 주식을 지급하기로 약정하고 일정 기간이 지난 뒤에 주식을 지급하는 양도제한조건부주식(RSU)제도가 있다.

[보론] 성과에 대한 보상과 대리인 이론

현대 기업경영 구조의 특징 중 하나는 기업의 주주가 경영에 직접 관여하지 않고 전문경영인에게 경영을 의뢰하는 **소유와 경영의 분리**(separation of ownership and control)이다. **대리인 이론**(agency theory)은 소유와 경영의 분리로 인해 발생하는 여러 가지 현상을 다루는 대표적인 이론으로서, 개인(대리인)에 대한 평가와 보상에 관한 중추적인 이론으로 자리 잡고 있다.

대리인 이론에서 기업의 주주는 **주인**(principal)이며, 경영자는 주주를 대리하여 기업을 경영하는 **대리인**(agent)이다. 기업 내부적으로, 최고경영자는 모든 일을 직접 수행하지 않고 부문 경영자들에게 전문적인 일을 위임하는 체계로서, 이제 최고경영자가 주인의 역할을 하고, 부문 경영자들이 대리인의 역할을 하게 된다. 이러한 주인-대리인 관계는 조직 말단까지 연쇄적으로 이어진다.

대리인 이론의 기본 전제는 대리인은 주인의 행복(효용)이 아닌 자신의 행복(효용)을 추구하는 합리적인 사람으로서, 돈(money)은 좋아하지만 노력(effort)은 싫어한다는 것이다. 이로 인해 발생하는 문제를 주인-대리인 문제 또는 **대리인 문제**(agency problem)라고 한다. 대리인 문제로 각종 비용이 발생하고 기업가치의 하락이 발생할 수 있는데, 이를 **대리인 비용**(agency costs)이라고 한다.

대리인 문제를 줄이기 위해서는 대리인에 대해 적절한 감독(monitoring)을 실시하는 한편, 바람직한 성과에 대해 금전적 인센티브를 부여하는 **유인계약**(incentive contracts)을 체결해야 한다. 대리인 이론의 핵심 사항은 다음과 같다.

기업의 성과는 대리인의 노력과 대리인이 통제할 수 없는 내외부적 환경(예 기계고장, 경쟁기업, 시장수요, 환율, 유가, 경기)에 의해 결정된다. 따라서 대리인이 많은 노력을 투입하더라도 성과는 낮을 수도 있다(마치 농부가 열심히 농사를 짓더라도 태풍이 불어 수확이 낮아질 수 있는 것처럼). 그러나 같은 환경에서는 대리인이 노력을 많이 투입할수록 더 좋은 성과가 나올 가능성이 크다(이것은 태풍이 불어도 마찬가지이다).

따라서 대리인의 노력을 유도할 수 있도록 금전적 보상체계가 설계되어야 한다. 주인이 대리인의 노력을 유도하기 위해서는 투입한 노력 자체에 대해 보상하는 것이 바람직하지만, 일반적으로 주인은 대리인이 투입한 노력과 주변 환경에 대해 극히 제한적으로만 관찰할 수 있는 **정보불균형**(information asymmetry) 상태에 처해 있다[17].

17 대리인의 노력을 직접 관찰할 수 있거나, 결과를 통해 대리인의 노력을 직접 추정할 수 있는 경우(예 생산직 근로자의 제품 생산량)에는 대리인 노력을 그대로 반영해서 보상하면 되기 때문에 대리인의 노력을 유도하는 것이 어렵지 않다.

이런 맥락에서, 대리인에 대한 보상계약은 두 가지 요소에 의해 제약된다. 대리인이 노력을 투입한 후 나타나는 성과에 대한 불확실성(uncertainty)과 대리인의 노력에 대한 **관찰의 어려움(lack of observability)** 이다. 따라서 주인과 대리인 간의 보상계약은 투입(input)인 노력 대신에 양자가 관찰할 수 있는 성과(output)에 기초하여 체결할 수 있다. 성과 중에서도 대리인의 노력에 대한 정보를 많이 담고 있는 성과, 즉 대리인의 노력에 민감한 성과들(예 매출, 이익, 시장점유율)에 대해 가중치를 많이 부여하는 방식으로 보상계약을 맺는 것이 대리인의 노력을 유도하고, 대리인이 받는 보상에 대한 불확실성을 낮춰준다. 이를 **정보성의 원리(informativeness principle)**라고 한다.

그럼에도 불구하고, 성과지표들은 대리인의 노력을 완벽하게 반영하지는 못한다. 대리인이 많은 노력을 투입하더라도 성과가 매우 낮을 수도 있으며(태풍을 생각하라!), 반대로 대리인이 적은 노력을 투입하더라도 환경이 우호적일 때는 성과가 좋을 수도 있다. 이처럼 대리인 보상에 사용할 수 있는 성과지표들은 대리인이 통제할 수 없는 환경요인들의 영향을 받는다는 문제가 있다.

환경요인은 성과에 대한 불확실성을 초래하며, 성과에 기반을 둔 대리인의 보상수준도 불확실하게 만든다. 대리인의 관점에서 보상수준의 불확실성은 위험(risk) 요소이다. 대리인은 주인과 달리 **위험회피형(risk-averse)** 사람들이며, 자신에 대한 보상이 자기가 통제할 수 없는 요인들의 영향을 받아 불확실해지는 위험을 싫어한다.

이로 인해 두 가지 문제가 발생할 수 있다. 첫째, 대리인이 처하는 위험에 대해 금전적으로 보상을 해줘야 한다. 둘째, 대리인이 경영 의사결정을 내릴 때, 주인에게 바람직하지 않은 방식으로 위험을 회피하는 보수적인 의사결정을 내릴 수 있다[18].

이러한 상황에서 주인은 다음 세 가지 형태의 보상체계를 고려할 수 있다.

- 첫째는 대리인이 성과 불확실성으로 인한 위험(risk)에 노출되지 않도록 **고정급(salary)**만 지급하는 것이다. 고정급의 문제는 주인이 대리인의 노력을 관찰하기 어려운 상황에서는 대리인이 노력을 투입할 직접적인 유인이 없다는 것이다. 따라서 대리인은 주인이 원하는 수준보다 낮은 수준의 노력을 투입하게 된다. 이런 문제를 **도덕적 해이(moral hazard)**라고 한다.
- 둘째는 대리인의 노력을 유도하기 위해 고정급을 없애고 **성과급(bonus)**만 지급하는 것이다. 이 보

18 일반적으로, 주인은 대리인에 비해 위험을 덜 싫어한다. 주주는 여러 회사의 주식을 사서 포트폴리오를 구성할 수 있고 최고경영자는 회사 내에 여러 사업이 있어서, 위험을 분산할 수 있다. 따라서 주인은 일반적으로 위험중립적(risk-neutral)이라고 간주한다(위험에 대한 태도와 의사결정은 제5장 불확실성하의 의사결정 참고).

상체계는 환경으로 인한 불확실성의 영향을 대리인에게 완전히 전가함으로써 대리인의 노력을 최대한 유도할 수 있으나, 대리인은 보상수준의 높은 불확실성으로 인해 막대한 위험(risk)에 처하게 된다는 문제점이 있다. 따라서 주인은 대리인이 처한 위험에 대한 보상으로 대리인이 받게 될 보상수준의 기대치를 더 높이 설정해줘야 한다. 이 기대치와 고정급으로 지급할 경우의 확정금액의 차이를 **위험프리미엄**(risk premium)이라고 한다. 주인 관점에서 이 위험프리미엄은 대리인의 노력을 유도하기 위해 불가피하게 발생시키는 추가적인 비용이다[19].

- 셋째는 대리인에게 지급해야 하는 위험프리미엄을 줄이기 위해 보상의 일정 부분은 고정급을 지급하고, 나머지는 성과급으로 지급하는 것이다. 위 두 번째 방안과 달리, 주인과 대리인이 **위험을 분담하는**(risk-sharing) **방식**이라 할 수 있다. 이 방안은 대리인의 도덕적 해이를 줄이면서, 대리인을 위험에 노출함으로 인해 지급해야 하는 위험프리미엄을 줄일 수 있다는 장점이 있다. 대부분의 기업들은 경영진과 관리자들에 대한 보상으로 이 방식을 채택하고 있다.

보상계약에서 대리인의 노력에 민감한 성과지표를 찾기 어려운 경우(예 기업의 관리부서 직원, 공무원)에는 세 가지 방안 중에서 고정급 형태가 바람직하며, 대리인의 노력을 관찰하기 어렵지만, 대리인의 노력에 민감한 성과지표를 찾을 수 있는 경우(예 판매직 사원의 판매액)에는 성과급의 비중을 높이는 것이 바람직하다.

대리인에 대한 보상에 환경의 영향을 최대한 배제하고 대리인의 노력을 최대한 반영하기 위한 또 다른 방안으로는 **상대적 성과평가**(RPE, Relative Performance Evaluation)가 있다. 이 방안은 해당 기업과 유사한 환경에 노출되어 있는 동료 기업들(peer firms)의 성과를 참고하여 평가하는 것이다. 대체로 동료 기업은 동종 업종에서 규모가 유사한 기업이 대상이 된다. 여기서 동료 기업의 성과는 해당 기업의 성과평가에 반대로 작용하게 된다.

동종 산업에 속한 유사한 규모의 기업들은 외부 환경의 영향을 유사하게 받을 수 있다. 예를 들어, 국제유가가 상승하면 석유화학업종 기업의 성과가 함께 좋아지고, COVID-19 유행 기간에 대부분의 공연, 외식업체들의 성과가 함께 나쁠 수 있다. 따라서 동료 기업들의 성과가 높은 경우에는 해당 기업의

19 고정급으로 5천만 원의 연봉으로 주는 甲 회사와 전적으로 성과급으로만 3천만 원부터 7천만 원 사이의 연봉을 주는 乙 회사 중에 어느 회사에서 일할 것인가(투입하는 노력은 같다고 가정)? 乙 회사가 위험을 회피하는 사람들을 채용하기 위해서는 성과급 연봉이 지금보다 높은 4천만 원부터 8천만 원 사이가 되도록 해야 할 수도 있다. 이로 인해 乙 회사가 지급하게 될 연봉의 기댓값이 6천만 원이라면, 甲 회사와 비교하여 1천만 원을 위험프리미엄으로 지급하는 것이다. 이것은 주주(위험중립적) 입장에서 비용이라 할 수 있다.

성과가 높더라도 우호적인 환경의 영향으로 인한 것일 가능성이 있고, 반대로 동료 기업들의 성과가 낮은 경우에는 해당 기업의 성과가 낮더라도 불리한 환경의 영향으로 인한 것일 수 있다. 기업의 성과를 유사한 환경에 놓인 동료 기업들의 성과와 상대적으로 비교하면, 대리인이 투입한 노력(effort)에 대해 더 정확하게 추정할 수 있게 된다. 상대적 성과평가는 기업 최고경영자 평가는 물론, 하부 단위조직의 관리자 평가에도 사용할 수 있다. 부문 간의 상대평가가 대표적인 예이다.

관련 사례

부문, 계열사평가에서 EVA 사용

"수익률 18% 안 되면 사업정리" … 삼성, 요구수익률제 도입 – 매일경제(mk.co.kr)

EVA 기준의 성과급

'성과급 논란' SK하이닉스, EVA 비공개 고수 … 직원 달래기 나서 – 이코노믹데일리(economidaily.com)

동종업계 실적 차이에 따른 성과급 차이

"삼성 · KB 더 받고, 현대 · DB 줄었다" … 보험사, '보너스시즌' 결말 – 머니S(moneys.co.kr)

전문경영자의 대리인 문제 통제

삼성 위기에 2인자 정현호 영향력 '막강' – 뉴스토마토(newstomato.com)

연습문제

객관식

01 투자중심점에 대한 이해 (2009 CPA)

투자중심점(investment center)의 투자성과 평가지표에 관한 다음의 설명 중 가장 타당하지 않은 것은?

① 투자수익률(ROI, Return on Investment)은 투하자본에 대한 투자이익의 비율을 나타내는 수익성 지표이며, 매출이익률에 자산회전율을 곱하여 계산할 수 있다.
② 투자수익률은 기업의 여러 투자중심점의 성과를 비교하는 데 유용할 수 있지만, 투자수익률의 수준이 투자중심점 경영자의 성과평가기준으로 사용될 경우에는 목표불일치 문제를 야기할 수 있다.
③ 잔여이익에 의한 투자중심점 성과평가는 투자수익률에 의한 준최적화 문제를 해결할 수 있으며, 각기 다른 투자규모의 투자중심점들의 성과를 잔여이익에 의하여 직접적으로 비교·평가할 수 있는 장점이 있다.
④ 경제적 부가가치(EVA, Economic Value Added)는 세후 영업이익에서 투하자본에 대한 자본비용을 차감하여 계산할 수 있다.
⑤ 경제적 부가가치의 관점에서는 영업이익이 당기순이익보다 기업의 경영성과를 평가하는 데 유용한 지표라고 본다.

02 투자수익률과 잔여이익 비교 (2015 CPA)

㈜한국의 엔진사업부는 단일의 제품을 생산·판매하는 투자중심점이다. ㈜한국의 최근 몇 해 동안의 투자수익률(ROI)은 평균 20%이며, 자본비용(즉, 최저필수수익률)은 15%이다. 다음은 20X1 회계연도 ㈜한국의 엔진사업부에 관한 예산자료이다.

• 엔진사업부의 연간 총고정원가	₩200,000
• 제품 단위당 변동원가	₩100
• 제품의 연간 생산·판매량	1,000단위
• 엔진사업부에 투자된 평균영업자산	₩500,000

㈜한국의 CEO는 엔진사업부 경영자의 성과평가측정치로 투자수익률 혹은 잔여이익(residual income)을 고려 중이다. 만약 투자수익률이 채택되는 경우, 엔진사업부 경영자가 불리한 평가를 받지 않기 위해서는 20X1 회계연도에 20% 이상의 투자수익률을 달성하여야 한다. 만약 잔여이익이 채택되는 경우, 20X1 회계연도에 엔진사업부가 음(−)의 잔여이익을 창출하게 되면 유리한 성과평가를 받을 수 없게 된다. ㈜한국이 엔진사업부의 성과평가측정치로 투자수익률 혹은 잔여이익을 사용하게 되는 각각의 경우에 대해, 엔진사업부 경영자가 20X1 회계연도에 불리한 평가를 받지 않기 위해 책정하여야 하는 제품 단위당 최소평균판매가격은 얼마인가?

	투자수익률을 사용하는 경우	잔여이익을 사용하는 경우
①	₩375	₩380
②	₩375	₩390
③	₩375	₩400
④	₩400	₩375
⑤	₩400	₩390

03 경제적 부가가치의 계산 (2006 CPA)

다음은 ㈜누리의 남부 사업부와 중부 사업부의 대차대조표와 손익계산서 자료의 일부이다.

	남부 사업부	중부 사업부
총자산	₩2,000,000	₩10,000,000
유동부채	500,000	3,000,000
세전영업이익	250,000	2,000,000

㈜누리의 가중평균자본비용 계산에 관련된 자료는 다음과 같다.

장기부채	시장가치 ₩7,000,000	이자율 10%
자기자본	시장가치 7,000,000	자본비용 14%

법인세율은 40%이다. 남부 사업부와 중부 사업부의 경제적 부가가치(EVA)는 얼마인가? (단, 각 사업부에는 동일한 가중평균자본비용을 적용한다.)

	남부 사업부	중부 사업부
①	₩100,000	₩130,000
②	₩50,000	₩130,000
③	₩0	₩500,000
④	₩50,000	₩200,000
⑤	₩100,000	₩200,000

04 경제적 부가가치의 계산 (2010 CPA)

㈜한해는 당기 초부터 고객에 대한 신용매출 기간을 3개월에서 6개월로 연장하는 판매촉진정책을 실시하였다. 그 결과 당기에는 전기에 비해 매출액과 세후이익이 모두 증가하였고, 재고자산과 매출채권은 각각 ₩4,000과

₩3,500만큼 증가하였다. 회사가 제시한 비교손익계산서와 법인세율 및 자본비용(cost of capital)은 다음과 같다.

항 목	당 기	전 기	증 감
매출액	₩275,000	₩250,000	10% 증가
차감			
매출원가	₩192,500	₩175,000	
판매관리비	55,000	50,000	
이자비용	1,400	1,400	
세전이익	₩26,100	₩23,600	
법인세비용	9,135	8,260	
세후이익	₩16,965	₩15,340	10.6% 증가
법인세율	35%	35%	
자본비용	15%	15%	

새로운 판매촉진정책의 실시로 인하여 당기의 경제적 부가가치(EVA, Economic Value Added)는 전기에 비해 얼마만큼 증가(혹은 감소)하였는가? (단, 세후 영업이익에 대한 추가적인 조정은 없으며 재고자산과 매출채권 이외에 투하자본(invested capital)의 변동은 없다고 가정한다.)

① ₩825 감소　② ₩1,400 감소　③ ₩500 증가
④ ₩1,125 증가　⑤ ₩1,625 증가

05 책임중심점에 대한 이해 (2007 CPA)
책임중심점(responsibility center)의 설계 및 성과평가 방법에 대한 다음 내용 중 가장 옳은 것은?

① 서비스 지원부서와 같은 비용중심점(expense center)에서는 서비스를 소비하는 부서로부터 그 사용 대가를 징수하지 않는 것이 서비스의 과소비를 줄이는 데 효과적이다.
② 어떤 부서의 원가함수에 관한 지식을 본부가 알 수 없을 때에는 그 부서를 원가중심점으로 설정하는 것이 그 부서를 통제하는 데 효과적이다.
③ 투자수익률과 같은 비율척도로 투자중심점의 성과를 평가할 경우 회사 전체의 이익극대화와 상충될 수 있다.
④ 책임중심점의 성과를 평가할 때 원칙적으로 통제가능 여부에 관계없이 관련된 모든 업무에 대해 책임을 물어야 한다.
⑤ 투자중심점의 성과평가 척도의 하나로 사용되는 경제적 부가가치는 세후 영업이익에서 부채에 대한 이자비용을 차감한 금액이다.

06 잔여이익의 계산 2016 CPA

㈜한국의 투자중심점인 A사업부의 지난해 영업과 관련된 자료는 다음과 같다.

매출액	₩1,000,000
총변동원가	₩300,000
공헌이익	₩700,000
총고정원가	₩500,000
영업이익	₩200,000
평균영업자산	₩625,000

A사업부가 새로운 투자기회를 고려하지 않는다면, A사업부의 당기 성과와 평균영업자산은 지난해와 동일한 수준을 유지할 것이다. 그러나 당기에 A사업부가 고려 중인 투자안에 연간 평균 ₩120,000만큼 투자하게 되면, 이 새로운 투자안으로부터 예상되는 연간 수익, 원가 및 공헌이익률 관련 자료는 다음과 같다.

매출액	₩200,000
총고정원가	₩90,000
공헌이익률	60%

투자안의 채택 여부를 결정할 때 회사 전체와 각 사업부에 적용되는 최저필수수익률은 15%이다. 만약 A사업부가 새로운 투자안을 채택한다면, A사업부의 올해 예상되는 잔여이익(residual income)은 얼마인가?

① ₩106,250　② ₩110,450　③ ₩118,250
④ ₩121,450　⑤ ₩124,450

07 잔여이익과 경제적 부가가치 비교 2023 CPA

㈜대한의 A사업부는 단일제품을 생산 및 판매하는 투자중심점이다. A사업부에 대해 요구되는 최저필수수익률은 15%, 가중평균자본비용은 10%, 그리고 법인세율은 40%이다. 다음은 20X3년도 ㈜대한의 A사업부에 관한 예산자료이다.

- A사업부의 연간 총고정원가는 ₩400,000이다.
- 제품 단위당 판매가격은 ₩550이다.
- 제품 단위당 변동원가는 ₩200이다.
- 제품의 연간 생산 및 판매량은 각각 2,000단위이다.
- A사업부에 투자된 평균영업자산과 투하자본은 각각 ₩1,000,000이다.

A사업부의 잔여이익(RI)과 경제적 부가가치(EVA)는 각각 얼마인가?

	잔여이익	경제적 부가가치
①	₩150,000	₩80,000
②	₩150,000	₩90,000
③	₩150,000	₩100,000
④	₩140,000	₩80,000
⑤	₩140,000	₩90,000

08 책임회계에 대한 이해 (2002 세무사)

분권화와 책임회계, 성과평가와 관련하여 다음의 설명 중에서 가장 적절한 것은?

① 분권화(decentralization)로부터 얻을 수 있는 효익으로 내부이전가격의 신속한 결정을 들 수 있다.
② 원가중심점은 특정 원가의 발생에만 통제책임을 지는 책임중심점으로 판매부문이 한 예가 될 수 있다.
③ 하부경영자가 자신의 성과측정치를 극대화할 때 기업의 목표도 동시에 극대화될 수 있도록 하부경영자의 성과측정치를 설정해야 하는데, 이를 목표일치성(goal congruence)이라고 한다.
④ 잔여이익(residual income)이 갖고 있는 준최적화(sub-optimization)의 문제점을 극복하기 위하여 투자수익률이라는 개념이 출현하였다.
⑤ 투자수익률법은 투자규모가 다른 투자중심점을 상호 비교하기가 어렵다는 문제점이 있는 반면에 잔여이익법에는 이런 문제점이 없다.

09 ROI, RI, EVA에 대한 이해 (2007 세무사)

투자수익률(ROI), 잔여이익(RI) 및 경제적 부가가치(EVA)에 대한 설명으로 옳지 않은 것은?

① ROI를 전문경영자의 보상평가기준으로 사용한다면 대리인비용이 절감되고 투자안의 경제성 평가기준으로 사용될 수 있다.
② EVA는 타인자본비용뿐만 아니라 자기자본비용도 고려하여 산출한다.
③ EVA는 주주의 입장에서 바라보는 이익개념으로 기업고유의 영업활동에서 창출된 순가치의 증가분을 의미한다.
④ ROI는 회사 전체적으로 채택하는 것이 유리한 투자안을 부당하게 기각할 가능성이 있지만, RI와 EVA는 그럴 가능성이 없다.
⑤ RI는 ROI의 단점인 준최적화현상을 보완하기 위하여 개발되었다.

10 투자수익률 비교 (2012 세무사)

㈜국세는 분권화된 세 개의 사업부(X, Y, Z)를 운영하고 있다. 이들은 모두 투자중심점으로 설계되어 있으며, ㈜국세의 최저필수수익률은 20%이다. 각 사업부와 관련된 정보는 다음과 같다.

	X	Y	Z
자산회전율	4회	6회	5회
영업이익	₩400,000	₩200,000	₩210,000
매출액	₩4,000,000	₩2,000,000	₩3,000,000

투자수익률(ROI)이 높은 사업부 순서대로 옳게 배열한 것은?

① X > Y > Z ② X > Z > Y ③ Y > X > Z
④ Y > Z > X ⑤ Z > Y > X

11 잔여이익 계산 (2004 세무사)

공주㈜의 甲사업부의 작년도 ROI는 15%였다. 甲사업부의 최저필수수익률은 10%이다. 만약 작년도 甲사업부의 평균영업용자산이 ₩450,000이었다면 잔여이익은 얼마였겠는가?

① ₩67,500 ② ₩22,500 ③ ₩37,500
④ ₩45,000 ⑤ ₩35,000

12 목표 투자수익률에 대한 이해 (2007 세무사)

대한전자의 제1사업부는 에어컨을 생산·판매하고 있다. 대한전자의 제1사업부는 투자중심점으로 운영되며, 사업부장의 성과는 투자수익률(ROI)에 근거하여 평가한다.

제1사업부의 목표 투자수익률은 15%이다. 1년 동안 대한전자의 제1사업부와 에어컨의 생산·판매에 관한 예상자료는 다음과 같다.

• 제1사업부 연간 총고정비	₩2,000,000,000
• 에어컨 단위당 변동비	₩300,000
• 에어컨 연간 판매대수	5,000대
• 제1사업부 평균 총자산	₩3,000,000,000

제1사업부의 사업부장이 목표 투자수익률을 달성하기 위한 에어컨의 단위당 최소판매가격은 얼마인가?

① ₩700,000 ② ₩720,000 ③ ₩750,000
④ ₩790,000 ⑤ ₩820,000

13 투자중심점에 대한 성과평가 2014 세무사

㈜세무는 전자제품을 생산·판매하는 회사로서, 세 개의 사업부 A, B, C는 모두 투자중심점으로 설계·운영되고 있다. 회사 및 각 사업부의 최저필수수익률은 20%이며, 각 사업부의 20X1년도 매출액, 영업이익 및 영업자산에 관한 자료는 다음과 같다.

	사업부 A	사업부 B	사업부 C
매출액	₩400,000	₩500,000	₩300,000
영업이익	32,000	30,000	21,000
평균영업자산	100,000	50,000	50,000

현재 사업부 A는 ₩40,000을 투자하면 연간 ₩10,000의 영업이익을 추가로 얻을 수 있는 새로운 투자안을 고려하고 있다. 이 새로운 투자에 소요되는 예산은 현재의 자본비용 수준으로 조달할 수 있다. ㈜세무가 투자수익률 혹은 잔여이익으로 사업부를 평가하는 경우, 다음 설명 중 옳지 않은 것은?

① 투자수익률로 사업부를 평가하는 경우, 20×1년에는 사업부 B가 가장 우수하다.
② 잔여이익으로 사업부를 평가하는 경우, 20×1년에는 사업부 B가 가장 우수하다.
③ 잔여이익으로 사업부를 평가하는 경우, 사업부 A의 경영자는 동 사업부가 현재 고려 중인 투자안을 채택할 것이다.
④ 투자수익률로 사업부를 평가하는 경우, 사업부 A의 경영자는 동 사업부가 현재 고려 중인 투자안을 채택할 것이다.
⑤ 투자수익률 혹은 잔여이익 중 어느 것으로 사업부를 평가하는 경우라도, 회사 전체 관점에서는 사업부 A가 고려 중인 투자안을 채택하는 것이 유리하다.

14 투자중심점에 대한 이해 2015 세무사

성과평가 및 보상에 관한 설명으로 옳은 것은?

① 투자이익률(ROI, Return on Investment)은 사업부 또는 하위 사업단위의 성과평가에 적용될 수 있으나, 개별 투자안의 성과평가에는 적용되지 않는다.
② 잔여이익(RI, Residual Income)은 영업이익으로부터 산출되며, 평가대상의 위험을 반영하지 못한다.
③ 투자이익률(ROI)에 비해 잔여이익(RI)은 투자규모가 서로 다른 사업부의 성과를 비교·평가하기가 용이하다.
④ 상대평가에 비해 절대평가는 인구, 경제상황, 규제정책 등 공통의 통제 불가능한 요소가 성과평가에 미치는 영향을 제거하기 쉽다.
⑤ 경영자가 장기적 성과에 관심을 갖도록 동기부여하기 위해 회사의 주가를 기준으로 보상을 결정하는 방법이 있다.

15 사업부 잔여이익 비교 (2010 세무사)

㈜강릉은 다음과 같은 3개의 사업부(A, B, C)를 갖고 있다. 다음 자료를 이용하여 각 사업부를 잔여이익으로 평가했을 때 성과가 높은 사업부 순서대로 옳게 배열한 것은?

구 분	A	B	C
투자액	₩1,300,000	₩1,200,000	₩1,500,000
영업이익	300,000	330,000	350,000
최저필수수익률	15%	19%	16%

① C > A > B ② C > B > A ③ B > A > C
④ A > C > B ⑤ A > B > C

16 사업부 성과평가 비교 (2000 세무사)

㈜서울에는 A와 B의 두 개의 사업부가 있는데 다음은 성과평가와 관련된 자료이다.

구 분	A부문	B부문
투자액	2,000억원	4,000억원
순이익	400억원	720억원

㈜서울이 사업부의 평가를 투자수익률, 잔여이익으로 평가하는 경우 어떠한 평가가 이루어지겠는가?

① 투자수익률로 평가하는 경우에는 A부문, 잔여이익으로 평가하는 경우에는 B부문이 각각 더 우수한 결과가 나온다.
② 투자수익률로 평가하는 경우에는 B부문, 잔여이익으로 평가하는 경우에는 A부문이 각각 더 우수한 결과가 나온다.
③ A부문이 투자수익률이나 잔여이익 모두 더 우수하다는 결과가 나온다.
④ B부문이 투자수익률이나 잔여이익 모두 더 우수하다는 결과가 나온다.
⑤ A부문과 B부문 모두 성과의 차이가 없다.

17 잔여이익 계산 (2001 세무사)

㈜서울의 A부문의 2001년도 회계자료는 아래와 같다.

매출	₩1,000,000
변동비	600,000
고정비(추적가능원가)	100,000
평균투자자본	200,000
부가이자율(최저필수수익률)	6%

위의 자료에 따라 잔여이익을 구하면 얼마인가?

① ₩168,000 ② ₩202,000 ③ ₩288,000
④ ₩312,000 ⑤ ₩420,000

18 EVA 계산 2021 세무사

㈜세무는 사업부의 성과를 평가하기 위해 각 사업부의 EVA(경제적 부가가치)를 계산하려고 하는데, 사업부 중 한 곳인 남부 사업부의 재무상황은 총자산 ₩2,000,000, 유동부채 ₩500,000, 영업이익 ₩400,000이다. ㈜세무의 두 가지 자금원천 중 하나인 타인자본의 시장가치는 ₩6,000,000이고, 그에 대한 이자율은 10%이다. 나머지 원천인 자기자본의 시장가치는 ₩9,000,000이고 그에 대한 자본비용은 15%이다. ㈜세무에게 적용되는 법인세율은 40%이다. 각 사업부의 EVA 계산은 기업 전체의 가중평균자본비용을 적용한다. 이러한 상황에서 계산된 남부 사업부의 EVA는?

① ₩58,000 ② ₩69,000 ③ ₩72,000
④ ₩74,000 ⑤ ₩78,000

19 최저수익률 계산 2021 감정평가사

㈜감평은 평균영업용 자산과 영업이익을 이용하여 투자수익률과 잔여이익을 산출하고 있다. ㈜감평의 20X1년 평균영업용 자산은 ₩2,500,000이며, ROI는 10%이다. ㈜감평의 20X1년 RI가 ₩25,000이라면 최저필수수익률은?

① 8% ② 9% ③ 10%
④ 11% ⑤ 12%

주관식

01 투자성과지표 비교 (2000 CPA 수정)

㈜명성은 교육기자재 도매업을 하고 있다. 지점에 근무하는 사업부장은 고객을 다음과 같이 A, B, C, D로 구분하여 관리한다. (단위 : 천원)

	A	B	C	D
1. 매출액	6,000	4,000	5,000	15,000
2. 매출원가	4,500	3,000	3,750	11,250
3. 매출총이익	1,500	1,000	1,250	3,750
4. 영업이익				
(1) 운반비용	70	70	25	165
(2) 주문처리비용	80	130	30	240
(3) 감가상각비	50	60	40	150
(4) 임차료	100	140	160	400
(5) 고객유지비	140	150	20	310
(6) 포장비용	60	200	25	285
(7) 일반관리비	120	80	100	300
(8) 본사관리비	180	120	150	450
소계	800	950	550	2,300
5. 영업이익	700	50	700	1,450
6. 투하자본	3,900	2,000	6,100	12,000

요구사항

▸ 물음 1. 사업부의 성과평가가 투하자본에 대한 투자수익률(ROIC, Return of Invested Capital)로 이루어지고 있는데 당 지점은 고객 E를 받아들일 것인가? 고객 E를 받아들이면 지점의 총영업이익은 ₩1,800,000이 되고 고객 E에 대한 투하자본은 ₩3,200,000이다. 또 이 결정은 회사 전체에 어떤 영향을 미치겠는가? (단, 회사 전체의 최저필수수익률은 10%이다.)

▸ 물음 2. 각 고객별로 RI를 구하여라. (단, 최소필수수익률은 물음 1의 가정을 사용하라.)

▸ 물음 3. A고객에 대한 투하자본의 구성은 타인자본비용 12%로 총자본 중 35%를 차지하고 자기자본비용 10%로 총자본 중 65%이다. 법인세율이 40%일 때 A고객의 매출액 ₩100당 EVA는 얼마인가?

02 EVA 계산 (2016 CPA 수정)

20X1년 초 ㈜한국의 K사업부는 설비자산(취득원가 ₩5,400,000, 내용연수 3년, 잔존가치 ₩0)을 구입하여 가동하는 투자안을 검토하고 있다. 이 투자안의 실행을 통해 달성할 것으로 예상되는 연도별 EVA는 다음과 같다.

구 분	20X1	20X2	20X3
EVA	₩464,000	₩446,000	₩388,000

- EVA는 연도별 영업이익에서 투자대상 설비자산의 기초장부금액에 요구수익률을 곱한 금액을 차감하여 계산한다.
- 20X1년 초 설비자산 구입 이외의 모든 현금 흐름은 전액 연도말에 발생한다고 가정하고 모든 세금효과는 무시한다.
- 연도말 발생하는 순현금흐름과 영업이익의 차이는 투자 대상 설비자산에 대한 감가상각비 외에는 없다. 감가상각방법은 정액법에 의한다.
- 요구수익률은 9%이며 현가계수는 다음과 같다.

기 간	1	2	3
현가계수	0.9174	0.8417	0.7722

요구사항

▶ 물음 1. 설비자산에 투자할 때 향후 3년간 달성할 수 있는 EVA의 현재가치를 구하시오. (단, 십원 단위 미만은 절사한다.) (예 ₩1,999은 ₩1,990으로 표시한다.)

▶ 물음 2. 주어진 자료에 의할 때 연도별 순현금흐름을 구하시오. (단, 20x1년 초 설비자산 취득에 따른 현금유출액은 해당 연도에 포함한다.)

▶ 물음 3. 설비자산 투자에 따른 현금흐름의 순현재가치(NPV)를 구하시오. (단, 십원 단위 미만은 절사한다.)

▶ 물음 4. 주어진 자료와 (물음 1)~(물음 3)의 결과를 이용하여 성과평가 측정치로서 EVA의 장점 2가지를 제시하시오. (3줄 이내로 답하시오.)

찾아보기

ㅇ

ㅈ

ㅊ

ㅋ

ㅌ

ㅍ

B

C

D

E

J

K

L

M

N

O

P

Q

R

S

T

U

V

W

Z